Edward R. Tannenbaum · 1900

Edward R. Tannenbaum

1900

Die Generation vor dem Großen Krieg

Ullstein

Inhalt

Einleitung: Modernität und das Unbehagen der Zeit

Mit Nostalgie hat man auf die Jahre zwischen 1890 und 1914 zurückgeblickt, auf die ›Belle époque‹ als eine Zeit, in der es noch Muße gab, die Menschen einander mit mehr Rücksicht begegneten und Waren und Dienstleistungen noch echte Qualität besaßen. Der Unterschied zur Zivilisation der Gegenwart scheint groß zu sein, die uns in einem Ausmaß mobil und gleich gemacht, uns komputerisiert hat, daß unsere Identität sich auf einen Komputer-Zebrastreifen reduzieren läßt. Die technische Rationalisierung machte eine geradlinige rationale Kommunikation selbst zusehends schwieriger – wie jedermann weiß, der schon einmal versucht hat, eine fehlerhafte Kreditkarten-Abrechnung korrigieren zu lassen. Es ist kein Wunder, daß die ›Modernität‹ sich in manchen Kreisen einen schlechten Ruf erworben hat.

Doch der Prozeß der ›Modernization‹, wie es der Verfasser im Englischen nennt, ist schon seit langem in Gang, und was für manche die Belle époque war, das war für andere eine weniger schöne Zeit. Eine Diskussion des Terminus Modernität findet im Schlußkapitel dieses Buches statt. So viel sei hier schon gesagt, daß damit die langfristige Umwandlung von Gesellschaftsstrukturen durch Industrialisierung, Urbanisierung, Bürokratisierung sowie die Ausdehnung der gesellschaftlichen Mobilität und der Mitwirkung am politischen Entscheidungsprozeß gemeint ist. Die Europäer waren die ersten, die sich moderner Methoden bedienten, um ihre Umwelt zu meistern und ihren Lebensunterhalt zu erwerben. Aber sie sträubten sich dagegen, daß sie damit auch ihre sozialen und politischen Ordnungen und die kulturellen Formen verändern mußten, die ihrem Leben Sinn gegeben hatten. Dieses Sträuben war eine der Ursachen eines Unbehagens mit der Zeit. Eine andere lag in der Ungeduld jener begründet, die durch althergebrachte Verhältnisse unterdrückt gewesen waren und nun meinten, daß sich ihre Lage nicht rasch genug veränderte.

Die Menschen fühlen sich nur in ihrer eigenen Gesellschaftsschicht und Kultur zu Hause. Die Gesellschaftsschicht umschließt die politischen, wirtschaftlichen und sozialen Strukturen, in deren Rahmen sich ihr Verhalten abspielt. Innerhalb dieses Rahmens sind Status, Macht und Identität angeordnet, die die realen wechselseitigen Abhängigkeiten bezeichnen, mit denen dieses Verhalten zurechtkommen muß. Die Kultur gibt den Menschen ihre Sicht der Realität. Dazu gehören, was sie wissen, die Bedingungen dieses Wissens und wie sie es ausdrücken; dazu gehören ebenso ihre Wertmaßstäbe und Verhaltensnormen. Jede Kultur hat ihre eigene Einstellung zu sozialem, politischem und ökonomischem Handeln. Jede Kultur besitzt eine gemeinsame Gefühlsstruktur, »eine Art, auf eine bestimmte Welt zu reagieren, die praktisch nicht als eine Möglichkeit unter anderen – eine bewußte ›Möglichkeit‹ empfunden, sondern als die einzig denkbare erlebt wird.«[1]

Der Prozeß der Modernisierung bewirkte Veränderungen der ökonomischen, politischen und gesellschaftlichen Strukturen, die die Menschen aus ihrer vertrauten Welt rissen. Sie gerieten in Situationen, in denen sie mit konkurrierenden moralischen Einstellungen, die auf ihnen fremden unvertrauten Realitätsbegriffen basierten, fertig werden mußten. In diesen neuen Situationen versuchten die meisten, an den Wertnormen festzuhalten, die sie in ihrer eigenen Kultur erlernt hatten; doch entstanden soziale Konflikte, wenn diese Maßstäbe »der Herrschaft einer bestimmten moralischen Orientierung über andere«[2] nicht mehr standzuhalten vermochten. Die Folge war, daß die Menschen in ihrer beruflichen, sexuellen und klassenmäßigen Stellung, in ihrer Volkszugehörigkeit und in ihrem Platz in der Machtstruktur zunehmend unsicherer wurden. Ihre Gesinnung wurde materialistischer und egozentrischer.

Die sozialen und kulturellen Reaktionen auf den Prozeß der Modernisierung setzten um das Jahr 1890 ein. Zu jener Zeit begannen sich die wirtschaftlichen und politischen Konzentrationsvorgänge, die Einführung von Elektrizität, Eisenbahnen, Dampfschiffen, das Aufkommen billiger Tageszeitungen und der staatlich verordneten Schulpflicht auf das Alltagsleben von Millionen Menschen in den meisten europäischen Ländern auszuwirken. Nach 1890 verstärkten neue Massenbewegungen ihre Bemühungen, die Unzufriedenheit verschiedener Kategorien von Menschen zu mobilisieren, die aus ihren traditionellen Gemeinschaften und kulturellen Strukturen herausgerissen worden waren. In den Jahren von 1890 bis 1914 präsentierten hervorragende kritische Denker und Künstler der Avantgarde neue Formen der Realitätssicht, in denen sich ihr geschärftes Bewußtsein der von allen Aspekten der Modernität bewirkten Veränderungen des Lebens spiegelte.

Ein Großteil der Unzufriedenheit während dieser Umbruchsperiode in der europäischen Geschichte ging eindeutig nicht auf soziale Veränderungen und die sich herausbildende technologisch-bürokratische Zivilisation zurück. Der Niedergang des religiösen Einflusses im späten 19. Jahrhundert wurde mindestens ebenso stark durch die abnehmende Unterstützung und Wertschätzung religiöser Institutionen aus moralischen oder politischen Gründen wie durch eine Schwächung des Glaubens bewirkt, die die naturwissenschaftliche Analyse herbeiführte. In der Malerei, Musik und Literatur bewegten die Neoromantiker Gefühle der Entfremdung, häufig den Empfindungen ähnlich, wie sie ihre Vorläufer, bis zurück zu Rousseau, erfüllt hatten. Weitverbreitet war der Groll über traditionelle soziale Ungerechtigkeiten in den vorindustriellen Bereichen der Wirtschaft, soweit sie noch vorhanden waren. Gleichwohl bleibt festzustellen, daß an der Unzufriedenheit im letzten Jahrzehnt des 19. Jahrhunderts und in den Anfangsjahren des folgenden jene Kräfte der Modernisierung teilhatten, die das Leben der Menschen mit noch nicht dagewesener Schnelligkeit veränderten.

Die vorliegende Studie beschränkt sich auf die Untersuchung, in welcher Weise die Menschen versuchten, mit diesen Kräften fertig zu werden, beziehungsweise wie sich ihre Ablehnung äußerte. Mitglieder des deutschen Adels reagierten häufig anders als englische Aristokraten. Innerhalb jeder dieser Gruppen wiederum gab es regionale oder generationsmäßig bedingte Variationen, aber auch wichtige Ähnlichkeiten, die auf gemeinsamen Interessen und klassenbedingten Vorurteilen beruhten. Andere gesellschaftliche Gruppen in allen europäischen Ländern reagierten ähnlich. Jede Nation und jede soziale Gruppe hatte ihr eigenes kulturelles Erbe. Der Arbeiter, Bauer oder Bürger war nicht auf einen Typ festgelegt, sondern jeder besaß seine nationale Ausprägung. In bestimmten Situationen wurden die typischen Haltungen und Verhaltensweisen jedes dieser Typen mehr von Klassenmaßstäben als von nationalkulturellen Normen bestimmt. Das Muster zeigte sich in solch unterschiedlichen Bereichen wie den Beziehungen zwischen Menschen unterschiedlicher Rangstufen, im Wirtschaftsleben, im Erziehungswesen und auf dem Gebiet der Mode und der Pflege der äußeren Erscheinung.

Zwischen 1890 und 1914 trug die Modernität das Ihre dazu bei, die Menschen sowohl nationalistischer als auch kosmopolitischer auszurichten, als sie es je zuvor gewesen waren. Noch nie hatten Europäer, dank Eisenbahn und Dampfschiff, so mühelos von einem Land ins andere reisen können; noch nie war das Nationalbewußtsein so stark gewesen, das auf den Einfluß der Massenpresse, die allgemeine militärische Ausbildung und den Patriotismus zurückging, der in den Grundschulen, deren Besuch nun Pflicht war, den Schülern eingeflößt wurde. Stummfilme aus Frankreich, Italien und den Vereinigten Staaten eroberten sich am Vorabend eines Krieges, der wie keiner in der Geschichte vom Nationalismus beherrscht wurde, ein internationales Publikum. Sozialistische Arbeiter und ihre Führer befanden sich in einem besonders starken Gewissenskonflikt zwischen dem Solidaritätsgefühl mit den Genossen anderer Länder und der Loyalität, die sie zum eigenen Staat empfanden.

Der Ausbruch des Großen Krieges im Jahr 1914 liefert einen logischen Schlußpunkt, denn er unterwarf die Europäer beispiellosen Formen der Massenmobilisierung durch den Staat selbst. Viele Züge der Nachkriegsjahre entstammten der Zeit vor 1914: Kinos, Rundfunk, Luftfahrt, Attacken auf bürgerliche Moralbegriffe, die weibliche Emanzipation. Aber der Ton, der jetzt das Leben in Europa prägte, war, abgesehen von abgelegenen ländlichen Gebieten, deutlich anders als der der Vorkriegszeit. Ein englischer Schlager drückte es so aus: »How ya gonna keep 'em down on the farm, after they've seen Paree?« – »Wie soll man sie auf dem Bauernhof zum Parieren bringen, wenn sie Paris gesehen haben?« Europas Adel verlor seinen restlichen Einfluß, die Kameradschaft der Schützengräben setzte sich in Veteranenbünden fort; totalitäre Regime, beherrscht von plebejischen Diktatoren, faßten in Rußland, Italien und schließlich auch in Deutschland Fuß.

Eine andere dauerhafte Veränderung, die der Krieg mit sich brachte, waren neue Einstellungen zu Preisen und Löhnen. Im Jahrhundert vor 1914 hatten die Währungen der meisten Staaten auf dem Silber- oder Goldstandard beruht und einen anscheinend stabilen Wert besessen. Leute mit Ersparnissen und festem Einkommen besaßen ein Gefühl der Sicherheit. Die Preise hatten wohl geschwankt, doch ebensooft wie sie gestiegen waren, waren sie auch gesunken. Tatsächlich hatten während der ersten Hälfte der hier zu betrachtenden Periode sinkende Preise die Kaufkraft der Arbeiterschaft ungleich stärker erhöht als jede nominale Zulage bei den Löhnen, während sich etwa ab 1906 bis zum Kriegsausbruch ihr Einkommenszuwachs infolge steigender Preise abflachte. Der Krieg selbst erzeugte einen Inflationsdruck, der, abgesehen von der Weltwirtschaftskrise der dreißiger Jahre, nie mehr gewichen ist. Vor 1914 betrachteten Arbeitgeber Löhne und Gehälter als Fixkosten; seit 1918 werden sie, weil die steigende Tendenz von Löhnen und Preisen anscheinend irreversibel ist, als Grenzkosten angesehen.

Da das vorliegende Buch eine Synthese darstellt, stützt es sich sowohl auf Primärquellen als auch auf wissenschaftliche Spezialuntersuchungen. Zu einigen Themen sprechen auch Werke schöpferischer Künstler und Denker der Zeit. Die Kunst kann die Wirkungen einer ganzen erlebten Erfahrung in einer Gemeinschaft aufzeigen und in sich fassen. Die Roman- und dramatische Literatur im besonderen lebt aus einer ganzen Gefühlsstruktur, und dies auf eine Weise, wie sie anderen Zeitdokumenten nicht zu Gebote steht. Allerdings verzerrt sie häufig gewisse Lebensaspekte ihren eigenen ästhetischen oder ideologischen Zwecken zuliebe, so daß ihre Darstellungen des politischen und wirtschaftlichen Verhaltens, der Klassengegensätze oder sexuellen Einstellungen mit Vorsicht benutzt werden müssen. Wenn schöpferische Schriftsteller und Intellektuelle sich bewußt der Gesellschafts- und Kulturkritik zuwenden, kann ihre Aussage uns zuweilen mehr über sie selbst vermitteln als über die Wirklichkeit, die sie bloßzulegen behaupten. Viele solcher Kritiker schmeicheln sich damit, wenn sie sagen können: »Wir haben es ja gewußt.« Wie die echte Kassandra – doch ohne ihre Gabe der Vorahnung – sehen sie sich als ohnmächtige Propheten in einer fremden Welt. Von dieser Art von Reaktion und von der aller anderen gesellschaftlichen Gruppen wird die Rede sein.

Aspekte der Modernität und Massenbevölkerung

Am 29. Januar 1901 Schlag drei Uhr morgens traten tausend Angestellte der Pariser Untergrundbahn, der ›Métro‹, in den Streik. In einem Café, wo sich einige Streikende versammelten, hätte folgende Unterhaltung zwischen dem Fahrkartenknipser Jacques Laval und dem Zugführer Louis Martin stattfinden können. Sie hatten sich gerade kennengelernt.

Jacques: »Hast du den Artikel im ›Le Petit Parisien‹[1] gelesen, wo wir als privilegierte Arbeiter bezeichnet werden, die sich wie verzogene Kinder aufführen?«

Louis: »Was erwartest du denn von diesem bürgerlichen Schmierblatt? Wenn wir so privilegiert sind, wieso kommt es dann, daß die Gesellschaft dreiundvierzig von unseren Kumpeln ohne Kündigung und Entschädigung auf die Straße gesetzt hat? Damit hat der Streik doch angefangen, oder?«

Jacques: »Es fällt mir schwer, mir Leute, die ich gar nicht kenne, als Kumpel vorzustellen. Dort, wo ich herkomme, sind die Kameraden die Jungens, mit denen man aufgewachsen ist.«

Louis: »Ich bin ein echter Pariser, aber ich hab' deinen Auvergnaten-Akzent bemerkt. Wo kommst du eigentlich her?«

Jacques: »Aus einem Dorf, von dem du wahrscheinlich nie was gehört hast. Mein Vater hat dort einen winzigen Bauernhof, aber ich hatte keine Lust, die Zeit totzuschlagen, bis ich ihn erbe. Außerdem wollte ich sowieso kein Bauer werden.«

Louis: »Was wolltest du denn dann werden?«

Jacques: »Ach, weißt du, es hört sich jetzt kindisch an, aber kennst du das Bilderbuch ›La Tour de France par deux enfants . . .‹?«

Louis: »Das hat doch jedes Schulkind in Frankreich gelesen. Auch nur bürgerliche Propaganda.«

Jacques: »Jedenfalls hat es mich darauf gebracht, daß ich Eisenbahner werden wollte, damit ich durch das ganze Land fahren könnte wie die zwei Kinder in der Geschichte.«

Louis: »Und warum arbeitest du dann für die Métro? Du siehst doch nichts von Frankreich unter den Straßen von Paris.«

Jacques: »Als ich mit achtzehn von zu Hause wegging, bekam ich keine Arbeit bei der Eisenbahn. Ich habe zwei Jahre in Clermont-Ferrand als Bürolehrling gearbeitet, dann meine drei Jahre beim Militär abgeleistet und bin 1896 nach Paris gekommen. Ich habe zwar als Omnibusschaffner eine Menge von der Stadt gesehen, aber im Juli letzten Jahres haben sie mich ausgestellt. Zum Glück war das gerade die Zeit, als sie die erste Métro-Linie eröffnet haben.«

Louis: »Na, und wie gefällt dir das, in diesen überfüllten Waggons umherzufahren? Ich sitze lieber in meinem Fahrerhäuschen.«

Jacques: »Nimm es mir nicht krumm, aber ich finde die Pariser zu kalt, zu grob, zu neunmalklug. Zuerst habe ich versucht, freundlich zu den Fahrgästen zu sein, aber sie haben mich und auch einander völlig links liegenlassen. Die Verkäuferinnen kommen sich wie feine Damen vor, und die Bauarbeiter halten sich für wunder was für Weiberhelden. Ich finde es einfach niederträchtig, daß man eine Frau in den Po kneift, nur weil der Waggon überfüllt ist.«

Louis: »Aber findest du es in Ordnung, daß unsere Genossinnen neunzig Francs im Monat kriegen, wir aber hundertfünfzig?«

Jacques: »Da kommst du mir schon wieder mit deinen ›Genossen‹. Bist du vielleicht ein Sozialist? Natürlich ist es richtig, daß Frauen weniger verdienen als Männer. Sie müssen ja schließlich keine Familie ernähren. Neunzig Franc, das ist ein schönes Zubrot zu dem, was der Mann verdient.«

Louis: »Wenn aber eine Frau keinen Mann hat?«

Jacques: »Um so schlimmer für sie. Sie kann ja Dienstmädchen bei irgendeinem Reichen werden. Viele von den Mädchen aus meinem Dorf haben das getan. Zufällig habe ich ein Mädchen geheiratet, die als Stubenmädchen im Hause von Édouard Empain beschäftigt war, dem Vorstandsvorsitzenden der Métro-Gesellschaft. Sie sagt, daß er ein sehr großzügiger Herr ist.«

Louis: »Die ›Großzügigkeit‹ dieser ›Herren‹ hört auf, wenn es um die Anerkennung der Gewerkschaft geht, die wir gestern abend gegründet haben.«

Jacques: »Aber sie haben doch gesagt, wir könnten uns jeder Gewerkschaft anschließen, die uns gefällt.«

Louis: »Sie stellen sich unter einer Gewerkschaft eine Organisation vor, mit der sie uns unter dem Daumen halten können. Die Arbeiter müssen aber die Gewerkschaften dazu benützen, diese dreckigen Kapitalisten loszuwerden und das Heft zum Wohl des Volkes in die Hand zu nehmen.«

Jacques: »Ist das Sozialismus?«

Louis: »Nein, das ist revolutionärer Syndikalismus.«

Jacques: »Für mich hört es sich mehr nach Anarchismus an. Wie soll es denn Recht und Ordnung geben ohne einen starken Staat? Und wie kann Frankreich sich ohne eine starke Armee gegen seine Feinde schützen?«

Louis: »Wir französischen Arbeiter haben keine Feinde im Ausland. Unsere Feinde sind hier bei uns, zu Hause. Staat und Armee sind Werkzeuge der Kapitalisten.«

Jacques: »Ich kümmere mich nicht viel um Politik. Ich bin ein einfacher Junge vom Land.«

Louis: »So ein Blödsinn. Du bist vor zehn Jahren aus Deinem Dorf weggegangen.«

Jacques: »Ich habe einfach keine Lust, mit dir über Politik zu streiten, ›Genosse‹. Trinken wir noch einen und reden wir über das nächste Radrennen. Wer meinst du, gewinnt?«[2]

Einfache Leute wie Jacques und Louis wurden von der Modernisierung in jedem Aspekt ihres Lebens betroffen. Sie hatten Probleme am Arbeitsplatz und in der Freizeit bis hin zum Wertsystem ihrer sozialen

Die erste elektrische Untergrundbahn, die ›Métro‹, in Paris. Zeitgenössische Fotografie

Der Streik. Radierung von P. H. Ohnert, um 1905

Stellung. Für sie waren es ungelöste Probleme, deren Herkunft sie nicht zu deuten vermochten, mit denen sie aber leben mußten.

Wirtschaftswachstum und steigender Lebensstandard

Die spürbarste Auswirkung des Modernisierungsprozesses in der Dekade 1890–1900 war die wachsende Zahl der Produkte und Dienstleistungen, die den breiten Massen in Nordwesteuropa und in den urbanisierten Gebieten Zentraleuropas und Norditaliens zugänglich wurden. Nur die weniger Glücklichen waren, materiell gesehen, 1895 nicht merklich besser daran, als sie es zwanzig Jahre vorher gewesen waren. In diesen zwei Jahrzehnten hatte die Kaufkraft der arbeitenden Klassen in Großbritannien um vierzig Prozent zugenommen; in Deutschland war sie um zweiundzwanzig Prozent gestiegen. Selbst in Italien hatte sich die Lage merklich gebessert: Obwohl das reale Pro-Kopf-Einkommen nur ein Drittel des in England und die Hälfte des in Deutschland erzielten betrug, verbrauchte ein Facharbeiter in Mailand Ende der neunziger Jahre für seine vierköpfige Familie weniger als zehn Prozent seines Lohnes für den Kauf von Teigwaren. Allerdings mußte seine Ehefrau viel Zeit aufwenden und mit Obst- und Gemüsehändlern feilschen, um die sehr stärkehaltige Kost der Familie zu verbessern. Die Menschen aßen besser, trugen bessere Kleidung, waren gesundheitlich besser versorgt, hatten mehr Schulen und billigere Vergnügungsmöglichkeiten als jemals zuvor. Diese positive Entwicklung war zum Teil durch die niedrigen Nahrungsmittelpreise während der Wirtschaftsflaute bedingt, unter der die Landwirtschaft in dieser Periode zu leiden hatte. Die Leute konnten einen größeren Teil ihres Einkommens für andere Dinge verwenden. Im wesentlichen aber wurde diese Verbesserung der Lebensumstände dadurch bewirkt, daß fast das ganze 19. Jahrhundert hindurch die Industrialisierung sowohl Produktivität als auch Produktion rascher hatte ansteigen lassen als die Nachfrage. Damit blieben die Preise gewerblich erzeugter Güter wie der Nahrungsmittel trotz steigender Lohnkosten relativ niedrig.

Zwischen 1880 und 1913 nahm die gewerblich-industrielle Produktion weltweit dreimal so stark zu wie die Weltbevölkerung. Das Volumen der in den Welthandel gelangenden Güter stieg zweieinhalbmal so stark.[3] Diese Wachstumsraten waren bis dahin ohne Beispiel gewesen und sind es bis heute geblieben. 1913 waren annähernd sechsunddreißig Prozent der gewerblich-industriellen Produktion der Welt in den Vereinigten Staaten, weitere sechsunddreißig Prozent in Deutschland, dem Vereinigten Königreich und Frankreich, der Rest überwiegend in anderen europäischen Ländern konzentriert. In Europa war die Wachstumsrate am stärksten in den Industriestaaten jüngeren Datums: Deutschland, Rußland und Italien. Da aber die beiden letztgenannten Länder auf einer viel niedrigeren Basis begannen, war ihre Gesamtproduktion geringer, als aus ihren Wachstumsraten hervorzugehen scheint. In den älteren Industrieregionen wie in England bewirkte der Prozeß, durch den die ökonomische Basis und die Gesellschaft selbst komplexer und vielgestaltiger wurden, einen starken Ausgleich für das relativ langsamere Wachstumstempo bei der Güterproduktion pro Kopf. Technische Neuerungen ermöglichten eine gewaltige Expansion der jüngeren Bereiche der Leichtindustrie, während billigere Verteilungsmethoden und der steigende Lebensstandard die Produktion von Verbrauchsgütern wie Seife, Schokolade, verarbeiteten Lebensmitteln und preisniedrigen Zeitungen stimulierten. In den am weitesten entwickelten Gesellschaften stieg auch die Zahl der im Dienstleistungssektor der Wirtschaft Beschäftigten stark an: im Transportwesen, in Warenhäusern und Ladenketten, im Bankgewerbe, Kommunikationssektor und in den akademischen Berufen – namentlich im Lehrberuf und im Staatsdienst.

Der wachsende Welthandel machte sich für beinahe alle der in Landwirtschaft und Industrie Tätigen bemerkbar. Zwar verhängten im späten 19. Jahrhundert zahlreiche Staaten Einfuhrzölle, aber der Rückgang der Transportkosten dank der Beförderung mit Dampfschiffen und Eisenbahnen trug dazu bei, daß in Europa zwischen 1871 und 1895 der Weizenpreis um die Hälfte sank. Dieser Preisverfall brachte Massen von Kleinbauern an den Rand des Existenzminimums und bewirkte, daß sie in die Städte zogen oder nach Übersee auswanderten. Da auf den Märkten im Ausland die Konkurrenz um den Absatz gewerblicher Güter schärfer wurde, gewannen die Inlandsmärkte größere Bedeutung. Mit Ausnahme Frankreichs setzte sich zwischen 1890 und 1900 und in den ersten Jahren danach in allen entwickelten Ländern das rasche Bevölkerungswachstum fort; doch das Volkseinkommen nahm noch schneller zu. Darum konnten immer mehr Menschen im Vergleich zu Nahrungsmitteln mehr Geld für gewerbliche Produkte ausgeben.

Genua, Blick von der Villa Rosazza. Fotografie von A. Noack, vor 1890

In dem Maß, in dem sich der Lebensstandard der Menschen hob, stiegen auch ihre Ansprüche. Daher bemerkten um die Jahrhundertwende viele Bürger in Europa mit Bitterkeit, daß ihre gestärkte Kaufkraft Preissteigerungen stimulierte. Die Geldentwertung wurde durch neue Goldförderung in Südafrika und Alaska verstärkt. Ebenso negativ auf den Geldwert wirkte sich die Nachfrage nach Produkten und Dienstleistungen aus, die neuen technischen Entwicklungen zu verdanken waren: Elektrizität und Elektromotoren, die organische Chemie und synthetische Produkte, der Verbrennungsmotor und Fahrzeuge mit Eigenantrieb, industrielle Präzisionsmethoden und Fließbandproduktion. Diese Innovationen boten Möglichkeiten zu Produktivitätssteigerungen, die zu einem weiteren Preisrückgang hätten führen können. Doch noch ehe diese Möglichkeiten genutzt werden konnten, löste der Erste Weltkrieg eine Geldentwertung aus, die dazu geführt hat, daß während des weiteren Verlaufs des 20. Jahrhunderts die Nachfrage dem Angebot vorangeeilt ist. Einmal in Gang gesetzt, sollten die wachsenden Ansprüche der europäischen Massen ein dauerhaftes Charakteristikum des Modernisierungsprozesses bleiben.

Modernisierung ist von der Industrialisierung abhängig, jedoch nicht ihre sichere Folge. So ist beispielsweise in der hier betrachteten Periode die Industrieproduktion in Rußland vermutlich jährlich um etwa fünf oder nur um drei Prozent pro Kopf der Bevölkerung gestiegen. Die Wachstumsrate war im Vergleich mit anderen Ländern nicht ausnehmend hoch, wenn auch etwas höher als der Bevölkerungszuwachs in Deutschland und in den Vereinigten Staaten. Doch auch der Anstieg der Industrieproduktion in Rußland konnte wohl den Abstand zwischen dem dortigen Pro-Kopf-Einkommen und dem in den entwickelten westlichen Staaten nicht merklich verringern; in manchen Bereichen hat er sich vermutlich sogar vergrößert. Der Grund lag darin, daß das Wachstum des russischen Volksvermögens weitgehend durch die Landwirtschaft beeinflußt wurde. Noch 1914 waren zwei Drittel der wirtschaftlich aktiven Bevölkerung im Agrarsektor tätig, der fast die Hälfte des gesamten Volkseinkommens stellte. Die russischen Bauern kauften nur wenige gewerblich erzeugte Produkte, und sie konnten aus ihrem dürftigen Einkommen kein Investitionskapital abzweigen. Solange diese Situation herrschte, blieb die industrielle Enklave in Rußland zwangsläufig klein und war in ihrer Entwicklung durch den begrenzten Binnenmarkt und die unzureichende Bereitstellung von Kapital aus dem Land selbst stark behindert.

Obwohl zwischen 1890 und 1914 das Volksvermögen in allen Ländern rascher wuchs als die Gesamtbevölkerung, war es doch, je nach dem Industrialisierungsgrad, unterschiedlich verteilt. In Großbritannien stieg der Anteil am Volksvermögen, der in neue Kapitalanlagen floß, langsamer als das Realeinkommen pro Kopf der Bevölkerung. Am anderen Ende der Skala, in Rußland, wo für die Grundausstattung einer industriellen Gesellschaft noch großer Investitionsbedarf bestand, nahm das Realeinkommen langsamer, wenn auch stärker als je vorher, zu. Das hatte zur Folge, daß hier zwischen 1890 und 1914 das Realeinkommen gegenüber den Kapitalinvestitionen zurückstehen mußte, wie es in der ersten Hälfte des 19. Jahrhunderts in Großbritannien der Fall gewesen war. Doch in den ersten Jahren nach der Jahrhundertwende änderte sich die Situation. Der russische Arbeiter, beeindruckt von den Errungenschaften der europäischen Arbeiterschaft, horchte auf und war nicht mehr bereit, die Löhne und Arbeitsbedingungen zu akzeptieren, die seine Genossen in Großbritannien einst hingenommen hatten, als sich deren Land in der Frühphase der Industrialisierung befand. Seine wachsenden Ansprüche machten ihn militant in seinem Verlangen nach höheren Löhnen und besseren Arbeitsbedingungen.

Frankreich und Deutschland erlauben einen guten Vergleich, wie in zwei entwickelten Staaten das Volksvermögen verteilt war. In der letzten Dekade des 19. Jahrhunderts hatte Deutschland im Wirtschaftswachstum Frankreich überrundet und investierte stärker in der Elektro- und chemischen Industrie. Dadurch wuchs Deutschlands Volksvermögen trotz stärkerer Bevölkerungszunahme rascher als das Frankreichs. Das reale Pro-Kopf-Einkommen aber lag in Frankreich bis 1914 etwas höher als das in Deutschland. Hierzu trug das geringere Wachstum der französischen Bevölkerung bei. Das traf anscheinend sogar auf die Industriearbeiterschaft Frankreichs zu, deren Lebensstandard etwas über dem der Arbeiter in Deutschland lag.

Auch im landwirtschaftlichen Sektor strebten die Menschen West- und Mitteleuropas einen höheren Lebensstandard an. Die Agrarkrise, zu der es Ende des 19. Jahrhunderts kam, belastete die Bauern schwer, die sich daran gewöhnt hatten, infolge der Erschließung neuer Märkte durch die Eisenbahnen mehr zu kaufen und mehr zu verkaufen. Schule und Zeitungen hatten die Kommunikation zur Außenwelt verdichtet. Als der harte Existenzkampf einsetzte, zogen nicht nur zahlreiche Landarbeiter und Kleinbauern, die am Rand der Rentabilität wirtschafteten, in die Städte, sondern auch die, die auf dem Land blieben, mußten neue

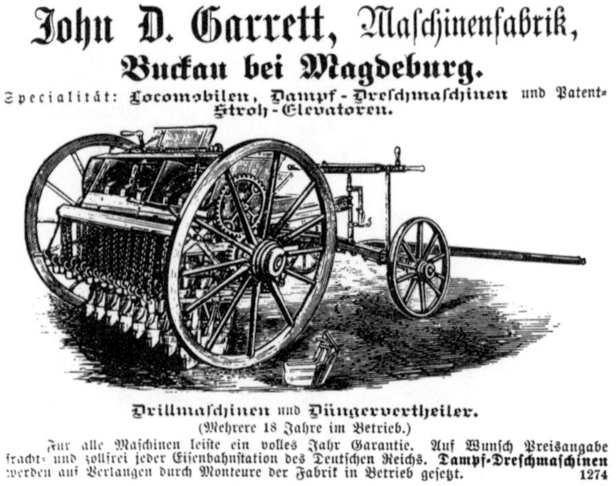

Modernisierung der Landwirtschaft: Drillmaschine zur gleichmäßigen Verteilung des Saatgutes; Windmotoren zur Nutzung der natürlichen Energiequelle. Anzeigen aus der Leipziger Illustrierten Zeitung, 2. und 30. Oktober 1880

Wege suchen, um der Überschuldung zu entgehen und das Einkommen zu steigern.

In Frankreich begannen viele Bauern, Dresch- und Mähmaschinen für ihre Getreidefelder auszuleihen, neuen Grund für Anpflanzungen zu roden und sich auf kommerziell einträglichere Saaten umzustellen. Als 1907 die Reblaus die Weinberge im Süden des Landes verwüstete, organisierten die Weinbauern – anders als ihre Eltern es angesichts einer solchen Plage getan hatten – Bauerngewerkschaften und veranstalteten Massendemonstrationen, um die Regierung zu zwingen, ihnen aus der Krise herauszuhelfen, damit ihnen ihr gewohnter Lebensstandard erhalten blieb. 1910 herrschte in anderen ländlichen Regionen Frankreichs ein Arbeitskräftemangel, der den Durchschnittslohn mit Verköstigung der Landarbeiter, der zum Jahrhundertanfang noch vierhundertfünfzig Franc betragen hatte, auf sechshundert Franc hochtrieb.

Eine ähnliche Situation trat in den Jahren unmittelbar vor dem Krieg in Deutschland und in der Schweiz ein. Der stärkste Umbruch in der Landwirtschaft hatte sich bereits zwischen 1880 und 1900 in Dänemark vollzogen. Die dänischen Bauern waren von der Produktion billigen Getreides auf die Viehzucht und Fleischproduktion übergegangen. Bei ansteigendem Lebensstandard erhöhte sich die Nachfrage nach Fleischprodukten, und sie fanden einen aufnahmebereiten Markt in Großbritannien. Durch ein hochentwickeltes Genossenschaftssystem hatten sich die dänischen Bauern eine integrierte und sehr effiziente Produktions-, Verarbeitungs-, Verteilungs- und Vermarktungsstruktur geschaffen. Dänemark wurde nicht nur zu einem bedeutenden Exportland agrarischer Produkte, sondern ermöglichte es auch der Landwirtschaft, einen unersetzlichen Beitrag zum gesamten wirtschaftlichen Wachstum des Landes zu leisten.[4]

Die Bauern Dänemarks gehörten zu den bestausgebildeten Landwirten in Europa. 1913 waren mehr als achttausend Personen an den sechzig Volkshochschulen und zweiundzwanzig Landwirtschaftsschulen des Landes eingeschrieben. Die Volkshochschulen verfolgten die Absicht, nicht eine reine Berufsausbildung, sondern einen Einblick in die Probleme des Lebens zu geben. Die ländliche Bevölkerung Dänemarks genoß einen hohen Lebensstandard. Die Eigentumsverteilung war ausgewogener als in anderen Ländern. Die genossenschaftlichen und Volksbildungsbewegungen schufen »eine Kameradschaft im Streben nach den Freuden und dem Wertvollen im menschlichen Leben, die, ohne Rücksicht auf Klassenzugehörigkeit und Beruf, Familie und Einkommen, alle vereint[e]«.[5]

Zu Beginn unseres Jahrhunderts besserte sich die gesundheitliche Versorgung der arbeitenden Bevölkerung Europas, wenn sie auch nach heutigen Begriffen noch sehr begrenzt war. Die Arbeiterhilfsvereine und Gewerkschaften, denen eine Minderheit der Lohnempfänger angehörte, bezahlten manchmal den Arzt oder ein Bett im Krankenhaus und leisteten Krankenbeihilfe. Wenn jedoch Ehefrau oder Kinder eines Arbeiters krank wurden, mußten sie die Armenstationen privater oder öffentlicher Krankenhäuser aufsuchen. In einigen Ländern stellten die Gesundheitsbehörden Pflegerinnen an, die kranke Frauen und Kinder zu Hause besuchten, und fast jeder Bezirk hatte einen von Amts wegen beauftragten Arzt, der die Armen behandelte. Unglücklicherweise hielt das soziale Stigma, sich von einem ›Armenarzt‹ betreuen zu lassen, viele, die keine andere Möglichkeit hatten, davon ab, überhaupt ärztliche Hilfe zu suchen. Aber abgesehen von solchen Fällen erfreute sich die Mehrzahl der Westeuropäer einer besseren Gesundheit und längeren Lebensdauer als je zuvor. Die Verbesserung der sanitären Verhältnisse und die Erfolge im Kampf gegen verschiedene Kinderkrankheiten senkten die Kindersterblichkeit. In England und Wales erreichte sie 1898/99 mit einhundertdreiundsechzig pro tausend ihren Gipfel; danach sank sie rasch, bis 1905 auf einhundertachtundzwanzig und bis 1910 auf einhundertfünf pro tausend.

Der Rückgang der Sterblichkeitsquote in anderen europäischen Staaten blieb weit hinter der Abnahme in England und Wales zurück, was vor allem den beengteren Wohnverhältnissen zuzuschreiben war. Zwischen 1895 und 1905 nahm die Sterblichkeitsziffer pro tausend in Manchester um 4,6 Prozent, in Liverpool um 3,6 Prozent und in London um 2,6 Prozent ab; während sie in Paris nur um 1,8 Prozent, in Wien um 1,0 Prozent, in Berlin und in St. Petersburg um 0,6 Prozent sank, nahm sie in Rom sogar um 1,5 Prozent zu. Um die Jahrhundertwende lebten in England und Wales nur 8,2 Prozent der Bevölkerung in überfüllten Quartieren, das heißt mehr als zwei Personen pro Raum; in Schottland hingegen waren es 50,6 Prozent. Behausungen, in denen die Menschen zusammengepfercht lebten, fanden sich besonders reichlich in den neueren Industriestädten Deutschlands. In Breslau hausten 49,9 Prozent in überfüllten Wohnungen, in Chemnitz waren es 36,5 Prozent, wozu noch die höchste Kindersterblichkeitsrate in Sachsen kam. Die Erwachsenen-Sterberaten waren in den Städten mit Wohnraummangel am höchsten und am niedrigsten in ländlichen Regionen. Adna Ferrin Weber hat 1899 statistisches Material ausgewertet und bemerkt: ». . . Während in Preußen vierhundertsechsundzwanzig von tausend geborenen Menschen ein Lebensalter von fünfzig Jahren erreichen, erlangen nur dreihundertachtzehn in Berlin Geborene dieses Alter . . . Während in Frankreich das mittlere Sterbealter bei zweiundvierzig Jahren und zwei Monaten liegt, beträgt es in Paris nur achtundzwanzig Jahre und neunzehn Tage . . . Während die Landbevölkerung in den Niederlanden eine durchschnittliche Lebenserwartung von etwas über achtunddreißig Jahren hat, liegt sie in den Städten bei nur dreißig oder einunddreißig Jahren.«[6]

Ein Mann, der in England auf dem Land geboren wurde und dort sein Leben verbrachte, konnte ein Lebensalter von fast zweiundfünfzig Jahren erwarten, während die in Manchester Geborenen im Durchschnitt mit achtundzwanzig Jahren starben.

Immerhin verbesserten sich in den großen Städten Europas nach 1900 die materiellen Verhältnisse. Die elektrische Beleuchtung machte die Straßen nachts sicherer und gab ihnen ein angenehmeres Aussehen. Eine zunehmende Zahl von Wohnquartieren erhielt fließendes Wasser. Dank Fahrrad und elektrischer Straßenbahn konnten arbeitende Menschen in Wien am Sonntag den Wienerwald besuchen. Schlecht untergebrachte Pariser konnten ihre freien Stunden in Straßencafés und in den neuen Kinopalästen verbringen. Londoner aller sozialen Schichten

Krankensaal im Spital von Arles. Gemälde von V. van Gogh, 1889

strömten zu Sportveranstaltungen in gewaltige neue Stadien. Berliner Bürger konnten im ›Kempinski‹ ein halbes Dutzend Austern und ein Glas Sekt für verhältnismäßig wenig Geld zu sich nehmen. In der Belle époque sangen die Menschen aller Schichten bis hin zu den ärmsten Slumbewohnern populäre Schlager auf ihre Hauptstadt, in denen behauptet wurde, daß es sich nirgends schöner leben ließe. Es gab zwar viel Unzufriedenheit in den Großstädten Europas, doch sie rührte mehr von den steigenden Ansprüchen her als von einer Verschlechterung der materiellen Lebensbedingungen.

Demographische Veränderungen und Migration

Die Gesamtbevölkerung Europas, mit Einschluß Rußlands, wuchs von dreihundertsiebzig Millionen im Jahr 1890 auf vierhundertachtzig im Jahr 1914. Bemerkenswert machte dieses Wachstum der Umstand, daß die Geburtenraten zurückgingen und die Emigration nach Übersee zu einem Wanderungsverlust von nahezu dreißig Millionen Menschen führte. Bewirkt wurde die Zunahme, weil die rohe Sterbeziffer (pro tausend ohne Berücksichtigung der geschlechts- und altersmäßigen Verteilung) rascher sank als die rohe Geburtenziffer, wobei diese in Deutschland und Rußland etwas langsamer zurückging als in Westeuropa. Die Sterbeziffer sank aufgrund der verbesserten Versorgung mit Nahrungsmitteln und der sanitären und hygienischen Verhältnisse sowie des allgemein höheren Lebensstandards.

Eine umfassende Wirkung hatte die moderne gesellschaftliche Entwicklung auf die Familienplanung. In den meisten traditionellen Gesellschaftsordnungen begrenzen die Menschen in der Regel ihren leiblichen Nachwuchs nicht. Ihre Fruchtbarkeitsziffer – die Durchschnittszahl der Lebendgeburten bei Frauen im gebärfähigen Alter – wird fast nur von natürlichen Faktoren bestimmt. Das änderte sich im späten 19. Jahrhundert. Außer in Irland sank in ganz Europa die Fruchtbarkeit, weil sich die Geburtenkontrolle verbreitete. Bis 1900 sank die durchschnittliche Familiengröße auf fünf bis sechs Personen. Frankreich war das erste Land gewesen, wo Geburtenkontrolle und Abtreibung in großem Umfang betrieben wurden; zwischen 1830 und 1910 war die rohe Geburtenziffer von dreißig auf zwanzig pro tausend zurückgegangen. Seit den achtziger Jahren vollzog sich ein gleicher Rückgang innerhalb von vierzig Jahren in Schweden und in der Schweiz sowie innerhalb von dreißig Jahren in Belgien, Dänemark und Großbritannien. In Spanien dagegen betrug die rohe Geburtenziffer im Jahr 1900 noch 33,8 pro tausend, die Sterbeziffer 28,8 pro tausend und die Lebenserwartung weniger als fünfunddreißig Jahre. Sowohl in demographischer als auch in wirtschaftlicher Hinsicht stand das Land mit seinem niedrigen Entwicklungs-Niveau auf nahezu einer Stufe mit Süd- und Osteuropa.

In der Regel betrieben die Mittelschichten als erste eine gezielte Familienplanung, um angesichts der allgemeinen Chancenverbesserung ihren Sozialstatus zu halten. Schon Ende der siebziger Jahre des 19. Jahrhunderts spürten Familien der englischen Mittelschicht eine ernste Diskrepanz zwischen ihren Ansprüchen und ihrem Lebensstandard. So wie sich für sie die Möglichkeiten, Geld auszugeben, vermehrten, verteuerte sich ihr Lebensstil. Ebenso bedeutsam war, daß sie jetzt in der höheren Schul- und Universitätsbildung ein Mittel sahen, soziale Geltung zu erlangen oder auch nur ihren Standard zu wahren, weil der Staat in größerem Umfang kostenlose Schul- und Studienplätze bereitstellte. Bis zu der im Jahr 1902 erlassenen ›Education Act‹ hatten die akademischen Kreise Englands die örtlichen Grammar Schools, die öffentlichen höheren Schulen, als ausreichend für ihre Kinder betrachtet. Doch eine der nicht bedachten Konsequenzen dieses Gesetzes, das auch Kindern aus den unteren Schichten eine Aufstiegsmöglichkeit von der Volks- in die höhere Schule verschaffte, bestand darin, daß die Ambitionen breiter Schichten auf Bildung anstiegen. Das akademische Bürgertum versuchte seine Kinder nun auf die kostspieligen Public Schools, die privaten höheren Schule zu schicken. Um diese Ausbildung finanzieren zu können und gleichzeitig den Lebensstandard zu halten, mußte es die Kinderzahl begrenzen. Auch die untere Mittelschicht, namentlich Angestellte, praktizierte schon bald aus gleichem Grund Familienplanung. Nur die Mitglieder der englischen Arbeiterklasse scheuten sich noch Jahrzehnte lang, Kontrazeptiva zu gebrauchen. Doch lernten immer mehr emanzipiert denkende Frauen aus der Arbeiterschicht in England, Frankreich und Deutschland, Abtreibungen an sich selbst vorzunehmen. Nach 1880 ging in den meisten Teilen Europas die Fruchtbarkeitsrate bei unverheirateten Frauen parallel zu der der verheirateten zurück, offensichtlich, weil die Kenntnisse über Empfängnisverhütung und Schwangerschaftsabbruch zunahmen.[7]

Neben den Mittelschichten hatten auch viele Bauern mit Grundbesitz während des 19. Jahrhunderts Familienplanung zu praktizieren begonnen, besonders in Frankreich und Irland. In Frankreich hatte die Geburtenkontrolle zum Ziel, nur einen einzigen Sohn zu zeugen, um den Kleinbesitz nicht unter mehrere Erben aufteilen zu müssen. In Irland versuchten bäuerliche Grundbesitzer die Familiengröße nicht durch Geburtenkontrolle, sondern durch Spätheiraten zu beschränken. Die Hungersnot der späten vierziger Jahre hinterließ eine ungewöhnlich hohe Zahl von Überlebenden aus jenen Klassen, die traditionsgemäß spät heirateten und ihren Besitz nicht auf mehrere Erben aufzuteilen pflegten. Die überlebenden Landarbeiter und Pächter, die vorher durch eine frühe Heirat wenig zu verlieren gehabt hatten, begannen ähnliche Verhaltensnormen zu übernehmen. »Der irische Bauer verhielt sich als rational denkender Homo oeconomicus, und nachdem die Welle der durch die Hungersnot verursachten Auswanderung abgeebbt war, war er selbst es, nicht der Grundbesitzer, der seine Kinder und die Landarbeiter aus dem Land vertrieb.«[8]

Nicht alle ländlichen Gebiete hatten hohe und nicht alle Städte niedrige Fruchtbarkeitsziffern. Hinter dem Umstand, daß am Ende des 19.

Jahrhunderts das Bevölkerungswachstum in Deutschland viel höher war als in Frankreich, verbargen sich regionale Unterschiede, die in unterschiedlichen soziologischen Verhältnissen und Beschäftigungsstrukturen begründet lagen. Die von der Modernisierung nicht erfaßten Regionen in der westlichen Bretagne hatten eine ebenso hohe Fruchtbarkeitsrate wie vergleichbare Gebiete in Ostpreußen oder Pommern. Ebensowenig gab es eine gleichmäßige demographische Entwicklung in den städtischen Gebieten der beiden Länder. »Die großen städtischen Verwaltungs- und Handelszentren waren durch niedrige Fruchtbarkeit und hohe Sterblichkeit gekennzeichnet, während die industriellen Bergbauregionen hohe Fruchtbarkeitsraten und eine viel mäßigere Sterblichkeit als die großen Städte aufwiesen.«[9] Das galt ebenso für die nordfranzösischen Industrie-Departements wie für das Ruhrgebiet, für Berlin wie für Paris.

Migrationsbewegungen innerhalb eines bestimmten Landes oder nach Übersee waren ebenso durch Unzufriedenheit mit der hergebrachten Lebensform wie durch wirtschaftliche Bedingungen verursacht. Das Verlassen der Heimat war die einfachste – zuweilen die einzige – Möglichkeit, um neue Bedürfnisse zu befriedigen, um die Lebensumstände zu verbessern oder, was weniger häufig vorkam, um sich und seiner Familie das gewohnte wirtschaftliche Niveau zu erhalten, wenn es durch Strukturveränderungen bedroht war. Einzelne Personen wie Gruppen zogen bereitwilliger aus Dörfern und Kleinstädten fort, wo die Auflösung der alten Sozialstruktur schon seit einiger Zeit im Gang war und relativ zahlreiche Kontakte zur Außenwelt bestanden.

Nirgendwo traf dieses mehr zu als auf Irland, wo beinahe jede Familie einen Angehörigen hatte, der in Liverpool, Boston oder New York arbeitete. Ein irischer Landarbeiter stellte 1894 fest: »Ich mag die Landarbeit nicht. Sie ist sehr mühsam und erbringt nichts. Ich habe Männer gesehen, die ihr Lebtag gearbeitet haben und trotzdem so schlimm dran waren wie am Anfang.« Dabei waren aber in Irland die durchschnittlichen Wochenlöhne für Landarbeiter von sieben Shilling im Jahr 1870 auf elf im Jahr 1914 gestiegen. Tausende irischer Auswanderer standen daher mehr unter dem Einfluß »einer Revolution ihrer eigenen, subjektiven Mentalität als der objektiven Realität ihres Lebensstandards«.[10]

Die Modernisierung veränderte auch die Lebenseinstellung von Landarbeitern auf den großen Gütern Ostpreußens. Zu Hunderttausenden zogen sie in die Städte oder wanderten nach Amerika aus, um der patriarchalischen, fast feudalen Sozialstruktur, die dort noch herrschte, zu entfliehen. In einem 1897 veröffentlichten Roman von Wilhelm von Polenz antwortet ein Arbeiter, der unter elenden Bedingungen in Berlin lebt, seinem früheren Herrn, der ihn zurückholen will: »Sie und Ihresgleichen wundern sich, daß wir weglaufen, da sind sie ganz allein selbst dran schuld, die Herren. Da soll man wählen, wie der gnädige Herr will, da soll man lesen, was der gnädige Herr erlaubt, da muß man das Maul halten zu der Unterdrückung des Volkes, da soll man sich ducken unter das Regiment des Herrn Inspektors – nein, dazu sind die Zeiten zu fortgeschritten, dafür sind wir selbständige Männer. Das ist ja ärger als in Rußland! Dazu ist man sich zu gut! Man hat zuviel Ehrgefühl, um sich behandeln zu lassen wie das liebe Vieh.«[11]

Die Massenauswanderung war eine Funktion der Modernisierung, die den Menschen die Freiheit, das Verlangen und die Mittel gab, ihre Heimat zu verlassen. Die Möglichkeiten – Eisenbahn, Dampfschiffe, der Telegraph und Reisevermittler – waren durch den allumfassenden Prozeß der ökonomischen Modernisierung entstanden, der der abgeschlossenen Existenz der vorindustriellen Gesellschaft ein Ende bereitete. All dies gab dem potentiellen Auswanderer die Möglichkeit einer ungehinderteren und billigeren Suche nach einem besseren Leben. Die wirt-

Auswandererschiff. Nach einer Zeichnung von K. Ekwall, 1874

schaftliche Modernisierung erweiterte seinen Horizont und gab ihm den Wunsch ein, den beengten Möglichkeiten zu Hause, namentlich in übervölkerten ländlichen Regionen, zu entkommen. Sie vermehrte auch den Spielraum für die soziale Mobilität, von der die Migration einen wichtigen Aspekt bildete.

Die Auswanderung nach Übersee erreichte ihren Gipfelpunkt zwischen 1890 und 1914. Das Vereinigte Königreich verlor rund sieben Millionen Menschen, Italien mehr als fünf, Spanien fast drei und Österreich-Ungarn sowie Rußland mit Polen je knapp zwei Millionen. Die britischen Emigranten gingen vorwiegend nach Australien, Neuseeland und Kanada, die aus Spanien fast ausschließlich nach Südamerika, besonders nach Argentinien. Die Italiener teilten sich in gleicher Zahl auf Süd- und Nordamerika auf, während die irischen und osteuropäischen Auswanderer vornehmlich nach Nordamerika zogen. Aus dem Russischen Reich emigrierten überwiegend Polen und Juden. Nur wenige Russen gingen nach Übersee. Aber zwischen 1900 und 1914 zogen allein dreieinhalb Millionen Russen nach Osten über den Ural hinaus. Eine vergleichbare Wanderungsbewegung hat nur die Besiedlung des Westens von Nordamerika hervorgerufen.

Die bedeutendste Bevölkerungsbewegung in Europa spielte sich jedoch innerhalb der einzelnen Staaten ab: vom Land in die Städte und von einer Stadt in die andere.

Urbanisierung

Eine Stadt unterscheidet sich von einem Dorf darin, daß ihre Primärfunktion nichtlandwirtschaftlicher Art ist. Sie kann ein Verwaltungs-, Handels- oder Industriezentrum sein, während das Dorf vor allem aus Bauern und Personen besteht, die administrativ oder kommerziell nur mit Bauern zu tun haben. Die Größe des Dorfes spielt keine Rolle. In Süditalien und in Gegenden Westrußlands und Polens gab es Dörfer mit mehr als zehntausend Einwohnern. Eine große Stadt hat im Unterschied zu kleineren Städten eine Wirtschafts- und Sozialstruktur von größerer Vielfalt.

Diese Unterscheidungen sind wichtig, denn die rasche Urbanisierung Europas im ausgehenden 19. Jahrhundert war nicht nur eine Folge der Industrialisierung. London und Paris waren vor 1880 die einzigen Großstädte mit mehr als einer Million Einwohner und gehörten noch mehrere

Jahrzehnte danach zu den am raschesten wachsenden Städten, obwohl beide keine modernen Industrie-Zentren waren. Das produzierende Gewerbe in London und Paris gehörte überwiegend den vorindustriellen Handwerkssparten an: Erzeugung von Bekleidung, Haushaltsgegenständen, Druckereiprodukten und Luxusartikeln. Ja, einige europäische Hauptstädte – Rom, Wien, Budapest, Madrid – entwickelten, wenn überhaupt, erst nach der Jahrhundertwende Betriebe der Schwerindustrie. Berlin und St. Petersburg bildeten in dieser Hinsicht Ausnahmen. Die Industrie, die dort anzutreffen war, lag in den jüngst eingemeindeten nahen Vororten. Andererseits waren Dutzende kleinerer und größerer Städte in den Midlands von England, in Westfalen und im französisch-belgischen Grenzgebiet von der Industrie geprägt. So verzehnfachte die westfälische Stadt Gelsenkirchen zwischen 1871 und 1910 ihre Einwohnerzahl, von 16 023 auf 169 513. Ungleich stärker als die Textilindustrie und andere ältere Gewerbe förderten Bergbau, Schwerindustrie und Maschinenbau das rapide Wachstum großer Städte.

Im Jahr 1815 lebten mehr als zwei Prozent aller Europäer in Städten mit mehr als hunderttausend Einwohnern, 1910 war der Anteil auf fünfzehn Prozent angewachsen. Bereits 1901 waren fünfundreißig Prozent der Bevölkerung Großbritanniens in Großstädten konzentriert; in Deutschland betrug 1910 die Zahl fast einundzwanzigeinhalb Prozent. Die rascheste Urbanisierung in unserer Periode erlebte Deutschland, das 1880 erst vierzehn Großstädte mit mehr als hunderttausend Einwohnern besaß, 1913 aber schon achtundvierzig zählte. Das aufsehenerregende Wachstum war hauptsächlich auf Zuwanderung aus anderen Regionen und Umgliederung von Gemeinden, namentlich im Ruhrgebiet, zurückzuführen, deren Status wegen der Bevölkerungszunahme verändert wurde.

Obwohl sie in Verbindung zur Industrialisierung stand, war die rasche Urbanisierung in unmittelbarer Weise ein Nebenprodukt des Wachstums der Gesamtbevölkerung. Zwischen 1870 und 1910 stieg die Einwohnerzahl Großbritanniens von sechsundzwanzig auf fast einundvierzig Millionen, in Deutschland von fast einundvierzig auf nahezu fünfundsechzig Millionen und in Rußland von fünfundachtzigeinhalb auf hundertneununddreißig Millionen. Mit Ausnahme Großbritanniens, wo gegen Ende des Jahrhunderts die städtische Bevölkerung sich annähernd selbst reproduzierte, wurde das Wachstum in den europäischen Städten durch die Zuwanderung aus ländlichen Gebieten und Kleinstädten verursacht. Die Zuwanderung spielte die wichtigste Rolle beim

Wachstum der großen Städte Frankreichs, Italiens und Rußlands, eine etwas geringere in Deutschland und Skandinavien und die geringste in England.

Das rapide Wachstum der Städte und die rasche Zunahme ihrer Zahl schufen neue Beschäftigungsmöglichkeiten im Dienstleistungsbereich – Nahrungsmittelversorgung, Straßenbeleuchtung, Stadtreinigung und Polizeiwesen – und somit Arbeitsplätze für Zuwanderer aus übervölkerten ländlichen Regionen. Darum lag die Bedeutung des Urbanisierungsprozesses nicht allein im Wachstum der mittleren und großen Städte selbst, sondern auch darin, daß diese so viele Menschen vom Land assimilierten. Die absolute Zahl der Europäer, die für ihren Lebensunterhalt auf die Landwirtschaft angewiesen waren, begann zwar erst in den letzten beiden Dekaden zu sinken, doch mit dem ausgehenden 19. Jahrhundert hatte die Tendenz, daß die Bevölkerung sich in relativ wenigen dichtbesiedelten und hochurbanisierten Regionen anzusammeln begann, bereits die Verteilungsstrukturen früherer Jahrhunderte zu verändern begonnen.

Die verstärkte Mobilität zeitigte eine Anzahl von Nebenwirkungen. 1890/91 lebten weniger als zweiundsiebzig Prozent der Gesamtbevölkerung von England und Wales in der Grafschaft, in der sie geboren worden waren. In Preußen lag der Anteil der Menschen, die in ihrem Geburtsbezirk auch ihren Wohnsitz hatten, bei siebzig, in Sachsen nur bei neunundsechzig Prozent. In den meisten Ländern unterschied sich die Altersstruktur der Stadt – von der der Gesamtbevölkerung dadurch, daß sie einen größeren Anteil produktiver Erwachsener und geringere Prozentsätze von Menschen, die aus dem Arbeitsleben ausgeschieden waren, und versorgungsbedürftiger Kinder umschloß. Mit Ausnahme Rußlands und Serbiens lebten in den großen Städten auch mehr Frauen als Männer. Die tiefstgreifende Wirkung der Wanderung in die Städte war die Anpassung, die den Neuankömmlingen an die ungewohnte Umgebung abverlangt wurde. Im Jahr 1891/92 waren in Berlin rund achtzig Prozent der männlichen Arbeiter zwischen dreißig und sechzig Jahren außerhalb der Hauptstadt geboren worden. Die Kinder der Zuzügler eingerechnet, lag der Anteil der einheimischen Londoner bei fünfundsechzig, der der einheimischen Berliner bei etwas über zweiundvierzig und der der gebürtigen Pariser bei gar nur knapp siebenunddreißig Prozent.

Mit dem Wachstum der urbanen Regionen ging eine drastische Veränderung ihrer Strukturen einher. Fast jede europäische Großstadt be-

Stadterweiterung am Tempelhofer Berg bei Berlin: Turm des Städtischen Wasserhebewerkes für den Südwesten Berlins, fertiggestellt im Jahr 1888. Fotografie, 1888

saß ein altes Zentrum, das von Befestigungsanlagen aus dem 16. und 17. Jahrhundert umgeben war. Während des 19. Jahrhunderts wurden diese Mauern und Bastionen in Paris (seit 1853), Berlin (Zollmauer seit 1860/1867) und Wien (seit 1857) demoliert und durch einen Ring von Boulevards und Eisenbahnen ersetzt. Doch bis zur Entwicklung der ›Elektrischen‹ in den neunziger Jahren lebte die Mehrzahl der Menschen in einer Entfernung vom Arbeitsplatz, die sich zu Fuß zurücklegen ließ. Die meisten arbeiteten in Ladengeschäften, kleinen Fabriken, Banken und anderen kommerziellen sowie gewerblichen Betrieben. Sie hausten in übervölkerten Mietskasernen, während die Wohlhabenden in Stadthäusern oder den ersten Etagen, den ›Bel-étages‹, der eleganteren Wohnhäuser lebten. Dort wohnten die Armen in den oberen Stockwerken, bis der Bau von Aufzügen, der in den neunziger Jahren einsetzte, die Mieten auch dieser Wohnungen in die Höhe trieb. Als in den alten Vorstädten um die Innenstädte größere Fabriken gebaut wurden, zogen die Arbeiter in neu entstandene Mietskasernen dieser Gegenden. Dann, mit dem Aufkommen elektrischer Straßenbahnen, zogen die Büroangestellten in die neuen ›Schlaf‹-Vororte und fuhren als Pendler in die innerstädtischen Bezirke zur Arbeit. Hier machten sich immer mehr Handelsunternehmen und Verwaltungsbehörden breit, während die Zahl der fest ansässigen Bürger stetig zurückging.

Sowohl der Anteil des bebauten Areals als auch die Bevölkerungsdichte nahmen ab, als die Menschen aus den älteren Wohnvierteln fortzogen. In allen sozioökonomischen Gruppen nahm mit wachsender Entfernung vom Zentrum der Anteil der Kinder zu. Dagegen lag der Prozentsatz der Hausangestellten in den Vorstädten niedriger, wo die Bewohner in der Regel jünger und ärmer waren als die in der Innenstadt. Angehörige der Arbeiterklasse stellten fünfzig bis siebzig Prozent der Bewohner in den Rand-, dagegen nur ein Drittel in den zentralen Bezirken.

Seit der zweiten Hälfte des 19. Jahrhunderts wurden die alten und neuen Vorstadtgürtel an die Innenstädte angeschlossen oder eingemeindet. Zusätzlich wurden Areale – teils Industrie-, teils Wohnbezirke – erschlossen, die sich fächerförmig an Flüssen, Bahnlinien und Kanälen ins Umland erstreckten. Sie waren selbständige Gemeinden und unterlagen nicht der städtischen Kontrolle und Gesetzgebung.

Als die neunziger Jahre kamen, glich manche große Stadt einem riesigen Tollhaus. Infolge der zunehmenden Luftverschmutzung waren Personal und Hausfrauen übermäßig lange mit Putzen und Waschen beschäftigt. Das Rattern der Pferdekarren in engen Straßen war so ohrenbetäubend, daß die Häuser kranker Menschen durch Stroh gegen den Lärm abgedämmt werden mußten. Auf dem Londoner Strand soll der Pferdedreck nicht weniger als sechs Zoll hoch gelegen haben, bevor die Straßenkehrer ihn wegräumten. Und allgegenwärtig war der Gestank des Unrats, der sich mit dem Kohlenrauch der Kamine und Herde, Fabriken und Brauereien, dem Gestank von Abfällen vermengte.

Die Urbanisierung verlangte der europäischen Gesellschaft nicht nur Anpassungen an veränderte Lebensbedingungen oder an eine neue Umwelt ab, »sondern auch eine fundamentale Umgestaltung ihrer Einstellungen, die Übernahme neuer sozialer Techniken, die Hinnahme neuer Disziplinnormen, das Streben nach neuen Chancen . . . Die Anpassung ging für unterschiedliche Gruppen in unterschiedlicher Geschwindigkeit vor sich und schloß die Aufnahme neuer Kenntnisse, nicht nur durch die jungen Leute, sondern durch ganze Klassen, ein.«[13]

Für viele Stadtbewohner aus der Arbeiterschicht war die Kneipe in ihrer Straße, in ihrem ›Kietz‹ der Ort, der ihnen den stärksten Rückhalt gab, um den Prozeß der Anpassungen durchzustehen und die neuen Rollen übernehmen zu können.

Die großen Städte waren in Wirklichkeit Zusammenballungen unterschiedlicher, voneinander streng geschiedener Wohnbezirke, die starke Verschiedenheiten in der klassenmäßigen, oft auch in der ethnischen Zusammensetzung aufwiesen. In Wien als der Hauptstadt eines Vielvölkerstaates lebte das bunteste ethnische Gemisch. In Budapest und Warschau gab es große jüdische Viertel. In Liverpool und Manchester lebten viele Iren in eigenen Bezirken.

Die verschiedenen Klassen sonderten sich kulturell wie ökonomisch und sozial zusehends voneinander ab. In den großen Städten gingen die Menschen aus der Arbeiterschicht nie in die Geschäfte und Theater der Innenstadt, die fast ausschließlich von Angehörigen der Mittel- und Oberschicht besucht wurden. Jedes Arbeiterviertel hatte seine eigenen Läden, Kneipen und Vergnügungsstätten und besaß sogar eigene Sprachformen. Die Bewohner sprachen den lokalen Dialekt, der häufig mit dem Slang des im Viertel überwiegenden Berufes verbunden war. In Arbeitervierteln von ethnisch einheitlicher Zusammensetzung oder beruflicher Einheitlichkeit war das Gemeinschaftsgefühl stärker ausgebildet als in den kleinbürgerlichen oder gehobenen bürgerlichen Wohngebieten. Das kommerzielle Zentrum der Großstadt zeigte ein völlig unpersönliches Bild. Hier war jedermann ein Fremder. Großstädte sind von jeher unpersönlicher Natur gewesen. Die Scharen der Neuzuwanderer spürten die Entpersönlichung in dieser Zeit des Aufbruchs in ganz besonderem Maß.

Die neuen sozialen und ökonomischen Strukturen der Großstädte ließen neue Antagonismen zwischen den Klassen, aber auch Isolation und Anonymität entstehen. Soziale Mobilität und Klassengegensätze waren Wesensbestandteil des Urbanisationsprozesses, und in ihrer parallel laufenden Entwicklung spiegelten sich sowohl die Instabilität der neuen Strukturen als auch der Wille, diese zu verändern.[14] Doch die Flexibilität und Anpassungsfähigkeit dieser neuen Strukturen machte sie offener für Veränderungen und bot dem Individuum mehr als jemals zuvor in der Geschichte Möglichkeiten, seinen gesellschaftlichen Status zu verbessern.

Die Kritiker, die die Entwicklung der neuen urban-industriellen Gesellschaft und Kultur beklagten und sie, zu ihrem Nachteil, mit der Stabilität und menschlichen Wärme des Landlebens verglichen, bedachten

Wohnsiedlung Margarethenhöhe für Arbeiter der Krupp-Werke bei Esse

rbaut von Georg Metzendorf, 1906/07. Fotografie

weder die Realität, noch daß die ländlichen Regionen gleichfalls im Wandel begriffen waren. Ohne das Sicherheitsventil der Abwanderung wären die übervölkerten ländlichen Gebiete Europas nicht annähernd so stabil geblieben, wie sie damals wirkten. Der hohe Integrationsgrad innerhalb der Familie und der Dorfgemeinschaft ging mit einer starken Fragmentation in diesen einfacheren sozialen Einheiten einher. Viele Abwanderer zogen schließlich die Anonymität und Freiheit in der Stadt der ›stolzen und grausamen Öffentlichkeit‹ des Lebens in ihrem Heimatdorf vor. Einige Landarbeiter aus Pommern, die zum erstenmal mit der Eisenbahn nach Berlin kamen, reagierten neugierig bestürzt: »Was machten wir uns für einen Begriff von Berlin! Wahre Wunderdinge hatte man uns darüber erzählt, von seiner Größe, seinen himmelhohen Häusern und der märchenhaften Beleuchtung. Die Zahl der Stationslichter mehrte sich jetzt zusehends. Abwechselnd steckten wir die Köpfe aus den Wagenfenstern und blickten nach vorwärts, dem hauptstädtischen Lichtermeer entgegen. Ausrufe des Staunens und der Überraschung: So viel Lichter gab's wohl in ganz Hinterpommern nicht, als wie uns hier im Fluge entgegenleuchteten.«[15]

Nicht nur Glanz und Glitter der Großstädte faszinierten solche einfachen Menschen vom Land, sondern die zunehmend dominierende Urbangesellschaft und -kultur übten nun auch auf die daheimgebliebenen ihre Wirkung aus.

Zeitungen aus den großen Städten, Reklame und reisende Vertreter trugen dazu bei, moderne Ideen und Produkte über die Lande zu verbreiten. Bereits in den achtziger Jahren hatte in England ein Beobachter des Kleinstadtlebens festgestellt: ». . . der Ort, der noch vor dreißig Jahren lediglich der Verteilung lokaler Produkte am Ort selbst diente, ist heutzutage ein kleines Emporium des Empire, Standquartier derer, die ihre Geschäfte nicht mehr innerhalb der Gemeindegrenzen, sondern von London aus betreiben.«[16] 1902 brachte die Londoner Zeitung ›Daily Mail‹, die seit sechs Jahren bestand, ihre erste Reklameseite für Mellin's Food. Da diese in Massenauflagen erscheinende Zeitung Leser im ganzen Land erreichte, hatten die Ideen und die Reklame, die sie verbreitete, einen bedeutsamen Standardisierungseffekt. In Irland, wo die Bevölkerungszahl von fast sechs Millionen im Jahr 1861 bis 1911 auf fast viereinhalb Millionen sank, stieg die Zahl der Handlungsreisenden, die die lokalen Wanderhändler verdrängten, von fünfhundert auf viereinhalbtausend.[17] In Frankreich hatten ambulante Handwerker schon seit langem fortschrittliche politische Ideen aus den großen in die kleineren

Städte getragen. Als im ausgehenden 19. Jahrhundert ländliche Gebiete engere Beziehungen zu städtischen Märkten entwickelten, wurden sie von den Kleinstädten her auch mit diesem Gedankengut affiziert. Im Departement Gironde verzeichnete die Distriktshauptstadt Le Réole, dem Beispiel von Bordeaux folgend, schon in den frühen siebziger Jahren bei den Wahlen linke Mehrheiten. Diese politische Tendenz war in den folgenden dreißig Jahren auch auf dem flachen Land zu beobachten. Der Einfluß der Presse auf die politische Meinung in den Landbezirken und Kleinstädten war zwar nicht unbedingt ein bekehrender, trug aber immerhin dazu bei, die Gläubigen in ihrer Einstellung zu bestärken.[18]

Erziehung und Elementarbildung

Der Modernisierungs-Prozeß der Periode um die Jahrhundertwende leitete nicht nur eine strukturelle, sondern auch eine größere Differenzierung der sozialen Rollen ein, als sie in der traditionellen Gesellschaft bestand. Das betraf namentlich die Rollen von Frauen und Kindern. Abgesehen von den begüterten Kreisen, wo Kinderfrauen und Erzieherinnen die Kinder betreuten, galt Kindererziehung nicht als eine Tätigkeit für sich, die von den Müttern rational angewandte Techniken verlangte. In den unteren Schichten war sie nur eine der vielen den Frauen zugeteilten Aufgaben, und manche Frauen mußten für den Familienunterhalt hinzuverdienen. Die Mittel- und Oberschichten hingegen sahen in der Kindheit einen Zustand, der besonderer Aufmerksamkeit und Lenkung bedurfte. Während diese Kreise sich bemühten, den Kindern von klein auf die geltenden Verhaltensnormen beizubringen, betrachteten die Unterschichten, auf dem Land wie in der Stadt, die Kindheit als einen nicht voll entwickelten Zustand menschlicher Existenz. Darum fehlte es bei ihnen an einer systematischen Bemühung, die Kinder schon vor Beginn der Schulzeit zu sozialisieren. Doch in der letzten Dekade des 19. Jahrhunderts versuchten die bürgerlichen Wortführer des Fortschritts, junge Mütter aus dem Arbeitsprozeß herauszulösen und ihr Rollenbild als Kindererzieherinnen und Gestalterinnen des Heims neu zu definieren. Sie definierten auch die Rolle des Kindes neu, indem sie nicht nur verlangten, alle Kinder sollten die Elementarschule besuchen, sondern auch die Forderung aufstellten, deren Mütter ihrerseits in der Schule in Kinderbetreuung und Haushaltslehre zu unterrichten.

Die Verfechter der Modernität wollten alle Menschen und alle

Aspekte des Lebens domestizieren und ›zivilisieren‹. In den Ländern Nordwesteuropas, die in der Industrialisierung am weitesten fortgeschritten waren, waren die Lohn- und Gehaltsempfänger bereits an die Disziplin und Arbeitsroutine gewöhnt, die ihre Jobs ihnen abverlangten. Gewohnheit war ihnen auch, daß sie in Fabriken und Bürostuben eingeschlossen arbeiteten und sich nach der Kontrolluhr zu richten hatten. Als das 19. Jahrhundert zu Ende ging, wollten die führenden Kreise dieser Länder auch das Privatleben der Massen regulieren. Sie sahen in der städtischen Arbeiterschaft eine Spezies mit zwei Arten: ungebändigt oder domestiziert. Ihr Ziel, das sie mit allen verfügbaren Mitteln verfolgten, bestand darin, die ›Ungebändigten‹ zu zähmen.

In Frankreich, um die Jahrhundertwende, war eines dieser Medien ›La jeune ménagère‹, ein Schulbuch, das in vielen Grundschulen benutzt wurde. Darin wird die Geschichte der ›Bekehrung‹ von Madame Perrin, einer ›ungebändigten‹, traditionell aufgewachsenen und daher ›unzivilisierten‹ jungen Mutter aus der Arbeiterklasse, durch Louise Raimbaud erzählt, die zwar aus derselben Schicht stammt, aber bereits ›domestiziert‹ ist. Madame Perrin vergeudet das Geld mit Einkäufen im Delikatessengeschäft, statt selbst billige, nahrhafte Mahlzeiten zu Hause zuzubereiten. Sie führt ihren Haushalt schlampig und ist schmutzig, ebenso hält sie ihr kleines Kind. Louise ist das ganze Gegenteil. Sie hat Ordnungssinn und bringt schon ihrer kleinen Tochter die Grundregeln der Hygiene bei, die sie selbst einst als Angestellte im Haushalt von Dr. Lambert erlernt hatte. Eines Tages beschließt sie, aus Madame Perrin eine bessere Wirtschafterin und Mutter zu machen.

»Ich will Ihnen sagen, wie ich es mache, meine kleine Marie aufzuziehen. Wenn sie erwacht, gegen sechs Uhr, nehme ich sie aus ihrer Krippe, ziehe ihr die Windel ab, die sie während der Nacht schmutzig gemacht hat . . . und lege sie in ihr Bettchen. Dann läßt sie mich ein oder zwei Stunden in Ruhe. Ich benutze diese Zeit, um meinen Haushalt zu machen; gegen acht Uhr gebe ich ihr ihr tägliches Bad . . . Dabei lasse ich sie fünf Minuten in der Wanne . . . und danach wird sie zum erstenmal gefüttert . . . ich lege sie wieder in ihr Bettchen. Sie hält noch einmal ein gesundes Schläfchen. Ich nutze diese Gelegenheit, um möglichst rasch meine Einkäufe zu machen. Gegen zehn Uhr wacht die Kleine wieder auf. Ich nehme sie einen Augenblick auf den Arm, um mich an ihr zu freuen, und dann lege ich sie wieder ins Bett.«[19]

Was Madame Perrin schließlich lernt, sind nicht nur ein paar vereinzelte Hinweise, sondern die Gewohnheit, ihr ganzes Verhalten Regeln zu unterwerfen und zu rationalisieren. So wie das Bad nur fünf Minuten in Anspruch nehmen darf, müssen auch die Liebkosungen, die sie ihrem Kind zuwendet, sorgfältig abgemessen sein. Die Verfasserin von ›La jeune ménagère‹ versucht durch Louise die Mädchen und jungen Frauen, die in Gefahr schweben, künftige Madame Perrins zu werden, von der Unwissenheit und Voreingenommenheit des Volkes und des eigenen Elternhauses zu befreien. Zusätzlich zu der Wirkung, die von den Schulen ausging, wurde der Gesundheitszustand der Kinder auch durch die Einführung der Pasteurisierung und die Verbreitung neuer Hygiene-Methoden durch Ärzte gehoben. Diese ›zivilisierenden‹ Einwirkungen trugen zweifellos das Ihre zum dramatischen Rückgang der Kindersterblichkeit in Frankreich bei, die von hundertvierundsiebzig pro tausend im Jahr 1890 auf hundertelf pro tausend im Jahr 1910 sank.[20]

So bestand der Zweck der ersten Elementarschulen in Europa, deren Besuch kostenlos und Pflicht war, nicht nur in der Unterweisung in Lesen, Schreiben und Rechnen, sondern auch in der Heranbildung gesunder, ordentlicher Menschen gemäß den Maßstäben der modern eingestellten Ober- und Mittelschicht. Die Schulen hatten den Auftrag, die von der Industrialisierung noch nicht erfaßten wie die industriellen Massen in die neuen, die modernen politischen, sozialen und ökonomischen Strukturen des Landes zu integrieren. In weiten Teilen Deutschlands, wo das öffentliche Erziehungswesen eine alte Tradition hatte, sollten sie auch sozialistischer Beeinflussung der städtischen Arbeiterschaft entgegenwirken.

Im frühen 20. Jahrhundert benützten die herrschenden Kreise Europas die öffentlichen Elementarschulen und die Schulpflicht dazu, die ersten Generationen von Kindern ›kulturell benachteiligter‹ Herkunft zu ›entbarbarisieren‹, obwohl Erziehungsreformer sich bereits bemühten, den Schülern durch allgemeine Kultur und Berufsausbildung mehr Chancen zu geben, ihre schlummernden Begabungen zu entwickeln. Allenthalben wurden den Schülern noch die bürgerlichen Gehorsamsbegriffe des 19. Jahrhunderts eingeimpft. Allenfalls wurde die Maxime »Prügel tun Kindern nur gut« von vorsichtigeren Strafprozeduren abgelöst, wie sie Sonnenscheins ›Cyclopaedia‹ etwa empfahl: »Ohrfeigen oder Schläge auf den Kopf jeglicher Art sind nicht empfehlenswert, ja sogar gefährlich. Das Gleiche gilt für Schläge auf Brust oder Unterleib. Die beste Körpergegend für Leibeszüchtigungen ist das Gesäß, wobei ein biegsamer Rohrstock, keine harte, starre Rute, verwendet werden sollte.«[21]

Englischen Kindern wurden die gleichen Tugenden der Selbsthilfe, des Fleißes und der Ausdauer eingeflößt, wie sie einst Samuel Smiles ihren Eltern und Großeltern gepredigt hatte. Um dieser Tugenden teilhaftig zu werden, so dozierte ein Kommentator, »muß der Schüler an Arbeit gewöhnt werden, die geduldiges Streben verlangt, und sollte er in sich Gleichgültigkeit gegen Mühsal entwickelt haben«.[22] In den liberalen Staaten Westeuropas unterwies man Jungen und Mädchen in ihren bürgerlichen Rechten und Pflichten und führte sie in die Probleme des gesellschaftlichen Zusammenlebens ein. Aber in einem Leitfaden für Lehrer, der bald nach 1900 in französischen Lehrerseminaren benutzt wurde, wurden diese gewarnt, allzuviel von Rechten zu sprechen, weil die Kinder dazu neigen würden, diese zu übertreiben, statt dessen solle man ihnen etwa sagen: »Mein braver Dreizehnjähriger, du hast deinen Beruf zu erlernen und Gehorsam gegenüber deinen Eltern und deinen Vorgesetzten einzuüben . . . deine Wählerstimme ohne egoistische Berechnung abzugeben, deinen Militärdienst mit Bescheidenheit und Ehrlichkeit abzuleisten und fleißig zu arbeiten, um deine Kinder großzuziehen und einzulösen, wozu du dich verpflichtet hast.«[23]

Das Bestreben der Volksschullehrer, akademischen Status zu erlangen, veranlaßte einige von ihnen, Bewegungen zur Bildungsreform zu unterstützen. Ihre niedrigen Gehälter und der Ausschluß aus dem höheren Schulwesen und dem akademischen Bereich hielten sie an der Untergrenze der kleinbürgerlichen Schicht. Dennoch stellte ihre Tätigkeit den wichtigsten ›gehobenen‹ Beruf dar, der es jungen Menschen ermöglichte, sich aus den Unterschichten zu lösen. In den ersten Jahren nach 1900 wirkten in Preußen, Frankreich und Großbritannien jeweils mehr als hunderttausend Elementarschullehrer. Zwar richtete sich fast überall die Mehrheit der Lehrkräfte nach dem, was ihnen von Amts wegen vorgeschrieben wurde, doch einige Weiterdenkende wollten ihren Schülern helfen, etwas mehr aus sich zu machen als nur brave, patriotische Arbeitstiere.

In den Jahren nach 1900 versuchten die neuen Lehrergewerkschaften, -verbände und -zeitschriften, die konservativen gesellschaftlichen Kräfte zu überwinden, und unterstützten die Bemühungen bürgerlicher Reformer, in einem Zeitalter des wachsenden Chancenangebots und technischen Fortschritts die Elementarbildung ›näher ans Leben‹ heranzuführen. In der ›New Education‹-Bewegung Englands spiegelten sich die Unsicherheiten wider, die der gesellschaftliche Wandel außerhalb des Klassenzimmers mit sich brachte. Sie propagierte die Einführung von Handarbeitslehre, die Unterweisung in den Naturwissenschaften, die Entwicklung der natürlichen Anlagen des Kindes, seiner Interessenvielfalt, die Hebung der Sittlichkeit und die körperliche Ertüchtigung. So hatten, obwohl es mit dem alten System bergab ging, die Lehrer, die sich Gedanken über eine Reform machten, bis 1914 ihre Sendung noch nicht gefunden.[24] In Preußen bestand eine größere Diskrepanz zwischen den sozialen Idealen, die an den Volksschulen gelehrt wurden, und der Realität der Gegenwart als in jedem anderen modernen Land. Um die Jahrhundertwende besuchten sieben Millionen Kinder diese Schulen, und die Schulabgänger, fast ausschließlich Kinder der Unter- und Kleinbürgerschicht, blickten auf einen Unterricht zurück, der hauptsächlich im Auswendiglernen von Bibelversen und Lektionen in vaterländischer Gesinnung bestanden hatte. Viele Lehrer fühlten sich der Volksaufklärung verpflichtet, aber von den herrschenden konservativen Kräften verraten, die ihre erzieherischen Bemühungen und ihre gesellschaftlichen und beruflichen Aspirationen durchkreuzten.[25]

Die Einführung der Schulpflicht im Elementarschulbereich diente auch der Verweltlichung des Erziehungswesens. In Frankreich und Italien wurde sie eigens zu dem Zweck eingeführt, der Katholischen Kirche, die den politischen Regimen dieser Staaten feindselig gegenüberstand, den Einfluß auf das öffentliche Leben zu beschneiden. In England komplizierte die Rivalität zwischen der Anglikanischen Staatskirche und den Nonkonformisten das Problem, unter wessen Leitung die Schulen des Landes stehen sollten, und verzögerte eine Lösung, bis die ›Forster Education Act‹ sie 1870 staatlicher Regie unterstellte. Dennoch wurde der Besuch einer staatlichen oder privaten Grundschule in England und Wales erst 1881 Pflicht und erst 1891 an den staatlichen Anstalten unentgeltlich. In den meisten Ländern Europas sorgten staatliche Inspektoren dafür, daß an den freien oder konfessionellen Schulen einheitliche Normen und Lehrpläne eingehalten wurden. So wurde der Einfluß der Kirchen überall durch staatliche Lenkung verringert. In Frankreich und Italien war der Religionsunterricht nicht länger Pflicht, wenn er auch in einigen italienischen Gemeinden weiterhin erteilt wurde, bis die Regierung im Jahr 1911 die Finanzierung aller Elementarschulen übernahm.

Wie andere Aspekte der Modernität nahm auch das Elementarschulwesen einen nationalen Charakter an. In einer Welt von Nationalstaaten konnte nur eine solche Struktur Bürger im wahren Sinn und Patrioten hervorbringen. Den Gemeinden fehlten sowohl das Interesse als auch die Mittel, diese Aufgabe zu erfüllen. Allenfalls konnten sie in einer Notsituation die Kosten für den Bau und Unterhalt einer Schule übernehmen und das Lehrergehalt zahlen. Aber sie waren außerstande, die Mittel für den ganzen Apparat aufzubringen, der zur Ausbildung der Lehrer notwendig war. An den unter staatlicher Ägide stehenden Lehrerseminaren wurden die künftigen Lehrer einer jeden Nation mit den Wertbegriffen der herrschenden Klassen indoktriniert und zu enthusiastischen Propagandisten dieser Werte herangezogen, wobei Ordnungsliebe, Reinlichkeit und Vaterlandsliebe im Vordergrund standen.

In allen Ländern legte man an den Volksschulen starkes Gewicht auf den Patriotismus. Daher verstärkte die Volksschulerziehung den wachsenden Nationalismus der Vorkriegsgeneration. In Rußland, wo erst im Jahr 1908 die Elementarschulpflicht eingeführt wurde, entwickelte sich der Patriotismus, die Loyalität und Treue zum eigenen Vaterland, gleichfalls erst spät, und nationalistische Strömungen, der Glaube an den Vorrang des eigenen Volkes und Feindseligkeit gegenüber anderen Nationen, beschränkten sich im wesentlichen auf die Nationalitäten innerhalb des Russischen Reiches wie beispielsweise den ukrainischen Nationalismus, der sich gegen Juden, Polen und Großrussen, und den lettischen, der sich gegen Großrussen und Deutsche richtete. Erziehung allein genügte nicht, um ein Volk von Patrioten hervorzubringen. Dennoch konnte die volle Bedeutung des Patriotismus nur erfassen, wer lesen und schreiben gelernt hatte.

Die Fähigkeit zum Lesen und Schreiben war die Mindestvoraussetzung für den vollen Staatsbürger-Status in einer modernen Gesellschaft. Nur ein Bildungswesen, das das ganze Land erfaßte, konnte den Massen helfen, diesen Status zu erreichen. Einige Länder, die über solche Strukturen verfügten, wiesen schon vor der Industrialisierung ein hohes Alphabetisierungsniveau auf: 1850 konnten in Schweden neunzig Prozent der Erwachsenen lesen und schreiben. In Schottland und in Preußen waren es achtzig Prozent.[26] England und Frankreich erreichten bis 1890 neunzig Prozent, hingegen lag zur gleichen Zeit die Ziffer in Italien bei weniger als fünfzig und in Rußland knapp über fünfundzwanzig Prozent. Vor 1914 konnte ein ansehnlicher Teil der Arbeit in der Industrie noch von Analphabeten verrichtet werden, wenn auch vermutlich ein gewisses Maß an technischem Sachverstand notwendig war. Nur der, der lesen und schreiben konnte, war wirklich in der Lage, seine Rechte zu beanspruchen und auszuüben. Damit hing der Grad der politischen Modernisierung in den meisten Ländern ebensosehr vom Anteil ihrer Bürger mit Grundbildung wie von ihrem Industrialisierungsniveau ab.

Die Aufgeschlossenheit für die Industrialisierung wiederum war vom Niveau der Grundbildung in den verschiedenen Regionen und Ländern abhängig. Es war ebenso wichtig wie der Grad, in dem Märkte als Kanäle für die Produktion wie den Konsum dienten. Menschen mit einem gewissen Bildungsstand zeigten mehr Bereitschaft als Analphabeten, sich auf die Veränderungen einzustellen, die der Prozeß der sozialen und politischen Modernisierung mit sich brachte. Sowohl Massenbildung als auch ein gewisses Maß an technischer Ausbildung wurden für die Gesellschaft im Modernisierungs-Prozeß zusehends wichtiger, wenn sie mit der fortschreitenden Technik Schritt halten wollten.

Die Schulen sollten menschliche Reserven für die Bedürfnisse der modernen Gesellschaft mobilisieren, wenn auch noch immer viel berufliche und technische Ausbildung am Arbeitsplatz notwendig war. Die Hauptvorteile gut geleiteter Elementarschul-Systeme bestanden in der Grundlage, die sie für anspruchsvollere Berufsarbeit liefern konnten, sowie in ihrer Fähigkeit, Mobilität zu stimulieren und zu erleichtern, womit sie dazu beitrugen, Begabungen entsprechend den Bedürfnissen der Gesellschaft auszuwählen. In der Praxis wurden diese Vorteile in den meisten europäischen Ländern vor dem Ersten Weltkrieg nicht voll genutzt. Die überwältigende Mehrheit der Schüler in den öffentlichen Grundschulen Europas schloß ihre formale Erziehung mit dem elften Lebensjahr ab. Diejenigen, die ihre Ausbildung fortsetzten, gingen entweder auf Berufsschulen oder Lehrerbildungsstätten über, die beide als Fortsetzung des Elementarschulzweiges galten. Wollten Eltern ihre Kinder echte höhere Schulen (öffentliche wie private) besuchen lassen, mußten sie dafür Geld aufbringen und die Kinder drei bis fünf Jahre in privaten vorbereitenden Schulen verbringen, um sich für die Zulassung zu qualifizieren. Das höhere Schulsystem und der akademische Studiengang haben sich während der Periode zwischen etwa 1880 und 1914 wenig verändert und standen unter konservativen Einflüssen.

So leisteten die Elementarschulen in Europa zwar nur Unzulängliches bei der Förderung der Mobilität und der Begabungsauswahl, aber sie beeinflußten ihre Schüler in vielfacher Weise. Die meisten sprachen zwar den Rest ihres Lebens weiterhin den lokalen Dialekt, aber ihre Lehrer hatten ihnen das Gefühl vermittelt, daß dies rückständig sei. Sie hatten mit der Hochsprache umgehen gelernt und waren neuen Einstellungen ausgesetzt gewesen, die vielen dabei halfen, sich den Strömungen der Modernisierung anzupassen. Schüler auf dem Land hatten erfaßt, daß es eine größere Gesellschaft, jenseits ihrer Heimatdörfer, gab. Dieses Bewußtsein verband sich bei den mehr als acht Millionen Franzosen, die bis 1905 in der Schule ›Le Tour de la France par deux enfants – devoir et patrie‹ gelesen hatten, mit patriotischen Empfindungen. In allen Ländern hatten Schulkinder in ländlichen Gebieten und Kleinstädten aus ihren bebilderten Schulbüchern Eindrücke vom Stadtleben und seinen Wertvorstellungen vermittelt erhalten. Die erfolgreiche Konditionierung, mit der ihnen bürgerliche Wertnormen beigebracht wurden, war zwar offensichtlich von Fall zu Fall verschieden, und viele blieben auch als Erwachsene unordentlich, faul, unreinlich und verantwortungslos. Aber sie hatten zumindest gezeigt bekommen, wie man, mit den Augen der Mittel- und Oberschichten gesehen, zu anständigen Arbeitnehmern und Staatsbürgern wird, und eine kleine, doch wachsende Zahl von ihnen setzte ihre Ausbildung bis in die Mitte des zweiten Lebensjahrzehnts fort.

Die soziale Mobilisierung der jungen Männer auf dem Kontinent wurde durch die Ableistung ihrer Militärdienstpflicht vollendet, die um das zwanzigste Lebensjahr begann. In Rußland, Italien und anderen Ländern mit hohen Analphabetenziffern lernten zahlreiche Rekruten das Lesen erst beim Militär. So stieg in Rußland der Anteil der des Lesens und Schreibens Kundigen beim Militär von zweiundzwanzig Prozent im Jahr 1880 auf achtundsechzig Prozent im Jahr 1913.[27] Die Grundausbildung war einfacher als heutzutage, versuchte aber immerhin, den Rekruten Hygienebegriffe, Disziplin und Gehorsam gegenüber Autoritäten einzuflößen. Junge Männer, die noch nie ein Spülklosett gesehen hatten, lernten aus einem gedruckten Handbuch, wie sie damit umzugehen hatten. Stundenlanger Drill, wie in ihrer Kindheit das Stillsitzen im Klassenzimmer, richtete die Männer auch für die Anforderungen der modernen Arbeitsdisziplin ab. Und Strafen für Disziplinverstöße in Schule und Armee bereiteten sie auf ähnliche Bestrafungen im Arbeitsleben vor. Ständig wurden sie über ihre Pflichten gegenüber der Einheit, der Armee, der Nation belehrt. Die Indoktrination konditionierte sie auch dafür, im Zivilleben effektiv in Großorganisationen zu arbeiten. Die militärischen Gewohnheiten, die ihnen beigebracht worden waren, schliffen sich zweifellos ab, sobald sie das Militär verlassen hatten, der Patriotismus aber schwächte sich nicht. Nur in seltenen Fällen vergaßen sie, wer die Feinde der Nation waren oder daß es ihre Pflicht sei, notfalls für das Vaterland zu sterben, wenn damit seine Niederlage in einem Krieg verhütet werden konnte.

Die Armeen stellten die älteste Form der Massenorganisation dar. Vor dem 19. Jahrhundert waren allein sie imstande, große Zahlen einander unbekannter Menschen auf Dauer und mit einer bewußt abgegrenzten Funktion zu mobilisieren. Im übrigen waren die Strukturen traditioneller Gesellschaften kommunaler Natur und vergleichsweise unspezialisiert. In den meisten verband die Menschen, die einander kannten, daß sie zusammen arbeiteten, zusammen lebten und gemeinsame religiöse und kulturelle Normen teilten. Der bäuerliche Dorfbewohner und der adelige Grundherr bewegten sich in verschiedenen Welten und sprachen zuweilen verschiedene Sprachen, doch sie wußten genau, welches Verhalten sie voneinander zu erwarten hatten. Wenn man einmal in einen bestimmten Kreis aufgenommen war, war man nicht nur freiwilliges Mitglied beispielsweise einer Priesterschaft oder Zunft. Man war in eine geschlossene Gemeinschaft integriert, die sich sämtlicher Lebensbelange annahm.

Um die Jahrhundertwende machten die Entwurzelung großer Menschenmassen und die zunehmende Differenzierung städtischer Sozial-

Kürassiere beim Lanzenexerzieren.
Lichtdruck nach einer Zeichnung von C. Röchling, um 1880

strukturen es dem einzelnen immer schwerer, sich an einem festen sozialen Standort in einer überschaubaren Gemeinschaft zu definieren. Zum einen wurde ihm graduell zu Bewußtsein gebracht, daß er an der Gesamtkultur seines Volkes Anteil hatte, zum andern begann er, indes er in eine neue soziale Gruppe einrückte oder in sie gezwungen wurde, durch Lebensform und Gefühlsstruktur der Angehörigen dieser Gruppe nach einer neuen Identität zu suchen. In traditionellen Gesellschaften bestimmte der Platz, den man in der Sozialstruktur einnahm, die eigene Identität; die Kultur der Sozialgruppe, der man angehörte – ihre Lebensform und Gefühlsstruktur –, hatte als unbewußte Stütze für den Status gedient, der einem zugeschrieben wurde. Je flexibler in modernen Gesellschaften die Sozialstruktur wurde und je mehr Mobilitätschancen es gab, um so mehr wurde die Kultur, in der man lebte, die einzige Handhabe, um zu bestimmen, wer man war und wie die Interessen der Gruppe, der man angehörte, beschaffen waren.

Das Bewußtwerden neuer Gruppeninteressen ging in der Regel ihrer Mobilisierung in Organisationen voraus. Das Bewußtsein der Zugehörigkeit zur Arbeiterklasse und die Versuche von Parteien und Gewerkschaften, es zu mobilisieren, berührten die zahlenstärkste Sozialgruppe. Doch die Arbeiterbewegung war nicht das einzige Beispiel der Tendenz zur Mobilisierung der Massen. »Große Gruppen von Menschen ... wurden nun entwurzelt, zogen in die Städte, wurden in neue Beschäftigungen gestoßen, von denen ihre Väter und Großväter nie geträumt hätten, bedroht und verlockt in einer Weise, wie sie noch nie bedroht und verlockt worden waren, und von Männern organisiert, die sich anheischig machten, ihre ideologische Führung zu übernehmen.«[28] Der Umbruch brachte nicht nur die Arbeiterbewegung hervor, sondern veranlaßte auch ethnische Minderheiten, Frauen, junge Menschen, Lehrer und Schriftsteller, sich neuer Gruppeninteressen bewußt zu werden und sich zu deren Verteidigung zu organisieren.

Die politischen Parteien waren die lockersten und heterogensten Massenorganisationen, die sich um 1900 entwickelten. Während die Rolle der Zentralregierungen sich erweiterte, strebten alte und neue Interessengruppen danach, Einfluß auf den politischen Entscheidungsprozeß und die politische Praxis zu gewinnen. In Großbritannien, Frankreich und Italien – den großen europäischen Staaten, in denen der Parlamentarismus am besten funktionierte – bemühten sich alle Parteien (außer jenen, die den Anspruch erhoben, die ausschließlichen Sachwalter der Arbeiter und ihrer Interessen zu sein), mehr nationale als Klassenpar-

Kundgebung der Sozialdemokratischen Partei Deutschlands, mit Richard Fischer als Redner gegen das preußische Dreiklassen-Wahlrecht um 1910/1913. Fotografie

teien zu sein, wenn sie auch in der Praxis dazu neigten, die Interessen der Mittelschicht zu vertreten. Teils auf Wählerstimmen bedacht, teils um ihr Gewissen reinzuwaschen und teils, um den militanteren Arbeiterorganisationen Mitglieder abspenstig zu machen, förderten die am Ruder befindlichen bürgerlichen Liberalen in diesen Ländern eine Gesetzgebung, die bis zu einem gewissen Grad fortschrittlich war. Doch die Mehrzahl der Arbeiter in Europa war mißtrauisch gegen soziale Reformen von oben und gegen jeden staatlichen Eingriff in ihr Leben, sei es in Form der Schulpflicht, der Schutzimpfung, einer Begrenzung der Überstundenarbeit oder staatlicher Versicherungsprogramme. Die Anhänger der sozialistischen Parteien sahen diese Organisationen mehr als Verteidiger der bestehenden Lebensform ihrer Gefolgschaft denn als Träger des Wandels. In der Regel war die Führung dieser Parteien revolutionärer gesinnt als das Gros der Mitglieder. Die deutsche Sozialdemokratische Partei hatte ein breitgespanntes Netz von Hilfsgruppen, die eine eigenständige Arbeiterkultur für die Masse der Parteimitglieder aufzubauen und ihnen eine – gegenüber der nationalen Gesellschaft – gewissermaßen negative Integration zu verschaffen versuchte. Die anderen Parteien waren überwiegend kaum mehr als Wahlbündnisse eines einigermaßen bunten Gemisches von Interessengruppen.

Die Entwicklung der Gewerkschaftsbewegung als Instrument zur Verteidigung der Interessen der Arbeiterklasse insgesamt nahm im 19. Jahrhundert ihren Anfang. Bis zu den achtziger Jahren gab es nur die Gewerkschaften der Handwerker (Facharbeiter) im Druckerei-, Bekleidungs-, Bau- und mechanischen Gewerbe. Diese Handwerkergewerkschaften befaßten sich in der Hauptsache mit der genossenschaftlichen Versicherung ihrer Mitglieder und Selbsthilfe gegen die Risiken von Berufsunfällen, -krankheiten und Todesfall. Sie wandten nur selten das Mittel der Arbeitsniederlegung an, um ihre Verhandlungsposition gegenüber den Arbeitgebern bei Lohnabschlüssen zu stärken. Ihre Mitglieder betrachteten sich als eine Arbeiterelite und zeigten nur wenig Interesse für andere Gewerkschaften und überhaupt keines an der Arbeiterklasse als Ganzem. Es waren die neuen, sich nach den späten achtziger Jahren entwickelnden Industriegewerkschaften un- und angelernter Arbeiter, die zu Massenorganisationen mit einem starken Klassenbewußtsein heranwuchsen.

Am Beginn der Gewerkschaftsbewegung im Industriebereich stand eine Reihe langer und mit Erbitterung geführter Streiks der bis dahin nicht organisierten belgischen Gruben- und Glasarbeiter im Jahr 1886. Ihm folgten 1889 ein Ausstand der Londoner Hafenarbeiter und der Bergleute im Ruhrgebiet, 1891 und 1892 Streiks der französischen Holzfäller. Der Erfolg dieser Ausstände gab den beteiligten Arbeitern ein neues Gefühl der Solidarität. Doch trotz der Bemühungen einiger ihrer Führer, den neuen Industriegewerkschaften – und insbesondere ihren nationalen Verbänden – eine ideologische Richtung zu geben, war es der Masse der Mitglieder weiterhin vor allem um die Behebung ihrer jeweiligen Beschwerden zu tun. Darin ähnelte sie den Angehörigen der älteren Handwerkergewerkschaften. Das Neue an den Industriegewerkschaften waren ihre Größe und eine Neigung zur Violenz, die durch die von Unternehmern und Polizei angewandten Gewaltmethoden zum Brechen der Streiks stark gefördert wurde.

Die Solidarisierung, die sich während der Streiks entwickelte, stärkte das Klassenbewußtsein, das sich bei den un- und angelernten Arbeitern in Reaktion auf ihre Arbeits- und Lebensbedingungen herausbildete. Die Mechanisierung der Betriebe, die Arbeitsteilung und die Isolierung von ihren Arbeitgebern verhinderten, daß die Arbeiter jenes informelle persönliche Beziehungssystem und das Bewußtsein, mit ihrer Arbeit etwas zu leisten, entwickelten, wie sie den Industriehandwerkern inneren Rückhalt gaben. Neben ihren niedrigen Löhnen und der Schutzlosigkeit gegen einen Arbeitsplatzverlust machte ihre Zusammendrängung in abgesonderten städtischen Mietskasernen sie ihres proletarischen Status empfindlich bewußt.

Obwohl in den ersten Jahren nach 1900 zahlreiche neue Mitglieder in die Gewerkschaften eintraten, erreichte die Bewegung nirgendwo im Organisatorischen oder in der Zielsetzung volle Solidarität. Zwischen 1900 und 1913 stieg die Zahl der gewerkschaftlich organisierten Arbeiter in Großbritannien von zwei auf vier Millionen, in Deutschland von achthundertfünfzigtausend auf drei Millionen und in Frankreich von einer viertel Million auf eine Million. Doch zum einen war in keinem Land die Mehrheit der Lohnbezieher überhaupt organisiert, und zum anderen bestanden auch zwischen den Gewerkschaften selbst in den meisten Ländern starke Meinungsverschiedenheiten über das taktische Vorgehen und die ideologische Orientierung. Nach 1906 – als das Oberhaus die Taff-Vale-Entscheidung von 1901 revidierte, die die Gewerkschaften für Verluste der Arbeitgeber durch Streiks haftbar machte – verfolgten die englischen Gewerkschaften im Streben nach sozialer Gerechtigkeit eine doppelte Strategie: innerhalb der Betriebe Fortschritte zu erzielen und auf das Parlament Einfluß zu nehmen. Die meisten lehnten den syndikalistischen Gedanken politischer Streiks und den marxistischen Glauben an den Klassenkampf ab. Auf dem Kontinent hingegen gab es getrennte Vereinigungen syndikalistischer, sozialistischer und katholischer Gewerkschaften. Als Individuen waren Facharbeiter politisch oft radikaler als die ungelernten Arbeiter. Der Grund lag teils in ihrem höheren Bildungsstand und damit in einer größeren Aufgeschlossenheit für neue Ideen und teils darin, daß sie sich durch die Mechanisierung und die Standardisierung der Industrieprodukte stärker gefährdet fühlten. Dennoch mieden ihre Gewerkschaften weiterhin das politische Terrain und eine Solidarisierung mit den ungelernten Arbeitskräften.

Noch schwerer war eine Solidarisierung mit Arbeitern im Ausland zu erreichen. Nur bei einigen Gelegenheiten, namentlich dem Generalstreik in Rußland 1905, demonstrierten die Arbeiter in Westeuropa eine gewisse Solidarität. Hingegen entwickelten die Arbeiter und ihre Organisationen oft eine vehemente Feindseligkeit gegenüber ausländischen Arbeitern, von denen sie ihren eigenen Lebensstandard bedroht fühlten. Deutsche Bergleute beispielsweise waren voll Erbitterung gegen ›importierte‹ polnische Arbeiter im Ruhrgebiet; englische Arbeiter sahen in der Einstellung chinesischer Kulis in die Wirtschaft Südafrikas eine Sperre, die ihnen eine Auswanderungsmöglichkeit verschloß.

Die Gewerkschaften waren noch weit von der Machtstellung entfernt, die sie heute einnehmen. Die Angestellten waren überhaupt nicht organisiert, wenn man von den Lehrern und Postbediensteten in einigen Ländern absieht. Am Vorabend des Ersten Weltkrieges gehörten in Großbritannien nur fünfundzwanzig Prozent aller Lohnempfänger Gewerkschaften an. In Deutschland waren es zwanzig, in Frankreich nur zwölf und in Italien weniger als zehn Prozent. Selbst in den am stärksten durchorganisierten Industriezweigen gab es das ›Closed shop‹-System noch nicht. Die ausschließliche Vertretung bei Tarifverhandlungen in bestimmten Beschäftigungszweigen war noch kein gesichertes Recht wie heute. Bis es dazu kam, waren die Gewerkschaften nicht in der Lage, Forderungen zu stellen wie nach bezahltem Urlaub, Betriebspensionen und Mitwirkung der Arbeiter bei betrieblichen Grundentscheidungen.

Zunächst jedoch war die Mobilisierung von Millionen Arbeitern in Gewerkschaften eine beunruhigende Neuerung für alle Beteiligten. Sie hob nicht nur das Klassenbewußtsein der Arbeiter selbst, sondern verstörte auch die Arbeitgeber und die Mittel- und Oberschicht. Dahin waren die Zeiten, da die Arbeiter nur aufbegehrten, wenn ihr Elend wirklich unerträglich wurde. Nun waren sie anspruchsvoller geworden und streikten auch, wenn es ihnen vergleichsweise gut ging. Sie forderten jetzt bessere Lebensbedingungen, die über das Existenzminimum hinausgingen. Die Mehrzahl wollte zwar nicht die kapitalistische Ordnung stürzen, aber die radikale Rhetorik mancher ihrer Führer und dazu die Gewalttätigkeit und die Ausmaße einiger Streikbewegungen schufen den Eindruck einer revolutionären Gärung. Um sie zu entschärfen, leiteten manche Regierungen nicht nur gesetzgeberische Maßnahmen zur Verbesserung der Sozialfürsorge, sondern auch imperialistische Kriege ein. Dieser ›Sozialimperialismus‹ spielte zweifellos eine Rolle in den Kriegen, die England 1899 bis 1902 gegen die Buren, Rußland 1904/05 gegen Japan und Italien 1911/12 mit der Türkei um den Besitz Libyens führte.

Von wenigen Ausnahmen abgesehen – dem ›Orange Order‹ in Ulster, der Deutschen Arbeiterpartei in Österreich und Böhmen und dem jüdischen ›Bund‹ in Russisch-Polen – hatte der Nationalismus bis zum Ausbruch des Ersten Weltkrieges nur eine sehr begrenzte Anhängerschaft innerhalb der Arbeiterklasse. In jedem Land konnten die nationalistischen Führer Tausende, aber keine Millionen mobilisieren, und ihr Anhang entstammte zum größten Teil dem Kleinbürgertum. Dennoch waren die nationalistischen Bewegungen Beispiele dafür, wie in dieser Zeit des Aufbruchs Massen einander unbekannter Menschen in Organisationen zur Verteidigung neu definierter Interessen getrieben werden konnten. Eine Massenmobilisierung dieser Art war zum erstenmal ein Jahrhundert vorher, während der durch die Französische Revolution ausgelösten Kriege, in Erscheinung getreten und in mehreren Ländern periodisch wiedergekehrt. In den ersten Jahren nach der Wende zum 20. Jahrhundert war sie weiter verbreitet und dauerhafter als je zuvor. Die nationalistischen Organisationen unterdrückter Völker wie die der Iren, Tschechen und Polen hatten ihre eigenen Bünde, Zeitungen und politischen Parteien. In Frankreich, Deutschland und Italien versuchten die nationalistischen Organisationen, die politischen Maßnahmen des Staates direkt zu beeinflussen.

Zwar wandten sich einige Intellektuelle, um ihren Gefühlen der Entfremdung und Isolierung Ausdruck zu geben, nationalistischen Organisationen zu, aber andere, Künstler und Liberale, riefen neue ästhetische Bewegungen ins Leben. Die Gruppen waren klein und formal kaum, wenn überhaupt, organisiert, doch daß diese Menschen überhaupt das Bedürfnis fühlten, sich zusammenzuschließen, war in den meisten Ländern ein Phänomen ohne Beispiel. Die Kubisten, Expressionisten und Futuristen versuchten jeweils auf ihre eigene Weise, durch ihr Schaffen der modernen Zivilisation neue Ausdrucksformen zu geben. Sie veröffentlichten darüber hinaus Manifeste und Zeitschriften und organisierten eigene Kunstausstellungen. Und berühmte Schriftsteller wie George Bernard Shaw, Anatole France und Maxim Gorki trugen dazu bei, den Gedanken populär zu machen, daß die Intellektuellen als Klasse sich in den Dienst des Sozialismus und anderer linker Anliegen stellen sollten.

Die moderne Entwicklung der Zeit stimulierte auch das Wachstum feministischer Bewegungen. Bis dahin hatte es keine Frauenorganisationen oder Interessenverbände gegeben. Einige wenige weibliche Kämpfernaturen hatten zwar das weibliche Stimmrecht, bessere Erziehung und Geburtenkontrolle verfochten, aber nur wenig Unterstützung in der Öffentlichkeit gefunden. Doch bald nach der Jahrhundertwende entwickelte sich in großen Teilen Westeuropas und Nordamerikas die Frauenfrage zu einer ›Cause célèbre‹. Frauenorganisationen warben erfolgreich für feministische Anliegen in ihren eigenen Ländern und beteiligten sich an internationalen Frauenkongressen. Die Suffragetten in England verfolgten eine besonders rauhbeinige Taktik. Auf stillere Weise förderten feministische Organisationen in Deutschland und Skandinavien die Sache der Chancengleichheit und setzten sich für die

Interessen lediger Mütter und anderer Opfer traditioneller Vorurteile der etablierten Gesellschaft ein.

Die Mobilisierung junger Menschen ging von der radikal modernen Idee aus, daß Halbwüchsige, ja sogar Neun- und Zehnjährige, richtige Menschen mit eigenen Interessen seien. Da die meisten Kinder nach wie vor arbeiten mußten, sobald sie vierzehn Jahre alt waren, brauchten, wie es schien, nur jene aus den bürgerlichen Schichten ihre eigene Subkultur außerhalb der unter Erwachsenenaufsicht stehenden Schulen, die sie besuchten. Die Jugendbewegung in Deutschland war das hervorragende Beispiel von Selbstmobilisierung durch bürgerliche Oberschüler und Gymnasiasten. Die Bewegung wandte sich nicht nur gegen die autoritären Strukturen von Familie und Schule, sondern lehnte auch den Materialismus und ganz allgemein eine verstädterte Kultur ab und suchte Erfüllung im Wandern, im Singen und Tanzen sowie in einer menschlich orientierten Kameradschaft. In England gründete eine Gruppe Erwachsener, der die Jugend am Herzen lag, die Pfadfinder-Organisation, um halbwüchsigen Jungen aus den bürgerlichen Schichten einen Geschmack am Leben in der freien Natur und zugleich die Tugenden des Dienens, des Gehorchens und des Patriotismus zu vermitteln.

Der Modernisierungs-Prozeß verlief nicht in einem einheitlichen Rhythmus von Ort und Zeit. Einstellungen, Vorstellungen und Erwartungen interpretieren Erfahrungen und tragen dadurch zur Verhaltensformung bei, aber sie stehen hinsichtlich verschiedener Aktivitäten häufig nicht im Einklang. Machtvolle kulturelle Kontinuitäten und Anpassungsprozesse formten auch in Perioden raschen wirtschaftlichen und gesellschaftlichen Wandels weiterhin das Verhalten unterschiedlicher sozialer Gruppen. Männer und Frauen, die in dörflichen Kulturen großgeworden waren, unterschieden sich in den kulturellen und Arbeitsgewohnheiten, die sie in die Fabriken mitbrachten, stark von den städtischen Facharbeitern. Die Auswirkungen der Modernisierung setzte die Familie und die traditionelle Sozialstruktur starken Belastungen aus, doch zahlreichen Veränderungen zum Trotz konnten sie sich behaupten.

Konservative Kräfte

Die von den modernen Strömungen der Zeit am stärksten bedrohten Klassen und Gesellschaftsgruppen versuchten am hartnäckigsten, ihre althergebrachte Lebensform zu verteidigen. Allerorten war angesichts des aggressiven Vordringens Bürgerlicher in der Politik und in der Industriewirtschaft der Einfluß der Aristokratie geschwunden. Dennoch hielten nach wie vor Adelige zahlreiche wichtige Positionen besetzt. Die exklusiven höheren Schulen in Europa – im Verein mit etlichen Populärromanciers und Operettenlibrettisten – hielten sogenannte ritterliche Wertbegriffe wie Mut, Charme und gute Manieren, Verachtung schnöden Geldverdienens, die Betonung der ästhetischen Dimension des Lebens und ein patriarchalisches Verhalten gegenüber Untergebenen hoch. Die Staatskirchen, die außerhalb ihrer eigenen Reihen nur wenige Verteidiger fanden, verurteilten alle Modernismen von der öffentlichen Erziehung über den Sozialismus bis hin zum Fahrrad, vom öffentlichen Tanz bis hin zum Kino, weil darunter die kirchlichen Aktivitäten der Gemeindemitglieder litten. Unter den einfachen Leuten waren die Bauern und selbständigen Handwerker am stärksten vom wirtschaftlichen Fortschritt bedroht. Manche zogen einfach fort, andere wandten sich dem revolutionären Radikalismus zu. Viele Menschen aber, hauptsächlich der herrschenden und etablierten Schichten, suchten an ihren traditionellen Lebenseinstellungen und ihren hergebrachten Verhaltensmaßstäben festzuhalten.

In Wien, der Stadt, die so viele revolutionäre Bewegungen auf künstlerischem und geistigem Gebiet hervorbrachte, war die Hofhaltung Kaiser Franz Josephs ein exemplarisches Beispiel des Widerstandes gegen moderne Entwicklungen und Veränderung in jeder Form. Daß Queen Mary, Gemahlin Georgs V., es ablehnte, das Telephon zu benutzen, hatte kaum Wirkung auf das Leben in Großbritannien. Aber Franz Josephs hartnäckiges Beharren auf Petroleumlampen und Installationen aus dem 18. Jahrhundert in der Hofburg symbolisierten die Entschlossenheit des österreichischen Kaisertums, am Bestehenden festzuhalten.

Kaiser Franz Joseph in seinem Arbeitszimmer in der Wiener Hofburg. Fotografie, um 1900/1910

In seiner Geringschätzung für das Leistungsdenken des städtischen – namentlich jüdischen – Liberalismus fand der greise Kaiser beim Adel und einem großen Teil des Kleinbürgertums Beifall. Österreicher aller Schichten unterstützten seinen Widerstand gegen die nationalen Aspirationen der Völker des Reiches.

In jedem Land behauptete sich vielfach die Mentalität bestimmter Sozialgruppen – ihre Sicht der Ereignisse in der Welt und die Art ihrer Reaktion darauf – trotz der ökonomischen und gesellschaftlichen Veränderungen, die sich auf das Leben ihrer Mitglieder auswirkten. In diesem ›Nachhinken‹ zeigte sich die wachsende Bedeutung der Kultur als Bestimmungsgrundlage der eigenen Identität, während die Gesellschaftsstrukturen sich stärker differenzierten. Bevor sich modernes Gedankengut in breitem Umfang bemerkbar machte, hielten Adelige, Priester, Bauern und Handwerker ihre Kultur für selbstverständlich und waren sich gar nicht ihrer spezifischen Mentalität bewußt. Sie taten und dachten einfach, was von ihnen erwartet wurde. Doch sobald andere Sozialgruppen damit begannen, ihre eigene Mentalität zur Geltung zu bringen und hergebrachte Gruppenunterscheidungen in Zweifel zu ziehen, wurden die älteren Klassen bewußt defensiv. Manche ihrer Mitglieder klammerten sich, wenn sie entwurzelt, deklassiert oder übergangen wurden, um so hartnäckiger an eine Denkungsart und Lebensform, die ihnen zuweilen als einziges geblieben war, um von Fremden und Emporkömmlingen distanziert zu leben. Das Europa vor 1914 war voll von Aristokraten, die verarmt, doch standesbewußt, ihre gesellschaftliche Exklusivität zu bewahren versuchten, von Geistlichen, die sich noch immer das Recht anmaßten, in weltlichen Angelegenheiten zu urteilen, von entwurzelten Bauern, die fern der Heimat an Sitte und Denkungsart des Dorfes festhielten, von Handwerkern in der Industrie, die sich nicht wie normale Fabrikarbeiter benehmen mochten.

Der Adel

Um die Jahrhundertwende verstand man unter Aristokratie im allgemeinen den Erbadel. In Großbritannien, wo nur der erstgeborene Sohn Stand und Titel des Vaters erbte, schloß diese Klasse auch die »in Muße lebenden Vornehmen« ein, die zumeist Familien des Adels entstammten. Obwohl der Feudalismus – die Herrschaft des Grundadels – in Europa seit langem erloschen war, spielten Angehörige dieser Klasse nach wie vor eine dominierende Rolle in der vornehmen Gesellschaft, dem höheren Offizierskorps, den Staatskirchen, im diplomatischen Dienst und in der hohen Staatsbürokratie. Doch beruhte der Charakter der aristokratisch-exklusiven Klasse weniger auf tatsächlicher Macht als auf edler Geburt und gemeinsamer Kultur.

Im Adel kannte jeder den Platz, der ihm gebührte. Er wußte genau, wer über oder unter ihm rangierte. Unter den sechshundertfünfzig britischen Pairs (Peers) im Jahr 1900 nahm beispielsweise der Herzog von Fife, der 1889 die Peerswürde erhalten hatte, den 27. und der Marquess von Winchester, dessen Würde auf das Jahr 1551 zurückging, den 28. Platz ein. Der ›Gotha‹[1] verzeichnete die Mitglieder der regierenden und ehemals regierenden fürstlichen Familien Europas. Dieses Adelsregister verzeichnet noch französische Geschlechter, deren Status und Privilegien bereits die Französische Revolution hinweggefegt hatte, und vormals reichsständische Fürstenhäuser, deren Selbständigkeit mit der Auflösung des Römisch-Deutschen Reiches beendet worden war. Der ›Gotha‹ hat noch mehrere Abteilungen, in denen der deutsche Adel registriert ist. Der englische Adel war teils in Burkes ›Dictionary of the Peerage‹ (Pairsregister), teils in den Verzeichnissen ›Baronetage‹ (Register der Baronets) und der ›Landed Gentry‹ (Register des Kleinadels) aufgeführt. ›Tout Paris‹ enthielt sowohl nichtfürstliche und nichtherzogliche Familien der französischen Aristokratie als auch wohlhabende und angesehene Bürgerliche. Die meisten Aristokraten kannten ›ihre‹ Familien auswendig und wußten, wer zu ›ihrer‹ Welt und ›ihrer‹ Gesellschaft‹ gehörte.

Der Adel war die am stärksten kosmopolitische Klasse Europas. Zwar diente er in der Mehrzahl loyal seinem Vaterland, aber Nationalismus war in seinen Augen vulgär. Neugeadelte und der ländliche Kleinadel waren weniger kosmopolitisch als der alte französische und deutsche Hochadel, die vielfach miteinander versippt waren. Als der Krieg kam, sollten die Söhne dieser Familien im Feld fallen, während ihre älteren Mitglieder beklagten, daß sie den Kontakt zu ihrer Verwandtschaft jenseits der Grenze verloren.

Die Reaktionen des europäischen Adels auf die Modernisierungsprozesse waren unterschiedlich, lassen sich aber in mehrere einigermaßen voneinander abgegrenzte Kategorien aufteilen. Die erste Kategorie lehnte es ab, etwas mit der modernen Welt zu tun zu haben, und versuchte hochmütig, davon abgesondert weiter zu leben.

In jedem Land gab es solche Aristokraten wie auch geringere Mitglieder des Adels, die sich in abgewohnten Appartements oder heruntergekommenen Landhäusern an ihrer altmodischen Denkungsart festklammerten. Die Söhne verarmter Familien aus minderem Adel schlugen die Offizierslaufbahn ein, aber die Töchter konnten häufig keinen Gatten von Stand finden und lebten zwischen ihren Handarbeiten und der Gemeindekirche.

Die zweite Kategorie, die eleganten Kreise der wohlhabenden Aristokratie, war mehr auf der Höhe der Zeit. Die Fürstin Metternich in Wien, die Herzogin Rohan in Paris und Lady Warwick in London veranstalteten die prächtigsten Feste in der großen Gesellschaft und förderten die führenden Geister in Literatur, Musik, bildender Kunst und Politik. Aristokraten von diesem Typus waren wegen ihrer Weltläufigkeit, ihrer oberflächlichen Brillanz und ihrer scheinbar fortschrittlichen Denkungsart begehrte Objekte der Berichterstattung in der Presse. Manche von ihnen gingen sogar dazu über, ihre Salons angesehenen Juden zu öffnen, was von Angehörigen der ersten Kategorie stark beklagt wurde.

Die dritte Kategorie setzte sich vor allem aus jungen Männern des Adels zusammen, die ihre Junggesellenzeit und noch manches Jahr danach damit verbrachten, sich ein lustiges Leben mit Mitgliedern der unteren Klassen zu machen. In Theodor Fontanes Roman ›Irrungen, Wirrungen‹ (1887) unterhält Baron Botho von Reinäcker, ein junger, in Berlin stationierter Offizier, ein Verhältnis mit Lena Nimptsch, der Tochter einer Waschfrau, läßt sie aber sitzen, als er eine junge Dame aus dem Adel seiner Heimatprovinz ehelicht. In Österreich hatte jeder junge Aristokrat sein ›süßes Mädl‹, vielleicht eine kleine Verkäuferin, Stenotypistin oder Angestellte in einem Modegeschäft. In England widmeten viele Angehörige des Adels ihre Jugendjahre der Jagd, den Rennen, dem Schießsport und anderem Sport. Zwar spürten sie undeutlich, daß gewisse politische Bewegungen ihnen den Spaß zu schmälern drohten, aber die Jockeys, Buchhalter, Kammerdiener und Pferdeknechte, mit denen sie umgingen, waren, so schien es ihnen, mit ihrem Los zufrieden. Doch die Gönnerschaft, die sie diesen Leuten gegenüber an den Tag legten, war eine entstellte Form des Prinzips ›Noblesse oblige‹. Diese jungen Lebensgenießer verband kaum mehr etwas mit den Häuslern auf den Gütern ihrer Eltern, und das schwere Leben der Arbeiter in der Industrie ließ sie kühl. Solche Frivolität war zwar nichts Neues, neu aber war die dünkelhafte Herablassung zum einfachen Volk, neu für eine Klasse, die immer die Ehrerbietung anderer für selbstverständlich gehalten hatte, ohne sie auf die Probe zu stellen.

Trotz der Unterschiede im Lebensstil teilten die meisten Angehörigen des Adels eine gemeinsame Mentalität. Ein Adeliger nahm kein Wechselgeld und suchte in Gefahrenmomenten nicht angstvoll Deckung. Er benahm sich, als ob seine Herkunft und sein müßiger Lebenswandel ihm schon eine überlegene Stellung verschafften, gab sich aber nie Rechenschaft darüber. In den frühen Jahren nach 1900 nahm zunehmend ein ostentativer Luxuskonsum als Zeichen der Klassendistinktion die Stelle verlorener Rechtsprivilegien ein. Selbst die reaktionärsten Aristokraten hielten so viel Personal und Automobile, wie sie sich leisten konnten – und bisweilen auch mehr. Es kam hin und wieder vor, daß Angehörige des Adels eine Geldheirat eingingen, doch für Geld zu arbeiten, dazu ließ man sich niemals herbei. Wenn man überhaupt arbeitete, dann weil man wollte, nicht weil man mußte. Man konnte im Staatsdienst in einigen traditionellen Funktionen tätig sein, und manche Adelige wurden Wissenschaftler und Gelehrte. Doch Arzt oder Anwalt zu werden galt als unstandesgemäß, Handel zu betreiben als entwürdigend. Etliche reiche Aristokraten hielten Aktienanteile an Industrieunternehmen, und in Großbritannien übernahmen manche ihrer jüngeren Söhne Direktorenstellungen in Versicherungsgesellschaften und Banken. Das Lebensideal blieb jedoch der kultivierte Müßiggang.

Die ästhetisch bestimmte Einstellung zu Gegenständen und zu Verhaltensformen der aus langer Tradition begüterten Aristokraten widerstand dem modernen Zug zu Rationalisierung und Funktionalismus. Nach dieser Mentalität mußten nicht nur Kunstwerke, sondern auch Gebäude, Haushaltsgegenstände und zwischenmenschliche Beziehungen ästhetisch rezipiert werden, das heißt nicht von ihrer Funktion, sondern von ihrer Form und Stilgestaltung her. Zwar hielten sich nicht alle Angehörigen des Adels im täglichen Leben an diesen Maßstab, doch sie erkannten ausnahmslos seine Gültigkeit an. Er gehörte ebenso zum Kodex standesgemäßen Verhaltens wie die Prinzipien der Ehre, des ›Noblesse oblige‹, und eine erlesene Höflichkeit.

In Großbritannien, Deutschland, Österreich-Ungarn und Rußland spielte die Aristokratie nach wie vor eine prominente Rolle in Regierung und Lokalverwaltung. Fast alle Regierungschefs und Ressortminister dieser Staaten entstammten adeligen Familien. In Großbritannien übten trotz Reformen in der Lokalverwaltung Aristokraten nach wie vor starken Einfluß als Friedensrichter aus. In Rußland und im ostelbischen Preußen beherrschten sie die Distriktsverwaltungen. Selbst in großen Metropolen wie London, Paris und Wien ermöglichte die Bereitwilligkeit, mit der die bürgerlichen Geschäftsleute das Regierungsgeschäft weitgehend grundbesitzenden Kreisen überließen es deren Repräsentanten, maßgebenden Einfluß auf die Verwaltung dieser Städte auszuüben.[2] Bis zur englischen Parlamentsreform von 1911, die den Mitgliedern des Unterhauses Diäten verschaffte, war unter ihnen der Adel überrepräsentiert. Im preußischen Abgeordnetenhaus dominierten die Junker infolge des geltenden sogenannten Dreiklassenwahlrechts, das besitzenden Klassen unverhältnismäßig viele Mandate einräumte. Die Volksvertretung des Deutschen Reiches, der Reichstag, wurde zwar in allgemeinen gleichen, direkten und geheimen Wahlen gewählt, besaß aber kaum politischen Einfluß.

Preußen bemühte sich auch nach Kräften, das Übergewicht der aristokratischen Denkungsart in der Zivil- und Militäradministration des Landes zu sichern.[3] Auf diese Weise hoffte die Führung prämoderne Wertnormen mit modernen Fertigkeiten zu verbinden und zugleich zu verhindern, daß aus der sozialen Heterogenität Gefährdungen der autoritären politischen Struktur entstanden. Im Staatsdienst dienten nur selten liberale Beamte. Die Schlüsselposten waren von Adeligen oder von

Englischer Gutsbesitzer und seine Arbeiter. Holzschnitt, 1882

Bürgerlichen mit streng konservativer Gesinnung besetzt. Auch im Offizierskorps des Heeres legte man großes Gewicht auf adelige Herkunft, um angesichts der rapide voranschreitenden sozialen Entwicklung dessen politische Zuverlässigkeit zu bewahren. Die Marineoffiziere entstammten zwar überwiegend dem Bürgertum, doch infolge ihrer Ausbildung und der Aspirationen, die sie daraus entwickelten, übernahmen sie Wertvorstellungen und Verhaltensformen, die sich nur wenig von denen der Heeresoffiziere unterschieden.

Der vom russischen Zaren Peter dem Großen 1722 geschaffene nichterbliche Dienstadel nahm eine Sonderstellung ein und genoß bei den Aristokraten Europas weniger Prestige und Statusansehen als der erbliche Adel. Der russische Dienst- und Erbadel waren dennoch eine privilegierte Klasse und gegenüber der übrigen Bevölkerung eindeutig bevorzugt, in der Besteuerung (bis 1906), in der besseren Bildung, durch leichteren Zutritt zur und bessere Aufstiegschancen in der Staatsbürokratie. Das Gleiche galt für das Militär und den diplomatischen Dienst. Die Rangtafel Peters des Großen blieb der Maßstab, an dem im Staatsdienst der soziale Status gemessen wurde. Die Fiktion, daß das Offizierskorps immer aus ›Adeligen‹ bestehe, wurde dadurch aufrechterhalten, daß allen Bürgerlichen bei Erreichung des Leutnantsgrades der ›persönliche‹, nichterbliche und bei Erlangung des Oberstenranges der erbliche Adel verliehen wurde.[4]

Obwohl zur Jahrhundertwende in den meisten Ländern das Offizierskorps in seiner Mehrheit nicht aus dem Adel stammte, waren überall die Wertbegriffe und Verhaltensnormen des Offiziers die der traditionellen Aristokratie: Ehrgefühl, Pflichtbewußtsein, Treue, Mut und Verantwortungsgefühl für die untergebenen Soldaten. Die jungen Männer, die diese Tugenden nicht zu Haus erwoben hatten, lernten sie in Kadettenanstalten und auf Militärakademien. In Österreich-Ungarn hatten sämtliche Offiziere Anspruch darauf, bei Hof vorgestellt zu werden, und sprachen einander wie die Adeligen im Zivilleben mit ›Du‹ an. Das Duellieren war mancherorts auch von anderen sozialen Gruppen übernommen worden. In Paris beispielsweise kam es häufig vor, daß Journalisten und Politiker in der Morgendämmerung Duelle ausfochten. Im allgemeinen aber blieb dieser feudale Brauch, Ehrenhändel auszutra-

Der Salon der Frau von Schleinitz mit Kronprinz Friedrich Wilhelm, am 29. Juni 1874. Lithographie nach einer Zeichnung von A. von Menzel

Eine Dame der Wiener Gesellschaft und ein k. u. k. Offizier auf dem Weg zu einem Pferderennen. Fotografie, 1910

gen, auf Offiziere beschränkt. In allen Ländern war es den Offizieren verboten, gesellschaftlichen Umgang mit einfachen Soldaten zu pflegen, die in Theatern, auf Rennplätzen und an anderen, von den oberen Klassen besuchten Orten räumlich abgesondert waren. Die Zivilbehörden sorgten für die Einhaltung dieser Vorschriften. Sie waren es, nicht das Militär, die Schilder aufstellen ließen, mit denen »Hunden, einfachen Leuten und Militärpersonen ohne Offiziersrang« der Zugang zu den eleganteren öffentlichen Anlagen in St. Petersburg verwehrt wurde.

In England hielten sich die Aristokratie und ihre Verbündeten, die Anglikanische Kirche, sowie die Tory-Partei auch nach dem Wahlsieg der Liberalen im Jahr 1906 für die herrschende Klasse. An der Oberfläche blieb tatsächlich manches unverändert. Die jüngeren Söhne des grundbesitzenden Adels behielten eine sichere Stellung in der Armee, im diplomatischen Korps und in der Beamtenschaft des Empire. Doch die Peerswürde wurde immer häufiger Personen verliehen, die mit Handel und Industrie verbunden waren. Nach 1885 stellte dieser Kreis – einschließlich einiger Mitglieder des Klein- und Hochadels, die durch kommerzielle Aktivitäten ihr Vermögen vermehrt hatten – mehr als dreißig Prozent aller neuernannten Peers, während es vorher nur zehn Prozent gewesen waren.[5] Die Aristokraten, die traditionell Gelddinge nur geringschätzig betrachteten, kamen immer mehr in unerquicklich enge Berührung damit. Manche Mitglieder des alten Grundadels sahen die Unrentabilität ihrer Güter, die man abstoßen mußte und nicht mehr als traditionelle Basis des Lebens ansehen konnte. So vollzog sich in der scheinbar so stabilen Epoche Eduards VII. in Wahrheit eine gesellschaftliche Umwälzung, in deren Verlauf der adelige Grundbesitz sich selbst liquidierte. Der Erste Weltkrieg verzögerte nur den Prozeß[6], der eine Aristokratie von Grundbesitzern in eine Aristokratie von Geschäftsleuten und Akademikern verwandelte. Dieser Wandel hatte gewisse Parallelen in Schweden und Belgien – aber er war die Ausnahme. Das Ende kam abrupt. Die Revolutionen zwischen 1917 und 1919 lösten die Probleme des Adels radikal.

Die Kirchen

Wie die Aristokratie kämpfte auch die Geistlichkeit ein Rückzugsgefecht gegen moderne Reformen. Die unteren Ränge der Hierarchie waren, im Vergleich zur Gesamtbevölkerung, vielerorts zahlenmäßig im Abnehmen. Der Rückgang des Gottesdienstbesuches verringerte den Bedarf an geistlicher Betreuung. Auch die wachsende Zahl beruflicher Möglichkeiten drosselte den Zustrom des Nachwuchses. Bis zum Jahr 1871 mußte in England jeder, der ein Lehramt in Oxford oder Cambridge anstrebte, die niederen Weihen haben. Josef W. Dshugaschwilij (Stalin) verließ 1899 mit zwanzig Jahren das orthodoxe Priesterseminar in Tiflis und wurde Berufsrevolutionär. In früheren Zeiten waren die geistliche Laufbahn, der mit ihr verbundene Bildungsweg und das bescheidene Einkommen für viele junge Männer die einzige Möglichkeit außer manueller Arbeit gewesen. Die Geistlichen nach 1890, in deren Reihen sich kaum Opportunisten befanden, waren vermutlich von großer Hingabe an ihr Amt erfüllt. Aber ihr öffentlicher Einfluß nahm ab und stärker noch als der des Adels.

Da die kirchliche Organisation für unterschiedliche Individuen und Gruppen – ja sogar ganze Gesellschaften – einer Vielzahl sozialer und kultureller Zwecke dient, kann kein Faktor für sich allein den schwindenden Einfluß der Kirche im ausgehenden 19. Jahrhundert erklären. Die Modernisierung allein kann nicht die Ursache sein. Industrialisierung und Urbanisierung schufen zweifelsohne Bedingungen, unter denen die religiöse Tradition als zusehends belanglos erschien. Aber in Spanien und Frankreich waren viele ländliche Regionen bereits entchristlicht, bevor diese Prozesse ihren Anfang nahmen. Die ›Säkularisierung‹ war und ist ohne Zweifel eine Hauptkomponente der Modernisierung. Aber der Terminus allein erklärt nicht den abnehmenden Einfluß der Religion, er benennt ihn nur. Überwiegend weltliche Gesellschaften hat es schon in früheren Zeiten gegeben. Die Modernität warf in all ihren Aspekten bedeutsame weltliche Probleme auf; und die Kirchen lehnten es entweder ab, sich mit ihnen zu befassen, oder verurteilten sie scharf. Calvinismus und Judaismus schienen mit der kapitalistischen Privatwirtschaft, und, zu gewissen Zeiten in der fernen Vergangenheit, sogar mit politischer Rebellion vereinbar. Doch im späten 19. Jahrhundert, waren ihre Pfarrer und Rabbiner, was das ihnen erlaubte Denken und Verhalten im außerreligiösen Bereich betraf, vielfach noch engherziger als die katholische, anglikanische oder lutherische Geistlichkeit.

Das notorischste Beispiel traditionalistischer Denkungsart, die sich allem Modernen entgegenstellte, war der Klerikalismus. Nur wenige Geistliche, einerlei, welcher Glaubensgemeinschaft, waren bereit, die Religion auf geistliche Belange beschränkt zu sehen. Ihre Gebote und Verbote hatten die Aufgabe, alle Aspekte menschlichen Verhaltens zu regulieren. Ein guter Katholik riskierte die Exkommunikation, wenn er verbotene Bücher las oder, in manchen Ländern, seine Stimme für eine geächtete Partei abgab. Ein guter Anglikaner konnte, wenn er sich scheiden ließ, keine neue Ehe eingehen. Einem guten Lutheraner stand es schlecht an, sich Theaterstücke oder Opern anzusehen, die sich Freiheiten gegen die Religion, die Staatsautorität oder die Institution der Familie herausnahmen. Einem gläubigen Juden war es untersagt, am Sabbat Geschäfte zu betreiben, es sei denn, das Verbot hätte seinen sofortigen Bankrott herbeigeführt. Nach der Meinung von Klerikern und klerikal gesinnten Laien hatte ihre Kirche nicht nur die Privat- und öffentliche Moral zu hüten, sondern auch dafür Sorge zu tragen, daß die Schule, das Rechtssystem und sogar der Staat selbst für eine wahrhaft gläubige Gemeinschaft wirkten. Doch sah sich die Geistlichkeit dem

Problem gegenüber, daß die meisten politischen Führer in Europa, die in modernem Geist wirkten, kompromißlos antiklerikal dachten.

Die Römisch-katholische Kirche machte in ihrem Kampf gegen den Antiklerikalismus und den modernen Staat kaum Zugeständnisse. 1864 hatte Papst Pius IX. mit dem ›Syllabus‹, einem Verzeichnis der »hauptsächlichsten Irrtümer unserer Zeit« einen Maßstab setzen wollen und erklärt, die Kirche sei eine allumfassende und vollkommene Gesellschaft, die letzte Autorität in allen Dingen, von allen Regierungen unabhängig, ja ihnen übergeordnet, im Besitz des ausschließlichen Erziehungsrechtes und der Vollmacht, notfalls von Gewalt Gebrauch zu machen. Diese Art zu denken sollte sich, wenn auch in der Praxis modifiziert, fast ein Jahrhundert im Vatikan behaupten. Nach 1870 stieß sie nicht nur die liberalen Führer in Frankreich und Italien vor den Kopf, sondern auch den konservativen-protestantischen Bismarck, Kanzler des neuen Deutschen Reiches. Tatsächlich hat dann Otto von Bismarck die katholische Kirche scharf bedrückt (›Kulturkampf‹) und eine Ausdehnung der staatskirchlichen Ansprüche zu hindern versucht.

Da der Vatikan und viele Bischöfe in erster Linie mit politischen und staatsrechtlichen Fragen beschäftigt waren, fiel es ihnen schwer, mit den wirtschaftlichen, sozialen und geistigen Wandlungen der Gegenwart zurechtzukommen. Offenbar waren sie der Ansicht, daß der staatliche Antiklerikalismus für den Glauben ihrer Herden bedrohlicher sei als die Ausbeutung von Arbeitern durch herzlose Unternehmer. 1891 versuchte Papst Leo XIII. in seiner Enzyklika ›Rerum novarum‹ – der ersten Verlautbarung eines Papstes zur sozialen Frage im modernen Sinn – verderbliche »Neuheiten« wie Materialismus, Kapitalismus und Sozialismus durch eine gegenwartsbezogene Version mittelalterlicher Nächstenliebe und Klassenharmonie zu bekämpfen. Er wandte sich auch gegen Bestrebungen, die klassische Bibelexegese durch wissenschaftliche Methoden zu ersetzen. Die modernistischen Theologen schienen die traditionellen Haltungen des Katholizismus im politischen und wirtschaftlichen Bereich in Zweifel zu ziehen; sie wurden zusammen mit ihrer Bewegung 1907 durch Papst Pius X. in seiner Enzyklika ›Pascendi‹ verurteilt.

Da die meisten Geistlichen sich weigerten, ihre traditionelle Autorität in Fragen der Privatmoral aufzugeben, neigten sie dazu, alle Verhaltensformen zu verdammen, die sich ihrem Einfluß entzogen. Rabbiner hatten es leicht, unmäßiges Trinken zu verbieten, da die meisten Juden darin ein Laster der Gojim sahen und es schon darum mieden. Aber

Geistliche aller Glaubensbekenntnisse wetterten gegen die Schankwirtschaften, teils, weil in ihnen Alkohol verkauft wurde, teils weil sich dort Mitglieder ihrer Herde, ihrem Einfluß entzogen, versammeln konnten und teils weil die Gefahr bestand, daß dort Leute aus dem Ort mit Ortsfremden zusammenkamen, die sie möglicherweise in gefährlicher und verderblicher Weise beeinflußten. Der französische Priester, der am Fahrrad auszusetzen hatte, daß es seinen Parrkindern die Möglichkeit gebe, Sonntagsausflüge zu machen, statt in die Kirche zu gehen, vergaß dabei ganz offensichtlich, daß die Leute, die den Wunsch danach hatten, von jeher Möglichkeiten gefunden verspürten, sich in ihren freien Stunden zu amüsieren.

Im edwardianischen England hatten Organisationen zur Bewahrung der viktorianischen Moral weit mehr Geistliche als Leiter und Mitglieder als zur Zeit von Königin Victoria. Am 4. April 1908 erschien folgende Erklärung in der ›Times‹: »Wir glauben, daß die Zeit reif ist für ein energischeres Vorgehen seitens aller religiösen und philanthropischen Vereine, um das Niveau der gesellschaftlichen und privaten Reinheit zu heben. Nicht nur in London, sondern in allen Groß- und Mittelstädten herrscht ein sittlicher Niedergang, der nur durch gemeinsames Handeln zum Stillstand zu bringen und durch größere Sittlichkeit zu ersetzen ist. Zu diesem Zweck wurde die Kampfbewegung des ›Nationalen Kreuzzugs für die Reinheit der Gesellschaft‹ ins Leben gerufen, und wir möchten allen, die sich des Ernstes der Sache bewußt sind, sowohl den Kreuzzug als auch seinen Leiter, Rev. James Marchant, empfehlen.«

1910 gab es allein in London so viele Organisationen dieser Art, daß sie sich zur ›Konferenz Londoner Gesellschaften zur Pflege der öffentlichen Moral‹ zusammenschlossen.

Auch die strenge protestantische Bibelgläubigkeit erlebte im späten viktorianischen und edwardianischen England einen neuen Aufschwung. Jeden Sonntag drängten sich zehntausend Menschen in den Londoner City Temple, um den bannenden Worten der Geistlichen zu lauschen, die dort predigten. In seiner Predigt am 25. April 1890 sagte der Baptistenpfarrer Charles Haddon: »In zwanzig Jahren von heute werden so manche von uns sich wohl köstlich über die seriösen wissenschaftlichen Lehren unserer Gegenwart amüsieren, so wie wir uns heute über die Systeme des letzten Jahrhunderts belustigen. Es mag sein, daß schon bald die Doktrinen der Evolution den Schuljungen zum Gaudium dienen. Das Gleiche gilt für die moderne Theologie, die in blinder Götzenanbetung das Knie vor der sogenannten Naturwissenschaft beugt . . .

Vielleicht werden sie [die Nicht-Baptisten] uns bigott oder verbohrt oder gar Idioten nennen, aber auch das besagt nicht viel, wenn unsere Namen im Himmel verzeichnet sind.«[7]

Reginald J. Campbell, der Prediger, der zu Anfang des 20. Jahrhunderts Spurgeons Nachfolge antrat, brachte sein Publikum zu dem Glauben, daß das Himmelreich nicht nur zu erlangen, sondern nahe herbeigekommen sei. »Dann kam es dazu, daß der engelsgleiche Mann, der sie auf diese Höhen geführt hatte, verwirrt wurde, seinen Irrtum eingestand und sie verließ, da der große Krieg über sie hereinbrach und das alte Europa hinwegfegte. Wenn die großen Versäumnisse der Welt aufgezählt werden, wird ein eigenes Wort zugunsten der Versammlung gesagt werden müssen, die vor dem Krieg in Londons City Temple stattfand.«[8]

Von einigen wenigen Ausnahmen abgesehen, lehnten die Geistlichen, die in sozialer Ungerechtigkeit eine sittliche Frage sahen, es ab, ihre strukturellen Ursachen zu verurteilen. Als Teil der herrschenden Ordnung widersetzten sich die Kirchen allen Bemühungen, etwas daran zu ändern, namentlich durch offene Auflehnung, einerlei, wie moralisch gerechtfertigt die Sache der Rebellen auch sein mochte. Im Bericht der ›Lambeth Conference‹ von 1897, die sich mit den Beziehungen zwischen Arbeitern und Unternehmern befaßte, hieß es, die englische Kirche könne in Auseinandersetzungen zwischen Personal und Arbeitgebern oder in der Frage des kollektiven oder privaten Eigentums an den Produktionsmitteln keine Partei ergreifen. Allenfalls durften Laien anglikanischer Konfession Komitees zur Untersuchung sozialer und industrieller Probleme aus christlicher Sicht gründen. Der Bericht der Lambeth Conference des Jahres 1908 empfahl lediglich, daß die Kirche die Verantwortung der Arbeitgeber, »um des Gewissens willen« einen »zum Leben ausreichenden Lohn« zu zahlen, betonen sollte.[9]

In Italien und Frankreich war die Römisch-Katholische Kirche (nach 1905) ein Interessenverband außerhalb der herrschenden Ordnung, während die Staatskirchen in anderen Ländern im öffentlichen Leben auf vornehmlich zeremonielle Funktionen beschränkt worden waren. Ihre Versuche, eine Zensur auszuüben, wurden von den Zivilbehörden meistenorts nicht mehr exekutiert, ihr maßgebender Einfluß auf das Erziehungswesen wurde von der neuen Generation nichtkirchlicher Lehrer zusehends angefochten. Der Religionsunterricht, auf die traditionelle Frömmigkeit ausgerichtet, war den meisten Menschen keine Hilfe, sich in der modernen Welt zurechtzufinden. Von Leos XIII. Enzyklika ›Rerum novarum‹ ermutigt, organisierten katholische Laien in Frankreich,

Italien, Deutschland und Belgien christliche Gewerkschaften, während andere sich der Sozialarbeit widmeten. Doch diese Laien und die Priester, die ihnen Anregung gaben, bildeten nur kleine Minderheiten. Die Mehrheit der Katholiken, Anglikaner und Lutheraner richtete an ihre Kirchenführungen weder die Erwartung noch den Wunsch, in die politischen Entscheidungen der Regierungen oder gesellschaftliche Konflikte einzugreifen. Diese wiederum erwarteten von ihren Gemeindemitgliedern, daß sie über die Moral ihrer Kinder wachten und, mit den Worten des Bischofs Dubillard von Chambéry, ein scharfes Auge auf die »sogenannten neutralen« Staatsschulen in Frankreich richteten und ihrem »teuflischen Einfluß auf unsere Kinder und unsere Familien« entgegenwirkten.[10] Die Russisch-orthodoxe Kirche, obwohl von einem weltlichen Beamten, dem Oberprokuror, geleitet, vermochte noch weniger als die anderen, die Religion zu mehr zu machen als zu einer rein geistlichen Sache.

Reaktionäre Intellektuelle und Mandarine

Konstantin Petrowitsch Pobedonoszew war einer der kompromißlosesten Verteidiger traditioneller Werte und Normen. Nachdem er Literat und dann Professor für Jurisprudenz an der Moskauer Universität gewesen war, amtierte er von 1880 bis 1905 als Oberprokuror des ›Allerheiligsten dirigierenden Synods‹. Daneben war er ein einflußreicher Berater der Zaren Alexander III. und Nikolaus II. In diesen Stellungen übte Pobedonoszew große Macht in Rußland aus. Zwar hatte er wenig für den Adel übrig und war der Ansicht, daß begabte Bürgerliche wie er selbst die autokratische Herrschaft besser abstützen könnten, aber den modernistischen Einflüssen aus dem Westen stand er mit scharfer Ablehnung gegenüber. Er wandte sich gegen alles, von weltlicher Erziehung bis zur Pressefreiheit, von der Heeresreform bis zu Konzessionen an die Juden und andere religiöse und ethnische Minderheiten. All dies, so seine Überzeugung, untergrub die Fundamente der traditionellen russischen Gesellschaft, denn es führe zu permanenter Unzufriedenheit der jüngeren Generation, weil sie ihre hochgeschraubten Erwartungen nicht verwirklichen könne. Pobedonoszews Heilmittel für die »Krankheit unserer Zeit« bestand in der Rücknahme aller Reformen und in der Stärkung des Einflusses der Staatskirche auf die Familie und in Erziehungs- und weltlichen Angelegenheiten.

Während Pobedonoszew ein gläubiger Christ war, paradierte der reaktionäre französische Publizist und Literat Charles Maurras mit seiner atheistischen Gesinnung. Zu einem frommen Kollegen sagte er einmal: »Mit eurer Religion habt ihr seit 1800 Jahren die Welt aufs bizarrste besudelt.«[11]

Maurras war nur deswegen klerikal, weil er autoritär und traditionalistisch gesinnt war. Wie Pobedonoszew vertrat er die Ansicht, die soziale Mobilität müsse so gering wie möglich gehalten werden, um Statuskonkurrenz zu verhindern, die die Achtung vor der Autorität zerstöre und die herrschende Ordnung schwäche. Er teilte auch Pobedonoszews Haß auf die Dritte Republik und alles, was sie verkörperte. Ja, er brachte den größten Teil seines Lebens als Führer der ›Action Française‹, der bedeutendsten Bewegung der radikalen Rechten in Frankreich zu Anfang des 20. Jahrhunderts, damit zu, zu ihrem Sturz aufzurufen. Maurras war der Vorkämpfer jener Kreise in Frankreich, die sich in den inzwischen entstandenen modernen und unpersönlichen Strukturen in Politik und Wirtschaft, unsicher fühlten. Die traditionelle Gesellschaft, die er wiederherstellen wollte, war eine idealisierte Version der mittelalterlichen. Der König würde ein wahrer Vater seiner Untertanen sein, die Kirche ihnen Zucht und Gehorsam gegenüber der Obrigkeit einflößen und die Familie als soziale Grundeinheit wiederbeleben. Maurras wollte dane-

Alfred Dreyfus bei der Verkündung des Urteils (9. 9. 1899) in Rennes. Zeichnung von M. Feuillet, 1899

ben auch die zentralisierte Bürokratie Frankreichs abbauen und die Privilegien und Erbrechte der feudalen Aristokratie wiederherstellen.

Maurras' Entschlossenheit, seine reaktionäre Ideologie mit Nationalismus und Antisemitismus zu verbinden, hatte ihre direkte Ursache in der Dreyfus-Affäre und darin, wie andere französische Intellektuelle darauf reagierten. Ende des 19. Jahrhunderts spaltete die Möglichkeit, daß Hauptmann Alfred Dreyfus, ein jüdischer Stabsoffizier, von der Armee zu Unrecht wegen Spionage verurteilt worden war, die Intellektuellen der Nation in zwei Lager. Die demokratisch und antiklerikal Gesinnten schlossen sich der ›Liga für die Verteidigung der Menschenrechte‹ an. Von Anatole France aus Protest gegen die Verurteilung Emile Zolas wegen Verleumdung der Armee gegründet, forderte die Liga Zolas wie Dreyfus' Rehabilitierung. Um dem entgegenzuwirken und zu beweisen, daß ebensoviele Intellektuelle auf der Seite der Rechten wie der Linken stünden, riefen Maurras und seine Gesinnungsgenossen – unter ihnen der Romancier Maurice Barrès und der Literaturkritiker Jules Lemaître – die ›Liga für das französische Vaterland‹ ins Leben. Sie trat für »die Ideen, die Moral und die Traditionen des französischen Vaterlandes« ein, wie sie die französische Armee für sie verkörperten, deren Ansehen sie über die Sache der Gerechtigkeit für ein Individuum, insbesondere für einen Juden, stellte. Die meisten Intellektuellen, die sich dieser Liga anschlossen, waren zwar nicht so reaktionär gesinnt wie Maurras, aber sie verabscheuten die demokratischen Ideale der Dritten Republik fast ebensosehr wie er. In ihren Augen waren diese Ideale nur ein Vorwand dafür, in der modernen Gesellschaft alle herrschenden Wertnormen zu schwächen. Das galt besonders für die Mehrheit der Mitglieder der Académie française – des Bollwerks literarischen Traditionsdenkens –, die sich gleichfalls der ›Liga des französischen Vaterlandes‹ anschloß.

Die literarischen Mandarine in Frankreich hatten ihresgleichen auch in anderen Ländern und in anderen Sphären der hohen Kultur. Allerorten hielten die Männer, die an der Spitze der Kunst-, Architektur- und Musikhochschulen standen, sowie die Mehrzahl der Kritiker und Literaturprofessoren standhaft an der Tradition und ihren Maßstäben fest, überall verurteilten sie die befreienden Auswirkungen der modernen Zeit auf die ästhetische Gestaltung. Diese Vermählung von Denkart und Funktion war bei Museumskuratoren verständlich, aber sie zeigte sich auch bei den Organisatoren von Jahresausstellungen zeitgenössischer Kunst, die es ablehnten, Bilder zu akzeptieren, die gegen die geltenden

›Kaiserzelt‹, Einweihung des Nationaldenkmals auf dem Niederwald durch Kaiser Wilhelm I., am 28. September 1883. Fotografie

Konventionen verstießen. Eduard Hanslick, Professor für Musik an der Universität Wien, der sich stark für Brahms einsetzte und die moderne Musikkritik begründete, nannte Wagners Opern musikalische wie dramatische Verirrungen. Hanslick zufolge sprach Wagner mit seiner Konzentration auf Tonmalerei und Ausschmückung der Grundregel des Komponierens Hohn, die darin bestehe, Themen nach bestimmten Grundgesetzen zu formen, die für den menschlichen Organismus wie für die Phänomene des Klanges gälten.[12]

Das Establishment in der bildenden Kunst, die offizielle Politik und der Geschmack der Öffentlichkeit waren sich darin einig, daß die darstellende Kunst den Idealen der Gesellschaft Ausdruck und geistige Nahrung zu geben habe. Man favorisierte das Heroische, das Allegorische und die historische Thematik wie in dem Nationaldenkmal der Germania im Niederwald oder in dem bombastischen Monument für König Viktor Emanuel II. in Rom. Edle Empfindung fand man nicht nur in Bouguereaus üppig proportionierten Nymphen, sondern auch in den eingepferchten Schafen ausgedrückt, die in Auguste Frédéric A. Schenks ›Die letzte Stunde‹ auf die Schlachtung warteten. Hans Makart formte mit seinen opulenten Historiengemälden und Friesen den Geschmack einer ganzen Generation des gehobenen Wiener Bürgertums.

Atelier des Malers Hans Makart in Wien.
Fotografie, um 1875

Sein Biograph Emil Pirchan schreibt: »Eine tolle Trilogie der Leidenschaften; Totentänze der Hoffart, des Geizes, Zornes, der Wollust, Schwelgerei, Trägheit bis zur verbrecherischen Mordgier. Unerhörte satanische Schemen entnervender Lust des lüsternen Fleisches, ein höchster Taumel des Sinnengenusses, eine entfesselte Orgie allen Lasters und Grauens. Mit stärksten Mitteln überschwenglichen, gefährlich schwülen Farbenrausches sind in Glut und Goldglanz die nackten und kostümierten Körper zusammengeballt in ein Helldunkel, das er dem Venetianer Veronese abgelauscht hatte. Diese ganz hemmungslos-besessene Dämonie, die über die Schranken aller Wahrscheinlichkeit hinweg, mit ›barbarischem Behagen‹ selbst vor letzten Konsequenzen nicht zurückschrickt, ist in eine strotzende Hochrenaissancearchitektur von Pilastern, Gebälken, Gewölbebogen, von bekränzten Hermen, mit überquellender Früchte- und Blumenfülle, fast den Rahmen sprengend, gestellt. Ein blutrünstiges Bacchanale rasender verzückter Liebesekstasen, gemeinen Geldwuchers und ruchlosen Meuchelmordes. Eine erstarrte Theaterdramatik!«[13]

In seinen späteren Jahren widmete sich sogar ein so bedeutender Maler wie Adolph von Menzel zunehmend der Verherrlichung des Berliner Hofes und der Berliner obersten Gesellschaft. Sein realistischer Stil verstärkte noch die Illusion, daß diese Welt von den dynamischen Veränderungen der modernen Zeit unberührt geblieben sei.

Kein europäisches Land entwickelte eine offizielle Klasse von Mandarinen wie das alte China, aber die Form der humanistischen Bildung, die eine solche Geisteselite hervorbrachte, errang ihr höchstes Ansehen an der Schwelle des Jahrhunderts. Im Unterschied zum Adel und zur Geistlichkeit hatten die Professoren an Europas Universitäten und exklusiven höheren Schulen keinen traditionellen Machtanspruch. Vor dem 19. Jahrhundert war ihr Einfluß verschwindend gering gewesen. Er wuchs jedoch mit der zunehmenden Regulierung der Gesellschaft, zu der der Staat in einer Zeit schritt, als die traditionelle Aristokratie nicht mehr alle notwendigen Führungs- und Verwaltungspersönlichkeiten stellen konnte oder wollte und die sich herausbildende kapitalistische Elite zu sehr mit dem Geldverdienen beschäftigt war, um die Lücke zu füllen. In England fanden die Universitätsprofessoren und Gymnasiallehrer eine neue Aufgabe in der Heranbildung der nationalen Führungsschicht; in Deutschland versuchten die Professoren, sich zu einer Art Mandarinen-Elite zu formen. Sicher, die Universitäten Europas produzierten auch Männer der Praxis wie Anwälte, Ärzte und Ingenieure. Doch von diesen Akademikern wurde nach wie vor die klassische humanistische Bildung erwartet, die in der Belle époque wie nie zuvor und nie mehr seither gewissermaßen als Ersatz für den Geburtsadel diente.

Die Auswirkungen einer modernen, pluralistischen Gesellschaft wurden zuerst im England der mittleren viktorianischen Periode sichtbar, und dort auch bemühten sich akademische Humanisten am eifrigsten, das akademische und höhere Bildungswesen so zu reformieren, daß ihre Stellung in der sich wandelnden Gesellschaftsstruktur gestärkt wurde. Bis zu dieser Zeit waren die Dozenten in den Colleges zu Oxford und Cambridge privilegierte Parasiten gewesen, für die Zeit nicht zählte. Manche von ihnen hatten zur Ergänzung ihrer Einkünfte Studenten im Privatunterricht auf die umfangreichen Examina vorbereitet, aber diese Tätigkeit war persönlich nicht so befriedigend wie das Lehren. Dem Beispiel von Männern wie Thomas Arnold, dem reformfreudigen Headmaster von Rugby, folgend, strebte eine Anzahl von Dozenten danach, durch einen aktiveren Einsatz als Lehrer und durch die charakterliche Formung ihrer Studenten eine neue ethische Erfüllung, Sinngebung, einen neuen Status zu finden.[14] Ende der sechziger Jahre des 19. Jahrhunderts begannen diese Dozenten, eine aktive Rolle im Leben der Studenten zu spielen. Sie ermunterten junge Studiosi, in ihren Räumen an ernsten oder ungezwungenen Gesprächen teilzunehmen; sie gaben Einladungen zum Tee oder zum Abendessen, bei denen sie die älteren und jüngeren Mitglieder ihres College miteinander bekannt machten; sie teilten – oder gaben sich zumindest diesen Anschein – die sportlichen Interessen ihrer Studenten, um deren Interesse zu erwecken oder ihr Vertrauen zu gewinnen. Damit hofften sie nicht nur, ihre eigene Autorität und Bedeutung im Durcheinander politischer und sozialer Veränderungen zu festigen, sondern auch Männer von Charakterfestigkeit zu erziehen, die auf die Richtung des Wandels Einfluß nehmen konnten.

Nach Ansicht dieser Universitätslehrer sollte der Wandel von Degeneration, Philistertum und Eigensucht, die den englischen Charakter schwächten, wegführen. In Erinnerung an die ersten Jahre nach 1900 schrieb einer von ihnen: »Es war der Mann, der angestrengt studierte, der Mann, der sich beim Rudern einsetzte, und lassen Sie mich das hinzufügen, der Mann, der beides tat, den ich und meine Generation bewundert haben.«[15] Durch offen bekundete Geringschätzung für wirtschaftliche Dinge und für Studienfächer (einschließlich moderner Sprachen), die dafür von Nutzen sein konnten, hofften diese Universitätslehrer ihren neuen Status als Teil der geistigen Elite halten zu können. Wie John Stuart Mill vertraten sie die Meinung, die berufliche Tätigkeit eines Mannes sei unwichtig, solange er tüchtig, kultiviert und den Idealen des Pflichtgefühls und des Dienens ergeben war. Leute aus der Wirtschaft mißtrauten weiterhin der humanistischen Bildung, die ihren Söhnen in Oxford und Cambridge vermittelt wurde, doch die Söhne selbst schlugen häufig eine Laufbahn ein, die mehr ihren Wertbegriffen entsprach, namentlich im Staatsdienst. Nach der Jahrhundertwende gewann eine wachsende Zahl von Unternehmern die Überzeugung, daß selbst in der Wirtschaft ein Universitätsabsolvent ein überlegener Kandidat für einen Posten sei. So trugen die englischen Universitätslehrer durch ihre eigenen Bemühungen und durch die ihren Studenten eingeflößte Einstellung dazu bei, in den neuen Eliten des Landes die Werte zu erhalten, die der traditionellen Aristokratie offenkundig verlorengingen.

Auf dem Kontinent waren die Universitäts- und Gymnasiallehrer mehr daran interessiert, ihren Status innerhalb des intellektuellen Bürgertums zu bewahren, als auf die Richtung der gesellschaftlichen und politischen Veränderungen Einfluß zu nehmen. Anders als ihre Kollegen in England bestanden sie alle darauf, als ›Professor‹ tituliert zu werden, und ließen es sich angelegen sein, persönlichen Kontakt zu ihren Studenten nach Möglichkeit zu meiden. Sie waren eher bereit, Studenten auf Prüfungen für den Eintritt in den Staatsdienst vorzubereiten (zumindest teilweise deswegen, weil sie selbst staatlichen Behörden unterstellt waren), widersetzten sich aber hartnäckiger Modifikationen am Unterricht der klassischen Fächer in den höheren Schulen. Wenig kümmerte es sie auch, zur besseren Charakterformung der künftigen Führung ihrer Nation beizutragen. Im Gegensatz zu den Lehrern an den englischen Public schools waren die Professoren an den Lycées in Frankreich weder bereit noch fähig, sich in den Augen des modern denkenden Bürgertums nützlicher zu machen.[16] Wie ihre Kollegen in anderen Ländern, besonders in Italien, klammerten sie sich an eine starre klassische Tradition. Im Bereich der akademischen Bildung konnten die Professoren an der École Normale Supérieure in Frankreich sich im Abglanz der angesehenen politischen und kulturellen Persönlichkeiten sonnen, die unter ihnen studiert hatten. Am erfolgreichsten jedoch gelang es in Deutschland Universitätsprofessoren der Geistes- und Gesellschaftswissenschaften, ihren eigenen Sozialstatus zu heben, indem sie ihr Wissen zur Geltung brachten und ihr Bildungsideal den herrschenden Kreisen des Landes aufnötigten.

Diesen deutschen Mandarinen gelang es am weitestgehenden, ihre Ideale in der Belle époque zu erreichen. Während ihre Kollegen in den naturwissenschaftlichen Disziplinen der Hochschulen den Prozeß der Modernisierung besonders aktiv förderten, mieden sie selbst jeden Kontakt mit der Sphäre der Industrie oder des Kommerzes. Nach ihrer Ansicht waren Wissen und Bildung um ihrer selbst willen die edelsten geistigen Ziele der Menschheit. Als solche sollte der Staat sie großzügig unterstützen, ohne unmittelbare praktische Resultate zu erwarten und ohne in die akademische Freiheit einzugreifen.[17] Doch die Mandarine brauchten den Staat für die Sanktionierung ihres Systems qualifizierender Prüfungen und zur Abstützung ihres Sozialprestiges. Die Obrigkeit wiederum erwartete von ihnen, daß sie ihr treue und tüchtige Beamte lieferten und das Regime ideologisch absicherten. Besonders eifersüchtig wachten über ihre Titel jene Professoren, die selbst Beamte waren. In einem Rückblick auf ihre Studentenzeit an der Universität Leipzig um die Jahrhundertwende schildert die russische Revolutionärin Angelica Balabanoff folgende Episode: »Mitten in einer verzweifelten Bitte, man solle einen Arzt zu einem Studenten schicken, der gefährlich erkrankt war, wurde ich unterbrochen, weil ich einen der drei Titel des Mediziners ausgelassen hatte. ›Sie meinen Herrn Geheimrat Professor Doktor X., nicht wahr?‹ unterbrach mich der Professor.«[18]

Wenn ein Professor zu liberale Gesinnungen zeigte, konnte er zur Räson gebracht werden. 1899 wurde Hans Delbrück zu einer Geldstrafe verurteilt, weil er in einem Artikel Kritik an der Germanisierungspolitik des neuen Chefs der Provinz Schleswig-Holstein geübt hatte. Delbrück salvierte sich rasch, indem er auf einer großen öffentlichen Versammlung für das Flottenbauprogramm der Reichsregierung eintrat. Zum Dank für diesen Dienst erhielt er nicht nur die Geldbuße erlassen, sondern auch den Roten Adlerorden dritter Klasse.[19]

Zwar gab es eine bedeutende Minderheit modern denkender Universitätsgelehrter wie Delbrück, Max Weber und Friedrich Meinecke, doch die Majorität der deutschen Mandarine nahm die illiberalen Aspekte des politischen Regimes widerspruchslos hin, billigte die traditionelle Schichtung der Gesellschaft und teilte den angsterfüllten Haß der herrschenden Klassen auf den Sozialismus. Wie zahlreiche andere Angehörige der deutschen Bildungselite waren sie bereit, die Junker und Konservativen beim Widerstand gegen jeden Versuch in Richtung einer parlamentarischen Reform des Regimes oder sozialer Neuerungen zu unterstützen. Und wie reaktionäre Intellektuelle und Mandarine überall taten sie sich viel auf ihre Verachtung für den Materialismus und die Vulgarität der modernen Zivilisation zugute.[20]

Die Bauern

Denkart und Lebensstil von Professoren und Intellektuellen einerseits und von Bauern andererseits sind diametrale Gegensätze. Selbst Karl Marx sprach vom »Stumpfsinn des Landlebens«. In der Generation vor dem Ersten Weltkrieg versuchten manche anti-moderne Intellektuelle, die Schlichtheit, Lebenskraft und Unschuld der Bauern zu idealisieren und wollten, namentlich in Rußland, in ihnen das wahre ›Volk‹ sehen. Aber weder Leo Tolstoi noch die weniger vornehmen Intellektuellen, die sich für die Interessen der Bauern einsetzten, vermochten ihre eigene Kultur abzulegen und sich in die bäuerliche Lebensform einzufügen. Bauern konnten sie aufgeben und zu modernen Landwirten werden, aber niemand, der nicht schon Bauer war, vermochte einer zu werden.

Auf ihre unartikulierte Weise klammerten sich die Bauern Europas ebenso starr wie nur irgendein Mandarin, Bischof oder Aristokrat an ihren traditionellen Kulturen fest, aber es war nicht so, daß sie über lange

Zeitperioden hinweg wirklich jeder Veränderung widerstanden hätten. Neuere Untersuchungen[21] haben gezeigt, daß präindustrielle bäuerliche Gesellschaften in verschiedenen Regionen Veränderungen mehrfacher Art erlebten. Vom späten Mittelalter bis zum Ende des 17. Jahrhunderts wandelte sich vielerorts die Sozialstruktur infolge von Änderungen der Grundbesitzverhältnisse und in der Zusammensetzung der Grundbesitzenden. Die Einführung der Kartoffel im 18. Jahrhundert änderte die Eßgewohnheiten der Menschen von Irland bis Rußland. Im letzten Drittel des 19. Jahrhunderts erschloß die Eisenbahn ländlichen Gebieten weit entfernte Märkte, und die Einführung der Geldwirtschaft und der Dreschmaschine nahm Millionen westeuropäischer Bauern das zeitraubende Geschäft ab, mit der Hand den Weizen vom Spreu zu trennen. Doch all diese Neuerungen wurden von den bestehenden Kulturstrukturen absorbiert, ohne die Grundmentalität der betroffenen Bauern zu verändern. So sagte ein alter französischer Bauer an der Jahrhundertwende: »Was Sachen betrifft, die mit Kultur zu tun haben, war ich keiner von denen, die sich gern auf Neuheiten stürzen . . . Aber wenn man mich überzeugen konnte, daß ein Gerät besser war als die anderen, habe ich es ohne Zögern benutzt.«[22]

Die traditionellen bäuerlichen Sozialstrukturen wiesen in Europa und auch innerhalb einzelner Länder und Regionen beträchtliche Unterschiede auf. Anfang der neunziger Jahre des 19. Jahrhunderts wurden in

Eine ungarische Bauernfamilie bei Pest. Fotografie um 1890

Bauerndorf bei Cherbourg. Postkarte nach einer Fotografie. Nach 1900

England die kleinen selbständigen Bauern und die Grundpächter zu Seltenheiten, während in Frankreich diese beiden Typen siebzig Prozent aller in der Landwirtschaft tätigen Männer umfaßten und diese Gruppe fünfundvierzig Prozent der gesamten erwerbstätigen Bevölkerung des Landes stellte. In beiden Ländern lebten manche dieser Kleinbauern auf eigenen Gehöften, andere in Dörfern. Im südlichen Spanien, in Süditalien und im ostelbischen Preußen besaß die Mehrzahl der bäuerlichen Bevölkerung keinen Grund, sondern arbeitete als Taglöhner für die Großgrundbesitzer. Entsprechend unterschieden sich ihre sozialen Organisationssysteme von denen der Bauern in England und Frankreich. In Rußland, wo die Bauern erst 1861 befreit wurden, lebten sie zumeist in Dorfgemeinden, die nach wie vor eine starke wirtschaftliche Kontrolle über ihre Mitglieder ausübten und die rechtliche Verantwortung für die Erfüllung ihrer Pflichten gegenüber der Regierung trugen, namentlich die Zahlung von Steuern und die Ablösungszahlungen für Land, das den lokalen Grundbesitzern abgekauft wurde. Zwar bearbeiteten einzelne Bauernfamilien abgegrenzte Flächen, aber in den meisten Gebieten Rußlands war der Grund selbst Eigentum der Dorfgemeinden. Im Unterschied dazu hatten viele deutsche, österreichische, böhmische, ungarische und polnische Bauern Familieneigentum und zeigten die Mentalität, die sich damit verband.

Die Bauern in diesen verschiedenen Ländern hatte soziale und kulturelle Normen, die sie deutlich von den Städtern unterschieden. Dennoch bestanden bedeutende Unterschiede in der Art und Weise, wie französische Bauern mit eigenem Grund, italienische Taglöhner und der Muschik in Rußland lebten und arbeiteten.

Keine dieser traditionellen bäuerlichen Gesellschaften war statisch; sie wirkten nur so, weil der Abstand zwischen ihnen und den bereits von der Moderne erfaßten Städten sich im späten 19. und frühen 20. Jahrhundert vergrößerte. Allgemein gesprochen hatte sich an der Rolle des patriarchalischen Haushaltsvorstandes, am Status der Frau und am Brauch, innerhalb der Dorfgemeinschaft zu heiraten, seit Jahrhunderten nichts merklich verändert. Doch zwischen den einzelnen Hausgemeinschaften hatte es häufig soziale Mobilität nach oben und nach unten gegeben. Von der Mitte des 19. Jahrhunderts an wurden viele Menschen auf dem Lande, die Teil- oder Ganzzeitarbeit in verschiedenen Handwerksbetrieben geleistet hatten, namentlich in der Herstellung von Bekleidung, durch die Fabrikproduktion um ihr Einkommen gebracht und gezwungen, in die Städte abzuwandern oder nach Übersee zu emigrieren. Die Folge war, daß die Landwirtschaft das Leben in manchen Bauerndörfern noch ausschließlicher bestimmte als jemals zuvor. Starke Verschiedenheiten bestanden von Gegend zu Gegend, was die Stellung der christlichen Religion und der religiösen Feste im Leben der Bauern betraf. Mancherorts standen sie noch im Mittelpunkt des Lebens, anderwärts hatte ihre Bedeutung abgenommen, und in manchen abgelegenen Regionen waren sie ohnedies nie mehr als ein Firnis gewesen, unter dem sich heidnische Riten erhalten hatten.

Die malerischen Volkstrachten, die Stadtbewohner mit den europäischen Bauern in Verbindung bringen, waren vielfach erst im späten 18. oder frühen 19. Jahrhundert aufgekommen und wurden in der Regel nur bei besonderen Anlässen getragen. Somit war der Umstand, daß diese Trachten in unserer Epoche zu verschwinden begannen, kein so kritisches Symptom der Auflösung der traditionellen Gesellschaft und Kultur auf dem Lande, wie viele Ethnologen es darstellen. Die Anthropologen und Experten der ländlichen Soziologie überzeugen mehr mit ihrem Argument, daß sich traditionelle Strukturen und Mentalitäten vielfach behaupten, wenn die äußerlichsten Formen der Volkskultur schon aufgegeben worden sind. In manchen Fällen ließen sich sogar diese Strukturen und Denkformen modifizieren, ohne daß sie ihren inneren Zusammenhalt einbüßten.

Eine Studie über das Dorf Neyl im Rheinland, das 1883 der Stadt Köln eingemeindet worden war, zeigt, wie eine bäuerliche Gesellschaft fortbestehen konnte, wenn sie »die technischen und sozialen Veränderungen [akzeptierte], die zur Erhaltung ihrer kulturellen Identität notwendig waren.«[23] In den Jahren vor dem Ersten Weltkrieg gab es in Neyl etwa fünfundvierzig Familien, deren Grund genug Ertrag abwarf, daß sie ausschließlich bei der Landwirtschaft bleiben konnten. Aber obwohl sie mit modernen Methoden arbeiteten, behielten sie ihre traditionelle Abneigung dagegen bei, Arbeit und Kapital spekulativ in nur ein einziges leicht verkäufliches Agrarprodukt zu investieren, Grundmerkmal eines wirklich modernen Landwirts. Auch das Niveau ihrer Ansprüche blieb bescheiden und in der Regel unbeeinflußt von ihren beträchtlichen Einkommen. Wenn sie ihre Erzeugnisse auf den Markt in der Stadt brachten, fanden sie dort mit den Leuten aus den unteren Schichten reichen Gesprächsstoff, eine Welt ihres eigenen Dialekts, ähnlicher volkstümlicher Ansichten, Einstellungen und Wertbegriffe. So bestand zwischen den städtischen Nachkommen von Bauern aus der präindustriellen Epoche und den Bauern von Neyl Kontinuität, nicht Gegensätzlichkeit. In ihrem Heimatdorf aber bewahrten sie auch noch andere bäuerliche Merkmale. Sie trugen zwar keine Tracht, aber, Männer wie Frauen, Holzschuhe bei der Arbeit. Nach wie vor heirateten sie zumeist jemand aus dem Dorf und hielten sich an die Volksmedizin, obwohl der ortsansässige Arzt dagegen war.

Noch immer bildete den Mittelpunkt ihrer Freizeit das eigene Dorf, in dem es vierzehn Wirtschaften gab, davon drei mit Tanzsälen. Selbst die ärmeren Dörfler, die die Landwirtschaft aufgegeben hatten und in der Fabrik arbeiteten, behielten die bäuerliche Lebensform bei. »In ihrer Kleidung, ihren Behausungen und ihren Eßgewohnheiten waren sie von den Vollbauern praktisch nicht zu unterscheiden. Daß sie Lohnarbeit leisten mußten, war der Preis, den sie für die Kontinuität ihrer Lebensform zu leisten hatten.«[24]

Neyl und ähnliche Gemeinden illustrieren die Vielfalt der bäuerlichen Reaktionen auf dem Weg zur Modernität. Wir haben bereits festgestellt, daß viele dänische Bauern sich zu modernen kapitalistischen Landwirten entwickelten. Dieser Wandel vollzog sich auch in England, den Niederlanden, in Teilen Frankreichs und in der Schweiz. Doch die Mehrheit der Bauern Europas bewahrte ihr Selbstverständnis als einer sozial und kulturell ganz eigenständigen Gruppe, ohne jedoch ein modernes Klassenbewußtsein zu entwickeln.

Die Bauern traditioneller Denkart neigten dazu, sich als den Prototyp der Menschheit, als ›das Volk‹, und andere Gruppen als ›unnatürliche‹ Minderheiten zu betrachten. Bäuerliche Süditaliener bezeichneten zuweilen Unbekannte aus anderen Regionen, denen man den Bauern aber noch anmerkte, als ›Christen‹, Italiener aus der Stadt und Leute aus anderen Ländern, aber unterschiedslos als ›Ausländer‹. In den frühen siebziger Jahren des 19. Jahrhunderts hatten russische Bauern die radikalen Studenten der Narodnik-Bewegung, die ›ins Volk gehen‹ wollten, mit Steinen beworfen und sie der Polizei übergeben. 1905 erhoben sie sich spontan – und getrennt von den städtischen Arbeitern und Akademikern – und zwangen mit ihrer Revolution das zaristische Regime, sich mit den Mißständen zu befassen, unter denen sie schon seit langem zu leiden hatten. Die vom russischen Innenminister Peter A. Stolypin durchgeführten Reformen, 1906–1910, verfolgten denn auch den Zweck, das revolutionäre Potential der russischen Bauernschicht durch ihre stufenweise Verwandlung in kapitalistische Landwirte (Kulaken) nach westeuropäischem Muster zu entschärfen. Doch die Reformen vermochten die größte Bauernrevolution in der europäischen Geschichte, zu der es im Sommer 1917 kam, nicht abzuwenden. Wie dieser Aufstand hatten fast alle Bauernunruhen im späten 19. und frühen 20. Jahrhundert das Ziel im Auge, die traditionelle bäuerliche Welt unter besseren wirtschaftlichen Bedingungen wiederherzustellen, nicht aber die Bauern zu einer modernen Gesellschaftsklasse zu machen, die gezwungen war, in einer pluralistischen, die ganze Nation umfassende Gesellschaft sich der Konkurrenz zu stellen.

Vor dem Ersten Weltkrieg lebten die meisten Bauern Ost- und Südeuropas in Dörfern zusammen, teilten sich in die Feldarbeit und machten alles Neue für das verantwortlich, was sie am bittersten bedrückte: Armut, Steuerpflicht, zunehmender Mangel an Land und Arbeit, die Pflicht zum Elementarschulbesuch, der Zwang zum Militärdienst. Wie wir später sehen werden, ließen sich ihre revolutionären Impulse zwar hin und wieder in nationalistische Kanäle leiten, aber ihre Grundeinstellung war antimodern.

In West- und Nordeuropa konnten viele Bauern die Autonomie ihrer Haushalte und Gemeinden innerhalb ihrer wirtschaftlichen und sozialen Umwelt behaupten, doch diese Autonomie war nur relativer Natur, ob sie nun auf Einzelhöfen oder in Dörfern lebten. Leute von außerhalb konnten zuziehen, Menschen aus dem Ort abwandern, man konnte über den Bezirk der Gemeinde hinaus heiraten. Die wirtschaftlichen Kontakte mit der Außenwelt nahmen zu, und die nationale Kultur durchdrang beeinflussend die lokale. Zudem mußten die Leute, die im Ort das Sagen hatten, sich mit äußeren Mächten verständigen und sich ihnen häufig genug beugen. So waren in unserer Epoche in ganz Europa die bäuerlichen Gemeinden immer der nationalen Gesellschaft untergeordnet.

Ende des 19. Jahrhunderts veranlaßten der Rückgang der Getreidepreise und der Ruin des Weinbaus viele sonst individualistische Bauern Frankreichs, sich Interessenverbänden und Handelsgenossenschaften anzuschließen, um die Regierung zu zwingen, sie durch Einfuhrzölle zu schützen und in wirtschaftlichen Notzeiten zu unterstützen. Damit schienen viele von ihnen ein gewisses Klassenbewußtsein zu entwickeln, was ihre Wortführer durch Reden vom sozialen Frieden und eine Verurteilung von Klassenkonflikten bestritten.[25] Diese Propagandisten versuchten auch das Wort ›Bauer‹ durch ›Landwirt‹ zu ersetzen und so die Vorstellung einer wirtschaftlichen Interessengruppe statt eines traditionellen ›Standes‹ mit seinen abträglichen Beiklängen zu vermitteln. Aber diese Landwirte-Organisationen wurden von den größeren Grundbesitzern angeführt und zogen nur die wohlhabenderen kleineren Bauern an. Die Pächter und Tagelöhner waren, soweit sie überhaupt politisches Bewußtsein entwickelten, für sozialistische und syndikalistische Propaganda empfänglicher. So bestand keine Aussicht auf die Bildung einer geeinten Bauernklasse. Tatsächlich waren die konservativen Bauerngruppen und die militanten sozialistischen und syndikalistischen Führer so weit voneinander entfernt wie die ihnen entsprechenden Gruppen in der Industrie. Diese Spaltungen und Konflikte innerhalb der französischen Landbevölkerung verstärkten sich in dem Maße, wie die Traditionen der bäuerlichen Gesellschaft in Frage gestellt wurden, und nahmen immer leidenschaftlicheren Charakter an.

Nicht ein Klassenbewußtsein, sondern die Traditionsfamilie war das Hauptbollwerk der bäuerlichen Wertvorstellungen und Normen. Die Familie war in Wirklichkeit ein Haushalt, zu dem alle Menschen gehörten, die am selben Tisch aßen und denselben Herd teilten. Zuweilen war sie auf Blutsverwandte und deren Ehefrauen beziehungsweise -männer beschränkt, manchmal gehörten auch mithelfende Personen dazu, die nicht blutsverwandt waren. Was sie zusammenhielt, war das Familienerbe – in der Regel Grundbesitz, Vieh und persönliches Eigentum –, an dem alle Mitglieder irgendeinen Anteil hatten. Dieses Erbe und die Heiraten, die sich auf seiner Basis schließen ließen, erleichterten die nach oben gerichtete soziale Mobilität. Ein Bauernhaushalt mit einem genügend großen Familienerbe konnte manchmal ein Mitglied in eine Familie lokaler Notabeln einheiraten lassen und damit Zugang zu einer breiteren sozialen Klasse und ihrer Kultur gewinnen.[26]

Wenn wir uns mit den Funktionen und dem Einfluß der traditionellen bäuerlichen Familie beschäftigen, müssen wir daher unsere Begriffe von dem beiseite lassen, was eine Familie heute bedeutet. Zwar im allgemeinen auf ein Ehepaar und seine abhängigen Kinder beschränkt, wird die Bezeichnung heute in so weiter Auslegung verwendet, daß sie auch einen besonders engen Freund oder ein Lieblingstier einschließen kann. Daß Eltern und Kinder unter demselben Dach leben, kann kaum verhindern, daß jedes Mitglied ein eigenes Leben unter seinen Altersgefährten außerhalb des Heimes führt, das ihm mehr bedeutet. Und die heutige Familie hat nur selten einen ererbten Besitz, an dem jedes Mitglied einen lebenslangen Anteil sein eigen nennt. Der Traditionshaushalt hingegen war relativ in sich geschlossen, sowohl gegenüber der Gesellschaft als auch als ökonomische Einheit, was insbesondere auf grundbesitzende Bauern zutraf.

Im nordwestlichen Europa beteiligten sich solche bäuerlichen Haushalte am sozialen und kulturellen Leben ihrer Kirchgemeinde. Zuweilen wirkten sie mit anderen Haushalten bei bestimmten Tätigkeiten zusammen, so beispielsweise bei der Ernte und, mit Beginn des letzten Jahrzehnts vor 1900, bei der Vermarktung der von der Gemeinde erzeugten Produkte. Aber es war der Haushalt, nicht die Gemeinde, als Einheit, die dem Leben ihrer Mitglieder am meisten Sinn und Zweck gab. Solange der Haushalt eine lebensfähige Einheit blieb, konnte er neue Materialtechniken übernehmen, ehrwürdige Bräuche aufgeben und sogar einzelne Mitglieder zurückholen, die fortgezogen waren, um anderwärts zu arbeiten oder ihren Militärdienst abzuleisten. Oft war er stark genug, um mit Einflüssen von außen fertigzuwerden, wie sie von der Kirche, von der Volksschule oder vom Militär ausgingen. Seine Beziehungen zur allgemeinen Wirtschaft – selbst wenn sie ihn zwangen, manche Bewirtschaftungsformen zugunsten anderer aufzugeben – änderten grundsätzlich nichts an seiner Funktionsweise, solange er sich halten und sein Familienerbe bewahren konnte.

Funktion und Einfluß des traditionellen bäuerlichen Haushaltes durchdrangen das gemeinsame Leben ungleich stärker als die der geschlossensten Familie von heute. Der Haushalt diktierte die wirtschaftliche Rolle aller Männer, Frauen und Kinder seines Kontrollbereiches in einem Ausmaß, das heute unvorstellbar ist. Er ließ wenig Raum für persönliche Gefühle, namentlich in der Wahl der Heiratspartner. Unverheirateten war kein eigenes Einkommen erlaubt; diejenigen, die außerhalb arbeiteten, mußten ihren Lohn abliefern und durften nur ausgeben, was ihnen ihre Mütter zuteilten. Der Wille des Oberhaupts des Hauswesens war für alle Mitglieder Gesetz. Heutzutage bringt praktisch jeder seine Meinungen – wenn auch von Massenmedien und Altersgruppen manipuliert – zu den verschiedensten Fragen zum Ausdruck. In einem traditionsbestimmten bäuerlichen Haushalt wäre es kaum jemandem eingefallen, eine eigene, selbständige Meinung zu haben, geschweige denn, sie auszusprechen. Die Menschen reagierten auf Situationen in vorgeschriebener Weise, gelenkt vor allem von der lokalen Sitte und dem Wohl des Haushalts, so, wie sein Oberhaupt es definierte. Jeder, der sich auflehnte, ging entweder freiwillig seiner Wege oder wurde dazu gezwungen. Häufiger aber lag, wenn jemand die häusliche Gemeinschaft verließ, der Grund darin, daß das Familienerbe einfach nicht ausreichte, um ihn oder sie zu ernähren.

Mit den neunziger Jahren des 19. Jahrhunderts brachen der traditionelle Haushalt und die bäuerliche Gemeinde, der er angehörte, zuweilen zusammen, wenn die Altersverteilung zu einseitig wurde, um die bestehende Ordnung noch stützen zu können. Solange nur die ›überzähligen‹ jungen Erwachsenen fortzogen, um anderwärts Verdienstmöglichkeiten zu suchen, konnte sich diese Ordnung halten. Sie kam jedoch ins Wanken, wenn nicht mehr genug junge Männer für die notwendigen Arbeitsleistungen und nicht mehr genügend junge Frauen als Ehepartnerinnen für sie da waren. Dann mußten für beide Zwecke Leute von außerhalb aufgenommen werden, und diese konnten über eine begrenzte Zahl hinaus von den Haushalten nicht mehr absorbiert werden, die infolgedessen auseinanderfielen oder ein anderes Gesicht annahmen.

In anderen Fällen konnte die einzelne Bauerngemeinde – und dies geschah häufig – sich behaupten, solange ihre Autonomie gegenüber der Außenwelt es ihr ermöglichte, Kollektiventscheidungen zu treffen und so ihr Machtsystem zu erhalten. Bäuerliche Gemeinden dieses Typs zählten höchstenfalls tausend bis zweitausend Mitglieder. (Zwischenpersönliche Beziehungen funktionierten auch bei einer größeren Zahl, wenn die beteiligten Familien, Kundschaften und Sozialschichten und -kategorien es ermöglichten, die soziale Stellung eines einzelnen sofort zu erkennen.) Jeder kannte jeden. Alle gingen auf die direkteste Art miteinander um, und ihre sozialen Beziehungen bedurften keiner Vermittlung durch externe Institutionen – abgesehen von Rechtsstreitigkeiten, die vor die Gerichte kamen. In solchen Gemeinden brauchte man zwei Menschen nur an einem bestimmten Platz, zu einer bestimmten Zeit, in einer bestimmten Jahreszeit zusammen zu sehen und man wußte schon, was sie taten. Jede Person, jedes Vorkommnis, wenn ungewohnt, löste Kommentare und Diskussionen aus, mit denen man auf eine Erklärung kommen wollte.

Eine soziale Regulierung auf diesem strengen und persönlichen Niveau bedurfte der Grundlage eines gemeinsamen Kodex präziser und begrenzter Verhaltensmuster, die jedem Mitglied der Gemeinde genau bekannt und auf sie anwendbar waren. Alle Mitglieder teilten dieselbe Weltsicht, allen war dasselbe Wertsystem gemeinsam. Verstärkt wurde ihre kulturelle Homogenität durch den lokalen Dialekt, der sich häufig beträchtlich von der Sprache der größeren Gesellschaft unterschied, der sie nominell angehörten.

Ein paar Eigenbrötler durften vom gültigen Verhalten der bäuerlichen Gemeinschaft abweichen, aber nur weil deren Mitglieder in ihnen Randfiguren sahen, die ihre eigenen Maßstäbe hatten. Ausländische Landarbeiter wie die Polen in Ostpreußen und Italiener in Südfrankreich lebten völlig abgesondert von den einheimischen Dorfbewohnern. In den osteuropäischen Dörfern, die einen starken Anteil seit langer Zeit ortsansässiger Juden hatten, konnten die russischen und polnischen Bauern den geschäftlichen Umgang mit ihnen nicht entbehren, betrachteten sie aber aus religiösen wie aus rassischen Gründen mit Antipathie. Die Priester waren besonders über die angebliche Sinnlichkeit der Juden empört. So schrieb ein polnischer Priester um die Jahrhundertwende: »Die Juden haben die Eigentümlichkeit, daß sie die Wertschätzung des Leibes und geschlechtlicher Beziehungen lehren. Sie bringen in den geistigen Umkreis des polnischen Bauernmädchens das erotische Element . . . das der Seele des polnischen Bauern unbekannt und der strengen christlichen Anschauung vom Körper und den sexuellen Funktionen ganz fremd ist.«[27]

In den meisten Ländern wurden sogar christliche Tagelöhner aus dem gleichen Ort sozial häufig isoliert, weil ihr Familienleben instabil war oder sie ein solches gar nicht hatten. Jedes Dorf hatte seine Trunkenbolde, Schwachsinnigen und wunderlichen alten Frauen.

Jede Gemeinde in einer kulturell homogenen ländlichen Region besaß ihren eigenen Gruppencharakter, den seine Bewohner und die von Nachbargemeinden anerkannten. Doch der Umstand, daß alle Mitglieder bestimmte Persönlichkeitsmerkmale gemeinsam hatten, schloß nicht Unterschiede zwischen ihnen aus. Die Menschen waren nicht nur individuell verschieden, sondern sie spielten, nach Maßgabe ihres Alters und Geschlechts, auch unterschiedliche Rollen. Je stärker die soziale Schichtung ausgebildet war, um so ausgeprägter waren die Eigentümlichkeiten der verschiedenen Gruppen: Handwerker, Arbeiter, Klein- und Großbauern, Notabeln. Und jede Familie hatte ihren eigenen Charakter, ihr eigenes Temperament, was ihre Nachbarn immer wieder feststellten und kommentierten. Je größer die kulturelle Homogenität einer Gemeinde, um so mehr Bedeutung wurde kleinen Verschiedenheiten beigemessen.

Diese Verschiedenheiten wurden häufig als Abstufungen in Übereinstimmung mit und in Abweichung von den herrschenden Normen wahrgenommen. Eine Bauernfamilie konnte stolz darauf sein, daß keines ihrer Kinder mitarbeitete, während sie sich bewußt war, daß andere darauf angewiesen waren. Familie A konnte mißbilligen, daß jemand in Familie B Zeitungen las, aber Umgang mit ihm pflegen, solange er nicht mit seinem überlegenen Wissen renommierte. Junge Männer konnten sich betrinken, solange sie nicht zum Messer griffen. Ein begüterter Bauer konnte nach den Begriffen des Dorfes reich werden und seinen Sohn sogar aufs Gymnasium schicken. Aber solange er die Grundnormen des Verhaltens in seiner Gemeinde nicht ablehnte, akzeptierte sie ihn als jemanden, der es weitergebracht hatte, ohne bürgerlich zu werden.

So waren die traditionellen bäuerlichen Gemeinden, schon bevor sie mit der Modernität konfrontiert wurden, keine statischen Einheiten, in denen sich nichts ereignete, nichts veränderte. Kulturelle Homogenität im Verein mit sozialer Vielfalt ermöglichte es, daß einigermaßen unelastische Strukturen den meisten Gemeindemitgliedern ein erfülltes und befriedigendes soziales Leben bieten konnten. Die Tendenz zu größerer Vielfalt und hierarchischer Abstufung in bäuerlichen Gemeinschaften war so umfassend, daß Elemente von stark egalitärer Denkart besondere Mechanismen entwickelten, um sie auszugleichen. Das berühmteste Beispiel, 1895 durch Gesetz sanktioniert, war die ›Umteilung‹ des Grundes, den die russischen Dorfgemeinden gemäß der Zahl der Verbraucher in einem Haushalt oder irgendeiner ähnlichen egalitären Norm vornahmen. Doch selbst diese Praxis konnte nicht die trennenden Linien zwischen Leuten mit großem, mittlerem oder kleinem Grundbesitz beseitigen, die sich bis zur Zwangskollektivierung Anfang der dreißiger Jahre hielten. In vielen protestantischen Ländern, darunter England, drückte sich in der Aufteilung der Kirchenbänke in den Gotteshäusern der betreffenden Ortschaften die Auffassung der Dorfbewohner von der Hierarchie in ihrer Gesellschaft und dem eigenen Stellenwert in dieser aus. Noch zu Anfang der fünfziger Jahre kam es in dem calvinistischen Dorf Atány in Ungarn zu einem Streit zwischen zwei jungen Frauen, in dem die eine die andere abfertigte: »Schließlich habe ich eine bessere Heirat gemacht als du, weil ich in die erste Kirchenbank geführt wurde und du nur in die zweite.«[28]

Kulturelle Homogenität schloß innerhalb einer bestimmten Gemeinde nicht soziale Differenzierung aus, doch jede setzte sich trotz gemeinsamer Kultur bewußt von Nachbargemeinden ab. Diese Kirchturmsmentalität stärkte die Identitätsgefühle der Gemeindeangehörigen als Individuen und als Gemeinschaft. Auf diese Weise erleichterte sie die innere Reglementierung in der Gemeinde. Diese beengte Denkart wurde bisweilen ins Extrem getrieben, wie im Fall zweier rivalisierender Kirchengemeinden in einem süditalienischen Dorf, die behaupteten, den Dialekt der anderen nicht zu verstehen. Obwohl ihr Loyalitätskonflikt vor allem auf endogamen Verwandtschaftsbindungen beruhte, beliebte es ihnen zu glauben, daß die Mitglieder der anderen Kirchengemeinde mit ihrer Mundart ethnisch anderer Abstammung seien.[29]

Wenn auch die bäuerliche Kultur in den jeweiligen Regionen relativ geschlossen blieb, so waren es doch jene Landbewohner mit genug Grund, um sich davon zu ernähren, die am besten dieser Kultur gegen Einflüsse von außen am Leben erhalten konnten. Die Tagelöhner, namentlich auf den Latifundien in Süditalien und im südwestlichen Spanien, waren keine echten Bauern, sondern eher ein ländliches Proletariat. Sie teilten einige der Vorurteile und Verhaltensregeln der Bauern, unter denen sie lebten, doch es fehlte ihnen die Bindung an das Land, wie sie jene Landleute besaßen, die Jahr für Jahr denselben Boden bearbeiteten. Die Knechte und Dienstboten der Bauern standen der bäuerlichen Welteinstellung näher als die Tagelöhner.

Unter den großen Staaten hatte Rußland bei weitem die größte Zahl grundbesitzender Bauern, und ihre traditonelle Gesellschaftsform und Kultur wurden vor 1914 am wenigsten verändert. 1897 waren etwas über vierundachtzig Prozent der Bevölkerung des europäischen Teils von Rußland (mehr als achtzig Millionen) Bauern, ein Prozentsatz, der sich in den folgenden drei Jahrzehnten nicht merklich verringerte. Die Bauern Rußlands waren ihrem Rechtsstatus nach ein ›gesellschaftlicher Stand‹ für sich und in ihren Ausweispapieren entsprechend ausgewiesen. Manche von denen, die in die Städte abwanderten, betrachteten voll

Groll ihre fortdauernden Verpflichtungen gegenüber der Gemeinde. Und manche der wohlhabenderen, die zurückblieben, wollten den beherrschenden Einfluß der Gemeinde auf die Lokalangelegenheiten, besonders die periodischen Land-›Umteilungen‹ nicht länger hinnehmen. Doch für die Mehrheit bildeten die relativ geschlossenen und in ihrer Lebensform verharrenden Haushalte und Gemeinden eine Welt, getrennt von der der Städter, deren Sozialstruktur in vielem der kapitalistischer Gesellschaften im Westen ähnlich war. Die russischen Bauern identifizierten sich weniger als die meisten anderen mit den nationalen Werten, und ihre Haltung zu Recht und Gesetz stand in flagrantem Gegensatz zum Rechtskodex des Landes. Vor ihren eigenen ländlichen Gerichten hatten die Persönlichkeit des Angeklagten und die sozialen Auswirkungen ihrer Verurteilung mehr Gewicht als Präzendenzfälle oder die objektiven Umstände. Die Entscheidungen dieser Gerichte »waren vor allem von der Rücksichtnahme auf den Zusammenhalt der Gemeinde bestimmt. Die Befriedigung der Mindestbedürfnisse jeder Familie und die Erhaltung gutnachbarlicher Beziehungen wurden höher gewertet als ein unparteiisches Urteil.«[30]

Am anderen Ende Europas , in Irland, bot sich ein ganz anderes Bild. Während die Gesamtbevölkerung des Russischen Reiches von 1890 bis 1911 um siebzig Prozent zunahm, verringerte sie sich in Irland, weil das Land eine höhere Emigrationsrate aufwies als irgendein anderer Staat. In Irland vergrößerte sich der Umfang des den einzelnen Familien zur Verfügung stehenden Grundes beträchtlich, während er in Rußland drastisch abnahm. Das hatte zur Folge, daß der bäuerliche Lebensstandard in Rußland sank, in Irland dagegen anstieg. Da es sich beim Gros der irischen Auswanderer um landlose Menschen handelte, verschob sich das Klassenverhältnis in den ländlichen Gebieten drastisch zugunsten der bäuerlichen Grundbesitzer, besonders derjenigen mit ziemlich großem Landbesitz.[31] 1911 lag auch der Anteil der des Lesens und Schreibens Kundigen in Irland mit achtundachtzig Prozent beträchtlich höher als in Rußland, wo es nur neununddreißig Prozent waren. All diese Verbesserungen in Irland wirkten sich sogar auf die abgelegenene Fischergemeinde auf der Great Blasket Island vor der Südwestküste der Insel aus. In seiner Autobiographie betonte ein Einwohner dieser Ortschaft den gestiegenen Wohlstand der Gemeinde. 1910 beispielsweise, als er zwölf Jahre alt war, bekam er von seinem Vater zehn Schillinge, die er beim lokalen Kanu-Rennen auf dem Festland ausgeben durfte[32]; dies war ein ansehnlicher Betrag zu einer Zeit, als der durchschnittliche Wochenlohn eines Industriearbeiters in England nur dreißig Schillinge betrug. Doch trotz der Kontakte zur Außenwelt, die durch die nach Amerika ausgewanderten Verwandten zustandekamen, bewahrten die Fischer von Great Blasket Island viel von ihrer traditionellen Volkskultur und sprachen fast ausschließlich Gälisch, selbst in den Schulen.

Die traditionsgeprägten Bauern Europas hielten an ihren ältesten Kulturmerkmalen länger fest als an jenen, die sie erst in jüngerer Zeit erworben hatten. Als erstes verschwanden Haushaltsgegenstände, Schmuck und Tracht, die den Höhepunkt ihrer Entwicklung an vielen Orten im 18. und frühen 19. Jahrhundert erreichten. Bestimmte Landwirtschaftsgeräte, Tänze und Bräuche, die noch aus vorchristlicher Zeit stammten, hielten sich am längsten. Denkmuster und die von ihnen diktierten Gewohnheiten widerstanden Berührungen mit der Außenwelt länger als Einstellungen zu materiellen Dingen. Ein Beispiel war der Glaube an die Volksmedizin. Die Menschen auf den Dörfern hatten Zutrauen zu ihren Heilkünstlern und betrachteten Angriffe auf sie, die zumeist von außen kamen, als Attacken gegen ihre kollektive Gefühlsstruktur.[37] Das Gleiche galt für jemand, der die Volksweisheit einer Gemeinde in Zweifel zog. Leute vom Land und die erste Generation der in die Städte Abgewanderten wirkten in ihrem äußeren Alltagsverhalten oft modern, während sie in ihrem privaten Leben und Denken viel von ihrer traditionellen Mentalität behalten hatten.

Untersuchungen über das ländliche Frankreich zu Anfang des 20. Jahrhunderts bestätigen diese Allgemeinbemerkungen. Nach den Antworten, die 1944 auf einen an alle Landgemeinden versandten Fragebogen[34] zu den Verhältnissen in der Zeit vor 1914 gegeben wurden, hatten im letzten Drittel des 19. Jahrhunderts bereits neunzig Prozent der Bauern Dreschmaschinen zu benützen begonnen, kein einziger aber vor 1918 elektrischen Strom. Vor dem Ersten Weltkrieg trugen noch fünfundneunzig Prozent aller französischen Bauern bei der Arbeit und bei bestimmten festlichen Anlässen Holzpantinen; achtunddreißig Prozent beteiligten sich an einer feierlichen Anrufung des lokalen Schutzheiligen für das Vieh, und vierunddreißig Prozent riefen den Schutzpatron der Weinberge an. In manchen Gemeinden hielten auch die Stellmacher, Töpfer und Hersteller von Holzschuhen Feiern für die Patrone ihres Gewerbes ab. In siebenunddreißig Prozent der Gemeinden, die den Fragebogen beantworteten, feierten die jungen Männer die Mainacht damit, daß sie vor die Fenster und Türen oder auf die Dächer der Häuser, in denen heiratsfähige Mädchen wohnten, Blumensträuße legten. Zweiunddreißig Prozent sammelten noch immer einen Bund Garben der Getreideernte und hoben ihn bis zur nächsten Herbsternte auf. Dreißig Prozent brachten älteren Leuten bei der Wiederverheiratung nach wie vor ein Charivari dar, und diese mußten sich bei den Feiergästen loskaufen. In der Nacht vor dem Johannistag im Juni zündeten siebenundzwanzigeinhalb Prozent noch immer ein Johannisfeuer an. Die Feier der Mainacht, die Johannisfeuer und das Charivari hatte es in manchen Gemeinden nie gegeben, so daß der Prozentanteil der ›überlebenden‹ Gemeinden, wo diese Bräuche bestanden hatten, beträchtlich höher lag als der nationale Durchschnitt. Jedenfalls waren all diese Riten sehr alt und offensichtlich heidnischer Herkunft. Dagegen kamen etliche häusliche Gegenstände – handgemachte Dachziegel, Öfen für selbstgebackenes Brot, durch Täfelung abgedeckte Betten – vor 1914 nur selten vor. Und schließlich war der Prozentsatz für alle diese Gegenstände erwartungsgemäß am höchsten in den Gemeinden, die am weitesten von Großstädten und modernen Industrieregionen abgelegen waren.

Handwerker und Arbeiter

Traditionelle bäuerliche Gesellschaften hatten immer ihre lokalen Böttcher, Töpfer, Stellmacher, Tischler, Sattler und Schmiede gehabt, die ihre Bedürfnisse erfüllten. Dann verdrängte die Verbreitung der technischen Produktion viele dieser Handwerker aus dem Geschäft, worauf sie großenteils ihre Heimatdörfer verließen und sich andere Arbeit in den Städten oder in Übersee suchten. Dies führte dazu, daß viele Dörfer noch bäuerlicher wurden, zugleich aber ihre Kontakte zur gesellschaftlichen Gesamtheit des Landes verstärkten. Doch die technische Entwicklung war nicht der einzige Grund, warum Handwerker auf dem Lande in Bedrängnis gerieten. In manchen Fällen – wie bei den italienischen Steinmetzen – wanderten sie aus, weil sie nicht mehr genug Arbeit fanden, um ihre traditionelle soziale Stellung im Dorf halten zu können.

In den Städten wie in den Dörfern fiel es zahlreichen Handwerkern immer schwerer, den Kräften der Modernisierung Widerstand zu leisten. Stolz auf ihr Können, ihre Selbständigkeit und den sozialen Status, der sich traditionell damit verbunden hatte, widerstrebte es ihnen im Innersten, Lohnarbeit anzunehmen und damit ins Proletariat abzusteigen. Der Sohn eines deutschen Schneidermeisters erzählte von der stolzen Haltung, mit der sein Vater die Behandlung durch den Armenarzt des

Berliner Schusterwerkstatt (›Besohlungsanstalt‹). Fotografie von H. Zille, um 1900

Ortes abgelehnt hatte, als es mit ihm zu Ende ging. Der alte Mann sagte zu seiner geängstigten Frau: »Was sollten wohl die Leute davon sagen, wenn ich als Schneidermeister diesen Arzt kommen ließe, den jedermann einen ›Armenschinder‹ nennt?«[35] Dem Sohn aber blieb keine andere Wahl als Handwerksbursch zu werden, der sich für kurze Arbeiten verdingte und dann in den nächsten Ort weiterzog.

Die traurigste Folge der Modernisierung für die Handwerker lag darin, daß ihre Söhne eine wachsende Abneigung gegen diesen Beruf faßten. Wie der des Bauern geriet er in Mißkredit, als städtische Wertmaßstäbe die Denkart der Menschen in den Dörfern verwandelten, die in der Nähe von Großstädten lagen. In seinem halb-autobiographischen Roman ›Der junge Tobias‹ erzählt Karl Scheffler, ein berühmter Kunstkritiker, daß der Vater seines Helden, ein Malermeister, sich schon in den achtziger Jahren des 19. Jahrhunderts in seinem verstädterten Heimatdorf und in den zahlreichen Städten, in denen er sein Handwerk auszuüben versuchte, wie ein Fremder fühlte. Am Ende des Buches versucht der Sohn den Vater für sein Versagen im Leben zu trösten. Die Städte Europas und der Neuen Welt beherbergten viele solcher Männer, die im Glauben an den traditionellen Wert eines Handwerks erzogen worden waren und sich am Rand der modernen Gesellschaft wiederfanden.

Die Handweber hatten das herbe Schicksal, durch Maschinen ersetzt zu werden, mehr als ein halbes Jahrhundert vor dem Beginn unserer Epoche erdulden müssen, nun aber erlebten andere Arten von Handwerkern ähnliche Gefühle des Abstiegs.

Nicht nur die Zahl der Maschinen nahm zu, sondern es erschienen auch neue Typen, die ihre Geschicklichkeit und Handfertigkeit überflüssig machten. »Der Dreher verrichtete früher nicht nur das Drehen, sondern auch Bohren, Walzen, Schraubenschneiden und Feinbohren; jede dieser anderen Verrichtungen wurden schließlich einer eigenen Werkzeugmaschine übertragen, und dazu kam noch, daß beim Drehen selbst die Auszeichnung der Arbeit, die Festlegung von Tempo und Zuführung und das Schleifen von Werkzeugen Spezialisten übertragen wurde.«[36] Diese ›Spezialisten‹ waren jedoch unausgebildete ›Maschinenleute‹; sogar Frauen und Jungen konnten solche Arbeit übernehmen. Eine andere Entwicklung, die die Fachhandwerker in der Industrie abwertete, waren die gesteigerten Präzisionsanforderungen und die Standardisierung, die mit ihnen einherging. Wenn früher zwei Teile nicht zusammengepaßt hatten, wußte der Mann, der sich darum kümmerte, wie er sie zurechtzufeilen hatte, daß sie paßten. Nun aber produzierten automatische Maschinen weniger ungleichmäßige Produkte, und damit waren seine Fertigkeiten weniger gefragt. Da die Teile von vornherein zusammenpassen, konnte schon ein Monteur sie zusammenfügen. Dieser Wandel vollzog sich am weitestgehenden in der Produktion neuer Erzeugnisse wie Nähmaschinen, Fahrräder, Automobile und elektrischer Geräte. In diesen Bereichen wurde die exaktere alte Handwerksarbeit nicht mehr gebraucht. Ein angelernter Maschinenwärter konnte mittels eines Meßgerätes feststellen, ob die Teile die vorgeschriebenen Toleranzgrenzen einhielten, und sie dann auf dem Förderband weiterschicken.

In Großbritannien und auf dem Kontinent waren einige der militantesten Arbeiterführer verbitterte Handwerker, die sich durch diese technischen und organisatorischen Innovationen degradiert fühlten. Neben Marxisten und revolutionären Syndikalisten trugen sie dazu bei, den Mythos einer revolutionären Arbeiterklasse zu nähren, die sich organisierte und rüstete, um die kapitalistische Ordnung zu stürzen und sie durch eine neuere, modernere zu ersetzen, in der das Proletariat das Ruder führte. In den ersten Jahren nach 1900 gaben die ersten landesweiten Streiks in Frankreich, Italien, Großbritannien und besonders der Ausstand 1905 in Rußland diesem Mythos zusätzliche Glaubwürdigkeit, wie wir in Kapitel 8 sehen werden. Die militantesten und revolutionärsten Arbeiter waren, wie noch heute, diejenigen, die sich durch die Automatisierung bedroht fühlten, und besonders in Rußland und Spanien, jene, die erst kurz vorher aus einer ländlichen Umgebung in die Industriewelt gekommen waren.

Doch vor 1914 widersetzte sich die Mehrheit der Arbeiterschaft noch immer den Versuchen von Gewerkschaftlern, sie zu mobilisieren. Dies war sogar in Großbritannien der Fall, wo die Arbeiterbewegung größer und älter war als in irgendeinem anderen Land, aber zahlreiche Gewerkschaftsmitglieder mit Mißmut sahen, daß ihre nationalen Gewerkschaftsverbände zusehends unpersönlicher und bürokratischer wurden.[37] In Frankreich, wo es zunächst nur wenige große Fabriken und kaum Automatisierung gab, blieb die individualistische Mentalität der Handwerker stark, und war der Widerstand gegen eine Mobilisierung durch die Gewerkschaften größer als in England. Die französichen Arbeiter hatten zwar eine revolutionärere Tradition als die in Großbritannien, aber sie waren weniger bereit, regelmäßig ihre Gewerkschaftsbeiträge zu zahlen. In Italien waren, wenn man von den Facharbeitern der Industriegebiete im Norden des Landes absieht, die meisten Arbeiter zu arm, zu unwissend und hatten zu große Angst vor Repressalien ihrer Arbeitgeber, um sich Gewerkschaften anzuschließen. Und die politische Ausrichtung vieler italienischer Arbeiterführer erschwerte es ihnen in besonderem Maße, Arbeiter zu sich heranzuziehen, die traditionsgemäß fatalistischer in ihr Los ergeben und gefügiger waren als die in Nordeuropa.

Deutschland hatte zwar eine bedeutende sozialdemokratische Subkultur, aber eine 1912 durchgeführte Umfrage[38] ließ bei den befragten zweitausendfünfundachtzig Kumpeln, neunhundertsechsundsechzig Textilarbeitern und eintausendsechshunderteinunddreißig Arbeitern in der Metallindustrie eine weitverbreitete Gleichgültigkeit erkennen. Es läßt sich zwar nicht sagen, wie repräsentativ diese Stichproben waren, aber die Antworten geben wohl einigermaßen annähernd die damaligen Wünsche und Ziele der deutschen Arbeiter wieder. Auf die Frage, worüber sie bei der Arbeit nachdächten, antworteten fast dreiundvierzig Prozent der Grubenarbeiter »über nichts«, während der Anteil bei den Textilarbeitern nur fünfzehn und bei den Arbeitern in der Metallindustrie etwas über dreizehn Prozent betrug. Befragt, was ihre Hauptwünsche im Leben seien, antworteten einundzwanzigeinhalb Prozent der Bergleute mit »keine«, hingegen nur zweieinhalb Prozent der Textil- und fast vier Prozent der Metallarbeiter. Nur vier Prozent der Bergleute wollten »mit den Kapitalisten abrechnen«, bei den Textilarbeitern waren es dagegen fast acht und bei den Metallarbeitern acht Prozent. Zwölfeinhalb Prozent der Bergleute ersehnten »den Staat der Zukunft«, bei den Metallarbeitern etwas über zehn und bei den Textilarbeitern hingegen etwas über drei Prozent. Andererseits äußerten fast vierunddreißig Prozent der Textilarbeiter den Wunsch, ›bald zu sterben‹, bei den Metallarbeitern zwölf und bei den Bergleuten nur eineinhalb Prozent. Bei den übrigen Wünschen ging es um höhere Löhne, die Möglichkeit, sich satt zu essen, ein besseres Leben für die Kinder der Arbeiter und für die selbst um ein menschenwürdigeres Dasein.

In dieser Umfrage spielten nicht berücksichtigte äußere Variable ihre Rolle. Die Gleichgültigkeit der befragten Bergleute läßt sich vielleicht darauf zurückführen, daß ihre Arbeit zu lang und zu strapziös war, um ihnen die Möglichkeit zu lassen, über mehr als ihre persönlichen Bedürfnisse nachzudenken. Und die Textilarbeiter, die den Wunsch äußerten, bald zu sterben, waren zweifellos älter als der durchschnittliche Arbeiter. Doch alles in allem genommen zeigt diese Übersicht, daß deutsche Arbeiter in drei der größten Industriezweige gleichermaßen skeptisch über die Möglichkeit einer Verbesserung der sozialen Verhältnisse durch Massenorganisationen dachten.

Beim Ausbruch des Ersten Weltkrieges hatte eine große Zahl von Arbeitern in den am stärksten industrialisierten Gebieten niemals eine andere Existenz gekannt als die in einer Fabrik- oder Grubenstadt. Großbritannien hatte den größten Prozentsatz von Arbeitern dieses Typs aus der zweiten und dritten Generation, aber auch in Belgien, Frankreich und Deutschland hatten zahlreiche Arbeiter nur noch wenige Bindungen an die ländliche Welt. Diese Arbeiter blickten voll Zynismus auf eine Gesellschaft, die sie sozial an den Rand drängte und ihnen einen unverhältnismäßig kleinen Anteil an den Früchten ihrer Arbeit gewährte. Eine Minderheit unter ihnen wollte glauben, daß eine politische Revolution eine bessere Welt für sie schaffen würde. Doch die Mehrheit war voller Mißtrauen gegenüber allen Bemühungen ihrer Gewerkschaftsführer, Arbeitgeber oder auch des Staates selbst, ihr gewohntes, eingefahrenes Dasein zu verändern. Veränderungen aus dieser Richtung, so argwöhnten sie, könnten ihre Lebensumstände ebensogut verschlechtern wie verbessern. Diese Arbeiter strebten gewiß nach einem etwas höheren materiellen Lebensstandard. Aber sie »erwarteten kaum, daß politische Mittel eine soziale Verbesserung zuwegebringen könnten, und schon gar nicht den ›Wohlfahrtsstaat‹, wie wir ihn kennen.«[39] Obwohl ihre Furcht vor Veränderungen auf einer anderen Sicht der Dinge beruhten, war sie doch der des traditionsverhafteten Bauern und Handwerkers ähnlich. Der Optimismus der Belle époque in bezug auf Modernität beschränkte sich auf die ›wenigen Glücklichen‹ in den Mittelschichten.

Abschied von der Heimat

Die moderne Zeit mit ihren Neuerungen machte die Menschen mobiler. Seit langem zog es die Menschen in die Städte, oder sie wanderten in ferne Länder aus. Der Anteil der Bevölkerung, der sich beiden Bewegungen anschloß, erlebte im letzten Jahrzehnt des 19. Jahrhunderts einen deutlichen Anstieg. Unterdessen rückten auch mehr und mehr dieser Menschen in neue Beschäftigungskategorien in den sich rasch entwickelnden Industrie- und Dienstleistungssektoren der Wirtschaft ein. Doch sobald sie sich in ihrer neuen Heimat und ihrer neuen Beschäftigung eingewöhnt hatten, fanden sie es schwieriger, auf der gesellschaftlichen Leiter nach oben zu steigen. Diese Art Mobilität war in der Regel erst ihren Kindern möglich. So gelang es erst der zweiten Generation – besser ausgebildet und in ihrer Sozialisation effektiver auf die Umwelt eingestellt –, die Chancen vertikaler sozialer Mobilität zu nutzen.

Diese Chancen waren von Land zu Land und von Region zu Region unterschiedlich, nicht nur nach der Wirtschaftsstruktur, sondern auch entsprechend dem politischen, sozialen und kulturellen Rahmen. Zwar sind die verfügbaren Informationen für vergleichende Bewertungen ungleichmäßig, dennoch aber läßt sich sagen, daß es in den Vereinigten Staaten mehr soziale Mobilität gab als in Europa.[1] Der naheliegende Grund bestand darin, daß die Vereinigten Staaten eine offenere und pluralistischere Gesellschaft hatten als irgendein europäisches Land. Immerhin boten manche Regionen und Großstädte in Europa mehr Mobilitätschancen als andere. Die schwedische Gesellschaft war offener als die ungarische oder die polnische, weil ihr die Tradition rechtlich voneinander abgegrenzter Stände und der Leibeigenschaft fehlte. Innerhalb Schwedens ermöglichte es der Aufschwung, den die Eisen- und Holzindustrie im Norden des Landes nahm, Menschen vom Land, in neue Beschäftigungen überzuwechseln, ohne sich weit von ihrer Heimat zu entfernen. In ganz Europa gab es eine größere Skala von Beschäftigungsmöglichkeiten im Dienstleistungssektor in Großstädten als in Städten, die auf Bergbau oder Stahlindustrie zentriert waren.

Die Abwanderung von Millionen Europäer aus ihrer Heimat wurde durch verschiedene wirtschaftliche und soziale Prozesse bewirkt. Den ersten Anstoß zu der großen Wanderbewegung, die sich in verschiedenen Teilen der Welt zwischen den vierziger Jahren des 19. und den dreißiger Jahren des 20. Jahrhunderts vollzog, gab das Bevölkerungswachstum. Da Verbesserungen in der Ernährung und der medizinische Fortschritt die Sterbequoten reduzierten, ohne daß sie durch einen entsprechenden Rückgang der Geburtenquoten kompensiert worden wäre, stieg bei den überzähligen jungen Menschen auf dem Land, die der lokale Arbeitsmarkt nicht absorbieren konnte, die Bereitschaft zur Abwanderung. Diese wurde aber erst möglich, als ein verbessertes Kommunikationssystem, Märkte, Handelsverkehr und Kapital die traditionelle Wirtschaft zu erodieren begannen und die Voraussetzungen für eine größere Mobilität schufen. »Die Migrationsbewegung nach Übersee war nur ein, wenn auch das bedeutendste Resultat einer revolutionären Steigerung der Mobilität, die dazu führte, daß Menschen in großer Zahl die Bereitschaft entwickelten, fortzuziehen, um neue Arbeitsmöglichkeiten zu suchen.«[2] Diese Bewegung trat zuerst in Nordwesteuropa, namentlich in Irland und Skandinavien, und zuletzt vor 1914 in Süd- und Osteuropa, besonders in Italien, Spanien und Polen, auf und setzte nach dem Ersten Weltkrieg auch in Jugoslawien und Griechenland ein.

Als in ihren Heimatländern neue Arbeitsmöglichkeiten entstanden, wanderten aus diesen Staaten weniger Menschen aus. Abgesehen von Großbritannien setzte auch die Gegenbewegung zuerst in Nordwesteuropa ein. Sie erreichte ihre volle Kraft in der letzten Dekade des 19. Jahrhunderts in Deutschland. Nicht nur, daß im ausgehenden 19. Jahrhundert die Reallöhne anstiegen, auch die wachsende Zahl der Arbeitsmöglichkeiten für Angestellte machte in großen Teilen West- und Mitteleuropas das Stadtleben attraktiver. Dazu hatte die Urbanisation die Tendenz, die Geburtenrate zu senken, was den Bevölkerungsdruck minderte. So war die große Wanderungsbewegung nach Übersee, die Europa im 19. und frühen 20. Jahrhundert erlebte, eine Funktion des Bevölkerungswachstums und der Industrialisierung. Sie »trat in einer Übergangsphase der Entwicklung Europas, zwischen dem Niedergang der alten ländlichen Gesellschaften und dem Anbruch des modernen Industrialismus, auf«.[3]

Es waren nicht wirtschaftliche Beweggründe allein, die den Ausschlag für den Entschluß gaben, aus der Heimat fortzuziehen. Diese Entscheidung wurde oft durch den Druck schlechter wirtschaftlicher Chancen in der Heimat und den Sog günstiger Aussichten anderwärts ausgelöst. Doch abgesehen von den seltenen Fällen, wo die Alternative der Hungertod war, wurde sie nur von den Menschen getroffen, die schon aus anderen Gründen zur Auswanderung geneigt waren, wie etwa der Unwilligkeit, sich den lokal geltenden Normen anzupassen, oder dem Wunsch, sich statusmäßig zu verbessern oder auch um neue Bedürfnisse zu befriedigen.

Nur wenige Menschen, einerlei, wie arm sie waren, verließen eine Gemeinschaft, die sehr stabil war. Ein Extrembeispiel war die Südostregion der Niederlande mit ihren kleinen Familienhöfen, ihrem religiösen und politischen Konservativismus und starken Familien- und Gemeindebindungen. Obwohl dieses Gebiet (und die Niederlande insgesamt) die höchste Wachstumsrate der Bevölkerung in Nordwesteuropa hatte und unter chronischer Arbeitslosigkeit in der Landwirtschaft litt, wanderte kaum einer der Bewohner aus. In Italien waren die sardischen Bauern noch ärmer als die Siziliens, gleichwohl war die Auswanderung aus Sardinien höchst unbedeutend, während Sizilien zu Beginn der späten neunziger Jahre des 19. Jahrhunderts eine der höchsten Emigrationsraten in Europa erreicht hatte. Der Hauptgrund war darin zu suchen, daß, anders als in Sizilien, in Sardinien die Gesellschaftsstruktur noch unberührt von der kapitalistischen Marktwirtschaft und die bestehenden Verhältnisse nicht gefährdet waren.

Die Menschen Siziliens waren ein vorzügliches Beispiel für die Tendenz, in einer instabilen Sozialsituation aus dem Gefühl der Frustration auszuwandern. Das galt in besonderem Maß für das westliche Drittel der Insel, wo Angehörige der Mafia ihre Position als Mittelsmänner zwischen den nicht auf ihren Gütern lebenden adeligen Grundbesitzern und der Lokalbevölkerung zusehends befestigten. Ihre Willkürmethoden und ihr gewalttätiges Vorgehen ersetzten die zerfallende feudale Ordnung. Die örtlichen Justiz- und Polizeiorgane vermochten kaum Schutz vor dem ›Schutz‹ der Ehrenwerten Gesellschaft zu bieten. Ohnedies hatten die meisten Sizilianer keine Bindung zum italienischen Staat, den diese Organe repräsentierten, und besonderen Groll weckten die staatlichen Bemühungen, bei ihnen Steuern zu erheben und ihre jungen Männer zur Armee einzuziehen. Viele Menschen empfanden es als aussichtslos, ihren Status zu erhalten oder zu verbessern. In einer stark statusbewußten Umwelt konnten sie ihre Armut und ihre erzwungene Gefügigkeit gegenüber einer politischen und gesellschaftlichen Ordnung, die ihnen als unrechtmäßig galt, nicht mehr ertragen. Der Wunsch, später mit Geld in die Heimat zurückzukehren und seinen Status zu verbessern, war sicher stark. Dennoch sank der Prozentanteil der Auswanderer, die sich nach längerem Auslandsaufenthalt um die Wiedereinbürgerung bewarben, in Sizilien von zweiundzwanzig zum Zeitpunkt 1908/09 auf elf in den Jahren 1912/13.[4] (Die vergleichbaren Zahlen für ganz Italien waren vierundzwanzig und dreizehn.) So war in Sizilien, wie an anderen Orten, die Auswanderung häufig eine Reaktion auf eine instabile soziale Situation, in der gewisse Erstarrungen den ererbten Status bedrohten oder eine Verbesserung behinderten.

Am Rand des Existenzminimums wirtschaftende Bauern und Handwerker, die einer solchen Situation am wenigsten gewachsen waren, stellten das Hauptkontingent der Auswanderer. Doch der Wunsch fortzuziehen, beschränkte sich nicht auf diese beiden Gruppen. Menschen aus allen Klassen wurden von der Unruhe ergriffen: der englische Bauingenieur, der nach Australien auswanderte, um dort Eisenbahnen zu bauen; der sizilianische Aristokrat, der sein Gut verließ und nach Palermo übersiedelte, um nicht die lokale Feuerstellen-Steuer zahlen zu müssen; der Verlegersohn aus einer norwegischen Kleinstadt, der in San Franzisko eine politisch liberalere Umgebung suchte; die schlesische Briefträgerstochter, die Volksschullehrerin in einer Grubenstadt im Ruhrgebiet wurde; die Textilarbeiter aus Italien, die die mechanischen Webstühle in Belgien und Frankreich bedienten; die jüdischen Schneider aus Russisch-Polen, die wegen der religiösen Verfolgung wie infolge der abnehmenden Nachfrage nach ihren Fertigkeiten mit ihren ganzen Familien aus dem Lande flohen.

Es ist unmöglich, die einzelnen Motive der dreißig Millionen Europäer, die zwischen 1890 und 1914 auswanderten, und der sechzig Millionen, die in die städtischen und industrialisierten Gebiete ihres eigenen Heimatlandes zogen, dokumentarisch und tabellarisch darzustellen. Doch steht genug Material zur Verfügung, um viele dieser Menschen in bestimmte große Gruppen einzuordnen.

Die größte Einzelgruppe von Menschen, die sich auf die Wanderschaft begaben, war die der männlichen Landarbeiter. In den Jahren unmittelbar vor dem Ersten Weltkrieg arbeitete nahezu eine halbe Million Italiener von November bis Mai auf Farmen in Argentinien, während rund sechshunderttausend Polen während der europäischen landwirtschaftlichen Saison sich in Ost- und Mitteldeutschland verdingten. Sie arbeiteten und lebten wie landwirtschaftliche Wanderarbeiter aus Mexiko heute in den Vereinigten Staaten in eigenen provisorischen ›Kolonien‹ und hatten keine Berührung mit der Gesellschaft und Kultur ihres Gastlandes. Die Arbeitslosigkeit in ihrer Heimat zwang sie, sich bezahlte Beschäftigung zu suchen, wo sie sie finden konnten, und überall, wohin sie kamen, arbeiteten sie härter und für geringeren Lohn als die Einheimischen. In Deutschland zum Beispiel beschleunigten die Arbeiter aus Polen die Abwanderung der einheimischen Landarbeiter in die Städte.

Trotz der in England schon früh einsetzenden Industrialisierung und Urbanisation gab es in manchen Gegenden des Landes noch immer einen beträchtlichen Überschuß einheimischer Landarbeiter. Zwischen 1881 und dem Ausbruch des Ersten Weltkrieges wanderten fast siebenhunderttausend von ihnen samt ihren Familien nach Kanada, Australien und Neuseeland aus. Viele wurden durch Mittel der Nationalen Landarbeitergewerkschaft unterstützt. Die Gewerkschaft konnte indessen nur wenig tun, um das Los derjenigen zu bessern, die in England blieben; sie waren so schlecht bezahlt und überarbeitet wie eh und je. Die Landarbeiter in Yorkshire hatten sich alle Arbeit in Fabriken und Stahlwerken gesucht, was die einheimischen Bauern veranlaßte, junge Burschen in Suffolk anzuwerben, wo – nach den Erinnerungen von Leonard Thompson, einem 1897 geborenen Landarbeiter – zu Anfang des Jahrhunderts »die Lage verzweifelt war«: »Ich bekam neun Schillinge wöchentlich für eine Fünfundsiebzig-Stunden-Woche in einem Kuhstall. Vier Stunden in der Woche hatte ich frei, am Sonntag von zehn bis zwei . . . Darum ging ich nach Yorkshire . . . Es war das erstemal, daß ich von zu Hause fort war. Ich wurde in einer alten Kammer auf dem Bauernhof zusammen mit zwei anderen Jungen untergebracht und bekam fünf Schillinge Lohn in der Woche, aber auch mein Essen und den Unterhalt hatte ich frei . . . Ich kam mit acht goldenen Sovereigns in der Hand nach Suffolk [zurück] und kam mir vor wie ein Millionär. Ich kehrte für elf Schilling pro Woche auf meinen alten Hof in Akenfield zurück, war aber unruhig. Als der Bauer meinen Lohn nicht mehr zahlte, weil es regnete und wir nicht dreschen konnten, sagte ich zu meinem siebzehnjährigen Kumpel: ›Er soll uns am Arsch lecken. Wir haun ab und gehn zum Militär.‹ Das war am 4. März 1914.«[5]

Eine andere Hauptgruppe wandernder Menschen war das Mädchen im späten Teenageralter aus dem Dorf oder der Kleinstadt, das in die Großstadt ging, um als Hausangestellte zu arbeiten. War ihr Vater Bauer oder Handwerker, hatte er zumeist keine Beschäftigung für sie und konnte ihr auch keine Mitgift geben. Wenn sie in einem Waisenhaus großgeworden war, hatte sie vielfach eigens eine Ausbildung als Dienstmädchen erhalten. In beiden Fällen begrenzten ihre Herkunft und Ausbildung ihre Ansprüche auf eine Stellung, die ihr Kost und Logis und ein kleines Taschengeld verschaffte. Sie richtete sich darauf ein, ihr Arbeitsleben im häuslichen Dienst zu verbringen und, wenn sie Glück hatte, einen Mann zu heiraten, der ebenfalls zum Dienstbotenstand gehörte. Da die Normen und Wertmaßstäbe ihres Standes ziemlich starr waren, brauchte sie keine selbständigen Entscheidungen zu treffen oder mit ungewohnten Situationen fertig zu werden. 1914 bestanden sechs bis sieben Prozent der gesamten Einwohnerschaft von London, Paris, Berlin und Wien aus weiblichen Dienstboten ›vom Land‹. Zwar begannen andere Erwerbsmöglichkeiten für Ungelernte in der Leichtindustrie mittlerweile den Nachschub zu drosseln, er ging jedoch erst nach dem Krieg drastisch zurück.

Die Lockung Amerikas zog eine gewisse Zahl armer Mädchen vom Land an, die nicht Dienstboten werden wollten. Dies war besonders in Irland der Fall, wie der folgende Auszug aus einem Brief zeigt, den eine gewisse Julia Lough, eine zwanzigjährige Näherin aus Winsted, Connecticut, am 18. Januar 1891 an ihre jüngere Schwester schrieb.

»Mir geht es ganz ausgezeichnet und die Arbeit freut mir es kommt mir wie ein neues Leben vor. Ich werd bald ein Geschäft haben und selbständiger sein . . . Ich bin sehr froh daß ich den Schritt getan hab . . . Du weißt ja es war schon immer mein Wunsch also hab ich mein höchstes Ziel erreicht.«[6]

Die meisten jungen Leute, die ihre Heimat verließen, um einen Beruf zu erlernen und auszuüben, blieben in ihrem eigenen Land. Einen Beruf zu haben, galt als ein Schritt, der einen über die ungelernten Arbeitskräfte erhob, aber die Wahl mußte sorgfältig getroffen werden, damit man nicht durch maschinelle Produktion, besonders von Kleidung und zahlreichen Haushaltsgegenständen, die Erwerbsgrundlage verlor. Ein Fleischer oder Installateur hatte bessere Zukunftsaussichten als ein Kerzenmacher oder eine Näherin. Julia Lough hatte vielleicht das Glück, als Privatschneiderin für die reichen Damen von Winsted, Connecticut, arbeiten zu können, aber die meisten Näherinnen schufteten für einen Hungerlohn in den Fabriken in New York, Paris und anderer Zentren der Bekleidungsindustrie.

Frauen ersetzten Männer in manchen Berufszweigen – in der Herstellung von Bekleidung, Ketten, billigem Schmuck, leichter Industriearbeit. Doch die besser bezahlten Facharbeiter-Tätigkeiten waren Männern vorbehalten und hatten einen hohen Anteil von gewerkschaftlich Organisierten, besonders in Deutschland und Großbritannien. Ein Junghandwerker konnte, sobald er die Lehre hinter sich hatte, in der Regel aus Niedriglohnbereichen in solche mit hohem Lohn überwechseln; im Baugewerbe in den größten Städten Europas setzte sich die Arbeiterschaft schließlich überwiegend aus solchen Zuwanderern vom Land zusammen. Die lokalen Organisationen vieler Gewerkschaften beschafften Unterkunft, kümmerten sich um einen Arbeitsplatz und boten finanzielle Beihilfe, wenn man mit einer Mitgliedskarte in die Stadt kam. Daher konnten viele Junghandwerker, bevor sie sich Frau und Familie zulegten, von Ort zu Ort ziehen, ehe sie sich irgendwo fest niederließen.[7] Aber viele Handwerker vom alten Schlag, die keiner Gewerkschaft angehörten, wie der Vater in ›Der junge Tobias‹, konnten sich niemals verbessern, wohin sie auch zogen.

Ein anderer Haupttypus der Menschen, die sich der Binnenwanderung anschlossen, waren Bauern, die durch Arbeit in der Industrie ihre Verhältnisse verbessern wollten. In der kleinen Bergwerksstadt Carmaux in Südfrankreich bestand, wie eine Untersuchung feststellte, das wichtigste Motiv solcher Migranten im Streben nach höheren Löhnen, gefolgt von regelmäßigerer Arbeit auf Jahresbasis, Unfall- und Krankenversicherung und der Möglichkeit einer Altersversorgung.[8] Diese bäuerlichen Migranten hielten ihre Beziehungen zum Land aufrecht, weil sie hofften, mit ihren Lohnersparnissen mehr Grund erwerben, ein neues Haus bauen oder vielleicht auch der Tochter eine bessere Mitgift geben zu können. Die meisten bauten weiterhin auf nahegelegenen Äkkern ihre eigene Nahrung an. Bauern, die in großen Industrie- und Bergbauzentren arbeiteten, hatten weniger Kontakte mit ihren Heimatdörfern, namentlich in Osteuropa. In Moskau führte die Mehrheit der männlichen Fabrikarbeiter ländlicher Herkunft ein Leben, das sich stark von dem der Grubenarbeiter in Carmaux unterschied. Sie schliefen in Baracken in der Stadt und besuchten ihre Familien in ihren Heimatdörfern nur während kurzer Urlaubsperioden. Doch das Geld, das sie nach Hause schickten, verhalf ihren Angehörigen zu einem besseren Dasein, als es sonst möglich gewesen wäre.

In den ländlichen Gebieten mancher Länder wurde die Mobilität durch die Geldbeträge angeregt, die abgewanderte Angehörige aus den Städten oder aus Übersee in die Heimat sandten. In Ungarn eröffneten sich neue Möglichkeiten, bei der Auflösung von Latifundien Grund zu erwerben, der fast so umfangreich war wie in der Zeit nach der Aufhebung der Leibeigenschaft; zwischen 1890 und 1914 erwarben kleine Grundeigner mehr als eine Million Hektar Land, ohne daß der Staat sich irgendwie eingeschaltet hätte.[9] Auf diese Weise rückten innerhalb einiger weniger Jahre viele dieser Kleinbauern auf der sozialen Stufenleiter nach oben. Beträge, die polnische Auswanderer oder in Deutschland beschäftigte Saisonarbeiter verdient hatten, trugen dazu bei, daß in der Heimat mehrere Millionen neuer Kleinbauernhöfe entstanden.[10]

Doch nicht immer war Geld, das Abwanderer nach Hause schickten, nötig, um die Zunahme kleiner und mittelgroßer Bauernhöfe zu stimulieren. Der massenhafte Auszug von Landarbeitern und marginal wirtschaftenden Bauern aus verschiedenen Regionen Frankreichs ermöglichte es den zurückbleibenden Bauern, ihren eigenen Besitz zu vergrößern. In der Provinz Lothringen begann sich eine neue Klasse von Bauern mit 0,2-Hektar-Besitz zu bilden, und einige Bauerngüter erreichten sogar einen Umfang von über einem Hektar.[11] Dieser Wandel vollzog sich ohne die Hilfe von Geldüberweisungen der in die Städte Abgewanderten. Auch in Irland wurde nur wenig von dem Geld, das die irischen Emigranten aus den Vereinigten Staaten in die Heimat schickten, zum Ankauf von Grund verwendet; vierzig Prozent der Überweisungen hatten die Form von bezahlten Schiffsbilletts für Angehörige, die ebenfalls auswandern wollten.[12]

Indirekt jedoch trug das von Emigranten geschickte Geld dazu bei, die größte Revolution in der modernen Geschichte Irlands in Gang zu setzen – die Abschaffung des alten Grundherrentums und die Verwandlung der Mehrzahl der Landbevölkerung in Bauern mit Grundbesitz. Dieser Prozeß setzte in den frühen achtziger Jahren des 19. Jahrhunderts ein, als insgesamt eine Million Dollar an die Irish National Land League übersandt wurden. Die Agitation der Landliga gegen die Grundbesitzer veranlaßte die britische Regierung dazu, eine Reihe von Gesetzen über staatlich geförderte Grundkäufe, insbesondere die Wyndham Act aus dem Jahr 1903, zu erlassen. Unterdessen hatte die Mehrzahl der landlosen Bauern das ländliche Irland verlassen oder war im Begriff, dies zu tun, oftmals mit finanzieller Unterstützung ihrer Verwandten in den Vereinigten Staaten.

Die attraktivsten neuen Möglichkeiten für junge Menschen aus den Dörfern und Kleinstädten, die zur Abwanderung in die Städte bereit waren, boten sich in den unteren Rängen des öffentlichen Dienstes. Ein Abschlußzeugnis der Elementarschule war für einen jungen Mann oder eine junge Frau häufig eine ausreichende Qualifikation für eine Anstellung bei der Post oder eine einfache Schreibstubentätigkeit in irgendeiner anderen staatlichen Behörde. In den meisten Ländern stellte auch die Polizei eine große Zahl Männer aus ländlichen Regionen ein. Die Gruppe der öffentlichen Bediensteten, die am raschesten wuchs, war die der Volksschullehrer. In den meisten Ländern konnten die Absolventen nahegelegener Lehrerseminare in ihrem Heimatort unterrichten, in Frankreich und Italien jedoch wurden sie vielfach in periodischen Abständen an andere Schulen in ihrer Heimatprovinz, bisweilen auch in andere Gegenden des Landes, versetzt. Die männlichen Lehrer in Frankreich dienten häufig den Bürgermeistern als Sekretäre, sonst aber lebten sie und ihre weiblichen Kollegen in einer eng begrenzten Welt, mit wenigen Freunden oder Verbindungen zur Gemeinde.[13] Zwar war ihr Fall ein extremes Beispiel von Wurzellosigkeit, aber wie zahlreiche andere Beamte aus Kleinstädten und Dörfern waren sie bereit, die Heimat zu verlassen, um ihren sozialen Status zu heben.

Auswanderung

Mit dem Beginn der neunziger Jahre führte das unterschiedliche Tempo der Entwicklung der Modernität in verschiedenen Teilen der Welt zu Veränderungen in der Struktur der Auswanderung aus Europa. Während des 19. Jahrhunderts waren Menschen aus Skandinavien und Deutschland in großer Zahl in die Siedler-Heimstätten der Prärie der Vereinigten Staaten ausgewandert, doch als dieses Land stärker urbanisiert und industrialisiert wurde, zog es viele spätere Auswanderer in die Bergwerke, Fabriken und Städte. Nach wie vor kamen manche Schweden nach Minnesota, um dort als Landwirte zu leben, und noch immer arbeiteten während des argentinischen Sommers Norditaliener in großer Zahl auf den Weizenfeldern. »Im großen und ganzen jedoch gingen die großen Migrationsbewegungen nach 1890 von der Farm zur Fabrik, vom Dorf in die Stadt, ob dies nun hieß, von Iowa nach Chicago, aus Schlesien nach Pittsburgh oder aus Piemont nach Buenos Aires.«[14] Nach 1900 emigrierte ein hoher Prozentsatz von Facharbeitern, Akademikern und Unternehmern wegen des sich verlangsamenden Wirtschaftswachstums aus England, besonders in der Industrie. Die deutsche Wirtschaft hingegen wuchs rasch genug, um solche Leute sowie Zuwanderer aus ländlichen Regionen absorbieren zu können. Darum ging die jährliche Zahl

Titelseite der Zeitschrift ›Nimm mich mit‹. Holzschnitt, 1906

deutscher Auswanderer nach Übersee von über zweihunderttausend zwischen 1880 und 1890 auf etwa dreißigtausend in den letzten Vorkriegsjahren zurück. In Norwegen und Schweden verringerten ohne Zweifel die Einführung des allgemeinen Wahlrechts und das Erstarken der Gewerkschaftsbewegung die Zahl junger Radikaler, die auf der Suche nach einer weniger starren politischen und sozialen Ordnung auswanderten.

Im nordwestlichen Europa blieb nur die Emigration aus dem Vereinigten Königreich hoch, die von 1911 bis einschließlich 1913 einen Jahresdurchschnitt von vierhundertvierundsechzigtausend erreichte. Zu Beginn der neunziger Jahre des 19. Jahrhunderts bestand fast die Hälfte derer, die aus Schottland, Wales und England kamen, aus Facharbeitern. Nach der Jahrhundertwende waren fast ein Fünftel der englischen Auswanderer Akademiker und Unternehmer, und der Anteil schottischer Emigranten aus dieser Schicht lag noch höher. Der Anteil von Facharbeitern und Akademikern aus Irland stieg in den ersten Jahren nach 1900 ebenfalls, auf etwa fünfundzwanzig Prozent. Viele ungelernte Arbeitskräfte aus Irland zogen es nun vor, in England Arbeit aufzunehmen, statt in die Vereinigten Staaten auszuwandern.[15]

Englische Auswanderer gingen in wachsender Zahl in die englischsprachigen Länder des Empire statt in die Vereinigten Staaten. Von den einhundertvierundsiebzigtausend, die in den neunziger Jahren im Jahresdurchschnitt nach Übersee auswanderten, wählten fünfundsechzigeinhalb Prozent als Ziel die Vereinigten Staaten und achtundzwanzig Prozent die eben genannten Gebiete. Von den vierhundertvierundsechzigtausend hingegen, die in den Jahren unmittelbar vor dem Ersten Weltkrieg pro Jahr das Vereinigte Königreich verließen, gingen nur sechsundzwanzigeinhalb Prozent in die Vereinigten Staaten, aber vierzigeinhalb Prozent nach Kanada, über achtzehn Prozent nach Australien und Neuseeland und sechs Prozent nach Südafrika.[16] Die englischen Auswanderer aus Akademiker- und Unternehmerkreisen emigrierten in der Mehrzahl in diese Gebiete, weil dort eben die Industrialisierung einsetzte. Die Vereinigten Staaten, wo sie schon früher begonnen hatte, brachten inzwischen ihre eigenen Akademiker und Unternehmer hervor, vielfach die Söhne von Engländern, die früher ins Land gekommen waren.

Die größte Veränderung in der Generation vor dem Krieg war der Rückgang der ›alten‹ Auswanderung aus Nordwesteuropa und das Anwachsen der ›neuen‹ aus Süd- und Osteuropa. 1890 stellten der ›alte‹ Typus annähernd sechzig und der ›neue‹ an die vierzig Prozent der Auswanderer, die in die Vereinigten Staaten gingen. 1913 aber war die ›alte‹ Auswanderung auf zwanzig Prozent abgesunken und die ›neue‹ auf achtzig angestiegen. Von den anderthalb Millionen Menschen, die in diesem Jahr in die Welt gingen, kamen mehr als eine Million aus Süd- und Osteuropa. Die mehr als dreihunderttausend aus Österreich-Ungarn und dem Balkan sowie die über zweihunderttausend aus dem Russischen Reich (insbesondere aus Polen) nahmen fast sämtlich den Weg in die Vereinigten Staaten. Die mehr als zweihunderttausend Auswanderer aus Spanien und Portugal gingen nach Lateinamerika. Die vierhunderttausend Italiener verteilten sich in fast gleicher Zahl auf Nord- und Südamerika. In Argentinien geborene Italiener stellten fast zwölf Prozent der Gesamtbevölkerung des Landes. Italiener der ersten und zweiten Generation bildeten ein Drittel der Einwohnerschaft des brasilianischen Bundesstaats São Paulo, wie sie im städtischen Baugewerbe und im Architektenberuf dominierten. Fast eine halbe Million Italiener gab es auch in Frankreich – etwa ein Drittel der Amerikaner italienischer Abstammung. Wie andere Einwanderer zu Jahrhundertbeginn in den Vereinigten Staaten arbeiteten auch die meisten Italiener in den großen Städten.

Die Erfahrungen dieser ›neuen‹ Auswanderer waren höchst unterschiedlich und sind in ihrem ganzen Spektrum überhaupt nicht zu erfassen. Zahlreiche Auswanderer vom flachen Land zogen gruppenweise in die Neue Welt. Mit ihren ganzen Familien nahmen sie den Weg zu ›ihren Kolonien‹ wie etwa der polnischen im brasilianischen Paraña oder der norwegischen in Wisconsin. Der folgende Lebensbericht ist nur ein Beispiel für die Erlebnisse der männlichen Auswanderer.

Pasquale Corvo verließ 1906, als er fünfzehn Jahre alt war, seine Heimatstadt Corleone im westlichen Sizilien und wanderte in die Vereinigten Staaten aus.[17] Seit seinem zwölften Lebensjahr hatte er zusammen mit seinem Vater für umgerechnet zwanzig Cent pro Tag als Tagelöhner auf den Feldern gearbeitet. Er hatte zwar nur vier Jahre die Volksschule besucht, war aber ein aufgeweckter Junge und verlernte das Lesen und Schreiben nie mehr. Als sein Onkel in New York ihm eine Dampferfahrkarte schickte, verließ er Corleone mit Freuden. Zwar war er vom Lärm und Gewühl der Großstadt zunächst überwältigt, fühlte sich aber schon bald heimisch in der Familie seines Onkels im Viertel Little Italy. Weniger behagte es ihm, als er im Wall-Street-Bezirk als Schuhputzer arbeitete (ein Job, der in Corleone sogar für einen Halbwüchsigen als entwürdigend galt), obgleich er manchmal nicht weniger als drei oder vier Dollar in der Woche verdiente. Binnen Jahresfrist konnte Pasquale sich einen Schiebekarren zulegen und in seinem eigenen Wohnviertel Obst verkaufen. Mit neunzehn kehrte er nach Corleone zurück, um seine todkranke Mutter noch einmal zu sehen und sich dort niederzulassen, fand aber keine feste Arbeit. Er kehrte nach New York zurück, um in dem Restaurant zu arbeiten, das sein Onkel gerade eröffnet hatte.

Als in Europa der Krieg ausbrach, hatte Pasquale seine Aussichten beträchtlich verbessert. Er lernte kochen, den Einkauf von Ware und Buchführung. Nach dem Krieg machte der dann selbst ein Restaurant auf, erhielt seine Einbürgerung und zog acht Kinder groß, von denen eines später in das Parlament des Bundesstaates New York einziehen sollte.

Eine Erfolgsstory dieser Art war eines der Traumklischees der ›zusammengedrängten‹ Massen Europas. Ein anderer Traum verhieß, in Amerika sein Glück zu machen und im Triumph in die Heimat zurückzukehren – oder zumindest mit soviel Ersparnissen, um besser als die Nachbarn leben zu können. Für manchen tüchtigeren und ehrgeizigeren Auswanderer erfüllten sich die Träume häufig. Doch viele Menschen, die ihre Heimat verließen, waren nicht imstand, sich ihr Leben so einzurichten, daß sie es zu etwas brachten. Die Lebensgeschichten der meisten der ›Verlierer‹ sind im Dunkel des Vergessens versunken.

Ob sie es zu etwas brachten oder nicht, die meisten Einwanderer bäuerlicher Herkunft zeigten kaum Interesse an der Kultur und Gesellschaft ihres Gastlandes. Die Mehrzahl der ›neuen‹ Immigranten in den beiden Amerika schrieb in ihren Briefen in die alte Heimat nichts über das Leben dort. Ihre bäuerliche Mentalität gab ihnen keine Maßstäbe an die Hand, um eine fremde Lebensart zu bewerten. Sie pflegten mit Fremden nur Umgang, wenn sie mußten, und klammerten sich an die einzige Kultur, die sie kannten, ihre heimatliche. Die meisten dachten nicht einmal daran, sich einbürgern zu lassen. 1914 wurden in Argentinien nur knapp eineinhalb Prozent der Ausländer naturalisiert, in den Vereinigten Staaten dagegen fast zweiundvierzig Prozent. Dieser starke Unterschied war vor allem darauf zurückzuführen, daß, im Gegensatz zur Lage in den Vereinigten Staaten, in Argentinien lebende Ausländer wählen, an den öffentlichen Schulen unterrichten und lokale – allerdings keine staatlichen – Ämter bekleiden durften.

Erst die Kinder jener Einwanderer, die auf Dauer im Land blieben, wurden in den ›Schmelztiegeln‹ der Neuen Welt absorbiert.

Die Binnenwanderung und ihre Auswirkungen

Für einen europäischen Migranten war es in der Regel leichter, sich in einem urbanen oder Industriegebiet seines eigenen Landes als in New York, Chicago oder Buenos Aires zu assimilieren, aber der Grad der Anpassung und Assimilation wies breite Schwankungen auf. Für einen Bauern war es schwerer als für einen Fabrikarbeiter, von einer Stadt in eine andere zu ziehen. Ein ehemals Selbständiger war weniger bereit, von einem Chef Anweisungen hinzunehmen als jemand, der von jeher für andere gearbeitet hatte. Den Gebildeteren fiel es leichter als den weniger Gebildeten, in der Fremde eine höhere Stellung zu erlangen. Und allgemein zeigten sich die Frauen und Kinder offensichtlich anpassungsfähiger als die Männer.

Am besten versteht man die Auswirkung der geographischen und beruflichen Mobilität auf die Europäer im letzten Jahrzehnt des 19. und in den ersten Jahren des 20. Jahrhunderts, wenn man sie nicht mit unseren Erfahrungen, sondern mit denen ihrer Eltern und Großeltern vergleicht. Heute ist der Anteil der Amerikaner und Europäer, die von beiden Arten der Mobilität erfaßt sind, etwa ebensogroß wie damals. Aber die Kategorien der Beteiligten zeigen eine Tendenz zu größerem Ehrgeiz und höherer Qualifikation. In jenen Zeiten bestand die Mehrheit aus mittellosen Personen, die nicht genug oder gar keine Arbeit hatten, und nicht aus Leuten in sicherer Stellung, die durch bessere Angebote fortgelockt werden. Zudem sind die Anpassungsprobleme in der Gegenwart viel weniger ernst. Nicht nur sind wir mehr gewohnt, Arbeitsplatz und Wohnsitz zu wechseln, sondern auch unsere Nationalkulturen haben sich derart standardisiert, daß wir unsere gewohnte Lebensführung fast überall im eigenen Land aufrechterhalten können. Vor siebzig oder achtzig Jahren befand sich der Anteil der Europäer, die ihre Heimat verließen oder eine neue Beschäftigung aufnahmen, in raschem Anstieg, und der Anteil derer, die dies zum erstenmal taten, war ungleich höher als heute. Ihre Eltern und Großeltern konnten sich nur selten an den Gedanken gewöhnen und gaben ihnen wenig Anleitung, wie sie in ihrer neuen Umwelt zurechtkommen konnten.

Die wichtigste Globalwirkung der Binnenwanderung war eine ausgeprägte Veränderung in der Bevölkerungsverteilung der moderneren Staaten. In England, 1841 das am stärksten industrialisierte und urbanisierte Land, sank die Einwohnerschaft der ländlichen Bezirke von damals fast neununddreißig Prozent der Gesamtbevölkerung auf über neunzehn Prozent im Jahr 1911, während die der Bergbaudistrikte von über acht auf fast fünfzehn und die der Städte von fast dreiundfünfzig auf sechsundsechzig Prozent anstieg.[18] In Deutschland wuchs der Prozentsatz der in Städten und Grubenrevieren lebenden Bevölkerung innerhalb der viel kürzeren Periode der letzten Dekade des 19. und der Anfangsjahre des 20. Jahrhunderts noch rascher. Das Gleiche galt für den Zustrom von Einwanderern, der eine große Zahl Iren nach Liverpool und Manchester und von Polen in die Bergbaubezirke des Ruhrgebiets führte. Zwischen 1900 und 1910 zog sogar im vergleichsweise rückständigen Ungarn ein Siebtel der Landbevölkerung in die Städte. Die Einwohnerzahl von Budapest stieg zwischen 1890 und 1910 von einer halben Million auf eine Million einhunderttausend, und die der neun nächstgrößeren Städte Ungarns wuchs in der gleichen Zeitspanne auf beinahe das Doppelte an. Frankreich hatte zwar von allen großen Staaten das geringste Wachstum der Gesamtbevölkerung, doch bestimmte Regionen zogen einen hohen Anteil an Migranten an. Am Ende des 19. Jahrhunderts waren über fünfzig Prozent der Einwohner von Groß-Paris aus anderen Gegenden des Landes gebürtig. Das Gleiche galt für Montpellier und die Provinz Bas-Languedoc (die Küstenebene westlich der Rhône). Beinahe die Hälfte der Neuzuwanderer in dieser Provinz bestand aus derb-bäurischen Gebirgsbewohnern aus dem Norden.

Der Zuzug dieser Menschen von außerhalb leitete einen tiefgreifenden Wandel in der Physiognomie der Bevölkerung des Bas-Languedoc ein.[24] Die Leute aus dem Gebirge kamen in Gruppen, lebten zusammen und heirateten untereinander. Es kam häufig zu Straßenschlachten zwischen Banden aus Zuwanderern und Einheimischen; jede Bande hatte ihre eigenen Riten und Symbole und operierte jeweils von einer anderen Spielhalle aus. Dieser Zusammenprall der Kulturen veranlaßte zahlreiche Altansässige, aus der Stadt fortzuziehen. Bis 1900 hatten über hunderttausend Personen, die in den Departements Gard und Hérault geboren worden waren, die Provinz verlassen; ein Viertel war nach Marseille gezogen, ein zweites nach Paris. In der Bergbauregion Alès begrüßten zahlreiche protestantische Direktoren die Ablösung der einheimischen protestantischen Arbeiter, die zum Radikalismus oder Sozialismus neigten, durch katholische Gebirgler, da diese eher bereit waren, das paternalistische Regiment der Firmenleitungen hinzunehmen. Nach 1890 nahm auch der Zustrom von Spaniern ins Bas-Languedoc zu. Bei Kriegsende stammte mehr als die Hälfte der Einwohnerschaft von Nîmes aus Spanien.[19]

Binnenwanderungen veränderten auch die Verteilung von Alter und Geschlecht in verschiedenen Regionen. Die überwältigende Mehrheit der Migranten, die vom Land in die Stadt zogen, war zwischen fünfzehn und fünfunddreißig Jahre alt. Damit blieb in vielen ländlichen Gebieten eine unverhältnismäßig hohe Zahl älterer Menschen zurück. Dort nahm häufig die Geburtenquote ab, obwohl die Fruchtbarkeitsrate bei den Frauen im gebärfähigen Alter nicht zurückging. In den modernen Staaten, namentlich in England und Schweden, zogen aus den ländlichen Gebieten mehr junge Frauen als junge Männer fort, was weiter zum Rückgang der Geburtenquote in diesen Regionen beitrug. Im ländlichen Schweden machte man auch in breiten Kreisen von der Geburtenkontrolle Gebrauch.[20] In Süd- und Osteuropa wanderten mehr Männer als Frauen ab, was eine Fortdauer des raschen Bevölkerungswachstums auf dem Land ermöglichte.

Während sich die Binnenwanderung in verschiedenen ländlichen Gegenden Europas stark unterschiedlich auf Geburtenzunahme wie Bevölkerungswachstum auswirkte, waren die Folgewirkungen in großen

Regionen mit einer Konzentration von Bergbau und Industrie und in großen Städten, die Zentren von Handel und Verwaltung waren, überall einigermaßen gleichmäßig. Die durch Zuwanderung bewirkte Bevölkerungszunahme außer acht gelassen, hätten die Einwohnerzahlen der Midlands in England, des Ruhrgebietes und der Industrieregion der Departements Nord und Pas-de-Calais in Nordfrankreich etwa dreimal so rasch zugenommen wie die der Städte London, Berlin oder Paris.[21] In London konnte die einheimische Bevölkerung sich erst 1910 reproduzieren, in Paris und Berlin erst lange nach dem Ersten Weltkrieg. Daß die Bevölkerung dieser drei Städte ungefähr mit der gleichen – Geschwindigkeit zunahm wie die der drei Industrieregionen, war allein auf starke Zuwanderung zurückzuführen.

Die Wirkung der Zuwanderung in einem Industriegebiet wird besonders klar, wenn wir das Wachstum einer gegebenen Bevölkerung projizieren und dann mit den Zahlenergebnissen eines späteren Zensus vergleichen. Beispielsweise wäre die Einwohnerzahl der Industriestadt Barmen im Ruhrgebiet – wenn man die Zuzügler ausschließt und die Rate des Bevölkerungswachstums in Deutschland insgesamt von 1871 bis 1910 anlegt – von 75 074 auf 115 924 gestiegen, tatsächlich aber wuchs sie auf 169 214 an. Die Differenz von 53 290 war mehr als dreimal so hoch wie der Zuwachs von 16 555, der allein auf den Zuzug zurückging.[23] Sie erklärt sich daraus, daß sich unter den Zuwanderern ein höherer Anteil junger Erwachsener als unter den Einheimischen befand und daß sie mehr Kinder pro Kopf bekamen.

Die Binnenwanderung war keine Einbahnstraße von ländlichen Distrikten zu städtischen und Industriegebieten. Menschen zogen auch aus übervölkerten in bevölkerungsarme ländliche Bezirke. Das spektakulärste Beispiel war die Migration von dreieinhalb Millionen Bauern aus dem europäischen Teil Rußlands nach Sibirien, aber auch in Frankreich kam es zu solchen Bewegungen, wenn auch in geringerem Umfang.[24] Ebenso zogen Menschen aus Stadtzentren in die Vorstädte; dies war besonders in London der Fall (das zu Beginn des 20. Jahrhunderts auch viele Bewohner verlor, die in Länder des Empire auswanderten). Nach 1900 gab es in großen Teilen West- und Mitteleuropas mehr Wanderungsbewegungen zwischen verschiedenen Groß- und verschiedenen Industriestädten als vom Land in die Großstädte.

Doch der Mobilitätsgrad und das Maß des Gewinns durch Zuwanderung waren unabhängig voneinander. Während in London der bevölkerungsmäßige Reingewinn durch Zuzug höher war als die Rate des Bevölkerungsumsatzes, galt in vielen Industriestädten an der Ruhr und im Rheinland das Gegenteil.[25] Der Umsatz war besonders hoch in Städten mit einer diversifizierten Wirtschaftsstruktur, wo die einzigen Stellen, die in der Regel Neuankömmlingen offen standen, von den Einheimischen abgelehnt wurden und die Konkurrenz unter den Zuwanderern um diese Jobs besonders erbarmungslos war. Darum blieb manch einer nur zwei Monate in der Stadt; andere zogen erst nach ein paar Jahren wieder fort. Gelegenheitsarbeiter, Handwerksburschen und die weniger Glücklichen in manchen Dienstleistungstätigkeiten (Unterhalter, Kellner, Laufburschen, Prostituierte und so weiter) zogen in die Städte und verließen sie wieder, ohne in den Zensuszahlen für Zehnjahresperioden zu erscheinen. Schätzungen der Zehn-Jahre-Umsatzrate für die meisten europäischen Städte sind nicht leicht zu eruieren, aber in vielen von ihnen mag sie die vierzig bis sechzig Prozent erreicht haben, welche die meisten amerikanischen Städte aufwiesen.[26] Anders ausgedrückt: Auf jedes Hundert Zuwanderer, die 1890 in eine Stadt kamen, können vierzig bis sechzig kommen, die wieder abwanderten.

In weiten Teilen Süd- und Osteuropas war die Binnenwanderung wie die Auswanderung bei Bauern mit Kleinbesitz stärker als bei den Tagelöhnern.[27] Bei solchen Bauern in Rußland und Serbien herrschten wirtschaftliche Beweggründe vor. Außerstande, hre Familien allein durch ihre Arbeit in der Industrie oder der Landwirtschaft zu erhalten, betrieben sie beides und zogen mit den Jahreszeiten von der Stadt ins Dorf. Am Vorabend des Ersten Weltkrieges galt dies für sechsundvierzig Prozent der Drucker in Moskau, und der Prozentsatz war noch höher in kleineren russischen Städten und Berufen mit geringerem Ausbildungsgrad. In den Regionen Süditaliens und Südspaniens, wo Großgüter vorherrschend waren, lieferte die Polarisierung der Klassen den Hintergrund für eine militante Arbeiterbewegung. Dadurch, daß diese Bewegung die Hoffnung auf eine Beseitigung der sozialen Ungerechtigkeit hochhielt, gab sie den Tagelöhnern eine Alternative zur Auswanderung. In Ungarn und Polen gab es eine solche Hoffnung nicht, und die Tagelöhner wanderten in größerer Zahl ab als die Kleinbauern.

Zwar blieb fast überall die soziale Ungerechtigkeit bestehen, aber die geographische und berufliche Mobilität trug in Nordwesteuropa und Deutschland dazu bei, eine moderne Sozialstruktur entstehen zu lassen. Staatliche Statistiken für die Jahre 1895 und 1907 zeigen, daß in Deutschland diese Struktur schon in der ersten Dekade des 20. Jahrhunderts voll ausgebildet war.[28] Der größte Wandel vollzog sich auf dem

Land, wo der Exodus einheimischer Landarbeiter zu einem Mangel an landwirtschaftlichen Arbeitskräften und zu einer Verschiebung im Verhältnis der agrarischen Ober- und Mittel- zur Unterschicht von 1:1,45 auf 1:1,35 führte. In den städtischen Gebieten verschob sich das Verhältnis der Selbständigen zu den Lohnempfängern in Industrie und Handwerk von 1:4,1 auf 1:6. Noch größer war in den Mittelschichten die Verlagerung von den Selbständigen zu den Gehaltsempfängern. Der Prozentsatz der in der Industrie tätigen deutschen Arbeiter stieg in Städten über hunderttausend Einwohner von vierundvierzigeinhalb auf fünfundvierzig und in Städten mit zweitausend bis hunderttausend Einwohnern von siebenundvierzigeinhalb auf einundfünfzigeinhalb Prozent. Ungleich größer aber war die Zunahme bei den Angestellten in der Industrie: in Städten mit mehr als hunderttausend Einwohnern von fast drei auf fünfeinhalb und in Städten mit zweitausend bis hunderttausend Einwohnern von etwas über zwei auf etwas über vier Prozent. Da die meisten dieser Angestellten der unteren Mittelschicht angehörten und da der Anteil der Arbeiter auf dem Land zurückging, blieb die Gesamtverteilung zwischen der Ober-, Mittel- und Unterschicht einigermaßen konstant.

Die Entwurzelten der Städte

Die Erfahrungen der Neuankömmlinge in den Städten waren unterschiedlich, je nachdem ob sie arm oder reich waren, sich nur vorübergehend oder auf Dauer aufhielten, allein oder mit ihren Familien kamen, aus dem Land selbst stammten oder anderer ethnischer Zugehörigkeit waren.

Große Metropolen wie London, Paris, Berlin und Wien hatten schon seit langer Zeit Menschen aus der Ober- und Mittelschicht angezogen; in Osteuropa wurde diese Anziehung besonders stark im ausgehenden 19. Jahrhundert, nach der Befreiung der Leibeigenen. Bis zum Jahr 1900 waren achtundvierzig Prozent des russischen Adels in die Städte übersiedelt, namentlich nach St. Petersburg und Moskau. Der Anteil des ungarischen Kleinadels, der nach Budapest gezogen war, lag beträchtlich höher. Manche der russischen Adeligen lebten weiterhin von den Erträgen ihrer Güter oder dienten wie vordem der kaiserlichen Regierung in Beamtenfunktionen. Andere hingegen, wie die Mehrzahl der nun landlosen ungarischen Kleinadeligen, schlugen neue Wege ein. Einige reiche russische Aristokraten wurden Industrielle; eine größere Zahl wandte sich den akademischen Berufen zu oder ging in die städtische Verwaltung anderer großer russischer Städte.[29] Noch stärker als diese neu urbanisierten russischen Aristokraten hielt der Kleinadel in Budapest an seinen aristokratischen Denkhaltungen fest, obwohl die Beschäftigungen, denen er oblag, im Grunde bürgerlich waren. Ein typisches Mitglied des ungarischen Landadels bezog mehr Einkünfte aus seiner Stellung als stellvertretender Direktor einer Bank, als ihm das Gut eingetragen hätte, das sein Vater verkauft hatte, nachdem ihm die Leibeigenenbefreiung die unbezahlten Arbeitskräfte genommen hatte. Aber es war ihm zuwider, mit Bürgerlichen zusammenarbeiten zu müssen, besonders wenn sie Juden waren. In den Berufsständen der Juristen und Ärzte waren magyarisierte Juden aus den nicht magyarisch sprechenden Landesteilen die Hauptkonkurrenten des Kleinadels und der Mittelschicht. In Budapest und namentlich in Wien entwickelten sich erst jüngst assimilierte Juden der bürgerlichen Schicht zu wichtigen Konsumenten und Produzenten der städtischen Elite-Kultur.

Am unteren Rand der Gesellschaft standen die Bettler und Vagabunden, die zwei bis drei Prozent der Stadtbevölkerung in England und Frankreich bildeten und in manchen Großstädten Ost- und Südeuropas, namentlich in Neapel, nicht weniger als zehn Prozent stellten. Wie von jeher stammte ein beträchtlicher Teil dieser Menschen von außerhalb, aber ihr Anteil stieg mancherorts drastisch an. In den acht größten Städten Schottlands vermehrte sich die Zahl der männlichen Armen zwischen 1894 und 1904 um mehr als fünfzig, die der weiblichen nahm um über dreißig Prozent zu.[30] Da die Gesamtzahl der amtlich registrierten Armen in Schottland von 1895 bis 1905 von 96 671 auf 110 491 (kaum mehr als fünfzehn Prozent) anstieg, ist anzunehmen, daß es in dieser kurzen Periode zu einem massenhaften Zustrom dieser Menschen in die Städte kam.

Es war etwas anderes, wenn man sich damals um Armenunterstützung bewarb, als heute der ›Gang zur Wohlfahrt‹. Mindestens ein Drittel der Empfänger von Armenfürsorge lebte in Arbeitshäusern, die in den Vereinigten Staaten Armenhäuser hießen, und die Unterstützungsempfänger außerhalb der Armenhäuser bekamen jährlich nur soviel Geld, wie ein Fürsorgeempfänger heute in den Vereinigten Staaten pro Monat erhält.[31] Von den mittellosen Personen, die um die Jahrhundertwende in die Städte strömten, hatten Anspruch auf Fürsorgeleistungen nur die ›unterstützungswürdigen Armen‹ – Menschen, die zu alt, zu jung oder

Verkehr am Londoner Piccadilly Circus. Fotografie, 1910

MAIDA VALE EDGWARE Rd. OXFORD St.
REGENTS St. STRAND, LIVERPOOL St.
ST JAMES'S THEATRE
MR GEORGE ALEXANDER
THE IMPORTANCE OF BEING EARNEST
6
Proset
Proset
70

körperlich zu schwach waren, um zu arbeiten. Die anderen mußten selbst sehen, wie sie sich durchschlugen.

Diese zuwandernden Armen ließen das – wie Marx es nannte – Lumpenproletariat anschwellen, zu dem Gelegenheitsarbeiter, Hausierer, Stadtstreicher, Prostituierte und kleine Kriminielle gehörten. Im 19. Jahrhundert nannten lange Zeit die Ober- und Mittelschicht diese Menschen die ›gefährliche Klasse‹. In der Mitte der viktorianischen Ära hatte London eine Unterwelt, »die sich vom verzweifelten Gewimmel in den übervölkerten Slums bis zu den Fleischtöpfen von Haymarket erstreckte und deren Kommunikationsstränge Stadt mit Stadt verbanden und hinausreichten zu der in Bewegung befindlichen Bevölkerung auf dem Lande«.[32] Die Menschen in dieser Unterwelt, obwohl in Romanfiguren wie Oliver Twist und Mack-the-Knife sentimentalisiert, waren Personen ohne verwertbare Fertigkeiten, die sich über Wasser zu halten versuchten, so gut es ging.

Doch seit den siebziger Jahren des 19. Jahrhunderts sah man die viktorianische Unterwelt als weniger bedrohlich an. Das war darauf zurückzuführen, daß manche Elendsviertel abgerissen worden waren, die poli-

Obdachlose in Berlin vor dem Asyl.
Holzschnitt nach einer Zeichnung von E. Hosang, 1886

zeiliche Kontrolle sich verbessert hatte und den risikofreudigeren und einfallsreicheren potentiellen Führern dieser Gruppe von Menschen sich andere Betätigungsfelder boten. Mit Ausnahme der neapolitanischen Camorra war das, was wir heute unter organisiertem Verbrechertum verstehen, vor dem Ersten Weltkrieg in den europäischen Städten unbekannt.

»Der junge Rabauke, der als Kanalarbeiter bei ehrbaren Bürgern Empörung weckte, wird es, ist er aufgeweckt und zäh, zum Vorarbeiter und Aufseher bringen und schließlich zu einem geachteten Bürger mit blankpolierten Schuhen und silberner Uhrkette. Der junge Kerl, der sich auf der Straße zu einem heranreifenden Bauernfänger mausert, der die Leute übers Ohr haut, erkennt, daß der Goldrausch in der Fremde wahrscheinlich reichere Ernte einbringt als [der Rennplatz] Epsom Downs. Der aufgeweckte Findling lernt im Armenhaus seine Buchstaben malen und träumt von Macht und Ansehen, wenn er einst eine Lokomotive führt oder als Polizist in seinem Revier für Ordnung sorgt.«[33]

Im letzten Jahrzehnt des 19. Jahrhunderts gab der französische Dichter und Sänger Aristide Bruant manchen Gefühlen der Outcasts am un-

Nachtasyl in London für Obdachlose. Holzschnitt nach einer Zeichnung von Damann, 1886

teren Rand der Pariser Gesellschaft Ausdruck. In seinem Chanson ›A la Vilette‹ klagt ein Mädchen über den Verlust ihres Schatzes, eines schmucken jungen Apachen namens Toto Laripette. Toto hatte nie seine Eltern gekannt und war von Kindesbeinen an auf sich selbst gestellt gewesen. Wie viele seinesgleichen landete er im Knast, noch bevor er zwanzig war. Als ihn sein Mädchen zum letztenmal sieht, liegt er mit entblößtem Oberkörper unter dem Fallbeil der Guillotine.

In seinem ›Nachtasyl‹ (1902) schilderte Maxim Gorki anschaulich das Leben des Lumpenproletariats im Bezirk um den Chitrowmarkt in Moskau, als dieser sich in ein billiges Vergnügungsviertel verwandelte. Zuvor aber hatte er als Börse für die Arbeitsuchenden gedient, die neu vom Land hereingekommen waren. Viele europäische Städte hatten Märkte unter freiem Himmel, die diesem Zweck dienten. Allmorgendlich versammelten sich dort körperlich kräftige Männer ohne feste Stelle, in der Hoffnung, eine Arbeit für den Tag zu finden. Viele waren erst kurz vorher vom Land gekommen; einige waren ungelernte Landarbeiter, andere hatten als Tüncher, Sattler, Schlosser, Zimmerleute und in ähnlichen Handwerksberufen gearbeitet, für die es in der Industrie nur wenig Arbeit gab.

Um die Jahrhundertwende sank diese europäische ›Unterklasse‹ jedoch noch unter das Lumpenproletariat. Manche jungen Frauen vom Land glitten nach wie vor in die Prostitution ab, nachdem sie ein paar Jahre als Dienstboten oder Kellnerinnen gearbeitet und erlebt hatten, wie ihre Hoffnungen auf Heirat oder auch nur auf ein dauerhaftes Verhältnis durch eine Reihe zusehends kurzfristiger Liebschaften zerschlagen worden waren. Ungleich größer jedoch war die Zahl dieser jungen Frauen, die als ausgebeutete Arbeitskräfte in der Leichtindustrie schuften. Zahlreiche junge zugewanderte Männer blieben zwar im Heer der Gelegenheitsarbeiter, aber eine wachsende Zahl fand geregeltere Arbeit als Straßenfeger, Kellner und Kondukteure, verrichtete einfache Tätigkeiten in öffentlichen Betrieben und Einrichtungen (Parks, Krankenhäuser, Bahnhöfe, staatliche Gebäude) oder arbeitete in großen Fabriken an den Maschinen.

Die Lebensform dieser Neuzuwanderer war von Stadt zu Stadt unterschiedlich und hing ab vom Umfang der verfügbaren Arbeit und davon, welcher Art diese war. Selbst jene, die keine gefragten Fertigkeiten aufzuweisen hatten, übernahmen nicht so leicht die Straßenkultur der alten ›gefährlichen Klasse‹. Und denen, die etwas konnten, fiel es schwer, die Einstellung der bestehenden Arbeiterklasse zu akzeptieren, namentlich zum Gewerkschaftsbeitritt. Gelernte wie ungelernte Arbeiter, besonders ledige, neigten weniger zur Ortsbeständigkeit als Arbeiter, die in der Stadt geboren waren. In jeder Stadt, in die sie kamen, verbrachten sie ihre arbeitsfreien Stunden in ›Flophouses‹, Schankwirtschaften und auf den Plätzen, wo man Arbeit suchte. So fehlte ihrer Lebensform der soziale und kulturelle Rückhalt, wie ihn die bereits urbanisierte Arbeiterschaft hatte.

Flophouse ist eine alte amerikanische Slangbezeichnung für eine billige Übernachtungspension mit Einzelzimmern oder Schlafsälen, in denen durchziehende Gelegenheitsarbeiter sich nachts ›ins Bett fallen‹ – ›to flop into bed‹ – ließen. Diese Einrichtung, die inzwischen praktisch ausgestorben ist, spielte im letzten Jahrzehnt des 19. und zu Anfang des 20. Jahrhunderts in vielen europäischen wie amerikanischen Städten eine bedeutende Rolle. In Hamburg wurde 1894 ein Übernachtungsheim in städtischer Regie, das 350 Schlafstellen hatte, von 4858 Männern in Anspruch genommen, 1898 waren es 15 359 und 1902 29 820.[34] Andere Nächtigungsheime in Hamburg wurden von katholischen und protestantischen Organisationen unterhalten. Jede große Stadt in West- und Mitteleuropa hatte solche Männerheime. Mailand hatte sein Albergo Popolare, und Newington Butts in London, mit über tausend Betten, gehörte zur Kette der Rowton Houses, ähnliche der Kette der Mills Houses in den Vereinigten Staaten. Die Einrichtungen des Christlichen Vereins junger Männer und des Christlichen Vereins junger Frauen und die billigen Ledigenheime für Lohnarbeiterinnen waren bürgerlich-achtbarer als diese Nächtigungsheime. Die herkömmlichen Pensionen, die im Durchschnitt sieben oder acht ›Gäste‹ hatten, beherbergten seßhaftere arbeitende Menschen, unter ihnen auch Angestellte.

Keines dieser Übernachtungsheime hatte auch nur im geringsten den Charakter eines Zuhause. In einer Periode, in der es mehr entwurzelte Europäer als jemals vordem und jemals seither gab, symbolisierten sie in konzentrierter Form das Fehlen von Gemeinschafts- und Familienbindungen in den Großstädten. Vielleicht plauderte man mit anderen Logiergästen im Speisesaal oder in einem preiswerten Eßlokal in der Nähe, oder man fand ein bißen gezwungene Geselligkeit in der Kneipe um die Ecke, zumeist jedoch war man allein. Selbst ein Arbeiter, der bei einer Familie aus seiner eigenen Schicht ein Zimmer hatte, wurde als nichtdazugehörig behandelt und war gezwungen, anderswo seine Mahlzeiten einzunehmen und Geselligkeit zu suchen.

Der Brauch, zahlende Logiergäste oder Untermieter aufzunehmen, war weitverbreitet. In Wien gab es 1910 vierhundertsechsundsiebzigtausend Wohnstätten, von denen in hundertzehntausend (dreiundzwanzig Prozent) solche Personen mitwohnten.[35] Da es sich bei der Mehrzahl der Behausungen in den Wiener Arbeiterbezirken um Zwei- oder Dreizimmerwohnungen in Mietshäusern handelte, hatten sie mehr Schlafgäste als Untermieter, und die Schlafgäste nächtigten vielfach mit Personen des anderen Geschlechts im gleichen Raum. Im Bezirk Ottakring, wo 1910 einhundertachtundsiebzigtausend Menschen lebten, hatten nur vier von hundert Personen ein Zimmer für sich.[36] Zahlreiche Wiener Arbeiterfamilien konnten nur durch die Vermietung einer Schlafstelle an einen Fremden den Mietzins aufbringen, der im Durchschnitt fünfzehn Prozent des Familieneinkommens betrug. Dieser Prozentsatz lag über dem europäischen Durchschnitt, doch auch in anderen rasch wachsenden Großstädten wie Berlin oder Budapest war das Mietpreisniveau hoch. In den meisten Industriestädten entfielen auf die Miete zehn Prozent des Einkommens einer Arbeiterfamilie. Dennoch nahmen auch viele dieser Familien zahlende Logiergäste auf.

Zu den extremsten Folgen führte die Entwurzelung in den größten Städten Rußlands. In Moskau lebte die Mehrzahl der männlichen Fabrikarbeiter in Baracken; in St. Petersburg wohnten fünfundachtzig Prozent aller männlichen und weiblichen Arbeiter für sich, einerlei, ob sie ledig oder verheiratet waren.[37] Außerdem waren nur achtundvierzig Prozent aller erwachsenen Männer in St. Petersburg verheiratet, und von ihnen lebten wiederum nur achtzehn Prozent mit ihren Familien zusammen. In den meisten Fällen wohnten die Familien noch im heimatlichen Dorf. Dort und nur dort war das Heim. Die Besuche, welche die Zuwanderer im Dorf machten, und ihre relative Isolation von der städtischen Arbeiterschaft trugen dazu bei, daß sie ihre bäuerliche Mentalität in viel größerem Maße bewahrten als die Neuzuwanderer, die in die Städte West- und Mitteleuropas kamen.

Auch in Städten wie Belgrad und Budapest behielten die Zuwanderer vom Land ihre bäuerliche Mentalität. In einem autobiographischen Roman schildert der ungarische Schriftsteller Gyula Illyés, wie sein Großvater seinem Vater für den Fall, daß dieser seine Versuche aufgäbe, in der Hauptstadt einen Beruf zu finden, Geld anbot, mit dem er eine Gastwirtschaft im Dorf seiner Puszta (Gutshof) aufmachen könnte.

Anders als Illyés' Vater kehrt in Anton Tschechows Erzählung ›Die Bauern‹ (1897) Nikolai Tschikildejew mit Frau und Tochter in sein

Heimatdorf zurück, nicht um es leichter zu haben, sondern weil er zu krank ist, um noch länger als Kellner in Moskau zu arbeiten. Und anstatt von seinem Vater mit einem Darlehen begrüßt zu werden, grollt ihm seine alte Mutter, weil er noch mehr Münder ins Haus bringt, die gefüttert werden müssen. Tschechows Erzählung, die auf einer tatsächlichen Begebenheit in seinem eigenen Dorf basiert, ist berühmt geworden wegen der unsentimentalen Schilderung, die sie vom Schmutz, von der Niedertracht und Hoffnungslosigkeit gibt, die im ausgehenden 19. Jahrhundert das Leben der Bauern in großen Teilen Rußlands prägten. Sie beschreibt auch anschaulich, wie Bauernjungen für einfache Arbeiten in der Stadt rekrutiert wurden. »Alle Bauernjungen von Schukowo, die zu lesen verstanden, wurden immer nach Moskau gebracht und dort zu Kellnern und Gasthausdienern ausgebildet (während das jenseits des Flusses liegende Dorf lauter Bäckergesellen lieferte).«[38]

In England war es für die meisten Zuwanderer vom Land leichter, Verbindung zu ihren Familien und Freunden zu halten, auch wenn sie es sich nicht leisten konnten, auf längere Zeit oder für immer nach Hause zurückzukehren.[39] Viele lebten in der Nähe ihres Heimatdorfes, und selbst diejenigen, die weit fortzogen, taten dies etappenweise, so daß sie ihre Freunde aus der Heimat besuchen konnten, die in der Stadt, die sie jüngst verlassen hatten, zurückgeblieben waren. Diese Freunde aus dem Dorf lebten häufig in einem bestimmten Viertel, was eine bessere städtische Basis für die Assimilation bot als das Dorf selbst. Als der junge William Denny 1899 aus seinem Dorf in Suffolk nach Burton kam, um in der Ale-Brauerei Bass zu arbeiten, wohnte er mit seinen Kameraden im Logis zusammen und verbrachte alle seine freien Stunden mit ihnen.[40] Zwar kehrte er nach der vierten Arbeitssaison für immer in sein Dorf zurück, aber viele seiner Freunde blieben in Burton und wurden Stadtmenschen. In England waren die meisten Zuwanderer vom Land Landarbeiter und Handwerker (die kleinen Pachtbauern waren bereits verschwunden), anderswo aber zogen die Kinder von Kleinbauern, die kaum noch das Nötigste erwirtschafteten, aus der Heimat fort, ohne an eine Rückkehr zu denken.

Eine der verwirrendsten Folgen der Verpflanzung aus der Heimat war die Notwendigkeit, neue Sprachmuster zu übernehmen. Die Dialekte, die ländliche Zuwanderer nach Toulouse und Bordeaux mitbrachten, halfen diesen Menschen, ihr Bild von sich selbst zu bewahren und vertraute Wörter für Phänomene zu finden, die ihnen fremd waren. Doch als diese Phänomene, nachdem sie häufig in Kontakt damit gekommen waren, ihnen vertraut wurden, begannen sie für manche Bezeichnungen zu verwenden, die nicht dem Dialekt entstammten: Elektrizität, Gewerkschaft, pasteurisierte Milch und dergleichen mehr. Die Schwierigkeit, neue Sprachmuster zu erlernen, ist um so größer, je stärker sich die Mundart der Zuwanderer von der in der Stadt gesprochenen Sprache unterscheidet. Der Dialekt der Gascogne steht dem Standard-Französisch näher als das Sizilianische dem Standard-Italienisch oder den Dialekten der italienischen Städte auf dem Festland. Daher mußte ein Sizilianer, der nach Neapel, Rom oder Mailand zog, nicht nur das Standard-Italienisch benutzen, das er in der Grundschule als zweite Sprache erlernt hatte, sondern auch die Mundart der Stadt – oder sogar des Viertels –, wo er sich niederließ, wenn er sich assimilieren wollte. In den meisten Fällen fühlten sich erst die Kinder, die in der neuen Umgebung geboren wurden, völlig in deren Sprachmustern und den Wertbegriffen, Denkhaltungen und Einstellungen heimisch, die diese ausdrückten.

Die ländlichen Dialekte wurden auch durch die Dialekte der Industriestädte in der Nähe verändernd beeinflußt. Menschen aus den Dörfern, die in solchen Städten arbeiteten, brachten neue Wörter und vor allem neue Varianten der Aussprache mit, die sie und ihre Kinder übernahmen. (Ältere Dorfbewohner und andere ohne Kontakte zur Stadt waren davon nur wenig betroffen.) In vielen größeren Dörfern, vor allem in Deutschland, trugen Vereine, Gewerkschaften und Parteien dazu bei, die neuen Sprachmuster bei jenen Dorfbewohnern zu verstärken, die häufig Kontakt zur Stadt hatten.[41] So lernten ehemalige Bauern Sprachgewohnheiten der städtischen Unterschicht, die ihnen andere Begriffe als die traditionellen vermittelten. Doch diese neue Begriffswelt entstammte nach wie vor der Unterschicht, nicht bürgerlichen oder nationalen, das ganze Land erfassenden, Vorstellungen.

Die Ausbreitung der Nationalsprache und -kultur in ländliche Gebiete war eine Folge der umfassenden Veränderungen, welche der Prozeß der Modernisierung mit sich brachte. Manche jungen Männer, die aus dem Militärdienst zurückkehrten, brachten neue Begriffe und neue Sprachmuster mit. Neue Agrartechniken ließen das Vokabular der alten obsolet werden. Beamte, Kaufleute und die lokalen Repräsentanten der Stadtverwaltung und der Zentralregierung stellten die traditionell tonangebende Schicht und die hergebrachte Verteilung von Einfluß und Macht in den Dörfern in Frage. In Reaktion auf diese Machtverschiebung fanden zahlreiche Dorfbewohner es ihrem Interesse zuträglich, sich auf die Nationalsprache und -kultur der neuen herrschenden Klasse einzustellen, statt sie als ›ausländisches Zeug‹ zu behandeln, das man in der Schule lernen mußte.

Dort, wo die alte Kultur und der traditionelle Dialekt stark verankert waren, wurden diese Menschen zweisprachig und und zu Angehörigen zweier Kulturen. Das galt für einen großen Teil Deutschlands, Italiens, Spaniens, Frankreichs südlich der Loire und sogar kleinerer Länder wie Norwegens und der Schweiz.

Ja, manche der weiter verbreiteten Regionaldialekte hatten sogar eine blühende Literatur. Luigi Pirandello verfaßte mehrere seiner frühen Erzählungen und Theaterstücke auf sizilianisch, und Allen Clarke, ein Wortführer sozialistischer Ideen in England, schrieb Erzählungen in der Mundart von Lancashire.

In früheren Zeiten hatten die Dialekte das lokale Gemeinschaftsgefühl verstärkt, aber als das 20. Jahrhundert begann, war in den großen Städten Europas die Grundlage dafür dahingeschwunden. Der Cockney-Dialekt trennte die Bewohner des East End von den übrigen Einwohnern Londons, statt sie zusammenzuschließen. In Wien konnten alle Klassen den Dialekt der Stadt sprechen, wenn es darauf ankam. Selbst das ›Schönbrunner Deutsch‹ der kaiserlichen Familie war nur eine Verfeinerung des Wienerischen. Gegenüber Ausländern bildete die Mundart eine Schutzmauer, gegenüber Reichsdeutschen isolierte sie.

Das städtische Bewußtsein und seine Kritiker

Eine der größten Schwierigkeiten für Zuwanderer in den offenen und heterogenen Städten an der Schwelle des 20. Jahrhunderts war die Notwendigkeit, sich die unterschiedlichen Rollen bewußt zu machen, die sie in ihnen zu spielen gezwungen waren. In ihren Dörfern und Kleinstädten hatten sie andere Rollen innerhalb ihrer Familien, in der Kirche, in der Wirtschaft des Ortes und in ihren recht seltenen Kontakten mit dem ortsansässigen Bürgertum und Landadel erlernt. Doch dieses Rollenspiel war unbewußt gewesen. Man fühlte sich in seiner Rolle immer behaglich, weil die Rahmenverhältnisse vertraut und begrenzt und die Reaktionen anderer Leute vorhersehbar waren. In den Städten aber mußte man, Mann oder Frau, beim Übergang von einer Situation in eine andere unterschiedliche Charakterrollen spielen. Der einzelne mußte imstande sein, sein eigenes Verhalten zu beobachten, so daß er sein Rollenspiel improvisieren und den Reaktionen von Menschen anpassen konnte, die er nicht kannte – in Fabriken und Ämtern, bei Gewerkschaftsversammlungen, in Vereinen, auf Sportplätzen und an anderen öffentlichen Orten. Die Fähigkeit dazu konnte das Leben in der Stadt lohnender und interessanter machen als in kleinen Gemeinschaften. Es gab den Stadtbewohnern auch ein größeres Maß an persönlicher Freiheit. Doch wer seine Rolle nicht einhielt, wurde von der Härte und der Komplexität des Lebens in der Stadt erdrückt.

Ein anderer Aspekt des städtischen Bewußtseins war, daß man lernen mußte, nicht offen auf alle Außenreize zu reagieren. Wer das versuchte, hätte den Verstand verloren. Man mußte nicht nur imstande sein, vieles auszuschließen, was es zu sehen und zu hören gab, sondern auch wissen, wie man fremde Menschen zu beurteilen hatte, wenn man sich mit ihnen nicht einlassen wollte. Menschen, die in der Stadt aufgewachsen sind, entwickeln diese Fähigkeiten bereits in einem frühen Alter, aber für einen, der neu in ihr ist, kann es schon überwältigend sein, wenn er nur auf einem belebten Gehsteig dahingeht (geschweige denn durch den Verkehr fährt), bis er lernt, wie man vermeidet, mit anderen Leuten zusammenzustoßen, und bis er sich daran gewöhnt, sich nicht von allem ablenken zu lassen, was um ihn vorgeht. Das städtische Bewußtsein verlangt, angesichts zahlloser äußerer Reize ständig aus dem eigenen Innern Kraft zu beziehen.

Doch dieses Ichbewußtsein, so notwendig es ist, wenn man sich im Leben einer Stadt (und in neuerer Zeit auch der Vororte) behaupten will, hat auch einige der nagendsten Unzufriedenheiten an der modernen Welt hervorgebracht. Zwar haben die Massenmedien dieses Ichbewußtsein auch in die unteren Schichten getragen, ursprünglich aber war es ein bürgerliches Phänomen, das erstmals im ausgehenden 19. Jahrhundert auftrat. Nach der Analyse des Kunsthistorikers Meyer Schapiro brachte die Verlagerung der Umgebung bürgerlichen Gemeinschaftslebens aus Gemeinde, Familie und Kirche auf den Boulevard, ins Kaffeehaus und in den Kurort »ein Bewußtsein individueller Freiheit, mit dem zusehends stärker eine Entfremdung von älteren Bindungen einherging; und jene phantasievollen Mitglieder der Mittelschicht, die die Formen der Freiheit akzeptierten, denen aber die Mittel fehlten, sich diese zu verschaffen, waren seelisch zerrissen von einem Gefühl der Isolation in einer anonymen Masse.«[42]

Ichbewußtsein unterscheidet sich von Selbsterkenntnis. Den ichbewußten Menschen beschäftigen vor allem seine Beziehung zu anderen Menschen und zu Institutionen. Wie muß ich mich verhalten, um meinem Chef, Liebespartner, meinen Freunden zu gefallen? Wenn ich die richtige Schule besuche, den richtigen Wagen und die richtigen Vorlieben habe, werde ich es zu einer besseren Stellung bringen oder zumindest die behalten, die ich jetzt habe. Wer kann mich dirigieren und wen kann ich dirigieren? Dem Menschen, der nach Selbsterkenntnis strebt, geht es vor allen Dingen darum, seine eigenen Motive und Gefühle zu verstehen, so daß er das Leben so gut meistert, wie es die eigenen Stärken und Schwächen erlauben. Seine Sicht der Dinge ist nicht verzerrt von Neid, Snobismus, Ressentiment und Verbitterung, wie es so häufig bei ichbewußten Menschen der Fall ist. Auch das Klassen- und Nationalbewußtsein haben die Begriffe der Menschen verändert, doch häufig als integrierende Kräfte gewirkt und Menschen in großen, unpersönlichen Organisationen enger zusammengeführt. Das Ichbewußtsein hingegen bewirkt eher, daß Menschen sich isoliert fühlen.

Unter den vielen Intellektuellen und Literaten, die sich gegen das moderne Ichbewußtsein gewandt haben, nimmt Leo Tolstoi einen hervorragenden Platz ein. Bereits in ›Krieg und Frieden‹ (1862–1869) legt er, in einer Szene in einem französischen Gefangenenlager, Graf Pierre Bezuhov den Gedanken in den Mund, daß man, je ichbewußter man nach persönlicher Erfüllung strebe, um so weiter vom Weg zum wahren Glück und zur inneren Harmonie abirre. Pierre hat sich in philanthropisches Tun gestürzt, in das Freimaurertum, sich dem Weingenuß, der Vergnügungssucht der lebenslustigen Gesellschaft ergeben, heroische Taten der Selbstaufopferung vollbracht, hat sich seiner schwärmerischen Liebe zu Natascha, seinem Plan, Napoleon zu ermorden, hingegeben. Doch all sein Sinnen und Trachten haben ihm nichts eingetragen. Dann als Kriegsgefangener gewinnt er, ohne einen eigenen Gedanken, inneren Frieden, Harmonie mit sich selbst – allein durch den grauenvollen Anblick, wie ein halbwüchsiger Junge exekutiert wurde, durch die Strapazen der Kriegsgefangenschaft und seine Beziehung zu Platon Karatjew, einem einfachen Bauern, der alle Menschen liebt und von einem Tag zum nächsten lebt. Karatjew fehlt das Bewußtsein vom Sinn seines Lebens als etwas Persönlichem, von der Welt um ihn Abgesondertem.

Doch diese Idealisierung des Bauern ohne ichbewußtes Verhalten, die in der hier behandelten Epoche besonders Tolstoi ins Extrem trieb, war selbst ichbewußte Phantasie. Ein Intellektueller aus späterer Zeit, der sich gern dem Volk zugewandt hätte, Cesare Pavese, mußte zugeben: »Man kann nicht zum Volk gehen; man ist schon Teil des Volkes. Sonst ist es sinnlos.« Der Soziologe Reinhard Bendix bemerkt: »Die Vorstellung einer unbegrenzten Kreativität ›des einzelnen‹ oder ›des Volkes‹ ist genauso eine Chimäre wie die der mutterleibartigen Geborgenheit und Wärme der menschlichen Beziehungen, wie man sie einem vergangenen Zeitalter zuschreibt. Dies sind Projektionen von Intellektuellen in einer Zivilisation, die ihnen eine starke Ambivalenz zwischen elitärem und populistischem Denken eingibt.«[43]

Zu den negativen Reaktionen auf das städtische Bewußtsein gehörten auch andere Versionen der ländlichen Romantik als das Bild, das Tolstoi malte. Der deutsche protestantische Pastor Ludwig Heitmann beklagte, daß die Großstädte die Familienbande auf dem Lande auflösten, und verglich diese »formlosen Riesenkörper« mit »gewaltigen Saugmaschinen . . ., die mit unwiderstehlicher mechanischer Kraft Menschen, organische Kulturgebilde und Rohstoffe in sich hineinschlucken, um sie, zum Teil zerrieben, zum Teil gleichförmig umgepreßt und mit Fabrikmarke versehen, wieder von sich zu geben.«[44] Reaktionäre Nationalisten wie Charles Maurras in Paris und Georg Ritter von Schönerer in Wien wetterten ständig gegen das Leben in diesen großen Kapitalen, nicht nur weil es die Menschen egozentrisch mache, sondern auch, weil es so kosmopolitisch war. Ihnen zufolge konnten nur ›Einheimische‹, die im Land verwurzelt waren, verhindern, daß ihr nationales Erbe durch die Juden und andere ›Landfremde‹ in diesen Städten hoffnungslos verdorben würde. Wie wir in Kapitel 9 sehen werden, war für Leute wie Maurras und Schönerer die Stadt die Verkörperung all dessen, was sie an der modernen Zivilisation haßten. Die Sozialisten hatten zumeist eine günstigere Meinung von den städtischen Wertvorstellungen und Denkhaltungen und der Entwicklung zur Modernität im allgemeinen, doch galt dies nicht für Robert Blatchfords ›Merrie England‹ (1894), das bei weitestem erfolgreichste Stück populärer sozialistischer Propaganda, das in England erschien. Blatchfords Einstellung war nostalgisch. Sein ›Merrie England‹ würde frei von großen Städten und großen Industrien sein; das Land würde zu einer dezentralisierten Ordnung mehr oder minder autarker Gemeinden in einer vorwiegend agrarischen Wirtschaft zurückkehren.

Im ausgehenden 19. Jahrhundert war die Sehnsucht nach einer solchen Gesellschaft aus zwei Gründen utopisch. Zunächst befand sich das Landleben nicht nur wegen der starken Einflüsse im Wandel, die von der Stadt ausgingen, sondern auch weil vielerorts der ländliche Kapitalismus und die Mobilität der Bevölkerung die ländliche Sozialstruktur und die Einstellungen der Bauern bereits stark verändert hatten. In seinen Romanen ›Tess of the D'Urbervilles‹ (1891) und ›Jude the Obscure‹ (1896) schildert Thomas Hardy anschaulich die Beziehung zwischen »dem sich vollziehenden Wandel des Lebens auf dem Lande . . . und einer oder mehrerer Figuren, die sich in einem gewissen Grad davon abgesetzt haben, doch durch irgendein Familienband unentrinnbar daran gebunden sind«.[45] Hardy befaßte sich auch mit dem zweiten Grund, der die Nostalgie nach dem traditionellen Landleben utopisch machte: dem Ichbewußtsein des heimkehrenden ›Einheimischen‹. Sobald man einmal gelernt hat, was es bedeutet, in einer Stadt zu leben (oder, in Judes Fall, an einer Universität), kann man nicht mehr zurückkehren in eine Welt des nicht-ichbewußten Rollenspiels, die auf ungeprüften Anschauungen und Wertbegriffen beruht. Man weiß jetzt, daß sie bestritten werden können und dem Wandel unterliegen.

Viele hochgebildete Leute, die ihre Bindungen zum Land verloren hatten, empfanden gleichwohl zwiespältige Gefühle über die Stadt als ihre Heimat. Sie genossen die persönliche Freiheit, das anregende Gesellschaftsleben, die Konzentration von Kultur auf hohem Niveau, die Europas große Hauptstädte boten. Doch von Zeit zu Zeit empfanden sie das Bedürfnis, »dem allem den Rücken zu kehren« und sich einmal abzusetzen – in ein Landhaus, einen Kurort oder das Heim eines Freundes oder Verwandten in einer kleineren Gemeinde. Bald aber wich die Neuheit der Langeweile, und man sehnte sich danach, sein normales Leben in der Stadt wiederaufzunehmen. Für diese Menschen bedeutete der Abschied vom Zuhause eine vorübergehende Flucht vor den Belastungen, die das städtische Bewußtsein einem auflud, nicht aber den Versuch, in eine andere, schlichtere Heimat zurückzukehren. Darin waren sie Sigmund Freud und anderen Wiener Denkern ähnlich, die die Ansicht vertraten, in ihrer Stadt könne man nicht leben und fern von ihr auch nicht.

Eine größere Anzahl Stadtbewohner entschied sich für die Kompromißlösung, in die Vorstädte zu ziehen, um den Schattenseiten der Stadt zu entrinnen. Die oberen Gesellschaftsklassen behielten bis weit ins 20. Jahrhundert ihre Stadthäuser in London und anderen Hauptstädten bei. Doch die obere Mittelschicht zog ab der Mitte des 19. Jahrhunderts aus den Industriestädten der Midlands in England auf Besitztümer am Stadtrand, von denen aus man per Eisenbahn oder eigener Kutsche bequem in die City gelangen konnte. Nach 1861 wurden die Dörfer Acton und Ealing zu bürgerlichen Villenvororten am Stadtrand von London, und mit Beginn der achtziger Jahre zogen auch die Bewohner mitteleuropäischer

Großstädte, die der Bürgerschicht angehörten, in ähnliche Dörfer. In Acton wirkten das offene, angenehme und großzügig geplante Villenviertel Springfield Park und die ›Gartenvorstadt‹ Bedford Park besonders anziehend auf die Mittelschichten.[46] Ealing behauptete seinen spätviktorianisch-bürgerlichen Charakter erfolgreicher als Acton, das in den neunziger Jahren die Angestellten der Londoner Handelshäuser und die Staatsbediensteten anzog und in den Jahren unmittelbar vor dem Ersten Weltkrieg einige ausgesprochene Arbeiterviertel aufwies. In den neunziger Jahren bekamen auch Berlin und andere mitteleuropäische Großstädte ihre bürgerlichen ›Schlafstädte‹, komplett mit strohgedeckten Bahnhöfen an den Vorortlinien.

Diese Wanderungsbewegung, die von den Stadtzentren wegführte, kennzeichnete den beginnenden Zerfall ihrer Offenheit und Vielfalt. Die bürgerlichen Klassen flohen nicht nur vor dem Lärm, der Enge und Verschmutzung, sondern auch vor der Unterschicht. Der Papa sah vor dem Abteilfenster nur flüchtig die Slumbezirke vorübergleiten, wenn er unterwegs zu oder von seinem Büro in der Stadt war. Mama und die Kinder verließen nur selten die idyllische Oase ihres Heimes im Villenvorort. Die eleganten Boulevards und Theaterviertel in Paris, Wien und anderen großen Städten waren am Vorabend des Ersten Weltkrieges noch immer dicht belebt von wohlgekleideten Menschen. (Die Polizei schirmte sie vor den unteren Klassen ab, von ein paar Straßenunterhaltern und einem gelegentlichen Bettler abgesehen.) Aber Stadtsanierer und Firmen, die Bauland erschlossen, waren, unter dem Vorwand der Stadterneuerung, bereits damit beschäftigt, die Bewohner einiger Slums in vorstädtische Kolonien umzusiedeln. Damit begannen die bürgerlichen Vororte ihren vermeintlich unwandelbaren Charakter zu verlieren. »Zur Flucht gesellte sich die Verfolgung.«[47]

Frauen und Kinder

In traditionellen Gesellschaften blieben Frauen und Kinder in der Regel zu Hause. Sie hatten gewisse häusliche Pflichten und halfen während der Erntezeit häufig den Männern auf den Feldern, aber sie verdienten neben dem Ertrag des Familienerbes nur selten eigenes Geld. Unter den städtischen Armen der hier betrachteten Epoche verschwand die traditionelle Auffassung von Kindern als einer Quelle des Familieneinkommens nur langsam, nun aber mußten sie tagsüber in die anonyme Stadt

Waisenhaus in Hamburg. Holzschnitt, 1892

hinausgeschickt werden, um sich ihre Pfennige zu verdienen. In den Städten wie auf dem Land widersetzten sich arme Eltern grollend der Elementarschulpflicht, weil sie den Arbeitseinsatz der Kinder beeinträchtigte. Manche Armen schickten ihre Kinder schon mit drei Jahren zur Schule und gaben an, sie seien fünf, damit sie sie zwei Jahre früher, als gesetzlich zulässig war, abschließen und Arbeit aufnehmen konnten. Auch Mütter aus der Arbeiterschaft, die jemanden hatten, der sich um die kleinen Kinder kümmern und die Mahlzeiten kochen konnte – zumeist eine Großmutter –, begannen nun tagsüber aus dem Haus zu gehen und regelmäßige Lohnarbeit zu leisten. Häufig veranlaßte sie das Motiv, daß sie einfach aus dem Haus kommen wollten, wie jene Frau, die zu Mrs. Ramsay MacDonald sagte: »Glauben Sie, ich könnt' den ganzen Tag zu Haus 'rumsitzen und auf das verflixte Baby aufpassen – ich würd' ja die Wand hochgehn!«[48] Diese Frau verdiente in einer Marmeladenfabrik zehn Schilling wöchentlich und zahlte ihrer Mutter für Fütterung und Betreuung des Säuglings fünf Schilling.

Die meisten Frauen und Kinder der Mittel- und Oberschicht blieben ans Heim gebunden. In den Mittelmeerländern erlaubten die Männer aus allen Klassen ihren Frauen nicht, abgesehen vom Kirchgang oder Einkaufen auf dem Markt, unbegleitet aus dem Hause zu gehen. Selbst in England konnte es vielen Mädchen aus der Oberschicht geschehen, daß sie das heiratsfähige Alter erreichten, ohne jemals unbeaufsichtigt – und wenn die Eskorte auch nur aus einem Dienstmädchen bestand – das Heim der Familie verlassen zu haben.[49] Unverheiratete Frauen aus der Mittelschicht hatten in den meisten Gegenden West- und Mitteleuropas mehr Bewegungsfreiheit. Aber es wurde von ihnen erwartet, daß sie, bis sie einen Mann fanden, bei ihren Eltern blieben, statt Arbeit aufzunehmen und ein eigenes Heim zu bewohnen.

Doch in den Anfangsjahren unseres Jahrhunderts ging ein wachsender Prozentsatz unverheirateter Frauen aus dem Bürger- und namentlich dem Kleinbürgertum tagsüber aus dem Haus, um im rasch expandierenden Dienstleistungssektor der Wirtschaft zu arbeiten. In Deutschland verrichteten sie einen großen Teil der Routinearbeiten in den Büros, besonders bei den größeren Firmen.[50] In Großbritannien stieg der Anteil weiblicher Bürokräfte von 1890 bis 1911 von acht auf zweiunddreißig Prozent.[51] Die Stenotypistin wurde fast überall zum Symbol der arbeitenden Frau aus der unteren Mittelschicht. Die andere Hauptbeschäftigung für solche Frauen war die Lehrtätigkeit an den Grundschulen, wo sie in den am weitesten entwickelten Ländern zwei- bis dreimal so stark vertreten waren wie die Männer.

Bevor die Industrialisierung in großem Umfang einsetzte, waren viele Knaben aus der Unterschicht mit elf oder zwölf Jahren zu einem Lehrherrn geschickt worden. Zahlreiche minderjährige Söhne von Pachtbauern und Landarbeitern waren gezwungen gewesen, auf Bauernhöfen in der Nachbarschaft zu arbeiten und zu wohnen, ohne jedes Familienleben. Diese Situation hielt sich in vielen Gegenden Süd- und Osteuropas bis in die ersten Jahre unserer Jahrhunderts, verschwand aber allmählich in Nordwest- und Mitteleuropa. Hier verhinderten die Einführung der Schulpflicht und Gesetze gegen die Kinderarbeit, daß Kinder bis zu einem bestimmten Alter überhaupt arbeiteten. So hätten die Kinder, abgesehen von den Sonntagen, mehr Zeit zu Hause verbringen können als früher, aber dies war im allgemeinen nicht der Fall. Wenn sie nicht in der Schule saßen, spielten sie gewöhnlich unbeaufsichtigt auf den Straßen.

Anfang der neunziger Jahre zählte ein Beobachter in einem Arbeiterviertel in Berlin in einer von zwei Dutzend Häusern umgebenen Seitenstraße zweihundertachtzehn Kinder. »Auf dem Bürgersteige sitzen und rutschen die ganz kleinen umher, so daß man sich hüten muß, nicht auf ein Händchen oder Füßchen zu treten. Auf dem Fahrdamm wird von den Jungen Ball gespielt, der überhaupt das beliebteste Spielzeug hier bildet. Auf den Randsteinen des Bürgersteigs sitzen die Mädchen von fünf bis

Armenfürsorge in England. Gemälde, 19. Jahrhundert

acht Jahren und spielen Schule; anderorts thun Knaben dasselbe. Der Unterschied besteht darin, daß der Darsteller des männlichen Lehrers sein Hauptvergnügen im Hauen findet und der Unterricht sich zuletzt stets in eine allgemeine fröhliche Rauferei verwandelt . . . Wunderbares leisten die Knaben in der Erzeugung von Lauten aller Art . . . Die Jungen stehen in Gruppen beisammen, schreien oder brüllen, bis die Gesichter vor Anstrengung rot werden, und stieben plötzlich davon.«[52]

Hingegen hatten in allen Ländern die Kinder der Mittel- und Oberschicht im Hause zu bleiben, wenn sie nicht in der Schule waren. Sie wurden von einem Hausangestellten sorgfältig beaufsichtigt und betreut. In periodischen Abständen durften sie andere Kinder zum Spielen zu Hause besuchen, und viele wurden einmal in der Woche zum Tanzunterricht gebracht. Aber man schirmte sie sorgfältig gegen alle verderblichen Einflüsse ab, ob diese nun von Arbeiterkindern oder von der Erwachsenenwelt ausgingen.

Besonders im edwardianischen England waren die Kinderzimmer in bürgerlichen oder großbürgerlichen Heimen oft wahre Kokons der Unschuld. Dort wurde das Kind entweder »wegen seiner vermeintlichen Unschuld wie ein Püppchen verhätschelt oder, wie in vielen edel gesinnten Intellektuellenfamilien, mit der Bürde belastet, eine neue, reinen Auges blickende, unverdorbene Welt zu erschaffen, weil es selbst in einer neuen, reinen Auges blickenden, unverdorbenen Freiheit inmitten edler Gedanken und schöner Dinge aufgezogen wurde.«[53] 1904 erreichte diese idyllische Vision der Kindheit ihre Apotheose, als James M. Barrie seinen Peter Pan schuf, den Jungen, der nie groß werden wollte, um nicht dem abstoßenden Leben des Erwachsenen gegenübertreten zu müssen.

Obwohl das Peter-Pan-Ideal für die Armen belanglos war, versuchte die bürgerliche Klasse in den am weitesten entwickelten Ländern, das Los ›benachteiligter‹ Kinder zu bessern. Man trat für die Volksschulpflicht als Mittel ein, diese Kinder zu ›zivilisieren‹, aber man wollte auch, daß sie von ihren Eltern besser behandelt würden. In den neunziger und den Anfangsjahren des 20. Jahrhunderts erließen Großbritannien, Frankreich, Deutschland und andere entwickelte Staaten Gesetze, die Grausamkeitsakte gegen Kinder unter Strafe stellten und vorsahen, daß Kinder, deren Eltern sie vernachlässigten, diesen weggenommen wurden. In jedem entwickelten Land gab es auch ein Äquivalent zur englischen ›National Society for the Prevention of Cruelty to Children‹, die die Behörden bei Kindsmißhandlungen alarmierte.

Doch staatliche Eingriffe dieser Art sowie die hohen Ziffern unehelicher Geburten in vielen Großstädten führten dazu, daß mehr Waisen und Armenkinder als je zuvor von ihren Familien getrennt lebten – in Armenhäusern, Waisenhäusern und anderen Heimen. Die außereheliche Fruchtbarkeit ging mit der ehelichen in allen europäischen Ländern außer Bulgarien und Irland zurück.[54] Doch das Verhältnis der unehelichen zu ehelichen Geburten stieg in vielen Großstädten an. 1901/02 waren vierundzwanzigeinhalb Prozent aller Lebendgeburten in Paris illegitim; 1909/10 betrug in Berlin der Anteil etwa zwanzigeinhalb Prozent.[55] Noch höher war der Prozentsatz in Wien, Prag und Budapest. In Frankreich nahm die Zahl der Kinder, ehelich wie unehelich geboren, die nicht in ihrer Familie lebten und öffentliche Unterstützung erhielten, zwischen 1877 und 1905 von 72 170 auf 120 344 und bis 1912 auf 223 591 zu.[56] England und Wales hatten einen der niedrigsten Prozentsätze illegitimer Geburten in Europa, trotzdem aber befanden sich 1913 73 783

Armenkinder, ehelicher wie unehelicher Geburt, in Anstaltspflege.[57] Von ihnen befanden sich 47 467 in verschiedenen öffentlichen Heimen, 18 110 in privaten Waisenhäusern und Erziehungsanstalten für verwahrloste Kinder, die mit Genehmigung des Poor Law Board arbeiteten, und nur 8206 in Armenhäusern, während es zwölf Jahre vorher noch 22 982 gewesen waren.

Kinder, die in ›Heimen‹ für Waisen aufgezogen wurden, namentlich Mädchen, spürten das Stigma, das ihnen aufgedrückt wurde, und genierten sich zuzugeben, daß sie in einer solchen Anstalt gewesen waren. In zahlreichen Ländern wurden in solchen Heimen die Mädchen für den häuslichen Dienst und die Jungen für die Arbeit in der Industrie ausgebildet. Anfang unseres Jahrhunderts wurden viele englische Kinder »von den Straßen, aus dem Armenhäusern, vorläufigen Asylen« geholt und in Erziehungsanstalten für verwahrloste Minderjährige, Besserungsanstalten, Erziehungsheimen mit Werkstätten oder konfessionellen Anstalten verwahrt, bis sie ausreichend ausgebildet waren, um nach Kanada geschickt zu werden.«[58]

Der Anteil der Waisen, die kein Heim hatten, war zu Beginn der achtziger Jahre des 19. Jahrhunderts in manchen entwickelten Ländern so hoch wie nie zuvor. In früheren Zeiten fand ein Kind, das seine Eltern verloren hatte, in der Regel bei einem nahen Verwandten Aufnahme, aber dieser Brauch kam aus der Übung, besonders bei der Unterschicht in den großen Städten. Ein anderer Grund war, daß der Staat Kinder aus ihrer ›schädlichen‹ Umgebung herauszuholen und ›schlechten‹ Eltern wegzunehmen begann, um sie in Besserungsanstalten und – der Name sagt alles – Reform-Schulen zu nützlichen Bürgern heranziehen zu lassen. In Großbritannien mußten die Eltern einen Beitrag zu ihrem Lebensunterhalt und ihrer Erziehung leisten, in den meisten kontinentalen Staaten hingegen bestand diese Pflicht nicht. Hier wie dort aber war die Zahl der Waisen gewaltig. In Deutschland gab es 1907 720 858 Waisen.[59] Fünfunddreizig Prozent aller französischen Kinder waren, als sie das zehnte Lebensjahr hinter sich hatten, wenigstens Halbwaisen. Frankreich hatte sechshundertsechzig von religiösen Orden geführte Waisenhäuser, ungerechnet die öffentlichen Anstalten oder lokalen Heime in kirchlicher Regie, die kleine Kinder aus fremden Gemeinden aufnahmen.[60]

So hatte ein bedeutender Prozentsatz der Kinder, die in West- und Mitteleuropa heranwuchsen, überhaupt kein Familienleben, und die ›Heime‹, in denen sie aufgezogen wurden, waren öffentliche oder religiöse Anstalten. Von den Mittelschichten unterhalten und von ihren Beauftragten verwaltet, sollten diese Anstalten Waisen- und Slumkinder von den Straßen wegholen und sie zu gesetzestreuen Erwachsenen und braven Arbeitern formen. Dieser Sozialisationsprozeß hatte anscheinend bei den Mädchen mehr Erfolg als bei den Jungen.

Zu Anfang unseres Jahrhunderts schlugen viele bürgerliche Reformer vor, Kinder lieber bei achtbaren Pflegefamilien als in ›Heimen‹ unterzubringen. Dies wurde in begrenztem Ausmaß in England versucht, setzte sich aber bis nach dem Ersten Weltkrieg nirgends durch.

Unehelichen Kindern erging es weitaus schlechter als allen anderen. Unverheiratete Frauen aus der Unterschicht brachten seit langem ihre Kinder bei Ammen auf dem Land oder in Bauernfamilien ihres Heimatdorfes unter, wenn sie in die Stadt zogen. Um 1900 aber war in Deutschland die üblichste Methode, sich unerwünschter Kinder zu entledigen, sie zu einer ›Engelmacherin‹ zu geben, die sie gegen Entgelt umbrachte, in der Regel mit Morphium oder Alkohol.[61]

Klasse gegen Klasse

In der ganzen Welt das gleiche Lied.
Für den Armen das Jammertal,
Und für den Reichen das Paradies,
Ist das denn kein Skandal?

Dieser Refrain aus einem englischen Music-Hall-Schlager soll ausdrükken, wie es im Leben zugeht. Aber die Armen der modernen Klassengesellschaften zeigten nicht mehr die gleiche resignierte Gefügigkeit wie ihre Vorväter in traditionellen Gesellschaften. Immer mehr arme Leute aus der Unterschicht wurden sich auch einer anderen Lebensregel bewußt: Solange die Reichen die Macht besitzen, wird sich nichts ändern. Ja, dieser Zustand wurde in weiten Teilen West- und Mitteleuropas noch durch das Wachstum der bürgerlichen Schicht und ihre Entschlossenheit gestärkt, ihre Stellung innerhalb der bestehenden Gesellschaftsstruktur zu behaupten oder zu verbessern.

Konflikte zwischen den Klassen treten in einer Klassengesellschaft ständig auf. Leute, die unterschiedlichen Besitz und verschiedenartiges Talent auf dem ökonomischen Markt einsetzen, haben einander widerstreitende Interessen. Die Wahrnehmung dieses Interessengegensatzes wird periodisch durch offene Auseinandersetzungen zwischen den Klassen verstärkt. Auch der Umstand, daß jede Klasse innerhalb des größeren Rahmens der Gesellschaft ihre eigene Subkultur besitzt, trägt dazu bei, unterschiedliche Typen des Klassenbewußtseins auszubilden.[1]

Heute sieht die Mehrheit der Menschen in der modernen zivilisierten Welt ihre Gesellschaft nicht mehr als ein Klassensystem. In den Vereinigten Staaten wie in der Sowjetunion ist das offizielle Gesellschaftsbild das einer ›nicht-egalitären Klassenlosigkeit‹. Jedem Bürger soll, ungeachtet seiner Herkunft, die gleiche Chance eingeräumt werden, die höchsten Stufen der Berufsstruktur zu erreichen, vorausgesetzt, er verfügt über das entsprechende Können. Manche außenstehende Beobachter indessen beurteilen die Realität in der Sowjetunion und den anderen

Kleinbürgertum: Familienfeier in Berlin.
Fotografie, um 1910

sozialistischen Staaten Europas ganz anders. Nach ihrer Ansicht hat eine ›neue Klasse‹ die Spitze der Gesellschaftsordnung eingenommen, deren Privilegien und wirtschaftliche Vorzugsstellung auf dem Machtmonopol beruhen, das die Kommunistische Partei im politischen und Wirtschaftsleben ausübt. In den Vereinigten Staaten lehnen neuerdings viele Soziologen den Begriff der Klasse ab und definieren die amerikanische Gesellschaft als eine ›geschichtete‹ Struktur, die auf Einkommen und Berufstätigkeit beruhe. In Westeuropa vertreten einige führende Soziologen die Ansicht, das Klassensystem der, wie sie es nennen, ›nachkapitalistischen Gesellschaft‹ werde von Managern und Technokraten beherrscht.

Klassen und Klassenbewußtsein

Klassen sind Großgruppen von Menschen in einer Gesellschaftsordnung und definieren sich nach ihren Beziehungen zueinander. Obwohl die Klassen formal offen sind, spiegeln sich in den Unterschieden zwi-

Abendgesellschaft der Oberschicht: Ballgespräch. Holzschnitt nach einem Gemälde von J. Wodzinski, um 1900

schen ihnen unterschiedliche Privilegien und Diskriminierungen hinsichtlich Besitz, Macht, Bildungschancen und Zugang zu bestimmten Berufen. Der Klassenstatus eines Individuums ist relativ dauerhaft, und Menschen aus verschiedenen Klassen pflegen kaum gesellschaftlichen Umgang miteinander.

Selbst innerhalb ein und derselben Klasse ist der Verkehr zwischen Leuten, die einander fremd sind, unpersönlich definiert und formeller als zwischen Mitgliedern sozialer Gruppen mit klarerer Abgrenzung und mit kulturellen Bindungen, die gemeinsame Religionszugehörigkeit, ethnische Herkunft oder berufliche Betätigung zur Grundlage haben. In der zweiten Hälfte des 19. Jahrhunderts wurde die Mehrzahl der west- und mitteleuropäischen Juden allmählich von den Klassensystemen der jeweiligen Länder assimiliert, dennoch fühlten sie sich innerhalb ihrer Gemeinschaft einander näher als den Nichtjuden. Das Offizierskorps der Armee in Deutschland und die höhere Beamtenschaft in Deutschland, Österreich-Ungarn und Rußland hatten sich zu klar abgegrenzten und exklusiven sozialen Gruppen entwickelt. Akademiker wie Rechtsanwälte, Ärzte und Universitätsprofessoren strebten gleichfalls diesen Status an.

Die moderne kapitalistische Gesellschaft zeigt die Neigung, ein grundsätzlich aus drei Klassen bestehendes System auszubilden. Die Oberschicht besitzt große Eigentumsanteile an den Produktionsmitteln. Die Mittelschicht schließt die Kleineigentümer ein. Die Modernisierung verringert den Anteil dieser Gruppe und verstärkt den der Personen mit hohen akademischen und technischen Qualifikationen. Sie gehören der Mittelschicht an, weil sie aufgrund ihrer Qualifikationen auf dem Markt um ökonomische Vorteile handeln können, die nicht das Einkommen betreffen: Sicherheit des Arbeitsplatzes, Aussichten auf berufliches Vorwärtskommen, gehobene Arbeitsbedingungen und eine breite Skala von Zusatzprivilegien und Zulagen. Die Unterschicht oder Arbeiterklasse besteht aus den Menschen, die auf dem Markt nur ihre manuelle Arbeitskraft einsetzen können.

Keine kapitalistische Gesellschaft hat jemals dieses stark vereinfachte Modell perfekt verwirklicht. Im ausgehenden 19. Jahrhundert bis zum Ersten Weltkrieg gehörten der Oberschicht fast ganz Europas noch immer zahlreiche adelige Grundbesitzer an. Damals umfaßte die Mittelschicht in Nordwesteuropa einen höheren Anteil von kleinen Grundbesitzern und Kleinunternehmern als heute und einen geringeren Anteil akademischer und technischer Fachkräfte. Heute haben in Westeuropa, Nordamerika und Japan zahlreiche manuell tätige Facharbeiter, was Sicherheit des Arbeitsplatzes und Zulagen verschiedener Art betrifft, eine Stellung erlangt, wie sie früher nur der Mittelschicht erreichbar war. Dennoch gehören diese Arbeiter nach wie vor zur Unterschicht, was ihre Arbeitsbedingungen und das Fehlen der Aufstiegschancen angeht, wie sie der Mittelschicht zu Gebote stehen.

Das Grundfundament für die Existenz von Klassen in modernen kapitalistischen Gesellschaften ist die Divergenz zwischen den formell allen offenstehenden wirtschaftlichen Chancen und den unterschiedlichen Lebenschancen, die eine kapitalistische Wirtschaft in der Praxis hervorbringt. Der Platz eines einzelnen im Klassensystem wird nicht durch eine ererbte, durch Gesetz oder Gepflogenheit gesicherte Stellung bestimmt, wie es die Zugehörigkeit zu den traditionellen Ständen und Sozialgruppen Europas tat. Doch selbst in den Vereinigten Staaten hat heute ein junger Mensch, der aus begüterter Familie stammt oder über hohe Qualifikationen verfügt, offensichtlich bessere Aussichten, es zu etwas zu bringen, als jemand ohne einen dieser beiden Vorteile. In Europa war an der Jahrhundertwende das Klassensystem weniger offen als in der Gegenwart. Und die Möglichkeit, aus einer Klasse in eine andere überzuwechseln, war nicht allein durch die ökonomischen Fähigkeiten, die der Betreffende auf dem Markt einsetzen konnte, sondern auch durch andere Faktoren beschränkt, die wirtschaftliche Beziehungen in gesellschaftliche Strukturen übertrugen.

Drei nichtökonomische Faktoren waren von ausschlaggebender Bedeutung dafür, wie die Beziehungen zwischen den Klassen strukturiert sind. Der erste war, daß die industrielle Technik für manuell und nicht manuell Tätige eine unterschiedliche Arbeitswelt schuf und sie räumlich voneinander trennte. Die Auswirkung der technischen Arbeitsteilung überlagerte sich mit den unterschiedlichen Chancen, die diese beiden Gruppen hinsichtlich der vertikalen Mobilität hatten. Ein zweiter Faktor verstärkte sie noch: das Autoritätssystem innerhalb des Unternehmens, in dem sie arbeiteten. Es gab immer irgendwelche administrativen Kräfte mit der Funktion, Anweisungen durchzusetzen, denen die manuell Tätigen unterworfen waren. So waren die beiden Gruppen auch in dieser Hinsicht voneinander abgesondert. Die Autoritätsdifferenzierung im Unternehmen verstärkte die Strukturierung der Klassenbeziehungen an der Spitze, wo die der Mittelschicht angehörenden Manager die Weisungen der Eigentümer, die zur Oberschicht gehörten, zu befolgen hatten. Dieses Verhältnis wurde durch die in großen Firmen sich entwickelnde Tendenz zur Trennung von Eigentum und Unternehmungsführung modifiziert, wenn auch nicht beseitigt.[2]

Beim dritten Faktor, der die Strukturierung der Klassenbeziehungen beeinflußt hat, handelt es sich um die unterschiedlichen Gewohnheiten des Konsums von Waren und Dienstleistungen. In dieser Hinsicht sind klare Unterschiede zwischen der Ober-, Mittel- und Arbeiterschicht festzustellen. Die Muster ihres Konsumverhaltens haben sich nicht nur unterschiedlich entwickelt, sondern wurden auch durch die räumliche Trennung der drei Klassen in verschiedene Gemeinden und Wohnviertel konsolidiert. In den großen städtischen Gebieten gab es in den Vierteln der Mittelschicht zahlreiche Hausbesitzer, während in den Arbeitervierteln hauptsächlich Mieter wohnten. Dieser Unterschied war nicht nur auf das geringere Einkommen der Arbeiter, sondern auch darauf zurückzuführen, daß sie im allgemeinen keinen Zugang zu Geldkrediten hatten. Die nach Konsumverhalten und Lebenseinstellung homogensten Arbeiterwohnbezirke waren isolierte Städte mit nur einem einzigen Industriezweig, wie beispielsweise dem Bergbau. Die Bergleute standen um die Jahrhundertwende dem Archetyp des proletarischen Arbeiters mit einer ausgeprägten Arbeiterkultur sehr nahe.

Die Faktoren, welche die Klassenbeziehungen strukturieren, standen und stehen auch unter der Einwirkung der verschiedenen soziopolitischen Gegebenheiten, innerhalb derer sie wirkten, sowohl vor als auch seit 1914.

Im Gegensatz zu den meisten Ländern des Westens verhinderte in Frankreich die funktionale wie räumliche Trennung der Angestellten von den Arbeitern nicht, daß diese beiden Gruppen seit der Gründung der CGT (Confédération Générale du Travail), 1895, in der Gewerkschaftsbewegung eng zusammenwirkten. Der grundbesitzende Adel stellte in Schweden einen ungleich weniger maßgeblichen Teil der Oberschicht als in Deutschland, wo die Übernahme seines Ehrenkodex und seiner materiellen Lebensführung den wichtigsten Weg darstellten, auf dem reiche Unternehmer und Finanzleute des Bürgertums Aufnahme in diese Klasse erlangen konnten.

Die grundbesitzenden Eliten waren nicht die einzige Statusgruppe, welche die Strukturierung der Klassenverhältnisse beeinflußt hat. Eine Statusgruppe bewertet bewußt den Prestigegrad ihrer gemeinsamen materiellen Lebensführung in Beziehung zu der anderer Gruppen.[3] So wie manche Reiche aus der Bürgerschicht durch die Aneignung aristokratischer Ehrbegriffe und Prestigevorstellungen ihren Status zu heben versuchten, bemühte sich die Mehrzahl den ihren zu verbessern, indem sie Denkhaltungen, Einstellungen und Lebensform des Kleinbürgertums mit seiner hohen Wertschätzung von Reinlichkeit, Enthaltsamkeit gegenüber dem Alkohol, Spitzenvorhängen und dem obligaten Klavier in der guten Stube übernahm.

In den tatsächlichen Beziehungen zwischen Menschen aus verschiedenen Klassen spiegelte sich nicht nur, wie sie einander sahen und bewerteten, sondern auch ihre Einstellung zum Klassensystem selbst. Bis zum Ersten Weltkrieg sahen sich die Aristokraten nach wie vor an der Spitze einer hierarchischen Ordnung. Für zahlreiche Arbeiter hingegen gab es nur eine Zweiteilung: Sie selbst waren ›wir‹ und alle anderen, von Angestellten bis zu Ministern, ›sie‹. Andere Arbeiter glaubten noch an eine Hierarchie der Klassen und waren voll ehrfürchtiger Achtung gegenüber den ›besseren Leuten‹. Die Mittelschichten neigten eher dazu, das Klassensystem als ein Gefüge von Schichten zu betrachten. Sie sahen sich selbst und ihr Verhältnis zur Oberschicht differenziert und vielfältig; doch auf Arbeiter und Bauern blickten sie ausnahmslos mit Geringschätzung hinab. Die Bauern hatten gegenüber der Gesamtgesellschaft nur geringes Klassenbewußtsein entwickelt und waren genaugenommen keine Klasse. Innerhalb ihrer lokalen Gemeinden betrachteten sie die nichtbäuerlichen Elemente in ihren Dörfern als ›bürgerliche‹, womit sie meinten, daß diese eine städtische, mithin ortsfremde Lebensform hätten. Doch die Auswirkungen der Abwanderung zwangen bereits viele Bauern, sich des nationalen Klassensystems bewußt zu werden, in das auch sie eingegliedert waren.

Das Klassenbewußtsein intensivierte im letzten Jahrzehnt des 19. und zu Anfang des 20. Jahrhunderts die Klassenkonflikte in Europa. Während der vorausgegangenen Jahrhunderte hatte das Bürgertum ein »gemeinsames Bewußtsein, eine Gemeinsamkeit ähnlicher Denkhaltungen und Anschauungen [entwickelt], die sich mit einer gemeinsamen Lebensform verbanden«.[4] Doch da es der Initiative, Leistung und Verantwortung des Individuums einen hohen Rang beilegte, leugnete sein Klassenverständnis im allgemeinen das Vorhandensein oder die Realität von Klassen. Klassenbewußtsein in seiner am wenigsten entwickelten Form hingegen sieht in ähnlichen Denkhaltungen und Anschauungen das Zeichen der Zugehörigkeit zu einer bestimmten Klasse und erkennt an, daß andere Klassen tatsächlich existieren. Seine nächste Entwicklungsstufe »bringt einen Begriff des Klassenkonflikts, in dem die Wahr-

Versammlung streikender Konfessionsarbeiter in Berlin im Jahr 1896 mit dem sozialdemokratischen Reichstagsabgeordneten Richard Fischer; im Vordergrund protokollierende Polizeibeamte. Zeichnung von J. Schlattmann, 1896

nehmung der Klasseneinheit sich mit der Erkenntnis von Interessengegensätzen mit einer oder mehreren anderen Klassen verbindet«. Klassenbewußtsein als Wahrnehmung von Interessenkonflikten zeigte nur dann die Neigung, sich zu revolutionärem Klassenbewußtsein auszubilden, wenn Menschen die bestehende Ordnung als illegitim ansehen und sich der Möglichkeit bewußt werden, durch Handeln als Klasse sie auf einer neuen Grundlage umzugestalten. Revolutionäres Klassenbewußtsein in der hier betrachteten Periode war am stärksten unter Bauern und gelernten Arbeitern verbreitet, deren traditionelle Produktionsmethoden durch moderne Techniken untergraben wurden. Die Führung der Ober- und Mittelschicht versuchte revolutionäre Bestrebungen in die Bahn der Evolution zu lenken, durch Erweiterung des Wahlrechts und der Sozialgesetzgebung zu entschärfen oder in nationalistische und imperialistische Kanäle abzuleiten.

Doch die Entwicklung eines revolutionären Klassenbewußtseins bei den manuell tätigen Arbeitern war damals eher die Ausnahme als die Regel. Selbst diejenigen, die der Meinung waren, der Staat unterstütze die ›Kapitalisten‹ gegen sie, erkannten die Trennung zwischen den politischen und ökonomischen Strukturen, die eine Besonderheit der kapitalistischen Gesellschaft ist. Sie hatte im Feudalismus nicht bestanden und wurde in sozialistischen Regimes wieder beseitigt. Einerseits sah die Arbeiterschaft, daß sie ihre wirtschaftliche Situation durch Streiks und Kollektivverhandlungen mit den Arbeitgebern verbessern konnte. Andererseits nahm bei ihr das Gefühl ab, außerhalb des politischen Prozesses zu stehen, indes der Staat sie zusehends in ein ausgebautes System von ›Staatsbürgerrechten‹ eingliederte. Obwohl diese Rechte mit der Rolle der Arbeiterschaft innerhalb der Wirtschaftsstruktur nur wenig zu tun hatten, entwickelte sie die Bereitschaft, ihren Klassenkonflikt mit den Eigentümern und Managern im Kampf um ihre wirtschaftliche Besserstellung auszutragen. Da die am weitesten entwickelten kapitalistischen Gesellschaften diesen Modus des Klassenkonfliktes in der Form von Tarifverhandlungen institutionalisierten, konnte sich das revolutionäre Klassenbewußtsein nicht entfalten. Weite Verbreitung fand es vor allem in Rußland, Italien und Spanien, wo die kapitalistisch-industrielle Ordnung noch nicht die Herrschaft hatte und gegen die Gewährung von Staatsbürgerrechten an die Arbeiterschaft größere Widerstände bestanden.

Die Eingliederung der Arbeiter in ein entwickeltes System der Staatsbürgerrechte trug dazu bei, klassenmäßige Unterscheidungsmerkmale

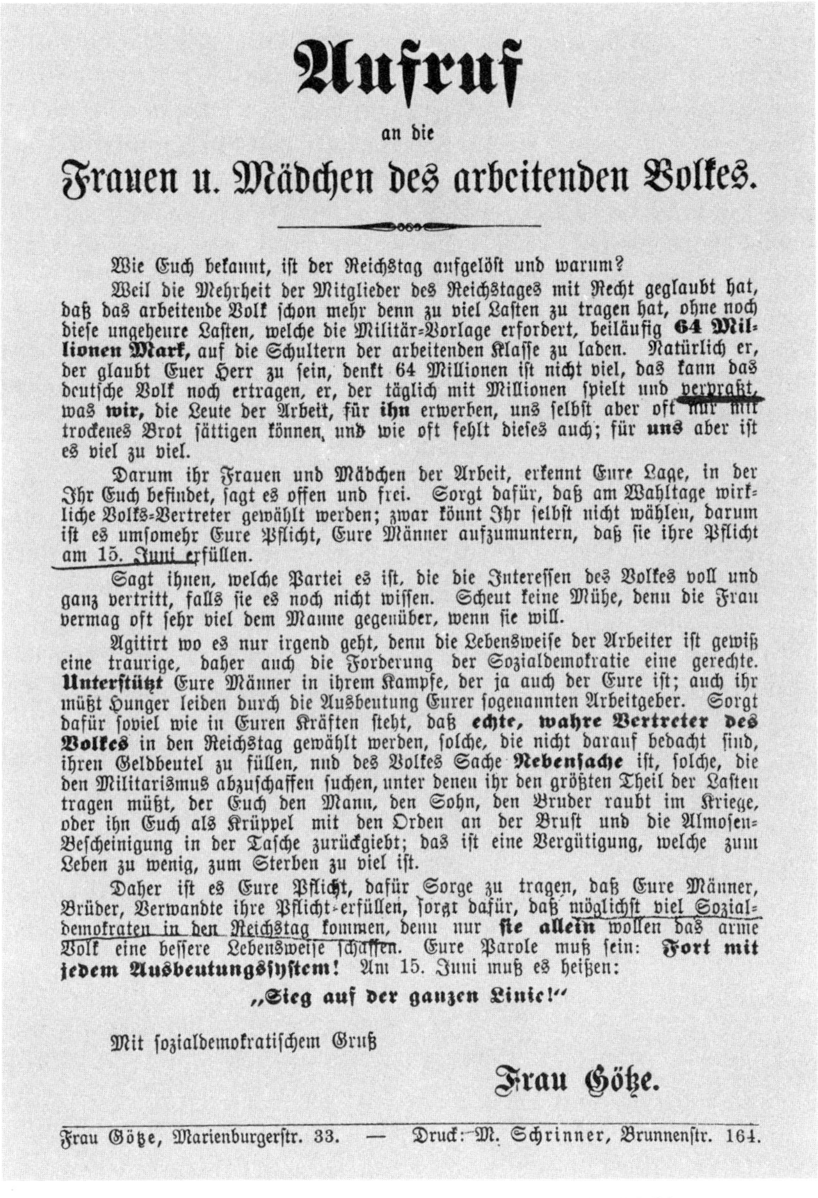

Aufruf

an die

Frauen u. Mädchen des arbeitenden Volkes.

Wie Euch bekannt, ist der Reichstag aufgelöst und warum?

Weil die Mehrheit der Mitglieder des Reichstages mit Recht geglaubt hat, daß das arbeitende Volk schon mehr denn zu viel Lasten zu tragen hat, ohne noch diese ungeheure Lasten, welche die Militär=Vorlage erfordert, beiläufig **64 Millionen Mark,** auf die Schultern der arbeitenden Klasse zu laden. Natürlich er, der glaubt Euer Herr zu sein, denkt 64 Millionen ist nicht viel, das kann das deutsche Volk noch ertragen, er, der täglich mit Millionen spielt und verpraßt, was **wir,** die Leute der Arbeit, für **ihn** erwerben, uns selbst aber oft nur mit trockenes Brot sättigen können, und wie oft fehlt dieses auch; für **uns** aber ist es viel zu viel.

Darum ihr Frauen und Mädchen der Arbeit, erkennt Eure Lage, in der Ihr Euch befindet, sagt es offen und frei. Sorgt dafür, daß am Wahltage wirkliche Volks=Vertreter gewählt werden; zwar könnt Ihr selbst nicht wählen, darum ist es umsomehr Eure Pflicht, Eure Männer aufzumuntern, daß sie ihre Pflicht am 15. Juni erfüllen.

Sagt ihnen, welche Partei es ist, die die Interessen des Volkes voll und ganz vertritt, falls sie es noch nicht wissen. Scheut keine Mühe, denn die Frau vermag oft sehr viel dem Manne gegenüber, wenn sie will.

Agitirt wo es nur irgend geht, denn die Lebensweise der Arbeiter ist gewiß eine traurige, daher auch die Forderung der Sozialdemokratie eine gerechte. **Unterstützt** Eure Männer in ihrem Kampfe, der ja auch der Eure ist; auch ihr müßt Hunger leiden durch die Ausbeutung Eurer sogenannten Arbeitgeber. Sorgt dafür soviel wie in Euren Kräften steht, daß **echte, wahre Vertreter des Volkes** in den Reichstag gewählt werden, solche, die nicht darauf bedacht sind, ihren Geldbeutel zu füllen, und des Volkes Sache **Nebensache** ist, solche, die den Militarismus abzuschaffen suchen, unter denen ihr den größten Theil der Lasten tragen müßt, der Euch den Mann, den Sohn, den Bruder raubt im Kriege, oder ihn Euch als Krüppel mit den Orden an der Brust und die Almosen=Bescheinigung in der Tasche zurückgiebt; das ist eine Vergütigung, welche zum Leben zu wenig, zum Sterben zu viel ist.

Daher ist es Eure Pflicht, dafür Sorge zu tragen, daß Eure Männer, Brüder, Verwandte ihre Pflicht erfüllen, sorgt dafür, daß möglichst viel Sozialdemokraten in den Reichstag kommen, denn nur **sie allein** wollen das arme Volk eine bessere Lebensweise schaffen. Eure Parole muß sein: **Fort mit jedem Ausbeutungssystem!** Am 15. Juni muß es heißen:

„Sieg auf der ganzen Linie!"

Mit sozialdemokratischem Gruß

Frau Götze.

Frau Götze, Marienburgerstr. 33. — Druck: M. Schrinner, Brunnenstr. 164.

Aufruf an die nicht wahlberechtigten Frauen anläßlich der Wahlen zum deutschen Reichstag, 1893 zu stabilisieren und die Trennung zwischen der politischen und der ökonomischen Struktur aufrechtzuerhalten. Benjamin Disraeli und Kaiser Napoleon III. hatten bereits in den sechziger Jahren des 19. Jahrhunderts festgestellt, daß die Gewährung politischer Rechte diese Wirkung haben konnte. Und in den achtziger Jahren hatte Otto von Bismarck die moderne Sozialgesetzgebung eingeleitet, um der revolutionären Anziehungskraft des Sozialismus entgegenzuwirken. Während der folgenden beiden Dekaden kam es nirgendwo zu einer Änderung in der Organisation und Kontrolle der Produktionsmittel. In den von der Modernisierung erfaßten liberalen Staaten Nordwesteuropas blieb das bestehende Klassensystem intakt, während es besonders begabten einzelnen den Aufstieg ermöglichte. In Osteuropa konnten zwar untüchtige Adelige sozial absinken, aber die Oberschicht blieb geschlossener als im Westen, und ihr beherrschender Einfluß in der politischen Struktur war nicht ernsthaft gefährdet. Selbst im nordwestlichen Europa veränderte sich die politische Struktur nur wenig, obwohl sich für Personen bescheidener Herkunft zusehends mehr Möglichkeiten boten, in politische Ämter gewählt zu werden. Ja, die Ausdehnung des Wahlrechts und die Besoldung von Abgeordneten konsolidierten sogar die politische Struktur.

Zwischen den Sozialstrukturen und damit den Klassenkonflikten der einzelnen Länder gab es ausgeprägte Unterschiede. Am größten war der Kontrast zwischen Großbritannien mit seinen kapitalistischen Wirtschafts- und Sozialstrukturen und seiner liberalen politischen Ordnung einer- und Rußland andererseits, wo die Mittelschicht und die Arbeiterklasse noch klein waren und das autoritäre politische Regime nur dominierende Grundbesitzer und untergeordnete Bauern kannte. In Großbritannien, Frankreich und den anderen Ländern Nordwesteuropas bestanden die stärksten Antagonismen zwischen der Mittelschicht und der Arbeiterklasse in den Städten. In Rußland und den unterentwickelten Gebieten Süd- und Osteuropas standen nach wie vor Großgrundbesitzer auf der einen und Bauern mit Landarbeitern auf der anderen Seite. Die Sozialstruktur Rußlands war kaum mit den Entwicklungen der modernen Zeit vereinbar und wie keine andere in Europa reif zur Explosion.

Soziale Veränderungen erfaßten die einzelnen Länder unterschiedlich stark. Der frühere Konflikt zwischen dem grundbesitzenden Adel einer- und den bürgerlichen Kapitalisten und wohlhabenden Angehörigen der freien Berufe andererseits war in Großbritannien und den kleineren Ländern Nordwesteuropas dadurch gelöst worden, daß sie zusammenwirkten und teilweise zu einer neuen Oberschicht verschmolzen. In

Frankreich war dieser Konflikt abgeklungen, weil die ältere Aristokratie sich aus den meisten Sektoren des öffentlichen Lebens zurückgezogen hatte und die herrschenden Eliten sich überwiegend aus der modern eingestellten Ober- und Mittelschicht rekrutierten. Die Sozialstruktur Deutschlands hatte sich viel langsamer als seine Wirtschaftsstruktur verändert und konnte sich nur dank der Macht der autoritären Staaten behaupten. Wie in Großbritannien arbeiteten die ältere Aristokratie und die Männer der Wirtschaft auf politischem Gebiet zusammen, aber die gesellschaftliche Kluft zwischen ihnen war ungleich größer. Beispielsweise sonderten sich preußsische Adelige bei Galabällen durch ein Samtseil von den bürgerlichen Gästen ab. Doch da die städtische Unterschicht und das urbane Kleinbürgertum zur Bevölkerungsmehrheit heranwuchsen, konnten die archaischen gesellschaftlichen und politischen Hierarchien des Landes nicht mehr intakt bleiben.

Die der Oberschicht angehörenden Eigentümer der Produktionsmittel hatten nach wie vor starke Verbindungen zu den konservativen und liberalen Parteien, aber sie allein bildeten vor 1914 nirgends in Europa eine ›herrschende Klasse‹. Die fortgeschrittenen kapitalistischen Gesellschaften wurden von einer regierenden Klasse oder Machtelite gelenkt, in der Kapitalisten weniger aktiv waren als Leute aus der Ober- und der oberen Mittelschicht. Diese Leute behaupteten ihr Monopol auf die höchsten Ämter im Staat, die nicht durch Wahlen besetzt wurden, mittels ihres Reichtums, ihrer Beziehungen und Bildung. Die Universitäten und höheren Schulen förderten ihre Anspruchshaltung auf die Herrschaft im Staat. In manchen Ländern waren diese Institutionen eigens darauf abgestellt, den Zugang zu den höheren Rängen der Verwaltung zu erschließen.

Bildungswesen und Klassensystem

Eines Tages im Jahr 1895 war Pascal Chaignon, Briefträger in dem französischen Dorf Mazières-en-Gâtine, mit dem Gedanken beschäftigt, wie er seinen Sohn in einem ›Collège‹ (Gymnasium) in der Nähe unterbringen könnte, als Monsieur Proust, ein selbstbewußter, wohlhabender Bürger, aus seinem ›Château‹ trat. Pascal, der hoffte, Monsieur Proust würde ihn vielleicht finanziell unterstützen, sagte:

»Mein Sohn leistet Gutes auf der Schule; er ist zwölf, und ich würde ihn gern noch aufs Collège gehen lassen.«

»Aufs Collège? Was wollen Sie denn aus ihm machen? Einen Sonderling?«

»Ich weiß nicht, ob ich ihn zu einem Sonderling machen werde, aber ich hoffe sehr, daß ich aus ihm etwas Besseres machen werde, als sein Vater es ist.«[5]

Der Dialog illustriert das Unbehagen der Mittel- und der Oberschicht über eine Ausbildung, die über die Stellung des Betreffenden in der Gesellschaft hinausging, und ebenso über die neuen Aspirationen der Unter- und der unteren Mittelschicht. Nach Monsieur Prousts Ansicht würde Pascals Sohn nur die wachsende Schar der stellungslosen Absolventen höherer Schulen vergrößern und ein unruhiger Kopf werden. Pascal hoffte, daß sein Sohn Angestellter im höheren Postdienst werde. Er hoffte also auf eine Statusverbesserung.

Als unter den Faktoren, die die Geltung eines Menschen bestimmten, der Bildungsstand mit Geburt und sogar Reichtum zu konkurrieren begann, verstärkten die Inhaber der Macht ihre Bemühungen, mit Hilfe des Bildungswesens das bestehende Klassensystem abzustützen und die Eliten, die den Staat regierten, zu reproduzieren. Bis 1914 hatten sie in allen Ländern, von einigen wenigen rückständigen Regionen abgesehen, die Elementarschulpflicht eingeführt. Wie schon im ersten Kapitel erwähnt, war dies die erste große Anstrengung staatlicherseits, die unteren Klassen zu ›zivilisieren‹, indem man ihnen die Minimalnormen der modernen Gesellschaft einpflanzte: Ordnungsliebe, Disziplin, Patriotismus und die Fähigkeit, die Nationalsprache zu lesen und zu schreiben. Hinzu kamen die der Weiterbildung dienenden Formen der Elementarbildung, die einer Vorbereitung auf Beschäftigungen in Industrie und Handel sowie auf den Unterricht an Grundschulen dienten. Die Elementarbildung war aber eine Sackgasse, aus der es für die unteren Schichten keinen Ausweg geben sollte. Das höhere Schul- und das akademische Bildungswesen sollten der Mittel- und Oberschicht vorbehalten bleiben. Darum auch widersetzten sich Monsieur Proust und seine Gesinnungsgenossen den Bemühungen von Leuten wie Pascal, ihre Kinder einen höheren Bildungszweig besuchen zu lassen. Nur einigen gestanden sie den Besuch der neu geschaffenen, aber nicht weiterführenden ›Mittelschulen‹ zu, die eine aufs Praktische gerichtete Ausbildung boten. Doch die Institutionen des höheren Bildungswesens wie Gymnasien, Universitäten, Offiziers- und Fachakademien behielten ihre hohen Zulassungsanforderungen bei, an denen die Massen der Unterschicht scheitern mußten.

Die höhere Schule galt überall als eine selektive Einrichtung. So hieß es in einem amtlichen Bericht des ›English Board of Education‹ für 1908/09:

»Die Bezeichnungen höhere Schule und Mittelschicht wurden schließlich als gleichbedeutend oder fast gleichbedeutend empfunden. Die Vorstellung, daß Elementar- und höhere Schulen nicht aufeinanderfolgende Phasen, sondern alternative Ausbildungsformen, für unterschiedliche Gesellschaftsklassen bestimmt, darstellen, ist tief verwurzelt, und man kann sagen, daß sie bis vor kurzem die Praxis maßgeblich bestimmt hat.«[6]

Als ein paar Jahre früher Kaiser Wilhelm II. vorgeschlagen hatte, die Aufnahmebedingungen für Oberschulen zu erleichtern, hatte der Kanzler, Fürst Chlodwig zu Hohenlohe-Schillingsfürst, warnend erklärt, ein solcher Schritt würde zur Schaffung eines »Bildungsproletariats« beitragen.[7] Wie viele Lateinlehrer vom alten Schlag, betrachtete der Italiener Augusto Monti die kleinbürgerlichen Schüler seiner Schulklasse als eine andere Rasse im Vergleich zu der »intellektuellen Bourgeoisie«, für die die klassischen Gymnasien traditionsgemäß bestimmt waren.

Doch in einer Epoche wachsender Aspirationen machten der selektive Charakter der höheren Schulen und die Möglichkeiten des beruflichen Vorankommens, die sie boten, sie auch für Personen attraktiv, die eigentlich von ihnen ausgeschlossen bleiben sollten. Nur einige wenige Mitglieder der Unterschicht konnten zwar die Schulgebühren für ihre Kinder aufbringen oder ihnen den notwendigen kulturellen Hintergrund geben. Doch in den ersten Jahren nach 1900 verstärkte sich der Druck aus den unteren Mittelschichten derart, daß die Regierungen die Zahl der höheren Schulen vermehrten und – in manchen Ländern – Schulgelderlaß gewährten.

Nach 1900 schufen zuerst England, Deutschland und die skandinavischen Staaten öffentliche Oberschulen, die für qualifizierte Kinder, deren Eltern das Schulgeld nicht aufbringen konnten, Freiplätze boten. Die deutschen, dänischen und schwedischen ›Mittel‹- und ›modernen‹ Schulen entsprachen den englischen ›Grammar schools‹. Die meisten ihrer Absolventen gingen anschließend nicht an eine Universität. Aber sie besaßen ein Diplom, das es ihnen erlaubte, eine bescheidene Laufbahn im Geschäftsleben, in den Lehrberufen und den unteren Rängen der Beamtenschaft einzuschlagen. Bis 1914 entwickelte sich dieses Abschlußzeugnis zu einem Unterscheidungsmerkmal, durch das sich die untere Mittelschicht von der Unterschicht abhob. Die Mittelschicht hingegen strebte den Bakkalaureatsgrad – mit seinen regionalen Entsprechungen – an, den die exklusiveren höheren Schulen verliehen und der für berufliche Laufbahnen mit höherem Prestigewert Bedingung war. 1914 besuchten in den am weitesten entwickelten Ländern weniger als drei Prozent der jungen Menschen zwischen vierzehn und achtzehn eine höhere Schule dieser oder jener Art, und fast die Hälfte technische, wissenschaftliche und Wirtschaftsoberschulen, von denen aus der Übergang an eine Universität beinahe unmöglich war.

So gelang es den herrschenden Eliten durch die Kontrolle des Zugangs zu den höheren Lehranstalten, sich selbst zu reproduzieren. Friedrich Paulsen, ein führender deutscher Philosoph und Pädagoge, berichtet, daß 1890 Wilhelm II. öffentlich den preußischen Kultusminister kritisierte, weil dieser einen moderneren Lehrplan zur Ergänzung der klassischen Fächer befürwortet hatte.[8] Neun Jahre später klagte der ehemalige französische Ministerpräsident Alexandre Ribot, wie sehr der Wettbewerb um staatliche Posten den Studiengang in den höheren Schulen Frankreichs beherrsche, und fügte hinzu, daß es in anderen Ländern ebenso sei.[9]

Nicht nur das Examen und der Grad, sondern auch der Sozialisationsprozeß an den Universitäten und Fachhochschulen verstärkte die Exklusivität der neuen Oberschicht, aus der die regierende Schicht weitgehend hervorging. Wie die jungen Männer aus der Unterschicht ihre Grundschul-Sozialisation während ihrer Wehrdienstzeit beendeten, so schlossen die jungen Leute aus der Mittel- und Oberschicht die ihre als Studenten in den Colleges von Oxford und Cambridge, an den ›Grandes Écoles‹ (École Polytechnique, École Normale Supérieure, École Libre des Sciences Politiques) in Frankreich und in den exklusiven Verbindungen in Deutschland und Österreich ab. Mittels Initiationsriten, gemeinsamer sportlicher Betätigung, Duellen, Studentenstreichen, Liedern und einer eigenen Tracht gaben Institutionen wie diese ihren Mitgliedern eine dauerhafte Gruppenloyalität und bestärkten sie im Glauben an ihre Vorzugsstellung als die künftigen Führer der Nation. Schon die Universitätsstudenten waren privilegierte Persönlichkeiten; sie hatten Anspruch auf verkürzten Militärdienst und wurden ermuntert, sich am Wettbewerb für höhere Stellungen im Staatsdienst zu beteiligen. Ihr ganzes Leben hindurch sahen diese Männer in den Privilegien ihrer sozialen Rangstellung eine Selbstverständlichkeit. Sie griffen auch ihren ehemaligen Klassenkameraden und Kommilitonen unter die Arme. Das Beziehungsnetz dieser ›alten Herren‹, die einander seit ihrer Ausbildung

Auf dem Pauckboden: Deutsche Studenten beim Schlagen einer Mensur in der Heidelberger Universität. Fotografie, um 1890

an exklusiven Schulen kannten, bildete eine neue Aristokratie von Akademikern, Unternehmern und Beamten.

In Deutschland boten die exklusiven Studentenverbindungen, in denen das Säbelduell, die Mensur, als vornehmste Tätigkeit geübt wurde, ein umfangreiches Rekrutierungsfeld für diese neue Aristokratie. Es gab zwei Haupttypen dieser Verbindungen: die überwiegend bürgerlichen Burschenschaften und die Corps, die einen aristokratischeren Stil besaßen. Wie die Offizierskorps vieler europäischer Armeen pflegten die akademischen Corps in Deutschland aristokratische Wertbegriffe und Normen, obwohl die Söhne von Adeligen unter ihnen in der Minderheit waren. Bis zu den siebziger Jahren des 19. Jahrhunderts hatten die Corps, wie die Burschenschaften, unter ihren Mitgliedern einen starken Anteil von Söhnen bürgerlicher Familien gehabt. Seit den achtziger Jahren gewannen mehr und mehr die Söhne hoher Beamter, reicher Geschäftsleute, von Akademikern und Mitgliedern freier Berufe, während die Söhne des grundbesitzenden Adels zahlenmäßig an vierter Stelle rangierten.[10] Diese Corps blieben exklusiv, nicht nur, was die Typologie der Mitglieder betraf, die sie aufnahmen, sondern auch in bezug auf ihre Zahl. Während die Gesamtzahl der männlichen Studenten an den deutschen Universitäten sich von 1890 bis 1914 verdoppelte, wuchs die Mitgliederzahl der exklusiven Corps fast überhaupt nicht. Noch in den neunziger Jahren schlossen viele ausdrücklich Juden von der Mitgliedschaft aus.

Wie die angeseheneren Colleges in Oxford und Cambridge, impften auch die exklusiven schlagenden Verbindungen in Deutschland ihren Mitgliedern eine Elitegesinnung ein und lenkten sie auf eine Laufbahn im öffentlichen Dienst hin. Doch damit endet die Analogie. Der studentische Zweikampf – die Mensur – unterschied sich vom Duell, das nur der Wiederherstellung verletzter Ehre dienen sollte. Er war sozusagen eine Art Ritterturnier, mit dem Zweck, den Teilnehmern Selbstbeherrschung und Unerschütterlichkeit in unerquicklichen Situationen zu geben. Wie die Ritter des Mittelalters, sollten die Corpsstudenten lernen, für sich selbst einzustehen und ihren eigenen Weg zu gehen, ohne sich auf die Hilfe des Gesetzes zu verlassen oder sich um das Urteil anderer Leute zu scheren. Ihr eigener Ehrenkodex sollte ihnen sagen, was Recht sei. Die Ironie wollte es, daß so viele dieser Studenten Recht studierten und später die höchsten Positionen im Staatsdienst einnahmen, dessen Fundament die Herrschaft des Gesetzes war. Eine besondere Ironie lag darin, daß das Ideal- und Leitbild des Corpsstudenten ausgerechnet ein Produkt der wilhelminischen Ära war, als bereits Bürokratisierung, In-

Eröffnungsfeier der Straßburger Universität am 1. Mai 1872. Holzschnitt nach einer Zeichnung von A. Beck, 1872

dustrialisierung und Urbanisierung über alle Ufer traten. Schmisse in den Gesichtern von Großindustriellen, Gerichtspräsidenten und Professoren der Wissenschaft waren Symbole höchsten Dünkels.

In Deutschland bestand, mehr als in den meisten anderen Ländern, ein ausgeprägter Kontrast zwischen der rapide voranschreitenden Industrialisierung und Urbanisierung einer- und der bewußten Kultivierung bestimmter antimoderner aristokratischer Ideale andererseits, die neben dem Adel von Großbourgeoisie und Bürgertum gepflegt wurden. Diese Ideale verkörperte neben den studentischen Corps auch das Reserveoffizierskorps im Zivilleben. Mit seinem Leutnantspatent, das ihn in dessen Reihen eingliederte, konnte ein begüterter Bürgerlicher Zugang zu Kreisen gewinnen, die normalerweise nur Angehörigen des Adels offenstanden. Die traditionellen soldatischen Tugenden waren seiner Erziehung ebenso fremd wie seiner Tätigkeit in der Wirtschaft oder in den freien Berufen, trotzdem aber kultivierte er sie eifrig, um sein Ansehen als privilegierter Untertan des Kaisers zu heben.

Aristokratische Wertbegriffe und eine humanistische und juristische Ausbildung waren aber nicht die notwendigsten Erfordernisse, um eine moderne Gesellschaft zu regieren. Doch diese Klasse klammerte sich an alles, was ihr gesellschaftliche Exklusivität verlieh. Max Weber bemerkt dazu: »Unterschiede der ›Bildung‹ sind – man mag das noch so sehr bedauern – eine der allerstärksten rein innerlich wirkenden sozialen Schranken. Vor allem in Deutschland, wo fast die sämtlichen privilegierten Stellungen innerhalb und außerhalb des Staatsdienstes nicht nur an eine Qualifikation von *Fach*wissen, sondern außerdem von ›allgemeiner *Bildung*‹ geknüpft [sind] und das ganze Schul- und Hochschulsystem in deren Dienst gestellt ist.«[11]

Zu den strengen Aufnahmebedingungen für die höheren Ränge des Staatsdienstes in Deutschland und Österreich (abgesehen von den Außenministerien) kam noch, daß die Behörden von ihrem Recht Gebrauch machten, unqualifizierte Anwärter zu begünstigen, wenn sie nur politisch und gesellschaftlich akzeptabel erschienen. In Preußen wurden Juden, Sozialisten und Radikale automatisch abgelehnt; die Angehörigen des grundbesitzenden Adels konkurrierten nicht um Posten in der Zentralbürokratie, beherrschten aber die Provinzverwaltungen, wo sie liberalen staatlichen Maßnahmen, die nicht ihren Gefallen fanden, Widerstand leisteten.

In Großbritannien, Frankreich und anderen liberalen Staaten Westeuropas waren qualifizierte Kandidaten bei der Bewerbung um hohe

Beamtenposten weniger willkürlicher Diskriminierung unterworfen, trotzdem aber mußten sie die ›richtigen‹ höheren Bildungsstätten besucht haben: in England Oxford und Cambridge, in Frankreich die École Libre des Sciences Politiques.

Während der Zugang zu den ›richtigen‹ höheren Bildungsstätten auf die obere Mittelschicht – und Oberschicht – beschränkt blieb, konnten immer mehr Angehörige des Bürger- und Kleinbürgertums ihre Kinder auf andere Universitäten schicken. Trotzdem immatrikulierte sich noch 1914 in keinem Land mehr als ein Prozent der gesamten Bevölkerung im Studentenalter. Die Studenten aus dem Bürgertum und der unteren Mittelschicht neigten dazu, das Rechtsstudium oder die Ausbildung für das höhere Lehramt zu wählen.

Die deutschen und russischen Universitäten waren weniger exklusiv als die in England und Frankreich. In Deutschland kamen im akademischen Jahr 1902/03 etwas über dreiundzwanzig Prozent aus dem ›nichtökonomischen‹ Bürgertum (also den akademischen Berufen und dem höheren Staatsdienst); zweiundzwanzigeinhalb Prozent waren Kinder mittlerer oder kleiner Beamter; etwas über sechsundzwanzig Prozent stammten aus den Kreisen kleiner selbständiger Kaufleute, Ladenbesitzer, Wirte, Händler und Handwerker; die Kinder selbständiger Bauern waren nur mit etwas über sechs, die von Arbeitern nur mit einem Prozent vertreten.[12] 1914 stellten Kinder von Arbeitern und Handwerkern fast vierundzwanzigeinhalb Prozent der Universitätsstudenten in Rußland, Kinder von Bauern vierzehneinhalb Prozent. So war in Rußland »der Trend zur Verbreiterung der Chancen, Bildung zu erlangen und die eigenen Talente zu entwickeln, schon lange vor der Revolution [von 1917] ganz deutlich eine Begleiterscheinung des Modernisierungs-Prozesses.«[13] Aber er spiegelt auch den – im Vergleich zu England, Frankreich und Deutschland – geringen Umfang des Bürger- und Kleinbürgertums.

Die Mittelschichten

Innerhalb der Ober-, Mittel- und Unterschicht gab es zahlreiche Untergruppen, deren Grundlage kulturelle Eigenarten waren. Innerhalb des breiten Spektrums der Mittelschicht förderte die Entwicklung zur Modernen, die meisten Veränderungen und die größte Vielfalt von Wertvorstellungen und Verhaltensnormen. Jede Berufsgruppe hatte ihren

Status, aber dieser besaß nur eine beschränkte Geltung. Theodor Fontane schrieb dazu: »Ist man aber aus seiner richtigen Rubrik raus, so ist das Elend da. Bankiersöhne sind in Offiziers- und Professorenkreisen der größten Nichtachtung ausgesetzt. Offiziere werden in Bankierkreisen wie Hungerleider behandelt.«[14]

Die stärksten Klassengegensätze traten am unteren Rand der Mittelschichten, nicht an der Spitze, auf. Zwischen Kleinbürgertum und Arbeiterklasse herrschte viel mehr Feindschaft als zwischen Großbürgertum und Adel. In Deutschland tauschten zahlreiche Angehörige des Großbürgertums und selbst der Mittelschicht ihre traditionellen Wertvorstellungen gegen die der Aristokratie ein, in die sie auf dem Weg über das Reserveoffizierskorps oder durch Einheirat zu gelangen trachteten. Der demokratische Erzähler Friedrich Spielhagen war ein Beispiel für diese neue Orientierung. In seinen frühen Romanen – besonders in seinem seinerzeit populären Werk ›Hammer und Amboß‹ – hatte er seinem Haß auf den Adel Ausdruck gegeben, 1875 jedoch schilderte er in ›Sturmflut‹ tüchtige und ehrenhafte Aristokraten. In Österreich, Italien und Spanien versuchten viele Leute, auf dem einen oder anderen Weg zu einem Adelstitel zu kommen; in Großbritannien, wo ein Adelsprädikat schwerer zu erlangen war, fand der Lebensstil von Gentlemen und Ladys breite Nachahmung bei der oberen Mittelschicht. Die Formen von Snobismus waren nicht neu, verbreiteten sich aber gegen Ende des Jahrhunderts stärker als vorher.

Leute auf allen Ebenen der Mittelschicht waren stärker statusbewußt als die Angehörigen der älteren Teile der Oberschicht. Die Mitglieder des Adels waren stolz auf das, was sie waren; die Kultur ihrer Klasse betrachteten sie als etwas, womit sie auf die Welt gekommen waren. Die Gentry in England, die keine Titel besaß, und die älteren Patriziergeschlechter auf dem Kontinent hoben sich ebenfalls durch ihre Abstammung ab und waren sich ihrer Wert- und Verhaltensnormen relativ sicher. Die Angehörigen der eigentlichen Mittelschicht hingegen versuchten bewußt, mittels ihres Besitzes, Berufes, ihrer Kultur ihren Status zu behaupten oder zu verbessern. Diese Schicht – mittlere Unternehmer, Verwaltungsbeamte und Akademiker – stellte in den modernsten Ländern nicht mehr als zehn bis fünfzehn Prozent der Gesamtbevölkerung und in anderen erheblich weniger. Ihre Mitglieder versuchten sich durch das, was sie taten und wie sie es taten, von den Schichten unter ihnen abzuheben. Das Kleinbürgertum, das beträchtlich zahlreicher und amorpher war, bemühte sich, es ihnen nachzutun.

Innerhalb der oberen und der eigentlichen Mittelschicht versuchten die ›kultivierten‹ Elemente, sich in ihrer beruflichen Tätigkeit und ihren privaten Wert- und Verhaltensnormen von den Begüterten abzuheben. Schon lange vor der Periode, die wir hier betrachten, hatten sich Bischöfe, Armee- und Marineoffiziere, Richter, hohe Beamte, Universitätsprofessoren und Ärzte durch ihre Standesregeln und ihren Verhaltenskodex abgegrenzt, und andere Leute hatten ihren Status anerkannt, indem sie sie mit ihren Titeln anredeten. Während der zweiten Hälfte des 19. Jahrhunderts versuchten Rechtsanwälte, Ingenieure, Gymnasiallehrer und gehobene Beamte, einen ähnlichen Status zu erlangen. Sie bemühten sich, ihre Tätigkeit durch Berufsverbände und staatliche Anerkennung aufzuwerten und ihren Lebensstil kulturell zu verfeinern. Ihre humanistische Ausbildung auf der höheren Schule verhalf ihnen allen zu ein paar Lateinkenntnissen und zu einem oberflächlichen Interesse an Literatur und Kunst – den Mindestanforderungen, denen ein Mensch von Kultur zu genügen hatte. Die Zugehörigkeit zu den höheren Berufsständen, die staatliche Sanktionierung erforderte, war schwerer zu erlangen. Infolgedessen mußten die Gruppen, die sie anstrebten, ebenso ›nach oben drängeln‹ wie die Geschäftsleute, die sie zu verachten behaupteten.

Der Status eines Angehörigen der höheren oder akademischen Berufe wurde auf dem Kontinent stärker als in England mit einem hohen Stand der Allgemeinbildung gleichgesetzt. Zu Ende des 19. Jahrhunderts bestand die Vorstellung, die zahlreiche Engländer aus dieser Schicht vom gesellschaftlichen Ansehen hatten, darin, »möglichst nahe an die Lebensform, die die Gentry vorlebte, beziehungsweise an das, was man sich darunter vorstellte, heranzukommen.«[15] Zu dieser Lebensform gehörten zwar erhabenere Moralbegriffe, als der Kaufmann sie besaß, aber von einem englischen Gentleman wurde nicht erwartet, daß er ›seriöse‹ Bücher las oder in die Oper ging. Der typische Engländer aus der Akademikerschicht und den höheren Berufsständen sah sich gern als Landedelmann, sein Gegenstück auf dem Kontinent hingegen zog es vor, sich als einen Intellektuellen zu betrachten. In Mittel- und Osteuropa hatte die Mittelschicht im allgemeinen größere Hochachtung vor geistigen Leistungen als vor dem ›überflüssigen‹ Leben des Landadels. Aber auch in Frankreich »blieb das Ideal der Allgemeinbildung die abschließende Krönung im Leben«[16] für Ärzte und andere hochqualifizierte Mitglieder der freien Berufe, da das Ansehen, das spezialisiertes Wissen gab, nicht als zureichendes Erfolgsmerkmal galt.

Englisches Kleinbürgertum: Häusliche Abendmusik. Fotografie, 1908

Infolge der Verachtung, mit der die viktorianische Oberschicht auf eine spezialisierte Ausbildung herabblickte, war es in England schwieriger als auf dem Kontinent, berufsständischen Status zu erlangen. Die Ausbildung an den höheren Schulen und Universitäten war dort stärker berufsorientiert als in Großbritannien. Die Folge war, daß im ausgehenden 19. Jahrhundert, als die Berufsstände der Chirurgen und Rechtskonsulenten (solicitors) und die meisten Zweige des öffentlichen Dienstes Eignungsprüfungen einführten, die Bewerber sich durch private Paukkurse darauf vorbereiten mußten. Die Public schools und älteren Universitäten in England stellten sich auf die Anforderungen der Prüfungsorgane nicht im gleichen Maße ein wie die entsprechenden Institutionen auf dem Kontinent. Zudem wünschte die englische Mittelschicht von ihnen, daß sie weiterhin ihre Söhne in Gentlemen verwandelten. Zwar wurden während der Belle époque neue, berufsorientierte öffentliche Universitäten in England geschaffen, doch die wohlhabenden Schichten gaben Oxford oder Cambridge den Vorzug, »nicht wegen irgendeiner unmittelbar auf den Beruf gerichteten Ausbildung, sondern als einer höchst erwünschten Bildungsstätte, die den letzten Schliff vermittelte, und ebenso aus gesellschaftlichen Gründen wie wegen des geistigen Schliffes, den sie allenfalls bot, geschätzt wurde.«[17] In der Rechtswissenschaft und der Medizin lag England erheblich hinter der

Ausbildung zurück, die an den führenden Universitäten auf dem Kontinent geboten wurde. Und es hatte nichts, was sich mit dem Conservatoire des Arts et Métiers und der École Centrale des Arts et Manufactures in Frankreich oder den Technischen Hochschulen in Deutschland, Italien, der Schweiz und Schottland hätte vergleichen lassen, bis 1907 das Imperial College of Science and Technology gegründet wurde. Besonders schwer hatten es die Bauingenieure in England, die amtliche Anerkennung als Berufsstand zu erlangen. Erst 1898 konnten sie Eignungsprüfungen einführen, und die Lehre blieb, wie in den meisten höheren Berufsständen in England, nach wie vor der wichtigste Weg, eine Fachausbildung zu erwerben.

Die meisten Chancen, berufsständischen Status zu erlangen, bot in allen entwickelten Ländern der Staatsdienst, aber auch hier hinkte England nach. Die Staatsbediensteten stellten 1895 in Deutschland etwas über neun Prozent der erwerbstätigen Bevölkerung, in Großbritannien 1901 fast sechs Prozent; die Zahlen stiegen auf etwa zehneinhalb Prozent 1907 in Deutschland und auf fast sieben Prozent 1911 in England.[20] Von den 2 692 369 Staatsbediensteten, die Deutschland im Jahr 1907 hatte, konnten über eine Million sich als Beamte bezeichnen, unter ihnen Offiziere, Lehrer, Post- und Bahnarbeiter; 390 000 waren Beamte im engeren Sinn.[21] Die drei- oder vierhundert Spitzenbeamten in den Reichsregierungen Deutschlands und Österreich-Ungarns und in der preußischen Regierung hatten mehr Macht und Prestige als ihre Kollegen in Großbritannien.

Zwar bot der englische Staatsdienst nicht so viele Möglichkeiten oder so viel Ansehen wie der deutsche. Aber das Beamtenwesen in den Ländern des Empire offerierte jungen Männern bescheidener Herkunft noch nie dagewesene Chancen.

Auch die parlamentarische Politik in den liberalen Staaten Westeuropas geriet zusehends unter den Einfluß der akademischen Berufe. Die meisten Abgeordneten hatten selbst eine höhere Berufsausbildung, namentlich als Rechtsanwälte. In Frankreich und Italien bildeten sie sich als eine eigene soziale Gruppe mit eigenem Verhaltenskodex heraus. Abgeordnete, die ministrabel waren, achteten besonders sorgfältig darauf, im Umgang mit ihren Kollegen, die gegnerische Ansichten vertraten, bestimmte Regeln zu respektieren. Antoine Florent Guillain, Präsident der Vereinigung der französischen Stahl- und Eisenhandelsunternehmen, war in dem 1898 gebildeten Kabinett unter Charles Alexandre Dupuy Minister für die Kolonien. Joseph Chamberlain hatte in den siebziger Jahren seine Schraubenfabrik verlassen, um Bürgermeister von Birmingham zu werden, und 1895 das Ressort des Kolonialministers übernommen. Doch die meisten Großkapitalisten zogen es vor, hinter den Kulissen auf die Politik der Regierungen Einfluß zu nehmen und die öffentliche Politik den Berufspolitikern zu überlassen.

Die Ironie wollte es, daß die Lehrer an den höheren Schulen, die am unmittelbarsten daran wirkten, dem Bürger- und Großbürgertum Allgemeinbildung zu vermitteln, es am schwersten hatten, ihren Status zu verbessern. Im ausgehenden 19. Jahrhundert kamen immer mehr dieser Lehrer aus der unteren Mittelschicht, namentlich auf dem Kontinent. Sie hatten gehofft, daß trotz ihrer niedrigen Besoldung die Bourgeoisie sie wegen ihrer Bildung und ihres Pflichteifers gleichberechtigt mit den anderen Berufsständen aufnehmen würde. Statt dessen mußten diese Lycée- und Gymnasialprofessoren feststellen, daß sie gesellschaftlich isoliert waren und in der modernen Gesellschaft als weniger nützlich denn andere Berufsstände galten. Sie bildeten ihre eigenen Berufsverbände, um ihre Sache voranzubringen.

Im Privatleben fühlten sich viele Angehörige des Großbürgertums und der Mittelschicht aus Statusgründen verpflichtet, sich philanthropisch oder reformerisch zu betätigen. Industrielle wie die Krupps in Essen, Stumm-Halberg im Saarland und Schneider in Le Creusot stifteten ihren Arbeitern Kantinen, ärztliche Betreuung, Betriebsausflüge und kleine Prämien. Ihre Ehefrauen schlossen sich den wohltätigen Sammelaktionen an, die von Damen aus dem Adel veranstaltet wurden. Solche karitativen Akte waren sichtlich eine Nachahmung des ›Noblesse oblige‹-Denkens, der Verpflichtung, die der Adel traditionell gegenüber dem einfachen Volk empfand. Im edwardianischen England gaben sich viele bürgerliche Liberale, die wegen der Lebensbedingungen der Armen das Gewissen plagte, damit zufrieden, die Bücher von C. F. G. Masterman und John Galsworthy zu lesen, »Autoren jenes Genres von Gesellschaftskritik, das sich hinter der Zeit herbewegt, vergangenes Unrecht beklagt und archaische Tugenden bewundert«.[21] Doch die aktiven Reformgeister der edwardianischen Ära bewegte das Verlangen, gesellschaftlich Nützliches zu leisten. Die Fabier beispielsweise machten sich Gedanken über den Aufstieg der angestellten, akademischen, technischen und intellektuellen Kader im Kapitalismus nach der Periode des ›Laissez-faire‹.[22] Sie setzten sich bewußt für die Moderne ein und waren die Vorgänger der Technokraten unserer Tage.

Den weniger Glücklichen Gutes zu tun gab den Betreffenden ein Gefühl der eigenen Wichtigkeit und diente als Ersatz für ihren nicht vorhandenen politischen Einfluß in Ländern wie Deutschland, Österreich und Rußland; in den liberalen Staaten Westeuropas erlaubte wohltätiges Handeln der Bourgeoisie auch, ihre eigenen Klassennormen den von ihr Abhängigen und zuweilen auch Institutionen und dem Recht aufzunötigen. Wir haben bereits erwähnt, wie das modern gesinnte Bürger- und Großbürgertum die staatlichen Schulen zu diesem Zweck benützte. Daneben aber schuf es aber auch eine Unzahl anderer Organisationen zur Verhütung von und zum Schutz vor Aktivitäten, die man als gesellschaftliche Übel betrachtete. Fast jedes moderne Land hatte seine Gesellschaften zur Verhütung von Alkoholismus, Prostitution, weißem Sklavenhandel und Verstößen gegen den öffentlichen Anstand sowie für den Schutz von Kindern und Tieren. In Frankreich stieß die Gesellschaft für den Tierschutz auf den Widerstand von Kleinbauern wie Jägern aus dem Adel, dennoch gelang es ihr, bis zur Jahrhundertwende einige einschlägige Gesetze zu erwirken. In Großbritannien konnten die Temperenzler-Vereine dem Parlament eine Reduzierung der Ausschankzeiten für die ›Pubs‹ abnötigen. In Deutschland gelang es den Organisationen für die Verhütung von Grausamkeiten gegen Kinder, die Institution der Engelmacherin illegal zu machen.

Während die kultivierte Mittelschicht sich in alledem hervortat, wurden die Geschäftsleute und ihre Ehefrauen zunehmend materialistisch. Der englische Schriftsteller H. G. Wells beschrieb sie folgendermaßen: »Mit einem inbrünstigen . . . Eifer stürzen sie sich ins ›shopping‹, beginnen sie sich systematisch auf einen neuen Lebensstil einzustellen, voll Überladenheit und Glanz, mit eingekauften Dingen, mit Schmuck, Zofen, Butler, Kutscher, Elektromobilen, gemieteten Stadthäusern und Villen auf dem Lande. Sie stürzen sich hinein, wie man sich in eine Karriere stürzt; als Klasse sprechen, denken und träumen sie nur vom Besitz. Ihre Literatur, ihre Presse ist ganz darauf eingestellt; dickleibige illustrierte Blätter von beispiellos prächtiger Aufmachung geben ihnen Ratschläge zur Einrichtung ihrer Häuser, in der Kunst, Eigentümer eines Gartens zu sein, zu einer prunkvollen Lebensführung mit Automobilen, aufwendigem Sportgerät, zu Ankauf und Verwaltung ihrer Güter, zum Reisen und über prachtvolle Hotelpaläste. Wenn sie sich erst einmal in Bewegung setzen, reisen sie wie besessen in der Weltgeschichte herum. Dinge erwerben wird zum Inhalt ihres Lebens.«[23]

In England bemühten sich einige Ehefrauen von weniger wohlhabenden Geschäftsleuten um eine aristokratische Lebensart, auf dem Kontinent aber behielten diese bürgerlichen Elemente mehr von ihrer alten ›philisterhaften‹ Einstellung. Sie sprachen unausgesetzt vom Guten, Wahren und Schönen und dachten doch nur an ihre materielle Bequemlichkeit. Die folgende Schilderung Fontanes ließ sich auf den komfortabel lebenden Bourgeois fast überall anwenden: ». . . er ärgert mich in seiner Kleinstietzigkeit und seinem unausgesetzten Verlangen, auf nichts hin bewundert zu werden. Vater Bourgeois hat sich für 1000 Taler malen lassen und verlangt, daß ich das Geschmiere für einen Velasquez halte. Mutter Bourgeoise hat sich eine Spitzenmantille gekauft und behandelt diesen Kauf als ein Ereignis. Alles, was angeschafft oder wohl gar ›vorgesetzt‹ wird, wird mit einem Blicke begleitet, der etwa ausdrückt: ›Beglückter du, der du von diesem Kuchen essen, von diesem Weine trinken durftest.‹«[24]

Unterhalb der eigentlichen Mittelschicht folgte eine größere, bunter gemischte Schicht, ›petite bourgeoisie‹, ›piccola borghesia‹ oder ›Kleinbürgertum‹ genannt. Im Unterschied zu Bourgeoisie und Bürgertum waren diese Bezeichnungen rein modern. Sie waren in der ersten Hälfte des 19. Jahrhunderts in Gebrauch gekommen und bezogen sich auf Kleinunternehmer, nicht akademisch gebildete Berufsgruppen und Beamte von niedrigem Rang. Als im Verlauf der zweiten Jahrhunderthälfte diese Personenkreise ins Bürgertum aufzurücken versuchten, streben ihren Platz ältere Berufsgruppen an, die man früher unter Bezeichnungen wie ›das Volk‹ oder ›die einfachen Leute‹ subsumiert hatte – kleine Ladenbesitzer, Handwerker, Unteroffiziere –, sowie eine rasch wachsende Zahl von Volksschullehrern, Verkäufern und Büroangestellten ›einfacher‹ Herkunft.

Diese drei letztgenannten Gruppen mühten sich stärker als alle anderen, durch ihre Denkhaltungen und Lebensführung ihren Status zu heben. Objektiv gesehen bestanden die Hauptunterschiede zwischen ihnen und den gelernten Arbeitern darin, daß sie keine manuelle Arbeit verrichteten und daß sie keine Löhne für ihre tatsächliche Arbeitszeit, sondern Gehälter für Dienstleistungstätigkeit erhielten. Viele männliche Angestellte im Versicherungsgewerbe, Bankwesen und im öffentlichen Dienst verdienten mehr als zahlreiche Facharbeiter, aber das Durchschnittsgehalt aller Bürokräfte, Ladenverkäufer und Schullehrer lag nahe am Durchschnittslohn für alle gelernten Arbeiter. Hauptursache dafür war ein zunehmendes Überangebot strebsamer Angestellter und Lehrer, namentlich unter den Frauen. Trotzdem versuchten viele Angehörige dieser ›neuen‹ Berufsgruppen, ihre ›einfache‹ Herkunft und ihr begrenztes Einkommen dadurch wettzumachen, daß sie die bürgerlichen Sprachgewohnheiten, die Art, sich zu kleiden, die Pflege der äußeren Erscheinung, die Normen für ›wohlanständiges‹ Betragen im Bürgertum imitierten. Viele Mitglieder der ›alten‹ Selbständigenberufe betrachteten sich trotz ihres nicht unbedingt vornehmen Lebensstils und ihrer prekären wirtschaftlichen Unabhängigkeit als Angehörige des Bürgertums. Wenn man an den Rand der Gesellschaft gerät, gewinnen kleine Unterschiede größere Bedeutung.

So hatte die untere Mittelschicht mehr den eigenen Status im Blickfeld als die nüchternen Tatsachen der wirtschaftlichen Organisation in einer kapitalistischen Gesellschaft. Zu Anfang unseres Jahrhunderts stellte diese Schicht in den am weitesten entwickelten Ländern West- und Mitteleuropas zwanzig bis dreißig Prozent der gesamten erwerbstätigen Bevölkerung. Aber sie umschloß eine bunte Vielfalt von Mitgliedern, von denen viele keine Gemeinsamkeit mit den anderen empfanden und einige sich aufgrund ihres Einkommens, ihrer Ausbildung oder ihrer Lebensführung mit dem Bürgertum zu identifizieren versuchten.

Die Modernisierung der Gesellschaft stimulierte mehr Veränderungen in Status und Einstellung dieser verschiedenen Kategorien des Kleinbürgertums als in irgendeiner anderen Klasse der Bevölkerung. In den Fabriken verwischte das Streben nach stärkerer Rationalisierung von Produktion und Steuerung nicht nur Unterschiede zwischen gelernten und angelernten Arbeitern, sondern untergrub auch die Stellung des Vorarbeiters. Vor der letzten Dekade des 19. Jahrhunderts pflegten die Arbeiter bei Siemens zu sagen: »Meisters Wille ist Gottes Wille.«[25] Zugleich wurde der Abstand zwischen Fabrik und Büro breiter. Obwohl die wirtschaftliche Lage der Angestellten sich zusehends der der besser bezahlten Arbeiter annäherte, wurden sie von ihren Arbeitgebern und der Machtelite ermuntert, sich kollektiv mit den bürgerlichen Werten und Verhaltensnormen zu identifizieren.[28] In Deutschland veranlaßte ihre organisierte Agitation zur Erhaltung ihrer Vorzugsstellung als Angestellte 1911 die Regierung, ein besonderes Sozialversicherungsgesetz zu erlassen, das ihnen den gleichen Schutz gewährte wie den Arbeitern, sie aber als eigene, gesonderte Gruppe anerkannte. Anderwärts hatten die Angestellten es schwerer, sich von den Lohnempfängern auf der einen und den Selbständigen und Arbeitgebern auf der anderen Seite abzugrenzen, aber sie versuchten dies in ihrer Kleidung, durch ihre Manieren und kulturellen ›Interessen‹ zu erreichen.

Das kulturelle Philistertum der Kleinbürger vom älteren Schlag wurde in der Literatur oft porträtiert. Gustave Flaubert lieferte die klassischen Beispiele in Bouvard und Pécuchet und in der Figur des Monsieur Homais in ›Madame Bovary‹. Ähnliche Typen waren Charles Dickens' Mr. Micawber, Peter Stockmann in Henrik Ibsens ›Ein Volksfeind‹ und der Bürovorsteher in Maxim Gorkis ›Feinde‹, der sich viel darauf zugute tut, daß er Zeitungen liest und weiß, was in der Welt vor sich geht. Während all diese Figuren Karikaturen darstellen, zeichnet Wilhelm Raabe den Helden seines Romans ›Stopfkuchen‹ sympathischer. Trotz seiner lehrhaften Redeweise und seiner Idiosynkrasie, Fossilien zu sammeln, erscheint Stopfkuchen als ein Mann von warmer Menschlichkeit. Im ›Stopfkuchen‹ und in anderen Romanen schildert Raabe die Schwierigkeiten des ›alten‹ Kleinbürgertums in einem materialistischen Zeitalter.

Stopfkuchen konnte seine Probleme in bürgerlicher Behaglichkeit erörtern, aber weniger wohlhabende Ladenbesitzer – der Kern des Kleinbürgertums an der Jahrhundertwende – kämpften einen anscheinend aussichtslosen Kampf gegen den wirtschaftlichen Fortschritt. Wie die Rationalisierung im produzierenden Gewerbe den Status von Fach- und Vorarbeitern minderte, so bedrohte die Zunahme der Warenhäuser und Konsumgenossenschaften die Lebensgrundlage kleiner Geschäftsleute. Und doch bot die Eröffnung eines kleinen Geschäftes dem Besitzer nach wie vor die wichtigste Zugangsmöglichkeit zur unteren Mittelschicht. Solange sie nicht Bankrott machten, besaßen sie ein gewisses Maß wirtschaftlicher Unabhängigkeit.

In einigen industrialisierten Ländern begannen kleine Geschäftsleute, sich politischen Bewegungen anzuschließen, die die ›Zuverlässigkeit‹ dieser Schicht gegenüber der ›Umsturzgesinnung‹ der Arbeiterklasse, ihre Bedeutung für eine ›gesunde‹ Gesellschaft und ihr Schutzbedürfnis gegenüber den Großunternehmen hervorhoben.[27] Ökonomische Realitäten hielten den ›alten‹ und den ›neuen‹ Mittelstand voneinander getrennt und führten zu einer gewissen Spaltung im alten Mittelstand. Bei keiner der beiden Gruppen spielte die objektive Situation der Klasse bei der Formung ihrer Organisation, ihres politischen Verhaltens, ihrer Erwartungen oder Lebensführung eine maßgebliche Rolle.

Die wirtschaftlichen Realitäten machten es auch für die meisten Leute mit Mittelschicht-Prätentionen schwierig, einen bürgerlichen Lebensstandard aufrechtzuerhalten. Im Jahr 1901 hatten von sieben Millionen Haushalten in England und Wales nur vierhunderttausend ein steuerpflichtiges Einkommen von mehr als vierhundert Pfund jährlich (das Minimum für einen bürgerlichen Standard) und weniger als eine Million wenigstens hundertsechzig Pfund im Jahr (das Minimum eines kleinbürgerlichen Standards). Der Sozialhistoriker Peter Laslett formuliert es so: ». . . das berühmte Bürgertum der Literatur und Memoiren erweist sich weitgehend als eine Sache von Anspruch, Nachahmung und Snobismus. Ein Drittel der Bevölkerung versuchte ein Leben zu führen, das nur ein Siebzehntel führen konnte.«[28] Fast ebensogroß war dieser Anteil in Deutschland, Frankreich und anderen entwickelten Ländern. Man konnte sich kein Ganztags-Dienstmädchen unter hundertsechzig Pfund jährlich halten, doch ohne ein Dienstmädchen konnte man schwerlich kleinbürgerlichen Status beanspruchen; in der guten Stube konnte man sich Spitzenvorhänge, Schutzdeckchen auf dem Sofa und unechte Kunstgegenstände leisten, nicht aber ein Klavier.

Die Unterschicht

Jedermann blickt auf die Unterschicht herab. Gesellschaftliche Eliten und die Gruppen, die sie imitierten, haben von jeher in den Eigenheiten

Bürgerlicher Lebensstandard: Familie mit Amme.
Gemälde von A. Kugler, 1894

der ›niederen Schichten‹ etwas Barbarisches, ja Pathologisches gesehen. Fast das gesamte 19. Jahrhundert hindurch galten die Arbeiter in der französischen Industrie als gefährliche Elemente, die sorgfältig überwacht werden mußten. Das ›Livret‹ – gewissermaßen ein innerfranzösischer Paß –, das sie jedem neuen Arbeitgeber vorzuzeigen hatten, war zwar in den sechziger Jahren außer Gebrauch gekommen, wurde aber erst 1890 gesetzlich abgeschafft. In England benachteiligten Gesetze, in denen sich die Normen der Ober- und Mittelschicht niederschlugen, weiterhin und offen Lohnempfänger und Besitzlose, wo es um Schulden, Ehescheidungen, Schadenersatzansprüche und die Auswahl von Geschworenen ging.[29] In den städtischen wie ländlichen Gebieten der meisten Staaten legten Polizei und Justiz gegenüber den niedrigen Schichten und den ›bürgerlich-ehrbaren‹ Leuten nach wie vor zweierlei Maß an. Paternalistisch gesinnte Industrielle und ihre Ehefrauen zeigten Mitgefühl mit den ärmsten Arbeitern ihres Ortes, solange diese nicht betrunken waren, und sie ihnen mit ihrem unangenehmen Geruch nach Arbeit nicht zu nahe kamen. Und liberale Regierungen intervenierten hin und wieder zugunsten der Arbeitslosen, um Forderungen nach einem stärkeren Eingreifen des Staates zuvorzukommen oder abzulenken.[30] Doch selbst die aufgeklärtesten Geister unter den liberalen Intellektuellen hielten an der Überzeugung fest, daß Verbrechen hauptsächlich von Menschen aus der Unterschicht, die in die Städte zuwanderten, besonders von jenen ethnisch ›minderwertiger‹ Abstammung, begangen würden.[31]

Der bürgerliche Mythos, daß Menschen aus der Arbeiterschicht geistig und kulturell inferior seien, ist zählebig. Im Januar 1914 brachte die Zeitschrift ›Die Tat‹ einen Artikel, in dem ein Hans Staudinger behauptete, daß die Kluft zwischen der Bürger- und der Arbeitermentalität so groß sei, daß beide Gruppen einander gegenüberstünden wie Menschen, die verschiedene Sprachen sprechen.[32] Der Artikel traf die – noch heute gängige – Unterscheidung zwischen logischem, abstraktem bürgerlichem und intuitivem, analogem Denken in der Arbeiterschicht. Der Arbeiter sehe alles rein konkret und sich selbst als Mittelpunkt jeder Gewerkschaft oder Partei, der er sich anschließt. (Daher irrten Leute aus dem Bürgertum, wenn sie in ihm einen Doktrinär sähen, der ein neues Gesellschaftssystem herbeiwünsche.) Er bespreche mit seinen Kameraden am Biertisch Fragen, die sich jemand aus dem Bürgertum von einem Spezialisten beantworten ließe. Während die Bürger individuelle Inseln darstellten, fühlten die Arbeiter sich nur als Teil der Masse wohl.

In Großbritannien und anderen Ländern ». . . hatte die Ober- und Mittelschicht, selbstbewußt bis zur Arroganz, zwei Formen, mit denen sie Arme ansprachen. Die erste war eine freundliche, herablassende, bei der jedes Wort, in der Regel einsilbig, klar ausgesprochen wurde; die zweite hatte einen lauten, selbstgewissen Befehlston. Beide schienen vorauszusetzen, daß der Zuhörende, mochte er auch ein Dummkopf sein, doch im allgemeinen genug Verstand habe, um sich einem Menschen von gehobener Lebensart und Überlegenheit sofort achtungsvoll zu beugen. Krankenhausangestellte, Ärzte, Richter, Beamte und die Geistlichkeit verstanden sich vortrefflich auf diese Methode sozialer Einschüchterung; das Gewerkschaftsmitglied in seinem Arbeitsschurz, das einem wohlgekleideten Arbeitgeber gegenüberstand, kannte sie nur zu gut. Es war eine bewußt oder unbewußt angewandte Taktik, die den einfachen Menschen verwirrte und ›überfuhr‹ und intelligente Männer und Frauen in der Arbeiterschaft in Rage brachte.«[33]

Die eigentliche Arbeiterklasse, wie sie sich um 1900 herausbildete, war deutlich anders, als die Mittelschicht sie sah. Diese Sicht war weitgehend eine Übertragung aus der Frühphase der Industrialisierung. Damals mußten Männer, Frauen und Kinder, ihrer traditionellen Welt entwurzelt, in strenge Zucht genommen werden, um sie zu leistungsfähigen Mitgliedern der industriellen Arbeiterschaft umzuformen; ihr Lebensstandard war extrem niedrig gewesen, und ihr ›unzivilisiertes‹ Verhalten hatte sie als ebenso gefährlich wie eine Klasse von Kriminellen erscheinen lassen. Nun aber traten Großbritannien, Belgien, Frankreich und Deutschland in eine reifere Phase der Industrialisierung ein, deren Grundlage verstärkte Mechanisierung, ein gesteigertes Arbeitstempo und größere Organisationseinheiten mit unpersönlicheren Beziehungen zwischen Arbeitgeber und Arbeitnehmer waren. Diese Veränderungen schufen sowohl für Facharbeiter als auch für ungelernte Arbeitskräfte neue Spannungen. Sie schwächten auch frühere Unterscheidungen zwischen den Typen der Arbeit, die beide Gruppen verrichteten, und förderten ihre Verschmelzung zu einer einzigen Klasse. Die ungelernten – und die neue Schicht der angelernten – Arbeiter zeigten zwar noch manche der Züge, die dazu beigetragen hatten, das bürgerliche Klischeebild von ihnen zu formen. Aber mit steigendem und regelmäßigerem Einkommen und zunehmender Bildung wurden sie seßhafter und stärker familienorientiert. Jene Industriehandwerker, denen es gelang, sich auf die neue Industrialisierungsphase einzustellen, näherten sich in ihrer Lebensführung der des Kleinbürgertums.

»Aber für Industriehandwerker wie für einfache Arbeiter war eine Kultur, die unter Schmerzen geschaffen oder nach dem ersten Schock der Industrialisierung neubegründet worden war, nun in Frage gestellt. Was die Arbeit war, wozu Frauen da waren, wozu Kinder da waren, alles erforderte ein Umdenken. Aus der Vielzahl der Reaktionen auf diese Herausforderungen entstand eine erkennbar moderne, doch hochdifferenzierte Lebensform der Arbeiterklasse.«[34]

Die Arbeiterklasse in Großbritannien, Belgien, Frankreich und Deutschland unterschied sich von ihrem im Entstehen begriffenen Gegenstück in Italien, Rußland und Spanien. Vor allem stellte sie einen viel größeren Anteil an der wirtschaftlich tätigen Bevölkerung: Bis zu den Jahren unmittelbar vor dem Ersten Weltkrieg stellten die Arbeiter im produzierenden Gewerbe, im Verkehrswesen, Baugewerbe und in der industriellen Gewinnung von Naturprodukten beinahe fünfzig Prozent in Großbritannien, über vierzig Prozent in Belgien und fast fünfunddreißig Prozent in Frankreich und Deutschland. Nach 1900 schieden in wachsender Zahl Kinder aus dem industriellen Arbeitsprozeß aus, während in zunehmendem Maße Frauen in ihn eintraten, was bei männlichen Arbeitnehmern und der Gewerkschaftsbewegung besorgte Reaktionen auslöste. Mit der Verlangsamung der Gesamtzunahme der Industriearbeiterschaft stieg das Durchschnittsalter der männlichen Arbeiter an. 1911 waren in Frankreich nur zwölf Prozent unter vierundzwanzig, während es 1896 noch neunzehn Prozent gewesen waren. Zudem handelte es sich bei der Mehrzahl um Arbeiter der zweiten und dritten Generation, während in den von der Modernisierung weniger erfaßten Ländern die Mehrzahl direkt aus der Landwirtschaft kam. Dieser Unterschied machte die Arbeiterschaft in den entwickelten Ländern in bezug auf Veränderungen ihrer Arbeitsgestaltung konservativer. Und ihre Eingliederung in ein ausgebautes System von ›Staatsbürgerrechten‹ machte sie politisch weniger aufsässig als die Arbeiter in Italien, Rußland und Spanien.

Dennoch war das Klassenbewußtsein der Arbeiterschaft in den reifer werdenden Industriegesellschaften höher entwickelt. Da die zahlenmäßige Zunahme der Fabrikarbeiterschaft sich nach 1900 verlangsamte, sahen die Arbeiter ihre – geminderten – Aussichten »nicht im bürgerlichen Sinn von Aufstiegschancen, sondern in dem für die Arbeiterklasse authentischeren Sinn, daß man die einmal begonnene Tätigkeit behalten konnte«.[35] Der Anteil an Arbeitsplätzen für gelernte Kräfte stieg im gleichen Tempo wie der für ungelernte, aber die Verdrängung durch die

Am Fließband der Ford-Werke in Detroit, Vereinigte Staaten. Fotografie, 1913

Technik führte mehr zu Umsetzungen innerhalb der Betriebe als zu neuem Wachstum. Der Niedergang der alten Handwerkerhierarchien erschwerte es ehrgeizigen Jungarbeitern, sie zum Einstieg ins Kleinbürgertum zu nutzen, so daß viele von ihnen sich mit den besser bezahlten Arbeiten für Angelernte begnügten, statt eine Lehre anzutreten. Nur eine Minderheit wohlhabenderer Handwerker konnte ihre Söhne und Töchter auf höhere Schulen und anschließend in Schreibtischberufe schicken.

Die große Mehrheit der Arbeiter – jung und alt, männlich wie weiblich, gelernt oder ungelernt – fühlte sich in die Arbeiterklasse ›eingesperrt‹. Sie empfanden ihre Tätigkeit zusehends weniger befriedigend, begannen aber erst allmählich, kompensatorische Erfüllungen jenseits der Arbeit zu entwickeln. »Da ihnen selbst der Ansatz eines Einflusses auf das Wirtschaftssystem fehlte und ebenso die Bereitschaft, das System zu bekämpfen, gaben sich die meisten Arbeiter mit einer Mischung aus Verdrossenheit und kleinen Freuden zufrieden – einer Mischung, die Beobachter von außen verwirrt, für die Klasse aber dennoch ihren Zweck erfüllt.«[36]

Die automatisierte Arbeitswelt.
Karikatur von J. Veber, Anfang 20. Jahrhundert

An der sich herausbildenden Lebensform der Arbeiterschaft waren viele zwiespältige Haltungen und widersprüchliche Ziele beteiligt. In der Frühzeit der Industrialisierung hatten die Arbeiter und Handwerker mühsam eine Kultur konstruiert, die sie gegen Veränderungen abschirmen und ihnen innerhalb ihrer eigenen, eng umschriebenen Welt einen achtbaren Status geben sollte. Nun setzte das Wirtschaftssystem sie Neuerungen aus, die viele veranlaßten, sich angesichts anscheinend schwindender Chancen zusammenzuschließen und so zu leben, wie ihre Eltern und Großeltern gelebt hatten. Da sie in ihrer Arbeit weniger Befriedigung fanden und zu Anfang unseres Jahrhunderts ihre Reallöhne nicht weiter anstiegen, verstärkten sich bei ihnen auch der Mißmut über ihre ökonomische Lage und das Klassenbewußtsein. Die folgenden Bemerkungen über englische Arbeiter in den letzten Jahren vor dem Ersten Weltkrieg könnten auch für die Arbeiterschaft in anderen Industriegesellschaften in der Reifungsphase gelten: »Sie waren aufgestört und sich keineswegs schlüssig, was sie tun sollten. So unternahmen sie vieles, was sich scheinbar widersprach, zur gleichen Zeit: Sie streikten für höhere Löhne und streikten für ihren Status; sie schickten dem TUC

[Trade Unions Congress, Dachverband englischer Gewerkschaften] ihre Beiträge und bockten gegen seine Führung; sie waren gegen eine staatliche Versicherung und strichen ihe Pensionen ein; sie stimmten für die Arbeiterpartei, aber waren sich einig, daß die Arbeiterpartei fast nichts zuwege bringe.«[37]

Die Mehrzahl der Arbeiter in den fortgeschrittenen Ländern West- und Mitteleuropas teilte diese Einstellung. Einige engagierten sich in radikalen Protestbewegungen; andere begannen ihre Befriedigung vor allem in der neuen Massenkultur zu finden. Für die Mehrheit jedoch blieben die Zwänge, sich neuen Arbeitssystemen anzupassen, im Vordergrund. Sie hatten keine ausgleichenden Möglichkeiten, in der Freizeit Entspannung zu finden, und waren mangels Organisation außerstande, diese Systeme dazu zu bringen, daß sie ihnen die Befriedigung an der Arbeit verschafften, die sie traditionsgemäß gewohnt waren.

In moderner Sicht hat Arbeit Instrumentalcharakter: Ein Arbeitsplatz ist nur ein Mittel, Geld zu verdienen, damit man die Dinge tun kann, die man wirklich tun will. Die kleinbürgerlichen Büroangestellten waren moderner als die meisten Arbeiter insofern, als ihnen Familienleben und Konsumverhalten mehr gaben als die Arbeit. Ihre Tätigkeit nahm zwar gleichfalls Routinecharakter an, aber sie waren weniger von Mechanisierung, körperlicher Erschöpfung und unangenehmen Aufsehern bedrängt. Und dazu kam, daß sie, wie wir gesehen haben, eine gewisse Bindung an die Direktion ihres Unternehmens hatten und sich den manuellen Arbeitern überlegen fühlen. Selbst jene Angestellten, deren mageres Gehalt ihnen kaum kostspielige Erholungsmöglichkeiten ließ, hielten Arbeit und Privatleben in strenger Abgrenzung ausgewogen, was nur wenige Arbeiter erreichen konnten. Die Mehrzahl der männlichen Arbeiter hingegen hatte noch immer das Verlangen, in ihrer Arbeit Würde und eine Bestätigung ihrer Männlichkeit zu finden. Ihre Trinkgewohnheiten und ihr zunehmendes Sportinteresse waren Ausläufer, in denen sich die Bedeutung spiegelte, die sie körperlicher Tüchtigkeit beilegten, gegründet auf ihrer Vorstellung von Arbeit, wie sie dem Mann anstand. Für sie waren die meisten ›Kopfarbeiter‹, darunter die Lehrer, Menschen, die ›schlappe‹, ›bequeme‹ Tätigkeiten ausübten und obendrein nutzlose Elemente.

Abgesehen von den Frustrationsgefühlen gegenüber der Arbeit und von ihren begrenzten Erholungsmöglichkeiten in der Freizeit, machten sich weiterhin viele Arbeiter in den fortgeschrittenen Lädern Sorgen, wie sie ihren Familien genug zu essen verschaffen und ihre Grundbedürfnisse befriedigen konnten. Die Reallöhne stiegen in den letzten drei Dekaden des 19. Jahrhunderts erheblich an, danach aber flachte sich die Zunahme ab. Zwar waren von Arbeitslosigkeit und Unterbeschäftigung in der Hauptsache Gelegenheitsarbeiter betroffen, aber selbst angelernte Kräfte, die einen festen Arbeitsplatz in der Fabrik hatten, mußten sich nach der Decke strecken. Nur die besser bezahlten verheirateten Facharbeiter und die bei ihren Eltern lebenden ledigen Arbeiter konnten sich solchen Luxus wie Sonntagskleidung, Glücksspiel und einen Besuch in einem Kabarett oder einer Music-Hall einmal in der Woche leisten.

Die Angehörigen der Arbeiterschicht lebten überall von den anderen Sozialgruppen abgesondert. Ihre Wohngebiete waren weitgehend in sich geschlossen, und man wagte sich nur selten aus ihnen hinaus, abgesehen von den Pendlern, deren Arbeitsplätze außerhalb lagen. In der Schule und beim Militär begegneten sie anderen Menschen aus der Unterschicht, die ihnen fremd waren, aber sie hatten praktisch keinen Kontakt mit der Mittelschicht.

Arbeiter, die nicht in Großstädten lebten, waren von der übrigen Gesellschaft noch stärker isoliert. Das galt insbesondere für Belgien, wo ein Großteil der Schwerindustrie und des Bergbaus in ländlichen Regionen zu finden war und die Volksschulpflicht erst 1914 eingeführt wurde. Bergleute lebten überall in abgeschlossenen Wohngebieten. Im Ruhrgebiet, wo der Staat sie traditionell als eine Statusgruppe von Spezialisten anerkannt hatte, konnten sie ihr starkes Gemeinschaftsgefühl selbst dann noch bewahren, als sie wie einfache Arbeiter behandelt wurden.[38]

Manche Forscher sehen in diesem Gemeinschaftsgefühl bei bestimmten Berufsgruppen einen retardierenden Faktor, der die Entwicklung des Klassenbewußtseins behindere, weil er es diesen Gruppen ermögliche, »kleinere Subkulturen mit ihren eigenen kleinen Erfolgserlebnissen aufzubauen.«[39] Aber in England und Wales verbanden die Bergleute ihr Gemeinschaftsgefühl und das Bewußtsein sozialer Isolierung mit einem starken Gefühl der Zugehörigkeit zur übrigen Arbeiterklasse.

Zwar konnte die Arbeiterklasse insgesamt sich vor 1914 nirgendwo in Europa in eine nationale Gesellschaft integrieren, aber den Massenorganisationen, die den Anspruch erhoben, sie zu vertreten, gelang es, sich auf zweierlei Weise den Machtstrukturen anzupassen. In England und in den skandinavischen Staaten wurden die Gewerkschaften und die sozialistischen Parteien als legitime Interessengruppen akzeptiert, und der Konflikt zwischen Arbeitskräften und Management in der Form von Tarifverhandlungen institutionalisiert. In Frankreich, Italien und Deutschland wurde diesen Organisationen die legale Existenz zugestanden, während man sie hinderte, Zugang zu den Machtzentren zu erlangen. Die radikaleren Elemente in ihren Reihen betonten die Notwendigkeit, eine revolutionäre, von der übrigen Nation abgesonderte Arbeitergesellschaft und -kultur aufzubauen, aber sie entwickelten auch den legalen Status ihrer Organisationen zur Machtbasis. Dies hatte zur Folge, daß sie in ihrer Rhetorik zwar die Vorbereitung auf eine schließliche Übernahme der Macht predigten, ihr alltägliches Verhalten aber darauf gerichtet war, die Strukturen dieser Organisationen zu verstärken. Dies ließ nicht nur die Grundstruktur des herrschenden Systems intakt, sondern trug auch dazu bei, radikale Arbeiterbewegungen in negativer Weise in das System zu integrieren.

Das hervorragendste Beispiel dieser Art ›negativer Integration‹ war die Sozialdemokratie Deutschlands.[40] Während der achtziger Jahre, als die politischen Aktivitäten der Sozialdemokratischen Arbeiterpartei von Gesetzes wegen darauf beschränkt waren, Kandidaten für öffentliche Ämter aufstellen zu dürfen, hatte sie eine Reihe nichtpolitischer Organisationen zur Mobilisierung der Arbeiterklasse ins Leben gerufen. Dazu gehörten vor allem ein Netz von Gewerkschaften, aber auch Krankenversicherungsvereine und andere Organisationen zur gegenseitigen Hilfe, Sportvereine und zahlreiche pädagogische und kulturelle Organi-

Konzert im Saal des Neuen Arbeitervereinshauses in Wien.
Holzschnitt von E. Limmer, 1902

sationen. Nach 1890 zog die neu formierte und legalisierte Sozialdemokratische Partei Deutschlands zahlreiche neue Mitglieder an, deren Zahl am Vorabend des Ersten Weltkrieges die Millionengrenze erreichte. Schon 1909 gab es neunundsiebzig sozialdemokratische Tageszeitungen mit einer Auflage von einer Million sowie zahlreiche Wochen- und Monatsschriften. Die sozialdemokratische Presse legte das Schwergewicht auf die Vermittlung der Parteidoktrin und innerparteiliche Information, wodurch sie den Zusammenhalt der parteieigenen Subkultur und ihre relative Isolierung von der Gesamtgesellschaft des Landes stärkte.

Erwachsene männliche Arbeiter konnten in der Subkultur der Partei fast alle Freizeitbedürfnisse und andere Ambitionen erfüllen. Die Musikfreunde konnten sich in sozialdemokratischen Gesangvereinen dem Liedgesang widmen oder in sozialdemokratischen Kapellen mitspielen. Arbeiter, die sich weiterbilden wollten, konnten an Abendkursen teilnehmen und Büchereien der Partei benutzen. Die sozialdemokratischen Gewerkschaften kümmerten sich um die wirtschaftlichen Interessen ihrer Mitglieder und vermittelten ein Gefühl gesellschaftlicher Solidarität. Selbst der Marxismus wurde weniger als revolutionäre Ideologie benutzt denn als ein Mittel, das es den Arbeitern ermöglichte, sich innerhalb der kapitalistischen, bürgerlichen Ordnung eine eigenständige Klassenexistenz zu sichern und ihre Position als Klasse innerhalb dieser Ordnung zu verteidigen und zu verbessern.

Im Arbeitersportverein zu Berlin.
Fotografie, um 1910

Die Frauen und die Jugend waren radikaler als ihre männlichen Genossen in der deutschen Sozialdemokratie, besonders in deren Parteibürokratie. Der Grund lag zum Teil darin, daß die meisten Männer in der Arbeiterbewegung vor allem daran interessiert waren, ihre Lebensbedingungen zu verbessern und größere Freiheit zu erringen, und daß die sozialdemokratischen Gewerkschaften nach 1906 diesen reformerischen Haltungen in der Partei zur Geltung verhalfen. Dazu aber kam noch, daß die Partei selbst bürokratischer wurde, daß es ihr mehr darum zu tun war, ihre eigene Struktur zu festigen als eine Revolution anzuführen. Darum kämpften radikale Frauen wie Clara Zetkin dafür, die sozialdemokratischen Frauenorganisationen zu vergrößern und sie von der von Männern beherrschten reformistischen Parteibürokratie abzulösen. In ihrem Drängen auf einen revolutionäreren Kurs hoffte Clara Zetkin auch auf die Unterstützung der sozialdemokratischen Jugendbewegung. Der Parteibürokratie fiel es schwerer, die Jugendbewegung an der Leine zu halten, da diese außerhalb der Partei stand und an sich in Preußen illegal war. Sie war die einzige sozialistische Organisation in Deutschland, die im Untergrund operierte. Und ihr Kampf gegen den Militarismus setzte die Parteiführung in Verlegenheit, deren Politik der negativen Integration das stillschweigende Einverständnis einschloß, die Armee in Ruhe zu lassen, sofern der Staat die Partei in Ruhe ließ.

Nirgends in Europa gelang es der Politik der negativen Integration, eine geeignete, eigenständige Arbeitergesellschaft und -kultur zu schaffen. Ihre Verfechter wurden nicht nur durch Meinungsunterschiede in den eigenen Reihen, sondern auch durch die unausweichlichen Einflüsse der herrschenden Kultur behindert, die in der Presse, den Schulen und während der Militärdienstzeit am Werk waren. Nicht einmal die sozialdemokratische Presse in Deutschland konnte in Quantität und Qualität mit den in Massenauflage erscheinenden Tageszeitungen konkurrieren, die bürgerliche Werte und Einstellungen vermittelten. Zur Zeit des Burenkrieges wandten sich englische Marxisten erfolglos gegen Erziehungsreformen, die dazu bestimmt waren, Großbritanniens imperialistische Rolle abzustützen.[41] Und in den Jahren unmittelbar vor dem Ersten Weltkrieg legte die sozialistische Presse in Frankreich ein gewisses Mißtrauen gegen die öffentlichen Grundschulen wegen deren Bindung an den bürgerlichen Staat und ihres Superpatriotismus an den Tag.[42] Doch die meisten sozialistischen und Gewerkschaftsführer unternahmen keinen ernsthaften Versuch, der nationalistischen Orientierung von Schule und Armee entgegenzuwirken. In keinem Land gelang es ihnen, der Solidarität der Arbeiterklasse gegenüber der Treue zur Nation zum Übergewicht zu verhelfen. Und ebensowenig konnte die Mehrheit der Arbeiterschaft in den fortgeschrittenen Ländern die Bemühungen der Machtelite übersehen, sie als Individuen zu integrieren, während sie sich ihren Interessen als Klasse entgegenstellte.

Selbst im Privatleben hatten die verschiedenen Schichten in der Arbeiterschaft ihre eigenen Wertbegriffe und Verhaltensnormen. Die mehr ›gutbürgerlichen‹ Familien der Handwerker und Facharbeiter hielten am standhaftesten die kindliche Disziplin hoch, aber selbst die Familien von Gelegenheitsarbeitern waren geschlossenere Einheiten, als sie es in der Frühphase der Industrialisierung gewesen waren. Das vorhandene Material zu den Maßstäben der Kindererziehung, die in der Arbeiterklasse gültig waren, ist für die meisten Länder lückenhaft und widersprüchlich, aber die folgenden Bemerkungen von E. J. Urwick, der sich um die Jahrhundertwende in England mit dieser Thematik befaßte, gibt einen gewissen Begriff von den Unterschieden zwischen den Schichten.

Urwick, der mehrere Jahre in einem von Arbeitern bewohnten Mietshaus lebte, teilt die Bewohner in drei Typen ein: Gelegenheitsarbeiter; ungelernte und angelernte Arbeiter mit regelmäßiger Beschäftigung; Facharbeiter und Handwerker.[43] Über den ersten Typus schreibt er: »Akte willkürlicher Grausamkeit und Gewalttätigkeit werden ohne Frage verurteilt, wenn ein Kind oder sonst eine schwache Person sie erdulden muß. . . . Ein an den Eltern begangener Diebstahl oder eine Lüge ihnen gegenüber wird unverzüglich geahndet.« Beim zweiten Typus beobachtete er: »Auf Ehrlichkeit wird wenig Wert gelegt; Gehorsam versuchen die Eltern zu erreichen, doch ihre Bemühungen werden mit ungemein geringem Erfolg gelohnt.« »Eine andere Lehre, welche die Mutter den Kindern beizubringen bemüht ist, ist die des Respekts vor Älteren und Höhergestellten, aber dieser Versuch stößt bei den Kindern auf starrköpfigen Widerstand. . . . Das Hauptcharakteristikum der Klasse [ist] ein geduldig sich abrackernder Fleiß, der über seine Rechte hinaus nichts verlangt und mit kindlicher Überraschung jeden Aufschlag auf seinen blanken Lohn entgegennimmt.«

Vom dritten Typus sagt Urwick: ». . . Grobheit und lautes Krakeelen auf der Straße werden verurteilt, weil sie sich für die soziale Stellung der Jungen nicht schicken.« Die Ehrlichkeit – eine bürgerliche Tugend – wurde in dieser Schicht mehr in der Theorie betont, doch in der Praxis nicht immer geübt. »Der Hauptunterschied zwischen diesem und dem letzten Typus liegt darin, daß die fleißige Geduld und Beharrlichkeit des letzteren durch einen Geist üppiger und selbstbewußter Überlegenheit ersetzt wird, der sich in der Forderung nach einem für die Außenwelt bestimmten, gruppeneigenen Verhalten manifestiert.«

Urwicks Hinweis auf »lautes Krakeelen auf der Straße« bestätigt das Bild, das das Bürgertum von jungen Arbeitern allgemein hatte, aber an der Jahrhundertwende beschränkte sich in den am weitesten fortgeschrittenen Ländern derartiges Verhalten bereits auf die unterste Schicht der Arbeiterklasse. Diese Gruppe stand noch immer dem Lumpenproletariat am nächsten, und die ihr angehörenden jungen Männer glitten tatsächlich zuweilen in die Kleinkriminalität ab. In Manchester kämpften Straßenbanden aus siebzehn- bis zwanzigjährigen Burschen, ›Scuttlers‹ genannt, einzeln oder in Gruppen gegeneinander. »Zwanzig bis dreißig Mann starke Banden, manchmal mit Gürteln mit schweren Schnallen und Mineralwasserflaschen bewaffnet, pflegten von Zeit zu Zeit in Gruppenraufereien aufeinander loszugehen, bei denen es häufig zu ernsten Verletzungen kam.«[44] Zu Anfang des Jahrhunderts wurden diese Straßenbanden von der Polizei unterdrückt, dafür aber blieb ein anderer Typ, der ›Ike‹. »Er ist ein Faulenzer, ein Arbeitsscheuer, bestenfalls ein Gelegenheitsarbeiter.« Seine Aufmachung bestand aus »einem locker um den Hals gebundenen Schal, tief in die Stirn geklebtem Haar, einer über ein Auge gezogenen Schirmmütze und weit ausgestellten Manchesterhosen.« Er war in der Regel dumm und tückisch, aber nicht in Banden organisiert. Nur selten beteiligten sich diese ›Ikes‹ an Raubüberfällen, wie sie die ›Hooligans‹ in London und die ›Peaky binders‹ in Birmingham begingen.

Die verschiedenen Schichten innerhalb der ländlichen Unterschicht hatten ebenfalls ihre spezifischen Wertbegriffe und Verhaltensmaßstäbe. Die Landarbeiter befanden sich, wie wir gesehen haben, unterhalb der Hierarchie der ›eigentlichen‹ Bauern, und in ihrem Verhalten spiegelten sich ihre prekären und bisweilen brutalen Lebensumstände. Dies galt besonders für die innerfamiliären Beziehungen.

›Richtige‹ Bauern behandelten überall die älteren Familienmitglieder achtungsvoll, nicht nur, weil man es ihnen so beigebracht hatte, sondern auch, weil sie unter dem Druck der Gemeinde standen. Viele Landarbeiter und ländliche Dienstboten aber kannten keine Gewissensbisse gegenüber ihren Eltern.

Mehr als in jedem anderen Land prügelten in Ungarn Landarbeiter und Bauernknechte einander, mehr als sonstwo wurden sie von ihren Verwaltern und Herren geprügelt, aber überall waren sie die soziale

Ungarische Bauern vor dem Dorfschulzen. Gemälde von S. Bihari, 1886

Klasse, die am übelsten behandelt wurde. In vielen Teilen Süd- und Osteuropas konnten sie von ihren Vorgesetzten kaum Abstellung des ihnen zugefügten Unrechts erwarten, selbst wenn sie es wagten, sich bei den örtlichen Vertretern der Justiz oder der Polizei zu beschweren. In Ungarn waren zahlreiche Großgüter selbständige Verwaltungsgebilde, wo die Verwalter selbst richterliche Funktion ausübten.

Auch in Rußland wurden die Bauern zumeist als Untertanen zweiter Klasse behandelt. Die Bauernbefreiung hatte sie als freie Menschen anerkannt, ihnen aber nur begrenzte bürgerliche Rechte gewährt. Nicht nur durften sie als Einzelpersonen kein Land besitzen, sondern sie mußten auch, wie wir gesehen haben, die Zustimmung ihres Haushaltsvorstandes und ihrer Dorfgemeinde einholen, wenn sie sich auf längere Zeit entfernen wollten. Erst die Stolypin-Reformen des Jahres 1906 hoben diese Restriktion auf. Bestimmte Vorschriften der Strafgesetzordnung galten nur für Bauern. In keinem anderen großen Land wurde den bäuerlichen Massen die Verachtung, mit der die übrige Gesellschaft auf sie herabsah, so fühlbar gemacht wie in Rußland.

In Westeuropa war das Leben der Bauern viel weniger brutal. Dennoch wurden in Gesellschaften, in der doch vermeintlich kultivierte Maßstäbe galten, Bauern und Dienstboten bäuerlicher Abkunft nach wie vor als an sich inferiore Menschen betrachtet. Viele Familienoberhäupter in Frankreich zwangen ihre jungen weiblichen Dienstboten, mit ihnen ins Bett zu gehen, wenn sie auch die Bauernmädchen, die nicht bei ihnen im Dienst standen, in Frieden ließen. Von Stockholm bis Neapel sahen die bürgerlichen Schichten im schlichten Landmann einen Bauerntölpel, dessen Gefühle man nicht verletzen könne, weil er eigentlich gar keine habe. Man nannte ihn – wie einen Halbwüchsigen – ›Bursche‹ oder ›Lad‹, selbst wenn er ein alter Mann war, und ebenso einen weiblichen Dienstboten ›das Mädchen‹. Wenn er einen nützlichen Dienst geleistet hatte, wurde er mit einem Trinkgeld abgespeist, womit er, wie man annahm, sich einen hinter die Binde goß und zufrieden war. Selbst wohlmeinende Schulmeister waren der Überzeugung, die körperliche Züchtigung sei die einzige Form von Disziplinierung, die Kinder vom Land begriffen. Der Landarbeiter Leonard Thompson erzählte über seine Kindheit im englischen Dorf Akenfield: »Wir bezogen in der Schule eine Menge Prügel. Man ließ die Väter in die Schule kommen, wo sie ihre Söhne festhalten mußten, während die Lehrerin sie verdrosch. Die meisten Lehrer waren groß im Prügeln. Aber wir waren zäh, sehr zäh. Jeder hat damals zu den Jungen gesagt: tu dies nicht, tu das nicht, aber nach einiger Zeit haben wir nicht mehr hingehört.«[45]

Kultur und Klasse: die Grenzen der Nachahmung

Zwar verschärfte das Klassenbewußtsein die Konflikte zwischen den Klassen, aber die Menschen reagierten auf diese Auswirkung der Modernität unterschiedlich. Marxistische Ideologen forderten die Arbeiter auf, der ›Geschichte‹ zu helfen, das Klassensystem samt den wirtschaftlichen und politischen Strukturen, die es aufrechterhielten, zu stürzen. Doch das sich herausbildende Klassenbewußtsein der meisten Arbeiter richtete sich vor allem darauf, Wert- und Verhaltensnormen zu finden, die ihre Arbeit und ihr Alltagsleben innerhalb der bestehenden Ordnung lohnender machen würden. Die Klagen über ihre wirtschaftliche Lage bezogen sich mehr auf dieses kulturelle Ziel als auf einen Wunsch nach einer politischen und sozialen Revolution. Vor 1914 betrachtete die Mehrzahl der Arbeiter die Möglichkeit, aus ihrer Klasse aufzusteigen, nicht als real, und die wenigen, die dies durch die Nachahmung bürgerlichen Verhaltens versuchten, galten ihnen als Verräter. Innerhalb der Mittelschicht jedoch versuchten viele ehrgeizige Elemente, Zugang zu der nächsthöheren Schicht oder Klasse zu erlangen, indem sie deren Lebensform imitierten. Der Versuch liefert ein weiteres Beispiel für die Bedeutung der Kultur bei der Bestimmung des eigenen Status und der eigenen Identität unter der Wirkung der Modernisierung. Kapitalistische Gesellschaften boten und bieten in unterschiedlichem Maße Möglichkeiten für diese Art vertikaler Mobilität, stets aber in der Absicht, das Klassensystem zu erhalten. Durch die Möglichkeit erwerben die Betreffenden ein persönliches Interesse an der Erhaltung des Systems. Wie sonst sollten sie wissen, daß sie es nach oben ›geschafft‹ haben?

Zu Beginn unseres Jahrhunderts glaubten in den modernen kapitalistischen Gesellschaften nur wenige an die Möglichkeit des Aufsteigens oder der ›sozialen Beförderung‹ einer ganzen Klasse oder Gesellschaftsgruppe. Die erfolgreicheren Bauern wurden zu Landwirten und die anpassungsfähigen Handwerker zu Facharbeitern; die anderen verschwanden als eigenständige Sozialgruppen. Militante Wortführer der Arbeiterschaft forderten für Arbeiterkinder mehr Zugangsmöglichkeiten zu den bestehenden höheren Schulen, nicht aber ein Alternativsystem zur Hebung der Bildungsqualifikationen der Arbeiterklasse insgesamt. Chirurgen, Architekten und Lehrer an höheren Schulen hatten die Anerkennung als Berufsstand erreicht, indem sie für ihre Gruppe ähnliche Normen durchsetzten wie die Ärzte und Rechtsanwälte. Aber die Aufwertung der Bezeichnung von Berufsgruppen ist nur eine andere Methode, das Klassensystem nicht zu verändern. Einfache Bankangestellte stehen nach wie vor am unteren Rand der Mittelschicht, und die Arbeiterklasse wartet noch immer auf ihre ›Beförderung‹.

Die Einstellungen der Menschen zu anderen Klassen und Gesellschaftsgruppen hatten häufig etwas Ironisches an sich. Neureiche Millionäre, die durch die Zurschaustellung ihres materiellen Wohlstands bei der englischen Society Anerkennung zu finden hofften, wurden 1913 von der ›Times‹, dem Sprachrohr der Society, als »diese moderne Klasse – das Abfallprodukt der Prosperität« verspottet. In der Geringschätzung, die in den meisten Ländern Bildungsbürger und Geschäftsleute einander entgegenbrachten, drückte sich tatsächlich ein Konflikt zwischen zwei Arten aus, den bürgerlichen Normen sich anzupassen. Und die Bemühungen von Angestellten, sich von den manuellen Arbeitern abzuheben, konnten nichts daran ändern, daß die wirtschaftliche Lage der beiden Gruppen praktisch die gleiche war.

Das Ideal, welches das Reserveoffizierskorps für viele Bürgerliche in Deutschland darstellte, war ebenso wirklichkeitsfremd wie das Ideal des Lebensstils des Landedelmanns, wie man es in Großbritannien pflegte, dem am stärksten urbanisierten Land der Welt. Verstärkt wurde dieses Idealbild in den exklusiven Privatschulen und Colleges, die mit ihren persönlichen Dienern, Essensritualen, ihren Freisportanlagen und Pförtnern Landsitzen ähnlich waren. Ein exzentrischer Junggeselle wie Sherlock Holmes konnte in einer bescheidenen Wohnung leben, doch die meisten Londoner, die die Mittel dazu hatten, zogen es vor, in einem Stadthaus zu leben und, im Idealfall, daneben noch einen Landsitz zu unterhalten. Selbst bei der Adresse des Stadthauses sah man darauf, daß sie der eines Landsitzes ähnlich war. Das Haus stand an einem Platz mit Bäumen; es hatte zwar eine Nummer, doch man vermied es, von ihr Gebrauch zu machen. Statt dessen gab man an, man lebe am Eaton Place oder am Belgrave Square.

Mit den neunziger Jahren wurden die äußeren Klassenunterschiede weniger auffällig, wenn auch noch nicht unbedeutend. Die Angehörigen des Adels hatten noch immer eine bestimmte Haltung und waren in der Regel schlanker als die Bürgerlichen. Der europäische Arbeiter war im Durchschnitt mindestens siebeneinhalb Zentimeter kleiner als der Durchschnittsbürger und alterte im Aussehen rascher, was namentlich für die Frauen galt. Zu Anfang unseres Jahrhunderts waren in England die Zwölfjährigen an Privatschulen durchschnittlich dreizehn Zentimeter größer als ihre Altersgenossen in den staatlichen Schulen. Der Größenunterschied war weitgehend auf die größere Menge an Fleisch, Milch und anderen stark proteinhaltigen Nahrungsmitteln zurückzuführen, die in den wohlhabenden Familien konsumiert wurden.

Junge Fabrikarbeiterinnen und Verkäuferinnen in leidlich modischen Kleidern und Hüten verrieten ihre schlichte Herkunft häufig durch ihr ungeschicktes Make-up und billiges Parfum. Und Bauern in Städterkleidung waren immer an ihren Gesichtszügen, an Farbe und Beschaffenheit der Haut und an ihrem Gang zu erkennen.

Leute, die der nächsthöheren Klasse nacheiferten, wurden dabei oft durch Wertmaßstäbe der eigenen Klasse behindert, die ihnen noch geblieben waren. So fiel es Angehörigen der bürgerlichen Schicht, die den Adel nachzuahmen versuchten, schwer, den bürgerlichen Tugendbegriff der Nützlichkeit abzuschütteln, den ihre Klasse in früheren Zeiten im Kampf gegen die als parasitär betrachtete Aristokratie entwickelt und verinnerlicht hatte. Die Geschäftsleute überließen es nach wie vor zumeist ihren Frauen, die aristokratischen Verhaltensnormen wie Förderung der Künste, Beachtung der gesellschaftlichen Feinheiten und karitative Aktivitäten zu pflegen. Erst bei ihren Söhnen ersetzten mitunter die von den höheren Eliteschulen vermittelten aristokratischen Wertbegriffe ihr utilitaristisches, aufs Geldverdienen gerichtetes Ethos, mit starker Betonung des Dienstgedankens. Wenn Menschen aus der Unterschicht die Lebensart des Bürgertums nachahmen wollten, hemmten sie eine sentimentale Bindung an gute Absichten und Gerechtigkeitsvorstellungen, während in dem Milieu, in das sie aufsteigen wollten, nur ›Resultate zählten‹. Ebenso wie jemand von adeliger Geburt einen reichen Parvenü zu Pferde erkannte, konnte ein Hoteldirektor einen Gast aus der Unterschicht identifizieren, der sich durch ein üppiges Trinkgeld ›einschleichen‹ wollte. In beiden Fällen zeigte das Verhalten der ›Imitatoren‹, daß sie die Wertbegriffe und die Einstellungen, die dem angestrebten Lebensstil seinen wahren Sinn gaben, nicht verinnerlicht hatten.

Zu Beginn unseres Jahrhunderts war das Verbrauchsverhalten der verschiedenen Klassen ungleich weniger homogen als heute. Die Mittelschicht begann gerade erst, aus den Tageszeitungen und Illustrierten, aus der Reklame und den Schaufensterauslagen der Warenhäuser ihre Vorstellung von ›Klasse‹ zu gewinnen. Doch damals hatte dieses Bild – wie heute noch – mehr mit der Mode als mit der Sozialstruktur zu tun. Jede Klasse hatte ihre eigene Mentalität. Und in dieser Mentalität spiegelten sich nicht nur einander widerstreitende ökonomische, soziale und politische Interessen, sondern auch unterschiedliche Einstellungen zu Religion und Moral wider.

Religion und Moral

Der Wunsch, frei zu sein, ist in der modernen westlichen Zivilisation zu einem Gemeinplatz geworden. Etwas tun zu müssen, weil irgendeine Autorität erklärt, es müsse getan werden oder sei es von jeher getan worden, danach ist nur wenigen zumute. Derlei ist zusammen mit der Tournure und dem Landauer verschwunden. Man braucht nur einen x-beliebigen Reklametexter, Politiker, Lehrer, den nächsten Vater, die nächste Mutter, ja sogar einen modern denkenden Geistlichen zu fragen. Sich selbst verwöhnen, an sich selbst denken, sich selbst finden, sich selbst ausdrücken, das ist man sich schuldig. Gott hilft dem, der sich selber hilft. Man lebt nur einmal, also macht man das Beste daraus. Hier sind die Fakten; mach dir selbst ein Urteil darüber. Nur du weißt, was am besten für dich ist. Die Entscheidung liegt bei dir.

Eine andere Selbstverständlichkeit besteht darin, daß jeder verlangt, allen institutionellen Strukturen als Gleichberechtigter anzugehören. Heute zählt jeder als Persönlichkeit: die Arbeiter, Frauen und Kinder, die ethnischen Minderheiten, die Hausangestellten, die geistig Zurückgebliebenen, selbst die Kriminellen. Wähle, werde Mitglied, melde dich zu Wort, beteiligte dich. Es ist deine Regierung, deine Schule, dein Wohnviertel, deine Gewerkschaft, deine Firma. Du brauchst weder Bildung noch Geld, noch Kultur – du hast ja Rechte.

Diese Forderungen nach Autonomie und Beteiligung lösen nach wie vor – nicht anders als in den Tagen des Landauers – Unzufriedenheit und soziale Bewegungen aus, da die Wandlung der modernen Gesellschaft die angestrebten Ziele ständig höher steckt. Wie heute kam es auch damals zu Auseinandersetzungen zwischen verschiedenen Gruppen, welche die Grundlagen für eine volle Partizipation in der Gesellschaft verbreitern oder begrenzen wollten. Da überdies die Gesellschaft sich immer stärker differenziert hat, haben ihre Moralbegriffe den einzelnen genötigt, eine Vielzahl akzeptabler Handlungsmöglichkeiten in Betracht zu ziehen. »Diese Notwendigkeit, Entscheidungen auf der Basis persönlicher Moral zu treffen, die Zwänge, die dem Verlangen entspringen, unterschiedliche Stufen autonomen Handels zu akzeptieren oder abzulehnen, und der Kampf um die gesellschaftliche Eingliederung – dies sind tatsächlich die allgemeinen Ursachen anhaltender Unzufriedenheitsgefühle.«[1]

Kompliziert wurden diese Unzufriedenheitsgefühle durch die abnehmende Bedeutung der traditionellen Religiosität im Leben der Menschen. Freiheit und Gleichheit sind rationale, legalistische Wertbegriffe; sie werden zwar häufig gefühlsmäßig aufgefaßt, bieten aber keine Lösungen für die fundamentaleren emotionalen Probleme des menschlichen Lebens. »Der Tod eines geliebten Menschen stürzt uns in tiefen Schmerz; das mißglückte Streben nach Zielen, die wir ersehnen, stimmt uns traurig und ratlos; die Feindschaft zwischen uns und den Menschen um uns führt zu Spannungen in unseren Sozialkontakten und verhindert, daß gegenseitige Wertvorstellungen erreicht werden.«[2] Die traditionelle Religion gab der Weigerung der Menschen Ausdruck, vor dem Tod zu kapitulieren, angesichts von Fehlschlägen die Waffen zu strecken, zuzulassen, daß Feindseligkeit ihre menschlichen Bindungen zerreißt. Die Eigenschaft der Religiosität impliziert, vom Individualstandpunkt aus betrachtet, zweierlei: zum einen den Glauben, daß das Böse, Schmerz, Ratlosigkeit und Ungerechtigkeit fundamentale Existenztatsachen seien, und zum andern ein Repertoire von Handlungsgewohnheiten und damit verbundenen geheiligten Anschauungen, in denen die Überzeugung zum Ausdruck kommt, daß der Mensch letztendlich von diesen Faktizitäten erlöst werden könne.

In dem Maße in dem Männern und Frauen diese Überzeugung abhanden kam, nahm auch ihre Bereitschaft ab, sich mit diesen ›Faktizitäten‹ abzufinden. Die Schwächung der Religion als einer sozial integrativen Kraft schwächte auch die Bereitschaft vieler, sich mit dem Platz, der ihnen in der herrschenden weltlichen Ordnung zugeteilt war, und mit ihrer Rolle zufriedenzugeben. Die traditionellen Religionen hatten ihren größten Erfolg darin gehabt, ihre Gläubigen so zu sozialisieren, daß sie sich in ein allumfassendes System eingliederten, das ihre religiösen Mythen als ein »für ein und allemal« Geschaffenes begriffen. Zusammen mit Ritualen und geheiligten Gesetzen definierten und stützten diese Mythen die sozialen und kulturellen Normen einer gegebenen Gesellschaft als Teil der gesamten religiösen Struktur der Sozietät. Religiöse Überzeugungen und Riten verliehen dem Leben des Individuums und der Gemeinschaft, in der es lebte, angesichts der scheinbaren Sinnleere des gewöhnlichen Daseins Sinn, indem sie es zeitweilig in eine enge Beziehung zu dem geheimnisvollen, schöpferischen Walten übernatürlicher Kräfte brachten. Doch diese Art von Religion war außerstande, es mit einer Welt aufzunehmen, die durch kreative menschliche Bemühungen in raschem Wandel begriffen war. Unter diesen Bedingungen führte die religiöse Indoktrination traditioneller Werte und Normen häufig zu einer »unzureichenden Sozialisation« und ließ damit die Interessenkonflikte zwischen den individuellen und Gruppenaspirationen einer- und den herrschenden Gewalten andererseits noch ausgeprägter werden.

Diese Konflikte begannen zu verschiedenen Zeitpunkten und nahmen in unterschiedlichen Gesellschaftsklassen unterschiedliche Formen an. In früheren Jahrhunderten hatten die Mittelschichten Westeuropas sich aus ihrer Abhängigkeit von der Autorität vieler traditioneller Institutionen gelöst, doch mit den neunziger Jahren des 19. Jahrhunderts war die Autorität, mit der sie die Familie und die höheren Schulen versahen, für manche Heranwachsenden und Frauen in der Mittelschicht zu einem neuen Hemmnis geworden, das ihrem Wunsch nach Befreiung entgegenstand. Die neue, duldsamere Moral, nach der sich diese Menschen sehnten, sollte sich zwar erst lange nach dem Ersten Weltkrieg durchsetzen, aber sie hatte bereits in den Dekaden vor 1914 ihre Wortführer wie ihre Kritiker. Jene Mitglieder des Adels, die es nach Freiheit verlangte, gaben diesem Wunsch weiterhin in ihrer privaten Lebensführung Ausdruck, während sie sich in der Öffentlichkeit an die hergebrachten Moralmaßstäbe ihrer Klasse hielten. Im Gegensatz zur Mittel- und Oberschicht war die – ländliche wie städtische – Grundschicht im Verlauf des 19. Jahrhunderts in sexuellen Dingen immer freier geworden. Religion, Familie und Schule hatten wenig Autorität über sie, aber die städtische Arbeiterschaft entwickelte in ihrer eigenen Umwelt neue Normen für das individuelle Verhalten.

Rückgang von Religiosität und religiöser Praxis

Die meisten Beobachter gehen einfach von der Annahme aus, daß in Gesellschaften, die von der Modernisierung erfaßt sind, Religiosität und religiöse Praxis abnehmende Tendenz zeigen, und beschäftigen sich kaum weiter damit. In den fünfziger Jahren schrieb Helmut Schelsky:

»Das religiöse Leben geht in einer Gleichgültigkeit unter, die nicht aus einem Entschluß oder einem Gesinnungswechsel stammt, sondern aus der Überlastetheit des Daseins mit anderen, dringenderen, wenn auch primitiveren, materiellen Ansprüchen. In sozialen Schichten, die unter dem Druck eines beständig sehr harten Tagewerkes stehen, hat das religiöse Leben vorwiegend seine Wurzel in der sozialen Sitte und Gewohnheit, kaum in der Innerlichkeit privater persönlicher Erlebnisse und Entscheidungen gehabt; durch die Entwurzelung der Menschen in einer universalen sozialen Mobilität und ihre Nivellierung zur mittelständischen Gesellschaft nimmt beides ab: die Freiheit zur vergeistigten Bewegung des Glaubens wie die Bindung an traditionelle religiöse Bedürfnisse. Gerade ihre soziale Tüchtigkeit, ihr Behauptungs- und Aufstiegswille verscheuchen in den deklassierten und von sonstigen schweren Schicksalen getroffenen Familien die Tiefe der Verzweiflung, die eine Verinnerlichung des Glaubens oder die religiöse Bekehrung zu einer sozialen Erscheinung hätten machen können.

Dabei bleiben diese Menschen ihrem eigenen Bekenntnis oder ihrer Selbsteinschätzung nach durchaus christlich und kirchlich eingestellt, nur daß diese Vorstellungen immer weniger Motivationskraft für ihre Handlungen haben und in ihrem Dasein immer weniger Ausdruck finden.«

Verknüpfung von Religion mit weltlicher Repräsentation und Tradition: evangelische Trauung in der Kaiser-Wilhelm-Gedächtniskirche zu Berlin. Fotografie, 1899

Abgesehen von der Bemerkung über die »Nivellierung zur mittelständischen Gesellschaft« hätten diese Feststellungen schon fünfzig oder sechzig Jahre früher auf Deutschland und einen großen Teil Westeuropas zugetroffen. Trotzdem sagen sie uns nur, daß in Gesellschaften, die sich in der Phase der Modernisierung befinden, weltliche Probleme den Glauben und die religiöse Praxis beiseite drängen.

Zunächst müssen wir vor allem unterscheiden zwischen den Gläubigen und jenen Menschen, die zwar ihren Glauben verloren hatten, aber zögerten, die religiöse Praxis aufzugeben. Für manche waren diese Gepflogenheiten ein Nachhall ihres früheren Glaubens; bei anderen drückten sie Treue zu Altgewohntem aus. Vor 1914 war die überwältigende Mehrheit der Europäer noch der Ansicht, daß Geburt, Hochzeit und Tod eines äußeren Zeichens der Heiligung bedürften. Die Folge war, daß sie ihre Kinder taufen, sich kirchlich trauen ließen und auf einem kirchlichen Begräbnis bestanden. Mancher hielt nach außen hin an der Observanz religiösen Brauchtums fest, um sich nicht bloßzustellen oder in einer Gesellschaft zu isolieren, die formell an den Regeln festhält.

Ende des 19. Jahrhunderts gingen die meisten Europäer aus Konformismus oder aus Gewohnheit in die Kirche; Konformismus und Gewohnheit bestimmten auch die Mehrzahl derer, die sich fernhielten. Der Prozentsatz der Kirchgänger war in der Regel am höchsten in jenen Gruppen, die am stärksten in ihrer lokalen Gemeinschaft verwurzelt waren – Bauern mit Grundbesitz und Angehörige des Adels, Bürgerliche aus Klein- und Vorstädten –, und am geringsten bei jenen mit den schwächsten lokalen Bindungen – Landarbeitern und Hilfsarbeitern in den Städten. Für die erstgenannte Gruppe war der Kirchenbesuch vor allem ein Akt der Konformität; für die zweite das Fernbleiben eine Gewohnheit. Diese Gewohnheit war eine Tradition noch aus vormodernen Zeiten, als Landarbeiter wie ihre ungelernten Nachkommen in den Städten am wenigsten in die sozialen und religiösen Gemeinschaften, in denen sie lebten, integriert waren, namentlich jene, die von Ort zu Ort zogen. Viele gelernte und angelernte Arbeiter samt ihren Angehörigen kannten nicht nur die Gewohnheit des Kirchgangs nicht, sondern waren auch der Meinung, daß sie sich damit gegen die Umwelt ihrer Klasse stellten, ja, sich von ihr distanzierten. In allen Gesellschaftsklassen blieben Männer der Kirche fern, weil sie Religion mit Schwäche und Aberglauben in Verbindung brachten, während ihre Frauen und Töchter aus Gewohnheit weiterhin den Gottesdienst besuchten. Da ihnen der Zugang zu den meisten Klubs, Vereinen, Bars und anderen Begegnungsstätten verwehrt war, wo Männer verkehrten, gingen sie auch zur Kirche, um aus dem Haus zu kommen.

Diese Allgemeinbemerkungen trafen von Ort zu Ort und entsprechend der Definition religiöser Praxis in unterschiedlichem Maße zu. In statistischen Untersuchungen wird ein praktizierender Lutheraner oder Anglikaner üblicherweise als jemand definiert, der einmal im Jahr am Abendmahl teilnimmt; von einem praktizierenden Katholiken wird erwartet, daß er Ostern zur Kommunion geht. Für die protestantischen Konfessionen, bei denen das Abendmahl eine weniger zentrale Rolle spielt, gilt als Maßstab, daß der sonntägliche Gottesdienstbesuch mit einiger Regelmäßigkeit absolviert wird.

1914 war der Anteil praktizierender Katholiken in Irland und Polen am höchsten (mehr als fünfundsiebzig Prozent), wo die Priester dem Alltagsleben ihrer Gemeindemitglieder am nächsten und sie unter der Oberherrschaft fremder Staaten mit ihren eigenen, nichtkatholischen Amtskirchen standen. Am geringsten war der Prozentsatz (weniger als fünfundzwanzig Prozent) in Italien, Frankreich und Spanien, wo der Antiklerikalismus die stärkste Kraft besaß. Die nominellen Katholiken stellten im Deutschen Reich mehr als ein Drittel der Gesamtbevölkerung, und von ihnen erfüllten noch immer fünfzig bis sechzig Prozent ihre religiösen Pflichten.[4] Dieser vergleichsweise hohe Prozentsatz, be-

Verknüpfung von Religion und staatlicher Repräsentation: katholische Fronleichnamsprozession mit Kaiser Franz Joseph in Wien. Fotografie, 1901

sonders in so stark industrialisierten und urbanisierten Regionen wie dem Rheinland, Westfalen und Oberschlesien, ließ sich mit mehreren Gründen erklären. Zum Teil mit Bismarcks Kulturkampf, mit dem er in den siebziger Jahren des 19. Jahrhunderts den öffentlichen Einfluß der Katholischen Kirche einzuschränken versuchte, und zum andern mit dem fortdauernden Einfluß angesehener katholischer Persönlichkeiten, insbesondere in Bayern.

Lokale Vergleiche sind oft aufschlußreicher als solche zwischen verschiedenen Staaten. Der Anteil praktizierender Katholiken war auf dem Land im allgemeinen höher als in den Städten, aber es bestanden auch bedeutende Unterschiede zwischen einer ländlichen Gemeinde und einer anderen sowie innerhalb einer bestimmten Stadt. In der einen von zwei scheinbar ähnlichen Nachbargemeinden in der Bretagne waren die Männer in der Mehrzahl ziemlich wohlhabende Seeleute und die Zahl der praktizierenden Gläubigen groß; in der anderen waren die Männer zumeist Landarbeiter, und hier herrschte der Agnostizismus vor. In Paris waren die Bewohner der eleganten Viertel im Westen der Stadt zu mehr als einem Drittel, in den Arbeiterbezirken im Osten hingegen nur zu einem Fünfzehntel praktizierende Katholiken.[5]

Ein anschauliches Beispiel für die regionalen Verschiedenheiten bei den Protestanten liefert Deutschland.[6] In Braunschweig nahmen 1895 und 1910 siebenundzwanzig beziehungsweise sechsundzwanzig Prozent zumindest einmal im Jahr das Abendmahl, im benachbarten Lippe dagegen dreiundfünfzig beziehungsweise fünfzig Prozent, in Hannover siebenundfünfzig und neunundvierzig Prozent. Im überwiegend ländlichen Ostpreußen betrugen die Prozentzahlen für diese beiden Jahre fünfundvierzig und neununddreißig Prozent und lagen damit auf fast gleicher Höhe wie im stark industrialisierten und urbanisierten Sachsen, wo es 1895 siebenundvierzig und fünfzehn Jahre später siebenunddreißig Prozent waren. Am niedrigsten lag der Anteil in den größten protestantischen Städten: Von den Einwohnern Berlins nahmen 1895 sechzehn und 1910 vierzehn Prozent am Abendmahl teil; in Bremen betrugen die Werte vierzehn und sieben, in Hamburg neun und sieben Prozent. Die niedrigen Zahlen waren nicht nur in Deutschland zu verzeichnen. 1908 beteiligten sich in der Diözese Uppsala[7] nur acht Prozent der erwachsenen Lutheraner an der Abendmahlsfeier.

In London war der Prozentsatz der Kirchgänger höher als in den größten protestantischen Städten auf dem Kontinent, nahm allerdings in der hier betrachteten Periode ebenfalls ab. Nach einer am 24. Oktober 1886 im nonkonformistischen ›British Weekly‹ veröffentlichten Erhebung hatten an diesem betreffenden Sonntag von insgesamt vier Millionen Menschen etwa eine Million an einem protestantischen Gottesdienst teilgenommen. Als die ›Daily News‹ sechzehn Jahre später eine ähnliche Enquete durchführte, ergab sich, daß bei einer Zunahme der Londoner Gesamtbevölkerung um rund fünfhundertfünfundsechzigtausend die Zahl der Gottesdienstbesucher um hundertvierundsechzigtausend abgenommen hatte.

Da die Gewohnheit, nicht zur Kirche zu gehen, bereits mit den achtziger Jahren des 19. Jahrhunderts in ganz Europa den größten Teil der Arbeiterklasse erfaßt hatte, ist der Gesamtrückgang im Kirchenbesuch auch in anderen Ländern als England wahrscheinlich auf das Verhalten der Mittelschichten zurückzuführen.

Großbritannien stellte einen Sonderfall dar, da die verschiedenen Kirchen des Landes mit unterschiedlichen sozialen und ethnischen Gruppen verbunden waren. Die Curch of England schloß den größten Teil der Ober- und oberen Mittelschicht ein, hatte allerdings auch Anhang bei den Armen auf dem Land. Angehörige der bürgerlichen und kleinbürgerlichen Schichten dominierten in den nonkonformistischen Konfessionen. Daneben besuchten aber auch manche Facharbeiter und Handwerker ihre Gottesdienste, namentlich die der Methodisten. Der Kirchenbesuch war stärker in den walisischen Agrar- und Bergbaudistrikten als in ähnlichen Regionen Englands. In Wales hatte sich lange Zeit das Nationalgefühl im Nonkonformismus Ausdruck verschafft, als aber nach 1900 die sozialen Forderungen der Arbeiterschaft dieses Gefühl in den Schatten zu stellen begannen, »verlor der Gottesdienst die Bedeutung, die er so lange behauptet hatte«.[8] Die irischen Arbeiter katholischen Glaubens, die in England und Schottland lebten, blieben ihrer Religion als Ausdruck des Nationalgefühls noch treuer als die walisischen. Die meisten englischen Arbeiter hingegen empfanden kein Bedürfnis, zum Zweck der sozialen Identifizierung an den Gottesdiensten der Hochkirche oder der nonkonformistischen Glaubensgemeinschaften teilzunehmen. Das gleiche traf anscheinend auf die schottische Arbeiterschaft zu.[9]

Auch in Rußland war die religiöse Situation ungewöhnlich, freilich aus anderen Gründen. Anders als die etablierten Kirchen in anderen europäischen Ländern war die russische Orthodoxe Kirche völlig vom Staat abhängig, der sich allen Bemühungen widersetzte, ihre Verwaltung oder die Qualifikation und wirtschaftliche Lage ihrer Priester zu verbessern.

Leo Tolstoi bei der Arbeit.
Zeichnung von J. Repin, 1891

Doch die ländlichen Massen in Rußland hielten an ihrer Religion mit größerer Hartnäckigkeit fest als anderwärts. Zeitgenössische ausländische Beobachter und später sogar sowjetische Historiker vermerkten mit Erstaunen, wie stark vor dem Ersten Weltkrieg die Lebens- und Welteinstellung der russischen Bauern von der Religion geprägt war.[10] Die orthodoxen Dorfpopen waren zwar als sittliche und geistige Vorbilder ihren Amtsbrüdern in Westeuropa vielfach unterlegen, aber die Führer der schismatischen Sekten gaben, wenn auch intellektuell von noch geringerer Statur, ein sittlich inspirierendes Beispiel. Wie in anderen Ländern, so fanden auch in Rußland einzelne Angehörige der Bildungs- und Oberschicht einen neuen Sinn in der Religion. Tolstoi ist das bekannteste Beispiel; andere namhafte Neubekehrte waren der Nationalökonom Peter B. Struve und der Philosoph Nikolai Berdjajew. Doch mehr als in anderen Ländern hatte sich in Rußland die Intelligenzia vom Glauben und von der religiösen Praxis abgewandt, und dies gerade deswegen, weil die orthodoxe Kirche so stark von der den Intellektuellen verhaßten Autokratie abhängig war.

In seiner fünfbändigen Geschichte des Christentums im 19. und 20. Jahrhundert interpretiert Kenneth Scott Latourette die Belle époque als eine Periode zunehmender ›Entchristlichung‹ bei den Europäern, begleitet von ›Wiedererweckungen‹ des Religiösen unter bestimmten Minderheiten. Während des 19. Jahrhunderts war die katholische Volksfrömmigkeit, bei der Geistlichkeit wie beim einfachen Volk, stärker geworden, namentlich was die Verehrung des Heiligen Herzens Jesu und der Jungfrau Maria betraf.[11] Nach Latourettes Ansicht war der religiöse Aufschwung noch bemerkenswerter im Protestantismus, besonders in der deutschen Bibelwissenschaft und in den Bemühungen evangelischer Bewegungen in England, die sich auf eine Hebung der Sittlichkeit richteten. Dennoch vermochten diese ›Wiederbelebungen‹ fast nirgendwo den Rückgang des regelmäßigen Kirchenbesuchs aufzuhalten. Für den Katholizismus war der Antiklerikalismus weniger bedrohlich als »die Apathie, in der sich eine Gleichgültigkeit aussprach, die die Kirche und ihre Lehre als belanglos abtat und in der Taufe nur eine gesellschaftliche Konvention sah, an die man sich hielt, ohne sie jedoch allzu ernst zu nehmen«.[12]

Dennoch glaubten auch viele nichtpraktizierende Christen nach wie vor an die Möglichkeit eines göttlichen Eingreifens in ihr Alltagsleben. Sie sahen zwar wenig, was dafür sprach, daß Gott oder die Vorsehung böses Tun und Ungerechtigkeit bestraften, doch solcher Art Sühne spielte in manchen Rührstücken und in Teilen der Populärliteratur, denen sie sich eskapistisch zuwandten, eine Rolle.

Einerlei, welche Formen Glaube und religiöse Praxis wie auch deren Ablehnung annahmen, die christlichen Moralbegriffe besaßen noch überall in Europa große Bedeutung. Viele Menschen, vielleicht sogar die Mehrheit, glaubten nicht mehr, daß ihr Verhalten sie schließlich in den Himmel oder in die Hölle bringen werde. In der Politik, im Geschäftsleben und im Krieg verhielt man sich oft höchst unchristlich, doch im Privatleben war fast niemand imstande zu lügen, zu stehlen oder gar zu töten, ohne Gewissensbisse zu empfinden. Die Einstellungen, welche die Mehrheit der Menschen zur Familie, zu den Rollen von Mann und Frau und zu sexuellem Abweichungsverhalten hatten, beruhten ebenfalls auf der fortwirkenden Autorität der jüdisch-christlichen Tradition. Selbst die meisten Antiklerikalen und Freidenker hielten sich im Privaten an einen Moralkodex, der dem des religiösen Menschen ähnlich war. Ja, selbst die ablehnende Haltung, die sie, wie etwa die Sozialisten, gegenüber der institutionellen Religion einnahmen, basierte auf einem starken moralischen Empfinden. Das Christentum, so wie sie es auffaßten, stand der Freiheit des Individuums und der sozialen Gerechtigkeit im Wege und war darum unannehmbar. Doch ihre eigene Auffassung von diesen Werten war nicht weit entfernt vom Gehalt der Bergpredigt.

Während langer Abschnitte des 19. Jahrhunderts hatte die Religion innerhalb des Systems der sozialen Kontrollmechanismen eine gesteigerte Bedeutung gewonnen. In Reaktion auf die revolutionären Erschütterungen der Periode von 1789 bis 1815 waren die herrschenden und in ihre Macht wiedereingesetzten Gewalten entschlossen, dem historischen Bund von Thron und Altar, der jahrhundertelang ein ansehnliches Maß an Indifferenz, Kirchenfeindschaft und heidnischen Gesinnungen überwölbt hatte, neues Leben zu geben. Dieser Wandel war historisch bedeutsamer als die neue Hinwendung zur Religiosität, wie sie Herrscher wie Alexander I. von Rußland und Karl X. von Frankreich, namhafte Schriftsteller wie François René de Chateaubriand und Alessandro Manzoni oder der Philosoph Sören Kierkegaard vollzogen. Nach 1870 aber schwächten sich fast überall Autorität und Macht der etablierten Kirchen. In Großbritannien hingegen konnten in manchen Gegenden die nonkonformistischen evangelischen Kirchen bis zum Beginn des neuen Jahrhunderts ihren politischen und gesellschaftlichen Einfluß behaupten.

Wir wissen nicht, warum die maßgebenden Personen an der Spitze der Macht- und Statushierarchien sich der Religion als eines Instruments der Sozialkontrolle weniger zu bedienen begannen, aber wenn es dazu kam, nahm bei den Menschen, auf die sie Einfluß hatten, die religiöse Praxis in der Regel ab. Das läßt sich leichter erkennen, wenn man Vergleiche zwischen Regionen, nicht zwischen Nationen zieht. Den stärksten Einfluß und Anhang hatte die Religion in ländlichen Gebieten, die von grundbesitzenden Bauern bewohnt wurden und wo praktizierende Christen am Ort eine dominierende Rolle spielten. Schwach war sie in jenen ländlichen Regionen, in denen überwiegend Landarbeiter lebten, die Grundbesitzer zumeist abwesend waren und die Beamten des Staates als Ausbeuter angesehen wurden, wie es in Teilen Südspaniens und Süditaliens der Fall war. Andererseits war der religiöse Einfluß stark in den baskischen Provinzen Spaniens, wo fromme Geschäftsleute und eine kraftvolle katholische Hierarchie die dominierenden Elemente stellten. Das gleiche galt in Italien für Venetien, wohingegen in der Toskana der Einfluß der Geistlichkeit schwach war.

Zwar führten Industrialisierung, Urbanisierung und soziale Mobilität dazu, daß sowohl die religiöse Praxis als auch der gesellschaftliche Einfluß der institutionalisierten Religion geschwächt wurden, doch in mehreren Gegenden wurde diese Tendenz durch die lokalen Inhaber der Macht verzögert. Die Region, die sich von Nordfrankreich durch Belgien ins Rheinland erstreckt, war eines der am frühesten industrialisierten Gebiete, das im ausgehenden 19. Jahrhundert einen Urbanisierungsgrad aufwies, der zu den höchsten in Europa zählte. Gleichwohl konnte die katholische Religion hier bis weit ins 20. Jahrhundert einen großen Teil ihres Einflusses und ihres Anhangs bei der Arbeiterschaft halten. Einer der Gründe lag darin, daß sich die führenden katholischen Laien und Geistlichen in dieser Region überaus rührig für die Bildung christlicher Gewerkschaften und die Förderung von Bildungsstand, Gesundheit und Fürsorgebetreuung der unteren Schichten einsetzten. Ein zweiter Grund war die ungebrochene Autorität der Familie in dieser Schicht. Daß fünfzig bis fünfundsiebzig Prozent der Bevölkerung in den überwiegend katholischen Gebieten Deutschlands Ende des 19. Jahrhunderts die katholisch orientierte Zentrumspartei wählten, sprach ebenfalls für den fortbestehenden Einfluß der katholisch orientierten Eliten in diesen Gegenden.

Zumeist aber begegnete die Arbeiterschaft den Kirchen und ihren Laienorganisationen mit Ablehnung, weil sie weder deren Einstellung noch deren religiöse Rückbindung teilte. Schon lange vor der letzten Dekade vor 1900 war sie sich der Widersprüche zwischen ihren eigenen Grundbedürfnissen und -bestrebungen und der traditionellen religiösen Unterweisung bewußt, in der eine routinemäßige Frömmigkeit als der große Weg zur persönlichen Erlösung im Jenseits herausgestellt wurde. Menschen, die ihren Tag zumeist mit dem Kampf um das Brot für sich und ihre Familien verbrachten, hatten wenig Gelegenheit, die meisten der sieben Todsünden zu begehen. Sie mochten dem Neid und der Begehrlichkeit erliegen, aber Hochmut, Wollust, Gefräßigkeit, Zorn und Faulheit erschienen als ein Vorrecht der Leute, die über Geld und Zeit verfügten. Die Bauern mochten die von christlichem Geist erfüllte Traditionskultur akzeptieren, weil sie keine andere kannten. Doch die meisten Arbeiter in den Städten, Fabriken und Bergwerken wollten nichts wissen von Gehorsam und Bejahung der bestehenden Ordnung als einer gottgewollten Einrichtung, worauf diese solches Gewicht legte. Sie entwickelten in bewußter Reaktion dagegen ihre eigene Arbeiterkultur. Der Urgrund der Trennung zwischen der Welt der Arbeiterklasse und den Kirchen war eine »Scheidung der Mentalitäten«.[13]

Nirgends trat die »ungenügende Sozialisation«, welche die traditionelle religiöse Unterweisung lieferte, klarer ins Licht als bei der städtischen Fabrikarbeiterschaft in den protestantischen Gegenden Deutschlands. Dies galt für die ungelernten Arbeiter, die eben vom Land gekommen waren, die in der Stadt großgewordenen angelernten Lohnempfänger ebenso wie für die gelernten Mechaniker und Vorarbeiter, die aus kleinen Provinzstädten in die Großstadt gewandert waren. In den öffentlichen Schulen hatten sie alle den Katechismus auswendig lernen müssen, war ihnen beigebracht worden, die Autorität der Bibel in weltlichen wie in religiösen Dingen fraglos hinzunehmen. Solcherart Unterweisung erschien gegenüber dem, was die erwachsenen Arbeiter in der Fabrik und in ihrem Alltagsleben mitmachten, völlig belanglos. Die Folge war, daß die Arbeiterschaft sie völlig beiseiteschob und in den großen Industriestädten mehrheitlich unter den Einfluß der Sozialistischen Partei kam.[14]

In Frankreich, Belgien, Italien und Spanien war die Arbeiterschaft überwiegend der Kirche feindlich gesinnt, weil diese ihnen und den Arbeitgebern gegenüber eine kraß unterschiedliche Haltung einnahm. Bei Streiks schien sie stets die Partei der Unternehmer zu ergreifen, und außerdem wandte sie sich gegen alle Arbeiterorganisationen, die sich ihrer Kontrolle entzogen. Obwohl Papst Leo XIII. in seiner Enzyklika ›Rerum Novarum‹ die kapitalistische Ausbeutung verurteilt hatte, sahen die

Papst Leo XIII. Fotografie, um 1900

Arbeiter wenig Beweise dafür, daß die Kirche sich tatsächlich bemühte, diese zu bekämpfen. Sie registrierten vor allem die intransigente Gegnerschaft der Kirche gegen den Sozialismus, weil er atheistisch sei und das Schwergewicht auf den Klassenkampf lege.

Die Arbeiterschaft in England war sich besonders stark der Kluft zwischen ihren eigenen Lebensumständen und dem bürgerlichen Charakter der Kirchen und der anderen Konfessionen bewußt. Am 3. Februar 1897 schrieb ein Installateur einen Leserbrief an die ›Methodist Times‹, in dem er den Ruf der Christen an die vom Gottesdienst sich fernhaltenden Massen folgendermaßen paraphrasierte: »Wir wollen, daß ihr, die arbeitenden Klassen, in unsere Kirche kommt; aber ihr müßt vergessen, daß ihr die arbeitenden Klassen seid, und ihr dürft euch auf keinen Fall anmaßen, mit uns auf gleichem Fuß stehen zu wollen, da ihr nicht zu unseresgleichen gehört. Ihr solltet dankbar dafür sein, daß wir uns überhaupt dazu herablassen, euch zum Kommen aufzufordern.«

In ihren öffentlichen Verlautbarungen gingen sowohl die ›Wesleyan Conference‹ als auch die ›Congregational Union‹ davon aus, daß Kapitalismus und soziale Gerechtigkeit miteinander unvereinbar seien. Die englische Hochkirche schien den Interessen der Arbeiterklasse noch kühler und herablassender gegenüberzustehen. Im Januar 1898 verurteilte ihre Wochenzeitung, ›The Guardian‹, in heftigen Worten einen Streik der ›Amalgamated Society of Engineers‹ und nannte die Gewerkschaftsführer radikale Unruhestifter.

Neben dem formalen Religionsunterricht war traditionell die karitative Tätigkeit das wichtigste Instrument der Kirchen zur sozialen Lenkung der Armen gewesen. Joseph Arch, der sich in England um die Organisierung der Landarbeiter bemühte, erzählte voll Bitterkeit, daß ein Gemeindepfarrer der Hochkirche von den Landarbeitern und ihren Familien, die kirchliche Unterstützung empfingen, forderte, dafür demütigen Dank zu bezeugen und sich vom nonkonformistischen Gottesdienst fernzuhalten.[15] Wie die ›Poor Law Commission‹ und die ›Charity Organisation Society‹ unterschieden auch die englischen Kirchen und die ›Dissenter‹-Gemeinschaften zwischen »würdigen« und »unwürdigen« Armen und versuchten bei denen, die Unterstützung von ihnen empfingen, den bürgerlichen Wertbegriff der Selbsthilfe zu propagieren. In Frankreich schrieb der revolutionäre Syndikalist Pierre Monatte, einer der klarblickenden Kenner der Mentalität der Arbeiterschaft vor 1914: »Bei der Masse der Arbeiter herrscht Argwohn gegenüber allem, was von der Kirche kommt, der ewigen Komplizin der Reichen.«[16]

Nicht so sehr durch ihre Armenunterstützung, sondern durch ihre karitativen Anstalten gelang es den Kirchen, sich ein beträchtliches Maß sozialer Kontrolle über die von ihr Abhängigen zu erhalten – in Waisenhäusern, Irrenhäusern und Heimen für Pflegefälle und Notleidende. Dies traf besonders auf die romanischen Länder zu.

Die Kirchen lehnten alle Einrichtungen und Formen von Volksbildung und -unterhaltung ab, die sich ihrer Kontrolle entzogen, entwickelten aber nur langsam eigene Konkurrenzinstitutionen. Die erfolgreichsten waren in England die Sonntagsschulen, die fast das ganze 19. Jahrhundert hindurch von Arbeiterkindern mehr als die Tagesschulen besucht wurden. Obwohl sie zu Anfang des 20. Jahrhunderts stark an Anziehungskraft verloren, boten sie in den Augen von Eltern aus der Arbeiterschicht doch noch manche Vorteile, wie aus folgenden Bemerkungen des Einwohners einer Fischergemeinde in Devon hervorgeht: »Die Kinder gehen natürlich in die Sonntagsschule; es ist praktisch, sie aus dem Weg zu haben, während man das Sonntagsmahl kocht und sein Nachmittagsschläfchen hält. Der Unterricht ist zwar ein fürchterliches Gemengsel von Himmel, Hölle und eigenem Nutzen, doch die Tee-Partys, Konzerte und Picknicks, die damit verbunden sind, lohnen es, daß man daran teilnimmt.«[17]

Doch die meisten Beobachter waren sich darin einig, daß diese Arbeiterkinder, wenn sie ins Halbwüchsigenalter kamen, den Besuch der Sonntagsschule wie der Gottesdienste einstellten und bald das wenige vergaßen, das sie dort gelernt hatten.

Eine andere Neuerung der englischen Freikirchen war die ›Pleasant Sunday Afternoon movement‹ – ›Schöne Sonntagnachmittage‹ – die am erfolgreichsten im Industriegebiet der Midlands war. Nominell eigenständig und konfessionell ungebunden, versuchten die lokalen P. S. A.-Gesellschaften, Menschen aus der Arbeiterschicht zu ihren Veranstaltungen zu locken, die bisweilen in öffentlichen Sälen, doch auch in Kirchen stattfanden. »Kurz, lustig, brüderlich« hieß das Motto dieser ›Schönen Sonntagnachmittage‹. Es läßt sich schwerlich abschätzen, wie viele Nicht-Kirchgänger zu diesen regelmäßig stattfindenden Sonntagnachmittagen gelockt wurden, aber dieses Ziel allein rechtfertigte in den Augen der puritanischer gesinnten Führungsschicht der Freikirchen die Existenz dieser Veranstaltungen.

Die Temperenzler-Bewegung, wiewohl nur mittelbar mit den Kirchen verbunden, bemühte sich gleichfalls, als Organ der sozialen Steuerung in Großbritannien zu wirken. Nicht nur die Geistlichkeit, sondern die gesamte Mittelschicht betrachtete den Alkoholismus unter der Arbeiterschaft als den ärgsten gesellschaftlichen Übelstand des Landes. Sogar der ›christsoziale‹ Baptistenprediger John Clifford vertrat den Standpunkt, daß die Trunksucht eine der Hauptursachen der Armut sei,[18] und wandte sich damit gegen die Ansicht von Frances E. Willard, der Führerin der amerikanischen ›Women Christian Temperance Union‹, die das Umgekehrte für richtig hielt. Bei ihren allwöchentlich stattfindenden Versammlungen legten Alkoholiker das Gelübde ab, dem Trinken zu entsagen, sangen Temperenzlerhymnen, hörten Ansprachen an und begingen danach ihre Stunde der Geselligkeit. Es gelang der ›Band of Hope‹, eine gewisse Zahl Arbeiter an die gutbürgerliche Achtbarkeit heranzuführen, doch wie den Freikirchen war es ihr weniger um die Beseitigung der Armut als um eine Hebung der Sittlichkeit zu tun.

Die einzige Organisation, die sich bemühte, die unteren Schichten in ihrem eigenen Lebensbereich dem Elend zu entreißen, war die Heilsarmee. In den späten fünfziger Jahren des 19. Jahrhunderts gelangten William Booth und seine Frau Catherine nach reichen Erfahrungen in verschiedenen methodistischen Sekten zu der Erkenntnis, daß die starre Klassenstruktur der englischen Gesellschaft es Missionaren aus den begüterten Schichten unmöglich mache, die Massen zu Christus zu führen. Die Armen, so erklärte Catherine Booth, könnten zu Christen allein

Erste Kapelle der militärisch organisierten Heilsarmee in London mit General William Booth (im Hintergrund mit Zylinder). Fotografie, 1881

gemacht werden »durch Leute aus ihrer eigenen Klasse, die sie an ihren eigenen Treffpunkten aufsuchten, in einer Sprache zu ihnen redeten, die sie verstünden, und auf eine Weise an sie heranträten, die den Vorlieben dieser Menschen entspräche.«[19]

Die Sprachrohre der gutbürgerlichen Gesellschaft Englands betrachteten die Aktivitäten der Heilsarmee mit gemischten Gefühlen. In ihrer Ausgabe vom 26. April 1886 erkannte die ›Times‹ an, daß es den bestehenden religiösen Organisationen nicht gelungen sei, den Ärmsten im Land Normen für eine christliche Lebensführung einzupflanzen. Das Blatt stellte fest, der Lärm, den nüchterne Bekehrte veranstalteten, sei leichter zu ertragen als der Radau, den sie früher im Zustand der Trunkenheit und sittlichen Verkommenheit gemacht hätten. Andererseits bezeichnete im Juni 1891 der Bürgermeister von Eastbourne die ›Armee‹ öffentlich als »eine abscheuliche, schändliche und entwürdigende Bewegung«.[20] Die Blütezeit der Heilsarmee war jedoch zu dieser Zeit bereits vorüber, und William Booth plagte die Sorge, weil ihm bei den Slumbewohnern ein dauerhafter Erfolg versagt geblieben war. 1890 hatte er in seinem Buch ›Darkest England and the Way Out‹ einen Plan entworfen, aus den Erwerbslosen »Selbsthilfe-Gemeinschaften, die sich aus eigener Kraft erhalten«, zu bilden. Jede dieser Gemeinschaften solle »eine Art Genossenschaft oder patriarchalische Familie sein, geleitet und in Zucht gehalten gemäß den Grundsätzen, die sich schon in der Heilsarmee als so wirksam erwiesen haben.« Wiederum sah die ›Times‹, ja Königin Victoria höchstselbst, etwas Verdienstliches an den Bemühungen der Heilsarmee. Wie für Booth so waren auch nach ihrer Ansicht die verelendeten Massen nicht nur ohne Arbeit und ohne Gott, sondern auch indolent. Doch schon Mitte 1891 war der kurze Erfolg, den ›Darkest England on the Way Out‹ beim lesenden Publikum erzielt hatte, verpufft. Danach stellte Booth die Sozialarbeit zugunsten triumphaler Reisen um die Welt zurück, während die Jüngeren, die nun die Heilsarmee in England führten, seine Pläne zur Linderung der Armut vergaßen und ihre Anstrengungen auf die Rettung von Seelen konzentrierten.

Im Unterschied zur Heilsarmee, die sich vor allem des Lumpenproletariats annahm, wollten die ›Christian Socialists‹ in Großbritannien den Status der Arbeiterklasse insgesamt heben. Die ersten christlichen Sozialisten, wie beispielsweise Frederick Denison Maurica, Charles Kingsley und Thomas Hughes, hatten sich in der Mitte des 19. Jahrhunderts aktiv in der Genossenschaftsbewegung betätigt. In den neunziger Jahren hatte eine Anzahl freikirchlicher Geistlicher sich ebenfalls als Sozialisten erklärt, und die Bewegung, die sie ins Leben riefen, gewann allmählich eine begrenzte Seriosität. In einem Vortrag, den Reverend John Clifford Anfang 1893 hielt, sagte er seinen Zuhörern: »Ich will nicht sagen, daß kollektives Handeln das einzige ist, was wir brauchen ... aber im industriellen Bereich stellt es den Fortschritt dar, den wir anstreben sollten.«[21] Reverend Reginald J. Campbell trat für den Gedanken des Wohlfahrtsstaates ein und erklärte: »Der Sozialismus, der sich derzeit in so allgemeiner Gegnerschaft zum konventionellen Christentum entwikkelt, ist dem ursprünglichen Christentum viel näher als das Christentum der Kirchen.«[22] Selbst innerhalb der englischen Hochkirche erhoben einige wenige wie Reverend Henry Scott Holland aus Oxford die Stimme und bekundeten ähnliche Ansichten. Es mag sein, daß die christlichen Sozialisten dazu beitrugen, die Voreingenommenheit religiös Gesinnter gegenüber dem Sozialismus zu durchbrechen und den Sozialreformen zu Anfang des 20. Jahrhunderts den Boden zu bereiten. »Doch letzten Endes mißlang es ihnen, die Klassenschranke zu durchbrechen und in eine nachhaltige und fruchtbare Kommunikation mit den städtischen Massen zu treten.«[23]

Der christliche Sozialismus auf dem Kontinent war stärker politisch ausgerichtet und stand dem Marxismus in unverhüllterer Feindschaft gegenüber. Die einzige protestantische christlich-soziale Partei war die des ehemaligen Berliner Hofpredigers Adolf Stoecker in Preußen, der die Arbeiterschaft mehr mit antisemitischen Parolen als mit wohlfahrtsstaatlichem Gedankengut anzusprechen versuchte. Karl Lueger, der Führer der österreichischen Christlich-Sozialen, schuf zu Beginn des 20. Jahrhunderts eine Art städtischen Sozialismus, wagte aber nicht den Versuch, an die habsburgische Machtstruktur zu rühren oder die katholische Hierarchie herauszufordern. 1899 veröffentlichte Romolo Murri, ein junger Priester aus Mittelitalien, ein christdemokratisches Programm, in dem er strukturelle Veränderungen in der Gesamtgesellschaft zum Wohl der Arbeiterschaft forderte. In den Anfangsjahren unseres Jahrhunderts beteiligte er sich auch an der Gründung katholischer Arbeiterbünde. Im Gegensatz zu den meisten Katholiken seines Landes empfand er vor Sozialisten keinen apokalyptischen Horror. Aber Papst Pius X. verurteilte Murris sozialistische Einstellung wie seine »modernistische« Haltung und exkommunizierte ihn. Wandte Pius X. sich gegen Murri, weil dieser dafür eintrat, daß die Kirche sich mit sozialistischen Ideen verbinde, so verdammte er den französischen Laien Marc Sangnier und seine christlich-demokratische Bewegung, ›Sillon‹, da diese nicht unter der Kontrolle des Klerus stand. Auch dies war ein »modernistischer Irrtum«.

Andererseits aber hatte der Vatikan sogar schon vor Leos XIII. Enzyklika ›Rerum novarum‹ die Nützlichkeit von Laienorganisationen als Instrumente zur Lenkung der Gesellschaft erkannt. Eine dieser Organisationen war die ›Association Catholique de la Jeunesse Française‹ (ACJF), 1886 von Albert de Mun und anderen proklerikalen Franzosen gegründet, die einige der sozialen Härten mildern wollten, zu denen die Industrialisierung geführt hatte.[24] Die Ideologie der ACJF war der ›soziale Katholizismus‹. Sie wollte keineswegs die Arbeiterschaft zu unabhängigem politischen Handeln ermuntern, sondern sie in christlichen Gilden mit ihren Arbeitgebern zusammenschließen und sie der Führung von Ausschüssen unterstellen, die von Angehörigen der Oberschicht besetzt werden sollten. Außerdem war sie bestrebt, die Religiosität der katholischen Jugend Frankreichs zu vertiefen und die französische Gesellschaft auf einer christlichen Grundlage nach ihrer Vorstellung zu organisieren. Die ACJF war viel kleiner und ungleich weniger einflußreich als die ›Opera dei Congressi‹, die 1874 in Italien ins Leben gerufen worden war.[25] Diese Bewegung hatte schon 1897 nahezu viertausend Gemeindekomitees und stand hinter Hunderten von Vereinen zur Nachbarschaftshilfe, katholischen Arbeiterbünden, Genossenschaftsbanken und Jugendgruppen. Dennoch vertrat auch sie den Standpunkt, die gesellschaftlich Privilegierten hätten die Pflicht, durch ihr Vorbild die anderen Klassen des Volkes zu führen, und wirkte auf die Arbeiter dahingehend ein, daß sie keine eigenen Gewerkschaften gründeten oder sich in einer Weise politisch betätigten, die von der ›Opera dei Congressi‹ nicht kontrolliert wurde.

In den letzten Jahren vor dem Ersten Weltkrieg begann die katholische Hierarchie schließlich Organisationen neuer Art ihren Segen zu geben, um die Gläubigen für das weltliche Wirken der Kirche zu mobilisieren. Sie erkannte die Notwendigkeit an, im Ringen um die Arbeiterklasse gegen die Gewerkschaften wie die sozialistischen Parteien anzutreten. Das hatte zur Folge, daß sich in Italien, Deutschland, Frankreich und Belgien in rascher Folge kirchlich gelenkte katholische Gewerkschaften bildeten. Papst Pius X. war auch vom wachsenden Interesse junger Menschen am Sport beeindruckt. Protestantische Pastoren in Deutschland hatten schon seit langem Turnvereine gefördert, und in Großbritannien hatte die anglikanische Kirche ihrer Jugendorganisation, den ›Church Lads Brigades‹, den Sport als Teil ihres Aufgabenbereichs zugewiesen. Nun wurde auch die katholische Geistlichkeit ermuntert, den Sport als Instrument der Sozialkontrolle der katholischen Jugend einzusetzen.

Trotz der Bemühungen und wohlgemeinten Absichten von Geistlichen wie von kirchentreuen Laien konnten die Kirchen bis lange nach dem Ersten Weltkrieg ihr konservatives Image nicht abschütteln. Sie leisteten besonders den progressiv eingestellten politischen Führern in Frankreich und Italien Widerstand, aber selbst in England, wo der Antiklerikalismus keine große Rolle spielte, war die Mehrheit der Geistlichkeit und der Kirchgänger weniger aufgeschlossen für Sozialreformen als die Regierung selbst, namentlich unter den Liberalen nach 1906. Überall in Europa verharrte die institutionalisierte Religion in der Defensive, verkündete sie nach wie vor, die traditionelle Frömmigkeit und Moral seien am besten geeignet, mit der vielfältigen Unzufriedenheit fertig zu werden, die von den Kräften der Modernisierung ausgelöst wurden.

Die Neue Moral und ihre Kritiker

Die Moral umfaßt sittliche Maßstäbe des Verhaltens wie des Charakters, aber diese sind nicht untrennbar. Zu allen Zeiten gab es Feiglinge mit guten Manieren und Sittlichkeitsapostel voll Bosheit, abstinente Betrüger und Prostituierte mit einem goldenen Herzen. Nach traditioneller Anschauung fand sich charakterliche Noblesse allein bei Leuten von adeliger Geburt, und das Wort ›nobel‹ ist bis auf den heutigen Tag ein Synonym dafür geblieben. Doch in dem Maße, wie Geld und Kultiviertheit die Abstammung als Hauptmaßstab für die Bestimmung des gesellschaftlichen Status eines Individuums verdrängten, gewannen die Maßstäbe für das Verhalten zunehmende Bedeutung. Wir haben gesehen, daß charakterliche Noblesse an Offiziersakademien und bestimmten Eliteschulen sowie in Studentencorps als Ideal gepriesen wurde; in der Praxis jedoch legte man das Schwergewicht nicht darauf, ein guter Mensch zu sein, sondern das zu tun, was von einem erwartet wurde. Viele charaktervolle Menschen waren der Ansicht, daß sogar die institutionalisierte Religion in dieser Hinsicht hypokritisch sei. Deshalb beschäftigen wir uns hier mit Normen des Verhaltens, die veränderlich sind, und nicht mit charakterlichen Maßstäben, die in der Regel feststehen.

Der Wunsch, im eigenen Verhalten von den Fesseln, die die Tradition auferlegt, frei zu sein, ist in vielfältigen Formen ans Licht getreten und wird seit den Tagen des Alten Testaments bis in unsere eigene Gegenwart hinein kritisiert. Die Sittenlosigkeit des Adels war mit ein auslösender Faktor für die puritanische Repression 1650–1660 in England und die moralischen Beschränkungen in Robespierres ›Republik der Tugendhaften‹. Schon im frühen 19. Jahrhundert beklagten die herrschenden Gewalten in vielen Teilen Europas eine ähnliche Lockerung der Moralbegriffe in den unteren Schichten, insbesondere bei der Jugend und der Weiblichkeit.

Während die traditionellen Moralbegriffe sich sowohl bei der Mittel- als auch bei der Unterschicht lockerten, trat an ihre Stelle nicht etwa eine Degenerierung zur Normenlosigkeit, sondern sie wurden durch neue Verhaltensnormen ersetzt. Zwischen dem 16. und dem ausgehenden 19. Jahrhundert hatten die Mittelschichten im Westen ihre Gefügigkeit gegenüber der Autorität traditioneller wirtschaftlicher, politischer und religiöser Institutionen aufgesagt. An deren Stelle versuchten sie, »die psychischen und gesellschaftlichen Strukturen zu schaffen, die ihren Wunsch nach Freiheit abstützen und tragen sollten«,[26] und die Familie zur entscheidenden Zwischeninstanz innerhalb dieser Strukturen zu machen. Die bürgerliche Familie übernahm die Hauptverantwortung für die Sozialisation ihrer Mitglieder. In der idealen Form bestand das Maximalziel dieses Prozesses darin, im Individuum eine Auffassung des eigenen Ich als eines eigenständigen, unabhängigen Akteurs ohne große Schuld- oder Angstgefühle zu fördern und Belohnungen für autonome Tätigkeiten außerhalb des familiären Rahmens auszusetzen.

Während der Prozeß der Modernisierung zahlreiche ökonomische und bürgerliche Funktionen der patriarchalischen Familie auf den Staat, die Fabrik und die Schule übertrug, begannen bürgerliche Eltern ihre Kinder länger als je vorher in Abhängigkeit zu halten.[27] Bevor die Modernisierung einsetzte, hatten Minderjährige aus allen Klassen außerhalb des Elternhauses gelebt: als Dienstboten in anderen Haushalten, als Lehrlinge im Heim ihres Lehrherrn oder als Schüler in Internaten. Obwohl noch halb abhängig, hatten sie in den dörflichen Jugendgruppen und den Studentenverbindungen und Handwerkervereinen in den Städten ihre eigenen Traditionen sozialer Steuerung und moralischer Abstützung besessen. Die Industrialisierung und die massive Urbanisation erodierten oder verwandelten die meisten dieser den Gruppen gleichaltriger Jugendlicher eigenen Traditionen und banden die jungen Menschen enger an ihre Familien. In der zweiten Hälfte des 19. Jahrhunderts bestritten Jugendliche aus der Arbeiterschicht, die mit zahlreichen Geschwistern in beengten Wohnverhältnissen lebten, nach wie vor einen Großteil ihres sozialen Lebens in Gleichaltrigengruppen außerhalb des Heims der Familie, besonders auf der Straße. Die Mittelschicht jedoch hatte mittlerweile begonnen, die Zahl ihrer Kinder zu begrenzen, da nun mehr von ihnen am Leben blieben, und die Fürsorge und Aufmerksamkeit, die früher den ganz kleinen Kindern vorbehalten gewesen waren, auf die Heranwachsenden auszudehnen.

Mit der abnehmenden Bedeutung der Lehre und der wachsenden Wichtigkeit der höheren Schul- und akademischen Ausbildung für den beruflichen Weg ihrer heranwachsenden Kinder gewannen Mitglieder der freien Berufe und sogar Geschäftsleute eine viel größere Rolle bei der Überwachung von Sozialisierung und Ausbildung ihres Nachwuchses. Schüler an höheren Lehranstalten mußten sich dieser Kontrolle unterwerfen, einerlei, ob sie, wie in England, im Internat oder, wie in den meisten kontinentalen Ländern, zu Hause lebten. Der starke Wert, den Eltern aus bürgerlichen Kreisen auf standesgemäße Berufslaufbahnen für ihre Söhne und vorteilhafte Partien für ihre Töchter legten, ließ auch das durchschnittliche Heiratsalter ansteigen. In England sank der Anteil aller verheirateten männlichen und weiblichen Personen zwischen fünfzehn und vierundzwanzig Jahren vom Spitzenwert von fast siebzehneinhalb Prozent im Jahr 1871 auf den Tiefststand von etwas über neuneinhalb Prozent im Jahr 1911, und in der Mittelschicht lag der Durchschnitt des Heiratsalters um volle fünf Jahre über dem in der Arbeiterschicht.[28] Doch während die ledigen jungen Männer in allen anderen Klassen ihre frühere Autonomie großenteils behielten, wurden die Heranwachsenden in der Mittelschicht zunehmend der Überwachung durch Eltern und Lehrer unterworfen.

Die sozialen Kontrollen, die die Eltern wie die höheren Schulen ausübten, verwehrten den Heranwachsenden der Mittelschicht den Zugang zur Wirtschafts- und Sozialsphäre der Erwachsenenwelt und erschwerten ihnen die Bildung eigener, autonomer Subkulturen. In Großbritannien entwickelten die Lehrer und Leiter der Elite-Privatschulen neue Formen des Zusammenlebens und Rituale für die Gleichaltrigengruppen, um die Möglichkeit für Verinnerlichungen und Identifizierungen zu bieten, die nach ihrer Ansicht die Jungen brauchten, um später als Männer Erfolgreiches zu leisten.

Anders als die Gleichaltrigengruppen in englischen Internaten dienten die auf dem Kontinent nicht in erster Linie dem Ziel, kameradschaftliche Loyalität zu fördern, sondern vor allem dazu, ihre Mitglieder bei der Verfolgung ihrer Privatinteressen gegen die Lehrer abzuschirmen. In Frankreich versuchten zuweilen Altersgruppen in den ›Lycées‹ Lehrer wegen ihrer politischen Einstellung in Mißkredit und so um ihre Autorität zu bringen; an den deutschen Gymnasien gelang ihnen das gelegentlich, indem sie den moralischen Fehltritt eines Lehrers ans Licht brachten – wie in Heinrich Manns Roman ›Professor Unrat‹. Deutsche Väter behaupteten mit besonderer Hartnäckigkeit ihre traditionelle Patriarchenautorität, und ihre halbwüchsigen Söhne, die sich zwischen der häuslichen Tyrannei und den rigorosen Anforderungen des Gymnasiums eingeengt fanden, blickten voller Sehnsucht auf vormoderne Strukturen der Gleichaltrigengruppen und die partielle Autonomie zurück, die diese repräsentiert hatten.

Dieses Gefühl des Eingesperrtseins und diese Sehnsucht nach Vergangenem waren die Ursachen, die deutsche Jugendliche dem ›Wandervogel‹ zuführten, der einflußreichsten Jugendbewegung im Europa der Jahre vor dem Ersten Weltkrieg. Die ursprüngliche Gruppe, der ›Altwandervogel‹, wurde 1901 in Berlin-Steglitz von Karl Fischer gegründet, einem jungen Stenographielehrer mit einer natürlichen Führungsbegabung. Aber Fischer erschien manchen zu diktatorisch, und so lösten sich ab 1904 neue Jugendführer vom ›Wandervogel‹ ab und riefen ähnliche Organisationen ins Leben. Zwischen 1910 und 1913 verbreitete sich die Jugendbewegung über ganz Deutschland und schlug auch in Österreich und der Schweiz Wurzeln. Der ›Wandervogel‹ und seine Ableger hatten zwar ihre regionalen und nationalen Vereinigungen, aber ihre Kerngruppen hatten in der Regel weniger als zwanzig Mitglieder, fast alle zwischen zwölf und neunzehn Jahre alt. Sowohl die einfachen Mitglieder als auch die führenden Köpfe in der deutschen Jugendbewegung waren Söhne und – nach 1907 – Töchter von Akademikern in Staatsdienst, Industrie und Handel.[29]

Die Mitglieder des ›Wandervogels‹ unternahmen vor allem Ausflüge und Wanderungen aufs freie Land, um sich der Kontrolle ihrer Eltern und Lehrer zu entziehen und die Selbständigkeit und das Gemeinschaftsgefühl zu erleben, wie sie bei Jugendgruppen der vormodernen Zeit anzutreffen gewesen waren. Die Bewegung nahm sich zuerst die fahrenden Scholaren des Mittelalters und die romantisch gestimmte Jugend der Sturm-und-Drang-Zeit zum Vorbild. Doch ihre Mitglieder waren jünger als diese Vorbilder und ungleich stärker in die nationale Gesellschaft integriert. Sie waren auch ich-bewußter, versuchten bewußt,

Jugendbewegung der Wandervögel. Fotografie, um 1913

ein ›einfaches Leben‹ zu führen, schliefen in Heuschobern, kochten sich ihr Essen selbst und achteten zugleich darauf, daß ihre bloßen Knie, auffallende Kopfbedeckungen und Gitarren sie als junge Leute aus dem Bürgertum von Landstreichern aus der Unterschicht abhoben.

Diese jungen Leute glaubten gegen eine verdorbene Zivilisation zu protestieren, der es an menschlicher Wärme, Lebendigkeit, Gefühl und Idealen fehle. Der ›Wandervogel‹ gab ihnen all dies bei Wanderungen durch die Nacht und bei Sonnenaufgang, in der Atmosphäre um das Lagerfeuer, beim gemeinsamen Gesang von Volksliedern und in den ungehemmten Empfindungen der Freundschaft. Aber egoistisches und disziplinloses Verhalten war gegen ihre Prinzipien. Als ihr Ideal erwählten sie schließlich den Helden in Hermann Poperts Roman ›Helmut Harringa‹, der 1910 erschien und binnen weniger Jahre in einer Auflage von dreihundertzwanzigtausend Exemplaren Verbreitung fand.[30] Helmut, ein junger Richter in Hamburg, führt einen erbarmungslosen Kampf gegen vorehelichen Geschlechtsverkehr, Trunksucht und die Beschmutzung der nordischen Rasse. Der Roman schließt mit den Worten: »Die Welt dankt die Idee der Freiheit den Nordvölkern, den Germanen.«

Die Freiheitsvorstellung des ›Wandervogels‹ war eine geistige und dem deutschen Bürgertum eigentümliche. Seine Wortführer forderten keine bürgerlichen Freiheiten. Im Gegensatz zu den Einstellungen neue-

Titelseite eines Liederbuchs für Wandervögel. Erschienen in Halle, 1910

rer, rebellischer Jugendbewegungen ging vom Gleichheitsdenken, dessen der ›Wandervogel‹ sich rühmte, keine Gefahr für die gesellschaftliche Ordnung aus, da es sich auf die Mitglieder der eigenen Klasse beschränkte. Und das Gewicht, das seine Mitglieder auf die Idee der Brüderlichkeit legten, hatte genügend patriotische Beiklänge, um es den Behörden annehmbar zu machen. Das öffentliche Image der jungen Menschen aus dem Kreis des ›Wandervogels‹ – ihre bizarre Tracht, das ungezwungene Benehmen und die angebliche Begünstigung homosexueller Beziehungen – ließ sie als Rebellen gegen die gesellschaftlichen Konventionen der wilhelminischen Ära erscheinen. Aber ihre Eltern und die Behörden tolerierten ihr bäurisches Bohème-Gehabe als einen harmlosen Ausdruck jener neu entdeckten Lebensphase, der Jugend, und weil es ihnen lieber war als eine Hinwendung zu wirklich straffälligem Tun oder – noch schlimmer – zum Sozialismus. Vor 1914 traten nur ein paar vereinzelte radikale Elemente in der Bewegung für die freie Liebe ein. »Weit davon entfernt, irgendeiner umfassenden Sexualreform das Wort zu reden, war die Jugendbewegung jener Zeit recht eigentlich eine Organisation zur Sublimierung der jugendlichen Libido.«[31]

Indes die ungeordnet wuchernden Arbeiterviertel in den Industriestädten sich zu stabilen Gemeinschaften entwickelten, wurden Liebesbeziehungen weniger flüchtig und führten zunehmend zur Heirat und dazu, daß Kinder im ordentlichen Stand der Ehe geboren wurden. Dies geschah nicht, weil die Arbeiterschaft es der Mittelschicht nachtun wollte, sondern weil sie ihre eigene geschlossene Subkultur mit eigenen Wertbegriffen und Verhaltensnormen ausbildete. Auch hatte die bürgerliche Gesellschaft sich darauf einzustellen begonnen, daß Arbeiter in einem frühen Alter heirateten. Früher hatte sie, namentlich in Mitteleuropa, solche Frühheiraten durch gesetzliche Maßnahmen eingegrenzt, um zu verhindern, daß der Nachwuchs aus diesen Ehen der lokalen Armenfürsorge massenhaft zur Last fiel.[32] Doch da die Unterschicht ohnedies schon die voreheliche Keuschheit aufgegeben hatte, hatten diese Gesetze ihren Zweck verfehlt und wurden denn auch in den sechziger Jahren des 19. Jahrhunderts aufgehoben. Von etwa 1875 bis 1914 ging fast überall der Prozentanteil unehelicher Geburten zurück, wenn es auch im Zeitablauf und Umfang dieser Abnahme zu beträchtlichen Unterschieden kam. Nach einem Bericht aus dem Jahr 1909[33] betrug der alljährliche Anteil unehelicher Geburten zwischen 1896 und 1900 in den Vereinigten Staaten, der Schweiz und Spanien vier bis fünf, in Italien und Finnland sechs bis sieben, in Norwegen sieben bis acht, in Belgien, Frankreich und Ungarn acht bis neun, in Deutschland und Dänemark neun bis zehn, in Schweden elf bis zwölf, in Portugal zwölf bis dreizehn und in Österreich vierzehn bis fünfzehn Prozent. Diese Unterschiede gingen auf zahlreiche Variable zurück, aber die Korrelation zwischen der Quote unehelicher Geburten und der Religionszugehörigkeit hatte die geringste Signifikanz. Sowohl die katholischen Staaten Spanien und Italien als auch die überwiegend protestantischen Länder Großbritannien und die Schweiz hatten niedrige Prozentanteile unehelicher Geburten; das katholische Österreich und Portugal hingegen zusammen mit Schweden und Dänemark, beide Staaten protestantisch, wiesen hohe Quoten auf. Trotzdem war die Arbeiterfamilie als Agentur der Sozialkontrolle viel weniger effektiv als die Familie der Mittelschicht.

Dieser Unterschied trägt zur Erklärung der unterschiedlichen Art und Weise bei, in der die Angehörigen der Mittel- und Arbeiterschicht ihrem Wunsch nach Freiheit Geltung zu verschaffen versuchten. Bürgertum wie Arbeiterklasse waren von der modernen Marktwirtschaft beeinflußt worden, die das Schwergewicht auf rationales Streben nach Erfüllung des individuellen Eigeninteresses legte. Und beide Sozialgruppen hatten sich einer formalen Schulausbildung unterziehen müssen, die selbst auf der Elementarstufe die Selbsterkenntnis des Individuums stärkte, indem sie ihm logisches Denken beibrachte. Der Sozialhistoriker Edward Shorter schreibt: »Man hat den Eindruck, daß die liberalen sexuellen Einstellungen vermutlich auf ein erhöhtes Ichbewußtsein und geschwächte Über-Ich-Kontrollen zurückgingen. Die traditionelle europäische Gesellschaft verinnerlichte sexualfeindliche Wertbegriffe, die Verdrängung verlangten. Doch als neue Wertvorstellungen alte zu ersetzen begannen, räumten die Restriktionen, mit denen das Überich den Lustgewinn belegte, vor den Forderungen des Ich nach individueller Selbsterfüllung als integralem Bestandteil dieses größeren Persönlichkeitszieles das Feld. Ich möchte damit nicht sagen, daß die Leute zu ›sexualisierten‹ menschlichen Wesen wurden; statt dessen wurden sie pluralisiert und betrachteten das Geschlechtliche als einen ihrer Menschlichkeit eigentümlichen Teil. Dies macht die sexuelle Revolution zu einer integrierten Bewegung des Selbst-Bewußtseins, nicht zu einer zügellosen Entfesselung fleischlicher Begierden.«[34]

Shorter weist anschließend darauf hin, daß die Mittelschichten, die im Liberalismus, im Laissez-faire-Kapitalismus und im allgemeinen Wahlrecht ihre Freiheit fanden, im sexuellen Bereich am repressivsten gesinnt waren, während die Arbeiter, die für wirtschaftlichen Kollektivismus und politische Gleichheit eintraten, sexuell am freiesten dachten und einen hohen Grad an Selbstbestimmung und Autonomie auf diesem Gebiet zeigten. Dieses Paradoxon läßt sich durch die unterschiedlichen Rollen der bürgerlichen und der Arbeiterfamilie erklären.

Das einzige geduldete Ventil für junge Männer aus dem Bürgertum, die neue Bestrebungen zur Lustbefriedigung zeigten, bestand darin, mit Frauen aus der Unterschicht und Prostituierten zu schlafen, eine Praxis, die sie auch benutzten, um ihre Männlichkeit zu beweisen. Diese jungen Männer taten sich – so unglaublich dies heute erscheinen mag – besonders viel darauf zugute, eine Geschlechtskrankheit gehabt zu haben, wenn sie sich diese bei einer Dirne zugezogen hatten. Nach Angaben einer zeitgenössischen Studie konnte kein schwedischer Offizier in einen bestimmten Offiziersklub aufgenommen werden, wenn er nicht zu beweisen vermochte, daß er schon einmal die Syphilis gehabt hatte.[35] In dieser Untersuchung wird weiter behauptet, in den ersten Jahren nach 1900 hätten die meisten Männer in Deutschland schon einmal die Gonorrhöe und einer von fünf die Syphilis gehabt. Bei der Mehrzahl dieser Männer wird es sich wohl um Arbeiter und Bauern gehandelt haben, die sich diese Krankheiten vor der Heirat bei Prostituierten geholt hatten, besonders während ihrer Militärzeit. Aber in vielen Ländern auf dem Kontinent folgten junge Männer aus bürgerlichen Kreisen dem Beispiel von ihresgleichen aus der Oberschicht und unterhielten voreheliche Geschlechtsbeziehungen zu ›Freundinnen‹ aus den unteren Schichten.

Unverheiratete Frauen aus der Mittelschicht hatten keine solchen Ausweichmöglichkeiten, und wenn sie heirateten, wurden sie oft bitter enttäuscht, weil ihre Ehemänner ihnen aus mangelnder Einfühlung keine sexuelle Erfüllung verschafften. Die Prostituierte und die ›kleine Freundin‹ aus der Unterschicht ermöglichten es dem bürgerlichen Ehemann, seinen Glauben zu bewahren, daß die reine Frau, die er heimgeführt hatte, keine geschlechtlichen Bedürfnisse kenne. Freud faßte das Dilemma des Ehemannes der bürgerlichen Ära folgendermaßen zusammen: »Einen vollen sexuellen Genuß gewährt es ihm nur, wenn er sich ohne Rücksicht der Befriedigung hingeben darf, was er zum Beispiel bei seinem gesitteten Weibe nicht wagt. Daher rührt dann sein Bedürfnis nach einem erniedrigten Sexualobjekt, einem Weibe, das ethisch minderwertig ist, dem er ästhetische Bedenken nicht zuzutrauen braucht, das ihn nicht in seinen anderen Lebensbeziehungen kennt und beurteilen kann.«[36] 1905 wurde ein Oxforder Arzt zitiert, der auf die Frage, ob Frauen am Geschlechtsverkehr Vergnügen empfänden, erklärt haben soll, daß »neun von zehn Frauen ihn gleichgültig oder mit aktiver Ablehnung hinnehmen; das Zehntel, das Vergnügen daran hat, wird immer aus Schlampen bestehen.«

Doch in den ersten Jahren nach der Jahrhundertwende begannen sich in den meisten entwickelten Teilen Europas die Einstellungen der Mittelschicht zur gesellschaftlichen Rolle und zur Sexualität der Frau zu verändern. Zwar wagten es nur wenige junge Frauen, so weit zu gehen wie die Heldin von H. G. Wells' ›Ann Veronica‹, die sich gegen das Elternhaus stellte, es verließ, einen attraktiven älteren Mann verführte, mit ihm in die Schweiz durchbrannte und fortan glücklich und zufrieden lebte. Doch war es Büchern wie Havelock Ellis' ›Mann und Weib‹ zum Teil zu verdanken, daß sexuelle Beziehungen zumindest auf bedrucktem Papier zu einem Diskussionsthema und einer potentiell bereichernden Erfahrung für Frauen wie für Männer werden konnten. Havelock Ellis war nicht nur der erste wissenschaftlich geschulte englische Autor, der in objektiver Darstellung für das allgemeine Publikum über die Sexualität schrieb, sondern auch einer der ersten Wortführer des von ihm so genannten ›neuen Geistes‹, der für ihn auch den Sozialismus und die Emanzipation der Frau einschloß. Wie wir in Kapitel acht sehen werden, erzielten diese beiden Bewegungen in der Belle époque beträchtliche Fortschritte. Zugleich nahmen in protestantischen Ländern gebildete

Angehörige der Mittelschicht allmählich eine weniger rigide Haltung gegenüber Empfängnisverhütung, Ehe und Scheidung ein. Und in katholischen Ländern wurden achtbare junge Frauen aus dem Bürgertum weniger streng überwacht und konnten sich kleineren Lastern wie dem Rauchen ergeben.

Einer der frühesten und einflußreichsten Befürworter der Befreiung der bürgerlichen Frauen war der norwegische Dramatiker Henrik Ibsen, besonders in seinem Schauspiel ›Nora oder ein Puppenheim‹. Bis zur letzten Szene in diesem Stück klammert sich Nora Helmer an die Maßstäbe und Werte des Puppenheims, die ihre Rolle als die einer liebenden, heiteren, gefügigen Frau und Mutter definieren. Dennoch muß sie schließlich erkennen, daß ihr Leben ein einziges Werk des falschen Scheins gewesen ist, und nimmt die Haltung der sich befreienden Frau ein.

Heute wirken diese Begriffe wie aus einer Zeitschrift der noch nicht befreiten Frau, doch im ausgehenden 19. Jahrhundert waren sie wahrhaft radikal. ›Nora‹ und die anderen Stücke Ibsens wurden in den Avantgarde-Theatern der Großstädte Europas als offene Attacken auf die bürgerliche Heuchelei und die sexuelle Unterdrückung aufgeführt. Es wäre schwierig, einen direkten Zusammenhang zwischen diesen Thea-

Friedhofszene aus dem Schauspiel ›Frühlingserwachen‹ von Frank Wedekind in der Berliner Inszenierung von Max Reinhardt, 1906; Darsteller: Dr. von Jakobi, Frank Wedekind, Alexander Moissi. Fotografie, 1906

terstücken und dem gewandelten Verhalten mancher bürgerlicher Europäer im 20. Jahrhundert zu beweisen, aber sie gaben zweifellos den neuen Denkhaltungen Ausdruck, die diesen Wandel auslösten.

Frank Wedekind griff die hypokritischen bürgerlichen Konventionen, die die sexuellen Regungen von heranwachsenden Jugendlichen unterdrückten, noch viel radikaler und schärfer an als Ibsen. Er feierte die Lebenskraft des Körperlichen und verfocht die uneingeschränkte sexuelle Freiheit für alle Mitglieder der Gesellschaft. In seinem Stück ›Frühlingserwachen‹ stellte er mit beispiellosem Freimut die sexuellen Probleme des Pubertätsalters dar.

In diesem Stück verwendet Wedekind expressionistische Techniken, um seine Attacke auf das deutsche Schulsystem und die Gesellschaft, die es hervorgebracht hat, zu verstärken. Während die Unschuld der jungen Menschen durch den lyrischen Ton ihrer Sprache hervorgehoben wird, sind Sprache und Verhalten der Lehrer schwachsinnsnahe. Wedekind zeigt die Verwurzelung des Schulsystems in der tyrannischen Autorität des Vaters und schildert den heuchlerischen Puritanismus und die moralische Feigheit als groteske Zerrbilder dieser Autorität.

Die Homosexuellen hatten es noch weit schwerer als heterosexuelle Frauen und Heranwachsende, sich von den moralischen Traditionsnormen zu befreien. André Gide deutete zum erstenmal 1902 in seinem Roman ›Der Immoralist‹ homosexuelle Sehnsüchte an. Aber erst siebenundzwanzig Jahre später veröffentlichte er dann ›Stirb und werde‹, in dem er die Erlebnisse, die dem Helden seines ersten Romans in Algerien widerfuhren – darunter einige in Gesellschaft von Oscar Wilde – als seine eigenen eingestand. Edward Carpenter wollte, wie Havelock Ellis, das Sexualverhalten von gesellschaftlich bestimmten Definitionen befreien. (»Es gibt keine Vorschrift, außer der der Liebe.«) Selbst eingestandener Homosexueller, verteidigte Carpenter offen das Recht von seinesgleichen, ihrer sexuellen Neigung ohne Furcht vor gesellschaftlicher und gesetzlicher Unterdrückung folgen zu dürfen. 1896 veröffentlichte die ›Manchester Labour Press‹ sein Buch ›Love's Coming-of-Age‹, das bis 1914 in etwa fünfzigtausend Exemplaren verkauft und in mehrere Sprachen übersetzt wurde. Doch der Skandal, der 1895 um Oscar Wilde ausbrach, bedeutete für Carpenters Bemühungen – abgesehen von einem kleinen sozialistischen Zirkel – einen Rückschlag von mindestens einem Jahrzehnt.

Die Reaktionen auf diesen Skandal zeigen anschaulich die heuchlerische Moral der Oberschicht und die konservative Haltung der Mittel-

und Unterschicht gegenüber nichtkonformistischem Verhalten. 1895 wurde Wilde nach der öffentlichen Bloßstellung seiner Beziehung zu Lord Alfred Douglas durch dessen Vater, den Marquess of Queensbury, zu einer Gefängnisstrafe verurteilt. Bis dahin war der begabte Dramatiker der Liebling der Londoner Gesellschaft gewesen, man hatte ihm seine exzentrische Garderobe und sein flamboyantes Ästhetentum verziehen und ihn als geistreichen Causeur gefeiert, der traditionelle Moralbegriffe mit Bemerkungen wie »Es gibt keine andere Sünde als die Dummheit!« abtat. Doch kaum war Wilde öffentlich als Homosexueller identifiziert, ließ die vornehme Gesellschaft ihn fallen. In ihren Augen bestand seine ›Sünde‹ nicht sosehr in seinen sexuellen Neigungen als vielmehr in seiner ›Dummheit‹, sich dabei erwischen zu lassen. In England wie in anderen Teilen Europas tolerierte ein großer Teil der Oberschicht deviates Verhalten im Privaten, solange die übrige Gesellschaft, die unduldsam war, nicht auf Beispiele solcher Abwegigkeit in den Reihen der Society anklagend deuten konnte. Schließlich zeigten die kleinen Verkäufer, Büroangestellten und Lohnkutscher den stärksten Abscheu über Wildes Verhalten, als dieses durch die Presse und die Gerichtsverhandlungen an die Öffentlichkeit drang.

Die aktivste Bewegung für die Befreiung der Homosexuellen war in Deutschland tätig, mußte aber, infolge eines Skandals in hochgestellten Kreisen, ebenfalls einen schwerer Rückschlag hinnehmen. Der Berliner Sexualwissenschaftler Magnus Hirschfeld führte eine energische Kampagne für die Abschaffung der gesetzlichen Bestrafung von Homosexuellen. Hirschfeld gab ein ›Jahrbuch für sexuelle Zwischenstufen‹ für einen kleinen Kreis von Ärzten und Juristen sowie eine ›Zeitschrift für Sexualwissenschaft‹ heraus, in der 1908 Sigmund Freud wie auch Alfred Adler Artikel veröffentlichten. Doch inzwischen war die Sache, für die Hirschfeld sich einsetzte, bereits schwer kompromittiert durch das öffentliche Aufsehen um einen Prozeß, den Graf Kuno von Moltke gegen Maximilian Harden, den Chefredakteur der linksliberalen Zeitschrift ›Die Zukunft‹, wegen Verleumdung angestrengt hatte. Harden hatte, um das autokratische Regime auf indirektem Weg anzugreifen, Moltke, den Fürsten Philipp zu Eulenburg und mehrere weitere Mitglieder des engen Freundeskreises um Kaiser Wilhelm II. als Homosexuelle demaskiert. Hirschfeld selbst sagte in dem Prozeß aus, daß nach seiner Meinung als Fachmann Moltke homosexuell sei, womit er seine Integrität als Wissenschaftler über sein Eintreten für bürgerliche Rechte für die Homosexuellen siegen ließ. Bedeutsamer jedoch, daß hochgebildete bür-

Maximilian Harden in seinem Berliner Arbeitszimmer. Fotografie, um 1910

gerliche Liberale wie Harden bereit waren, die homosexuelle Einstellung von Menschen, die ihnen mißfielen, dazu zu benützen, sie zugrunde zu richten.

In Deutschland wie in England verteidigten mehrere angesehene Sozialisten die homosexuelle Befreiungsbewegung gegen diese hypokritischen Liberalen. In einer Rede, die er am 13. Januar 1898 vor dem Reichstag hielt, unterstützte August Bebel die Bestrebungen, jene Teile des Strafgesetzbuches, die homosexuelle Akte zu einem Verbrechen erklärten, zu reformieren. Bebel argumentierte, die gesetzlichen Vorschriften trügen das Merkmal der Heuchelei, weil sie von der Annahme ausgingen, daß die Homosexualität sich auf eine kleine Zahl antisozialer Ungeheuer beschränke. In allen Klassen, erklärte er mit Nachdruck, gebe es Homosexuelle, die im übrigen gesetzestreue Bürger seien. Die Behörden selbst waren über die Situation genau im Bilde, und die Berliner Polizei duldete fast vierzig Kneipen und Kabaretts, deren ausschließliches Publikum Homosexuelle waren.

›Enthüllungen‹ über männliche wie weibliche Homosexualität erfreuten sich in der hier betrachteten Periode einer gewissen Beliebtheit bei selbstgerechten Sittenrichtern in allen Klassen der Bevölkerung. Bis dahin war das Thema für solche Leute tabu gewesen, nun aber machten sie die Homosexuellen – zusammen mit Kriminellen und Prostituierten – zu Sündenböcken ihrer Empörung über das, was sie in der Neuen Moral sahen. In seinem Buch ›La Corruption fin de siècle‹ (1891) faszinierte der Sensationsjournalist Léo Taxil seine Leserschaft mit Enthüllungsstorys über lesbisches Treiben unter Damen der Pariser Gesellschaft. Er nannte ihre Treffpunkte und klärte sein Publikum auf, daß man eine Anhängerin der sapphischen Liebe an dem »prachtvollen, lockigen, geschmückten, zierlich herausgeputzten und mitunter sogar mit Bändern dekorierten Pudel« erkennen könne, der sie bei ihren Spaziergängen auf den Champs-Elysées oder auf einem gewissen Pfad im Bois de Boulogne begleitet. Im Mai 1913 las das Wiener Publikum tief betroffen in den Zeitungen, daß Oberstleutnant Alfred Redl, der einen hohen Posten im Geheimdienst der Armee bekleidete, militärische Geheimnisse an Rußland verkauft hatte, um damit seine aufwendige Lebensführung und seinen derzeitigen Liebhaber zu finanzieren. Noch bedrohlicher als Redls landesverräterische und homosexuelle Aktivitäten war die Erkenntnis, daß ein solcher Mann beides hatte verbergen können, weil er sich die Maske des vorbildlichen Offiziers aufgesetzt und in der Öffentlichkeit das seinem Stand gemäße Verhalten an den Tag gelegt hatte.

Die tradierten religiösen Überzeugungen und Normen büßten in den von der Modernisierung erfaßten Gesellschaften Europas viel von ihrem

Oberstleutnant Redl, österreichischer Geheimdienstoffizier. Fotografie, vor 1913

Einfluß auf das Verhalten der Menschen ein. Zwar betrachtete die Mehrheit der Europäer sich aus Anpassung an die allgemeine Gewohnheit als Christen, doch die Mehrzahl der Arbeiter in den Städten lehnte die Autorität der Kirchen ab. In allen Klassen der Gesellschaft gaben Menschen in der Auflehnung gegen die einschränkenden Moralvorschriften der Tradition und in einem gesteigerten sexuellen Bewußtsein ihrem Freiheitsverlangen Ausdruck. Manche Moralisten sahen in solchen Reaktionen Anzeichen der Entfremdung von allen Werten und Normen; andere betrachteten sie als Erfüllungen der Freiheitsverheißung der Moderne. Vor 1914 erkannten nur einige wenige kritische Denker das Paradox, zu dem die Modernisierung schließlich führen sollte: daß sie den Menschen ermuntert, an sich selbst zu denken und sich selbst zu verwirklichen, während sie ihn zugleich neuen Formen der Fremdbestimmung und des Anpassungszwanges unterwirft. Symptome dieses Paradoxes meldeten sich jedoch bereits in der Massenkultur der letzten Dekaden vor dem Ersten Weltkrieg.

Die Kultur der breiten Schichten

Die neuen Medien der Populärkultur verbanden ein Lippenbekenntnis zur konventionellen Moral der Zeit mit einer Lebenssicht, die rein diesseitig, materialistisch und naiv empirisch war. Die modern eingestellte bürgerliche Mentalität wurde in den staatlichen Schulen gefördert, auch in denen, wo die Schüler oberflächlich in traditioneller Religion und Moral unterwiesen wurden. Vielgelesene Romane wie Mrs. Henry Ellen Woods ›East Lynne‹ (drei Bände, 1861) taten zwar noch beiläufig der göttlichen Vorsehung Erwähnung, doch in der nach 1890 geschriebenen Populärliteratur wurde sie zumeist ignoriert. Das gleiche galt für die Massenpresse, illustrierten Blätter und Filme – abgesehen von einem gelegentlichen Epos wie ›Quo vadis?‹ von Henryk Sienkiewicz (1896). Werbekampagnen und Schaufensterdekorationen der Warenhäuser rückten Produkte in den Vordergrund, die gesehen, angefaßt und sofort verbraucht werden konnten, und gaben klar zu verstehen, daß vielleicht schon morgen alles veraltet sein würde. Die Mittelschicht versagte sich zwar vorläufig noch manche Arten des Lebensgenusses und sparte für schlechtere Zeiten, entwickelte aber zusehends die Neigung, für Erholung, Vergnügungen und modische Produkte sowie Dienstleistungen Geld auszugeben. Die Massenmedien förderten diese ›Konsumfreudigkeit‹ auch bei den unteren Schichten.

Ebenso nährten die Massenmedien die naive Vorstellung, das »Ich-habe-es-in-der-Zeitung-gelesen« verschaffe einem einen Ein- und Überblick, der auf eigener Anschauung beruhe.

Kunst und Kunsthandwerk der Tradition hatten eine begrenzte Zahl stilisierter Anschauungen von Dingen jenseits der Alltagserfahrung geliefert, in der modernen Gesellschaft aber bombardieren die Massenmedien die Menschen mit Bildern und Vorstellungen von allem und jedem unter der Sonne, die sämtlich aus zweiter Hand stammen. Im Unterschied zu künstlerischen Darstellungen, die innere Gefühle evozieren, oder zum kritischen Denken anregen, das verborgenen Funktionen und Prozessen nachspürt, sind die aus den Massenmedien gewonnenen Anschauungen im buchstäblichen Wortsinn oberflächlich. Die Berichterstattung der Presse über die Reisen von gekrönten Häuptern und Regierungschefs gibt keine Erklärung für internationale Beziehungen. Aufnahmen von entgleisten Eisenbahnzügen, Naturkatastrophen und Schlachten sind nur das, was zu sehen ist, ohne uns im geringsten daran zu beteiligen.

Die massenhaft produzierte Populärkultur wurde zusehends auf ein Massenpublikum ausgerichtet. Die Anschauungen, die sie vermittelte, wurden nicht nur zu solchen aus zweiter Hand, sondern sie erhielten auch konfektionierten Charakter. Die Massenkultur 1914 war zwar noch weit davon entfernt, ihrem Publikum Phantom-Gegenden wie Marlboro Country, Phantom-Menschen wie den Bloomingdale Man und Pseudo-Ereignisse wie die Kontraktverhandlungen von Sport-Stars anzudrehen. Doch sie produzierte bereits programmierte Abenteuer- und Liebesromane, Schlager mit abgepackter Sentimentalität, das Varieté mit seiner formelhaften Komik und seinem stereotypen Flitterglanz. Alle diese Produkte sind in den elektronischen Medien von heute noch gegenwärtig. Der Zuschauersport wurde bereits damals zu einem wichtigen Faktor des Massenkonsums, wenn er auch für die verschiedenen Gesellschaftsklassen unterschiedliche Bedeutung hatte. Frühe Schallplattenaufnahmen von Opernarien, die Enrico Caruso sang, brachten eine Kultur ins bürgerliche Heim, die nichts von der Unmittelbarkeit einer wirklichen Opernaufführung hatte. Frühe Filme boten mit dem Auge der Kamera kurze Blicke in nie gesehene Welten und verschafften dem Betrachter vorgefertigte Bildeindrücke von Realitäten und Wundern. ›Programmiertes‹ Lernen und visuelle Hilfen erreichten die Familien in der Gestalt von Bildpostkarten und den Kartenserien, die vor 1914 Teil der Zigarettenverpackung waren und die später in unserem Jahrhundert Cornflakes- und Ballonkaugummi-Packungen beigelegt wurden.

Ein paar schöne Stunden mit Unterhaltung

In den Großstädten suchten mehr und mehr Menschen Entspannung und Unterhaltung in einer wachsenden Zahl und Vielfalt von Vergnügungsstätten. Die einst so sparsamen und prüden Mittelschichten fanden nichts Leichtfertiges oder Sündhaftes mehr darin, dort hinzugehen und dort Geld auszugeben. Auch die jüngere Generation der Arbeiterschaft

Englisches Seebad Scarborough, Grafschaft York. Fotografie, um 1900

WALSHAW

fand mehr Gelegenheiten auszugehen als noch ihre Eltern. Leute aus allen Klassen besuchten Bars, Spielsalons, Theater, nahmen an Sportereignissen teil, spazierten in öffentlichen Anlagen und suchten Bordelle auf. Doch jede Klasse hatte die ihr ›angemessenen‹ Abstufungen und Formen solcher Einrichtungen oder doch zumindest einen für sie abgegrenzten Bereich innerhalb derselben.

Vor 1914 waren die Kinos noch zu plebejisch für den Geschmack des Bürgertums, aber die wachsende Zahl von Angehörigen dieser Schichten, die nun die ›standesgemäßen‹ Bildungseinrichtungen, Theater und Oper besuchten, wünschten leichtere Unterhaltung, als diese traditionsgemäß geliefert hatten. Modern aufgeschlossene Bürger betrachteten Richard Strauss als den bedeutendsten zeitgenössischen Komponisten, populärer jedoch war Giacomo Puccini, nicht nur weil er eine eingängigere Musik schrieb, sondern auch weil die Gefühlsstruktur seiner Opern der des weniger gebildeten Bürger- und Kleinbürgertums näherstand. Anders als Elektra und Salome, hochmütige Prinzessinnen, die an ihrem eigenen Untergang schuld trugen, gaben sich Tosca, Mimi und Madame Butterfly als arme Geschöpfe, die ungewollt zu Opfern von Ungerechtigkeit, Vorurteilen oder ihrer eigenen Gefühlsseligkeit wurden. Die Tragödie war – sofern sie nicht von weltberühmten Mimen wie Sarah Bernhardt oder der Duse dargeboten wurde – weit weniger beliebt als die Salonkomödie oder die Farce. Unter der Maske theaterhafter Unwirklichkeit ermöglichten es Georges Feydeaus Stücke dem bürgerlichen Publikum, den Kitzel der verborgenen Genüsse des Ehebruchs zu genießen, ohne Gewissensbisse empfinden zu müssen. Operetten wie Franz Lehárs ›Lustige Witwe‹ (1905) nutzten die Fassade des Theaters, um die Wunschträume scheinbar zu erfüllen.

In den ersten Jahren nach 1900 stieg die Reiselust der Angehörigen der Mittelschichten. Man reiste mehr als noch zu Elternzeiten. Das Fremdenverkehrsgewerbe erlebte eine starke Expansion. Ein Diner oder ein Tanz im neuen luxuriösen Picadilly Hotel in London oder im Adlon in Berlin wurde für neureiche Bürgerliche zum Höhepunkt fashionabler Eleganz. Manche gewöhnliche Bürgerfamilien aus den Großstädten begannen nun auch, Weihnachten und andere Feiertage in auswärtigen Hotels zu verbringen. Daneben zogen Seebäder und Zentren des Lebensgenusses wie Paris und Venedig immer mehr bürgerliche Besucher aus aller Welt an.

Zwar begannen einige Seebäder auch eine Klientel aus der Arbeiterklasse anzuziehen. Aber viele Arbeiter wählten einen kürzeren Weg, ob aus Manchester oder Essen, St. Etienne und Genua: den zum Alkohol. Trunksucht war ein großes Problem in den Arbeiterbezirken der Städte, wenn auch die Festnahmen wegen Trunkenheit zurückgingen: in Frankreich von 98 482 (1875) auf 52 025 (1910), in England und Wales von 207 000 (1905) auf 162 000 (1910).[1] Der Prozentanteil der Arbeiter, die Trinker waren, blieb zwar gleich, ihr Alkoholkonsum pro Kopf ging jedoch in den stark entwickelten Industriestaaten zurück. Anders als ihre Vorgenerationen im Frühstadium der Industrialisierung trank die Mehrzahl dieser Arbeiter mehr um der Geselligkeit willen, als um ihre Sorgen im Alkohol zu ertränken.

Bis weit ins 20. Jahrhundert hinein bestand die wichtigste Form der Freizeitgestaltung für verheiratete Männer aus der Arbeiterklasse im geselligen Beisammensein in der Kneipe.[2] Bevor es weder Rundfunk noch Fernsehen gab, hielt sie wenig zu Hause, und nur wenige dachten daran, ihre abendliche Entspannung in der Familie zu suchen. Nur ledige Jungarbeiter führten ihre Freundinnen zuweilen in die Music-hall, ins Varieté oder ins Kino. Verheiratete Arbeiter gingen selten mit ihren Frauen aus, unternahmen allenfalls am Sonntag einen Spaziergang mit ihnen. In Großbritannien zogen sie mit ihren Kumpeln am Sonnabendnachmittag zu Fußballspielen oder Kricket-Matches. Auf dem Kontinent lockten nachmittägliche Sportereignisse am Sonntag die besser entlohnten Arbeiter an. Trotz eigener ›Tische für Damen‹ war die Kneipe eine Zufluchtsstätte, wo sie Ruhe vor ihren Familien fanden, sich frei unterhalten und mit den Bedienungen schäkern konnten. Sie tauschten gutmütige Scherze aus, trieben Schabernak und gingen erwärmt nach Hause.

Wie für die bürgerlichen Schichten das Hotel, war für die Arbeiterklasse die Kneipe ein Ort, wo man in annähernd vertrauter Umgebung saß und keine unberechenbaren Folgen für seine Aushäusigkeit befürchten mußte. Manche Leute jedoch wagten sich gern in eine Umgebung, die neuartige, erregendere Reize bot. Sie besuchten Tanzsäle oder Tingeltangel-Restaurants in Montmarte und Music-halls in London oder Vergnügungsparks wie den Wiener Prater oder den Berliner Lunapark. Auf den Karussells, in den Geisterbahnen und an den Schießbuden war man ein Beteiligter, wenn auch an einer offenkundig künstlichen Welt. Der Zirkus hingegen bot rein stellvertretende Erregungen und Zauber in einem exotischen Rahmen.

Zum Programm des Zirkus Busch in Berlin gehörte ein Wasserspektakel, dessen Star die ›Wasserminna‹ war. Hoch zu Roß sprengte sie aus der Zirkuskuppel durch einen Wasserfall herab in einen See.[3] Diese un-

In der Kaschemme: Abendunterhaltung mit Gesang (»Wenn du noch eine Mutter hast . . .«). Zeichnung von K. Storch, 1903

komplizierte, doch erregende Darbietung zog noch bis in die frühen neunziger Jahre ein buntgemischtes Publikum an. Später aber gewannen in Deutschland die Varietés größere Beliebtheit, nicht nur weil sich im Zirkus die Sensationsspektakel erschöpften, sondern auch deswegen, weil man im Varieté und in der Music-hall rauchen durfte. Denn nach 1900 nahm in allen Ländern und in allen Klassen die Sitte des Zigarettenrauchens drastisch zu und entwickelte sich rasch zu einer der am stärksten verbreiteten vermeintlichen Lebensfreuden der modernen Gesellschaft.

›Varieté‹ wurde zum Schlüsselwort im Vergnügungsgewerbe der Jahrhundertwende. Das berühmteste Varieté in Berlin, der ›Wintergarten‹, bot seinem Publikum Musik, Akrobaten, Clowns und Zauberer und ließ auch Kabarettisten, Operettensänger und Pariser Ballettgruppen auftreten. Zu seinen Tanzstars gehörten die schöne Otéro, Mata Hari und die Australierin Saharet. Das kleine Bürgertum saß an Tischen auf Plätzen zu sechs Mark. Die Verkäufer und kleinen Büroangestellten füllten die Ein-Mark-Sitze im Saal, wo Abendkleidung freigestellt war.

Die Menschen gingen ins Varieté, in die Music-hall oder in das Revue- und Vaudevilletheater, um zu lachen und die Alltagssorgen zu vergessen. Im Wintergarten amüsierte der Sänger und Komiker Otto Reutter seine Zuhörer so, daß sie vor Lachen unter die Tische rollten, wenn er einen Mann spielte, der spät nach Hause kommt und mit trunkener Stimme singt:

»Da steht vor meiner Kommode 'n Mann – Der sagt: ›Sie! fassen Se mal mit an! Alleene is' mir det Ding zu schwer . . .‹ Ick wunder mir über jahnischt mehr –«[4]

Eine der populärsten Nummern Otto Reutters, seine Couplets über die kleinen Sorgen und Schmerzen des Alltags, endete jedesmal mit dem Refrain »In fünfzig Jahren ist alles vorbei«. Das Thema ›Schau nach dem Silberstreif‹ war die universale Botschaft der Welt der Unterhaltung.

Das Medium des Varieté-Theaters selbst war eine Botschaft: ›Varieté‹ – ›Abwechslung‹ – ist die Würze des Lebens. Das Publikum in den engli-

›Acht deutsche Mädchen‹ bei ihrem ersten Auftritt im Berliner Wintergarten. Fotografie, 1914

schen Music-halls lachte und jauchzte, wenn Charles Coborn von dem Mann sang, der die Spielbank von Monte Carlo sprengte, und heuchelte Mitgefühl, wenn Vesta Victoria das Schicksal der Braut beklagte, die verlassen vor der Kirche stand. Die Jahrhundertwende war die Blütezeit der Music-hall in England; allein in London gab es siebenundfünfzig solcher Theater. Anders als die fashionablen Varieté-Theater waren die meisten Music-halls auf Massenpublikum eingestellt; die Plätze waren billig, die Kleidung leger; die Künstler ermunterten das Publikum, unbefangen auf ihre Possen zu reagieren und die Refrains ihrer Lieder mitzusingen. Die komische Wirkung mancher Lieder kam erst durch die Mimik richtig zur Geltung. Der Polizist auf der Bühne war ständige Zielscheibe aggressiver Späße. Besonders auf junge Arbeiter wirkte »die Aufmachung und Komik des Künstlers und noch mehr der Zauber- oder Verrenkungskünstler oder irgendein außergewöhnliches Genie, das Akrobat und Musiker in sich vereint. Sandow beispielsweise kann einen Saal füllen, und wenn die jungen Burschen fortgehen, erfüllte sie das Verlangen, ihren eigenen Körper und ihre Muskeln zu stählen.«[5]

Mehr als jedes andere Medium transportierten die Schlager die Gefühle der städtischen Massen in der Moderne. Im Unterschied zum Volkslied wurzelten die ›Hits‹ nicht in den Lebenserfahrungen einer bestimmten Sozialgruppe. Sie sprachen bewußt rein persönliche Empfindungen an und luden damit zur universalsten aller Reaktionen auf die moderne Zeit ein: zum Rückzug ins Private. Jedes Land hatte seine sentimentalen Liebeslieder, deren Hauptthema sich immer wiederholte: Solange wir beide einander treu sind, kann uns die Welt gleichgültig sein. Mit mehr Realismus beschrieb dagegen der französische ›Blues‹ das schwere Schicksal der Frau aus der Unterschicht: Das Leben ist hart, also sei dankbar für jede Art von Liebe, gleichgültig, wie schlecht der Kerl ist. Die beiden Strophen aus zwei typischen Liedern drücken die Ironie und die Keßheit aus, auf die die Berliner stolz sind:

»Denkste denn, denkste denn, / Du Berliner Pflanze, / Denkste denn ick liebe dir, / Weil ick mir dir tanze?«

»Mutta, der Mann mit dem Koks is' da! / Jung, halt die Schnauze, ick seh' et ja. / Ick hab' keen Jeld, du hast keen Jeld / Wer hat denn den Mann mit'm Koks bestellt?«[6]

Die Wiener gaben nostalgischen Liedern den Vorzug, in denen sie die eigene Stadt besangen wie in ›Wien, du Stadt meiner Träume‹. Von ebenso süßlicher Rührseligkeit war die Nostalgie, die der englische Schlager ›If Those Lips Could Only Speak‹ ausdrückt:

Marie Lloyd, Star der Londoner Music-Halls.
Fotografie, 1900

»If those lips could only speak, / If those eyes could only see, / If those beautiful golden tresses/Were there in reality. / Could I only take your hand / As I did when you took my name, / But it's only a beautiful picture / In a beautiful golden frame.«

Das Aufkommen zweier moderner Typen – des gefeierten Stars und des Fans – signalisierte die zunehmende Bedeutung der populären Unterhaltungskunst im Alltagsleben der Menschen. Vor der letzten Dekade des 19. Jahrhunderts hatten nur einige hervorragende Persönlichkeiten der Bühne, der Oper und der Zirkussphäre innerhalb begrenzter Kreise von Kennern Ruhm und Anbeter gefunden; die Verehrer von Jenny Lind, der schwedischen Nachtigall, fanden sich auf beiden Seiten des Atlantik. Doch diese Künstler wurden wegen ihrer Begabung geschätzt, nicht wegen ihres Image bewundert. Music-hall und Cabaret jedoch zogen die ersten Fans von Stars wie Marie Lloyd in London, Yvette Guilbert in Paris und Cläre Waldoff in Berlin an.

Cläre Waldoffs ›Appeal‹ lag nicht in ihrem sängerischen Können, sondern in der Bühnenpersönlichkeit und in den Ansichten, die sie zum Ausdruck brachten. Wenn beispielsweise Marie Lloyd ›A Little of What You Fancy Does You Good‹ sang, lud ihr ganzer Vortrag das Publikum ein, diese gewährenlassende Haltung zu übernehmen. Ihre Fans interessierten sich für ihr privates Leben, für ihre Meinungen zu aktuellen Ereignissen und ihren Geschmack.

Ein frühes Beispiel des Bühnenkünstlers als Persönlichkeit des öffentlichen Interesses war der Komiker Alexander Girardi.[7] Menschen aus allen Schichten waren entzückt von seinem im Wiener Dialekt vorgetragenen Lied vom Fiaker, der sich rühmte, ein besserer Droschkenkutscher als die in anderen Großstädten zu sein, weil er ein echter Wiener war. Girardi drückte auch den Rollen, die er spielte, seinen persönlichen Stempel auf, so etwa dem Schweinezüchter Zsupan im ›Zigeunerbaron‹ von Johann Strauß, einem seiner meistkopierten Triumphe. Eine ganze Generation idolsüchtiger junger Wiener nahm einen bestimmten Gang an, imitierte bestimmte Posen und wiederholte immer wieder bestimmte Wendungen nach Girardis Vorbild. Besonderer Beliebtheit erfreute er sich beim Kleinbürgertum, weil er anscheinend dessen Idealvorstellung seiner selbst personifizierte: witzig, gutmutig, umgänglicher Bürger der gemütlichsten Stadt der Welt.

Während der Fan es genoß, seine Lebenseinstellung in einem vertrauten Rahmen glorifiziert zu sehen, bestärkte sich ein anderer moderner Typus, der Tourist, in seinem Glauben an die Überlegenheit seiner eige-

Titelblatt eines Notenheftes. Erschienen im Verlag A. Cranz, Leipzig, Brüssel, London, 1885

nen Kultur, wenn er sich unter ›Ausländern‹ amüsierte. In den Jahren nach der Jahrhundertwende konnte ein begüterter Engländer »ins Ausland, in fremde Gegenden reisen, ohne deren Religion, Sprache oder Sitten zu kennen, einen Schatz an Münzen bei sich tragen und hätte die geringste Unbill als große Überraschung und schwere Kränkung betrachtet. Das Wichtigste jedoch war, daß er diesen Stand der Dinge als normal, gesichert und, außer in der Richtung einer weiteren Verbesserung, als dauerhaft und jede Abweichung davon als skandalöse und vermeidbare Fehlentwicklung ansah.«[8]

Das Reiseunternehmen Cook's ermöglichte diese Art des Reisens allen Leuten, die kein Personal hatten. Einerlei, zu welchem Ziel die Cook's-Tour sie führte, überall erwarteten sie Reiseführer, die die eigene Sprache sprachen, die ›sonderbaren‹ Landesbräuche erklärten, den Männern zeigten, wo sie sich amüsieren, und den Damen, wo sie einkaufen konnten. Man ließ sich auch fotografieren, mit dem Eiffelturm, dem Kolosseum und dem Parthenon als Hintergrund der eigenen Präsenz. Zum Unterschied vom echten Reisenden, der die Einheimischen nach deren eigenen Maßstäben zu verstehen versuchte, behandelte sie der Tourist als ›Ausländer‹, die nur dafür da waren, seinen Wünschen Genüge zu tun.

Die Touristenmentalität beschränkte sich nicht auf die kleine Zahl de-

Anzeige des ersten deutschen Reisebüros, 1898

rer, die ins Ausland reisten. In der Belle époque entdeckte die Pariser Gesellschaft den Genuß, sich in den Cabarets und Tanzsälen von Montmartre unters Volk zu mischen; im Moulin Rouge konnte sie sich La Goulue mit ihrer berüchtigten Version des ›Chahut‹, eines enthemmten Tanzes, zu Gemüte führen, bei dem sich im Werfen der Beine und in Spagaten die animalische Natur der Künstlerin freigebig enthüllte. Man konnte auf alles, das der eigenen Kultur oder Subkultur fremd war, mit der Mentalität des Touristen reagieren – wie jene viktorianische Hofdame, die nach einer Aufführung von Shakespeares ›Antonius und Kleopatra‹ zu ihrem Begleiter bemerkte: »Wie so anders als das Leben, das unsere eigene, teure Königin zu Hause führt!« Als die Periode der Modernität begann, drückte sich diese Mentalität auf andere Weise beim Bürger- oder Kleinbürgertum aus, etwa wenn Menschen aus diesen Schichten Museen besuchten oder Artefakte aus anderen Zeiten und anderen Kulturkreisen zum Schmuck des Heimes verwendeten. Wenn sie Derartiges taten, taten sie es immer als Menschen, die sie waren, während sie etwas Fremdes bewußt nach den eigenen Maßstäben konsumierten. Anders ausgedrückt, man paßt etwas, das außerhalb des eigenen täglichen Erfahrungskreises liegt, sich domestizierend an, indem man es als etwas wahrnimmt und benutzt, das gerade in seiner Fremdheit der eigenen Verfügbarkeit unterliegt.

Der ›Chahut‹ (Cancan) mit dem Revuestar La Goulue im Moulin Rouge am Montmartre in Paris. Fotografie, um 1895

Zuschauersport

In den frühen Jahren nach 1900 entwickelten sich auch die verschiedenen Arten des Zuschauersports zu einer Form kommerzialisierter Massenunterhaltung, die Ersatzerregungen lieferte. Die Begriffe Sport und sportliche Art waren ursprünglich in England entstanden und hatten sich im ausgehenden 19. Jahrhundert auf die Länder des Kontinents ausdehnt, die sich in der Phase der Modernisierung befanden. Der Adel auf dem Kontinent hatte aus eigenen Traditionen die Kunst des Reitens und des Jagens entwickelt, athletische Sportarten aber der englischen Aristokratie entlehnt. Ganz anders entwickelte sich die Attraktivität sportlicher Ereignisse auf ein Massenpublikum als Beispiel der modernen Populärkultur. Auch diese Entwicklung nahm ihren Ausgang in England und verbreitete sich von dort aus, dennoch hatte der Sport bis hin zum Beginn des Ersten Weltkrieges für unterschiedliche Sozialgruppen in West- und Mitteleuropa unterschiedliche Bedeutung.

Das nächstliegende Beispiel einer Sportart, die unterschiedlichen Gesellschaftsgruppen Verschiedenes bedeutete, waren die Pferderennen. Sie waren während des 18. Jahrhunderts beim englischen Adel aufgekommen und zum ›Sport der Könige‹ geworden. Während Aristokraten und Könige sich vor allem für Rennen von Vollblutpferden als Sport interessierten, sahen die unteren Schichten darin fast ausschließlich eine Gelegenheit zum Wetten. Manche englischen Arbeiter setzten nur auf die Pferde von König Eduard VII., Lord Derby oder Lord Rosebery – und »wenn sie gewannen, fühlten sie für einen kurzen Augenblick das erhebende Gefühl des Einsseins mit den Größten im Land.«[9] Doch die meisten Rennfans der Unterschicht sahen in den Pferdewetten die – abgesehen vom Diebstahl – einzige Möglichkeit, zu Geld zu kommen, ohne es verdienen zu müssen. Im letzten Jahrzehnt vor 1900 strömten sie zu den Rennplätzen in England und Frankreich, noch mehr aber trugen sie ihren Einsatz zu den Buchmachern in ihrem eigenen Wohnviertel. Diese Menschen aus der Unterschicht, die bei Pferderennen wetteten, wurden auch zu einem breiten Markt für eine Presse, die sich auf Informationen über frühere Leistungen bestimmter Pferde, Tips und Rennergebnisse spezialisierte. Zum großen Mißfallen von Sozialisten und Gewerkschaftsführern verbrachten manche Arbeiter den größten Teil ihrer Freizeit damit, ihre Wettformulare und Rennbücher zu studieren.

Von Frankreich abgesehen, entstammte die Mehrzahl der Pferderennen-Fans auf dem Kontinent dem Bürgertum. Um die Jahrhundert-

Eröffnung der ersten Radrennbahn in Turin, Italien. Plakat, 1894

wende waren in Österreich Trabrennen bei allen Klassen der Bevölkerung populär, nach Deutschland hingegen kamen die Galopprennen, wie die meisten englischen Sportarten, erst später. Zwar wurden 1913 zahlreiche neue Rennplätze eröffnet, doch die Tribünen waren klein, und für die Zuschauer aus dem einfachen Volk gab es, anders als in Frankreich und Italien, keine ungedeckten Stehplätze.

In den frühen Jahren nach 1900 waren auf dem Kontinent die Radrennen der beliebteste Zuschauersport bei der Unterschicht. Die größten Langstreckenrennen in Frankreich und Italien entwickelten sich zu Ereignissen, welche die ganze Nation bewegten, und fanden nach und nach die finanzielle Unterstützung mancher Zeitungen und Werbeagenturen. In Paris, Berlin und Mailand gab es riesige Hallen für Radrennen, wo Tausende Zuschauer Sechs-Tage-Rennen verfolgten. Nicht nur war das Rennrad plebejischer als das Vollblutpferd, sondern die Fahrer gehörten auch eindeutiger der Arbeiterklasse an als die Jockeys. Darum empfand das Publikum eine gewisse Affinität zu den Heroen der Sechs-Tage-Rennen, wenn sie um den Sieg kämpften. Daß die Zuschauer selbst Fahrrad fuhren, war ein weiterer Grund für die Beliebtheit dieses Sports bei der Unterschicht. Zwar stellte das Fahrrad vor allem ein Beförderungsmittel dar, aber das Radfahren war zugleich der einzige Sport, den viele Millionen Europäer, namentlich in Italien, den Niederlanden, Belgien, Dänemark und Nordfrankreich, aktiv betreiben konnten.

Mit Ausnahme des Vereinigten Königreichs beschränkte sich die aktive Teilnahme an den meisten Sportarten weitgehend auf Mitglieder des Adels, Jungen aus der Bürgerschicht und junge Männer. Sobald die Männer aus der Mittelschicht oder der Arbeiterklasse ihre Familie gründeten, blieb ihnen weder Zeit noch Energie zu aktiver sportlicher Betätigung. Bei einfachen Leuten in den ländlichen Gebieten Schottlands und Irlands waren zwar ›Highland games‹ und ›Hurling‹ beliebt, doch die Mehrheit der Bauern und Landarbeiter in Europa zeigte keinerlei Interesse an Sport irgendwelcher Art. So war, wenn man von den Jägern und Anglern aus der Oberschicht absieht, die Teilnahme an sportlichen Betätigungen ein städtisches Phänomen, und nur in Großbritannien wirkten sie auf Jugendliche aus der Arbeiterschaft anziehend. In den meisten nordenglischen Großstädten begannen sie mit acht oder zehn Jahren Fußball zu spielen. Und als Halbwüchsige rasten sie am Sonnabend in ihren langen, unförmigen Turnhosen und dünnen Unterhemden durch die Straßen, zur Betroffenheit vieler Fußgänger und Liebespaare in den stilleren Nebengassen.[10]

Olympiade in Athen, 1896:
Ringkämpfer Schumann und sein griechischer Gegner.
Fotografie, 1896

Die unterschiedlichen Klassen nahmen eine unterschiedliche Haltung zum Sport ein. In ihren Fußball-Mannschaften aus dem eigenen Viertel spielten Arbeiterjungen aus Manchester härter als Jungen aus den Public schools und ohne deren Korpsgeist; sie empfanden keine Loyalität zu ihrer Mannschaft und ließen sie oft im Stich, wenn sie mehrmals nacheinander verlor.[11] Für die Erwachsenen aus der Oberschicht bedeutete Sport noch immer vor allem Reitsport, Jagen und Angeln, die einzigen Sportarten, mit denen sich ein 1901 veröffentlichtes Buch, ›Sport in Europe‹, beschäftigte. Noch in den letzten Jahren vor dem Ersten Weltkrieg legte die teure deutsche Wochenillustrierte ›Sport im Bild‹ ebenfalls das Hauptgewicht auf diese traditionellen sportlichen Betätigungen und daneben noch auf einige neuere wie Tennis und Skilaufen. Was den Zuschauersport betraf, berichtete sie nur über Pferderennen und Fußball, die beide vor 1914 keine Anhänger in der deutschen Arbeiterklasse hatten. In Frankreich blieb die Leichtathletik bis nach dem Ersten Weltkrieg überwiegend Domäne heranwachsender Jugendlicher aus der Oberschicht.[12] Zwar wollte Pierre de Coubertin, der Vater der modernen Olympischen Spiele, den Arbeitern Frankreichs den Sport nahebringen, aber in den neunziger Jahren »löste allein schon der Gedanke sportlicher Betätigung der einfachen Leute Gelächter aus, wenn er in ei-

Olympiade in Athen, 1896: Die Kampfrichter, links Dr. Gebhardt (Deutschland), rechts Oberst Balk (Schweden), links sitzend Pierre de Coubertin. Fotografie, 1896

nem Gemeinderat geäußert wurde«[13]. Was verstanden sie denn schon vom Sportsgeist? Als am Vorabend des Ersten Weltkrieges auf einem See außerhalb von Paris Leute aus der Arbeiterklasse mit viel Lärm ruderten, tadelte die Herzogin von Clermont-Tonnerre: »Wahrer Sport ist geräuschlos.«[14]

Doch die Entwicklung des Zuschauersports zur kommerzialisierten Massenunterhaltung veränderte die traditionelle Bedeutung von Sport und sportlichem Verhalten. Das Bild des Sportlers, das die Massenmedien heute vermitteln, ist das eines jungen Mannes aus armen Familie, der in einer Mannschaft der Oberliga eine Menge Geld verdient, den Höhepunkt seiner Laufbahn um die dreißig Jahre erreicht und dann noch mehr Geld damit macht, daß er seinen Namen für Körperpflegemittel, Getränke und Kölnischwasser hergibt. Er ist ein völlig anderes Wesen als die wohlgeborenen jugendlichen Amateure, die als erste Fußball spielten, während ihre Schulkameraden, Lehrer, Verwandten und Freunde zuschauten. In Großbritannien war der Sport bereits 1867 ›öffentlich‹ geworden, als die Football Association ins Leben gerufen wurde. 1888 lösten sich die professionellen Klubs aus dem Verband und gründeten die Football League. Die Arbeiterklasse unterstützte Profi-Mannschaften in den Midlands, und der nordenglische Fußball spielte die vom Bürgertum gestützten Amateurvereine des Südens rasch an die Wand; bis zum Jahrhundertende erreichte keine Mannschaft aus Südengland das Cup-Finale. Der Fußballsport hatte inzwischen solche Beliebtheit gewonnen, daß 1901 am Finale im Londoner Crystal Palace über elftausend Zuschauer, darunter zahlreiche Arbeiter aus Nordengland, teilnahmen.

Um die Jahrhundertwende boten die Spiele von Profi-Mannschaften Millionen englischer Arbeiter eine spannende Unterhaltung am Sonnabendnachmittag, durch die sie die Emotionen ausleben konnten, die sich in ihrem eintönigen Alltagsleben in den Städten aufgestaut hatten. Um ihr Engagement noch zu verstärken, wetteten sie oft auf den Ausgang eines Spieles.

Da der Fußball gleichwohl noch ein Sport im englischen Sinn war, akzeptierten sowohl Publikum als auch Spieler die von Oberschicht und Bürgertum hochgehaltenen Werte von mutigem Einsatz, Teamwork und Fairness im Spiel, aber sie interpretierten sie auf ihre eigene Weise. Ein Fußballspiel von Profis wurde, – wenn es auch weniger brutal als Rugby oder amerikanischer Football war – gewissermaßen als eine simulierte Schlacht betrachtet. Deshalb galt, im Gegensatz zu dem an den Public

Zuschauermassen beim Fußballwettkampf zwischen England und Schottland 1909 in Stamford, Grafschaft Northampton, England. Fotografie, 1909

schools gepflegten Ideal, der Sieg als wichtiger denn sportliches Verhalten. Ebenso wie die Zuschauer in ihren zwischenmenschlichen Beziehungen die Notwendigkeit moralischer Hemmungen anerkannten, akzeptierten sie auch die Funktion eines Schiedsrichters, der dafür sorgte, daß der Wettkampf zwischen den Beteiligten nicht außer Kontrolle geriet. Unbewußt jedoch begannen manche Fans aus der Arbeiterklasse in ihm einen Parteiischen zu sehen, einen fehlbaren und möglicherweise korrupten Vertreter der bürgerlichen Rechts- und Ordnungsgesinnung. Die Spieler hatte bewußteren Grund zur Klage gegen die herrschende Ordnung, nachdem ihrem 1908 gegründeten Verband die offizielle Anerkennung versagt wurde, als er sich dem Gewerkschaftsverband, Federation of Trade Unions, anschloß. Ihre Bestätigung brachte ihnen viel mehr Erfüllung als den meisten Angehörigen ihrer Klasse, doch selbst die größten Stars bezogen nur ein bescheidenes Einkommen und blickten einer ungewissen Zukunft entgegen, sobald sie nicht mehr spielen konnten.

Schon vor 1914 war es soweit, daß der Berufsfußball in verschiedenen Ländern des europäischen Kontinents populär wurde. In Italien wurden zwischen 1898 und 1913 mehrere noch heute namhafte Vereine – Genua, Turin, Mailand, Juventus, Pro Vercelli – gegründet. Zahlreiche

Spieler dieser Mannschaften kamen zunächst aus England, der Schweiz und Österreich-Ungarn, nach 1908 stellten jedoch Italiener die Mehrheit. Auch Belgien, Frankreich und Schweden hatten Profi-Mannschaften, und am 15. Mai 1910 fanden die ersten internationalen Begegnungen in Mailand statt. Vor dem Krieg waren nur in Italien die Zuschauerzahlen annähernd so groß wie in England, doch nach 1918 entwickelten sich die Fußballspiele am Sonntagnachmittag im größten Teil Westeuropas zum Zuschauersport Nummer eins.

Die Deutschen zeigten nur geringes Interesse an Mannschaftssportarten; sowohl innerhalb als auch außerhalb der Schule blieben sie ihrer eigenen Version des Sportes, dem Turnen, treu. Wie die Sportarten, die an den englischen Public schools in England gepflegt wurden, diente das Turnen zur Sozialisation junger Menschen, obwohl es sich nicht auf die Ober- und Mittelschicht beschränkte. Es fand auch als öffentliches Spektakel Verwendung. Heute verbinden wir Freiübungen großer Gruppen, die vor einem Publikum ausgeführt werden, mit ›totalitärem‹ Regime, aber Darbietungen solcher Art entstanden 1860 in Deutschland. Am zwölften Deutschen Turnfest, das im Juli 1913 im Leipziger Stadion stattfand, beteiligten sich siebzehntausend Teilnehmer und eine das Dreifache zählende Zuschauermenge. Einem Außenstehenden wird es schwer fallen, ein derartiges Spektakel als Unterhaltung zu betrachten, aber es stellte zweifellos eine Form der Populärkultur dar.

Zwölftes deutsches Turnfest 1913 im Leipziger Stadion. Fotografie, 1913

Der nationale Zuschauersport in Spanien war der Stierkampf. Er war älter und stärker ritualisiert als viele andere Sportarten mit Massenpublikum, diente aber ähnlichen Funktionen. In jeder großen Stadt bot er am Sonntagnachmittag Zehntausenden von Fans den Kitzel stellvertretender Erregungen. Dadurch, daß der Stierkampf den Mannesmut der Toreros in helles Licht rückte, verstärkte er auch den Prozeß der Sozialisation, durch den allen Spaniern beigebracht wurde, daß ein Feigling kein Mann sei. Schon früher hatte es berühmte Matadore gegeben, doch 1913 errang der einundzwanzigjährige Juan Belmonte durch die neue Art, mit der er an die Rolle heranging, eine noch nicht dagewesene Popularität.

Er verlagerte das Schwergewicht von der Tötung des Stiers auf seine Beherrschung und Unterwerfung mittels des geschickten Gebrauchs des roten Tuches (muleta) und seines Umhanges (capa). Wenn der Matador auf diese Weise mit dem Stier ›spielte‹, wurde er mehr zu einem Sportler als zu einem Gladiator. Zwar endete seine Darbietung nach wie vor mit dem Tod des Stieres, doch begann sich das Publikum mehr für seine verschiedenen taktischen Manöver zu begeistern und sich mit diesem Aspekt seines sportlichen Mutes zu identifizieren. Festgehalten zu werden verdient, daß der Stierkampf im wahreren Sinn ein nationaler Zuschauersport war als irgendein anderer in irgendeinem anderen Land. Dies war ein bemerkenswertes Phänomen angesichts der starken Klassen- und regionalen Gegensätze in Spanien.

Populärliteratur

Jede Klasse, jede Altersgruppe und beide Geschlechter hatten ihre eigenen Genres der Populärliteratur. Erwachsene Männer lasen weniger eskapistische Lektüre als Frauen und Kinder, allerdings wurden sie ihrerseits allmählich vom Mystery-Thriller angezogen. Die Frauen der Mittelschichten hatten seit der Mitte des 19. Jahrhunderts sentimentale Romane über ›wahre Herzensgeschehnisse‹ unter den Hochgeborenen gelesen. In der letzten Dekade gewann dieses Genre der Frauenliteratur ein Massenpublikum auch unter weiblichen Teenagern und Frauen aus der Arbeiterklasse. Halbwüchsige Jungen aus der Mittelschicht konsumierten in Massen Abenteuerliteratur, wie Karl Mays Romane über den amerikanischen Westen und den Orient, die Erzählungen des italienischen Autors Emilio Salgari von Seeräubern und Freibeutern aus dem

16. Jahrhundert oder die ›Romans héroïques‹ des Franzosen Michel Zévaco. Jungen aus der englischen Arbeiterklasse bevorzugten Hefte mit Bildergeschichten und die Erzählungen von rücksichtslosem und unmöglichem Wagemut, Blutvergießen, gelungenen Diebesgeschichten und lächerlichen Abenteuern in den ›penny bloods‹, doch in den letzten Jahren vor dem Ersten Weltkrieg verschlangen manche von ihnen auch mit wahrer Gier Frank Richards Illustriertengeschichten von den Abenteuern, die fünf Jungen aus feinem Hause in einer fiktiven Public school namens Greyfriars erlebten.

In seiner Studie ›The Classic Slum‹ schreibt Robert Roberts, daß Arbeiterjungen aus dem Bezirk Salford in Manchester den – nicht sehr erfolgreichen – Versuch machen, es den ›berühmten Fünf‹ in Greyfriars nachzutun. »Greyfriars gab uns den einen Moralkodex, das Leben einen zweiten, und aus alledem machten wir ein schönes Kuddelmuddel ... Jemanden, der die Alte Schule verehrte, traf es als ein seltsamer Schock, wenn ihm dämmerte, daß er selbst einer der ›gewöhnlichen Kerle‹ war, die von allen in Greyfriars so sehr verachtet wurden. Das Klassenbewußtsein war schließlich doch durchgebrochen. Im Laufe der Jahre konditionierten diese einfachen Geschichten das Denken einer ganzen Jungengeneration. Das Ethos der Public school, zu verzerrten Mythen entstellt und allwöchentlich in Penny-Heften an uns verkauft, setzte Ideale und Maßstäbe, zum Guten oder zum Schlechten.«[15]

Die ›realistischen‹ Werke Spielhagens, die in Deutschland, Merediths, die in England, Zolas, die in Frankreich und Balzacs und Tolstoijs, die in ganz Europa gelesen wurden, blieben bei den Erwachsenen der Mittelschichten die gängige Lektüre. Zwar interessierten sich viele Leser nur für die Handlung und die Gefühle der Romanfiguren, doch diese Werke vermittelten ihnen auch die Gewißheit, daß die hohe Literatur noch immer die ihnen vertraute Gefühlsstruktur abstützte. In einer Welt, in der die rituelle Sprache der Religion weitgehend ihren Sinn verloren hatte, sah man in der Literatur noch immer eine Struktur, deren Bedeutung über ihren Gehalt und ihre individuelle Form hinausging. Die Zeichen und Kategorien, die in diesem Kodex Ausdruck fanden, machten die Literatur zu einer Institution, welche die bürgerliche Mentalität zu stärken vermochte, in der Helden und Heldinnen als Individuen in einer geordneten Welt des ›echten Lebens‹ selbstverantwortlich Entscheidungen trafen. Anders ausgedrückt, das Medium selbst war diese ›Botschaft‹, ungeachtet aller anderen ›Botschaften‹ die der Autor übermitteln wollte.

Der Hauptzweck der Populärliteratur bestand darin, den Leser zu unterhalten und ihm eine Fluchtmöglichkeit aus seiner Alltagsexistenz zu bieten. Ihre Verfasser traten in den Hintergrund, schrieben häufig unter Pseudonym und ersetzten die rituelle Sprache der Literatur durch vorgefertigte Klischees. Die Literaturkritik tut solches Schrifttum als ›Schund‹ ab, und das ist es auch aus ihrer Sicht. In unserer Sicht jedoch ist die eskapistische Populärliteratur wichtig, weil sie den Träumereien ihrer Leser Nahrung gab und dazu beitrug, ihre Sicht des Lebens und der Welt zu formen.

Die populäre Frauenliteratur beeinflußte ohne Zweifel die Einstellung der weiblichen Leserschaft zu den Fallstricken verbotener Liebe und der Tugendhaftigkeit der Ehe; ein berühmtes Beispiel solchen Schrifttums war ›East Lynne‹. Dieser 1861 von Mrs. Henry Wood verfaßte Roman wurde ursprünglich im ›New Monthly Magazine‹ in Fortsetzungen veröffentlicht. In Buchform war er in England bis zum Ende des Jahrhunderts in mehr als einer halben Million Exemplaren verkauft worden und blieb die ganze edwardianische Epoche hindurch ein Bestseller. Als Theaterstück blieb ›East Lynne‹ in England wie in Amerika bis in die zwanziger Jahre populär. Es ist leicht, vom literarischen Standpunkt Kritik an ›East Lynne‹ zu üben, doch gerade die Schwächen des Romans erklären unter anderem seinen gewaltigen Erfolg beim Publikum. Seine Melodramatik, das rührselige Pathos, das Fehlen einer Entwicklung bei den meisten Figuren waren genau das, was die sentimental gestimmten Leser wünschten.

Noch beliebter – und um einiges realistischer – als ›East Lynne‹ war Mary Elizabeth Braddons Mystery-Thriller ›Lady Audley's Secret‹. Zuerst als Fortsetzungsroman im ›Six Penny Magazine‹ veröffentlicht, war er bis 1914 in einer Million Exemplaren verkauft worden. Wie bei ›East Lynne‹ boten die zahlreichen dramatisierten Fassungen nur einen matten Abglanz dieses Buches.

Zum anhaltenden Verkaufserfolg ihrer Bücher kam, daß Mrs. Wood und Mary Elizabeth Braddon die ›Königinnen der Leihbüchereien‹ waren. Eine 1907 durchgeführte Bestandsaufnahme der einundzwanzig größten öffentlichen Bibliotheken in England ergab, daß die achtzig Braddon-Romane in insgesamt zweitausendzweihundertsechundneunzig Exemplaren, bei einem Durchschnitt von hundertneun pro Bibliothek, vertreten waren; die entsprechenden Zahlen für die vierzig Romane aus der Feder Mrs. Woods waren tausendneunhundertdrei beziehungsweise einundneunzig.[16]

Die populärste Frauenliteratur, die vor dem Ersten Weltkrieg geschrieben wurde, arbeitete noch stärker mit Gefühlsmanipulationen und zeigte einen noch offeneren Eskapismus als ›East Lynne‹ oder ›Lady Audley's Secret‹. In Frankreich wurde sie in Massen für die Romanreihe produziert, die man im Volk Bibliothèque Rose nannte, in England verfertigten sie Schriftstellerinnen wie Elinor Glyn und Rita (Eliza Humphreys). Selbst im ›rückständigen‹ Rußland trug eine Autorin zu diesem Genre bei, Anastasia Werbitskaja mit ihrem sechsbändigen Werk ›Die Schlüssel zum Glück‹ (1910–1913). Die größten Erfolge jedoch erschrieb sich Hedwig Courths-Mahler, die ihre erste Erzählung 1905 erscheinen ließ.

Während der folgenden dreißig Jahre schrieb die Courths-Mahler zweihundert Romane, die allein in Deutschland in dreißig Millionen Exemplaren verkauft und außerdem in ein Dutzend andere Sprachen übersetzt wurden.[17] Hedwig Courths-Mahler sah sich nicht als literarische Schriftstellerin, sondern als Herstellerin eines bestimmten Produktes für einen spezifischen Konsumententypus. Wie andere Schriftsteller ihrer Zeit, die für die Massenproduktion schrieben, ›produzierte‹ sie ihre Romane in sehr kurzer Zeit und nach einem ›programmierten‹ Rezept.

Die Romane der Courths-Mahler sind ausnahmslos Liebesgeschichten. Manchmal entstammen die Liebenden beide dem Adel; zuweilen ist der männliche Held adelig und die Heldin ein Bauern- oder Dienstmäd-

Titelblatt eines Romans von Hedwig Courths-Mahler. Erschienen 1912

chen; gelegentlich kommt die weibliche Figur aus der Aristokratie, während die männliche Verwalter ihres väterlichen Gutes ist. Im zweiten Fall handelt es sich natürlich um das Aschenputtelthema in seiner Fassung als Volksmärchen, doch auch die bekanntere Perrault-Fassung erschien, in der ersten Kategorie, wenn Hedwig Courths-Mahlers Heldin als illegitime oder in Armut geratene Tochter eines Edelmannes auftritt, deren Vorgeschichte sich gegen Ende des Romans enthüllt. In der dritten Kategorie erhebt die Familie der Heldin Einwände gegen eine Verbindung mit dem Gutsverwalter; dieser ist zwar nur ein Bürgerlicher, erscheint aber als ein moralisch untadeliger Charakter, und seine und seiner Familie Tugendhaftigkeit werden vorteilhaft der Schlechtigkeit und Charakterlosigkeit einiger Verwandter der jungen Dame aus dem Adel gegenübergestellt.

Diese »harmlosen Gegenwartsmärchen« – wie Hedwig Courths-Mahler sie selbst nannte – fanden besonderen Anklang bei Backfischen, die zur Schule gingen, aber auch bei Frauen aller Gesellschaftsklassen. Wie die halbwüchsigen Schuljungen, die ihre Abenteuergeschichten verschlangen, lasen diese Mädchen die Romane der Courths-Mahler ihren Lehrern zum Trotz, die sie als Schundliteratur betrachteten. Die Erzählungen führen, welche Wege die Handlung auch einschlägt, ausnahmslos zum Happy-End: Die Liebe siegt über alles. Und wenn man fortan glücklich und zufrieden lebte, so bedeutete dies, am konventionellen Lebensstil des Adels teilzuhaben, der in dieser Darstellung erhaben und ungestört über den tristen und öden Dingen des Alltagslebens schwebt. Courths-Mahlers Romane breiten dieses Traumbild in einem anspruchslosen Stil aus, der das Interesse des Lesers weckte und einen Fluchtweg aus den Sorgen und Nöten dieser Welt bot. Allein die Herzensempfindungen der Akteure zählen. Gesellschaftliche Schranken und wirtschaftliche Probleme, sofern sie überhaupt Erwähnung finden, verblassen vor dem Triumph der romantischen Liebe zur Bedeutungslosigkeit.

Literatursoziologen haben zuviel Gewicht auf den ›reaktionären‹ Einfluß des aristokratisch-autoritär bestimmten Milieus in den Romanen der Courths-Mahler und einem großen Teil der Populärliteratur um die Jahrhundertwende gelegt. In der eskapistischen Literatur diente der aristokratische Rahmen der gleichen Aufgabe wie in der Operette: Er evozierte eine Welt festgefügter Konventionen, bewohnt von sorgenfreien Menschen, die nichts zu tun hatten, als Herzensaffären, gesellschaftlichen Chic, erregende Begebenheiten und Abenteuer zu kultivieren. Diese Milieubedingungen suggerierten zwar, daß in der Traumwelt der guten alten Zeit das Leben schöner gewesen als in der Lebensrealität der Gegenwart und dieser bei weitem vorzuziehen sei. Doch wer zur Entspannung oder zum Zeitvertreib liest, blendet gewöhnlich alles aus, was der möglichst raschen Befriedigung der Leseneugier im Wege steht. Der Leser nimmt das gesellschaftliche Milieu und die Klischees als rein formale Konventionen, die den Weg zu dieser Befriedigung bahnen.

Ein anderes typisches Produkt für den Massenkonsum ist der Fortsetzungsroman, der in der Mitte des 19. Jahrhunderts in Tages- und Wochenzeitungen aufkam. Damals hatte er noch Anfang, Mitte und Schluß und wurde häufig auch in Buchform veröffentlicht. Die Romane Charles Dickens' und Eugène Sues, die sich mit sozialen Mißständen in der sich herausbildenden Industriegesellschaft beschäftigten, rührten das liberale Gewissen gebildeter Männer und Frauen im Bürgertum. In Deutschland verbreiteten sich Gustav Freytag und Friedrich Spielhagen gezielter über den Kontrast zwischen der sittlichen Anständigkeit des Bürgertums und der Arroganz und Dekadenz des Adels. Sie zeigten weniger Mitgefühl für die Unterschicht als Dickens und Sue, obwohl sie sich an eine ähnliche Leserschaft wandten. Ihre Einstellung übernahmen E. Marlitt (Eugenie John) und W. Heimburg (Berta Behrens), deren Romane zuerst in Fortsetzungen in der ›Gartenlaube‹ erschienen, Deutschlands beliebtester Familienzeitschrift, die ein weniger gebildetes und überwiegend weibliches Publikum hatte. Die Romane dieser beiden Schriftstellerinnen stellten zwar nach wie vor die kleinbürgerlichen Wertbegriffe Ausdauer und bürgerliche Achtbarkeit und die sentimentale Lebenseinstellung dieser Schicht heraus, aber Handlung und Entwicklung der Figuren waren weniger wichtig als die Beschwörung gefühlsbetonter Reaktionen auf rein private und familiäre Dinge. Zu Beginn der neunziger Jahre verwandelten Natalie von Eschstruth in Deutschland und die in Massenauflage erscheinenden Tageszeitungen in Großbritannien und Frankreich diese Romanform in das Rezept, das sich bis in unsere Gegenwart in der amerikanischen ›Soap opera‹ lebendig erhalten hat. Die Probleme der Gesamtgesellschaft oder die öffentlichen Ereignisse der Zeit blieben ohne Erwähnung; die Romanfiguren bewegten sich einfach durch eine endlose Reihe ›programmierter‹ Gefühlszustände.

Wie viele Erscheinungen der Massenkultur trivialisierte der Fortsetzungsroman frühere Formen, deren Absicht auf moralische oder ästhetische Aufklärung gerichtet gewesen war, zu Produkten, die die Bestimmung hatten, konsumiert und vergessen zu werden. Auf diese Weise ver-

Titelblatt der Zeitschrift des deutschen Bürgertums. Erschienen in Leipzig

stärkten diese Erzählungen die Vorstellungen der Leserschaft vom Leben als einer Abfolge locker miteinander verknüpfter Episoden und ›faits divers‹. Es trifft zwar zu, daß manche Leser aus Kleinbürgertum und Arbeiterschaft, die sich über die Realität im klaren waren, zu den Fortsetzungsromanen griffen, um eine Flucht aus dem Alltag zu finden; das gleiche taten sie, wenn sie Abenteuer- und Kriminalromane lasen, zu Sportveranstaltungen gingen, die Music-hall aufsuchten und Zeitungsberichte über das Leben und Treiben prominenter Persönlichkeiten lasen. Trotzdem aber vermittelten all diese Medien die ›Botschaft‹, daß das moderne Leben eine Sache von einem Tag zum andern sei, ohne wirkliches Ziel wie etwa Entwicklung des Individuums, Erlösung oder soziale Gerechtigkeit.

In den letzten Jahren vor dem Ersten Weltkrieg gewann in Frankreich ein mehr zeitgemäßer Typus von Fortsetzungsgeschichten, der sich mit dem Thema ›Räuber und Gendarm‹ beschäftigte, enorme Popularität; die berühmteste Folge schilderte die Abenteuer des gerissenen und kaum zu fassenden Verbrechers Fantômas. Ab 1911 brachten Marcel Allain und Pierre Souvestre allmonatlich einen neuen Roman der Serie heraus – insgesamt fünfhundertachtzig in weniger als fünfzig Jahren.[18] Als Allain 1965 in einem Interview dazu befragt wurde, faßte er die Technik der Massenproduktion, die er und sein Mitarbeiter angewandt hatten, mit folgenden Worten zusammen: »Wir entwarfen gemeinsam den Plan, sehr sorgfältig und detailliert. Dann entschieden wir durchs Los, wer die Kapitel mit den ungeraden und wer die mit den geraden Nummern schreiben sollte . . . Damit wir nicht den Überblick verloren, vereinbarten wir, daß ich die erste Seite mit einem ›trotzdem‹ und Souvestre die seine mit einem ›dennoch‹ beginnen sollte. So wußten wir, wenn ein Kapitel später umgearbeitet werden mußte, wer von uns beiden dafür verantwortlich war.«[19]

1913 verfilmte Louis Feuillade eine Serie ›Juve contre Fantômas‹. Noch heute fesseln die Filme den Zuschauer. Feuillade war ein hochbegabter Regisseur und besaß eine glatte Schneidetechnik. Ja, für 1913 war ›Juve contre Fantômas‹ ultramodern. Der episodische Charakter des Films bot auch bewegliche Bilder technischer Neuerungen, die keine fünfzehn Jahre vorher noch Raritäten gewesen waren: Automobile, elektrische Straßenbahnen, Untergrundbahnen, elektrisches Licht, Telephon.

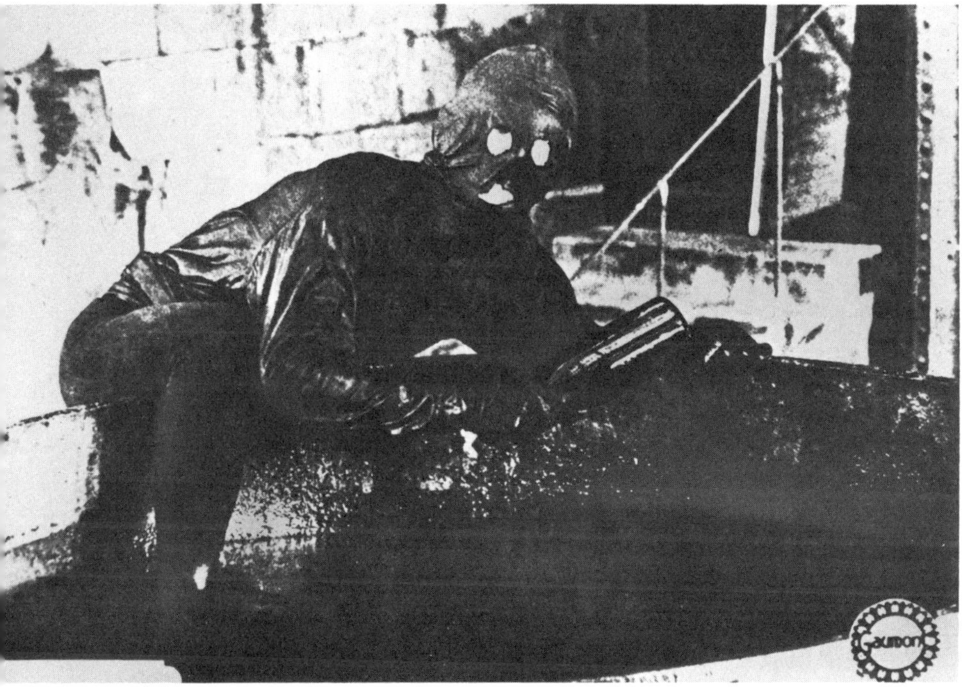

Fantômas, Gestalt aus der Filmserie ›Juve contre Fantômas‹ von Louis Feuillade. Fotografie, 1913

Frühe Filme

Zur Zeit der Fantômas-Filme hatte sich der Film bereits ein internationales Publikum gewonnen, obwohl er erst zwanzig Jahre vorher erfunden worden war. In Frankreich schufen die Brüder Lumière den ersten kurzen Filmbericht: ›Exkursion der Französischen Gesellschaft für Photographie nach Neuville‹ (1895). Zu anderen frühen Filmen dieses Typus gehörten ›Das Begräbnis der Königin Victoria‹ (1901), ›Goldrausch-Szenen im Klondike‹ (1898), ›Der Kampf zwischen McGovern und Corbett‹ (1903), ›Das Erdbeben von San Francisco‹ (1906) und ›Der erste Flug Wrights in Frankreich‹ (1908). Ab 1910 wurden dann solche Szenen und Ereignisse in Wochenschauen übernommen und haben seither Massen von Kinobesuchern ihre flüchtigen Bildeindrücke vom Leben in der modernen Welt vermittelt. Zu den ersten kurzen Spielfilmen gehörten ›Die Hinrichtung Maria Stuarts‹ des Amerikaners Alfred Clark, die Phantasieschöpfungen des Franzosen Georges Méliès wie ›Der Zauberkünstler‹ (1899), ›Eine Reise zum Mond‹ (1902) und ›Der Palast der arabischen Nächte‹ (1905) und ›Der große Eisenbahnraub‹ des Amerikaners Edwin S. Porter. Die Slapstick-Komödie wurde von dem französischen Komiker Max Linder 1905 und von dem amerikanischen Schauspieler-Regisseur Mack Sennett 1911 in den Film eingeführt. In den Jahren unmittelbar vor dem Ersten Weltkrieg wurden abendfüllende Spielfilme vor allem in Frankreich, den Vereinigten Staaten und Italien produziert und in den meisten modernen Staaten vertrieben. Am Vorabend des Krieges gab es allein in England dreitausendfünfhundert Lichtspieltheater, nur sechs Jahre, nachdem dort das erste Kino eröffnet worden war.

Die frühen Stummfilme machten, was ihren Inhalt betrifft, starke Anleihen beim Medium des populären Theaters: Farce und Vaudeville in Frankreich; Abenteuerstücke und Melodramen um einfache Menschen in den Vereinigten Staaten; in Italien historische Spektakel und Melodramen aus dem mondänen Leben der Gegenwart, in denen statuarische Damen pathetisch große Leidenschaften durchleben. Doch da das neue Medium rein visuell war – mit einem Minimum an Exposition und gedrucktem Dialog –, mußten neue Effekte improvisiert werden, um Aufmerksamkeit und Interesse des Publikums zu fesseln. Es waren weniger der traditionelle Inhalt und das manierierte Spiel, sondern diese Effekte, die dem Kinobesucher neue Bilder der modernen Zivilisation verschafften. Diese Bilder mußten zwangsläufig oberflächlich sein, da sich der Film, mehr als jedes andere Medium, auf die Oberflächenrealität der Dinge konzentrierte.

Der Film machte es zum erstenmal möglich, die optische Wirkung schnell fahrender Eisenbahnzüge und Automobile zu reproduzieren. Das erste Beispiel, das internationale Popularität gewann, war ›Der große Eisenbahnraub‹. In diesem 1903 produzierten Kurzfilm raubt eine Gruppe Banditen den Postwagen eines schnell fahrenden Zuges aus und bemächtigt sich der Lokomotive. Da es sich bei den meisten Menschen, die diesen Film sahen, um ungebildete Städter handelte, die nie mit der Eisenbahn fuhren, muß die Wirkung auf sie verblüffend gewesen sein. Sie wußten, daß die Szenen, die sie hier sahen, glaubhaft waren, gleichwohl aber kamen sie ihnen phantastisch vor. Noch verblüffender waren die Verfolgungsszenen mit den Keystone Kops in den unmittelbar vor dem Ersten Weltkrieg gedrehten Filmen. Sie gaben dem europäischen Kinopublikum eine äußerst oberflächliche und verzerrte Vorstellung, wie es in Amerika zuging, damals Symbol der modernen Zivilisation.

Das Kinopublikum setzte sich vor allem aus jungen Menschen und Angehörigen der Arbeiterschicht zusammen. In den meisten Ländern blickten Mittel- und Oberschicht vor 1914 auf den Film und den Phographen ebenso herab, wie sie später Rundfunk und Fernsehen mit Geringschätzung aufnahmen. Kindern war in einigen Ländern der Zutritt zu Kinos verwehrt, aber in England bettelten, arbeiteten, ja, stahlen Arbeiterkinder, um sich das Eintrittsgeld zu verschaffen. Kultivierte Erwachsene zwar wollten sich nicht einmal in die luxuriösesten Kinopaläste begeben, aber Liebespaare aus der Mittel- und Arbeiterschicht wurden von der Aussicht angezogen, auf den rückwärtigen Plätzen im Halbdunkel beisammen sitzen zu können.

Der Unzufriedenheit ihres Publikums mit den Schattenseiten der Moderne und den Ungerechtigkeiten der kapitalistischen Gesellschaft gaben diese frühen Stummfilme, wenn überhaupt, noch am ehesten durch die Possen eines sympathischen ›Underdog‹ oder Verlierers Ausdruck. D. W. Griffith's ›A Corner on Wheat‹ (1909) nach Frank Norris' sozial anklägerischem Roman ›The Pit‹ war eine vereinzelte Ausnahme und bei weitem nicht so populär wie seine ›Comrades‹ (1911). In diesem Film spielen Mack Sennett und Dell Henderson zwei Landstreicher, die den Versuch unternehmen, sich in die feine Gesellschaft einzuschleichen. Die ungeschickten, doch liebenswerten Landstreicher in ›Comrades‹ waren Vorläufer des Typs, den ein paar Jahre später Charles Chaplin weltberühmt machte. Ein zweiter Prototyp, von Chaplin selbst anerkannt, war der Franzose Max Linder.

Max Linder war der volkstümlichste und am häufigsten imitierte

Max Linder in einer Filmszene. Fotografie

Filmkomiker in Europa. Zwischen 1905 und 1915 trat er in Hunderten von Kurzfilmen auf, in denen er immer wieder ein quirliges, doch hilfloses Opfer spielte. Er kombinierte die Slapstick-Possen eines Vaudeville-Komikers mit seiner kauzigen Art und Trickphotographie. Obwohl von Menschen aller Gesellschaftsklassen geliebt, wurden seine Kurzfilme vor allem in den billigeren Kinos gespielt.

›Königin Elisabeth‹, ein 1912 verfilmtes französisches Bühnenstück, in dem Sarah Bernhardt die Starrolle innehatte, sollte ein ›seriöseres‹, besser zahlendes Publikum in die Lichtspieltheater locken. Doch nur die treuesten Anbeter der ›göttlichen Sarah‹, einer der zugkräftigsten Kassenmagneten ihrer Zeit, vermochten an dem Werk, als Stück wie als Film, Meriten zu entdecken. Die Handlung ist ein wirres Gemengsel von Intrigen, Ehebruch und Verräterei um Elisabeth und Essex. Durch alle Wechselfälle bleibt die Bernhardt immer die Bernhardt.

Hingegen gelang es dem italienischen Film ›Quo vadis?‹ aus dem Jahr 1912, ein neues Publikum anzuziehen, weil er die Techniken der Bühne gegen die des Films vertauschte. Diese im Rom nach dem Tod Christi spielende erste Version des oft verfilmten Romans von Henryk Sienkiewicz war zugleich erbaulich und spektakulär. Heute wirkt sie bombastisch, doch 1912 machten die wilden Tiere, die Massen der Requisiten und die dreidimensionale Szenengestaltung sie zu einem internationalen Erfolg. Mit ›Quo vadis?‹ wurde das abendfüllende historische Melodrama zu einer eigenen Gattung. Ein Jahr später produzierten die Italiener ›Cabiria‹, ein weiteres Filmepos, das im alten Rom spielte. D. W. Griffith gab dem Genre in ›Die Geburt einer Nation‹ (1915) und ›Intoleranz‹ (1916) neue Dimensionen.

Was ihren Inhalt betrifft, so blieben die meisten Spielfilme der Tradition verhaftet, aber das neue Medium verwandelte ihn in eine abgepackte Traumphantasie für Millionen. Stummfilme konnten ästhetisch – wie in Robert Wienes ›Das Kabinett des Dr. Caligari‹ (1920) – oder politisch inspirieren – so in Sergej Eisensteins ›Potemkin‹ (1925) –, doch für die meisten Kinogänger waren sie schlicht Unterhaltung in einer Größenordnung und zu einem Preis, wie sie nie zuvor für die Massen erschwinglich gewesen war. Dazu lieferten sie einem weltweiten Publikum von Fans große Stars, scheinbar ebenso wirklich und zugleich fern wie die Sterne am Himmel – von Max Linder, Mary Pickford und Charlie Chaplin in den letzten Jahren vor 1914 und während des Ersten Weltkrieges bis zu Pola Negri, Douglas Fairbanks, Rudolph Valentino und Greta Garbo in den zwanziger Jahren.

Lyda Borelli in dem Film ›Love Everlastung‹. Fotografie

Die Vorgängerin der Garbo vor 1914 war Lyda Borelli, Verkörperung edlen, doch betrogenen Frauentums, in dem italienischen Film ›Ma l'amore mio non muore‹ aus dem Jahr 1913. Der italienische Star hatte eine üppigere Figur als seine schwedische Nachfolgerin, war im Spiel pathetischer, doch beide verkörperten ähnliche Rollen. In der Schlußszene von ›Ma l'amore mio non muore‹ singt die sterbende Borelli die gleiche Partie aus ›La Traviata‹, die die Garbo fünfundzwanzig Jahre später dann in der ›Kameliendame‹ spielte. Doch in ihrem Film ist die Borelli keine Kameliendame, sondern Elsa Holbein, die Tochter eines adeligen Obersten in der Armee eines deutschen Großherzogtums jener Zeit. Nur wegen einer Intrige, bei der sie die schuldlos Düpierte ist, wird sie gezwungen, eine Karriere als Opernsängerin einzuschlagen.

›Ma l'amore mio non muore‹ war ein bahnbrechendes Produkt der Populärkultur des 20. Jahrhunderts. Der Film war die Kinofassung einer aus dem späten 19. Jahrhundert stammenden Version einer vom Beginn des Säkulums übernommenen Sicht einer spätmittelalterlichen Romanze über die frühmittelalterliche Liebe à la Tristan und Isolde oder Lancelot und Guinevere. Damit war er nicht nur ein Derivat aus vierter Hand, sondern auch für eine Periode ›gereinigt‹, in der die konventionelle Moral noch immer die von ›East Lynne‹ war. Anders als Elsa waren Isolde und Guinevere Ehebrecherinnen. Die manipulativen Techniken des Stummfilms bewirkten, daß ›Ma l'amore mio non muore‹ eine tränenselige Sentimentalität stärker ansprach als das gleiche Thema in älteren Medien. So viele Taschentücher sie auch vollweinten, wußten die weiblichen Kinogänger doch, daß die Liebe keine körperlose Empfindung ist, die ewig dauern könne. Und ebenso wußten sie, daß das Geschehen auf der Leinwand nur Illusion war. Doch ›Ma l'amore mio non muore‹ zeigte ihnen, daß sie im Kino ein paar Stunden ihren täglichen Enttäuschungen entfliehen und sich genußvoll ausweinen konnten, während man miterlebte, wie ein glanzvoller Star in luxuriösen modernen Milieus Triumphe feierte und schmerzlich duldete. Sobald ein breiter Markt für solche Produkte geschaffen war, sorgte die Massenproduktion für ständigen Nachschub.

Die Presse

Die Tageszeitungen waren in der sich herausbildenden Massenkultur das Medium mit der stärksten Breitenwirkung. Nur die Massenblätter und Zeitschriften, die sich an ein allgemeines Publikum wandten, kommen hier zur Sprache. Es gab natürlich daneben zahlreiche Zeitungen

Der Filmpionier Max Skladanowsky mit seiner Erfindung, dem ersten kinematographischen Apparat (Filmvorführapparat). Fotografie, um 1895

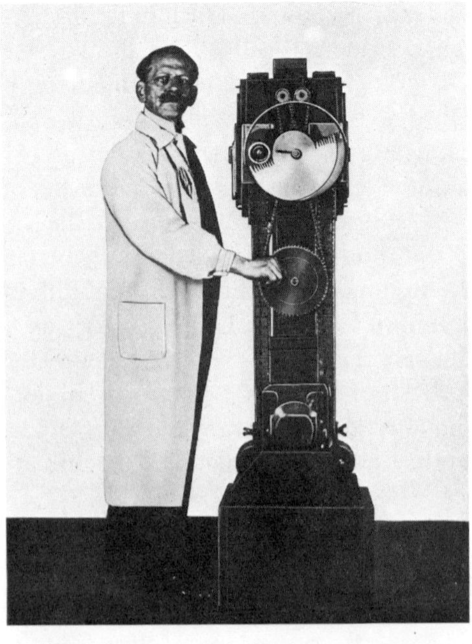

und Journale, die sich speziell politischen, literarischen, finanziellen und religiösen Themen widmeten. Wir haben bereits erwähnt, daß sich eine eigene Sport- und Kinderpresse entwickelte. An Zeitungskiosken in Frankreich wurden auch Sensationsmagazine mit Verbrechen, Abenteuer und Sex als Thematik abgesetzt.

1914 erschienen allein ›Le Petit Parisien‹, ›Le Petit Journal‹, ›Le Journal‹ und ›Le Matin‹ in einer täglichen Gesamtauflage von viereinhalb Millionen Exemplaren, was fünfundsiebzig Prozent der gesamten Pariser und vierzig Prozent der ganzen französischen Tageszeitungsauflage ausmachte.[20] Bei diesen vier Morgenblättern handelte es sich um wirklich überregionale, ›nationale‹ Tageszeitungen, die mittels eines reibungslos funktionierenden Vertriebssystems und unzähligen Zeitungshändlern in ganz Frankreich verbreitet wurden. In Großbritannien war die in London erscheinende ›Daily Mail‹ die größte landesweit verbreitete Zeitung, die in gleicher Weise die Maßstäbe und Vorstellungen der Metropole ins Land hinaustrug. Der Umstand, daß zahlreiche Leser der Lokalpresse zur ›Daily Mail‹ und anderen landesweit verbreiteten englischen Tageszeitungen überliefen, erklärt zum Teil, warum sich deren Leserschaft zwischen 1896 und 1906 und dann noch einmal bis 1914 verdoppelte. In Deutschland, wo in den Dekaden vor 1914 nicht einmal

Neues Massenmedium: ein ›Chronophon‹ im Gaumont-Filmpalast zu Paris 1910; das erste wirklich erfolgreiche Experiment mit phonographischen Platten, Klangeffekte beim Stummfilm zu erzeugen. Fotografie, 1910

die größten Berliner Tagesblätter eine vergleichbare landesweite Verbreitung hatten, stieg in Provinz-Großstädten wie Bremen die Leserzahl der lokalen Zeitungen fast auf das Doppelte.[21]

Wie andere Formen der Unterhaltung und Aufklärung breiter Schichten, kannte auch die Presse verschiedene Niveaus für unterschiedliche Gesellschaftsgruppen. In Paris wandte sich die Morgenzeitung ›Le Gaulois‹ an die Aristokratie, ›Le Figaro‹ an Großbürgertum und Bourgeoisie, ›Le Journal‹ an das Kleinbürgertum und ›L'Humanité‹ an die Arbeiterklasse. In Großbritannien wurden die ›Times‹ und der ›Telegraph‹ in London, der ›Manchester Guardian‹, der ›Glasgow Herald‹ und die ›Birmingham Post‹ »für Männer geschrieben, die sich im eigenen Unternehmen oder in ihrem akademischen Beruf schon etabliert hatten oder auf dem Wege dazu waren: Zylinder und Gehrock tragende Herren von seriöser Gesinnung. Weder Frauen noch die Unterschichten kamen in ihr [der Zeitungen] Blickfeld.«[22] Das gleiche traf auf die ›Neue Freie Presse‹ in Wien und das ›Wiener Tagblatt‹, die ›Vossische Zeitung‹ und das ›Berliner Tageblatt‹ in Berlin, den ›Corriere della Sera‹ in Mailand und die ›Neue Zürcher Zeitung‹ in Zürich zu. In Großbritannien gaben die Männer aus der Arbeiterschaft dem Sonntagsblatt ›News of the World‹, das sich auf die Berichterstattung über Bluttaten und Verbrechen mit sexueller Note konzentrierte, den Vorzug vor der ›Daily Mail‹, die sorgsam alles ›Unanständige‹ mied. Die Arbeiter in Frankreich lasen lieber die täglich erscheinende Bildzeitung ›Excelsior‹ als das Wochenblatt ›L'Illustration‹, das – wie die ›London Illustrated News‹, die ›Illustrazione Italiana‹ und die ›Gartenlaube‹ – die nicht-intellektuellen Kreise von Bürger- und Kleinbürgertum mit aufbereiteten Informationen über moderne Entwicklungen versorgte.

Die Tageszeitungen erreichten nicht nur ein größeres Publikum als jedes andere Medium, sondern waren auch einflußreicher. Daß sie täglich gelesen wurden, gab ihrer Wirkung noch mehr Kontinuität. Zudem boten sie mehr ›Ware‹ für weniger Geld; bis zu den neunziger Jahren hatten alle großen Tagesblätter ihren Preis auf etwa zwei Cent gesenkt, und im Anfang unseres Jahrhunderts vergrößerten sie ihren Umfang von vier auf acht oder zehn Seiten. Die Leserzahl erhöhte sich zum Teil wegen des steigenden Bildungsgrades und technischer Neuerungen, die es ermöglichten, täglich mehrere Ausgaben zu drucken. Doch der wichtigste Grund für den großen Einfluß, den Zeitungen hatten, war in den Grundfunktionen zu sehen, die alle Nachrichtenmedien wahrnehmen, nämlich in der modernen Massengesellschaft ein Gefühl der Kontinuität zu vermitteln und das, was sich in ihr abspielt, mit Sinn auszustatten. Diese Funktionen waren besonders wichtig für die Millionen Menschen, denen andere kulturelle Mittel fehlten, um mit den Kräften des Modernisierungs-Prozesses fertigzuwerden.

Zeitungen und andere Massenmedien domestizieren die moderne Welt, indem sie sie Massen von Menschen begreifbar machen, die ihr sonst ratlos gegenüberstünden. (Daß sie verwirrend ist, ist für die meisten Menschen unannehmbar.) Dadurch, daß Zeitungen mit dem Durchschnittsleser auf seinem eigenen Niveau des Begreifens kommunizieren, machen sie Wissen allgemeinverständlich. Damit wird in der Massengesellschaft Allgemeinverständlichkeit zum Kriterium des Wissens. Zeitungen machen Wissen publik: ›Alle Neuigkeiten, die sich zum Druck eignen.‹ So wird in der Massengesellschaft die Publizität zum Maßstab der Wahrheit.[23] Anders ausgedrückt: Wenn ich verstehe, was ich sehe oder lese, heißt Sehen und Lesen Glauben. Alle Massenmedien nähren diesen naiven Empirismus, und die meisten Leser sehen in allem, was die Presse berichtet, automatisch Informationen über Dinge, die sich tatsächlich so zugetragen haben.

Die moderne Presse gibt ihren Lesern auch ein gemeinsames Universum des Gesprächs. In der traditionellen Gesellschaft war die Welt des sprachlichen Miteinander darauf beschränkt, was sich im eigenen Regionaldialekt ausdrücken ließ. Doch Urbanisation, soziale Mobilität und der zunehmende Gebrauch von Nationalsprachen machten den Menschen bewußt, daß es eine weitere Welt gab, und zwangen sie zugleich zu wachsender Kommunikation mit Fremden. Daher war es beruhigend zu wissen, daß die Informationen und Denkhaltungen, die man aus seiner Zeitung bezog, von Millionen anderer Menschen geteilt wurden. Die Zeitungen lieferten auch beiderseits vertraute Themen für beiläufige Gespräche mit Fremden: Was sagen Sie zu diesem Skandal, Brand, Mord, Ball, Spiel et cetera? Viele der Sehweisen, die den Menschen von der Presse zu Ereignissen, Pseudoereignissen und prominenten Persönlichkeiten geliefert wurden, waren von geringem oder keinem Belang für ihr tägliches Leben. Dennoch aber fühlten sie sich gedrängt, irgendwie darauf zu reagieren: mit Empörung über die armenischen Massaker, mit Stolz auf die Aktivitäten der jeweiligen Dynastie, mit Neugier nach Skandalen und Verbrechen.

Der 1876 gegründete ›Le Petit Parisien‹ hatte die größte Auflage aller Tageszeitungen in der hier betrachteten Periode – 1902 eine Million und eine Million vierhunderttausend am Vorabend des Ersten Weltkrieges.[24] Er erreichte auch ein Publikum, das stärker heterogen war: Das Blatt wurde von vielen Männern und Frauen aus dem Kleinbürgertum gelesen und war, wie es hieß, die Zeitung der Concierges, doch die Mehrzahl seiner Leserschaft gehörte anscheinend der Arbeiterklasse an. Obwohl Jean Dupuy, Herausgeber von 1888 bis 1919, die politische Richtung des liberalrepublikanischen Regimes unterstützte, ging sein Blatt nicht auf die Interessen irgendeiner Gesellschaftsgruppe ein und stellte sich nicht, wie damals viele große Tageszeitungen, in offener Feindseligkeit gegen die Aspirationen der Arbeiterschaft. Wie der Titel erkennen läßt, war ›Le Petit Parisien‹ für den ›kleinen Mann‹, den gewöhnlichen Bürger gedacht. Dies war das Massenpublikum, das seither alle Nachrichtenmedien zu erreichen versucht haben. Und was es von seinen Zeitungen wünschte, waren Informationen, aufregende Neuigkeiten und Abwechslung, alles möglichst attraktiv verpackt. ›Le Petit Parisien‹ hatte so großen Erfolg, weil das Blatt all diesen Ansprüchen so gut entsprach.

Wie andere große Tageszeitungen erweiterte ›Le Petit Parisien‹ ständig seine Berichterstattung, um die neuen Interessen seiner Leserschaft zu befriedigen. Die wichtigsten neuen Themen nach der Jahrhundertwende waren Sport und ›human interest‹-Berichte. Das Blatt berichtete auch regelmäßig über Mode und die Finanzwelt, brachte Romane in Fortsetzungen und Leserwettbewerbe. Die Titelseite der Ausgabe vom 18. Oktober 1903 enthielt folgendes: zwei Spalten, in denen das erste Preisausschreiben angekündigt wurde, eine Spalte über den technischen Fortschritt in der Landwirtschaft, eine halbe Spalte über den Besuch des italienischen Königspaares (mit der ersten Photographie in einer französischen Tageszeitung), eine Spalte über einen Doppelmord in Aix-les-Bains, eine eingerahmte Liste einsätziger Schlagzeilen über die Tagesereignisse und im unteren Seitendrittel einen Fortsetzungsroman, ›Der Verlobte aus Lothringen‹, von Jules Marie. Schon wenige Jahre später wurde der Roman auf eine Seite weiter hinten verlegt und durch weitere Photoaufnahmen und Kriminalberichte ersetzt. ›Le Petit Parisien‹ brachte weniger große Reportagen als ähnliche Blätter in England und Amerika, doch immerhin Artikel über öffentliche Themen, denen Interviews mit bekannten Persönlichkeiten zugrunde lagen.

Das erste Preisausschreiben in ›Le Petit Parisien‹ setzte einen Trend in der neuen Massenkultur. Das Publikum sollte erraten, wieviel Weizenkörner in eine Flasche gingen, die mit genauer Angabe ihrer Maße abgebildet war. Jeder Einsendung mußten zehn Impressum-Ausschnitte des

Blattes beigelegt werden. Dieses Preisausschreiben verlangte mathematische Fähigkeiten, nicht verbales Können (wie in Kreuzworträtseln) oder vermischtes Wissen (wie bei späteren Ratewettbewerben in Rundfunk und Fernsehen). Es reizte nicht nur die bereits gewonnenen Leser zur Teilnahme, sondern diente auch als Werbemittel für neue. Gleichwohl handelte es sich um eine anspruchsvolle Sache, anders als bei dem Preisausschreiben, das der Ausgabe des ›Daily Mail‹ vom 3. März 1908 beilag – ein Zusammensetzspiel, bei dem sieben Stücke so aneinandergefügt werden mußten, daß sich ein ganzer Elefant ergab.

Die 1896 von Alfred Harmsworth (nachmals Lord Northcliffe) gegründete ›Daily Mail‹ in London[25] war ganz bewußt auf die Interessen und Aspirationen der modern denkenden, höherstrebenden Angehörigen des Kleinbürgertums abgestellt. Ihre Auflage schnellte in der erregten Atmosphäre während des Burenkriegs auf fast eine Million hoch und erreichte in der edwardianischen Ära einen Durchschnitt von einer Dreiviertelmillion. Die ›Daily Mail‹ bezeichnete sich selbst als ›die Tageszeitung des vielbeschäftigten Mannes‹ – ein ›aufgewecktes‹ Blatt für Aufsteiger aus der unteren Mittelschicht. Harmsworth wies seine Mitarbeiter an, bei ihrer Arbeit an männliche Leser zu denken, die den Lebensstil von ›Jährlich-tausend-Pfund-Leuten‹ anstrebten. Keiner der kleinen Angestellten, die tatsächlich die ›Daily Mail‹ lasen, bezog zwar

Neue Massenmedien: ›Extrablatt‹. Holzschnitt von E. Limmer

ein so stolzes Einkommen, doch viele dieser Leute identifizierten sich, wie wir in Kapitel vier gesehen haben, mit der Klasse, die über derartige Einkünfte verfügte. Daneben war die ›Daily Mail‹ auch eine der ersten englischen Tageszeitungen, die sich an weibliche Leser wandte. Als sie ihre erste Seite für die Frau brachte, erklärte die Redaktion: »Bewegungen in der Welt der Frauen – das heißt, Veränderungen der Kleidermode, Fragen der Körperpflege, der Kochkunst und Haushaltsthemen im allgemeinen – verdienen ebensoviel Aufmerksamkeit wie neun von zehn Themen, die in der gewöhnlichen Tageszeitung behandelt werden.« Harmsworth traf genau, was seine Leser wünschten. Die attraktive Trivialität war ihm wichtiger als das Solid-Seriöse, und nach diesem Motto lieferte er seinem Publikum zwei Kategorien von ›Nachrichten‹: ›Aktualitäten‹ und ›Gesprächsthemen‹. Erstere, so erklärte er einem seiner Angestellten, »sind Nachrichten im engsten und besten Sinn – Berichte über Ereignisse, Demissionen, Streiks, Verbrechen, prominente Sterbefälle, Eisenbahnkatastrophen und -zusammenstöße, Unwetter, Sportresultate und so weiter. Bei der zweiten handelt es sich darum, die Themen zu erfassen, über die die Leute reden, und sie auszubauen, oder selbst ein Thema anzuheizen.«

Die ›Daily Mail‹ wandte sich an jene Leser, »die nicht auf die Gesellschaft schimpften, sondern nur ihre Position innerhalb ihres Rahmens verbessern wollten, zufrieden damit, etwas besser dran zu sein als die Armen, die sich mühselig abrackerten, und von den ›Besseren‹ regiert zu werden.«[20] Deshalb stellte sie sich gegen Reformen zugunsten der Arbeiterschaft und berichtete vorteilhaft über das Leben und Treiben von Mitgliedern des Königshauses und der Londoner Society. In ihrer Ausgabe vom 21. April 1908 druckte sie in drei Spalten die Zuschrift eines Bierbrauers namens Henry Boddington ab, der, obwohl zur jener Zeit stellungslos, für das freie Unternehmertum und das Empire und gegen die heimlichen Umtriebe des Sozialismus Partei ergriff. Die Fortsetzungsromane, die die ›Daily Mail‹ brachte, handelten immer vom Leben der Wohlhabenden – so in ›The Ways of Men‹ von Herbert Flowerdew, Verfasser von ›The Third Kiss‹, ›Maynard's Wives‹ und vielen anderen Romanen. Selbst Londoner Juden fanden wohlwollende Behandlung in Pierre Costellos ›A Sinner in Israel – A Drama of Modern Jewish Life‹.

Vor dem Ersten Weltkrieg enthielt eine typische Ausgabe der ›Daily Mail‹ mindestens vier Spalten über Verbrechen und sensationelle Unglücksfälle, eine ganze Seite über Sportereignisse, eine volle Seite über die Finanzwelt und eine Seite für die Frau. Daneben gab es Buchbesprechungen und Theaterrezensionen, eine Spalte für Landwirte und spezielle Artikel über Medizin, Geschichte und große Männer. Zur Reklame für die üblichen Konsumgüter – vornehmlich Schönheitsmittel und Beruhigungspillen – kamen Inserate für ›Wegweiser-Bücher‹, ›The Children's Encyclopaedia‹ und ›The Historian's History of the World‹, die von ›Times‹-Buchklub vertrieben wurden. (Harmsworth hatte 1907 die ›Times‹ und einige Jahre vorher die ›Evening News‹ erworben. Daneben hatte er den ›Daily Mirror‹ und mehrere Wochenzeitungen ins Leben gerufen.)

Das Zeitungsgewerbe entwickelte sich früher als jedes andere Massenmedium zum Big Business. Schon bald nach ihrer Gründung wurden die ›Daily Mail‹ wie ›Le Petit Parisien‹ in Aktiengesellschaften umgewandelt, die Investoren zum Erwerb von Anteilen einluden, nicht aus Interesse an Politik oder Zeitungen, sondern einfach, um Gewinne an einem florierenden Geschäftsunternehmen zu machen. Während bei ›Le Petit Parisien‹ die Profite hauptsächlich aus der hohen Auflage kamen, gingen sie bei den größten englischen und deutschen Blättern – und auch bei den amerikanischen – auf die wachsenden Reklameerträge zurück. Statt der traditionellen Kleinanzeigen brachte die ›Daily Mail‹ große Werbeillustrationen für Markenartikel wie Pear's Soup, die Zigarettenfirma Players und Peecham's Pills (»gegen alle Gallen- und nervösen Störungen«). Als das Warenhaus Selfridges 1909 seine Pforten öffnete, belegte es neun Tage lang sechs ganze und Dreiviertelseiten in der ›Daily Mail‹. Nicht nur auf diese Weise verbanden sich die Zeitungen mit der Massenprodukte absetzenden Wirtschaft, sondern wurden selbst zum Markt für einen anderen Wirtschaftszweig, die großen telegraphischen Nachrichtenagenturen: Reuter im Vereinigten Königreich, Havas in Frankreich und die Telegraphen-Union in Deutschland.

Neben den Tageszeitungen gab es in Massenauflagen erscheinende Wochenzeitungen, die den Durchschnittsleser mit anspruchsloser Unterhaltung und Information versorgten und ihm halfen, sich in der modernen Welt zurechtzufinden. In England war der Prototyp ›Tit-bits‹, das Material aus »den interessantesten Büchern, Zeitschriften und Beiträgen in aller Welt« zusammentrug. In den achtziger Jahren des 19. Jahrhunderts gegründet, erreichte die Publikation rasch eine Auflage von siebenhunderttausend Exemplaren. ›Tit-bits‹ spezialisierte sich auf das Genre von Informationen, die man in Almanachen fand – »Welches war die größte Höhe, aus der ein Mensch gestürzt ist, ohne eine Verletzung zu erleiden?« Oder: »Welcher Fußballplatz gewährt der größten Zuschauermenge einen unbegrenzten Blick auf das Spielfeld?« Das Blatt brachte auch kleine Erzählungen und Witze.

Immer auf der Suche nach neuen Märkten, startete Alfred Harmsworth ein Konkurrenzblatt unter dem Titel ›Answers‹. Das Rezept war das gleiche: verkürzte Informationen, in kurzen, flott geschriebenen Absätzen aus zwei, drei Zeilen verabreicht. Doch Harmsworth schrieb die Fragen tatsächlich selbst. (»Er hatte einen ebenso unersättlichen Appetit auf buntgemischte Fakten wie ein Quizteilnehmer im Fernsehen.«)[27] Die Leser der ersten Nummer von ›Answers‹ (2. Juni 1888) erfuhren zum Beispiel ›Was die Königin ißt‹, ›Wie man Sommersprossen beseitigt‹, ›Warum Juden nicht radfahren‹ und konnten einen Bericht über das Thema ›Um ein Haar lebend begraben‹ lesen. Außerdem durften sie erfahren: »Jedermann, der unsere Zeitung ein Jahr lang liest, wird über viele Themen mitreden können, von denen er vordem keinerlei Kenntnis besaß. Er wird über einen ansehnlichen Vorrat an Anekdoten und Witzen verfügen und ein wirklich angenehmer Gesprächspartner sein.«

Manche der großen kontinentaleuropäischen Zeitungen brachten billige illustrierte Wochenbeilagen heraus, die ein breites Publikum unter der halbgebildeten Unter- und unteren Mittelschicht fanden, doch eines der erfolgreichsten und längstlebigen Familienblätter, ›Die Gartenlaube‹[28], war eine illustrierte Zeitschrift in mittlerer Preislage, die sich direkt an das eigentliche Bürgertum wandte. ›Die Gartenlaube‹ war, wiewohl in vieler Hinsicht spezifisch deutsch, eine Vorgängerin der ›Saturday Evening Post‹ und des ›Ladies' Home Journal‹ in den Vereinigten Staaten. Zwar hatte sie eine beträchtlich geringere Auflage – um 1900 etwa 250 000 Exemplare –, aber ihr Einfluß reichte mangels Konkurrenz durch andere Medien tiefer. Die ›Gartenlaube‹ war für ihre Leser wie für ihre Kritiker eine Institution, weil sie die Mentalität des deutschen Bürgertums mit mäßigem geistigen Interesse verkörperte.

›Die Gartenlaube‹ richtete alles aufs Häuslich-Heimelige aus. Schon ihr Name symbolisierte die Domestizierung der Natur. Die Fortsetzungsromane, die sie brachte, namentlich die Schöpfungen der Marlitt, domestizierten menschliche Beziehungen mittels einer wirkungsvollen Mischung von Idealismus und Sentimentalität, der nur wenige Leser des Blattes widerstehen konnten. Anders als die »harmlosen Märchen« der Courths-Mahler wurden sie als Erzählungen aus der Lebensrealität präsentiert, die sich in einer zwar geschönten, doch nicht verzerrten Welt zutrugen. Ja, man hat die ausgesprochen feindselige Darstellung, mit der die Marlitt üble Charaktere adeliger Abstammung porträtierte, als eine

Form sozialen Protestes gedeutet.[29] Doch in dem Weltbild, das ›Die Gartenlaube‹ mit ihren Berichten zeichnete, waren menschliche Schlechtigkeit und Überschreitungen des Schicklichen als ungeeignete Lektüre für die unschuldigen Schulmädchen und sensiblen Hausfrauen ausgespart, die die idealen Leser des Blattes stellten.

Um die Jahrhundertwende setzte ›Die Gartenlaube‹ sich jedoch zum Ziel, ihr Publikum über verschiedene Aspekte der Modernität aufzuklären, wenn auch in domestizierter Form. 1899 widmete sie dem in London stattfindenden Internationalen Frauenkongreß beträchtlichen Raum und brachte auch Aufnahmen einiger der dort versammelten militanten Feministinnen. Obwohl die Zeitschrift an der Ansicht festhielt, der Platz der Frau sei im Haus, stellte sie in Text und Illustrationen neue Aktivitäten wie Radfahren und Amateurphotographie heraus. An der wissenschaftlich-technischen ›Front‹ berichtete sie über die Erfindung des Radios durch Marconi und Blériots Flug über den Ärmelkanal wie auch über Fortschritte in der ›weiblichen Hygiene‹, bis zu jener Zeit ein Tabu-Thema in Familienzeitschriften. 1906 wagte sie sich auf das Feld sozialer Probleme, als sie in einem umfangreichen, illustrierten Artikel über das Elend von Frauen aus der Armenschicht berichtete, die zu schlecht bezahlter Heimarbeit gezwungen waren. Die Meldungen aus der Welt, die ›Die Gartenlaube‹ brachte, glichen sich zusehends denen an, die andere Medien präsentierten: Begebenheiten um Fürstlichkeiten, Deutschlands neue Kolonien, die Weltausstellungen in Paris, 1900, und St. Louis, 1904. 1912 zeigte sie ihren Lesern ›Wie eine Kunstausstellung in Paris organisiert wird‹, unterließ es jedoch, sie über die Künstler der Avantgarde zu informieren, die diese offiziellen Salons mieden.

Weder als Instrument der Aufklärung noch als Trägerin der Unterhaltung zeigte die sich herausbildende Kultur für die breiten Schichten allerdings die realen Auswirkungen der Modernisierung auf das Leben der Menschen. Die in Massenauflagen erscheinenden Blätter behandelten damals schon ihre Leser als egozentrische Konsumenten, für die es bei den Ereignissen und Entwicklungen, über die die Presse berichtete, um andere Leute als sie selbst ging. Schon das Format der Zeitungen und Zeitschriften verstärkte die Perzeption, daß alles, was sie brachten, für sich stehende Einheiten seien, ohne Verbindung zu strukturierten, miteinander in Beziehung stehenden Prozessen. Melodramatische Romane und Schlager wie ›Heaven Will Protect the Working Girl‹ reduzierten die

Neue Massenmedien: Drei kleine französische Jungen vor einem Zeitungskiosk. Karikatur, Anfang 20. Jahrhundert

Probleme der Frauen in der Arbeitswelt auf das Fernhalten zudringlicher Arbeitgeber. Insbesondere die Populärliteratur – zusammen mit dem Unterhaltungstheater, den Kinos und dem Zuschauersport – gab den Menschen das beruhigende Gefühl, daß Emotionen und zwischenpersönliche Beziehungen immer die gleichen seien, mochte auch der Rahmen oberflächlich modern sein.

Die neuen Massenmedien begünstigten das Entstehen einer Konsumentenmentalität, die alle kulturellen Produkte nach Maßstäben wie ›es gefällt mir‹ und nach dem Kriterium ›was es mir bedeutet‹ zu messen begann. Ein Mensch von dieser Mentalität personalisierte, domestizierte und sentimentalisierte große Werke der Kunst (»Wir verliebten uns im Parthenon«), während ihm deren Bedeutung als symbolische Formen, geschaffen, den Menschen zu Erfahrungen zu verhelfen, die über sie selbst hinausreichten, völlig entging. Der gleiche Mensch reagierte gleichartig auf Schlager, Fortsetzungsromane und Schock-Art – er legte einem Massenprodukt, das über sich selbst hinaus keine Bedeutung besaß, die Bedeutung bei, die es für ihn selbst hatte (»Sie spielen gerade unser Lied«). Doch ein solcher Umgang mit Hervorbringungen der Kultur führt zum Gegenteil von Aufklärung, Empathie und Verstehen.

So bot die sich entfaltende Massenkultur ein oberflächliches Bild der Realität, aber keine Möglichkeit zu verstehen, wie moderne Strukturen und Systeme funktionieren. Manchen Formen der Populärliteratur und des Unterhaltungstheaters lieferten ihrem Publikum aufbereitete Brokken einer sentimentalisierten Vergangenheit für eine Augenblicksflucht vor den unerquicklichen Aspekten des realen Gegenwartslebens. Und der naive Empirismus, den die neuen Nachrichtenmedien förderten, war mehr Mystifizierung als Erklärung. Statt Objekte als Besoandteile zu zeigen, aus denen sich Ereignisse und Bezüge zusammensetzen, stellte die Massenkultur sie als für sich stehende Miszellen dar, die man konsumieren oder unbeachtet lassen konnte. Aus ihren persönlichen Erfahrungen wurden die Menschen sich zwar der Klassenstruktur, des politischen Systems und der Marktwirtschaft bewußt. Doch die Massenkultur gab ihnen keine Hilfe zum Verständnis, wie diese funktionierten oder wie sie zueinander in Beziehung standen. Im Unterschied zur traditionellen Volkskultur wurde sie nicht von erklärenden Mythen unterstützt. Ihre große Botschaft lautete: Alles, was zählt, ist das Hier und Jetzt, also konsumiere, was du nur kannst.

Neue Begriffe und Erkenntnisse

Während die meisten Europäer in ihrer Lebenseinstellung zunehmend materialistisch und diesseitig wurden, suchten einige Philosophen und Gesellschaftstheoretiker nach neuen Wegen zum Verständnis der Komplexität und Widersprüche des modernen Lebens. Bei diesen Bemühungen lehnten sie den traditionellen Rationalismus, den Positivismus und die Wissenschaftsgläubigkeit ihrer unmittelbaren Vorgänger ab. Sie legten besonderes Gewicht auf die Bedeutung des Irrationalen und des Unbewußten in den menschlichen Belangen. Friedrich Nietzsche und Henri Bergson beschäftigten sich mit der Rolle des individuellen Willens und mit der Möglichkeit, daß freie Geister neue Werte schüfen. Sigmund Freund, Emile Durkheim und Max Weber suchten nach einer neuen Bestimmung der Stellung für das Individuum in der Gesellschaft ihrer eigenen Zeit. Diese Sozialwissenschaftler begannen die Relativität aller kulturellen Werte und Normen zu akzeptieren und fremden Kulturen eine Gültigkeit aus sich heraus zuzubilligen. Ja, die Psychoanlayse selbst ist zum Teil eine Theorie zur Erklärung, auf welche Weise die Kultur einer bestimmten Gesellschaft assimiliert und weitergegeben wird.

In den Jahren vor dem Ersten Weltkrieg gelangten Philosophen und Sozialwissenschaftler auf einem anderen Weg als Physiker wie Albert Einstein und Max Planck zu der relativistischen Weltsicht, die schließlich das 20. Jahrhundert beherrschte. Max Weber erkannte, daß miteinander konkurrierende Wertsysteme und unterschiedliche Nationalkulturen unausweichliche Tatsachen des modernen Lebens sind. Durkheim erkannte die Ähnlichkeit seiner soziologischen Thesen mit den Annahmen des Pragmatismus ausdrücklich an: »Der Mensch ist ein Produkt der Geschichte und damit des Werdens. Nichts in ihm ist im voraus gegeben oder festgelegt . . . Alles im Menschen ist im Lauf der Zeit von der Menschheit geschaffen worden. Wenn daher die Wahrheit menschlich ist, dann ist sie auch ein Produkt des Menschen.«[1]

Auch Henri Bergsons Gedanke der kreativen Evolution lehnte die unveränderliche ›objektive‹ Natur ab, die der Rationalismus der Wahrheit zuschrieb. Und Ludwig Wittgenstein sagte, daß die in einer Behauptung verwendeten Begriffe ihren Sinn aus ihrem Verhältnis innerhalb der Behauptung ableiteten.

Doch weder das geistige Establishment noch das gebildete Bürgertum waren bereit, diese neuen Gedanken und Sehweisen aufzugreifen. Die Mehrzahl der auf den Universitätslehrstühlen etablierten Philosophen schenkte Nietzsche und Bergson keine Aufmerksamkeit und fuhr fort, sich mit traditionellem Gedankengut zu beschäftigen. Und wenn auch beide Denker bei gewissen Pseudointellektuellen, die sich für vorwärtsblickend hielten, in Mode kamen, so war doch die beim ›aufgeklärten‹ Publikum populärste ›Philosophie‹ der Monismus Ernst Haeckels. Haeckel, der im ausgehenden 19. Jahrhundert der erste Wortführer des Darwinismus gewesen war, veröffentlichte 1900 sein Buch ›Welträtsel‹, in dem er erklärte, daß der Mensch völlig mit der Natur verschmolzen sei, und jede Unterscheidung zwischen Denken und Materie, Körper und Seele, Geist und Substanz scharf ablehnte. Dieses Buch wurde, einschließlich zahlreicher Übersetzungen, bis 1914 in dreihunderttausend Exemplaren verkauft. Die Lösung, die es für das Problem der Modernisierung und ihre Schattenseiten anbot, war eine aus dem Szientismus, wie er um die Mitte des 19. Jahrhunderts herrschend war, abgeleitete Ersatzreligion.

In den ersten Jahren nach 1900 erlebte Europa seine eigene Version des amerikanischen ›großen Erwachens‹ – einen Ruf nach sittlicher Regeneration. Wie Monismus, Voluntarismus und Antirationalismus lehnte auch diese Bewegung die Modernisierung einfach als schlecht ab, ohne sich den komplexen, miteinander verflochtenen Strukturen und Systemen zu stellen, die sie hervorgebracht hatte. Zudem verdeckte das Gerede über sittliche Werte das Fehlen einer realistischen Analyse der herrschenden gesellschaftlichen Bedingungen, die die überkommenen Interessen der Leserschaft der ›Revue des Deux Mondes‹, der ›Preußischen Jahrbücher‹, der ›Nuova Antologia‹ und der ›Quarterly Review‹ bedroht hätte. Diese ›seriösen‹ Medien der öffentlichen Aufklärung stellten die Ideen, die sie zu erklären behaupteten, in starker Verzerrung dar.

Der echte Friedrich Nietzsche war sehr verschieden von dem Zerrbild, das manche Kritiker von ihm zeichneten und in die Welt setzten. Er war zweifellos der bekannteste Philosoph des 19. Jahrhunderts, der das Verlangen propagierte, sich von der passiven Unterwerfung unter die Autoritäten der Vergangenheit zu befreien. Aber er richtete seinen nihilistischen Angriff auf die sittlichen Werte der Tradition in der Absicht, der Begründung neuer den Weg zu bahnen, nicht aber um eine Degenerierung zur Normenlosigkeit zu fördern. Nietzsche predigte die Notwendigkeit der Zähmung unserer allzumenschlichen Triebe, die er unserem Willen zur Macht subsumierte. Nach seinem Tod gab seine Schwester Elisabeth seine unveröffentlichten Notizen über den ›Willen zur Macht‹ in einem Buch heraus, das ihn gewissermaßen zu einem Vorläufer der Nationalsozialisten machte.[2] Nietzsche selbst wäre über diese Entstellung entsetzt gewesen. Er erkannte, daß das ungezügelte Ausleben des menschlichen Willens zur Macht zum Chaos führen werde, und vertrat die Ansicht, daß wir diesen Elementartrieb sublimieren müßten, indem wir ihn auf konstruktive, von der Vernunft kontrollierte Ziele hinleiteten. Zugleich räumte er ein, daß dies in einer Welt, in der Gott als Symbol aller universalmenschlichen Gewißheiten tot war, eine übermenschliche Anstrengung darstellte.

Nietzsche fand Widerhall mit seiner Mahnung: »Werde, der du bist!« Er verfaßte zwar alle seine vollendeten Werke in den siebziger und achtziger Jahren des 19. Jahrhunderts, aber ihre volle Wirkung auf das europäische Denken entfalteten sie erst nach 1900. Mittlerweile veranlaßte die Modernisierung in allen entwickelten Ländern dem Neuen aufgeschlossene Denker, die traditionellen Gewißheiten in Frage zu stellen. Der Amerikaner William James, Philosoph der pragmatischen Schule und Psychologe, vertrat den Standunkt, daß jeder einzelne das Recht habe, aus dem bestehenden sittlichen Erbe die Überzeugungen zu wählen, die ihm am besten entsprächen. Nietzsche teilte James' demokratischen Optimismus nicht. Er war überzeugt, daß nur einige wenige hervorragende Individuen ihren Willen zur Macht durch Selbstvervollkommnung verwirklichen könnten. Und nur eine solche Anstrengung vermöge die Menschheit aus ihrer Dekadenz zu erretten.

Wie Sokrates sah sich Nietzsche als die Stechmücke seiner Gesellschaft, als Vivisektor der Eitelkeiten und der Heuchelei seiner Zeit. Obwohl er die Musik Wagners liebte, verabscheute er das kulturelle Philistertum der deutschen Bürgerschicht, die sie bei den Bayreuther Festspielen ›würdigte‹ und in ihr einen Ausdruck ihres antisemitischen Nationalismus sehen wollte.[3] Nietzsche reagierte auf die Modernisierung nicht mit Wagners romantischer Mischung von Christentum und ›blonden Bestien‹. Seine Reaktion war eine vernunftbestimmte Suche nach neuen Werten. In seinen ›Unzeitgemäßen Betrachtungen‹ und in ›Die Geburt der Tragödie‹ vertrat Nietzsche die Ansicht, daß die Kultur, unter der er die spontane Schöpfung originaler Werte und Normen verstand, das einzige Ziel sei, das dem Leben Sinn zu geben vermöge. In ›Also sprach Zarathustra‹ und ›Jenseits von Gut und Böse‹ enthüllte er die Inkonsequenzen der Versuche, den alten Moralkodex des Christentums mit der modernen Zivilisation in Einklang zu bringen, und die Kompromisse, die ständig zwischen dem theoretisch Sittlichen und der sittlichen Praxis geschlossen wurden. Nietzsche wandte sich auch gegen Liberalismus, Sozialismus, Nationalismus und Demokratie, die er als kulturfeindlich bezeichnete. Nach seiner Ansicht konnte das »Ziel der Menschheit« nicht in der Durchsetzung solcher Bestrebungen liegen; »nur in ihren höchsten Exemplaren« könne es geboren werden. Diese These aus den ›Unzeitgemäßen Betrachtungen‹ gibt den Schlüssel zu Nietzsches Wertbegriff und zu seiner aristokratischen Ethik.

Nietzsche ist zu Recht berühmt für seine Idee des Übermenschen, obwohl häufig mißverstanden worden ist, was er damit meinte. Er glaubte, daß »freie Geister« – Dichter und Philosophen wie er selbst – überlegen begabte Individuen lehren sollten, über sich selbst hinauszuwachsen, um eine bessere künftige Welt zu bauen. Aber er dachte nicht daran, daß diese Übermenschen politische Macht ausüben sollten. Er dachte sie als antipolitische Einzelne, die fern der modernen Welt nach Selbstvervollkommnung strebten. Ihr Wille zur Macht würde mehr auf die Überwindung ihrer eigenen Begrenztheit als auf die Umformung der Gesellschaft gelenkt. Und die Gesellschaft sollte getadelt werden, wenn sie von ihnen Anpassung forderte und ihre Entwicklung behinderte.

Die grelle, provozierende Art, in der Nietzsche seine Gedanken vortrug, verdunkelte häufig seine wesentlichen Absichten. Er behauptete: »Der Krieg und der Mut haben mehr große Dinge getan als die Nächstenliebe«, wobei er Krieg als Sinnbild für Kampf, Mut für strebendes Mühen setzte und mit Nächstenliebe die wirkungslosen Gefühle steriler Seelen meinte, die ihrer Aufgabe der Selbstvervollkommnung aus dem Wege gingen. In einer Epoche, in der Wissenschaft und Technik Selbstzufriedenheit in das Leben des Bürgers brachten und der Staat die Mas-

Friedrich Nietzsche. Fotografie, 1864

sen zu gängeln begann, forderte Nietzsche, in ›Die fröhliche Wissenschaft‹, daß das Menschenwesen Befriedigung in sich selbst finden müsse; nur dann könne man es ansehen. Wer immer mit sich selbst uneins sei, der wolle sich dafür rächen, und die anderen seien dann die Opfer.

Nietzsches Vorstellung vom ›Rachedurst‹ solcher Menschen rückt zusammen mit seinem Sublimationsgedanken die psychologische Dimension seines Denkens in helles Licht. Wie Freuds Denken ging auch das Nietzsches Bahnen, die über die Regeln hinausführen, nach denen Wissen geprüft werden kann. Für ihn war wahre Weisheit viel mehr als eine Ansammlung bewiesener Fakten und ichbewußter Theorien. Die Verwirrung, die über seine Schriften entstand, geht vor allem darauf zurück, daß er das Wissen behandelte, als wäre es eine Form der Kunst, und die Kunst, als wäre sie eine Form des Wissens. Der Kern dieser Verwirrung liegt in seiner Überzeugung – die so viele abstieß –, daß Zerstörung selbst Freude und untrennbar vom Schöpferischen sei. Nach den allgemein anerkannten Denkregeln ist diese Vorstellung unlogisch. Nietzsche aber wollte, daß die Vernunft die konventionelle Logik der kausalen Erklärung aufgebe und psychologische Erkenntnisse als Mittel zur Auslegung der Ursprünge von Begriffen benütze. Statt zu beschreiben und zu definieren, müsse die Philosophie interpretieren. In einer (aus dem Jahr 1888 stammenden) Notiz zu ›Der Wille zur Macht‹ gibt er ein Beispiel dieses Denkens bezüglich des Ursprungs der Religion: ». . . in der psychologischen Gottbildung wird der Zustand, um Wirkung zu sein, als Ursache personifiziert. Die psychologische Logik ist die: Das Gefühl der Macht, wenn es plötzlich und überwältigend den Menschen überzieht – und das ist in allen großen Affekten der Fall –, erregt ihm einen Zweifel an seiner Person: er wagt sich nicht als Ursache dieses erstaunlichen Gefühls zu denken – und so setzt er eine stärkere Person, eine Gottheit für diesen Fall an.«[4]

Nietzsches Gedanke, daß überragende Individuen über sich selbst hinauswachsen könnten, fand in den frühen Jahren nach 1900 weithin Anklang.[5] Er zog den humanitären Sozialisten George Bernard Shaw wie den elitären Stefan George an . Auf unterschiedliche Weise reagierten diese beiden einflußreichen Schriftsteller gegen die Selbstgefälligkeit und Blasiertheit ihrer eigenen Gesellschaft. Für sie war die Zivilisation des 19. Jahrhunderts in eine Sackgasse geraten, sie aber wollten sich nach vorne bewegen. Sie übernahmen Nietzsches Credo, daß der Künstler ein Schöpfer neuer Werte »abseits des Marktplatzes« sein müsse. Der Franzose Henri Bergson gab dem Verlangen nach persönlicher Befreiung und kreativer Veränderung in Formen Ausdruck, die ihn zum populärsten und meistübersetzten Philosophen des letzten Jahrzehnts vor dem Ersten Weltkrieg machten.

Wie viele seiner Zeitgenossen lehnte Bergson Wissenschaftsgläubigkeit und Positivismus ab, jene Extremformen, die der Glaube an eine progressive Rolle der Naturwissenschaft in menschlichen Belangen während der siebziger und achtziger Jahre des 19. Jahrhunderts angenommen hatte. Der Szientismus vertrat die Ansicht, daß die Naturwissenschaften vermittels ihrer Kenntnis natürlicher und sozialer Prozesse alle Probleme des Menschen lösen könnten. Der Positivismus ging noch einen Schritt weiter mit der Behauptung, die Naturwissenschaft vermöge die gesamte kosmologische Theorie aus dem Bereich des Religiösen herauszubrechen. Auguste Comte und Herbert Spencer bauten ihre soziologischen Theorien auf das Fundament des Positivismus, und diese philosophische Sicht erreichte in verwässerter Form ein Massenpublikum.

Im Februar 1889 schlug Thomas Henry Huxley, einer der einflußreichsten Propheten dieses Evolutionsoptimismus, in einem in der Zeitschrift ›Nineteenth Century‹ veröffentlichten Artikel über ›Agnostizismus‹ – ein Terminus, den er selbst geprägt hatte – bereits eine pessimistische Note an. Nach Huxley ist uns nicht nur kein göttlicher Heilsplan für die Erlösung des Menschen bekannt, sondern es besteht auch keine Gewißheit, daß der Prozeß der natürlichen Selektion den Menschen und die Gesellschaft besser machen werde. Auch der deutsche Physiologe Emil DuBois-Reymond schwankte zwischen Positivismus und Agnostizismus hin und her. Einerseits erklärte er, es gebe keine andere Wissensform als die mechanische und keine andere Form wissenschaftlichen Denkens als die mathematisch-physikalische.[6] Andererseits äußerte er sich in einer Rede mit dem Titel ›Ignoramus, Ignorabimus‹ pessimistisch über die Grenzen menschlichen Wissens.

Bergson ersetzte in seinem Buch ›L'évolution créatrice‹ den Glauben an die Wissenschaft durch einen neuen Optimismus. Er mahnte seine Zeitgenossen, ihre Selbstgefälligkeit und ihr steriles Theoretisieren abzuschütteln und statt dessen unmittelbaren Kontakt zum Leben zu suchen. Nur auf diese Weise könnten sie eine höhere Entwicklungsphase erreichen. Nach Bergson war Leben ein weitaus fundamentalerer Prozeß als Wissen. Das von Naturwissenschaft und Mathematik enthüllte Wissen sei abstrakt, ein praktisches Handwerkszeug, um Handeln zu erleichtern. (Der Begründer der Philosophie des Pragmatismus, William

Henri Bergson in seinem Pariser Arbeitszimmer. Fotografie

James, lobte Bergson für diesen Hinweis.) Aber es dringe nicht bis zum instinktbestimmten Strom des Bewußtseins vor, der unter dem Wissen hochquelle. Bergson vertrat die Ansicht, daß wir allein auf dieser Erfahrungsebene uns der Lebenskraft ›Élan vital‹ bewußt würden, die die echte Wirklichkeit sei. Die Menschen erhöben sich zu einer höheren Ebene mittels einer immer präziseren, komplexeren und geschmeidigeren Anpassung ihres Bewußtseins an die Bedingungen ihres Daseins. »Man muß die Dinge im Sturm nehmen, man muß sich durch einen Willensakt des Intellekts entledigen.« Damit hob Bergson den Primat von Intuition und Instinkt gegenüber dem Intellekt hervor. Er wandte sich so gegen die mechanistische, materialistische und deterministische Sicht des Lebens, mit der Naturwissenschaftsglaube und Positivismus versucht hätten, die menschliche Freiheit in eine Zwangsjacke zu pressen. Bergson verkündete mit Emphase, daß es Raum für wirkliche Freiheit und echte Veränderung gebe, sobald die Menschen »durch einen Willensakt« die Zwangsjacke abwürfen. Der Élan vital, nicht Geist oder Materie, sei die fundamentale Realität. Allein die Intuition bringe uns in unmittelbaren Kontakt zum wirklichen Leben. Der Intellekt verfehle das Einzigartige und Ursprüngliche, das Unvorhersehbare und das Unumkehrbare. Aus diesen Quellen aber gehe der menschliche Fortschritt hervor. Diese erregende, befreiende These wirkte mit starker Anziehung auf Künstler und Schriftsteller, auf religöse Denker und die eleganten Damen, die zu Bergsons überfüllten Vorlesungen im Collège de France kamen.

Bergsons Voluntarismus, sein Antirationalismus und seine Vergötterung des Élan vital bildeten den Höhepunkt des romantischen Versuchs, den Verlust des Glaubens an traditionelle Gewißheiten zu bewältigen. Er hatte ein Jahrhundert früher in Reaktion auf die Französische und die Industrielle Revolution begonnen. Diese Umwälzungen hatten der Modernisierung den Weg bereitet, indem sie neue politische, gesellschaftliche und ökonomische Strukturen schufen. Zugleich aber hatten sie in der Frage geistiger und kultureller Traditionen, die bis zur griechischen Klassik zurückgingen, sensible Denker und Künstler desillusioniert. So wie der Klassizismus von der Annahme ausgegangen war, die Kunst vermöge Ordnung und Schönheit ins Leben zu bringen, so hatten der Rationalismus und Intellektualismus Platos und Descartes' angenommen, die Philosophie sei imstande, wahre Ideen über den Menschen und seine Welt zu entdecken. Die Romantiker konnten die Gewißheit dieser Annahmen nicht mehr akzeptieren. Hegel versuchte eine neue Gewißheit zu schaffen, die gewöhnliche Fakten, menschliches Handeln, historische Veränderungen und Institutionen als eine fortschreitende Verwirklichung des Weltgeistes erklärte. Er erfand auch eine neue, dialektische Logik, um Wandel und Entwicklung in einer Weise zu erfassen, die sich mit den Mitteln der traditionellen Logik – die forderte, daß ein Ding zu einer bestimmten Zeit entweder ein Attribut haben müsse oder nicht haben könne – nicht erklären ließ. Doch in der ersten Hälfte des 19. Jahrhunderts waren die beiden Philosophen, die die absolute Absurdität und Grausamkeit des Lebens am uneingeschränktesten hervorhoben – Sören Kierkegaard und Arthur Schopenhauer – auch die pessimistischsten. Nietzsche bot einige Hoffnung für die begabten Wenigen, Bergson aber dachte optimistisch über die Möglichkeit, die Vielen zu befreien. Er bewegte sich auch in Richtung auf einen (in seinem letzten Werk ›Die beiden Quellen von Sittlichkeit und Religion‹ ausgeformten) mystischen Glauben an die Fähigkeit jedes einzelnen, mit seiner eigenen Energie und seinem eigenen Willen die Grenzen von Natur und Selbst zu überschreiten und sie wieder in die schöpferische Bewegung des Geistes einzufügen.

Kurz nach 1900 versuchten auch andere europäische Philosophen, neue ›Lebensphilosophien‹ an Stelle der traditionellen Gewißheiten zu entwickeln, welche die Modernisierung – beginnend mit der wissenschaftlichen Revolution – zerstört hatte. In Italien verfocht Benedetto Croce (1866–1952) die Idee des freien Geistes, der konventionelle Begriffe ablehnt, neue Werte begründet und mittels seiner Intuition den reinen Pulsschlag des Lebens in seiner Tatsächlichkeit dingfest macht. Andererseits versuchte Croce jedoch, die Bedeutung des Intellekts wiederherzustellen: »Jene Intellektuellen, die Erlösung sehen im Rückzug des Künstlers oder Denkers von der Welt, die ihn umgibt, durch bewußte Nichtanteilnahme an den praktischen Auseinandersetzungen des Pöbels, erreichen damit, ohne es zu wissen, nur den Tod des Intellekts.«[7]

Der echte Philosoph strebe nach konkretem Wissen über das Leben durch das Studium der Geschichte. Ja, Croce erklärte sogar, daß Philosophie und Geschichte identisch seien. Dies sei so, weil alles konkrete Wissen aus dem Verständnis und den Urteilen komme, die der Philosoph aus dem Studium der Lebensgeschichten und menschlichen Handlungen der Vergangenheit gewinne, die er als belangvoll für seine eigene Zeit erachte. Und das Wissen, das er solcherart erwerbe, sollte in Handeln umsetzbar sein.

In Spanien lehnte Miguel de Unamuno Croces Forderung nach vernunftbegründetem Handeln ab und trat für einen aktivistischen Irrationalismus ein. In seinem im Februar 1906 in der Zeitschrift ›España Moderna‹ veröffentlichten Essay ›La Cruzada‹ forderte Unamuno einen ›Kreuzzug‹ zur Rettung Don Quijotes vor den ängstlichen und feig-vorsichtigen Wortführern der Vernunft, die ihn als verrückten Ritter betrachteten, weil er gekämpft habe, ohne nach dem Warum zu fragen. Nach Unamuno liegt der Sinn des Lebens darin, an das zu glauben, wofür es Hoffnung gebe, und nicht des Sieges wegen zu kämpfen, sondern aus Liebe zum Kämpfen selbst. In ›Del sentimiento trágico de la vida‹ vertritt Unamono die Ansicht, die einzig mögliche Position, in der man sich der Existenz stellen könne, sei die der Ungewißheit.

Eine andere Gruppe von Philosophen, die alle Formen traditioneller Spekulationen ablehnte, definierte ihre Aufgabe neu, als Sprachkritik. Der Deutsche Gottlob Frege und der Engländer Bertrand Russell konzentrierten sich darauf, aus einer gereinigten Logik mathematische Sprachen zu gewinnen. Der Österreicher Ludwig Wittgenstein vertrat die Ansicht, man könne sich aus den Fallstricken der traditionellen Philosophien nur durch eine sorgfältige und genaue Beschreibung der Sprache lösen, so wie die meisten Menschen sie tatsächlich verwendeten. Wittgensteins Philosophie läßt sich schwerer zusammenfassen als die irgendeines seiner Zeitgenossen, weil er seinen Erkenntnissen höchst unkonventionell Ausdruck gab. Dennoch muß es versucht werden, nicht nur weil seine Neuorientierung der Philosophie an sich so radikal war, sondern weil Wittgenstein eng mit dem Wiener kulturellen Milieu vor 1914 und den Reaktionen anderer modern denkender Schriftsteller und Künstler, die sich dagegen stellten, verbunden war.

Nirgends sonst war der Kontrast zwischen traditioneller und moderner Kultur so extrem wie im Wien der Jahre 1900 bis 1914. Wie wir in Kapitel zehn sehen werden, war Paris das Hauptzentrum, wo Maler der Avantgarde traditionelle Werte und Perzeptionen abzustreifen und neue Bildersprachen zu entwickeln versuchten, aber an diesen Bestrebungen beteiligte sich auch der Wiener Oskar Kokoschka. Wir werden auch sehen, daß Adolf Loos das Ornamentale aus Kunst und Architektur verbannte und Arnold Schönberg die theatralische Überladenheit der spätromantischen Musik ablehnte und nach neuen Wegen suchte, um den rein logischen Charakter musikalischer Ideen zu entwickeln. Diese beiden Männer erkannten, neben Wittgenstein selbst, den inspirierenden Einfluß von Karl Kraus an, dem einzelgängerischen Sprach- und Gesellschaftskritiker und Herausgeber der ›Fackel‹. Kraus führte die schneidendste und kompromißloseste Polemik gegen die Entartungen, Entstellungen und Verfälschungen der traditionellen Wiener Kultur in all ihren Aspekten.[8]

Kraus attackierte auch den Journalismus und die Psychoanlayse seiner Zeit, denen er Entstellung der Wahrheit vorwarf. Nach seiner Ansicht machte sich die angesehene Wiener Tageszeitung ›Neue Freie Presse‹ infolge ihrer großbürgerlichen Voreingenommenheit nicht nur der allgemeinen Verdrehung in ihrer Berichterstattung schuldig, sondern verzerrte auch spezielle Meldungen durch die bedenkenlose Vermengung von Fakten und Meinung, subjektiven und objektiven Reaktionen. In einem seiner meistzitierten Aphorismen – »Die Psychoanlayse ist genau die Krankheit, die sie zu heilen vorgibt« – bezog sich Kraus auf den Mythos Freuds, der ästhetische und sittliche Werte als Produkte unerfüllter irrationaler, egozentrischer und antisozaler Strebungen des Unbewußten erklärte. Nach Karl Kraus' Ansicht machte die Psychoanalyse damit die schöpferische Phantasie zu einer Manifestation der Krankheit, die sie zu heilen strebte, während er selbst in ihr die Quelle von allem sah, was an Individuum und Gesellschaft gesund sei.[9]

Obwohl Wittgenstein seinen ›Tractatus Logico-Philosophicus‹ erst 1921 erscheinen ließ, spiegelte sich in dieser Arbeit die modernistische Reaktion, die sich im Vorkriegs-Wien gegen das geistige Sich-gehen-

Lassen und den ästhetischen Schlendrian in allen Bereichen wandte. Kraus predigte die Notwendigkeit einer »schöpferischen Trennung« der Darlegung von Faktischem von künstlerischer und sittlicher Aussage. Nur so könnten seine Zeitgenossen die Verfälschung des Faktischen und die Entwürdigung und Entstellung des Ästhetischen und Sittlichen beseitigen, die ihre Kultur durchdringe. Was Kraus auf den Gebieten der Literatur und des Journalismus zu bewirken versuchte, strebte Wittgenstein in der Philosophie an. Von Kraus geprägt war auch seine Methode mit ihren ironischen und paradoxen Aphorismen, die dazu bestimmt waren, den Leser aufzustören und zu einer Neuordnung seiner Denkstrukturen zu veranlassen.

Vor allem war es Wittgenstein darum zu tun, daß die philosophische Spekulation nicht in unsere Lebensführung eingriff und daß Rationalisierungen nicht unsere spontanen Gefühle erstickten.[10] Wie Nietzsche, Bergson, Croce und Unamuno verurteilte Wittgenstein die rationalistische und positivistische Annahme, daß alle menschlichen Dinge sinnvoll in der Sprache der Logik diskutiert werden könnten. Er behauptete, daß allein der Künstler uns die höheren Wahrheiten zeigen könne, und verlangte eine klare Trennung zwischen schöpferischer Phantasie und Vernunft. Wittgenstein versuchte zu beweisen, daß die logische Sprache nur mit Fakten umgehen könne. Gefühle hingegen könnten nur evoziert, Werte nur gezeigt, nicht aber gesagt werden. Dies ist der Sinn des Schlußsatzes in seinem ›Tractatus‹: »Wovon man nicht sprechen kann, darüber muß man schweigen.«

Nur wenige Philosophen im 20. Jahrhundert waren bereit, zu Fragen der Ethik, Politik, Ästhetik und der Logik selbst zu schweigen, in der Wittgenstein ein Modell sah, das wir Fakten ›überstülpen‹, kein Faktum an sich. Logische Sätze modellierten Situationen, indem sie Objekte in Konfigurationen zueinander in Beziehung setzen. Der logische Bezug, den ein Satz zwischen den Symbolen ausdrückt, gebe ihm seinen Sinn. Ein Satz sei wahr, wenn die in ihm genannten oder symbolisierten Objekte die Konfiguration bilden, die die logische Beziehung modelliert. Wenn nicht, sei er falsch. »Nur der Satz hat Sinn; nur im Zusammenhang des Satzes hat ein Name Bedeutung.«[11] Namen für sich haben keinen Sinn; sie werden erst im Kontext der logischen Bezüge zwischen ihnen begreifbar. Mit seiner Modelltheorie der Sätze als Grundlage seiner neuen Sprachkritik konnte Wittgenstein auch ein kritisches Problem lösen, das anderen Theoretikern der Logik zu schaffen machte. Ein klassisches Beispiel ist, ob der Satz »Der Goldtopf am Ende des Regenbogens ist voll« richtig oder falsch ist. Wittgensteins Modelltheorie löste das Dilemma durch den Hinweis, daß dieser Satz an sich keinen Sinn habe und daher der »Goldtopf am Ende des Regenbogens« keinen Zusammenhang geben könne, der ihm schließlich fehle.[12]

Die logische Basis von Wittgensteins Modelltheorie zeigte, wie die Struktur von Sätzen die Grenzen rationaler und wissenschaftlicher Aussage bestimmt. Wittgenstein behauptete, daß seine Sprachkritik die philosophische Frage löse, wie Welterkenntnis möglich sei. Solche Erkenntnis könne nur in den mathematischen Darstellungen von Wissenschaftlern oder in einfacher deskriptiver Sprache gesagt werden. Die »Bedeutung des Lebens« jedoch lasse sich nicht sagen; sie könne nur gezeigt werden durch die Metaphern des Dichters und andere Formen »indirekter Kommunikation«. Im vorletzten Aphorismus seines ›Tractatus‹ scheint Wittgenstein das Scheitern seiner eigenen Bemühung, über das Sagbare hinauszugehen, einzugestehen: »Meine Sätze erläutern dadurch, daß sie der, welcher mich versteht, am Ende als unsinnig erkennt, wenn er durch sie – auf ihnen – über sie hinausgestiegen ist. (Er muß sozusagen die Leiter wegwerfen, nachdem er auf ihr hinaufgestiegen ist.)«[13] Doch Wittgenstein benützt – in der Art von Karl Kraus – ein Paradox, um auszudrücken, daß die »Bedeutung des Lebens« nur außerhalb des Bereiches rationaler Darlegung »gesehen« werden könne – durch Phantasie und durch die Art, wie man lebe. Deshalb solle die traditionelle Philosophie überhaupt ihr Geschäft aufgeben.

Die Sozialwissenschaften

Ende des 19. Jahrhunderts trennte sich die Wissenschaft vom menschlichen Verhalten von der traditionellen Philosophie, wie die Naturwissenschaft sich schon im 18. Jahrhundert von dieser gelöst hatte. Im Zeitalter der Aufklärung beschäftigte sich die Philosophie vor allem mit dem menschlichen Geist, der Natur seines Denkens und den Zielen seines Handelns, während die Naturwissenschaft den Sinngedanken außer acht ließ und nach Kausalgesetzen suchte, die die Welt der Materie erklären sollten. Das dem Menschen und der Gesellschaft gewidmete Denken blieb während des größten Teils des 19. Jahrhunderts weitgehend philosophisch. Mochten Comte, Spencer und sogar Marx noch so viele Ansprüche auf Wissenschaftlichkeit erheben, so gelang es ihnen doch nicht, ihre Theorien durch zureichende empirische Daten abzustützen. Die

Begründer der wissenschaftlichen Soziologie waren Émile Durkheim, Max Weber und Vilfredo Pareto. Die Psychologie als Wissenschaft vom seelischen Leben entwickelte sich in den frühen Arbeiten von Wilhelm Wundt aus Physiologie und Neurologie und aus der Behandlung seelischer Erkrankungen, in erster Linie in den Arbeiten von Pierre Janet und Sigmund Freud. Die Theorien dieser frühen Soziologen und Psychologen – mit Ausnahme von Iwan Petrowitsch Pawlow – hatten noch immer eine bedeutende philosophische Dimension. Edward B. Tylor, Sir James Frazer, Lucien Lévy-Bruhl und andere Vorläufer der modernen Anthropologie waren Ethnologen der Theorie, durchdrungen von der philosophisch geprägten Überzeugung, daß Menschen in primitiven Kulturen die Fähigkeit zum logischen Denken fehle. Bronislaw Malinowski und A. R. Radcliffe-Brown begannen ihre wissenschaftliche Feldarbeit in der Sozialanthropologie vor 1914, aber ihre große Wirkung kam erst nach dem Weltkrieg.

Die Tiefenpsychologie

Eine der folgenschwersten Entdeckungen der Vorkriegsgeneration war die, daß Geist und Bewußtsein nicht ein und dasselbe sind. Wundt und James wiesen darauf hin, daß das Bewußtsein selektiert und daß seine Entscheidung, in einem bestimmten Augenblick etwas zu bemerken oder zu unterdrücken, von einer Sammlung von Symbolen und Gefühlen im, wie Freud es nannte, Vorbewußten bestimmt wird. Dieses nicht bewußte seelische Depot momentan abgelehnter doch potentiell bewußter Vorstellungen ermöglicht uns jene intuitiven Sprünge, die uns helfen, die Ozeane von Informationen und Reizen, in denen wir ständig schwimmen, zu verstehen und zu bewältigen. Wenn es nicht für uns auswählte, was in einer bestimmten Situation wichtig ist, würden wir ertrinken. Aber unsere Fähigkeit, eine bestimmte Situation zu erfassen und zu bewältigen, wird auch von dem beeinflußt, was in den dunkleren Tiefen der Psyche – dem Unbewußten – vor sich geht, die für das Bewußtsein gewöhnlich unzugänglich sind. Das Unbewußte und seine Mechanismen wurden in der hier betrachteten Periode zu einem Thema ersten Ranges für Psychologen. Janet, Alfred Adler und Carl Gustav Jung machten sich unterschiedliche Vorstellungen davon und entwickelten verschiedene Methoden für den Umgang mit ihm.[14] Vorher hatte Freud ebenfalls Forschungen und Theorien anderer herangezogen, aber seine Beiträge zum

Verständnis des Unbewußten als eines dynamischen Systems mit seinen eigenen Regeln hatten den stärksten Einfluß, sowohl vor als auch nach dem Ersten Weltkrieg.

Sigmund Freud begründete die Psychoanalyse als eine Theorie, eine therapeutische Methode und als eine organisierte Bewegung. Seine sprachgewaltige Feder und die Breite und Kühnheit seiner Spekulationen »revolutionierten das Denken, das Leben von Menschen und die Vorstellungskraft eines ganzen Zeitalters. Er widersprach den herrschenden Ansichten der gebildeten wie der einfachen Leute zu zahlreichen Fragen der menschlichen Existenz und der Kultur und stieß sie in manchen Fällen sogar um. Er brachte die Menschen dazu, über ihr Luststreben und ihre intellektuellen Kräfte, über die Kenntnis des eigenen Ich und die Selbsttäuschung, über die Ziele im Leben und über die tiefsten Leidenschaften des Menschen wie seine geheimsten oder trivialsten Schwächen in einer Art nachzudenken, die früheren Generationen zugleich skandalös und lächerlich erschienen wäre.«[15] Noch origineller als seine Theorie war seine neue Methode, das Unbewußte zu behandeln. Freud unterhielt von 1886 bis 1938, als er ins Exil ging, eine ärztliche Praxis in Wien. Zur Behandlung der emotionalen Störungen seiner Patienten erfand er die psychoanalytische Methode, die auf freier Assoziation und der Analyse von Widerstand und Übertragung basiert. Und beinahe von Anfang an machte er die Psychoanalyse zu einer Schule, mit ihrer eigenen Organisation, eigenen Publikationen und der Lehranalyse für die Aspiranten, die auch als Initiationsritus fungierte.

Der Anstoß, der Freud auf seinen Weg zur Psychoanalyse führte, war seine Verbindung mit Josef Breuer, der als erster zufällig auf die Kur des Sich-Freisprechens gestoßen war. Ein weiterer bedeutsamer Einfluß war seine eingehende Selbstanalyse, buchstäblich die erste Psychoanalyse überhaupt. Freud gelangte schon bald zu der Annahme, daß Vorstellungen zur Bildung hysterischer Symptome beitrügen und daß die in der hypnotischen Suggestion verwendeten Worte wirkungsvoll gegen sie seien. Zuerst glaubte er, daß diese Symptome aufträten, weil der Patient irgendeine furchtbare Erinnerung ins Unbewußte verdrängt habe und sich allen Versuchen widersetze, sie bewußt zu machen. Am 2. Mai 1897 schrieb er jedoch in einem Brief an seinen Freund Wilhelm Fließ, daß die psychischen Strukturen, die bei der Hysterie unterdrückt würden, nicht eigentlich Erinnerungen seien, sondern Impulse von Urszenen empfangen.[16] Ein paar Monate später teilte er Fließ mit, daß die Erinnerungen der Patientinnen an Verführung oder Vergewaltigung in diesen Ursze-

Sigmund Freud. Fotografie, 1891

nen Phantasien seien und nicht in Wirklichkeit stattgefunden hätten. Unterdessen hatte Freud auch die Hypnose gegen die Methode des freien Assoziierens vertauscht, um den Widerstand seiner Patientinnen gegen das bewußte Erkennen und Bewältigen dieser krankmachenden Phantasien zu überwinden.

Obwohl Freud für seine Theorie der Hysterie (Studien über Hysterie, 1895) und anderer Formen psychischer Krankheiten berühmt ist, bildet diese Theorie nur einen seiner großen Beiträge zur Tiefenpsychologie. Zu anderen frühen Beiträgen zählen seine Theorie der Träume (Traumdeutung, 1900), seine Theorie von den Fehlhandlungen, die wir im täglichen Leben begehen (Zur Psychopathologie des Alltagslebens, 1901), und seine Theorie des Witzes (Der Witz und seine Beziehung zum Unbewußten, 1905). Im Unterschied zur Hysterietheorie beschäftigen sich diese drei Theorien vor allem mit der Erforschung des unbewußten Teils der Psyche, wenn er normal funktioniert: »Die Traumdeutung aber ist die Via regia zur Kenntnis des Unbewußten im Seelenleben.«[17] Der Grund liegt, Freud zufolge, darin, daß die große Mehrzahl der Träume verhüllte Erfüllungen verdrängter Wünsche sind. 1909 sagte Freud in einer Vorwegnahme seiner nach dem Weltkrieg aufgestellten Theorie der Rollen von Ich, Über-Ich und Es, in seinen ›Vorlesungen zur Einführung in die Psychoanalyse‹, daß das Verhältnis des Träumers zu seinen Wünschen ein besonderes sei. Er weise sie zurück und zensiere sie, aber – kurz gesagt – möge er sie nicht.[18] Freud fährt fort, daß in dem Träumer gleichsam zwei verschiedene Menschen vereinigt seien: einer, der den Wunsch abweise, und ein zweiter, der ihn hat und ihn in seinem Traum befriedigt in Erfüllung gehen sehe. Der, der den Wunsch zurückweise, tue dies, weil er mit seinen anderen Wünschen unvereinbar sei; zum Beispiel lehne er den Wunsch, seinen Vater zu töten und mit seiner Mutter zu schlafen, zum Teil deswegen ab, weil er die Liebe seines Vaters erringen möchte, und zum Teil, weil er der Kastration als Strafe für seine inzestuöse Regung entgehen will. Doch selbst in Träumen seien die tief beunruhigenden Wünsche, die Befriedigung gäben, nur latent. Wenn der Wunsch sich nicht in der Maske eines Traumes ausdrückte, würde der Wünschende einen Alptraum haben und von diesem aufwachen. Der »manifeste Trauminhalt«, der in unserer Erinnerung bleibe, verhülle den »latenten Trauminhalt« durch die Mechanismen von Verdrängung und Verdichtung so gründlich, daß allein der Analytiker seinen wahren Sinn mittels der Methode des freien Assoziierens entschlüsseln könne.

Freuds Theorie der Träume leitete sich aus seiner allgemeinen Konzeption der Psyche und ihren unbewußten Wirkungsweisen ab. »Eines Tages machte man die Entdeckung, daß die Leidenssymptome gewisser Nervöser einen Sinn haben. Daraufhin wurde das psychoanalytische Heilverfahren begründet. In dieser Behandlung ereignete es sich, daß die Kranken an Stelle ihrer Symptome auch Träume vorbrachten. Somit entstand die Vermutung, daß auch diese Träume einen Sinn haben.«[19]

Freud entwickelte seine Konzeption des Unbewußten als eines dynamischen Systems mit seinen eigenen Regeln in seinen Studien über die Versprecher und Witze, die wir im Alltagsleben machen, weiter. Selbst daß man, ein scheinbar unschuldiger Vorfall, einen Namen vergißt, ist nach ihm das Ergebnis eines Konflikts zwischen dem Bewußten und dem Unbewußten; es gebe einen unbewußten Grund für das bewußte Sich-nicht-Erinnern. Lapsus linguae drückten oft die störende Intention oder den Gegenwillen[20] des tatsächlich Gesagten aus, wie im Fall des Präsidenten des österreichischen Abgeordnetenhauses, der eine Sitzung damit eröffnete, daß er sie für geschlossen erklärte. In Fällen wie diesem enthülle sich die Gegenabsicht in offenkundiger Weise. Aber Gegenabsichten, die tiefer verdrängte Wünsche ausdrücken, verlangten kunstvollere Verhüllungen. Freud führt folgendes Beispiel an: »Ein junger Mann von zwanzig Jahren stellte sich mir in der Sprechstunde mit den Worten vor: Ich bin der Vater des N.N., den Sie behandelt haben. – Pardon, ich will sagen, der Bruder; er ist ja um vier Jahre älter als ich. – Ich verstehe, daß er durch dieses Versprechen ausdrücken will, daß er wie der Bruder durch die Schuld des Vaters erkrankt sei, wie sein Bruder Heilung verlange, daß aber der Vater derjenige ist, dem die Heilung am dringlichsten wäre.«[21]

In vielen Witzen drücken sich unbewußte Impulse noch verstellter aus als in Freudschen Versprechern. Freud unterscheidet unschuldige Witze, die nur den Zweck haben, durch ein Wortspiel ein Lächeln zu erregen, von tendenziösen Witzen, deren tieferer Zweck darin bestehe, verdrängten Wünschen ein sozial annehmbares Ventil zu geben. Tendenziöse Witze geben mehr Befriedigung, weil sie diesen Zweck erfüllen. Die Stichelei ermöglicht es, ohne Furcht vor Schaden einem aggressiven Impuls Ausdruck zu geben, indem man vorgibt, nur Spaß zu machen. Der obszöne Witz erlaubte es dem, der ihn erzählt, und seiner Gesellschaft, mittels der Phantasievorstellung, die er evoziert, eine dritte Person im Geist zu entkleiden oder zu verführen.

Freuds starke Beschäftigung mit der Sexualität war in der hier betrachteten Periode weder originell noch ein Einzelfall. Im Jahr 1886, als

Freud seine ärztliche Praxis eröffnete, veröffentlichte Richard von Krafft-Ebing in Wien seine ›Psychopathia Sexualis‹. Danach wuchs die Zahl der Veröffentlichungen zu diesem Thema derart an, daß Magnus Hirschfelds Jahrbuch 1905, das zum Teil einen Überblick über die damaligen Titel zu geben versuchte, tausendvierundachtzig Seiten umfaßte. Als Freud im selben Jahr seine ›Drei Abhandlungen zur Sexualtheorie‹ veröffentlichte, faßte er damit ein gewaltiges Korpus verstreuter und ansatzweise in ein System gebrachter Ideen zusammen. Aber die Synthese selbst war sowohl originell als auch einzigartig.

Mehrere Themen beherrschen Freuds Sexualtheorien. Zunächst die Konzeption des Sexualtriebes selbst (den Freud 1915 in der Neufassung seiner ›Drei Abhandlungen‹ Libido nennt), seine Manifestationen in der frühen Kindheit, seine aufeinanderfolgenden Entwicklungsphasen und seine Wandlungen. Zum zweiten hebt Freud die Wechselfälle bei der Wahl eines Liebesobjekts hervor, wobei er besonderes Augenmerk dem Oedipus-Komplex schenkt. Drittens interpretiert er auf der Grundlage des Vorausgehenden bestimmte Typen von Neurosen und sexuellen Abweichungen als Folgeerscheinungen von Fixierungen in der oralen und analen Entwicklungsphase. Viertens stellt er ein System der sexuellen Symbolik auf. Fünftens beschäftigt er sich mit den frühen Geschehnissen im Sexualleben, Sexualphantasien der Kindheit und ihren Funktionen im Gefühlsleben der Erwachsenen.

In den letzten Jahren werden Freuds Sexualtheorien angegriffen, weil sie, wie man ihnen zum Vorwurf macht, die weibliche Sexualität herabsetzten, doch schon zu seinen Lebzeiten sah er sich ständigen Attacken ausgesetzt, er ziehe mit seinen radikalen Ideen über die kindliche Sexualität die Unschuld der Kindheit in den Schmutz. Für Freud schloß die Sexualität alle Formen sinnlicher Befriedigung, nicht nur der genitalen, ein. »Das Saugen an der Mutterbrust wird der Ausgangspunkt des ganzen Sexuallebens, das unerreichte Vorbild jeder späteren Sexualbefriedigung, zu dem die Phantasie in Zeiten der Not oft zurückkehrt.«[22]

Freud betrachtete die Sexualität als ein Grundphänomen, nicht nur, weil sie nach seinen Erkenntnissen so früh einsetzt, sondern auch, weil ihre Strebungen nicht leicht Frustrationen ertragen und weil sie Einfluß darauf haben, wie wir denken und Dinge sehen. »[Es] kommt dem sexuellen Verhalten eine vorbildliche Macht zu, mit der es umformend auf die übrigen Reaktionen des Menschen wirkt.«[23] Schließlich wies Freud mit Nachdruck darauf hin, daß die Sexualität für Fehlentwicklungen anfällig sei. Die Konflikte, die von sexuellen Impulsen und Phantasien ausgelöst werden, und die daraus entstehenden Ängste, die zu ihrer Verdrängung führen, waren in seinen Augen die erste Ursache der meisten Neurosen und anderer psychopathologischer Störungen im Alltagsleben.

Die Tiefenpsychologie war nicht ohne Konkurrenz anderer Theorien. Auch der sogenannte Behaviorismus, der in den letzten Jahrzehnten in dieser oder jener Form zur dominierenden Richtung im psychologischen Establishment geworden ist, entstand in den letzten Jahren vor dem Ersten Weltkrieg. In seiner extremen Ausbildung reduziert er alles Verhalten auf bedingte und nichtbedingte Reflexe. 1903 gab Pawlow in seinem Vortrag über ›Experimentelle Psychologie und Psychopathologie bei Tieren,' den er auf dem Internationalen Medizinkongreß in Madrid hielt, seine ersten Definitionen dieser Reflexe. Im Jahr danach erhielt er den Nobelpreis für Medizin. Die meisten Psychologen des Behaviorismus nahmen und nehmen ›weichere‹ Positionen als Pawlow ein (der sich übrigens nie als Psychologen betrachtete). Manche haben Leistung und Fertigkeiten untersucht, andere ihre Hypothesen der Symptomatik ihrer Patienten angepaßt. Freuds Theorie über die Kindheit beruht auf den Deutungen der Erinnerungen, Phantasien und Neurosen Erwachsener, während sich in den Theorien von Alfred Binet und Jean Piaget ihre empirischen Beobachtungen des tatsächlichen Verhaltens von Kindern niederschlagen. Im Gegensatz zu Freud und anderen frühen Wortführern der Tiefenpsychologie bestanden und bestehen viele Behavioristen darauf, den Maßstäben der Wissenschaft als objektiver Forschung zu entsprechen. Und gemäß diesen Maßstäben fassen sie die Psyche, ihren bewußten wie ihren unbewußten Bereich, als einen bloßen Geist in der Maschine auf.

Die klassische Soziologie

Es ist oft gesagt worden, daß Freuds psychologische Theorien die bürgerliche Kultur und Gesellschaft Wiens vor 1914 spiegelten und daß sie deshalb in einer Welt, die in ein späteres Stadium der Modernisierung eingetreten ist, nicht mehr anwendbar seien. Ob nun der zweite Teil dieser Behauptung zutrifft oder nicht, der erste ist jedenfalls richtig. Ähnliche Vorwürfe wurden gegen die ›klassische Soziologie‹ Émile Durkheims, Max Webers und Vilfredo Paretos erhoben, von der der Soziologe Alvin W. Gouldner vor einigen Jahren sagte, sie »war die große Leistung des westeuropäischen Bürgertums im späten 19. Jahrhundert, als der mit anderen konkurrierende Einzelunternehmer durch zunehmend umfassendere und bürokratisierte Industrieorganisationen abgelöst und die Mittelschicht im allgemeinen zunehmend vom Aufstieg des marxistischen Sozialismus bedroht wurde«.[24]

Durkheim, Weber und Pareto distanzierten sich vom Vorwurf der Marxisten, daß die kapitalistische Gesellschaft und ihre Werte nur dem Wohl der herrschenden Klasse dienten. Wie Freud die Dynamik der bürgerlichen Familie des 19. Jahrhunderts als gegeben annahm, so schienen Pareto und Durkheim (allerdings nicht Max Weber) an der bürgerlichen Anschauung des 19. Jahrhunderts festzuhalten, daß die bestehenden gesellschaftlichen Ordnungssysteme eine für die Gesamtgesellschaft nützliche Funktion wahrnähmen.

Durkheim, Weber und Pareto lehnten auch alle Erklärungen menschlichen Verhaltens ab, die außer Betracht ließen, was sich im Bewußtsein abspielt. Alle drei bemühten sich darum, »die neu erkannte Disparität zwischen der äußeren Wirkblichkeit und der inneren Wahrnehmung dieser Wirklichkeit zu erfassen«.[25] Sie betonten die Bedeutung des Bewußtseins sowohl als vermittelnder Faktor zwischen Verhalten und Verhaltensrationalisierungen als auch als Mittel zum Verständnis dieser beiden Phänomene. In einer Epoche, in der die Kraft der traditionellen Religion beinahe erschöpft war und einzelne Menschen sich zunehmend autonomen und bürokratisierten Kräften ausgeliefert zu fühlen begannen, legten sie besonderes Gewicht auf die gemeinsamen Überzeugungen, die Gruppen und Gesellschaften zusammenhielten. Diese übereinstimmenden Überzeugungen – oder: Konsens – könnten nicht ›von außen‹ verstanden werden, als ein bloßes Anhängsel von materiellen Bedingungen, Institutionen oder politischer Maßnahmen mächtiger Führer. Sie seien etwas Internes, dem Denken und Fühlen des Durchschnittsmitglieds der jeweiligen Gesellschaft zugehörig; zuweilen stünden sie seinem Eigeninteresse entgegen. Die klassischen Soziologen glaubten, daß diese soziale Bindung, sosehr es ihren Komponenten auch an Rationalität fehlen mochte, zur Erklärung des gesellschaftlichen Verhaltens beitrüge.[26]

Der Italiener Vilfredo Pareto beschäftigte sich vor allem mit der Auswirkung geistiger Prozesse auf die Gesellschaft. In seiner Soziologie spiegeln sich seine Ausbildung als Ingenieur, besonders in der Mathematik, und sein berufliches Interesse an der kapitalistischen Wirtschaftstheorie. (Er hatte von 1893 bis 1907 den Lehrstuhl für Nationalökonomie an der

Universität Lausanne inne.) Tatsächlich wurde seine Doktorarbeit über das Gleichgewichtsprinzip in der Mechanik zum Modell für seine Wirtschafts- wie Gesellschaftsauffassung. 1897 entwarf er auch die zweite Hauptthese seiner Soziologie: den Gedanken, daß menschliches Handeln zumeist von Gefühlen, nicht von logischem Denken bestimmt werde. Pareto begann 1907 seinen ›Trattato di Sociologia generale‹ zu schreiben; er schloß das vierbändige Werk 1912 ab, ließ es allerdings erst 1916 erscheinen.

Pareto vertrat den Standpunkt, die eigentlichen Gegenstände soziologischen Forschens seien die Grundimpulse und -haltungen in der Einzelpsyche. Er nannte die verschiedenen Formen dieser Gefühle ›Residuen‹. Diese Residuen unterschieden sich zwischen den einzelnen Schichten einer Gesellschaft und zwischen verschiedenen Gesellschaften, veränderten sich jedoch innerhalb einer bestimmten Gesellschaft insgesamt nur wenig. Pareto unterschied sechs Klassen von Residuen, von denen die ersten beiden gesellschaftlich am bedeutsamsten waren. Klasse I, der ›Instinkt der Kombinationen‹, war im wesentlichen innovativ; Klasse II, die ›Persistenz der Aggregate‹, war die Neigung, bereits kombinierte Elemente zu konservieren. Handeln, das Interessen zur Grundlage habe, namentlich das Streben nach Wohlstand und Macht, sei im allgemeinen logisch. Handlungen hingegen, die auf Residuen basierten, seien nichtlogisch.

Doch die Menschen, so Pareto, gäben sich große Mühe, sich selbst und andere zu überzeugen, daß solche Handlungen logisch seien, wobei sie sich »verbaler Manifestationen« bedienten, die er ›Derivationen‹ nennt. Diese Derivationen oder, weniger präzise, Rationalisierungen, dienten als »logischer Firnis«, als »emotionale Schleier« für nichtlogische Handlungen, die »lediglich Manifestationen von Instinkten, Neigungen usw.« sind.[27] Daher strebt Paretos Soziologie danach, die Realitäten hinter diesen Rationalisierungen freizulegen, da die auf ihnen beruhenden nichtlogischen Handlungen in jedem Gesellschaftssystem von kritischer Wichtigkeit seien.

Die Derivationen in ihren verschiedenen Formen seien von Bedeutung, weil sie, sobald man sie übernehme, »den entsprechenden Gefühlen Stärke und Angriffslust verleihen, so daß diese Gefühle nun einen Weg, finden sich auszudrücken.«[28] Nationalistische und sozialistische Ideologien machten die Menschen stärker ihrer Residuen der Gruppensolidarität bewußt und unterstützten sie, wirkungsvoller zu handeln. Pareto wandte seine Propagandatheorie im besonderen auf die Presse an, deren Macht zu seiner Zeit im Steigen begriffen war. »Doch diese kommt weder von besonderen Möglichkeiten, die sie besitzt, um ihre Ansichten in der Öffentlichkeit durchzusetzen, noch von der logisch-experimentellen Stärke ihrer Überlegungen – diese sind oft kindisch genug –, sondern sie rührt von der Kunst her, die sie entwickelt hat, um auf die Residuen durch Derivationen einzuwirken.«[29]

Nach Paretos Ansicht wird die Gesellschaft nur von Residuen zusammengehalten. Es gebe keine wissenschaftlichen Maßstäbe zur Beurteilung, ob diese Residuen wahr seien oder nicht, aber ihre Wahrheit sei ohne Belang. Was zähle, sei ihre funktionale Effektivität, ihre soziale Nützlichkeit. Gefühle, die sich in Sitten, der Familienorganisation und in religiösen Anschauungen ausdrückten, bildeten das Fundament der Gesellschaft. Sie widerstünden einer Umformung selbst dann noch, nachdem eine Revolution die Identität und Ideologie der Herrschenden und schließlich auch die Organisation der staatlichen Macht verändert habe.

Pareto stellte sich die Gesellschaft als ein dynamisches System voneinander abhängiger Kräfte vor. Zwar erkannte er externe Einflußfaktoren wie Klima, Geographie und Rassenzugehörigkeit an, nahm aber an, daß ihre Wirkung auf die frühgeschichtliche Zeit beschränkt gewesen sei. Die bedeutsamen Interaktionen vollzögen sich zwischen vier Variablen: Interessen, Residuen, Derivationen und die Art und Weise, in der diese das Gleichgewicht zwischen Eliten und Massen in der jeweiligen Gesellschaft erhielten. Sei dieses Gleichgewicht gestört, trete die Gesellschaft in einen neuen Zyklus ein. Verlagerungen in der wechselseitigen Abhängigkeit der Massen und der herrschenden und nichtherrschenden Eliten würden durch Schwankungen ihrer Motivationen und psychologischen Verfassung bestimmt. Besonderes Augenmerk jedoch widmete Pareto der Rolle herrschender Eliten.

»Die Geschichte ist der Friedhof der Aristokratien.« Mit dieser Feststellung meint Pareto, daß die Geschichte der menschlichen Gesellschaften die Geschichte einer Abfolge privilegierter Minderheiten – oder herrschender Eliten – sei. Normalerweise vollziehe sich eine ›Zirkulation der Eliten‹ – das heißt, tüchtige und tatkräftige Angehörige der unteren Sozialschichten rückten in die herrschende Elite auf, während deren unfähigere und stärker degenerierte Mitglieder ausgeschieden würden. Doch »wenn eine dieser Bewegungen endet oder – schlimmer noch – wenn beide enden, dann bricht die herrschende Klasse in sich zusammen und zieht oft die Gesamtheit der Nation in ihren Untergang.«[30] Dann setzte sich eine neue herrschende Elite an die Spitze, und die normale Zirkulation beginne wieder. So sei es mit den verschiedenen Aristokratien der Vergangenheit geschehen, und so werde es unausweichlich wieder geschehen. Pareto sagte beispielsweise voraus, daß die Männer, die die bolschewistische Revolution in Rußland im Namen der Massen gemacht hatten, selbst zu einer herrschenden Elite würden.

Paretos Theorie des menschlichen Denkens und der Gesellschaft ist vom Pessimismus geprägt. Er erkennt zwar den Fortschritt an, den Vernunft und Innovation auf dem Gebiet der modernen Naturwissenschaft und Technik erzielt haben, sieht aber nur geringe Hoffnung auf einen ähnlichen Fortschritt im sozialen und politischen Verhalten. Mit Zynismus betrachtet er die humanitären Bewegungen, die parlamentarische Demokratie und den Sozialismus seiner Zeit. »Fast alle großen Zeitungen, nicht ausgeschlossen die stattliche Zahl derer, die sich zum Sozialismus bekennen, haben – direkte oder indirekte – Verbindungen zur Plutokratie, das heißt der herrschenden Schicht in den heutigen zivilisierten Ländern, und zu den Regierungen, in der sie eine Rolle spielt.«[31] Er benutzt die Bezeichnung ›Pluto-Demokratie‹, um das stillschweigende Bündnis zu benennen, das er zwischen den Gewerkschaftsbossen und den Unternehmern in der modernen Industriegesellschaft sah. Seine Theorie des politischen Prozesses als Interaktion gegenseitig abhängiger Variablen in einer bestimmten Gesellschaft wurde von Politikwissenschaftlern des 20. Jahrhunderts übernommen, allerdings ohne Paretos Zynismus. Und den Platz, den er an Stelle von Vernunft und Moral der Funktion als dominierendem Faktor in den menschlichen Belangen einräumte, war die in der Zeit vor 1914 typische Reaktion der meisten Sozialwissenschaftler auf die Modernisierung. Doch seine ausgeklügelte Einteilung von Residuen und Derivationen wird inzwischen fast allgemein als zu willkürlich und als nicht verifizierbar abgelehnt.

Der Franzose Émile Durkheim lehnte Paretos und Freuds Annahme ab, daß individuelle Denk- oder Gefühlszustände die Quelle menschlichen Verhaltens darstellten. Für ihn wird Verhalten durch soziale Zwänge bestimmt. Diese gesellschaftlichen Zwänge gingen von ›kollektiven Repräsentationen‹ aus – den Sitten, Traditionen, Vorstellungen und Werten, welche eine bestimmte Sozietät institutionalisiert hat, um Individuen so zu erziehen und zu sozialisieren, daß sie zu funktional nützlichen Mitgliedern dieser Gesellschaft werden. Die kollektiven Repräsentationen seien Teil eines kulturellen Symbolsystems. Nach Durkheim besitzen sie eine eigene Realität und sind der Einflußnahme der Personen entzogen, die sie ihrer Grundeinstellung eingegliedert haben.

Und wie die kollektiven Repräsentationen und der von ihnen geschaffene Sittlichkeitskodex, sei die Gesellschaft selbst autonom. Sie sei ein Gebilde sui generis – real, doch nicht physischer Natur.

In Durkheims Sicht besteht die wichtigste Funktion jeder Institution wie jedes sozialen Brauches darin, die Stabilität der Gesellschaft zu erhalten. Gesellschaftliche Zwänge wirkten auf diese Weise mittels Erziehung und auch mittels Bestrafung. Die Identifizierung und Bestrafung von abweichenden Elementen stärke den Moralkodex wie die Sozietät, die ihn hervorbringe. Welchen anderen Zwecken sie sonst auch dienstbar gemacht werden mag, wie der Abschreckung oder der sozialen Wiedereingliederung einzelner Übeltäter, die Bestrafung habe zum Objekt nicht den Gesetzesbrecher selbst, sondern das Vergehen an der ›conscience collective‹ (das man als Kollektivgewissen oder Kollektivbewußsein übersetzen kann) der Gesellschaft. Dieses kollektive Gewissen (oder Bewußtsein) drücke sich im gemeinsamen Sittenkodex aus, der durch die Religion geheiligt werde. Auch die Religion sei eine Schöpfung der Gesellschaft und wirke, mittels ihrer Riten, Symbole und sittlichen Beschränkungen, als die Primärkraft, die Stabilität und Ordnung in der Gesellschaft erhalte.

Allein die Religion oder ihr funktionales Äquivalent, so Durkheim, kann das geheiligte Band liefern, das die Gesellschaft zusammenhält. In archaischen oder traditionellen Gesellschaften heilige die Religion die kollektiven Repräsentationen und den Sittenkodex, den alle ihre Mitglieder akzeptierten. Diese Funktion erfülle sie jedoch nicht mehr in der modernen Gesellschaft, die infolge der erzwungenen Arbeitsteilung besonders von Auflösung bedroht sei. Durkheim unterschied zwischen der erzwungenen Teilung wirtschaftlicher Erwerbstätigkeiten zwischen reich oder arm geborenen Menschen und der organischen Teilung gesellschaftlicher Rollen; letztere war nach seiner Auffassung gut, weil sie der individuellen Freiheit förderlich war. So bemühte er sich in all seinen bedeutenden Büchern nicht nur, aus der Soziologie eine Wissenschaft zu machen, sondern auch in einer Sozietät, die in den Fängen der Modernisierung war, die Quelle einer neuen Diesseitsmoral zu finden, die ihr Ordnung und Stabilität zurückgeben könne.

Die schlimmste Auswirkung der Modernisierung sah Durkheim in dem, was er ›Anomie‹ (Normenlosigkeit) nannte. In der hochdifferenzierten und pluralistischen französischen Gesellschaft seiner Zeit erschien als der höchste Wertbegriff die Achtung vor der Autonomie des Individuums und seinem Urteil. Aber wie konnte der einzelne in einer

Gesellschaft, in der die tradierten Normen ihre Kraft verloren, ohne daß neue an ihre Stelle traten, seine wahre Persönlichkeit finden und persönliche Urteile treffen? In dieser Situation der Anomie verlor er die Orientierung. Es fiel ihm schwer, eine nützliche soziale Funktion auszuüben, ja, sogar zu finden. Auch sein verbessertes materielles Wohlbefinden erleichterte seine moralische Bedrängnis nicht.

»Mit steigendem Wohlstand steigen auch die Wünsche. In dem Augenblick, wo überkommene Regeln ihre Autorität einbüßen, werden sie weiter angestachelt und geraten außer Kontrolle. Der Zustand der Deregulation oder Anomie wird so noch verstärkt durch weniger disziplinierte Leidenschaften, besonders wenn sie eine strengere Disziplin bräuchten.«[32]

In Extremfällen führt die Anomie zum Selbstmord. Selbstmorde einzelner träten in allen Gesellschaften auf, doch, so Durkheim, die wachsende Häufigkeit von Suiziden weise auf eine »allgemeine Unruhe in den gegenwärtigen Gesellschaften« hin.[33]

Durkheim leistete mit seinem Begriff der Anomie einen bedeutenden Beitrag zur modernen Soziologie; sein Funktionskonzept beeinflußte darüber hinaus auch die Sozialanthropologie. Er übte Kritik an der sogenannten komparativen Methode Comtes und Spencers und an den Ethnologen Tylor und Frazer, die Beispielsfälle eines bestimmten Wesenszuges in verschiedenen Gesellschaften katalogisierten, aber die ungemein wichtigen Funktionen außer acht ließen, welche diese in jeder der betreffenden Sozietäten gedient haben mochten. »Für den Soziologen wie für den Historiker wechseln die sozialen Tatbestände in erster Linie mit dem sozialen System, von denen sie ein Teil sind. Sie können nicht abgesondert davon verstanden werden. Deshalb können Tatbestände aus verschiedenen Systemen, auch wenn sie einander zu ähneln scheinen, nicht miteinander verglichen werden. Es ist dazu erforderlich, daß sich die Systeme ähneln.«[34] Zum Beispiel erfülle die Monogamie, die bei australischen Ureinwohnern häufig war, einen ganz anderen Zweck als die Einehe in modernen westlichen Gesellschaften. Ein anderer Fehler sei es, anzunehmen, daß Gepflogenheiten, die in der modernen Gesellschaft als ›pathologisch‹ gälten, in anderen Sozietäten keine ›normale‹ Funktion haben könnten. Wie Durkheim war der Anthropologe Radcliffe-Brown der Ansicht, daß bei primitiven Völkern die Magie den Aktivitäten, mit denen sie verbunden war, Weihe gebe und auf diese Weise die gesellschaftliche Solidarität stärke. Malinowski war zwar anderer Meinung, doch die angstmindernde Wirkung, die er der Magie zuschrieb und die diese Menschen befähige, ihrer Arbeit nachzugehen, stelle ebenfalls eine normale, wenn auch andersgeartete Funktion dar.

Wie Pareto akzeptierte auch Durkheim den Kapitalismus als funktionell nützlich, obwohl er sah, auf welche Weise seine »erzwungene Arbeitsteilung« die gesellschaftliche Solidarität untergrub. Durkheim verzichtete auf Kritik am kapitalistischen System, denn dies hätte bedeutet, einen sozialistischen Standpunkt einzunehmen. Und als wissenschaftlicher Lehrer war er der Ansicht, daß das Eintreten für eine Ideologie unvereinbar mit der Bewahrung der akademischen Soziologie als einer objektiven Wissenschaft sei. Im Gegensatz zu jenen Theoretikern, die prophezeiten, daß der Sozialismus sich letzten Endes siegreich durchsetzen werde, vertrat Durkheim die Auffassung, daß die Sozialwissenschaften Zukunftsentwicklungen nicht vorherzusagen vermöchten. Ihre Aufgabe bestehe darin, soziale Gegebenheiten und ihre Funktionen innerhalb des bestehenden Systems zu untersuchen.

Obwohl Durkheim sich so stark mit der Stabilität der Gesellschaft beschäftigte, war er insofern ein Liberaler, als ihn der Wunsch bewegte, die moderne Gesellschaft möge den sittlichen Individualismus stärken. Er trat dafür ein, die Weitergabe von Privateigentum auf dem Erbwege aufzuheben, um so die freiheitlichen Wirkungen der Revolution von 1789 zu vervollständigen und der erzwungenen Arbeitsteilung seiner eigenen Zeit ein Ende zu bereiten. An einem Punkt seiner Entwicklung schlug er eine modifizierte Form von ständischem Sozialismus vor, in der Berufsorganisationen und andere Instanzen zwischen Individuum und Staat die sittlichen Normen setzen könnten, die notwendig seien, um ›anomischen‹ Individuen ein Sinngefühl zu geben.[35] Aber er billigte keinerlei erzwungene oder revolutionäre Veränderungen und forderte niemals fundamentale Veränderungen an der kapitalistischen Struktur der modernen Gesellschaft selbst.

Der Funktionalismus gab Durkheim und der Mehrheit in der Nachfolgegeneration der Sozialwissenschaftler eine Ausweichmöglichkeit, die wirtschaftliche und politische Ordnung im Kapitalismus nicht in Frage zu stellen. Statt dessen suchten sie nach Möglichkeiten, innerhalb des Systems die gesellschaftliche Solidarität abzustützen. Doch die Hinnahme der bestehenden Ordnung impliziert ebenso ein Werturteil, wie Ansprüche auf vollkommene Objektivität in menschlichen Belangen eine Form der Selbsttäuschung sind. Wir sind alle durch die »soziale Konstruktion der Realität«, die wir aus unserer eigenen Kultur verinnerlicht haben, an Grenzen gebunden.[36]

Durkheim, dem soviel daran lag, Empiriker zu sein, nähert sich stark dem philosophischen Idealismus, wenn er dem kollektiven Bewußtsein eine eigene Realexistenz zuschreibt. »Da es sich außerhalb und über den individuellen und ortsgebundenen Möglichkeiten befindet, sieht es die Dinge in ihren dauernden, wesentlichen Aspekten, die es zu mittelbaren Ideen kristallisiert.«

Durkheim zufolge wurde das Kollektivbewußtsein durch die Entwurzelung der subjektiven Elemente aus kollektiven Repräsentationen entwickelt. Damit »war der Weg eröffnet zu einem stabilen, unpersönlichen und strukturierten Denken, das nichts anderes zu tun hatte als seine Eigenart zu entwickeln.«[38] Durkheim behauptet, daß »trotz des metaphysischen Anscheins dieser Bezeichnung [der kollektiven Repräsentationen] sie nichts anderes meint als eine Gesamtheit natürlicher Tatbestände, die durch natürliche Ursachen erklärt werden.«[39] Die Schwierigkeit entsteht daraus, daß Durkheim sozial als Synonym für natürlich verwendet. Gesellschaftliches Verhalten kann durch kollektive Repräsentationen motiviert sein, doch diese lassen sich empirisch nicht auf die gleiche Weise wie das Verhalten selbst verifizieren. Sie sind analytische Begriffe, die der Soziologe dem Verhalten überstülpt, um ihm einen Sinn abzugewinnen, nicht natürliche Gegebenheiten an sich. Mithin sind die kollektiven Repräsentationen intellektuelle, keine sozialen Erklärungen sozialer Fakten (sozialen Verhaltens). Sie können, wie Durkheim mit Nachdruck behauptet, ebenso real sein wie physische Fakten, aber die Wahrscheinlichkeit ist größer, daß die Begriffe, die zur Erklärung beider Arten von Fakten verwendet werden, von der individuellen Psyche als von den Fakten selbst ausgehen.

Max Weber erkannte den Unterschied zwischen sozialen Gegebenheiten und den Begriffen an, die wir zu ihrer Erklärung benutzen. Als Jurist und Nationalökonom ausgebildet, erwarb er sich auch als Historiker und Philosoph wissenschaftliche Kompetenz. Im Unterschied zu Durkheim war Weber nicht wesentlich von der positivistischen Tradition beeinflußt, derzufolge die Gesetze der Natur und des Sozialverhaltens im Raum existieren und auf ihre Entdeckung warten. Sein Kampf richtete sich mehr gegen die hegelianische Tradition des Idealismus, die Ideen vergegenständlichte. Obwohl Marx selbst diesem Trugschluß auszuweichen versuchte, übte Weber Kritik an den jungen marxistischen Metaphysikern seiner eigenen Zeit, weil sie das Proletariat als eine Einheit definierten, die bei der Verfolgung ihrer Interessen unfehlbar sei. Weber vertrat nachdrücklich die Ansicht, daß eine solche Vorstellung nicht aus empirischen Daten abgeleitet werden könne. Er setzt sich zwar nicht mit Eurkheims kollektiven Repräsentationen auseinander, doch alle derartigen Begriffe waren nach seiner Überzeugung Abstraktionen, von Sozialwissenschaftlern erfunden, um soziales Handeln zu verstehen – das heißt, »ein solches Handeln, welches seinem von dem oder den Handelnden gemeinten Sinn nach auf das Verhalten anderer bezogen wird und daran in seinem Ablauf orientiert ist . . .«[40]

Weber unterscheidet zwei Typen des Verstehens der subjektiven Bedeutung sozialen Handelns. Aus Beobachtung gewonnenes Verstehen leitet den Sinn einer Handlung oder des symbolischen Ausdrucks aus unmittelbarer Betrachtung ab. Interpretierendes oder erklärendes Verstehen verlangt, daß die betreffende Handlung, in einen »breiteren Sinnzusammenhang« gestellt wird, in den sie, »seinem subjektiv gemeinten Sinn nach«, hineingehört.[41]

Wir können durch direkte Beobachtung sowohl das zweckrationale Handeln eines Menschen, der nach der Klinke greift, um eine Tür zu schließen, als auch die irrationalen Ausrufe oder Bewegungen einer Person verstehen, die in Zorn gerät. Wenn das Motiv der Handlung nicht direkter Beobachtung zugänglich ist, muß der Sozialwissenschaftler es innerhalb des Bedeutungskomplexes, zu dem es gehört, zu erklären versuchen. Mithin muß er es peinlichst vermeiden, seine eigenen Wertmaßstäbe und Vorstellungen darauf anzuwenden, und jene der Akteure, mit denen er sich beschäftigt, zu verstehen versuchen. Um dies zu erreichen, muß er ganz bewußt die Mentalität dieser Akteure annehmen, einerlei, wie fern sie ihm kulturell stehen.

Das folgende Zitat faßt Webers Argumentation zusammen, daß soziologische und historische Studien durch die Abgrenzung ihrer subjektiven Dimension und die Anwendung empirisch gewonnener Begriffe, namentlich reiner oder Idealtypen, zur Wissenschaft gemacht werden können. »Eine richtige kausale Deutung eines konkreten Handelns bedeutet: daß der äußere Ablauf und das Motiv zutreffend und zugleich in ihrem Zusammenhang sinnhaft verständlich erkannt sind. Eine richtige kausale Deutung typischen Handelns (verständlicher Handlungstypus) bedeutet: daß der als typisch behauptete Hergang sowohl (in irgendeinem Grade) sinnadäquat erscheint wie (in irgendeinem Grade) als kausal adäquat festgestellt werden kann. Fehlt die Sinnadäquanz, dann liegt selbst bei größter und zahlenmäßig in ihrer Wahrscheinlichkeit präzis angebbarer Regelmäßigkeit des Ablaufs (des äußeren sowohl wie des psychischen) nur eine unverstehbare (oder nur unvollkommen verstehbare) statistische Wahrscheinlichkeit vor. Andererseits bedeutet für die Tragweite soziologischer Erkenntnisse selbst die evidenteste Sinnadäquanz nur in dem Maß eine richtige kausale Aussage, als der Beweis für das Bestehen einer (irgendwie angebbaren) Chance erbracht wird, daß das Handeln den sinnadäquat erscheinenden Verlauf tatsächlich mit angebbarer Häufigkeit oder Annäherung (durchschnittlich oder im reinen Fall) zu nehmen pflegt«.[42]

Ein vertrautes Beispiel eines Idealtyps ist der moderne Laissez-faire-Kapitalismus. Dieser »bietet uns ein Idealbild der Vorgänge auf dem Gütermarkt bei tauschwirtschaftlicher Gesellschaftsorganisation, freier Konkurrenz und streng rationalem Handeln ... [Doch:] Inhaltlich trägt diese Konstruktion den Charakter einer Utopie an sich, die durch gedankliche Steigerung bestimmter Elemente der Wirklichkeit gewonnen ist.«[43] Sie hilft uns, die Charakteristika der marktbedingten Beziehungen zu verstehen, auf die sie sich bezieht; sie gibt uns auch Anleitung für die Erstellung von Hypothesen über die Prozesse des ökonomischen Verhaltens.

Weber formulierte zunächst seine Idealtypen auf der Grundlage des Vergleichs von historischem Material und versuchte dann, ein bestimmtes Thema zu analysieren, um festzustellen, wie weit es sich ihnen annäherte oder von ihnen abwich. Einige seiner bekannten Idealtypen sind Bürokratie, charismatische Autorität, Patrimonialismus (im Unterschied zu Feudalismus), die Stadt im Abendland und die protestantische Ethik. Im Gegensatz zu Pareto, Durkheim und vielen anderen Soziologen glaubte Weber nicht, daß solche abstrakten Begriffe den Klassen- oder Durchschnittscharakter gesellschaftlicher oder kultureller Phänomene klarmachen könnten. Dieses Ziel sei mit wissenschaftlichen Mitteln nicht zu erreichen, weil die Begriffe selbst keine bestehende oder historische Realität beschrieben. Bei der Formung seiner Idealtypen verfolgte Weber – in seinen soziologischen wie in seinen vergleichenden geschichtlichen Studien – die Absicht, den einzigartig individuellen Charakter sinnvollen sozialen Handelns zu verstehen. Wie kann Objektivität in den Verhaltenswissenschaften also erreicht werden? Weber antwortet: »Die objektive Gültigkeit alles Erfahrungswissens beruht darauf und nur darauf, daß die gegebene Wirklichkeit nach Kategorien geordnet wird, welche in einem spezifischen Sinn subjektiv, nämlich die Voraussetzung unserer Erkenntnis darstellend, und an die Voraussetzung des Wertes derjenigen Wahrheit gebunden sind, die das Erfahrungswissen allein uns zu geben vermag ... Auf dem Gebiet der empirischen sozialen Kulturwissenschaften ist . . . die Möglichkeit sinnvoller Erkenntnis des für uns Wesentlichen in der unendlichen Fülle des Geschehens gebunden an die unausgesetzte Verwendung von Gesichtspunkten spezifisch besonderten [!] Charakters, welche alle in letzter Instanz ausgerichtet und auf Wertideen, die ihrerseits zwar empirisch als Elemente alles sinnvollen menschlichen Handelns konstatierbar und erlebbar, nicht aber aus dem empirischen Stoff als geltend begründbar sind. Die ›Objektivität‹ sozialwissenschaftlicher Erkenntnisse hängt vielmehr davon ab, daß das empirisch Gegebene zwar stets auf jene Wertideen, die ihr allein Erkenntniswert verleihen, ausgerichtet, in ihrer Bedeutung aus ihnen verstanden, dennoch aber niemals zum Piedestal für den empirisch unmöglichen Nachweis ihrer Geltung gemacht wird . . . Der Dienst an der Erkenntnis der Kulturbedeutung konkreter historischer Zusammenhänge [ist] ausschließlich und allein das letzte Ziel, dem, neben anderen Mitteln, auch die begriffsbildende und begriffskritische Arbeit dienen will.«[44]

Diese Position brachte Schwierigkeiten mit sich, die Max Weber niemals zu lösen vermochte. Die »Voraussetzungen unserer Erkenntnis lassen sich nie völlig von der sozialen Konstruktion der Realität lösen, die wir verinnerlicht haben. Es ist eine Sache zu behaupten, daß wir mit dieser Voraussetzung entdecken können, was für uns wissenswert ist. Es ist aber etwas ganz anderes, vorauszusetzen, daß wir bereits wüßten, was an einer anderen Kultur wissenswert ist«. Vielleicht stellt Webers Versuch, von der Evidenz zur Formulierung von Begriffen und von den Begriffen zurück zur Evidenz zu gehen, die größtmögliche Annäherung an ein wissenschaftliches Verstehen überhaupt dar. Doch die ›Objektivität‹ solchen Verstehens ist noch immer abhängig nicht nur von den Grundannahmen des Sozialwissenschaftlers oder Historikers, sondern auch davon, wie die ihm zur Verfügung stehenden Daten – beispielsweise statistisches Material über Einkommen, Erwerbslosigkeit, Kriminalität und Grundbildung – geordnet und klassifiziert wurden. Gleichwohl hat Max Weber durch das Gewicht, das er auf eine präzise, spezialisierte Terminologie legte, einen bleibenden Beitrag zur Methodik der Sozialwissenschaften geliefert.

Weber wandte seine neue Methodik auf mehrere Gebiete an, darunter die Wirtschaftspolitik, die Rechtssoziologie und die Religionssoziologie. Neben seinen Schriften über die Religionen Chinas und Indiens und das alte Judentum, stellt seine Abhandlung ›Die protestantische Ethik und der Geist des Kapitalismus‹ (1905) eine bis dahin kaum gesehene Verbindung zwischen der Religion und dem modernen Kapitalismus her. Seine Theorie der Herrschaftstypen bildet das Kernstück seiner wichtigsten Arbeit, ›Wirtschaft und Gesellschaft‹, und hat zahlreich spätere Studien zu diesem Thema beeinflußt.

Wie Pareto interessierte sich auch Max Weber stark dafür, wie in der modernen Gesellschaft Macht ausgeübt wird. Doch während Pareto diese Frage von der Zusammensetzung und den Techniken herrschender Eliten her anging, konzentrierte sich Weber auf die unpersönlicheren Aspekte der Bürokratien. Für ihn war die Bürokratisierung – die funktional rationale Gestaltung kollektiver Aktivitäten – der bedeutsamste Aspekt der Modernität. Sie entstand nach seiner Analyse weitgehend durch die ungewöhnliche Konzentrierung aller Organisationsgebilde, namentlich der Produktionseinheiten. Innerhalb von Großorganisationen entwickle sich ein System unpersönlicher Regeln. Diese Regeln dienten ebensosehr der Definition von Funktionen und der Aufteilung von Zuständigkeiten wie der Gestaltung beruflicher Laufbahnen. Weber erkannte die überlegene Effizienz der bürokratischen Organisation und auch ihre demokratisierenden Auswirkungen. Diese seien »schon infolge des ihr charakteristischen Prinzips« gegeben: »der abstrakten Regelhaftigkeit der Herrschaftsausübung. Denn diese folgt aus dem Verlangen nach ›Rechtsgleichheit‹ im persönlichen und sachlichen Sinn, also: aus der Perhorreszierung des ›Privilegs‹ und der prinzipiellen Ablehnung der Erledigung ›von Fall zu Fall‹.«[45]

Dennoch sah Weber mit Sorge das gefährliche Ausmaß an Normierung, das moderne Bürokratien ihren Mitgliedern auferlegten.[46] Er äußerte sich dazu: »Ihre Entstehung und Ausbreitung hat daher überall . . . revolutionär gewirkt, wie dies der Vormarsch des Rationalismus überhaupt auf allen Gebieten zu tun pflegt. Sie vernichtete dabei Strukturformen der Herrschaften, welche einen . . . rationalen Charakter nicht hatten.«[47]

Weber stellte die moderne Bürokratie und den Rechtsstaat den patriarchalischen und patrimonialen Herrschaftsformen – in denen die Tradition gesellschaftliches Handeln vorschrieb – und der charismatischen Herrschaft gegenüber, in der die individuelle Autorität weder auf rationalen Regeln noch auf der Tradition ruhte. Wie diese früheren Herrschaftsformen bedürfe auch die Bürokratie irgendeiner Legitimierung und müsse sich daher letzten Endes auf den Konsensus stützen. Weber betonte mit Nachdruck, daß die Legitimationsbasis ausgeprägte Auswirkungen darauf habe, wie Macht organisiert und angewandt werden könne, namentlich in ihrer routinemäßigen, alltäglichen Ausübung. Was ihn am besorgtesten stimmte, waren die notwendige Voraussagbarkeit bürokratischer Organisation und die Verhaltensnormierung, die allein diese Voraussetzungen erfüllen könnten.

Bei der Erklärung der Funktionsweise seines Idealtyps der Bürokratie als einer Kombination von Unpersönlichem mit Sachverstand und hierarchischer Ordnung gelangte Weber zu dem Schluß, daß diese Elemente dazu neigten, die Gefühle ihrer Mitglieder zu ersticken. Er prophezeite charismatische Revolten eines jugendlichen Antiszientismus und stand selbst dem eisernen Zeitalter der Bürokratie kritisch gegenüber. Doch zahlreiche Soziologen der Zwischenkriegszeit wollten nicht sehen, daß die Bürokratisierung nicht mehr als die wissenschaftliche Arbeitsorganisation (Taylorismus) menschliche Gefühle gänzlich abtöten könne. Ja, jene Soziologen, die den Idealtypus Webers ohne die Einschränkungen, die dieser selbst vornahm, akzeptierten, vertraten den Standpunkt: »Die Gleichförmigkeit und die bedrückenden Aspekte der Bürokratie sind gerade Elemente dessen, was man als einen ›Circulus vitiosus‹ beschreiben könnte, der sich aus dem Widerstand des menschlichen Faktors gegen die mechanistisch-rationalistische Theorie des Verhaltens entwikkelt, die uns aufgenötigt wird.«[48]

Nach Webers Ansicht produzierte die Bürokratisierung ein Durkheims »erzwungener Arbeitsteilung« ähnliches Leiden: Entfremdung. Und ebenso wie Durkheim, sah auch Weber das Heilmittel nicht im Sozialismus. Da die Bürokratisierung das zentrale Charakteristikum der Modernisierung bilde, würde sie auch dann fortbestehen, wenn der Kapitalismus durch den Sozialismus ersetzt würde. Stärker als jeder andere Denker in der hier erörterten Periode spürte Max Weber die traurigen Wirkungen der Modernisierung auf die menschliche Sehnsucht nach Glaube und Freiheit.

Die Soziologie war von den Sozialwissenschaften diejenige, die sich am unmittelbarsten mit dem Übergang von der traditionellen zur modernen Gesellschaft beschäftigte. Dieses Thema war zuerst von Comte, Toqueville und Marx angesprochen worden, im letzten Jahrzehnt vor 1900 näherte man sich ihm in stärker empirischer Form. Die Dichotomie zwischen der Traditions- und der modernen Gesellschaft wurde zu einem Gemeinplatz in der soziologischen Literatur. Herbert Spencer sah den Grundunterschied darin, daß in der traditionellen Gesellschaft die Sozialbeziehungen statusbegründet gewesen seien, in der modernen hingegen auf vertraglichen Abmachungen beruhten. Ferdinand Tönnies fand ihn in seinem Werk ›Gemeinschaft und Gesellschaft‹ (Erstveröffentlichung 1887) in den Gemeinschaftsbindungen, die gegen freiwillige Zusammenschlüsse standen. Durkheim und Weber betonten die neuen Funktionen, die Institutionen und Werte der Tradition – namentlich Religion und Autorität – übernehmen mußten, und ihr häufiges Versagen angesichts erzwungener Arbeitsteilung und Bürokratisierung. Sie befaßten sich auch mit der bewegenden Situation von Individuen, die bei wachsenden Bemühungen moderner Organisationen, sie zu mobilisieren, zunehmend nach persönlicher Autonomie strebten.

Die vielleicht bedeutsamste Feststellung der klassischen Soziologie bestand darin, daß die Modernisierung nicht notwendig sozialen und politischen Fortschritt mit sich bringen werde. Bis zu den neunziger Jahren des 19. Jahrhunderts ging die herrschende bürgerlich-liberale Auffassung in Großbritannien und Frankreich, kulminierend in Spencer, dahin, daß die Desintegration der traditionellen Gemeinschaftsorganisationen etwas Gutes sei, weil sie es dem einzelnen ermögliche, seine Persönlichkeit zu entwickeln und seine Bedürfnisse zu befriedigen, ohne daß die Fesseln der Vergangenheit ihn behinderten.[49] Auch Marx hatte dem Provinzialismus, der Gemeinschaft und dem Nachbarschaftsgedanken scharf ablehnend gegenübergestanden, doch seine Auffassung vom Kapitalismus als einer bloßen Phase in der Entwicklung zu einer Idealgesellschaft war für Spencer wie für die Klassiker der Soziologie unannehmbar. Spencer legte das Gewicht auf die fortschrittliche Entwicklung von Bindungen, verwurzelt in Tradition und Gemeinschaft, zu solchen, die auf restitutiven Sanktionen und der Arbeitsteilung beruhten. Er war der Ansicht, daß die Gesellschaft seiner Zeit zu den noch vorhandenen irrationalen Antrieben im Menschen, die den Fortschritt behinderten, rationale und brauchbare Alternativen finden könne. So ließen sich beispielsweise die natürlichen Aggressionstriebe des Menschen dadurch zähmen, daß ihr zerstörerisches Ausleben in Kriegen und Revolutionen durch stellvertretende und ergo unschädliche Gewalterlebnisse bei Boxkämpfen, Fußballspielen und anderen Formen körperlicher Wettkämpfe ersetzt würden. Doch die klassischen Soziologen zeigten, daß die Formen, in denen die meisten irrationalen Triebe sich Ausdruck verschafften, nicht individueller, sondern sozialer Natur waren. Ohne verinnerlichte kulturelle Werte, die zumeist nicht rational waren, würden die Individuen entfremdet und damit der gesellschaftliche und politische Fortschritt unmöglich gemacht.

Pareto wie Durkheim und Weber beschäftigten sich stark mit dem

Einfluß der Kultur auf das Sozialverhalten. Diese Wirkung wurde zunehmend evident in einer Periode, in der der Sozialstatus und die sozialen Rollen der Tradition allmählich ihre Funktion einbüßten, den Menschen zu helfen, ihre Identität zu finden. Pareto erkannte den Kultureinfluß nationalistischer und sozialistischer Ideologien auf das Verhalten einzelner Gruppen an, vermutete aber, die herrschenden Eliten könnten diese manipulieren. Max Weber bezweifelte, daß die neue Arbeiter-Subkultur, die sich in Reaktion auf die Modernisierung in der deutschen Gesellschaft entwickelte, eine Alternative zur dominierenden Nationalkultur bieten könne. Und Durkheim war außerstande, sich einen kulturellen Pluralismus als funktionsfähig neben der gesellschaftlichen Diversifizierung vorzustellen, die er so akribisch analysierte. So sind die Theorien der Sozialwissenschaftler an der Jahrhundertwende (Freud eingeschlossen) für uns nicht nur als ›Wissenschaft‹ interessant, sondern auch als Material zum Verständnis der subjektiven und objektiven Realitäten, aus denen sie sich herausbildeten.

Die Klassiker der Soziologie führten eine neue Sehweise der Realität ein, die noch heute vorherrscht. Ihnen zufolge wird die Gesellschaft durch Aktivitäten gebaut, in denen sich subjektive Bedeutung ausdrückt. Doch sobald sie errichtet ist, besitzt sie eine eigene objektive Realität und formt jede neue Generation durch ihre Institutionen, Normen und Wertvorstellungen. »Es ist exakt der duale Charakter der Gesellschaft, was objektive Tatsächlichkeit und subjektive Bedeutung betrifft, der ihre Wirklichkeit zu einem Ding sui generis macht.«[50] Mit anderen Worten, die Menschen konstruieren ihre gesellschaftliche Wirklichkeit. Der Bau hat subjektive Bedeutungen zum Fundament, doch die Realität ist objektiv in dem Sinne, daß sie durch Wünsche nicht zu vertreiben ist. Dies gilt für Institutionen wie den Staat und die Familie und ebenso für die Wertbegriffe und Ideologien, die solche Institutionen legitimieren. Max Weber und die Soziologen nach ihm sahen klarer als Pareto und Durkheim den dialektischen Charakter der gesellschaftlichen Realität: »Die Gesellschaft ist ein menschliches Produkt. Die Gesellschaft ist eine objektive Realität. Der Mensch ist ein Produkt der Gesellschaft.«[51]

Diese Dialektik erscheint in ihrer Totalität, indes jede neue Generation durch den Prozeß der Sozialisation die Wertvorstellungen und Perzeptionen ihrer Gesellschaft verinnerlicht.

Der Kontrast zwischen dem Wunsch nach Freiheit und dem Pessimismus von Philosophen und Gesellschaftswissenschaftlern bezüglich der

Modernisierung sollte die westliche Welt noch lange nach dem Ersten Weltkrieg beherrschen. Verfechter einer progressiven Erziehung bewahrten zwar die optimistische Einstellung zur Möglichkeit der Entwicklung individueller Anlagen, die eigene Persönlichkeit zum Ausdruck zu bringen, doch sie teilten nicht mehr Spencers Glauben an die Erziehung als ein Mittel, sittliche Desorganisation, gesellschaftliche Entfremdung und die wachsende Macht des Staates zu beseitigen. Durkheim war zwar gleichfalls der Ansicht, daß die Erziehung einen Beitrag leisten könne, aber er fand niemals einen zufriedenstellenden Weg, Menschen sowohl zur individuellen Freiheit als auch zu Ordnung und Stabilität im sozialen Raum zu sozialisieren. Selbst Freud, der sich darum bemühte, das Individuum von seinen eigenen psychologischen Hemmungen zu befreien, war fast ebenso pessimistisch wie Nietzsche hinsichtlich der Möglichkeit, der modernen Gesellschaft und Kultur mehr Aufgeschlossenheit für den Wunsch nach Freiheit zu vermitteln.[52] Eine Auffassung, die sowohl die Verfechter der Neuen Moral als auch die Philosophen und Sozialwissenschaftler vertraten, war, daß die Ratio selbst vielfach dazu benutzt werde, Rationalisierungen für die Erhaltung des Status quo zu liefern. Diese Sicht der Dinge und der Wert, der neuerdings den Prinzipien der Gleichheit und sozialen Gerechtigkeit beigemessen wurde, machten sich neue radikale Protestbewegungen mit Eifer zunutze.

Radikale Protestbewegungen

»Der Kapitalismus kann sich nicht ewig halten.« – »Die Arbeiterklasse muß ihre Emanzipation selbst in die Hand nehmen.« – »Frauen sind ebensoviel wert wie Männer.« – »Die Nationalität, zu der ich gehöre, muß von der Fremdherrschaft befreit werden.«

Das waren während der Belle époque in Ländern auf allen Stufen der Modernität Orientierungssätze der führenden radikalen Protestbewegungen. Minderheiten innerhalb der Arbeiterschaft, der Frauen- und Bauernbewegungen übernahmen sie als Kampfparolen gegen eine Gesellschaft, die keine Lösung für ihre als ungerecht empfundene Lage bot. Diese Minoritäten wollten positive Alternativen zu der Entfremdung und ›Anomie‹, die andere empfanden, denen ihre verinnerlichten Maßstäbe nicht mehr halfen, mit den Auswirkungen des sich rasch vollziehenden sozialen Umbruchs fertig zu werden. Doch sie lehnten die institutionalisierte Lösung ab, welche die bürgerliche Gesellschaft für das Unbehagen bot, die die Modernisierung auslöste: die Trennung des Privatlebens vom öffentlichen Leben. Sich im öffentlichen Bereich anpassend zu verhalten, um in der Privatsphäre frei zu sein, war nur für diejenigen ein Rezept, die sich von der herrschenden Ordnung nicht unterdrückt fühlten. Als die Minderheiten sich ihrer eigenen Unterdrückung bewußt wurden, weigerten sie sich, diese zu verinnerlichen. Sie lehnten es ab, die in ihrer Gesellschaft dominierende Mentalität und die Sicht der Realität, die zu deren Rationalisierung diente, zu übernehmen. Sie richteten ihr Handeln nach ihren eigenen, ›richtigen‹ Realitätsauffassungen aus.

In den Konflikten, die von dieser radikalen Protesthaltung ausgelöst wurden, drückten sich die unvereinbaren Einstellungen der gegnerischen Seiten aus. Sie waren mithin nicht durch Appelle an Vernunft oder Eigeninteresse beizulegen. Die konformistischen Mittelschichten waren außerstande, die ›irrationalen‹ Antworten zu begreifen, wenn sie die Frage stellten: »Was wollen diese Leute?« Und wenn »diese Leute« es »zu weit trieben« und auf ihren Forderungen beharrten, dann holten selbst Liberale mit sozialem Gewissen Polizei und Militär zu Hilfe.

Wegen der bedeutenden Rolle, welche die Intelligenz als Führerin der radikalen Protestbewegungen und der Kritik spielte, die sie an bestimmten Aspekten der Modernität übte, muß diese soziale Gruppe von der Intelligenz im allgemeinen unterschieden werden. Ihre Mitglieder treffen diese Unterscheidung selbst, wenn sie Intellektuelle ›im Elfenbeinturm‹ und ›Mandarine‹ verurteilen, die sich in den Dienst der herrschenden Ordnung stellen. Eine Intelligenz besteht aus jenen Leuten, die, besonders an den Universitäten, neuen Ideen ausgesetzt sind und dadurch ein intensives Bewußtsein der Konfrontation zwischen modernisierenden Entwicklungstendenzen und der traditionellen Gesellschaft erhalten und deren kulturelle Kontakte zu beiden sie mit bestimmten Problemen, Themen und Zwangslagen konfrontiert. Ihr Bildungsgang führt häufig dazu, daß sie ihrer eigenen Gesellschaft entfremdet werden und es schwer haben, in ihr einen akzeptablen Platz für sich zu finden. Dies kann nicht nur Literaten und freischaffenden Journalisten widerfahren, sondern auch Pädagogen, Anwälten, Ärzten, Ingenieuren und – in Ländern, die sich in einer Frühphase der Entwicklung zur Moderne befanden – sogar Offizieren, wie sich in Rußland bei der Dekabristenrevolte 1825 zeigte. So waren denn auch in den folgenden beiden Jahrzehnten zahlreiche Angehörige der russischen Intelligenz Adelige. Später im 19. Jahrhundert versuchten – in Rußland wie im übrigen Europa – einige Gruppen der Intelligenz die ›gestaute revolutionäre Energie‹ der Bauern oder Arbeiter zu ›zünden‹. Allein auf diese Weise, so meinen sie, könnten sie ihrem eigenen Leben einen Sinn geben und die Massen in eine ideale Gesellschaft führen, wo niemand mehr Grund zu Unzufriedenheit haben werde.

Die Intelligenz, mit der wir uns hier beschäftigen, versuchte auf verschiedene Weise, mit ihrer Unzufriedenheit fertig zu werden. Nur eine Handvoll ihrer Angehörigen lehnte die traditionelle Ordnung völlig ab und entwickelte sich zu enthusiastischen Befürwortern der Modernisierung. Die Traditionalisten verwarfen sie hingegen bedingungslos und wurden vielfach zu Ästheten, die der Vergangenheit nachtrauerten, oder zu Populisten. Eine dritte Gruppe strebte danach, gewisse Züge der traditionellen Ordnung reformierend zu verändern und zu erneuern, um sie mit der Modernisierung vereinbar zu machen. So war die Intelligenz in jedem einzelnen Land eine heterogene Sozialgruppe. Sie war gespalten in ihren Reaktionen auf die Modernisierung und uneins in der moralischen Orientierung, die ihre Mitglieder wählten, um ihre Gefühle als Unterdrückte zu überwinden.

Protestbewegungen in der Arbeiterklasse: Anarchismus, revolutionärer Syndikalismus, Sozialismus

Jede Untersuchung von Protestbewegungen aus der Arbeiterklasse erfordert mehrere Einschränkungen.[1] Zum ersten beeinflußten nationale Unterschiede der politischen, ökonomischen und Sozialstruktur – besonders in den am weitesten und am wenigsten entwickelten Ländern – die vorherrschende Handlungsorientierung. Zum zweiten zeigten unterschiedliche Gruppen von Arbeitern in ein und demselben Land vielfach ein unterschiedliches Verhalten und hatten oft miteinander unvereinbare Ziele: Handwerker und Fabrikarbeiter (und die verschiedenen Berufsgruppen innerhalb dieser beiden Kategorien), die organisierten und die nichtorganisierten, ländliche und städtische, katholische und protestantische, einheimische und ausländische Arbeiter. Zwar lenkten schon vor dem Krieg in England, Frankreich und Deutschland ausländische Arbeitskräfte in bestimmten Berufszweigen die Aufmerksamkeit auf sich, doch sie stellten keinen gewichtigen Faktor in der Entwicklung der europäischen Arbeiterbewegung dar, wie ihn die Masse der Arbeiter ausländischer Herkunft in den Vereinigten Staaten bildete. Zum dritten akzeptierte das Fußvolk der Organisationen, die die Arbeiterschaft zu vertreten beanspruchten, nicht immer die Doktrinen und die Taktik ihrer Führung. Hier soll jedoch keine Theorie[2] aufgestellt werden, die diesen Einschränkungen Rechnung trägt, sondern es sollen bedeutende Beispiele radikaler Protestbewegungen untersucht werden.

Der Anarchismus war die extremste Richtung im Kampf gegen die bestehende Ordnung und alles, was sie verkörperte.[3] Er verband den Glauben an die Möglichkeit einer gewaltsamen und plötzlichen Umwandlung der Gesellschaft mit der zuversichtlichen Hoffnung auf die menschliche Vernünftigkeit und die Möglichkeit menschlicher Besserung und Vervollkommnung. Nicht allein der Kapitalismus, sondern auch der Staat in all seinen Formen mußte beseitigt werden, bevor der Traum des Anarchismus Wirklichkeit werden konnte.

Einer der bedeutendsten Inspiratoren und Denker der anarchistischen Bewegung war Fürst Peter Kropotkin. Wie ihr Begründer, Michael Bakunin, war auch Kropotkin ein adeliger russischer Emigrant, aber beide Männer trugen ganz Unterschiedliches zur anarchistischen Bewegung bei. Bakunin war Verschwörer und Agitator. Wenn er nicht in der Ersten Internationale gegen Marx kämpfte, war er damit beschäftigt, unter den Massen Westeuropas, namentlich Italiens, Anhänger für

Fürst Peter A. Kropotkin. Fotografie, um 1880

Michael A. Bakunin. Fotografie

den revolutionär-anarchistischen Gedanken zu werben. Kropotkin hingegen führte während der ganzen Belle époque ein stilles, bürgerlich-achtbares Gelehrtendasein in England. Als in den neunziger Jahren sich viele Anarchisten der ›Propaganda der Tat‹ zuwandten, verurteilte Kropotkin zwar manche der individuellen Terrorakte und Attentate, nicht aber die Überzeugung, daß in bestimmten Situationen der Terrorismus durchaus das einzige Mittel zur Herbeiführung der Revolution sein könne.

Kropotkin war zwar ein Utopist, aber er lehnte nicht alle Aspekte der Modernität ab. Seiner Ansicht nach war es der Kapitalismus, nicht der wissenschaftlich-technische Fortschritt, der zur sittlichen Rückentwicklung des Menschen geführt hatte. Er sah im Menschen ein ursprünglich unschuldiges und geselliges Wesen, dessen Instinkte zu gegenseitiger Hilfe sich jahrtausende lang behauptet hätten, bis sie von den Übeln der kapitalistischen Gesellschaft vernichtet worden seien. In der idealen Gesellschaft würde es kein Privateigentum und kein privates Erbrecht mehr geben, und damit würden auch Habgier und Ausbeutung beseitigt sein. Dann würde die Sittlichkeit auf die guten Instinkte des Menschen gegründet sein und keiner von außen kommenden Sanktion zu ihrer Durchsetzung bedürfen. Die Revolution sei notwendig, um die totale

Reorganisation der Gesellschaft und ihre Umwandlung in eine Gestalt herbeizuführen, die Kropotkin »anarchistischen Kommunismus« nannte. Nur durch gegenseitige Hilfe und freien Zusammenschluß anstelle der Lenkung durch einen zentralisierten Staat sei das Ziel dieser idealen Gesellschaft zu erreichen. »Jeder nach seinen Fähigkeiten, jedem nach seinen Bedürfnissen.«

Allein schon von ihren Prinzipien her verschmähten alle Anarchisten eine umfassende Organisierung, um ihr Ziel einer völlig freiheitlichen Gesellschaft zu erreichen. Manche gründeten zwar – kurzlebige – Zeitschriften und Geheimgesellschaften, doch der Anarchismus war nie eine geschlossene politische oder philosophische Bewegung. Sein Glaubensbekenntnis, das der Emanzipation der arbeitenden Klasse geweiht war, zog Menschen aus allen Lebensbereichen an. In den Vereinigten Staaten arbeitete die russisch-jüdische Einwanderin Emma Goldman (›Die rote Emma‹) in den späten achtziger Jahren für einen Wochenlohn von zweieinhalb Dollar in einem ›sweatshop‹, bevor sie sich der Agitation für alle Bewegungen zuwandte, die sich in der hier betrachteten Periode für die individuelle Freiheit einsetzten. Enrico Malatesta, der abtrünnige Sohn einer wohlhabenden italienischen Großbürgerfamilie, arbeitete als Elektriker und führte zahlreiche erfolglose Arbeitererhebungen in Europa und auf dem amerikanischen Kontinent an. Der Anarchismus zog auch den Maler Camille Pissarro, die Journalisten Émile Pouget und Vigo Almereyda, Intellektuelle aus der Bohème und kampferprobte Gewerkschaftsführer sowie die einzelgängerischen Einsamen an, die spektakuläre Gewalttaten und Terrorakte ausführten. Vielen dieser Terroristen fehlte die Vision einer besseren Gesellschaft der Zukunft, sie aber waren es, die bei bürgerlich-achtbaren Leuten das Erscheinungsbild des Anarchisten schufen.

Die anarchistischen Gewalt- und Terrorakte erreichten ihren Höhepunkt im letzten Jahrzehnt vor 1900. Im März 1892 schleuderte François-Claudius Ravachol, ein Gelegenheitsarbeiter, Dieb und Mörder, in Paris Bomben auf die Häuser des Richters und des Staatsanwalts, die für die Verurteilung von zwei anarchistischen Demonstranten zu Gefängnisstrafen verantwortlich waren. Bei diesen Anschlägen kam zwar niemand ums Leben, aber Ravachol wurde wegen seiner voraufgegangenen Mordtaten zum Tode verurteilt. Als er den Urteilsspruch hörte, rief er: »Es lebe die Anarchie!« und wurde damit zu einem Märtyrer der Bewegung. Im Februar 1894 verübte Émile Henry während der Zeit des stärksten Andrangs ein Bombenattentat auf ein Café in einem Vorstadt-

Anarchistisches Attentat: Ermordung Zar Alexanders II. von Rußland in St. Petersburg 1881. Zeichnung eines Augenzeugen, 1881

bahnhof in Paris. Als der Richter ihn fragte, wie er dazu stehe, schuldlose Bürger umzubringen, antwortete Henry: »Es gibt keine Schuldlosen.« Er wollte damit sagen, daß die Pendler in dem Café, die der Angestelltenschicht angehörten, die bürgerliche Gesellschaft repräsentierten und sie in ihrer ganzen Verderbtheit unterstützten. Vier Monate nach Henrys Bombenanschlag verübte ein italienischer Anarchist das Attentat auf den französischen Präsidenten Sadi Carnot; drei Jahre später tötete ein anderer italienischer Anarchist den spanischen Ministerpräsidenten Antonio Cánovas del Castillo. Andere selbsternannte Anarchisten verübten Attentate mit tödlichem Ausgang auf die österreichische Kaiserin Elisabeth, 1898, auf König Umberto von Italien, 1900, und auf den amerikanischen Präsidenten McKinley im Jahr 1901.

Bald nach der Jahrhundertwende verzichteten die anarchistischen Führer in Frankreich, Italien und Spanien auf individuelle Protestakte. Sie kamen zu der Einsicht, daß die große Revolution nur durch positivere Anstrengungen herbeizuführen sei. Und dazu waren Planung und Zusammenarbeit notwendig. Die spanischen Anarchisten, die den Plan faßten, König Alfons XIII. bei seinem Pariser Besuch im Mai 1905 durch ein Attentat zu töten, nahmen an, daß ihre republikanischen Bundesgenossen in Barcelona zur gleichen Zeit einen Staatsstreich unternehmen und die Macht in Madrid an sich reißen würden. Doch auch diese organisierte Verschwörung schlug fehl. Mittlerweile waren wie in Frankreich

Anarchistisches Attentat: Ermordung des französischen Staatspräsidenten Sadi Carnot in Lyon, 1894. Zeichnung, 1894

und Italien auch viele anarchistische Führer in Spanien zu der Erkenntnis gelangt, daß der Terrorismus und die von ihm ausgelösten Repressionsmaßnahmen sie um die Sympathie der Arbeiterschaft gebracht hätte. Dies führte dazu, daß sie sich distanzierten, als in den Jahren 1904 bis 1907 terroristische Einzeltäter in Barcelona wieder Bombenanschläge unternahmen. Sie gründeten die ›Föderation der Gewerkschaften‹ (Solidaridas Obrera) und begannen sich in Richtung auf eine eigene Form des revolutionären Syndikalismus zu bewegen. Da sie nicht hoffen konnten, in einer Atmosphäre staatlicher Repression die Arbeiter zu mobilisieren, denunzierten einige von ihnen in ihrem Eifer, den Terroristen den Garaus zu machen, solche Täter bei den Behörden.[4]

Der revolutionäre Syndikalismus gewann in Kreisen der Arbeiterschaft weitaus größeren Einfluß, als ihn der Anarchismus jemals besessen hatte. Er wurde zur offiziellen Ideologie des größten Gewerkschaftsverbands in Frankreich und wichtiger Gewerkschaftsvereinigungen in Italien und Spanien. Die 1895 gegründete ›Confédération Générale du Travail‹ (CGT) hatte schon 1912 sechshunderttausend Mitglieder. Die ›Unione Sindacale Italiana‹ gab zur Zeit ihrer Gründung, 1912, eine Mitgliedszahl von hunderttausend an und scheint bis zum Kriegsausbruch 1914 ihre Anhängerschaft verdoppelt zu haben. Die 1911 gegründete Nationalorganisation der spanischen Anarcho-Syndikalisten, die ›Confederación Nacional del Trabajo‹, hatte 1915 erst fünfzehntausend Mitglieder, erhöhte diese Zahl aber bis 1919 auf sechshunderttausend. In den Vereinigten Staaten übernahm die ›Organisation International Workers‹ of the World den revolutionären Syndikalismus, hatte aber 1914 erst hunderttausend Mitglieder, die ›American Federation of Labor‹ (AFL) hingegen zwei Millionen. Am Vorabend des Ersten Weltkrieges trat in einigen der größten Streiks in Großbritannien auch der Einfluß syndikalistischer Ideen zutage. Diese Gedanken sind vielleicht am besten aus den Schriften des französischen Publizisten Georges Sorel bekannt, doch im Kontext dieses Kapitels werden sie am verständlichsten an der Einstellung derjenigen, die sie in tatsächliches Handeln umzusetzen versuchten.

In der Entwicklung des revolutionären Syndikalismus[5] spiegelten sich die Meinungsverschiedenheiten zwischen Fernand Pelloutier, Generalsekretär der ›Fédération des Bourses du Travail‹ von 1895 bis 1901, und Victor Griffuelhes, Präsident der CGT bis 1909, wider. Pelloutier war in einer bürgerlichen Familie großgeworden und hatte das Collège in St. Nazaire besucht, wo er 1885 seine Abschlußprüfung nicht bestand. In den folgenden sieben Jahren war er Redakteur eines Lokalblattes und wandte sich dem Anarchismus zu. Zwischen 1892 und 1895 propagierte er auf Gewerkschafts- und sozialistischen Kongressen den Gedanken des Generalstreiks. Danach stellte er das Endziel der Revolution hinter den Mitteln, sie zu erreichen, zurück: dem organisatorischen Zusammenschluß und der Ausbildung von Handwerkern wie Industriearbeitern in den Bourses du Travail.

In jeder einzelnen Stadt versuchte die Bourse mittels ihrer Funktion als Arbeitsbörse und ihrer Bildungsbemühungen, die verschiedenen Gewerkschaften angehörenden Arbeiter zusammenzuführen. Ihr Ziel bestand darin, all diese Arbeiter darauf vorzubereiten, sich durch direkte Aktion selbst zu emanzipieren. Keineswegs als simples Allheilmittel wurde der ›Mythos‹ der Revolution – oder des Generalstreiks – von der Bourse als moralische Orientierung benützt, um den Arbeitern sowohl die Notwendigkeit von Disziplin und Zusammenarbeit als auch die Mißstände bewußt zu machen, gegen die sie kämpfen mußten.

1902, ein Jahr nach Pelloutiers Tod, ging die Föderation der Bourses ein formales Bündnis mit der CGT ein. Aber obwohl die beiden Organisationen noch bis 1914 nebeneinander bestanden, repräsentierte die

CGT die dominierende Tendenz im revolutionären Syndikalismus, wie sie in den neueren, ganze Industriezweige umfassenden Gewerkschaften ihren Ausdruck fand. Während Pelloutier individuelle Streikaktionen abgelehnt hatte, weil sie die gefährliche Illusion nährten, daß die kapitalistische Gesellschaft verbesserungsfähig sei, sah Griffuelhes darin eine bessere Vorbereitung für revolutionäres Handeln als die Diskussionen, wie sie in den Bourses vor sich gingen. Griffuelhes nahm diesen Standpunkt nicht nur ein, weil er einst Schuster gewesen und nun Funktionär im Verband der Lederarbeiter war. Dazu kam, daß in den frühen Jahren nach 1900 die CGT imstande schien, wirksame landesweite Kampagnen zu organisieren, um der Regierung wie den Unternehmern konkrete, wenn auch begrenzte Konzessionen für die gesamte Arbeiterschaft abzuringen. Und zweifellos traf er die Stimmung der in der CGT zusammengeschlossenen Arbeiter, wenn er ihr starkes Interesse an alltäglichen Konflikten am Arbeitsplatz den erweiterten Aktivitäten von Gewerkschaften zuschrieb.[6]

Griffuelhes' Nachfolger, Léon Jouhaux, ging es besonders darum, diese Aktivitäten auf die modernen Bedingungen einzustellen und sie in den neueren und größeren industriellen Großfirmen auszudehnen, um deren organisiertem Widerstand gegen einen Gewerkschaftsbeitritt ihrer Belegschaften wirkungsvoller entgegenzuwirken.

Dennoch spiegelte sich, trotz des modern eingestellten reformistischen Trends in der CGT, in der moralischen Orientierung des revolutionären Syndikalismus – in Frankreich wie anderwärts – nach wie vor die anarchistische Herkunft. In seiner Realitätssicht würde die arbeitende Klasse ausgebeutet bleiben, solange ees einen Unterschied zwischen Lohnabhängigen und Arbeitgebern gab. Deshalb müsse die Arbeiterklasse die Positionen jener Gruppen ablehnen, die eine andere Sicht der Realität hätten. Es liege auf der Hand, daß die Arbeiter die Einstellung ihrer kapitalistischen Brotgeber zurückweisen müßten, die sie für alle Zeiten als Lohnempfänger sähen und sie mit besseren Löhnen, Arbeitsbedingungen und Extraleistungen einzulullen versuchten. Ebenso müßten sie die Haltung des liberalen Staates ablehnen, der in ihnen einzelne Bürger wie alle anderen sehe, die mittels gesetzgeberischer Reformen in die Gesamtgesellschaft integriert werden könnten. Eine Zentralverwaltungswirtschaft sei in jedem ökonomischen System eine Illusion; selbst im Staatssozialismus wären die Arbeiter noch Ausgebeutete – ausgebeutet von Staatsbürokraten statt von Privatunternehmern. Schließlich müsse die Arbeiterklasse die Führung durch die Sozialistische Partei ablehnen, deren revolutionärer Flügel sie als historisches Kampfinstrument betrachte – als Mittel statt als Zweck an sich –, während der reformistische Flügel die Realität des Parlamentarismus und die Möglichkeit akzeptiere, der arbeitenden Klasse durch Verbesserungen des Wahlrechts und fortschrittliche Gesetzgebung zur Emanzipation zu verhelfen.

Bis zum Beginn des Ersten Weltkrieges hielt die CGT an der Position fest, die sie 1906 in der berühmten ›Charta von Amiens‹ eingenommen hatte, in der jedem gemeinsamen politischen Vorgehen mit den Sozialisten eine Absage erteilt wurde. Davon ging sie nur 1913 ab, als sie sich mit der sozialistischen Partei verständigte, vom Mittel des Generalstreiks Gebrauch zu machen, um gegen den drohenden Krieg zu protestieren und gegen ein Gesetz zu opponieren, das die militärische Dienstpflicht von zwei auf drei Jahre verlängerte. Doch selbst jetzt noch fürchtete Jouhaux, daß eine allzu starke Festlegung auf Generalstreik und Antimilitarismus zu einer Zeit, da die CGT neue Mitglieder suchte, viele Arbeiter verschrecken könnte. Da die Sozialisten aus den Wahlen von 1914 gestärkt hervorgingen, war es schwierig, sie zu ignorieren. Dennoch zögerten Jouhaux und seine engsten Kampfgefährten, die revolutionär-syndikalistische Einstellung aufzugeben.

Die Sozialisten hatten eine andere Realitätssicht als die Anarchisten

Kongreß der Zweiten Internationale in Amsterdam 1904. Fotografie, 1904

und revolutionären Syndikalisten. Trotz der Theorie von Marx glaubte kein Sozialist in der hier betrachteten Periode, daß der Staat jemals ›absterben‹ werde. Sowohl der zentralisierte Staat als auch die Konzentration der Produktionsmittel waren Gegebenheiten, mit denen man sich abzufinden habe. Mithin müsse das Ziel des Sozialismus darin bestehen, sich des Staates zu bemächtigen, um den Kapitalisten die Produktionsmittel wegzunehmen und diese für die Massen zu verwalten. Während die Anarchisten und die revolutionären Syndikalisten in dieser Form des Kollektivismus eine Bedrohung des Individualismus sahen, war er für die Sozialisten das einzig wahre Mittel, um das Individuum in der modernen Gesellschaft zu befreien.

Zwar teilten alle, die sich Sozialisten nannten, diese Sicht der Realität, doch in ihrer Einstellung zum aktiven Handeln bestanden erhebliche Meinungsunterschiede. Die englischen Fabier und die russischen Bolschewiken verkörperten die beiden Extrempositionen und befanden sich außerhalb der Hauptströmung der europäischen sozialistischen Bewe-

Auf der Fahrt zu einer Sitzung des Parteitags der Sozialdemokraten in Jena 1905, von links Paul Singer, August Bebel und Wilhelm Pfannkuch. Fotografie, 1905

gung vor 1914. Aber selbst innerhalb dieser Hauptströmung bedrohten immer wieder Differenzen zwischen revolutionär und reformistisch Gesinnten die zerbrechliche Einheit der Bewegung – in der Zweiten Internationale wie innerhalb der einzelnen sozialistischen Parteien, die in ihr zusammenzuarbeiten versuchten. Die Geschichte dieser Bewegung kann hier nicht abgehandelt werden.[7] Ihre periodischen Schwankungen zwischen Reformismus und orthodoxem Marxismus sind hier von minderer Bedeutung als die Grundattraktivität des Sozialismus als der Antwort auf die Unzufriedenheitsgefühle von Millionen Europäern.

Am 20. Oktober 1891 versicherte August Bebel auf dem Erfurter Kongreß der Sozialdemokratischen Partei Deutschlands den versammelten Delegierten, daß die letzte Krise des Kapitalismus bevorstehe. »Ja, ich bin überzeugt, die Verwirklichung unserer letzten Ziele ist so nahe, daß wenige in diesem Saal sind, die diese Tage nicht erleben werden.«[8] Damit verlieh er einem revolutionären Mythos Ausdruck, der sich mit dem des Generalstreiks vergleichen ließ, aber durch Marx' ›wissenschaftliche‹ Theorie des historischen Determinismus verstärkt wurde. Die Gesetze der ›Geschichte‹ machten den Sturz des Kapitalismus und den Sieg der Revolution unausweichlich. Als Bebel 1913 starb, schien die Revolution ungleich weniger dicht vor der Tür zu stehen als zwanzig Jahre vorher. Und dennoch trauerten Millionen (nicht nur in Deutschland) um ihn, wegen der Hoffnung auf eine bessere Zukunft, die er erweckt hatte.

Die einzelnen sozialistischen Parteien hieltn diese Hoffnung in unterschiedlicher Weise hoch, abhängig zum Teil von der politischen Struktur und dem Modernitäts-Niveau des Landes, in dem sie tätig waren. Wir haben bereits erwähnt, daß die Arbeiterparteien in Großbritannien und Skandinavien in dem Maße, in dem sie Zugang zu den Zentren der politischen Macht gewannen, auf gesetzgeberische Reformen und die Gewerkschaftsbewegung setzten. Da sie wenig Bedürfnis nach theoretischer Untermauerung empfanden, waren sie relativ immun gegen die doktrinären Spaltungen, welche die Parteien heimsuchten, die sich als geschworene Hüterinnen des Marxschen Erbes bekannten. In Rußland andererseits bewirkten die autokratische politische Struktur und das niedrige Modernitäts-Niveau, daß die Handlungsmöglichkeiten der Sozialisten eng begrenzt waren. Zumeist mußten sie im Untergrund oder aus dem Exil wirken. Deshalb hatten sie kaum die Möglichkeit, Massenparteien und Gewerkschaften zu organisieren. Die Sozialrevolutionäre waren eher eine populistische denn eine marxistische Bewegung. Wie wir sehen werden, versuchten sie während der Revolution von 1905 die Bauern zu mobilisieren, im übrigen aber gründete sich ihre Hoffnung auf das kollektivistische und revolutionäre Potential der Bauern. Die Bolschewiken unter Führung Lenins vertraten die Auffassung, die Massen würden sich ihrer Wünsche erst dann bewußt, wenn die revolutionäre Avantgarde ihnen dieses Bewußtsein gäbe. Im Unterschied zu den Menschewiken, die an dem marxistischen Postulat eines klassenbewußten Proletariats festhielten, das in einer bestimmten geschichtlichen Phase den Kapitalismus stürzen werde, vertrat Lenin mit Nachdruck die Ansicht, daß die große Revolution allein durch eine »bewußte Minderheit« von Verschwörern, die sich ganz der Sache widmeten, herbeigeführt werden könne. Unorthodox war auch sein Rezept, zur Isolierung der Bourgeoisie ein Bündnis mit den Bauern einzugehen.

Anders entwickelten sich die Dinge in Mitteleuropa, wo die Modernität weiter vorangekommen war als in Rußland, aber die parlamentarischen Institutionen wenig Hoffnung boten, die Revolution auf friedlichem Wege herbeizuführen. Wie Bebel in Deutschland, arbeitete Victor Adler in Österreich daran, eine Massenpartei zu entwickeln, als das einzige Instrument, das imstande wäre, einem Klassenbewußtsein der Arbeiterschaft Rückhalt zu geben und die Gesellschaft auf dem schwierigen Weg zur Herrschaft des Sozialismus zu geleiten. Und wie Bebel legte auch Adler das stärkste Gewicht auf die Einheit der Partei als stabilstes Bollwerk gegen spaltende Kräfte im Innern wie im Äußeren. In Österreich war die stärkste dieser Kräfte der von den nichtdeutschen Sozialisten ausgehende Druck nach einer stärkeren Vertretung innerhalb der Partei. Diese Frage wurde 1899 teilweise gelöst, als die sechs bedeutendsten Nationalitätengruppen – Deutsche, Tschechen, Polen, Ruthenen, Italiener und Slowenen – unter dem Dach einer gemeinsamen Parteiexekutive Autonomie erhielten. Der stärkste Spaltungsfaktor in der deutschen Sozialdemokratie war ein ideologischer, der die widerstreitenden Richtungen im europäischen Sozialismus in helles Licht rückte.

Eduard Bernstein vertrat die Ansicht, die Marxschen Theorien seien revisionsbedürftig, weil sie im Widerspruch zur Realität in den sich entwickelnden Industriegesellschaften stünden. Im Gegensatz zu den Vorhersagen Marx' sei der Lebensstandard der Arbeiterklasse im Steigen, nicht im Fallen, und das Bürgertum weit davon entfernt, zum Proletariat herabzusinken. Im Gegenteil, es gedeihe und werde durch eine neue Klasse von Technikern abgestützt. Diese und ähnliche Beobachtungen zu den Folgewirkungen der Modernisierung veranlaßten Bernstein, einige der Grundannahmen des Marxschen Denkens, wie etwa den historischen Determinismus, den dialektischen Materialismus und die Unvermeidlichkeit des Klassenkampfes, in Frage zu stellen. Wie die Fabier, die während seines Aufenthaltes in England seine Bewunderung gefunden hatten, trat Bernstein für eine allmähliche Entwicklung zum Sozialismus mittels eines Bündnisses der arbeitenden Klasse mit den fortschrittlich gesinnten Teilen des Bürgertums ein.

Niemand in der Sozialdemokratischen Partei Deutschlands verurteilte den Revisionismus Bernsteins schneidender als Rosa Luxemburg, die seit Marx brillanteste Theoretikerin des radikalen Protestdenkens. Nach ihrer Ansicht würde der Revisionismus nicht zum Sozialismus, sondern zu bürgerlichem Konformismus führen. Sie wandte sich nicht dagegen, daß Sozialisten im Parlament saßen und für bestimmte Reformen votierten, solange diese dazu beitrugen, den Weg zum schließlichen Sieg der Arbeiterklasse zu bahnen. Aber sie bestand auf dem Primat der Theorie, die dieser Sieg zur Grundlage haben werde. Nach Rosa Luxemburgs Ansicht verwechselte Bernstein mit seinem ›Empirismus‹ (etwa seinen Statistiken über den steigenden Lebensstandard in der Arbeiterklasse) den Schein mit der Wirklichkeit. Die wahre Realität seien die der kapitalistischen Gesellschaft innewohnenden Übelstände, die Marx' Theorie allein zutreffend gesehen habe. Aber der Marxismus sei kein Kompendium authentischer Glaubenswahrheiten von unveränderlicher Reinheit. Als eine Theorie des geschichtlichen Prozesses sei er dem von diesem Prozeß hervorgebrachten ›Feedback‹ unterworfen. Er postuliere einen anhaltenden Klassenkampf, in dem sozialistisches revolutionäres Handeln notwendig »nicht nur die Erfüllung der Gesetze des dialektischen Materialismus, sondern die Befreiung und den Fortschritt der Menschheit«[9] stärke. Damit verurteilte Rosa Luxemburg reformistische Taktiken und Bebels vorrangiges Bemühen, den Rechtsstatus der sozialistischen Parteistruktur zu erhalten, als der marxistischen Theorie entgegenstehend.

Die Sozialdemokratische Partei Deutschlands erteilte an der Jahrhundertwende dem Revisionismus eine Absage, aber nicht aufgrund der Argumentation Rosa Luxemburgs. Bebel und die Mehrheit seiner Parteikollegen benutzten diese Argumente, um ihr öffentliches Image als orthodoxe Marxisten abzustützen und als Hilfe gegen die ›Ansteckung‹ von seiten nichtsozialistischer Kräfte in der wilhelminischen Gesellschaft. Zugleich aber wurden sie in ihrer Alltagspolitik in immer stärkerem Maße reformistisch. Sie sahen keinen Zwiespalt darin, in der Theorie revolutionär und in der Praxis reformistisch zu sein.

In Frankreich und Italien sahen sich die sozialistischen Parteien einer stärkeren ›Ansteckung‹ seitens des liberaleren politischen Milieus in diesen Ländern ausgesetzt. Die reformistisch gesinnten Parteiführer Jean Jaurès und Filippo Turati empfanden weniger Bedürfnis als Bebel, eine makellose revolutionäre Gesinnung zur Schau zu tragen, um die Einheit der Partei zu erhalten. Ihre revolutionären Rivalen hätten sich davon ohnedies nicht täuschen lassen. Jaurès und Turati traten nach wie vor für eine gründliche Umgestaltung ihrer Gesellschaft ein, aber sie glaubten auch, daß sich diese durch Wahlrechtspolitik und fortschrittliche Reformen erreichen ließe. In beiden Ländern gingen die Sozialisten Bündnisse mit liberalen Kräften im Parlament ein, widersetzten sich jedoch der militaristischen und imperialistischen Politik ihrer Regierungen.

Bis 1914 hatten die sozialistischen Parteien in West- und Mitteleuropa bei weitem mehr Anhänger gewonnen als jede andere Protestbewegung. In jenem Jahr errangen die schwedischen Sozialisten ein Drittel der Abgeordnetensitze in der zweiten Kammer des Reichstags. Die Sozialdemokratie in Deutschland hatte bei den jüngsten Reichstagswahlen dreißig Prozent der abgegebenen Stimmen erhalten, in mehreren anderen Ländern waren die Sozialisten überhaupt die stimmenstärkste Partei geworden. Viele Wähler, die weder Marxisten noch Arbeiter waren, gaben sozialistischen Kandidaten ihre Stimme, weil sie sie als die ehrlichsten Wortführer verschiedener progressiver Zielsetzungen betrachteten: allgemeines Wahlrecht, bürgerliche Freiheiten, Bodenreform, Wohlfahrtsgesetzgebung.

Diese Wahlerfolge lenkten die sozialistischen Parteien jedoch von dem ab, was in den Augen der orthodoxer gesinnten Parteifunktionäre ihre wahre Aufgabe war. Nach ihrer Ansicht bestand der Auftrag einer sozialistischen Partei darin, die Arbeiterklasse zu mobilisieren und sich jeder Zusammenarbeit mit bürgerlichen Regierungen zu enthalten, bis die Kräfte der Geschichte ihr die Möglichkeit gäben, diese in der Macht zu beerben. Marxistische Parteien entwickelten sich, zusammen mit den Arbeiterparteien in Großbritannien und Schweden, zu ›Pressure groups‹, die sich darum bemühten, bestimmte Mißstände abzustellen, und um rasche Wahlgeschenke für ihre unzufriedenen Wahlkreisbürger konkurrierten. Die Abgeordneten, die sie in die Parlamente entsandten, legten zusehends ein Verhalten wie andere Politiker an den Tag. Und im August 1914 ließ die Mehrheit der Sozialisten rasch die moralische Verurteilung von Militarismus, Nationalismus und Imperialismus fallen und unterstützte die Kriegsanstrengungen ihrer bürgerlichen Regierung.

Demonstration der Sozialisten in London 1887.
Holzschnitt von E. Evans, 1887

Die reformistische Tendenz, die in den unmittelbaren Vorkriegsjahren sowohl im Sozialismus als auch in der Gewerkschaftsbewegung bestand, war weder universal noch von Dauer. In Italien beispielsweise gewann der revolutionäre Flügel der Sozialistischen Partei 1912 die Oberhand über die Reformisten, und auch die revolutionär-syndikalistischen

Gewerkschaften wuchsen, während die reformistisch orientierten Mitglieder verloren. Selbst in Großbritannien drückte sich in der Welle der Streiks, die 1911–1913 ganze Industriezweige erfaßten, eine radikale Form des sozialen Protests aus, die nicht im Einklang mit der sonstigen reformistischen Richtung der britischen Gewerkschaftsbewegung stand. Der Kriegsausbruch brachte fast überall einen Zusammenbruch der reformistischen Position, und der Krieg selbst »führte zur Radikalisierung der Arbeiterbewegung. Schließlich waren die kommunistischen Bewegungen das Produkt des Zerfalls der Arbeiterorganisationen aus der Vorkriegszeit. Sie traten in den wirren Zeiten unmittelbar nach dem Krieg ans Licht. Die Periode zwischen den Kriegen war überdies von einer gnadenlosen Auseinandersetzung zwischen Reformisten und Revolutionären geprägt.«[10]

Protestaktionen aus der Arbeiterklasse: Streiks und Demonstrationen

Während des letzten Jahrzehnts vor und in den ersten Jahren nach 1900 spiegelte sich im steigenden Pegel der Streikaktionen die beginnende Mobilisierung der Arbeiterschaft zu kollektivem Handeln als Mittel des Wettstreits, der mit anderen organisierten Gruppen um die politische Macht ausgetragen wurde.[11] In Großbritannien, wo die Gewerkschaftsbewegung älter und umfangreicher war als in allen anderen Ländern, erreichten die Auseinandersetzungen ihren höchsten Stand von 1911 bis 1913. Zwar schien es überall bei der Mehrzahl der Streiks um Beschwerden gegen einen bestimmten Arbeitgeber – um Lohnfragen, Arbeitsbedingungen, willkürliche Entlassung von Kollegen – zu gehen, doch in allen drückte sich implizite der Anspruch auf das politische Recht der Arbeiter aus, sich zu kollektiven Aktionen zusammenzuschließen.

Vor 1914 war in den meisten Ländern dieses Recht bei weitem noch nicht anerkannt, weder von der Regierung noch von den Arbeitgebern. Erst nach der Aufhebung der Taff-Vale-Entscheidung im Jahr 1906 wurde es in Großbritannien von der finanziellen Haftung für Produktionsausfälle durch Streiks befreit. Im übrigen wurde nur in den skandinavischen Ländern das Tarifvertragsrecht, mit oder ohne Streiks, als legitimes Mittel zur friedlichen Beilegung von Konflikten zwischen den Sozialpartnern in der Industrie institutionalisiert. Mit Ausnahme der Revolutionszeit 1905 und ihres unmittelbaren Nachspiels waren die

Auseinandersetzung zwischen Arbeitern und Unternehmern: Arbeiterausschuß beim Fabrikherrn. Zeichnung von E. Schwabe, 1891

meisten Arten von Streiks in Rußland nach wie vor illegal. In Frankreich, den Niederlanden, Belgien, Deutschland, Österreich, Italien und Spanien bekämpften zahlreiche Unternehmer den Gewerkschaftsbeitritt ihrer Arbeiter, und die Regierungen dieser Staaten wie auch die britische schritten regelmäßig gegen Streikaktionen ein, die für die Allgemeinheit Störungen mit sich brachten. Einige der massivsten Ausstände in Belgien (1893 und 1913), Österreich (1905) und Deutschland (1910) waren Demonstrationen des Protests, die das Ziel verfolgten, die Regierungen der betreffenden Staaten zu einer Ausdehnung des Wahlrechts zu zwingen. Und 1911 und 1912 griffen in Großbritannien Eisenbahnarbeiter und Bergleute zu landesweiten Streiks, um direkt vom Parlament Konzessionen zu erlangen. Streiks, die für kurze Zeit die gesamte Arbeiterschaft gegen die bestehende Ordnung einten, fanden im Mai 1898 in Mailand, im Oktober 1905 in den meisten russischen Großstädten und im Juli 1909 in Barcelona statt.

Im allgemeinen jedoch verfolgten die aktiven Minderheiten von Arbeitern, die zu gemeinsamer Aktion schritten, in erster Linie die Ab-

Auseinandersetzung zwischen Arbeitern und Unternehmern: »Im Verbrechen beweisen sie eine bewundernswerte Solidarität. Seien wir einig wie sie, um unser Recht zu erobern.« – »Die Grube den Arbeitern . . .? – Wenn auch nur einer der Köpfe fällt, werden sie alle Mörder sein.«
Lithographie von A. Delannoy, 1905

sicht, den Interessen ihrer eigenen Schicht oder Berufsgruppe Geltung zu verschafften.[12] Die meisten Handwerker schlossen sich der Gewerkschaftsbewegung an, um nicht ins Proletariat abzusinken und nicht ihre Eigenständigkeit, ihre Stellung als Fachkräfte und ihren relativ privilegierten Sozialstatus einzubüßen. Bergleute bildeten die größten Gewerkschaften, lösten die größten Streikaktionen und übten am stärksten politischen Druck auf Regierungen aus. (Nur bei den deutschen Grubenarbeitern verzögerte die Beschäftigung zugewanderter und katholischer Arbeiter diese Tendenz etwas.) Aber sie blieben isoliert von den anderen aktivsten Berufsgruppen in der Gewerkschaftsbewegung: den Textil- und Leder-, den Metall- und den Hilfsarbeitern und namentlich den Schauerleuten.

Streiks, die einen ganzen Industriezweig erfaßten, mobilisierten am wirkungsvollsten ungelernte und angelernte Arbeiter; diese Bewegung

Militär im Kampf gegen streikende Arbeiter:
Arbeiterunruhen im Ostrauer Kohlenrevier (Polnisch-Ostrau im österreichischen Teil von Schlesien), ein Streik des Jahres 1890, der einen ganzen Industriezweig erfaßt hatte; dieses Gebiet des großen oberschlesischen Kohlenbeckens enthielt die wichtigsten Steinkohlenablagerungen der österreichischen Monarchie; im Jahr 1891 arbeiteten dort über zwanzigtausend Bergleute.
Zeichnung von F. Schlegel, 1890

begann 1889 mit dem großen Londoner Hafenarbeiterstreik und einem Ausstand der Ruhrkumpel.[13] Beide Aktionen wurden von informellen Führungsgruppen gegen die Arbeitgeber gestartet, beide führten zu umfangreichen Gewalttätigkeiten und massivem Einsatz von Polizei und Militär, und beide hatten das Ergebnis, daß sich landesweite Gewerkschaften bildeten. Doch damit ist die Ähnlichkeit zu Ende. Die Bergleute an der Ruhr protestierten gegen den Verlust ihres früheren staatlichen Schutzes und streikten, um ohne Hilfe von außen ihren eigenen Status und ihre Arbeitsbedingungen zu regeln. 1905 streikten sie aus den gleichen Gründen noch einmal, gegen den Wunsch ihrer Gewerkschaftsführung und der Sozialdemokratischen Partei. Erst 1912 konnte die deutsche Bergarbeitergewerkschaft ihre Mitglieder dazu mobilisieren, in einer gemeinsamen Anstrengung mit anderen landesweit organisierten Gewerkschaften für höhere Löhne in den Ausstand zu treten. Die englischen Hafenarbeiter hingegen streikten 1889 um höhere Löhne und eine kürzere Arbeitszeit, arbeiteten mit anderen Kategorien ungelernter Arbeiter zusammen, die ihrem Beispiel folgten, und vergötterten den Führer ihrer Gewerkschaft, Tom Mann. Sie erlitten 1893 eine Niederlage, doch als sie im Sommer 1911 neuerlich die Arbeit niederlegten, um die Anerkennung ihrer Gewerkschaft durchzusetzen, schlossen sich ihnen in zahlreichen Städten die Fuhrleute, Seeleute und Eisenbahnarbeiter an. In Liverpool war die Situation einem Generalstreik nahe, und überall, wo sich Arbeiter versammelten, ging das Militär gegen sie vor.[14] Tom Mann (nun revolutionärer Syndikalist) half den Arbeitern in Liverpool als Vorsitzender ihres Streikkomitees, ihre Forderungen durchzusetzen. Bei einem weiteren Streik, im Jahr danach, allerdings konnte die Hafenarbeitergewerkschaft ihr Ziel, die Einführung des ›Closed-shop-Systems‹, nicht erreichen.

Zwar kann die Geschichte und Organisation der Gewerkschaften hier nicht dargestellt werden, aber ihre Orientierung auf aktives Handeln muß als Alternative zum revolutionären Syndikalismus und zum Sozialismus konstatiert werden. Sie waren schließlich am unmittelbarsten mit den Alltagssorgen der Arbeiterschaft selbst verbunden. Wie die ›Unions‹ in den Vereinigten Staaten kombinierte die europäische Gewerkschaftsbewegung Kollektivverhandlungen mit der Arbeitgeberseite mit Bemühungen, Einfluß auf die Regierung und die öffentliche Meinung zu gewinnen. Aber während die amerikanischen Gewerkschaften nie eine eigene Partei hatten, war dies in Europa anders. Ja, die britische Labour Party, die kurz nach der Jahrhundertwende ins Leben trat, war eine Gründung des ›Trades Union Congress‹, und auch die sozialistischen Parteien in Skandinavien standen weitgehend unter dem Einfluß der Gewerkschaftsverbände. In Deutschland waren die sozialdemokratischen Gewerkschaften zunächst der Partei untergeordnet gewesen, gewannen aber nach 1906 einen effektiven Einfluß auf sie.[15] So war die Gewerkschaftsbewegung in Europa, obwohl ihre erste Sorge den wirtschaftlichen Anliegen der Arbeiterschaft galt, stark und aktiv politisch orientiert. Anders jedoch als die Sozialisten und die revolutionären Syndikalisten versuchten die Gewerkschaftsführer, offenkundige Angriffe auf die bestehende Ordnung zu vereiteln.

Revolutionär-syndikalistische Ideen waren in britischen Gewerkschaftskreisen von 1911 bis 1914 ebenso ausgeprägt, wie sie es in Frankreich während der Welle der Proteststreiks im Frühjahr 1906 gewesen waren. Die aktiven Syndikalisten waren nur eine winzige Minderheit in

Militär als Streikbrecher: französische Soldaten als Briefträger während des Streiks der Post- und Telegraphenbeamten in Paris. Fotografie, 1910

den sonst reformistisch orientierten britischen Gewerkschaften. Doch die Rolle, die Tom Mann bei den Transport- und Hafenarbeiterstreiks im Jahr 1911 spielte, radikalisierte viele Arbeiter, die ungehalten über die im Parlament betriebene Politik und überzeugt waren, daß ihre Arbeitgeber niemals das ›Closed-shop-System‹ akzeptieren würden. Diese Streiks hatten zur Schaffung der ›Transport Workers Federation‹ geführt. In seiner 1912 verfaßten Kampfschrift ›The Miners' Next Step‹ drängte Mann darauf, auch eine landesweite Bergarbeitergewerkschaft ins Leben zu rufen. Diese den ganzen jeweiligen Industriezweig umfassenden Gewerkschaften würden dann zusammen für die Emanzipation der Arbeiterklasse mittels direkter Aktion arbeiten. Sobald das syndikalistische Ziel ganz erreicht sei, werde der Staat verschwinden, mit Ausnahme einer ›Zentralen Produktionsbehörde‹, die »mit einer statistischen Abteilung zur Feststellung der Bedürfnisse der Leute ihre Forderungen den verschiedenen Industriebereichen vortragen wird, wobei es den Arbeitern selbst überlassen bleibt, unter welchen Bedingungen und wie die Arbeit ausgeführt werden soll. Dies würde wirkliche Demokratie im wirklichen Leben bedeuten und wahres Mannes- und Frauentum herbeiführen. Jede andere Form der Demokratie sei ein trügerischer Fallstrick.«[16]

Im Gegensatz zu den Industriearbeitern benützten die Industriehandwerker Kollektivaktionen hauptsächlich, um damit gegen technische und organisatorische Veränderungen zu protestieren, die ihre Kompetenzen und ihren Arbeitsstatus zu schmälern drohten. In den frühen neunziger Jahren betrachteten britische Schiffbauer bestimmte Spezialarbeiten als »ihnen nach dem Gewohnheitsrecht zustehend«. In den Werften von Dundee beispielsweise streikten die Zimmerleute aus Protest gegen den Einsatz angelernter Arbeiter an einer Maschine, die sie für sich allein beanspruchten. In diesem Fall fand der Ausstand weder beim Exekutivkomitee ihrer eigenen Gewerkschaft noch bei sympathisierenden Arbeitern in anderen Gewerkschaften Unterstützung, so daß die Zimmerleute nachgeben mußten. Aber im Sommer 1895 startete die lokale Gewerkschaft der Glasarbeiter von Carmaux in Frankreich gegen den dortigen Fabrikbesitzer einen Streik, der den Höhepunkt eines fünfjährigen Ringens bildete, bei dem es um den beherrschenden Einfluß in der Fabrik selbst ging.[17] Die Gewerkschaft war gegründet worden, um die Umwandlung der handwerklichen Tätigkeit ihrer Mitglieder durch die Mechanisierung des Betriebs und die Beschäftigung angelernter Arbeitskräfte zur Bedienung der Maschinen zu verhindern.

Ein gewichtigeres Beispiel kollektiven Handelns gefährdeter Industriehandwerker war der Bierboykott, zu dem es im Sommer und Herbst 1894 in Berlin kam.[18] Dieses in der Geschichte der deutschen Arbeiterbewegung einzigartige Vorkommnis beleuchtet mehrere Aspekte der Protesthaltung der Arbeiter. Wie in anderen Handwerksberufen hatten Konzentration und Mechanisierung Brauergesellen für den Rest ihres Arbeitslebens zu Lohnempfängern gemacht und ihnen die Aussicht genommen, später eigenständige Braumeister zu werden. Die gleichen Faktoren bedrohten auch den Status der Meister selbst, die sich mit Erbitterung gegen die Beschäftigung ungelernter Arbeitskräfte in ihrem Gewerbe wandten. Den entscheidenden Schritt jedoch taten die ungelernten und angelernten Arbeiter. Ihre informellen Führungsgruppen führten den Protest gegen den Zwölf- bis Vierzehn-Stunden-Tag, die paternalistische Haltung ihrer Arbeitgeber und das Machtverhältnis Meister – Lehrling an, das nach ihrer Meinung angesichts ihres Dauerstatus als Lohnempfänger nicht mehr gerechtfertigt war. Der Streik, den sie am 1. Mai 1894 begannen, erzwang die Unterstützung der Braumeister. Schließlich stellten sich auch die sozialdemokratischen sowie die anderen Gewerkschaften in der Stadt hinter die Streikenden. Sie einigten sich darauf, an ihre Mitglieder zu appellieren, kein Bier mehr zu kaufen, das in den bestreikten Brauereien produziert wurde. Die Brauereibesitzer antworteten darauf mit der Aussperrung von zwanzig Prozent ihrer Belegschaften und einem Boykott der gewerkschaftlichen Arbeitsvermittlung. Sie erhielten auch Unterstützung von vielen Wirten, deren Umsatz wegen der Drosselung der Bierproduktion und der Weigerung Berliner Arbeiter sank, Wirtschaften aufzusuchen, die Bier aus den bestreikten Brauereien verkauften.

Der Berliner Bierboykott zog sich bis Weihnachten hin, als er schließlich beigelegt wurde. Die Streikenden wollten zunächst nicht auf jene sozialdemokratischen Führer, unter ihnen Bebel selbst, hören, die sie drängten, einen Kompromiß mit den Arbeitgebern auszuhandeln; sie nannten sie sogar Verräter. Für die Streikenden und diejenigen, die sie unterstützten, war der Boykott eine Kraftprobe zwischen zwei gesellschaftlichen Klassen. Sie konnten jedoch wirtschaftlich nicht endlos durchhalten. In dem Vergleich, der schließlich geschlossen wurde, erklärte sich die Arbeitgeberseite bereit, keine Arbeiter zu entlassen, die der Sozialdemokratischen Partei beitraten, und Arbeitskräfte durch die Vermittlung der Gewerkschaften einzustellen. Aber diese kleinen politischen Siege waren weniger von Belang als die Hebung des Klassenbewußtseins von Zehntausenden Berliner Arbeiter und der Zustrom zu den Gewerkschaften, den sie auslösten.

Um ungleich mehr ging es bei der Rebellion, die 1898 in Mailand ausbrach (Fatti di Maggio). Hinter ihr »lag eine Tradition von Straßendemonstrationen mit breiter Beteiligung verschiedener Berufsgruppen sowie eine Periode intensiver organisatorischer Aktivität, die sich auf die Arbeiter in den moderneren Industriezweigen konzentrierte, aber in die meisten Berufskategorien hineinreichte.«[19] Den Arbeitern, die sich an dieser Revolte beteiligten, ging es um das Recht, demonstrieren, sich zusammenschließen und am politischen Prozeß beteiligen zu können. Die Behörden betrachteten die Forderungen der Arbeiter als revolutionär und schickten Militär gegen sie vor, das den Blankoauftrag hatte zu feuern.

Am 6. Mai versammelte sich vor einer Polizeistation in Mailand eine Gruppe von Demonstranten und verlangte die Freilassung mehrerer Männer, die festgenommen worden waren, weil sie in einer Fabrik in der Nähe sozialistische Propagandaschriften verteilt hatten. Die Polizei eröffnete das Feuer auf die Demonstranten und tötete mehrere Arbeiter. Am nächsten Morgen breitete sich in den Industriebezirken der Stadt ein Streik aus, und die Arbeiter errichteten notdürftige Barrikaden, um sich gegen Angriffe des Militärs zu verteidigen. Bis zum Nachmittag des 7. Mai hatten die Unruhen die ganze Stadt erfaßt, worauf die Behörden den Belagerungszustand verhängten. Obwohl Turati und andere führende Sozialisten sich gegen die Gewalttaten der Arbeiter wandten und zu vermitteln versuchten, wurden sie zusammen mit tausendsiebenhundert echten und vermeintlichen Unruhestiftern verhaftet. Das Militär schlug unter dem Einsatz schwerer Artillerie und mehrerer tausend bewaffneter Soldaten bis zum 10. Mai die Rebellion nieder, wobei es Hunderte von Toten und Verletzten hinter sich zurückließ. Seit der Pariser Kommune 1871 hatte keine europäische Großstadt Massenagitation und staatliche Unterdrückungsmaßnahmen dieses Ausmaßes erlebt.

Anders als die ›Fati di Maggio‹ begann die ›tragische Woche‹ in Barcelona (26. bis 31. Juli 1909) als ein wohlgeplanter Generalstreik, der in Ausschreitungen des Mobs gegen die herrschende Ordnung ausartete.[20] Der Streik war ursprünglich als Protestaktion gegen den unpopulären Krieg gedacht, den Spanien in Marokko führte, und das dafür verantwortliche Kabinett. Begonnen wurde er von Metallarbeitern unter der Führung der Radikalen Partei, die damit rechneten, daß in anderen Teilen des Landes ähnliche Streiks ausbrechen würden. Zahlreiche Fabrikbesitzer und Ladeninhaber in der Region Barcelona schlossen ihre Betriebe, wodurch es zunächst den Anschein hatte, als unterstützten sie den

Arbeiterunruhen in der Straße Vittorio Emanuele in Mailand. Zeichnung von U. Ferrari

Generalstreik. Der Ausstand paralysierte die meisten Verkehrs- und Kommunikationsreinrichtungen, weshalb die Streikenden davon in Unkenntnis blieben, daß sie nirgends sonst im Land Unterstützung fanden. Am Nachmittag des 26. Juli zeigten erste Attacken auf Polizeistationen, daß die streikenden Arbeiter die Grenzen einer Antikriegsmanifestation überschritten. Diejenigen unter ihnen, die dem katalanischen anarchosyndikalistischen Gewerkschaftsverband, der ›Solidaridad Obrera‹, angehörten, wollten den Streik in eine Revolution umwandeln. Kurz nach Mitternacht setzten sie die erste katholische Schule in Brand. Sie betrachteten die philanthropischen Organisationen der Kirche, besonders wegen ihres Reichtums, als Symbole der herrschenden Ordnung, zu deren Sturz sie entschlossen waren. Aber die Politiker der Radikalen Partei waren nicht bereit, eine Revolution anzuführen, und die Bewegung verausgabte sich in den nächsten paar Tagen mit der Zerstörung von zwölf Kirchen, vierzig Klöstern und anderen geistlichen Institutionen.

Der ›große Oktoberstreik‹ in Rußland 1905 war das bedeutendste Beispiel, in dem die Protesthaltung der Arbeiterschaft im Vorkriegseuropa zum Ausdruck kam. Es war auch das erfolgreichste, denn es nötigte Zar Nikolaus II. zur Verkündung des Oktobermanifestes (17. Oktober alten Stils), das allen Russen die bürgerlichen Freiheiten und eine repräsentative, parlamentarisch verantwortliche Regierung gewährte. Keine andere Streikaktion oder Demonstration hatte politische Konsequenzen dieser Größenordnung. Die einzige andere politische Revolution in der hier betrachteten Periode war der Sturz der Monarchie in Portugal im Oktober 1910, aber sie vollzog sich ohne nennenswerte Beteiligung der Massen. Und obwohl viele russische Arbeiter stark an die Tradition gebunden waren, orientierten sie sich stärker am modernen Proletariat der marxistischen Theorie als die Arbeiterschaft in den entwickelten Ländern.

Wie war dies alles möglich? Die Revolution von 1905 war ein kompexes Geschehnis, das wir in anderen Aspekten weiter unten erörtern werden.[21] Die Streikaktionen in den russischen Städten waren am direktesten von dem unpopulären und erfolglosen Krieg gegen Japan und dem wachsenden Bewußtsein der Arbeiter beeinflußt, daß sie vom zaristischen Regime unterdrückt würden. Rußland war das einzige große Land, in dem Gewerkschaften, Streiks und jede andere Art kollektiver Aktion von seiten der Arbeiterschaft nach wie vor gesetzlich verboten waren. Damit blieb den Arbeitern keine legale Möglichkeit, Abhilfe für ihre Beschwerden zu suchen, die sie gegenüber ihren Unternehmern hatten. Trotzdem kam es in den Jahren 1903 und 1904 zu einigen Streiks, und die Regierung begann den Krieg gegen Japan zum Teil in der Absicht, von dieser inneren Unruhe abzulenken. Doch Anfang 1905 hatten die katastrophalen russischen Niederlagen das Prestige des Regimes derart geschwächt, daß illegale Oppositionsgruppen vielfältiger Art kühner wurden. Ein Streik in den Petersburger Putilow-Eisenwerken eskalierte binnen weniger Tage zu einer großen Demonstration vor dem Winterpalais. Am 9. Januar (dem ›blutigen Sonntag‹) drängten Tausende unbewaffneter Männer und Frauen, angeführt von einem volkstümlichen Popen, auf den Platz vor dem Palais, um dem Zaren eine Petition zu überreichen, in der politische Veränderungen als Einleitung zu einem wirtschaftlichen Wandel erbeten werden sollten. Als die Menge der Aufforderung, sich zu zerstreuen, nicht nachkam, feuerten die Wachen direkt in die Menschenmasse. Dramatischer als alles andere führte dieser blutige Unterdrückungsakt dem russischen Volk die brutale Ungerechtigkeit vor Augen, unter der es lebte.

Nach dem Blutigen Sonntag nahmen die Arbeiterstreiks an Ausmaß und Zahl zu. Neben Forderungen nach höheren Löhnen und besseren Arbeitsbedingungen wurden auch solche nach einer Einstellung des Krieges und der Einberufung einer verfassunggebenden Versammlung erhoben. Im Mai begann das Streikkomitee in St. Petersburg sich als Sowjet von Deputierten (Deputiertenrat) zu bezeichnen; es übernahm schon bald administrative Funktionen, organisierte zum Beispiel eine Arbeitermiliz und verbot den Geschäftsinhabern, die Preise zu erhöhen. Obwohl der Sowjet spontan entstand, entsprach er dem orthodoxen marxistischen Konzept eines revolutionären Organs, das schließlich der Zentralregierung die Macht entreißen werde. Im Juni griff auch die Unruhe auf dem Land um sich, während es zu einer umfangreichen Meuterei in der Flotte kam. Schließlich traten Anfang Oktober die Moskauer Eisenbahnarbeiter in den Ausstand, dem sich auch das Verwaltungs- und technische Personal anschloß. Dann riefen die verschiedenen politischen Organisationen liberaler und sozialistischer Richtung zu einem Generalstreik auf. Anders als bei anderen Generalstreiks in Europa schlossen sich dem in Rußland die Mittelschichten an, womit sie ihr Streben nach einem politischen Wandel unterstrichen. Studenten und Angehörige der Intelligenz waren die rührigsten Agitatoren, aber an dem Streik beteiligten sich auch Laden- und Büroangestellte, Lehrer, Ärzte, Anwälte, Apotheker und sogar Beamte. Opernsänger und Balletttänzer weigerten sich aufzutreten. Drucker verhinderten das Erscheinen von

Zeitungen. Krankenhäuser nahmen nur Notfälle auf. Alle öffentlichen Verkehrs- und Kommunikationseinrichtungen stellten ihren Betrieb ein. Innerhalb einer Woche erfaßte der Generalstreik eine Million Fabrikarbeiter, siebenhunderttausend Beschäftigte im Dienst der Eisenbahn, fünfzigtausend Staatsbedienstete und Zehntausende Akademiker, Studenten und Bürokräfte. In jeder großen Stadt verkündeten Sozialisten, Anarchisten und Liberale vor großen Zuhörermengen ihre Vorschläge zur Liquidierung des alten Regimes. Zur gleichen Zeit verwandelten sich Dutzende von städtischen Streikkomitees in Sowjets. Die meisten akzeptierten die Sozialisten als führende Gruppe, weniger wegen ihrer Ideologie als wegen ihrer taktischen Tatkraft.

Zwar nahm der Generalstreik mit der Verkündung des Oktobermanifestes ein Ende, doch die ernsteren revolutionären Wirren sollten erst noch kommen. In den Städten konnten die Gewerkschaften und die Sozialisten zahlreiche neue Mitglieder mobilisieren und forderten eine durchgreifende politische Umwälzung. Anfang Dezember rief der Moskauer Sowjet zu einem weiteren Generalsteik auf. Die Parolen lauteten: »Wir fordern eine verfassunggebende Versammlung! Es lebe die demokratische Republik! Es lebe der Kampf des Proletariats unter dem Banner der Russischen Sozialdemokratischen Arbeiterpartei!«

Der Streik begann in Moskau am 7. Dezember und in St. Petersburg

Streikende Arbeiter vor den Putilow-Werken in St. Petersburg 1905. Fotografie, 1905

am folgenden Tag; er erfaßte auch bald die anderen großen Städte des Russischen Reiches. Aber obwohl Erbitterung und Gewalttätigkeiten ein noch größeres Ausmaß annahmen, hatte er weniger Wirkung als der Ausstand im Oktober. Er fand weniger Unterstützung bei den Mittelschichten, und die Störungen, zu denen es im Verkehrs- und Kommunikationswesen kam, waren weniger umfassend.

Die Regierung erkannte, daß die verschiedenen Zentren der Streikbewegung nicht imstande waren, die Macht im Lande tatsächlich an sich zu reißen, und trat schließlich zur Gegenoffensive an. Am 15. Dezember setzte sie von St. Petersburg Elitetruppen nach Moskau in Marsch. Dort hielten im Stadtbezirk Presnya die Streikenden zwei Tage gegen Artilleriebeschuß und Gewehrfeuer aus, bis das Viertel in eine qualmende Wüstenei verwandelt war. Am 19. Dezember war jeder Widerstand in Moskau gebrochen; bei den Kämpfen waren tausend Zivilisten umgekommen, viele Tausende wurden verhaftet. Bald danach machte der Einsatz von Truppen auch den Streiks und Erhebungen in anderen Städten ein Ende. Zwar wurde von oben eine konstitutionelle Regierung gewährt, die Revolution aber noch einmal um zwölf Jahre verzögert.

Erhebungen der Landbevölkerung

Bauern wie Arbeiter rebellierten, wenn sie den Eindruck gewannen, die bestehende Ordnung sei unrechtmäßig. Zu umfangreichen Bauernrevolten kam es nur in jenen Gegenden Europas, wo es zuvor keine von den begüterten Oberschichten angeführte kommerzielle Revolution in der Landwirtschaft gegeben hatte und wo die noch vorhandenen traditionellen Erwartungen und Organisationsformen der Bauern neuen Belastungen ausgesetzt waren, die von der Welt jenseits ihrer Dörfer ausgingen.[22] Die grundbesitzenden Bauern Nordwesteuropas entwickelten sich schon im letzten Jahrzehnt des 19. Jahrhunderts zu modernen, selbständigen Landwirten. Sie waren nicht mehr in einem ausbeuterischen Verhältnis an die Oberschichten gebunden, sie hatten gelernt, die Produkte zu erzeugen, die der Markt verlangte, und manche übernahmen neue kooperative Formen der Vermarktung dieser Erzeugnisse. In den frühen Jahren nach 1900 schlossen sich die Weinbauern in Südfrankreich zu militanten Kollektivaktionen zusammen, um vom Staat finanzielle Unterstützung zu erlangen, und zur gleichen Zeit begannen in Italien Landarbeiter in der Po-Ebene sich Gewerkschaften anzuschließen, doch keine der beiden Gruppen strebte danach, die herrschende Ordnung umzustürzen. Auch in weiten Teilen Mitteleuropas war die Landwirtschaft kommerzialisiert worden und verschwanden nach und nach die traditionellen bäuerlichen Institutionen; hier kam es auch nicht zu Erhebungen der Landbevölkerung. Die großen Bauernaufstände während der von uns behandelten Periode fanden in Sizilien, Rußland und Rumänien statt.

Diese drei Erhebungen waren alle Handlungen des Protestes gegen Kräfte der Modernisierung, die sich überkommenen bäuerlichen Einstellungen zu Gerechtigkeit, Bodennutzung und Klassenbeziehungen entgegenstellten. In früheren Jahrhunderten waren die Bauern, wie sie sich an diesen drei Revolten beteiligten, scheinbar unempfindlich für die Geringschätzung Außenstehender gewesen. Nach außen hin hatten sie vor den Grundherren, Steuereinnehmern, Priestern und anderen hergebrachten Autoritäten gekatzbuckelt und befriedigendere menschliche Beziehungen in ihren vermeintlich unveränderlichen dörflichen Kulturen gefunden. Sie hatten gewußt, auf wieviel Ausbeutung sie sich einzustellen hatten, und hatten sich im ›Besitz‹ des Landes, das sie nutzen konnten, selbst wenn es nicht ihr Eigentum war, einigermaßen sicher gefühlt. Daher sahen sie in den neuen Forderungen kapitalistischer Unternehmer und staatlicher Beamter eine Bedrohung, die ihre ganze Lebensordnung untergrub. Ihre Empörung war mithin zugleich diffuser und elementarer als die der Arbeiter und der Frauen aus dem Bürgertum. Und da sie weniger Artikulationsfähigkeit besaßen und sich schwerer organisieren ließen, brachten sie ihre Protesthaltung gewalttätiger zum Ausdruck. Sobald ihre Erhebungen erst einmal in Gang gekommen waren, kamen manche Bauern zu der Überzeugung, daß die neue Ordnung jenseits ihrer Dörfer, wenn sie sie nicht in Frieden ließ, gestürzt werden müsse.

All diese emotionalen Ingredienzen waren an den Aufständen in Sizilien, Rußland und Rumänien beteiligt. In Sizilien und Rumänien war die überwältigende Mehrheit der bäuerlichen Bevölkerung gezwungen, kleine Bodenflächen mit instabilem Nutzungsrecht und steigendem Zins zu pachten. Selbst in Rußland, wo ein Großteil des Bodens in dörflichem Gemeinbesitz war, zwang der Bevölkerungsdruck zahlreiche Bauern, von den Verwaltern großer Privatgüter Land zu pachten und dies, wie sie es sahen, zu einem exorbitanten Pachtzins. In allen drei Regionen kam der Kapitalismus nicht durch adelige Grundbesitzer aufs Land, sondern in Gestalt dieser Gutsverwalter sowie, in Rumänien, von Großpächtern, die den Grund weiterverpachteten. Die Bauern hatten keine traditionellen Beziehungen zu ihnen oder zu den Zwischenhändlern, die ihre Erzeugnisse auf den Markt brachten. Der Groll, den sie gegen die Arroganz und Ausbeuterhaltung dieser Emporkömmlinge hegten, hatte sich seit mehreren Jahrzehnten angestaut und hin und wieder in lokalen Gewaltausbrüchen Luft gemacht. In Sizilien und Rumänien waren die Bauern auch aufgebracht, weil sich Leute, die ihrer Meinung nach kein Recht darauf hatten, Gemeindeland angeeignet hatten. In Rumänien und Rußland glaubten sie weniger Land erhalten zu haben, als die staatlichen Reformen der frühen sechziger Jahre des 19. Jahrhunderts ihnen in Aussicht gestellt hatten, und häufig konnten sie ihre Abzahlungsleistungen nicht erbringen, die sie dem Staat für diesen Grund schuldeten. Und schließlich fühlten sich alle diese Bauern von ihrer Regierung zu stark besteuert.

Die sizilianischen Bauern rebellierten 1893, die russischen 1905, die rumänischen 1907. Was diese Aufstände von früheren Protestaktionen der bäuerlichen Bevölkerung unterschied, war die umfassende Mobilisierung mit der Absicht, die Wirtschafts- und Sozialordnung durch politische Mittel zu verändern. In allen drei Fällen waren die treibenden Kräfte männliche Dörfler, deren Horizont sich während ihrer Militärdienstzeit geweitet hatte. Und in Sizilien und Rußland versuchten sozialistische Agitatoren, die aus der Außenwelt kamen, die Erhebungen in eine echte Revolution münden zu lassen.

Die bäuerlichen Rebellionen, die 1893 in Sizilien ausbrachen, waren Teil einer größeren Bewegung unter Führung neuer Organisationen, die ›Fasci‹ genannt wurden nach ihrem Zeichen, dem Rutenbündel der römischen Liktoren. Diese Bewegung nahm ihren Anfang am 2. Dezember 1892, als tausend Angehörige des Arbeiter-Fascio mit Parolen wie »Wo es keine Gleichheit gibt, ist die Freiheit ein Betrug« in den Straßen von Palermo demonstrierten. Die städtischen Fasci wurden nach dem Vorbild der französischen gewerkschaftlichen Arbeitsvermittlungen organisiert, die alle Berufsgruppen in einem bestimmten Ort umfaßten. Ihre Organisatoren gingen danach aufs flache Land, um Bauern und Landarbeiter für die Bewegung zu gewinnen. Viele Fasci gehörten nominell der Sozialistischen Partei an, waren aber autonome Organisationen. Sie hatten ihre eigenen Abzeichen (eine rote Kokarde mit einem weißen Knopf), Sicherheitsdienste, Musikkapellen und Versammlungssäle, viele auch eigene Genossenschaften.

Die Revolte der sizilianischen Fasci hatte ihre Bedeutung darin, daß

Fasci (süditalienische Agrarrevolutionäre) im Sturm auf den Amtssitz des Präfekten von Mazara del Valli auf Sizilien im Dezember 1893. Zeichnung, 1893

selbst diejenigen ihrer Mitglieder, die sich nicht zum Sozialismus oder Anarchismus bekannten, nicht länger bereit waren, sich mit ihrem von der Tradition verordneten Platz in der Sozialordnung Siziliens abzufinden. Nicht nur die städtische Arbeiterschaft, sondern auch die Bergleute und die Landarbeiter übernahmen die moderne Vorstellung, daß alle Menschen Rechte besitzen. Dazu kamen die kleinen bäuerlichen Grundbesitzer, die, hart bedrängt von der Wirtschaftskrise im Agrarbereich, zusätzlich Land bewirtschaften und als Entgelt einen Teil der Erträge an die Grundeigner abführen mußten. Sie haßten die Grundbesitzer und Gutsinspektoren, von denen sie wie Tiere behandelten. Ja, sie waren der Überzeugung, daß alle Autoritäten, die Priester häufig eingeschlossen, ihnen eine gerechte Behandlung verweigerten.

So konzentrierten sich die sozialistischen Führer der Fasci auf die nichtideologischen Forderungen der sizilianischen Massen. Sie stellten sich hinter das Verlangen der Landarbeiter und Kleinbauern nach besseren Arbeitsverträgen mit ihren Brotgebern und Grundherren, statt die Sozialisierung des Grundeigentums als Endziel zu fordern. Auch in den Städten unterstützten die Fasci die Forderungen der Arbeiter, wie das Verlangen nach höheren Löhnen und dem Achtstundentag.

Von der Militanz der Arbeiter und Bauern ermutigt, begannen Handwerker, kleine Grund- und Ladenbesitzer und andere Gruppen aus dem Kleinbürgertum gegen die drückenden Verbrauchssteuern zu agitieren. Diese Art des Protestes war, im Unterschied zu den organisierten Streiks, nicht neu. Doch Elemente im Dienst der Mafia, namentlich unter der Landgendarmerie, reizten zu Gewalttaten gegen staatliche Behörden und Steuerämter auf, um einen Anlaß zu schaffen, die Unruhen mit Gewalt zu unterdrücken. Die Fasci hatten große Schwierigkeiten, diese Anti-Steuer-Bewegung im Zaum zu halten, und in den letzten Monaten des Jahres 1893 nahmen gewalttätige Demonstrationen gegen die Lokalbehörden zu. Die bedeutendste Protestdemonstration fand am 24. Dezember in Corleone statt, bei der der Führer des örtlichen Fascio viertausend Demonstranten aufrief, die Zahlung sämtlicher lokaler Steuern zu verweigern, bis die Zentralregierung in Rom Fälle von Schiebungen und Ungerechtigkeiten untersuche, zu denen es bei ihrer Einhebung gekommen war. Die Versammlung in Corleone löste sich ohne einen Zwischenfall auf, doch bei anderen Demonstrationen kam es zu Gewalttätigkeiten. Am 10. Oktober endete eine Protestdemonstration in Syrakus mit der Erstürmung und Plünderung des Rathauses. In anderen Orten feuerten die Polizisten des Bürgermeisters auf die Menge, worauf einige der Demonstranten, als sie ihre Kameraden fallen sahen, die verhaßten Dorfautoritäten attackierten. In einem Fall töteten sie sowohl den Bürgermeister als auch seine Frau, die während der Demonstrationen aus einem Fenster Wasser auf sie geschüttet hatte.

Die Krawalle der Steuerverweigerer am Ende des Jahres 1893 waren der Höhepunkt der Revolte der sizilianischen Fasci. Bei manchen Demonstrationen führten die Leute Porträts des Königspaares mit und riefen »Hoch lebe der König!« und »Herunter mit den Steuern!« Diese Treue zur Krone mag ›primitiv‹ erscheinen (sie war auch in Rußland weit verbreitet), aber die Aufrührer selbst waren modern in der Art, wie sie sich mobilisieren ließen, und in ihren politischen Zielen. Die Objekte, gegen die ihr Haß sich vor allem wandte, waren der Bürgermeister des betreffenden Ortes, seine Gendarmen und anderen Gehilfen, denen die Bürger vorwarfen, sie schüchterten die Bevölkerung ein und begünstigten sich bei der Steuererhebung selbst. Alle diese Demonstrationen und Unruhen – ob von den Fasci organisiert oder spontaner Natur – verfolgten das Ziel, Druck auf die Lokalbehörden auszuüben, um diese zur Abstellung von Mißständen zu veranlassen. Sie waren nicht die Revolution, die die Politiker wollten und die die besitzenden Klassen fürchteten, aber sie setzten eine umfangreiche Gegenoffensive der römischen Zentralregierung in Gang.

Die Gegenoffensive begann im Sommer 1893. Zu jener Zeit wies Giolitti, damals Innenminister, seine Präfekten an, gegen jene Fasci zu ermitteln, der Personen, die wegen illegaler Handlungen verurteilt worden waren, sowie Mafiosi der unteren Ränge angehörten. Als die diesbezüglichen Berichte eine zu geringe Beteiligung solcher Elemente ergaben, um die Auflösung der Fasci zu rechtfertigen, griffen Repräsentanten der Zentralregierung zu Einschüchterungsmaßnahmen und entließen Beamte in den Lokalverwaltungen, die insgeheim einem Fascio angehörten und sich weigerten, aus ihm auszutreten. Im Oktober begannen sie auch nach möglichen subversiven Kontakten zwischen den Fasci und Frankreich zu fahnden und Truppen in einige Gegenden der Insel zu verlegen, die die Ordnung aufrechterhalten sollten. Im übrigen Italien bestand die Gegenoffensive gegen die Fasci im wesentlichen in einer Mobilisierung der öffentlichen Meinung in Bürgertum und Oberschicht, die um die Furcht vor einer Revolution kreiste.

Die stärker ideologisch orientierten Führer der sizilischen Fasci erwogen zweifellos eine Massenerhebung als bestes Mittel nicht nur zum eigenen Schutz gegen staatliche Einschüchterung, sondern auch zur Herbeiführung einer Revolution. Andere waren unschlüssig und wollten die Revolution hinausschieben, bis die Fasci-Bewegung sich im übrigen Italien genügend ausgebreitet hatte. Anfang Januar 1894 schien de Felice dann bereit, eine Revolution in Gang zu setzen, aber die Sozialisten wollten nicht mittun. Statt dessen trafen sich die Mitglieder des Zentralkomitees der sizilianischen Fasci auf einer geheimen Zusammenkunft in Palermo und schickten eine Petition nach Rom, die ihre sämtlichen Forderungen enthielt. Darin wurde die bestehende Ordnung schärfstens abgelehnt und verlangt, daß die Bourgeoisie mit ihren brutalen Unterdrükkungsmaßnahmen aufhöre und die Bedürfnisse der Armen erfülle. Auch strukturelle Veränderungen der Grundbesitzverhältnisse wurden gefordert.

Ministerpräsident Crispi beantwortete diese Herausforderung mit der Verhängung des Kriegsrechts und Massenverhaftungen. Am 3. Januar 1894 wurden weitere vierzigtausend Soldaten nach Sizilien in Marsch gesetzt, um für die Durchführung des Dekrets über das Kriegsrecht zu sorgen. Mit einer Verordnung vom 11. Januar wurden die Behörden ermächtigt, alle Personen, die von der Polizei verwarnt worden waren, sowie übelbeleumdete Elemente zu verhaften. Von diesen beiden Kategorien allein wurden fast zweitausend Personen festgenommen. Die Verhängung des Kriegsrechts wurde auch dazu genutzt, sämtliche öffentlichen Versammlungen zu verbieten, alle Fasci für aufgelöst zu erklären und die Mitglieder des Zentralkomitees wegen Verschwörung und Aufhetzung zum Bürgerkrieg vor Gericht zu stellen. Sie wurden sämtlich schuldig gesprochen und zu langen Gefängnisstrafen verurteilt.

Obwohl die Fasci mit diesen Methoden erfolgreich unterdrückt werden konnten, war es ihnen zum erstenmal gelungen, die mißhandelten sizilianischen Massen, besonders die Bauern im rückständigen Innern der Insel, zu mobilisieren. Die sozialistische Presse in anderen europäischen Ländern feierte die Fasci als die erste Massenbewegung des italienischen Proletariats. Doch die Fasci in Sizilien waren nicht so revolutionär wie die bäuerlichen Sozialisten und Anarchisten, die 1905 die ländlichen Massen Rußlands zu mobilisieren versuchten.

Die radikale Protestbewegung in den russischen Städten löste im Sommer 1905 Unruhen in den ländlichen Regionen der baltischen Provinzen aus, und im russischen Herzland unternahmen die in dieser Sache engagierten politischen Gruppen ihren ersten Versuch, mit der Gründung eines Bundes die Bauern zu mobilisieren. Die wachsende Zahl seiner Sektionen ließ, wie bei den sizilianischen Fasci, darauf schließen, daß Teile der Bauernschaft bereit waren, ihren traditionellen Konservativismus abzulegen und als organisierte politische Gruppe tätig zu werden. Doch im Unterschied zu den Fasci wurde die zentrale Führung des Bauernbundes von Liberalen beherrscht, denen es mehr um politische Reformen als um eine Wandlung der Wirtschafts- und Sozialstrukturen zu tun war. In Italien waren in der Verfassung bereits repräsentative Regierung und die bürgerlichen Rechte festgelegt, die Rußland noch nicht hatte, und der Führung des Bauernbundes in Moskau gelang es bald, Bauernversammlungen in den Provinzen zur Annahme von Petitionen zu bewegen, in denen derartige Reformen gefordert wurden. Sie befürwortete auch die Verstaatlichung privater Großgüter mit partieller Entschädigung der Eigentümer; die Details sollte eine verfassunggebende Versammlung festlegen. Doch die bäuerlichen Petitionen waren häufig durch akutere Forderungen nach mehr Land zur Bewirtschaftung und der Beseitigung drückender Steuern ergänzt.

Die Zentralführung sah zwar im Bauernbund keine revolutionäre Organisation, lokale Führer jedoch betrachteten ihn durchaus als eine solche. Wie in Sizilien und in Rumänien waren manche dieser lokalen Bauernbundführer junge Männer, deren Weltsicht beim Militär einen breiteren Horizont gewonnen hatte. In Rußland aber war dieser Eindruck besonders lebendig bei den bäuerlichen Soldaten und Matrosen, die gerade aus dem Russisch-Japanischen Krieg zurückkehrten. Manche brachten revolutionäres Propagandagut mit, das sie aufgeschnappt hatten, andere berichteten vom Desaster der russischen Armee und verstärkten damit die schon vorhandene Unzufriedenheit. Eine weitere Rekrutierungsquelle waren für die lokalen Führungsgruppen des Bauernbundes die rückkehrenden Arbeiter bäuerlicher Abkunft. Ein starker Prozentsatz der städtischen Arbeiter in Rußland verbrachte alljährlich einige Zeit in seinen Heimatdörfern. Zwar hatten sie sich vor 1905 nur schwer in die städtische Arbeiterklasse eingliedern lassen, aber die Streiks und Unruhen während dieses Jahres hatten ihr soziales Bewußtsein gestärkt. So trugen sie dazu bei, während der Sommer- und Herbstmonate dieses Jahres Ideen und Denkhaltungen aus der Stadt aufs Land zu bringen.[23]

Berufsagitatoren auf dem Land wollten den Bauernbund in eine revolutionäre Organisation umwandeln. Dies galt vor allem für das Donkosaken-Gebiet und das Gouvernement Saratow, wo bereits während des Sommers die Sozialrevolutionäre wichtige Positionen in der formalen Führung errungen hatten. Schon im Herbst ging über die Hälfte der Distrikte im südlichen und zentralen europäischen Rußland eine Welle von Bauernrevolten hinweg, bei denen auch Gutshäuser niedergebrannt und Gutsbesitzer ermordet wurden. In ihrem Eifer, Vergeltung zu üben, trugen die Bauern von Gut zu Gut den Ruf »Der rote Hahn kräht!«, während die Provinzgouverneure händeringend um Truppenverstärkungen baten, um der Rebellion Herr zu werden. Anarchisten gelang es bisweilen, die Bauern anzustiften, ihre Unabhängigkeit von jeder übergeordneten, organisierten Autorität zu fordern.

Die Streiks in den Städten, der Erlaß des Oktobermanifestes und die Unfähigkeit der Regierung, dem Aufruhr der Bauern ein Ende zu bereiten, machten diese zu einer aggressiveren politischen Streitmacht, als es die Bauern in den sizilischen Fasci waren. Schon im November zählte der Bauernbund in sechsundzwanzig Gouvernements insgesamt mehr als zweihunderttausend Mitglieder, und der Radikalismus der Bauern zwang seinen Zweiten Kongreß, die Forderung nach sofortiger, entschädigungsloser Übertragung des Grundbesitzes zu erheben. Zugleich ließen Gerüchte, daß dies Ziel möglicherweise schon in greifbarer Nähe sei, die Zahl der von den Bauern selbst begangenen Gewaltakte stark ansteigen.

Doch die Revolten auf dem Land waren nicht mit dem Generalstreik koordiniert, zu dem es im Dezember in den Städten gekommen war, und als dieser Ausstand gebrochen war, konnte die Regierung mit aller Macht an die ›Befriedung‹ des flachen Landes gehen. Dies ging im typischen Fall so vor sich, daß plötzlich Militär in ein Dorf einrückte, die Bewohner zusammentrieb und von ihnen verlangte, bekannte Unruhestifter auszuliefern. Wenn die Dörfler sich weigerten, schleppten Kosaken die Verdächtigen auf den Dorfplatz und prügelten sie mit Peitschenhieben. Anschließend wurden die Dorfbewohner gezwungen, die Verbannung der angeblich Schuldigen nach Sibirien zu verlangen. Leisteten die Bauern Widerstand, wurden sie auf besonders brutale und erniedrigende Weise bestraft. Man brannte viele ihrer Behausungen nieder, befahl ihnen, auf die Knie zu sinken und um Gnade zu betteln. Mittels solcher Methoden gewann die Regierung bis zum Jahresanfang in den sechs Gouvernements, wo sie angewandt wurden, die Oberhand. Die Befriedung der übrigen Gebiete im Russischen Reich nahm viel längere Zeit in Anspruch, beseitigte aber natürlich nicht die Ursachen der Unzufriedenheit unter der Landbevölkerung.

Die sozialen und wirtschaftlichen Verhältnisse in Rumänien waren denen in Rußland ähnlich. Das Land hatte zwar eine liberale Verfassung, wurde aber noch weitaus stärker als das zaristische Rußland von den adeligen Grundbesitzern beherrscht. Die Befreiung der rumänischen Bauern, 1864, war auf ähnliche Weise wie die in Rußland drei Jahre vorher durchgeführt worden. In beiden Fällen wurde den Bauern die Möglichkeit gegeben, einen Teil des Grundbesitzes ihrer ehemaligen Herren durch langfristige Ablösungszahlungen zu erwerben, aber sie mußten weiteren Grund dazupachten, um ihre Familien ernähren zu können. In Rumänien kam hinzu, daß Gemeindeland, Wälder und Weiden von den neuen kapitalistischen Grundbesitzern in ihren Besitz gebracht wurden, die auch Neuland kultivierten, je mehr der westeuropäische Absatzmarkt für ihre Weizenproduktion wuchs. Während die Bewegungsfreiheit der Bauern in Rußland durch ihre Verpflichtungen gegenüber der Dorfgemeinde begrenzt war, weigerten sich die rumänischen, landwirtschaftliche Wanderarbeiter zu werden, und in den vorindustriellen Städten des Landes gab es keine Arbeit für sie. Sie klammerten sich zäh an ihrem winzigen Grundbesitz fest.

Weder in Rußland noch in Rumänien förderte die Aufhebung der Leibeigenschaft die Entwicklung kleiner moderner Landwirtschaftsbetriebe nach westeuropäischem Vorbild oder von Großbetrieben auf der

Basis von Lohnarbeit wie in Großbritannien oder Preußen. Statt dessen schuf sie ein chronisch landhungriges Kleinbauerntum, zu arm und unwissend, um moderne Agrartechniken zu übernehmen, und voll Groll gegen die Großgrundbesitzer und ihre Beauftragten, die sie ausbeuteten und erniedrigten. Sogar noch stärker als in Rußland veranlaßte der kapitalistische Getreidemarkt die rumänischen Grundherren und Großpächter, den Pachtzins für Land zu erhöhen, auf dem Getreide für den Export produziert wurde, wodurch sie bei den Bauern den Eindruck verstärkten, daß ihnen ungerechterweise Grund vorenthalten würde. (Zu Beginn des Ersten Weltkrieges war das kleine Rumänien das viertgrößte Getreideausfuhrland der Welt.)

Dieser Gegensatz zwischen einer neuen, marktorientierten Landwirtschaft, gestützt von einer Regierung, die vom Großgrundbesitz beherrscht wurde, und den traditionellen bäuerlichen Organisationsformen und Erwartungen hinsichtlich der Bodennutzung erklärt die gewalttätige und blutige Bauernrebellion vom März 1907. Sie begann im Norden der Moldau, wo sie sich gegen bestimmte jüdische Gutsverwalter richtete, breitete sich jedoch rasch auf andere Landesteile aus und wandte sich gegen alle Großpächter und nicht auf dem Lande lebenden Grundbesitzer. Zu den größten Gewalttätigkeiten kam es in der südlichen Mitte der Walachei, wo der Antisemitismus keine große Rolle spielte und der Zusammenprall zwischen der kapitalistisch betriebenen Landwirtschaft und den bäuerlichen Traditionen besonders scharf war.

Anders als bei den Erhebungen in Sizilien und Rußland stieß die Revolte in Rumänien auf die Ablehnung der Sozialisten. Die schwache sozialistische Partei des Landes warnte die Bauern vor Revolten, weil diese nur den Grundbesitzern nützten, die Bauern nur noch mehr schwächten und herabdrückten. Erhebungen brächten den Bauern keine Erlösung, Gewalttaten und Plünderungen keine dauerhafte Besserung ihrer Lage, sondern sie müßten danach streben, die politische Macht der Grundbesitzer und Pächter zu zerstören.[24] Soweit die Bauern bei ihrer Mobilisierung überhaupt Hilfe erhielten, kam sie von angesehenen Leuten aus dem Dorf: ehemaligen Feldwebeln, Büroschreibern und Lehrern.

Die rumänische Bauernerhebung wurde viel rascher niedergeschlagen als die in Rußland. Die Regierung hatte es daneben nicht auch mit Streiks in den Städten oder gar mit einer politischen Revolution zu tun, und es bestand auch nicht das Problem, nach einem verlorenen Krieg demoralisiertes Militär in weit entfernte Gegenden zu verlegen. Die rumänische Armee brauchte weniger als einen Monat, um die Ordnung auf dem flachen Land wiederherzustellen. Sie übte ungleich schärfere Vergeltung als das Regime in Rußland: Während der kurzen, aber gründlichen Befriedung wurden mehr als elftausend Bauern getötet.

Die Frauenbewegung

Im Gegensatz zu der Unruhe unter den Bauern und in der Arbeiterschaft konzentrierte sich der radikale Protest der Frauenbewegung auf die hochzivilisierten Länder. In der ungewöhnlichen Militanz der Suffragetten[25] in Großbritannien während der ersten Jahre nach 1900 drückte sich zum Teil die Persönlichkeit ihrer Führerinnen aus, doch kam noch mehr hinzu. England war das am stärksten industrialisierte und urbanisierte Land Europas; es hatte auch den höchsten Lebensstandard und die am stärksten eingewurzelte Tradition des Eintretens für bürgerliche und politische Freiheiten. Der Kontrast zwischen diesen Erfüllungen, die die Modernität brachte, und der fortdauernden Unterdrückung der Frau als Frau wurde von allen englischen Feministen als besonders unerträglich empfunden. Doch allenthalben nahm der Protest der Frauenrechtlerinnen seinen Ausgang vom Bewußtsein dieses Gegensatzes. Sie empfanden weder die Feindseligkeit der Bauern noch die zwiespältigen

Revolutionäre Sozialistinnen: Clara Zetkin und Rosa Luxemburg. Fotografie, 1910

Gefühle der Arbeiter gegenüber der Modernisierung. Sie beschwerten sich vor allem darüber, daß der Wandel ihres Status in der Gesellschaft und ihrer Rollen nicht rasch genug vor sich gehe.

Doch selbst in den modernsten Staaten konnte der Feminismus nur eine kleine Minderheit der Frauen für sich gewinnen. Von einigen hervortretenden Ausnahmen abgesehen, beteiligten sich die Frauen der Aristokratie nicht an Bewegungen, die sich auf gesellschaftliche Reformen oder Rechte für Frauen richteten; ihr philanthropisches Wirken war ein Ausdruck von ›Noblesse oblige‹ und hatte kaum etwas mit feministischen Forderungen zu tun. Viele junge Frauen vom Land verließen ihre Heimat, um in den Städten Arbeit und ein freieres Leben zu suchen, doch die, die auf den Bauernhöfen zurückblieben, waren sich ihrer relativen Unfreiheit nicht bewußt. Die meisten Frauen der städtischen Unterschicht arbeiteten bis zur Heirat und viele auch noch danach, vor allem zur Ergänzung des Lohnes, den der Mann nach Hause brachte, zuweilen aber auch, um aus dem Haus zu kommen. Im allgemeinen versuchten die Arbeiterinnen nicht, um männliche Arbeitsplätze zu konkurrieren oder für gleiche Arbeit gleichen Lohn zu verlangen, doch eine wachsende Minderheit entwickelte die Bereitschaft, sich Gewerkschaften anzuschließen und für eine wirtschaftliche Besserstellung zu strei-

Suffragetten bei dem Versuch, im Buckingham Palace in London eine Petition zu überreichen. Fotografie, 1906

ken. Zwar spielten ein paar Frauen aus der Arbeiterklasse eine prominente Rolle in der Frauenbewegung, in dieser fanden jedoch vor allem die Unzufriedenheitsgefühle ichbewußter Frauen aus der Mittelschicht Ausdruck. Die bürgerliche Note der Bewegung war denn auch der Grund, warum revolutionärer gesinnte Sozialistinnen sie ablehnten. Rosa Luxemburg, Clara Zetkin und Angelica Balabanoff vertraten die Ansicht, daß die Frauen der Arbeiterklasse ihren sozialen, politischen und ökonomischen Status nur durch die große Revolution, nicht aber durch Reformen, die dem männlichen Bürgertum mühsam abgerungen werden mußten, verbessern könnten.

In ihrem Buch über die deutsche und skandinavische Frauenbewegung vor 1914 hat Katharine Susan Anthony die moralische Einstellung der Bewegung in allen Ländern beschrieben: »Der Grundgedanke des Feminismus . . . ist die Emanzipation der Frau als Persönlichkeit. Der Kampf um das Ichbewußtsein ist die Essenz der feministischen Bewegung.«[26] Das Ziel, das sie verfolge, sei die Wiederherstellung der weiblichen Selbstachtung.

Die Feministen predigten, daß die Frauen als Individuen ihren Wunsch nach Freiheit nur in der Erlangung der Gleichheit für ihr ganzes Geschlecht verwirklichen könnten. Sie forderten die gleichen Rechte, die die Männer in ihrer Lebensführung, ihrer persönlichen Freiheit und hinsichtlich des Eigentums genossen. Im Unterschied zu den radikalen Wortführern der Arbeiterschaft oder der Bauern trat die Frauenbewegung nicht für den Sturz der bestehenden Ordnung ein, sondern vielmehr für die Besserstellung aller Frauen als Frauen mittels rechtlicher Reformen und veränderter Denkhaltungen. Doch was sie wollten, lief angesichts der verinnerlichten Normen der meisten Europäer – Männer wie Frauen – auf eine Kulturrevolution hinaus. Und daß sie diese Normen in Frage stellten, löste eine weit emotionalere Reaktion aus als die Forderungen der meisten Sozialisten.

Vielen Feministen ging es mehr um die Befreiung von den sozialen und kulturellen Fesseln der Tradition als um das Frauenstimmrecht. Den Hauptantrieb für dieses Anliegen lieferte der wachsende Frauenüberschuß. Zu Beginn des 20. Jahrhunderts gab es in England und Wales über eine Million mehr Frauen als Männer; in Deutschland betrug die Zahl achthunderttausend, in Österreich-Ungarn sechshunderttausend, und in den vier skandinavischen Staaten waren es dreihunderttausend. Zwar hatte vielleicht ein Drittel dieses Frauenüberschusses noch nicht das übliche Heiratsalter erreicht, doch die Mehrheit bestand aus unfrei-

Deputation der ›Women's Social and Political Union‹ in London: von links Constance Lytton, Annie Kenney, Pethick Lawerence, Christabel Pankhurst, Sylvia Pankhurst. Fotografie, 1911

willig Ledigen und Witwen. Für unverheiratete Frauen gab es in den traditionellen bäuerlichen Haushalten immer produktive Arbeit zu tun, und Frauen aus der Arbeiterklasse konnten gewöhnlich Beschäftigung in Fabriken oder als Dienstboten finden. Die unverheirateten Frauen aus der Bürgerschicht waren es, die am dringendsten eine Betätigung für ihre Energien brauchten, die auch lohnend war. Gerade für sie aber waren diese Möglichkeiten am stärksten begrenzt. Deshalb ging ihr Kampf zunächst darum, als Lehrkräfte an den Schulen und in akademischen Berufen zugelassen zu werden, die traditionsgemäß Männern vorbehalten waren.

Zäher Widerstand stellte sich diesen Bestrebungen entgegen. Bürgerliche Eltern argumentierten, ein Mädchen, das studiere, werde die Haare verlieren und seine Figur verderben. Konservative Geistliche behaupteten, der Umgang mit Büchern und Ideen korrumpiere die weibliche Unschuld. Angesehene Publizisten verkündeten, das Gehirn der Frau sei nicht imstande, logisch zu denken. Für die gutbürgerliche Gesellschaft in allen Ländern war schon die pure Vorstellung weiblicher Ärzte, Anwälte und Amtspersonen ein Skandal. Eine Dame hatte passiv und schön zu sein; und selbst wenn sie weder das eine noch das andere war, wartete auf sie die Bestimmung als Sexualobjekt in einer vom Mann beherrschten Welt. Einer unverheirateten Dame, die sich selbst ernähren mußte, durfte allenfalls gestattet werden, sich um Kinder zu kümmern, als Erzieherin oder Lehrerin. Doch die Vorstellung einer weiblichen Lehrkraft an einer höheren Schule – geschweige denn an einer Universität – galt als eine monströse Idee.

Diesen vielfältigen Widerständen zum Trotz, erzielten männliche und weibliche Feministen bei der Öffnung bestimmter Schulen und Berufslaufbahnen für Frauen bemerkenswerte, wenn auch begrenzte Geländegewinne.[27] Im letzten Drittel des 19. Jahrhunderts wurden in den meisten Ländern zwar höhere Schulen für Mädchen eingerichtet, doch an den meisten erhielten die Schülerinnen nicht die notwendige Vorbereitung für den Zugang zu den Universitäten. In Frankreich wurde den Absolventinnen dieser Schulen für höhere Töchter nur ein Zeugnis, nicht aber das staatliche ›Baccalauréat‹-Diplom ausgehändigt. Die preußische Regierung erließ erst 1908 ein Gesetz zur Umgestaltung und Aufwertung der Mädchenoberschulen, auf getrennter, doch gleicher Basis. Mit diesem Gesetz wurden auch Frauen zu den Universitäten zugelassen, zu gleichen Bedingungen wie Männer – drei Jahrzehnte später als in England und der Schweiz. Die Gymnasien in Dänemark öffneten 1903 weiblichen Schülern ihre Pforten, doch noch zehn Jahre später war die Zahl der Aufgenommenen klein und die Koedukation in Kopenhagen und den größeren Provinzstädten weiterhin die Ausnahme. Die Niederlande hatten den höchsten Anteil von Mädchen an Schulen, wo beide Geschlechter zusammen unterrichtet wurden, und von Studentinnen an den Universitäten. Das Recht von Frauen, den ärztlichen Beruf zu ergreifen, wurde in England und Rußland zum erstenmal in den achtziger Jahren, in Deutschland, Frankreich und der Schweiz im folgenden Jahrzehnt und in Schweden während der ersten Dekade des 20. Jahrhunderts anerkannt. Die juristischen Berufe hingegen blieben in den meisten Ländern Frauen verschlossen. (Dänemark und die Niederlande bildeten bemerkenswerte Ausnahmen.) Noch im Jahr 1911 wurden bei der Volkszählung in England und Wales keine weiblichen Anwälte und Ingenieure und nur neunzehn Buchhalterinnen registriert. Kinderpflege, Volksschulunterricht und Büroarbeit waren die wichtigsten Berufswege, die unverheirateten Frauen aus der Mittelschicht und dem Kleinbürgertum ohne Einschränkungen offenstanden. 1911 gab es in England und Wales hundertsiebzehntausend weibliche Bürokräfte, aber nur vierhundertsiebenundsiebzig Ärztinnen.

Sobald neben der Ehe alternative Formen der Lebensgestaltung für Frauen bestanden, konzentrierte sich der Kampf der Feministen gegen die gesellschaftlichen und kulturellen Beschränkungen der Tradition auf die Institution der Ehe selbst. Die Married Women's Property Acts von 1882 und 1893 verbesserten die wirtschaftliche Position der Frauen in Großbritannien, und auch in Deutschland und Schweden errangen die verheirateten Frauen einige Eigentumsrechte. Für die Frauen in Frankreich, Belgien, Italien und Spanien hingegen gab es keinen solchen Schutz, da diese Staaten nach dem Code Napoléon verfuhren. Die Frage der Scheidung setzte mehr Emotionen in Gang als das Problem der Eigentumsrechte, besonders wenn Feministen sie auf der Basis der neuen Moral zu rechtfertigen suchten. Elaine Key, die führende schwedische Vorkämpferin für die Freiheit des Individuums, erklärte zwar, daß die monogame Gattenbindung nach wie vor das höchste Ideal der Ehe bilde, daß sie jedoch unmoralisch sei, wenn einer der Partner sie als bedrükkend empfinde.[28] Im letzten Jahrzehnt vor dem Ersten Weltkrieg wurde diese radikale Idee nur in Schweden und Norwegen in die Praxis umgesetzt und die Scheidung bei beiderseitiger Zustimmung ermöglicht. In den meisten anderen protestantischen Staaten, einschließlich Großbritanniens, konnte allein der Ehemann auf Scheidung klagen, und auch das nur, wenn er zu beweisen vermochte, daß seine Frau die Ehe gebrochen hatte. So behauptete sich die Doppelmoral weiter, genauso wie in den katholischen Ländern.

Die radikalste feministische Kampagne gegen traditionelle gesellschaftliche und kulturelle Beschränkungen betraf den Schutz lediger Mütter – für den sich besonders in Deutschland der ›Bund für Mutterschutz‹ einsetzte. Auch in diesem Fall ging die Anregung von Elaine Key aus, deren Buch ›Über Liebe und Ehe‹ 1904 in Deutschland erschien. Nach ihrer Version der neuen Moral sollten die unverheiratete Mutter und ihr Kind nicht durch erzwungene Trennung und das Stigma der Illegitimität bestraft werden.

Ein Nebensproß dieser Aktivitäten war eine Kampagne für die Einführung einer einheitlichen Anrede für alle Frauen. Die Einheitsanrede, ursprünglich zum Schutz lediger Mütter gedacht, entwickelte sich rasch zum Symbol der umfassenderen feministischen Forderung nach rechtlicher Gleichstellung der Frau mit dem Mann.

Die Frauenbewegung in Deutschland war eine der vielfältigsten und aktivsten in Europa.[29] Unter dem Dach des ›Bundes deutscher Frauenvereine‹ waren konfessionelle Frauenbünde, Organisationen antiklerikaler Feministen, sozialistische Frauengruppen und Kämpferinnen für das Frauenstimmrecht vereint. 1905 gab die größte dieser Gruppen, der ›Allgemeine deutsche Frauenverein‹, ihre Mindestforderungen bekannt: 1. gleiche Erziehung und Bildung, 2. gleiche Bezahlung für gleiche Arbeit, 3. Verantwortungsgleichheit in der Ehe und 4. gleichberechtigte Beteiligung an allen Aspekten des öffentlichen Lebens unter Einschluß der Politik. (In den meisten Staaten des Deutschen Reiches war bis 1908 Frauen wie Jugendlichen die Zugehörigkeit zu politischen Organisationen untersagt.) Alice Salomon rief drei Jahre später die erste Schule für Sozialhelferinnen ins Leben und widmete sich fortan der Aufgabe, den Status benachteiligter Frauen in Deutschland zu heben. Die deutschen Frauenrechtlerinnen bahnten auch den Weg für den Aufstand gegen die konventionelle weibliche Kleidung, insbesondere das Korsett. Wie sechzig Jahre später der Büstenhalter, wurde damals das Korsett zum Symbol der Traditionsfesseln, aus denen die Frauen befreit werden sollten.

Die bürgerlichen Frauenrechtlerinnen in mehreren Ländern[30] nahmen sich zwar der Rechte lediger Mütter an, waren aber in der Frage der Prostitution uneins. Eine Minderheit sah in den weiblichen Prostituierten Opfer männlicher Lasterhaftigkeit und versuchte sie gegen grobe Verletzungen ihrer bürgerlichen Rechte durch Zuhälter und Polizei in Schutz zu nehmen. Eine größere Gruppe unter den Frauenrechtlerinnen wandte sich gegen die Registrierung und ärztliche Untersuchung von Prostituierten, weil sie darin eine legale Sanktionierung der Doppelmoral sah. Die meisten Frauenrechtlerinnen betrachteten die Prostitution als ein Übel an sich und kämpften für ihr gesetzliches Verbot. Diejenigen von sozialistischer Einstellung vertraten den Standpunkt, eine ökonomische Ordnung mit mehr Recht und Billigkeit werde den Zwang beseitigen, daß Frauen ihren Körper verkaufen müßten. Bürgerliche Frauenrechtlerinnen, die am Kapitalismus festhielten, waren zu sehr im traditionellen Moraldenken befangen, als daß sie imstande gewesen wären, die Prostituierte als eine selbständige Unternehmerin zu verteidigen, die an ihrer Arbeit vielleicht sogar Freude fand.

Frauenrechtlerinnen aus der Arbeiterklasse begriffen die Ausbeutung der Arbeiterinnen besser als ihre bürgerlichen Schwestern. 1892 vertrat in Wien auf einer Konferenz über das Frauenstimmrecht die österreichische Sozialistin Adelheid Dwořak-Popp[31] den ›Bildungsverein arbeitender Frauen‹. Sie konsternierte die gebildeten bürgerlichen Damen, die anwesend waren, mit ihrer auf eigenem Wissen beruhenden Schilderung der Gründe, warum manche jungen Fabrikarbeiterinnen auf die Straße gingen: niedrige Löhne, lange Arbeitszeit, ungesunde Arbeitsbedingungen und aufdringliche Vorarbeiter. Die französische Feministin Marguérite Martin hob in ihrem Buch ›Die Frauenrechte‹ die doppelte Ausbeutung von Arbeiterinnen als Arbeiter und als Frauen hervor und forderte wie Adelheid Dwořak-Popp das Stimmrecht für sie, um ihr Los zu bessern.[32] Annie Kenney, eine Suffragette, die schon im Alter von zehn Jahren in einem Hüttenwerk in Lancashire Teilzeitarbeit hatte leisten müssen, war besonders über die Doppelbelastung von Arbeiterinnen als Hilfskräfte in der Fabrik und als Hausfrauen aufgebracht. »Wenn Arbeitsschluß war, stellte ich fest, daß es die Mütter waren, die nach Hause eilten, die Kinder abholten, die sie zur Obhut aus dem Hause gegeben hatten, den Tee für den Ehemann zubereiteten, das Saubermachen, Backen, Waschen, Nähen und die Kinderpflege besorgten. Ich stellte fest, daß für den Ehemann, wenn er nach Hause kam, die Tagesarbeit zu Ende war; er nahm seinen Tee zu sich und ging dann zu seinen Freunden in den Klub oder in die Schankwirtschaft oder aufs Kricket- oder Fußballfeld.«[33]

Diese Doppelbelastung hielt auch die meisten Frauen aus der Arbeiterschaft davon ab, sich in öffentlichen oder Gewerkschaftsangelegenheiten zu engagieren. 1914 stellten die vierhunderttausend Frauen in

Mädchen beim Kochunterricht in einer Berliner Frauen-(Haushalts-)Schule. Fotografie, 1909

Berufstätige Frauen: Arbeiterinnen in einer englischen Telefonvermittlung. Fotografie, um 1900

den englischen Gewerkschaften zehn Prozent der Gesamt-Mitgliederzahl, die zweihundertfünfzigtausend in den deutschen achteinhalb Prozent des Gesamtbestandes. Diese Anteile hatten, so gering sie waren, seit etwa 1900 verdoppelt. Noch ungleich kleiner war jedoch der Prozentsatz der Frauen in Exekutivpositionen der Gewerkschaften. Die meisten Frauen aus der Arbeiterschaft hatten weder die Zeit noch die Energie, solche Stellungen auszufüllen oder an Demonstrationen und öffentlichen Diskussionen teilzunehmen.

Keine andere radikale Protestbewegung löste so viele öffentliche Debatten aus wie die Frauenbewegung – in der Presse, in Büchern und Streitschriften, in den Parlamenten und bei Versammlungen unter freiem Himmel. Zur Hebung des Bewußtseins trug diese Diskussion schwerlich viel bei. Dagegen zeigte sich an ihr die moderne bürgerliche Vorstellung, daß man seine Meinungen zu aktuellen Fragen zum Ausdruck bringen sollte. In der Hauptsache ging es dabei nicht um die ›undamenhafte‹ Taktik der englischen Suffragetten, sondern um das Grundthema, was die Aufgabe der Frauen sei und welche Rechte sie haben sollten. Anders als bei der Arbeiter-, Bauern-, irischen, polnischen und jüdischen ›Frage‹, handelte es sich bei der ›Frauenfrage‹ um Menschen aus dem gleichen Sozial- und Kulturmilieu. So stritten sich die

Leute miteinander nicht nur um Politik und Wirtschaft, sondern auch über ihre eigenen Verhaltensnormen, ja, um ihre Identität.

Antifeministische Männer führten jedes denkbare Argument ins Feld. Literarische Mandarine in Frankreich wie Émile Faguet und Théodore Joran[34] stellten die Behauptung auf, die Frauenrechtlerei bedrohe die Familie, und die Ehe sei ihre geborene Feindin. Der englische Schriftsteller E. Belfort Bax, ein Bewunderer von Jean-Paul Marat, warf den Feministen vor, sie wollten keine Gleichberechtigung, sondern »weibliche Vorherrschaft«[35]; Bax verurteilte besonders die ›White Slave Traffic Act‹ von 1912 – die Gefängnisstrafen für Zuhälter durch Peitschenhiebe verschärfte – als eine Diskriminierung männlicher Kuppler. Charles G. Harper brachte das bekannte Argument von der angeborenen Minderwertigkeit der Frau aufs Tapet: »Die Frau ist das verantwortungslose Geschöpf, das weder vernünftig denken noch einem Argument zu seinem wohlbegründeten Schluß folgen kann – das außerstande ist, seine eigenen Gefühle im Zaum zu halten oder sich vom Aberglauben zu befreien. Welche Frage ist dann begründeter als diese: Wenn die Menschheit von der neuen Frau geführt werden soll, ist diese sich denn vor allem einmal des Weges sicher.«[36]

Albert Venn Dicey, ein hochangesehener Oxforder Professor für englisches Recht, argumentierte gegen das weibliche Stimmrecht mit Gründen der Staatsräson, besonders angesichts dessen, daß die Frauen die Mehrheit der Gesamtbevölkerung stellten: »Man fordert uns auf, durch eine das Doppelte übersteigende Vermehrung der englischen Wählerschaft die englische Demokratie zu schwächen; man fordert uns auf, die Regierung Englands, zumindest nominell, den Händen von Frauen anzuvertrauen. Von diesen haben die besten keine Ahnung von der Kunst der Politik; die unzuverlässigsten sind Fanatikerinnen, die in ihrem brennenden Verlangen, einen Anteil an der Souveränität [des Parlaments] zu erlangen, die die Politik des Britischen Empire (einschließlich des Schicksals von Millionen Einwohnern abhängiger Länder) bestimmt, schlüssig bewiesen haben, daß sie noch nicht einmal die elementarsten Prinzipien der Selbstverwaltung oder des treuen Gehorsams gegen die Gesetze des Landes beherrschen.«[37]

In einer am 5. Mai 1911 vor dem Unterhaus gehaltenen Rede nahm der Abgeordnete H. J. Mackinder Diceys Argumente auf und fügte hinzu: »Ich bin überzeugt, wenn Sie tatsächlich dieses Stimmrecht gewähren, wird dies den Männern in ihren Beziehungen zu Frauen großen Schaden tun. Ich bin überzeugt, daß die ganze Geschichte der menschlichen Gesellschaft darin besteht, daß es der Frau gelungen ist, die Bürden den Schultern des Mannes aufzuladen, und ich bin der Meinung, sie sollte sie dort auch lassen.« (Zurufe von ›ehrenwerten Mitgliedern‹ des Hauses: »Oh, oh!«)[38]

Einige weibliche Antifeministen benützten ähnlich antimoderne Argumente. Eine selbsternannte englische ›Arbeiterin‹, M. E. Simkins, verkündete: »Wenn es uns gelingt, im Denken unserer jungen Frauen die alten Ideale wiederaufzurichten, dann wird für die Zukunft unserer Nation etwas geleistet worden sein, was ihr weitaus größere Macht und Stärke gibt als der Bau von Dreadnoughts.«[39] Marie Corelli, Verfasserin zahlreicher sentimentaler Romane, mit denen sie großen Erfolg hatte, trat als Karrierefrau in die Debatte ein: »Ich verdiene jedes Pfund selbst, das ich besitze; ich bin Haushaltsvorstand und bezahlte Abgaben und Steuern.« Dennoch lehnte sie das ›Recht‹ zu wählen ab, da »allein schon der Wunsch einer Frau nach dem Stimmrecht ein offenes Eingeständnis der Schwäche ist – und der Beweis, daß sie an Boden verloren hat und sich ihrer nicht sicher ist. Denn wenn sie eine echte Frau ist, wenn sie das Naturerbe ihres Geschlechtes besitzt, nämlich die mystische Kraft, den Mann zu überreden, zu bestricken und sich zu unterjochen, dann hat sie es nicht nötig, von ihrem Thron herabzusteigen und sich in irgendeine seiner politischen Fehden einzumengen, da sie ja selbst schon Haupt und Stirn der Regierung ist.«[40]

Die Debatte zwischen Anhängern und Gegnern des Frauenwahlrechts drehte sich mehr um philosophische und politische Argumente als um die Natur der Frauen an sich. Mrs. Humphry Ward, eine der führenden Förderinnen der ›Women's Anti-Suffrage League‹, appellierte an die Frauen, sich aus »Patriotismus« und »gutem Menschenverstand« gegen das Recht zur Teilnahme an den Parlamentswahlen zu wenden, da dieses für das Empire schlecht wäre und die Männer unnötigerweise durch eine weibliche Wählermehrheit bedrohen würde.[41] Auf das Argument der Wahlrechtsbefürworter, die Arbeiterinnen brauchten das Stimmrecht, um ihre wirtschaftliche Lage zu bessern, antworteten die Gegner, Männer würden genauso ausgenutzt wie Frauen, »was nicht der Fall wäre, wenn das Stimmrecht einen Ausweg böte«[42]. Auf das Argument der Wahlrechtsgegner, nur eine kleine Minderheit der Frauen wünsche das Stimmrecht, erwiderte Dr. Ethel Smyth: »Wenn Miss Sinclair meint, daß es mir an politischem Gespür fehle . . . frage ich mich, was sie wohl zu Wilberforce sagt, der erklärt hat, wenn nur ein einziger Sklave Ketten als eine Entwürdigung betrachte, sei dies Grund genug für die Abschaffung der Sklaverei; oder zu Lord Beaconsfield, der ausrief, wenn seine Gegner mit der Behauptung recht hätten, kein einziger Arbeiter wolle das Wahlrecht, dann wäre dies das stärkste Argument, das er für die Gewährung des Wahlrechts an sie gehört habe!«[43]

Auch zwischen den Frauenrechtlerinnen selbst gab es grundsätzliche Meinungsverschiedenheiten. Die militanteren unter ihnen brachten mit Nachdruck vor, die Mehrheit der Frauen könne aus einem Abhängigkeitszustand zu einer selbständigen Existenz emporgehoben werden, sobald zugleich der Druck äußerer Umstände und der der herrschenden Normen verschwinde. Sie lehnten es ab, jede wesensmäßige Ungleichheit zwischen Männern und Frauen anzuerkennen. Elaine Key und die Österreicherin Rosa Mayreder waren anderer Ansicht. Sie akzeptierten die Rolle der Durchschnittsfrau als Mutter und Gestalterin des Heims, bestanden aber darauf, daß jede Frau das Recht habe, diese Rolle abzulehnen, um einen Lebensweg eigener Wahl zu verfolgen.

Viele Frauenrechtler auf dem Kontinent waren der Ansicht, daß die gesellschaftliche und kulturelle Emanzipation wichtiger sei als die politische Gleichstellung. Doch in Großbritannien stützten nach der Jahrhundertwende viele Feministen »den rigiden Kodex der viktorianischen Moral, statt für Frauen die Freiheit des Gefühls und der Sexualität wie bürgerliche Rechte zu verlangen. Wenn sie, wie Christabel [Pankhurst] es tat, ›Stimmrecht für Frauen und Keuschheit für Männer‹ forderten, nahmen sie die weibliche Keuschheit als etwas Selbstverständliches hin.«[44]

Mrs. Emmeline Pankhurst und ihre Tochter Christabel beherrschten die ›Women's Social and Political Union‹ von ihrer Gründung im Oktober 1903 bis zum Ende der militanten Kampagne dieser Organisation im August 1914.[45] Im Oktober 1906 lösten sich diese gebildeten bürgerlichen Rebellinnen von ihrer Bindung an die Labour Party, obwohl Sylvia, eine zweite Tochter Emmeline Pankhursts, ihre Bemühungen fortsetzte, Arbeiterinnen – innerhalb der WSPU – zu organisieren, bis sie im Januar 1914 formell ausgeschlossen wurde. Zwischen Jahresanfang 1906 und Juli 1908 versuchte die Bewegung, auf die Regierung mit großen öffentlichen Versammlungen, auf denen das Frauenstimmrecht propagiert wurde, Eindruck zu machen. Die größte dieser Versammlungen, an der mehr als eine Viertelmillion Menschen teilnahm, fand am 21. Juni 1908 im Londoner Hyde Park statt. Bereits im Oktober 1905 allerdings hatte Christabel den Entschluß gefaßt, durch Gewaltanwendung und anstößiges Verhalten der Sache der Frauenbewegung zu öffentlichem Aufsehen zu verhelfen. Damals hatte sie einen Polizisten angespuckt, um deswegen ins Gefängnis gesteckt zu werden und damit Sympathiegefühle bei Prominenten zu erregen, die vielleicht auf die Regierung Druck ausüben würden, den Frauen das Wahlrecht zu gewähren. Da aber öffentliche Kundgebungen und die Beschimpfung von Polizisten nicht dazu führten, daß die Regierung ihre Haltung änderte, verstärkte die WSPU die Taktik der Anwendung von Gewalt und anstößigem Betragen, die ihren Höhepunkt in der Brandstiftungskampagne von 1913 und 1914 fand.

Christabel und ihre treuen Anhängerinnen waren die militantesten Frauenrechtlerinnen ihrer Zeit. Obwohl ihnen die ›Daily Mail‹ in ihrer Ausgabe vom 10. Januar 1906 das Etikett ›Suffragetten‹ verlieh, führten sie ihren Krieg mehr gegen die Männer als gegen das geltende Wahlsystem. In einem Brief vom 1. August 1913 schrieb Christabel: »Ein anderer Fehler, den die Leute machen, ist die Vermutung, daß wir das Stimmrecht nur oder hauptsächlich wegen seines politischen Wertes wollten. Wir wollen es weit mehr wegen seiner Symbolbedeutung – die Anerkennung unserer Gleichberechtigung als Menschen, das es beinhalten wird.«[46] Christabel verlangte, daß die Frauen mit Männern weder politisch noch sexuell etwas zu tun haben sollten. Wie sie es sah, beherrschten die Männer die Frauen nicht nur durch männliche Gesetze, sondern brächten auch noch Geschlechtskrankheiten über sie. In der Nummer von ›The Suffragette‹ vom 12. September 1913 schrieb sie, man müsse junge Frauen »davor warnen, daß die Ehe ungemeine Gefahren birgt, bis es dazu kommt, daß die Moralmaßstäbe der Männer sich völlig ändern und sie ein ebenso keusches und reines Leben führen wie die Frauen.« In der Ausgabe vom 28. März hatte sie verkündet: »Im Kampf gegen das Böse sind die Wenigen stärker als die Vielen, die Frauen stärker als die Männer.«

Mit ihrer Taktik brachten die Suffragetten sogar die meisten Frauen gegen sich auf, die für das Wahlrecht waren. Im Oktober 1906 bekundete die ›National Union of Women's Suffrage Societies‹ zwar ihre Sympathie mit zehn Suffragetten, die zu Gefängnisstrafen verurteilt worden waren, weil sie eine Sitzung des Unterhauses gesprengt hatten, erteilte jedoch im Namen ihrer eigenen Mitglieder, die sich ›Suffragists‹ (Wahlrechtbefürworter) nannten, militanten Aktionen eine Absage. Ab August 1909 begannen inhaftierte Suffragetten dann mit regelmäßigen Hungerstreiks, worauf das Pflegepersonal der Haftanstalten zur Zwangsernährung überging. In dem Maße, in dem die militanten Feministinnen der WSPU bei ihren Sturmaktionen auf das Unterhaus, die der

Erringung des Stimmrechts dienen sollten, aggressiver wurden, reagierte auch die Polizei mit größerer Brutalität. Am 18. November 1910 – dem ›schwarzen Freitag‹ – »wurden Frauen herumgestoßen, wurden ihnen die Arme verdreht, erhielten sie Schläge auf die Nase, wurden sie an der Brust gepackt, rammten die Polizisten ihnen das Knie zwischen die Beine.«[47] Um sich solchen Malträtierungen nicht weiter auszusetzen, gingen die Suffragetten zu der neuen Taktik anonymer Angriffe auf Sacheigentum über: Schaufenster wurden eingeschlagen, Postkästen angezündet, an zahlreichen Stellen Brände gelegt. Im Januar 1913 nannte Mrs. Pankhurst die Suffragetten »Guerillakämpferinnen«, die »so viele Sachbeschädigungen wie nur möglich« anrichten würden, um das Frauenstimmrecht durchzusetzen. Sie gaben sich auch ein zunehmend militärisches Aussehen, mit Leibwachen und ›Generalinnen‹ hoch zu Roß.

Wie die Arbeiterstreiks und Unruhen in Ulster, endete die militante Kampagne der Suffragetten mit Großbritanniens Eintritt in den Ersten Weltkrieg. Mrs. Pankhurst und Christabel Pankhurst hörten auf, ihr Land als dekadent zu schmähen und forderten die Männer zum Eintritt in die Armee und zum Kampf gegen die ›Hunnen‹ auf. Nach dem Krieg wandte sich Christabel wieder einer anderen Mission zu und wurde eine glühende Anhängerin des Glaubens an die ›Wiederkunft Christi‹. Der aktive Beitrag, den Hunderttausende von Arbeiterinnen in Großbritannien zu den Kriegsanstrengungen leisteten, war der wesentliche Grund, der die Regierung veranlaßte, den Frauen schließlich das Stimmrecht zu gewähren. Trotz allem, was geschehen war, wurde Mrs. Pankhurst in den dreißiger Jahren durch ein Standbild geehrt und Christabel mit dem Titel ›Dame Commander of the British Empire‹.

Die Unzufriedenheit der englischen Suffragetten war ganz anderer Art als die der Bauern in Sizilien und der russischen Arbeiter. Ja, die meisten dieser Frauen hatten, von einigen bemerkenswerten Ausnahmefällen wie Annie Kenney und Sylvia Pankhurst abgesehen, nur wenig Sympathie mit den unzufriedenen Arbeitern in ihrem eigenen Land. Die Frauenbewegung in Europa akzeptierte die meisten Aspekte der Modernität, forderte aber, daß die Frauen möglichst rasch gleichberechtigt mit den Männern an ihren Wohltaten teilhaben sollten. Die meisten radikalen Protestbewegungen aus der Arbeiterschaft verfolgten ebenfalls das Ziel, die Beförderung ihrer Klasse in der modernen Gesellschaft zu beschleunigen. In den ländlichen Revolten hingegen drückte sich die Reaktion einer traditionsbestimmten bäuerlichen Mentalität gegen moderne Wirtschafts- und Sozialstrukturen aus.

Und dennoch hatten alle diese Bewegungen, sosehr sie sich in Zielsetzung und Taktik unterschieden, bestimmte Gemeinsamkeiten. In allen spiegelte sich ein neues Bewußtsein der ungerechten Behandlung der Gesellschaftsgruppen, die sie zu vertreten beanspruchten. Und alle versuchten sie, ihre Anhänger zu kollektivem Handeln in der politischen Arena zu mobilisieren. Wenn die herrschenden Autoritäten zu Gewalt griffen, um Gewaltakte dieser Gruppen zu unterdrücken, wuchs bei vielen ihrer Mitglieder noch die Überzeugung, daß ihre moralische Gesinnung und die ihr zugrunde liegende Realitätssicht richtig seien. Der Erste Weltkrieg führte dazu, daß die meisten dieser Menschen ihre Kritik an den herrschenden Zuständen vorderhand ruhen ließen und ihre nationale Gesellschaft verteidigten. Doch die Leistungen, die sie im Krieg für ihr Land erbrachten, sollten ihnen eine noch zwingendere Rechtfertigung für ihre Forderungen geben, die sie nach 1918 erneuerten.

Der Nationalismus

Der Nationalismus war der Hauptrivale aller Protesthaltungen und -bewegungen und darüber hinaus auch des Internationalismus und des Pazifismus. Die wachsenden Spannungen in der internationalen Politik trugen dazu bei, ihm in ganz Europa immer stärkeren Einfluß zu verschaffen, doch dieses bekannte Thema soll hier weitgehend außer Betracht bleiben. Hier gilt es, die Beziehungen zwischen Nationalismus und Modernität zu untersuchen und die sozialen und kulturellen Reaktionen, die diese auslösten, aufzuzeigen.

Die Bezeichnung Nationalismus hat zwei unterschiedliche Bedeutungen.[1] Am häufigsten wird er definiert als ein Bewußtsein, eine Mentalität oder als eine »Geisteshaltung, von der die Mehrheit der Bevölkerung ergriffen ist und die den Anspruch erhebt, die Gesamtheit der Bevölkerung erfassen zu können; sie erkennt den Nationalstaat als die ideale Gestalt der politischen Ordnung und die Nation als die Quelle aller schöpferischen Kulturkräfte und des wirtschaftlichen Wohlstandes. Deshalb, weil sein individuelles Leben angenommenermaßen in ihrer Wohlfahrt wurzelt und durch diese ermöglicht wird, schuldet der Mensch seiner Nation die höchste Loyalität.«[2]

Das Nationalbewußtsein ist spezifischer und stellt höhere Ansprüche als der zu allen Zeiten verbreitete Patriotismus, in dem zum Ausdruck kommt, daß die eigene Gesellschaft gut sei, weil sie die eigene ist. Der Patriotismus konzentriert sich im typischen und traditionellen Fall auf ein ›Land‹ (country, pays, paese), das kleiner als die modernen Nationen und ethnisch homogener ist: Quebec, Bayern, Wales, die Bretagne, Katalonien, die Toskana oder sogar einzelne Städte innerhalb ihrer Grenzen. Erst wenn zu solchem Patriotismus die Forderung nach politischer Unabhängigkeit und einem souveränen Staat tritt, wird er zu einer Form des Nationalismus. Und dieses Verlangen bildet die Basis des Nationalismus als einer ideologischen Bewegung.

In seiner zweiten Bedeutung ist der Nationalismus eine ideologische Bewegung »zur Erlangung und Bewahrung von Selbstregierung und

Unabhängigkeit im Interesse einer Gruppe, die nach der Vorstellung einiger ihrer Mitglieder eine tatsächliche oder potentielle Nation wie andere darstellt.«[3] Ihre Kerndoktrin baut sich aus den folgenden Behauptungen auf: 1. Die Menschheit ist von Natur aus in Nationen aufgeteilt; 2. jede einzelne Nation hat ihren eigenen Nationalcharakter; 3. Quelle aller politischen Macht ist die Nation, die nationale Kollektivität; 4. um Freiheit und Selbstverwirklichung zu erlangen, müssen Männer und Frauen sich mit einer Nation identifizieren; 5. eine Nation kann sich nur in ihrem eigenen Staat erfüllen; 6. die Treue zum Nationalstaat hat Vorrang vor allen anderen Loyalitäten (im Unterschied zum Patriotismus, der oft hinter religiösen Loyalitätsgefühlen zurücktreten mußte); 7. die Grundvoraussetzung für Freiheit und Harmonie auf der Erde ist die Stärkung des Nationalstaates. Zu den aus diesen Thesen abgeleiteten logischen Folgerungen gehören die Hervorhebung der kulturellen Individualität durch die Betonung nationaler oder ethnischer Unterschiede, das Streben nach wirtschaftlicher Autarkie und einem sich aus eigenen Kräften nährenden Wachstum, Versuche der Ausdehnung des Nationalstaates, um seine internationale Machtstellung und Geltung zu erhalten, die Erneuerung des kulturellen und sozialen Systems der Nation durch umfassende institutionelle Veränderungen, um gegen andere Nationen bestehen zu können.

In der Generation vor 1914 übernahmen Anhänger wie Gegner der Modernisierung den Nationalismus als Ideologie – ein Aktionsprogramm zur Erreichung nationaler Ziele unterschiedlicher Definition. Anlaß dazu war ihnen zum Teil der Eindruck, daß der Nationalismus ihre subjektiven Zwangslagen bei der Bewältigung der Probleme, die die Modernisierung mit sich brachte, lösen könne. Aber sie sahen auch, daß objektiv das Nationalbewußtsein zu der umfassendsten und am leichtesten mobilisierbaren Kraft ihrer Zeit geworden war. »Ein Nationalbewußtsein entwickelt sich, wenn einzelne in einem Volk sich an gemeinsamen Unternehmungen beteiligen, zur Kommunikation mit Gleichgesinnten fähig sind und diese betreiben und wenn sie mit diesen anderen, ihren Mitbürgern, ›in einem Kontext gegenseitigen Einvernehmens gemeinsamer Erwartungen und akzeptierter Normen‹ wirklich handeln oder in Interaktion treten.«[4]

Mit »einem Volk« ist hier eine ethnische Gruppe gemeint, die von sich die Vorstellung einer Nation entwickelt hat, nachdem die Modernisierung viele ihrer Mitglieder aus der traditionellen Sozialstruktur und aus dem Rollensystem entwurzelte, die ihnen früher Identitätsgefühl und

Status gegeben hatten. Zunehmend gewann die Kultur für Massen von Individuen Bedeutung, als sie in die Städte zogen, neue Beschäftigungen annahmen und von großen, unpersönlichen Organisationen mobilisiert wurden. Die Regierungen versuchten diese Menschen durch die Ausdehnung der Staatsbürgerrechte und öffentlicher Bildungseinrichtungen politisch und kulturell zu assimilieren. All dieses förderte die Entwicklung eines Nationalbewußtseins, das in der Nation eine Heimat sieht, von der der einzelne seine Identität und Selbstachtung bezieht. Nationalistische Bewegungen kehrten die Bedeutung einer bestimmten Nation als Heimat ins Politische, wenn sie forderten, die Menschen, die ihre Kultur gemeinsam hatten, sollten sich selbst regieren und wirtschaftlich und militärisch unabhängig werden.

Die trennenden und destruktiven Folgewirkungen des Nationalismus, wie sie vor allem in den beiden Weltkriegen offenbar wurden, sollten uns nicht den Blick dafür trüben, daß er den Modernisierungs-Prozeß konstruktiv unterstützt hat. In einer Zeit, in der traditionelle religiöse Vorstellungen ihre Wirkung verloren, gab er den Menschen einen neuen Glauben und neue Ziele, die befriedigend, glaubwürdig und sinnvoll waren. Der Nationalismus erfüllte auch die Sehnsucht der Menschen nach Würde und Solidarität »innerhalb eines anthropozentrischen Weltbildes . . . Man kann tatsächlich behaupten, daß der Nationalismus eine der überzeugendsten kollektiven Verwirklichungen der Grundsätze der Aufklärung ist.«[5] Die Ideologien vieler gegen die Modernität gerichteten nationalistischen Bewegungen widersprechen zwar dieser Behauptung, aber sie waren nur ein Teil der Geschichte.

Es gab Nationen ohne Nationalismus und Nationalismus ohne Nation. Bei vielen Nationalismen ohne Nation handelte es sich nur um die Überzeugungen kleiner Minderheiten von Intellektuellen und Verschwörern. Und einige der Nationen ohne Nationalismus hatten ein ausgeprägteres Nationalbewußtsein als andere Nationen mit aktiven nationalistischen Bewegungen. Doch überall, wo der Nationalismus in Erscheinung trat, mußte er es mit den Auswirkungen der Modernisierung aufnehmen.

Das Nationalbewußtsein als integrierende Kraft

Zwar war und ist eine gemeinsame Sprache ein Faktor, der mit starker Assimilationskraft Individuen politisch und kulturell in eine Nation eingliedert, fundamentalere Bedeutung aber hat eine gemeinsame Gefühls-

Patriotismus im Dienst des Staates: Kaiser Franz Joseph bei einer Parade aus Anlaß der Hundertjahrfeier der

struktur, wie sich am Fall der Schweiz zeigt. In seinen Erinnerungen erzählt der Redakteur einer angesehenen deutsch-schweizerischen Zeitung von Unterhaltungen, bei denen sein Deutsch dem Französisch eines Freundes aus der französisch sprechenden Schweiz verwandter war als dem Deutsch eines Ausländers.[6] Die Schweizer sprachen vier Sprachen und konnten gleichwohl als ein einziges Volk handeln, weil sie eine gemeinsame Einstellung hatten, die auf gemeinsamen persönlichen Freundschaften, Erinnerungen, erlernten Gewohnheiten, Vorlieben, Symbolen, Strukturen des Grundbesitzes und der Sozialorganisation und geschichtlichen Ereignissen beruhte.

›Völkerschlacht bei Leipzig‹ auf dem Wiener Schwartzenbergplatz. Fotografie, 1913

Die Schweizer hatten in der hier betrachteten Periode ein starkes Nationalbewußtsein, aber keine nationalistische Bewegung, während die Italiener, die in ihrer Mehrzahl die gleiche Sprache sprachen, ein weniger entwickeltes Nationalgefühl, doch eine ungemein artikulationsfähige nationalistische Bewegung besaßen. Einer der Gründe für diese Unterschiede ist ein geschichtlicher: Die Schweiz war seit ungleich längerer Zeit politisch geeint und unabhängig als Italien. Die partizipatorische Demokratie in den Schweizer Kantonen war älteren Datums als die Modernität. Ein anderer Grund lag darin, daß die Regierung der Schweiz in der Frage der Erweiterung staatsbürgerlicher Rechte und in der Bewältigung der von der wirtschaftlichen und gesellschaftlichen Modernisierung bewirkten Wandlungsprozesse elastischer verfuhr als die italienische. In aufschlußreicher Weise spiegeln sich die Unterschiede im Nationalbewußtsein als eines Integrationsfaktors in den beiden Ländern darin, daß nur ein kleiner Anteil der schweizerischen Bevölkerung nach Übersee auswanderte.

Das Nationalbewußtsein wurde, beginnend in der Kindheit jedes Staatsbürgers, von beinahe allen Institutionen und medialen Formen gehegt und gepflegt. Jeder Volksschüler in Frankreich las ›Le Tour de la France par deux enfants: devoir et patrie‹. Die Absicht, die dieses Bilderbuch verfolgte, bestand nach dem Vorwort seines Autors G. Bruno darin, anhand der Reisen des vierzehnjährigen André Volden und seines sieben Jahre alten Bruders Julien »das Vaterland lebendig und sichtbar zu machen«. Die beiden Knaben beginnen ihre Odyssee 1871, kurz nach dem Deutsch-Französischen Krieg, als heimatlose Waisen, die ihre Vaterstadt in dem von Deutschland annektierten Teil Lothringens verlassen, um ihre wahre Heimat in einer anderen Gegend Frankreichs zu suchen. Das Gleichnis der heimatlosen Waisenknaben mit ihrem deutsch klingenden Namen war als Mittel der Vermittlung von Nationalbewußtsein sehr geschickt gewählt. Und daß André und Julien infolge einer demütigenden Niederlage in einem Krieg mit Deutschland ihr Elternhaus verloren haben, machte es noch bewegender. Aber ihre Reisen gaben ihnen auch ein Vaterland und eine Vielzahl von Sehweisen, Einstellungen und Wertbegriffen, die den Zweck hatten, ihnen seine einzigartigen Vorzüge bewußt zu machen.

Auch deutsche Erzieher bemühten sich, in allen Lehrfächern der Volksschule das Nationalbewußtsein zu betonen. Die Heimat sollte als Inbegriff all dessen dargestellt werden, was dem Kind seine Identität gab: Geburtsort, Muttersprache, Familie und Freunde, Religion, Sitten, Geschichte. Da Deutschland erst seit kürzerer Zeit politisch geeint war und Industrialisierung und Urbanisierung mehr Menschen und rascher als in Frankreich entwurzelten, verwendeten die Schulbücher in Deutschland große Mühe darauf, den bei weitem nicht integrierten Charakter der im Umbruch befindlichen Gesellschaft zu idealisieren. Die Schulkinder lernten in Deutschland, ihrem Nationalgefühl auch in patriotischen Liedern Ausdruck zu geben. Zwar trug die Vermittlung von Nationalbewußtsein, das man Kindern einflößte, dazu bei, das Integrationsziel des Modernisierungs-Prozesses zu erreichen, doch ebenso wie bei anderen Formen der Mobilisation der Gesellschaft, gab es bei der

Befreiung und Autonomie des Individuums Konflikte. Die Auseinandersetzung zwischen den Wortführern von Anpassung und Freiheit hat sich bis in unsere Gegenwart fortgesetzt. In den frühen Jahren nach 1900 sah eine freiheitlich gesinnte Sozialistin wie Elaine Key in der Emanzipation des Kindes von den sozialen Zwängen der Erwachsenenwelt mittels einer ›progressiven Erziehung‹ nicht nur ein erstrebenswertes Ziel an sich, sondern betrachtete es als ein Mittel, um künftig nationale Rivalitäten zu vermindern und den Frieden in der Welt zu fördern. Doch die Schulen und die großen Jugendbewegungen in den meisten Ländern schlugen in den Vorkriegsjahren einen zunehmend nationalistischen und militaristischen Ton an. Dieser Ton erfüllte den Jungdeutschlandbund, der 1914 eine Dreiviertelmillion Mitglieder zählte, beeinflußte aber sogar die Pfadfinder-Bewegung.

Die Pfadfinder-Bewegung wurde 1908 in England von Sir Robert Baden-Powell, einem pensionierten General und Helden des Burenkrieges, ins Leben gerufen.[7] Baden-Powell entlehnte Ideen der amerikanischen ›Woodcraft-Bewegung‹ und der ›Scottish Boys Brigade‹ und hoffte, Jungen aus der Unterschicht durch eine Kombination von Zeltwandern und vormilitärischer Ausbildung zu mobilisieren. Seine Organisation zog innerhalb von zwei Jahren mehr als hunderttausend Mitglieder an, aber die Pfadfinder in Großbritannien kamen von Anfang an vorwiegend aus der Mittelschicht und dem Kleinbürgertum. Auf die arbeiten-

Militarisierung der Jugend: Felddienstübung der Pfadfinder vor General Colmar Freiherr von der Goltz. Fotografie, um 1909

den Klassen wirkten sie weniger anziehend, nicht nur weil man sich die Uniform nicht leisten konnte, sondern auch wegen der allgemeinen Abneigung gegen militärische Ausbildung und den von der Bewegung ausgeübten Druck, in die Kirche zu gehen. Die Pfadfinder-Parole ›Sei bereit‹, bedeutete nicht nur, daß man Feuer ohne Zündhölzer zu machen verstand und alten Damen über die Straße half, sondern auch körperliche Ertüchtigung und Pflege der Disziplin für künftigen Einsatz im Dienst der Nation. Nach einer Untersuchung aus dem Jahr 1966 gaben von den zwischen 1901 und 1920 geborenen männlichen Briten vierunddreißig Prozent an, in ihrer Jugend Pfadfinder gewesen zu sein. So ist es gut möglich, daß die Bewegung eine große Zahl von Jungen aus dem Bürgertum dazu konditionierte, im Ersten Weltkrieg als patriotische Soldaten zu kämpfen. Ein hoher Prozentsatz ihrer erwachsenen Führer waren ehemalige Soldaten, und sowohl das Kriegsministerium als auch die ›National Service League‹ übten Druck auf die Bewegung aus, angesichts des Fehlens der allgemeinen militärischen Dienstpflicht zur Militarisierung der männlichen Jugend beizutragen.

In den meisten kontinentaleuropäischen Ländern setzte die militärische Ausbildung der Wehrpflichtigen die Bemühungen der Schulen fort, das Nationalbewußtsein der jungen Männer zu entwickeln.[8] Sie bereitete die Rekruten auf ein Leben als brave Staatsbürger wie auf den Kampfeinsatz im Krieg vor. Rekruten, die nicht in der Volksschule lesen und schreiben gelernt hatten, erhielten eigenen Unterricht bei der Armee. Man brachte ihnen auch moderne Begriffe von Disziplin, Hygiene und der Bereitschaft zum Opfer für das Vaterland bei. In Frankreich und einigen der kleineren Staaten Westeuropas sah man in der Bürgerarmee einen ›Schmelztiegel‹, in dem junge Männer enge persönliche Beziehungen zu ihren Landsleuten aus allen Teilen der Nation entwickeln konnten. Zweifellos hatte die Armee als Integrationsfaktor hier ihre größten Erfolge.

Für die Erwachsenen war die Massenpresse das bedeutendste Medium, das die kulturelle Assimilierung förderte und standardisierte ›nationale‹ Haltungen, Sehweisen und Erwartungen propagierte. Dies galt insbesondere für Morgenblätter wie ›Le Petit Parisien‹, deren Verkaufsanteil in den Provinzen von vierzigeinhalb Prozent im Jahr 1890 auf sechsundsechzigeinhalb Prozent im Jahr 1914 zunahm.[9] In der Nummer vom 13. Oktober 1893 hieß es in einem Leitartikel: »So erregt in einem großen Land wie Frankreich derselbe Gedanke zur selben Stunde die gesamte Bevölkerung. Es ist die Zeitung, die diese sublime Kommunion

Rekruten der Landwehr auf dem Weg in eine Berliner Kaserne. Fotografie, 1909

der Geister über den Raum hinweg herstellt.« Diese Behauptung war, trotz ihres Pathos, in vieler Hinsicht gerechtfertigt.

Zum Teil deswegen, weil der politische Konsens in Frankreich zerbrechlicher war als in Großbritannien, versuchte ›Le Petit Parisien‹ bewußter als die ›Daily Mail‹ für das herrschende Regime einzutreten. (Ein weiterer Grund lag darin, daß ihr Herausgeber, Jean Dupuy, an der nationalen Politik mehr Interesse – und in ihr mehr Einfluß – hatte als Alfred Harmsworth.) Zusätzlich zu seinem konsequenten und offenen Eintreten für die Institutionen und die Politik der Dritten Republik regte das Blatt das Nationalbewußtsein in subtilerer Form in vielen Sondersparten an: Sport, Mode, Fortsetzungsromane, Preisausschreiben. Diese Beiträge erschienen in einer so anziehenden Verpackung, daß weder die Schule noch die Armee hoffen durften, es damit aufnehmen zu können.

Alle Formen der Massenkultur appellierten in direkter wie indirekter Form an das Nationalbewußtsein des jeweiligen Landes. Nicht nur in England, Frankreich und Deutschland, sondern auch in Italien und Österreich-Ungarn nahmen die Künstler des Varietés, besonders attraktive junge Frauen in engsitzenden Kostümen und militärischem Kopfputz, einen patriotischen Song in ihre Nummern auf; häufig sang das Publikum den Refrain mit. Die Bevölkerung unterstützte ihre Nationalmannschaften bei allen sportlichen Begegnungen mit ausländischen

Teams; nicht einmal die modernen Olympischen Spiele, die 1896 gegründet wurden, um das Verständnis zwischen den Völkern zu stärken, konnten solchen nationalen Voreingenommenheiten entgehen. In der populären Abenteuerliteratur für Kinder wie für Erwachsene personifizierten die Helden und Heldinnen die Tugenden der eigenen Nation. Sie wußten, wer sie waren und was recht war, während ihre Feinde wurzellos, antisozial, böse und oft Ausländer waren. Marxistische Kritiker haben überzeugend argumentiert, das auf diese Weise verbreitete Nationalbewußtsein sei ein ›falsches Bewußtsein‹ für die Arbeiter. Aber gerade weil es alles erfaßte, war ihm so schwer entgegenzuwirken, besonders während der diplomatischen Krisen in den letzten Vorkriegsjahren.

Überall sah man die Nation in Bildern dargestellt. Die Nationalflagge wurde in allen öffentlichen Gebäuden, Schulen, Theatern und Sportarenen gezeigt. In Frankreich verkörperten die Worte Liberté, Égalité, Fraternité und die Initialen R. F. an öffentlichen Gebäuden Wirken und Präsenz des französischen Nationalstaats selbst in den kleinsten Dörfern. Jede Hauptstadt hatte ihr Nationaldenkmal, das dem Gedenken eines wirklichen oder legendären Helden geweiht war: In Rom verherrlichte das kolossale Monument für Viktor Emanuel II. die jüngste Vergangenheit Italiens, während in Budapest das straßenzuglange Standbildpanorama magyarischer Eroberer die Erinnerung an Ereignisse heraufrief, die sich tausend Jahre früher ereignet hatten.

Nationaldenkmal für König Viktor Emanuel II. in Rom. Fotografie, 1910

Doch die Bilder und Symbole des Nationalen bedeuteten nicht allen gleich viel. Menschen, die durch die wirtschaftlichen und sozialen Fortschritte bereits mobilisiert waren, zeigten mehr Empfänglichkeit als andere, auf die dies nicht zutraf. Wenn Form oder Inhalt der Aussage eine zu geringe Beziehung zu den Erwartungen des Empfängers hatten, ging sie wirkungslos an ihm vorbei. Infolge ihrer Erziehung und ihrer Reisen bedeutete der Begriff der Nation für Julien und André Volden ungleich mehr als für eine des Lesens und Schreibens unkundige russische Bäuerin, die zeit ihres Lebens nicht aus dem heimatlichen Dorf hinauskam. Selbst in den Städten gab es Unterschiede; die Angestellten waren für die Medien, die das Nationalbewußtsein stärkten, empfänglicher als Gelegenheitsarbeiter. Wenn jemand nirgendwo verwurzelt war, reichte in der Regel sein Erwartungshorizont nicht über ihn selbst und seine nächsten Angehörigen hinaus. War ihm jedoch der kürzlich eingetretene Verlust der Gemeinschafts- oder religiösen Bindungen bewußt, die ihm seine Identität und Selbstachtung gegeben hatten, war er für die Appelle des Nationalgefühls aufgeschlossener. Dies war besonders dann der Fall, wenn er bereits eine gewisse Vertrautheit mit der Sprache, Kultur und den großen Institutionen der nationalen Gesellschaft besaß.

Am stärksten jedoch trugen die Ausdehnung der Staatsbürgerrechte und ihre Inanspruchnahme in Ländern, die sich im Prozeß der wirtschaftlichen und sozialen Modernisierung befanden, zur Stärkung des Nationalbewußtseins bei. Dies galt ebenso für das kaiserliche Deutschland wie für die demokratischen Nationalstaaten in Nordwesteuropa. In Deutschland hatte der Durchschnittsbürger zwar weniger Einfluß auf die Politik seiner Regierung als in England, Frankreich oder in der Schweiz, doch sein Nationalbewußtsein war ebenso stark ausgebildet, weil er das Wahlrecht besaß, faire Behandlung von Beamtenschaft und Rechtsordnung erwarten und die zahlreichen vom Staat gelenkten Wohlfahrtseinrichtungen in Anspruch nehmen konnte.

Die Stärkung des Nationalbewußtseins durch die Erweiterung der Staatsbürgerrechte stärkte wiederum die Forderung nach politischer Unabhängigkeit in Ländern, wo diese noch nicht bestand, wie in Norwegen. Bis zu den sechziger Jahren des 19. Jahrhunderts hatten nur zehn Prozent der erwachsenen Männer Norwegens regelmäßig gewählt.[10] Danach stieg der Prozentsatz bei den Männern, die bereits das Stimmrecht besaßen, rasch an und erreichte, nach weiteren Ausdehnungen des Wahlrechts, an der Jahrhundertwende vierzig Prozent. Zur gleichen Zeit kam es in der politischen Szene des Landes zu einem Wandel, ausgelöst dadurch, daß die bäuerlich-radikale Venstre-Partei ans Ruder kam und die Forderung nach einer Auflösung der schwedisch-norwegischen Union immer lauter erhoben wurde. 1905 erklärte das norwegische Parlament die Union schließlich für aufgelöst. Einige Monate später ratifizierten die norwegischen Wähler in einer Volksabstimmung diesen Schritt, und die schwedische Regierung fand sich mit der Entscheidung ab.

In Osteuropa hatte das Nationalbewußtsein viel weniger Integrationskraft als in Westeuropa. Seine Funktion als desintegrierender Faktor in Österreich-Ungarn, auf dem Balkan und bei den in Abhängigkeit gehaltenen Völkern des Russischen Reiches ist allgemein bekannt. Die zaristische Politik der Zwangsrussifizierung stieß bei den nationalen Minderheiten in Polen, den baltischen Provinzen, Transkaukasien und der Ukraine auf Groll und Widerstand. Die Mehrzahl der russischen Juden fühlte sich besonders entrechtet durch die ihr auferlegte soziale Segregation, ihre schlechten Lebensbedingungen und die Verfolgungen, von denen sie periodisch heimgesucht wurden. Mehr als anderthalb Millionen wanderten während der sogenannten Belle époque aus, fast drei Viertel davon nach Amerika.

Aber selbst unter den Großrussen beschränkte sich das Nationalbewußtsein weitgehend auf Teile der Intelligenz und des städtischen Bürger- und Kleinbürgertums. Die meisten Arbeiter in Rußland fühlten sich nicht einmal in die eigene Klasse, geschweige denn in die Nation, integriert. Die Bauern – mehr als drei Viertel der Gesamtbevölkerung – waren nach wie vor gesetzlich Untertanen zweiter Klasse und in ihrer Mehrheit Analphabeten. Trotz ihrer ethnischen und sprachlichen Homogenität empfanden sie keine nationale Bindung zu ihresgleichen und nur eine vage Treue zum Zaren. Die allgemeine Militärpflicht trug zwar zur Senkung des Analphabetentums bei, stärkte in Rußland jedoch nicht die nationale Solidarität, wie es in Westeuropa geschah. Und die Schulen, sofern es sie gab, konnten nur wenig tun, um der kulturellen Benachteiligung und wirtschaftlichen Rückständigkeit der Mehrzahl der russischen Bauern entgegenzuwirken.

Die Revolution von 1905 warf ein dramatisches Licht auf die Unfähigkeit des zaristischen Regimes, dem russischen Volk Zusammenhalt zu geben.[11] Sie war ein klassisches Beispiel dafür, was geschehen kann, wenn die politische Modernisierung mit der wirtschaftlichen und gesellschaftlichen nicht Schritt hält. Seit 1890 hatten sich Industrialisierung, Urbanisierung und strukturelle Differenzierung in einem beschleunigten Tempo entwickelt und liberale, sozialistische und populistische Bewegungen Teile der Mittelschichten, Arbeiter und Bauern zu mobilisieren versucht. Aber die Aktivitäten der Sozialisten und Populisten waren illegal, und selbst die Liberalen konnten ihre politischen Bürgerrechte nicht wahrnehmen, weil es kein Nationalparlament gab. Tatsächlich waren die Russen keine Bürger, sondern Untertanen des Zaren, der sie als Autokrat regierte. Die Folge war, daß die Mehrheit des Volkes durch die vernichtenden Niederlagen der russischen Streitkräfte im Krieg gegen Japan, 1904 und Anfang 1905, dem Regime entfremdet wurde und sich in großer Zahl der Revolution anschloß.

So handelte 1905 das russische Volk nicht als eine Nation, sondern einzelne Gesellschaftsgruppen verfolgten ihre, oft gegensätzlichen, Interessen. Die Verkündung einer Konstitution und die Errichtung der Duma erschienen wie Schritte in Richtung auf eine politische Liberalisierung, doch die Duma war nach 1907 weniger repräsentativ, als sie es zu Anfang gewesen war. Die Reformen Stolypins, die 1906 eingeleitet wurden, verfolgten das Ziel, die traditionellen russischen Kleinbauern zu individualistischen grundbesitzenden Landwirten zu machen, wie sie in Westeuropa als so loyale Bürger der Nationalstaaten erschienen. Doch diese Reformen hätten, ebenso wie die zwei Jahre später eingeführte Elementarschulpflicht, zumindest eine Generation gebraucht, um die Mehrheit der russischen Bevölkerung politisch und kulturell zu assi-

Revolution in Moskau 1905/06. Fotografie, 1905

milieren. Wie das zaristische Regime 1917 entdecken sollte, vermochte nicht einmal die Massenmobilisierung in einem modernen Krieg gegen ausländische Invasoren ein Nationalbewußtsein zu tragen, das so unterentwickelt war wie das russische.

Am besten gedieh das Nationalbewußtsein, wenn die politische Modernisierung mit der wirtschaftlichen und gesellschaftlichen Schritt hielt, doch seine Entwicklung stieß auf Hindernisse, wenn es sich um eine erst jüngst geeinte Nation wie Italien handelte, wo sich die nördliche und die südliche Landeshälfte in einem in jeder Hinsicht unterschiedlichen Stadium der ›modernization‹ befanden. Trotz regionaler Verschiedenheiten und noch gering entwickelter politischer ›Reife‹ wiesen die allgemeinen Verhältnisse im nördlichen Italien zur Zeit der Einigung »auf eine einigermaßen rasche und erfolgreiche Integration des Staates mit der bürgerlichen Gesellschaft«.[12] Die dort herrschenden Eliten legten großen Wert auf ein parlamentarisches Regime, wirtschaftlichen Fortschritt und soziale Verantwortung. Der Süden hingegen war wegen seiner ökonomischen Rückständigkeit, des traditionellen politischen Klientenwesens und seines sozialen Beziehungssystems, das sich vielfach auf die Familieninteressen beschränkte, daran gehindert, sich einer modernen Industriegesellschaft anzupassen, die funktionierende repräsentative Institutionen und bürgerliche Rechtsgleichheit zur Grundlage hatte.

Bis weit ins 20. Jahrhundert blickten viele Norditaliener auf ihre Landsleute im Süden als eine minderwertige ›Rasse‹ herab, während ein großer Teil der süditalienischen Bevölkerung sich nach wie vor gegen die Zentralregierung stellte, die sie als eine fremde Macht betrachtete, die gegen ihre Interessen arbeitete. Bald nach der Jahrhundertwende führte der liberale piemontesische Ministerpräsident Giovanni Giolitti, von der Unruhe in der Arbeiterschaft gewarnt, einige Sozialreformen durch und erweiterte das Stimmrecht. Doch diese Ausdehnung der Staatsbürgerrechte konnte nur wenig zur Integration des Südens in die Nation beitragen. Tatsächlich verbreiterte sich die ökonomische und soziale Kluft zwischen den beiden Landeshälften noch, indes die Modernisierung im Norden fortschritt und der Süden infolge der Übervölkerung noch ärmer wurde und zäh am lokalen Patriarchalismus und seinem ›unmoralischen Familiengeist‹ festhielt.

In allen Ländern verbrachten selbst jene Menschen, die ein Nationalbewußtsein besaßen, den größten Teil ihrer Zeit damit, über Familien- und Privatangelegenheiten nachzudenken. Die Leute, die sich nationalistischen Bewegungen anschlossen, setzten sich mit tätigerer Hingabe dafür ein, ihre Sache voranzubringen. Dies galt für geeinte Staaten wie Frankreich, Deutschland und Italien ebenso wie für die aufstrebenden Nationen, die noch nach Einigung und Unabhängigkeit strebten.

Nationalismus als Ausdruck des Protestes gegen Fremdherrschaft

Seit dem frühen 19. Jahrhundert hatte der Nationalismus als Ausdruck des Protestes gegen fremde Herrscher bei unterdrückten Völkern als integrierende Kraft gewirkt. In den meisten Fällen – Griechenland, Belgien, Italien, Rumänien, Ungarn, Serbien, Bulgarien – hatte es diplomatischer Manöver und militärischer Aktionen der Großmächte bedurft, um das Ziel der Unabhängigkeit zu erreichen. In Gebieten, die unter Fremdherrschaft standen, nahmen die kulturellen und politischen Nationalbewegungen eine solche Formenvielfalt an, daß sie sich hier unmöglich alle darstellen lassen. Manche, wie die irische und die tschechische, bemühten sich, von den ›ausländischen‹ Parlamenten, in denen ihre Vertreter saßen, die Selbstregierung zu erlangen (wenn sie nicht durch Brüllen, Verzögerungstaktiken oder mit anderen Mitteln einen geordneten Sitzungsverlauf zu stören versuchten). Andere, wie die der Polen, versuchten ihre Sprache und Religion gegen die Bemühungen ihrer Beherrscher zu bewahren, die ihnen die völkische Eigenart nehmen wollten. Wieder andere, wie die serbische, versuchten ihre unter Fremdherrschaft stehenden Landsleute zur Tat anzustiften, indem sie Terrorakte verübten wie das Attentat auf Erzherzog Franz Ferdinand, das den Ersten Weltkrieg auslöste. Diese Nationalbewegungen, welche Form sie auch annahmen, bemühten sich, das ethnische Bewußtsein des Volkes, das sie von der Fremdherrschaft befreien wollten, zu erwecken und zu politisieren.

Das ethnische Bewußtsein ist eine der wesentlichsten Ingredienzen des Nationalismus, doch viele der sich herausbildenden Nationen in Europa umfaßten unterschiedliche ethnische Gruppen innerhalb desselben Territoriums. Als Metternich 1815 Italien »eine geographische Bezeichnung« nannte, hatte er recht. Fast fünfzig Jahre später, nach der politischen Einigung des größten Teils der Halbinsel, räumte der Patriot Massimo d'Azeglio ein: »Wir haben Italien erschaffen; jetzt müssen wir Italiener erschaffen.« Irland war ein anderes Beispiel ethnischer Gespaltenheit in einem geographisch klar umrissenen Gebiet. Bis zum Ende des Ersten Weltkriegs staatsrechtlich ein Teil des Vereinigten Königreiches, hatte die Insel eine irisch-katholische Bevölkerungsmehrheit, beherrscht von einer englischen und englisch-orientierten protestantischen Minderheit in der Region Dublin und einer ›schottischen‹ und englisch-orientierten protestantischen Majorität in Ulster (wo der Konflikt zwischen Katholiken und Protestanten noch heute tobt). Auch in Böhmen gab es eine eingesessene Mehrheit (die Tschechen), die sich von einer ansehnlichen ›landesfremden‹ Minderheit (den Deutschen) in ihrer Mitte unterdrückt fühlte. In Osteuropa machten es, von der Ostsee bis zum Schwarzen Meer, Bevölkerungsmischungen aus Deutschen, Magyaren, Rumänen und Slawen verschiedener Art beinahe unmöglich, jedem Volk mit einem ethnischen Bewußtsein ein eigenes nationales Territorium zu geben.

Eine der ethnisch buntesten Balkan-Regionen mit einer militanten Nationalbewegung war Mazedonien. Diese Provinz bildete das Kerngebiet der restlichen türkischen Besitzungen in Europa, die im Osten Thrazien, im Süden Thessalien und Epirus, im Westen Albanien und im Norden den Sandschak von Novi-Basar umschlossen. Im Friedensvertrag von San Stefano war Mazedonien an Bulgarien gekommen, doch einige Monate später hatten die Großmächte auf dem Berliner Kongreß es wieder der osmanischen Herrschaft unterstellt, mit der Auflage, daß die Türkei Reformen zugunsten ihrer christlichen Völker einführe. Die Bevölkerung Mazedoniens, die 1912 über zweieinviertel Millionen erreichte, war zu fünfzig Prozent slawisch, zu zwanzig Prozent türkisch, zu elf Prozent griechisch, zu acht Prozent albanisch, und die übrigen elf Prozent schlossen Walachen, Zigeuner, Juden und andere ein. Obwohl die meisten mazedonischen Slawen, sofern sie über diese Sache überhaupt nachdachten, sich ethnisch als Bulgaren betrachteten, nannte Serbien sie Altserben, und für Griechenland waren sie bulgarisch sprechende Griechen. Wie dem auch sei, jedenfalls wurde sich in den neunziger Jahren eine wachsende Zahl Mazedonier der Tatsache bewußt, daß sie ein unterdrücktes Volk unter türkischer Herrschaft waren, denen die Reformen, auf welche die Großmächte drängten, vorenthalten wurden.

1893 gründete ein Teil der slawischen Intelligenzia Mazedoniens, darunter militärisch ausgebildete Männer, die ›Innere Mazedonische Revolutionäre Organisation‹ (IMRO) mit dem Endziel, ihr ›Vaterland‹ durch eine bewaffnete Erhebung von der Türkenherrschaft zu befreien. Zuerst rekrutierten sie in den Städten Lehrer, Studenten, Priester und akademisch Gebildete, die den Bauern zum Bewußtsein ihres unterdrückten Zustandes verhelfen und sie für die nationale Sache gewinnen sollten. Anschließend versuchte die IMRO eine Regierung im Untergrund mit Vertretern in allen Teilen der Provinz zu bilden, um das politische Bewußtsein der mazedonischen Slawen zu mobilisieren. Darüber hinaus organisierte sie eine Geheimpresse und geheime Gerichte. Im Jahr 1897 entdeckten die türkischen Behörden die Umtriebe und griffen zu Repressalien gegen die Bewegung und ihre Anhängerschaft.

Die IMRO begann nun, eine Guerilla-Streitmacht aufzubauen und die Repressalien der Türken mit eigenen Terrorakten zu beantworten. Die IMRO trieb auch, wo es ihr möglich war, bei der Landbevölkerung eine ›Revolutionssteuer‹ ein, gleichwohl aber mangelte es ihr immer an Geld und Waffen. 1902 saßen mehrere Männer aus ihrer obersten Führungsgruppe in türkischen Gefängnissen, und die in Mazedonien verbliebenen Führungskader sahen sich durch eine rivalisierende Partisanengruppe bedroht, die von Bulgarien finanziell unterstützt wurde. Um diese ›Äußere Organisation‹ zu überflügeln und Geld für Waffen zu beschaffen, entführte eine IMRO-Bande im Nordosten Mazedoniens die amerikanische Missionarin Ellen M. Stone und hielt sie ein halbes Jahr gefangen, bis die türkische Regierung ein Lösegeld von sechzigtausend Dollar zahlte. Zugleich verwickelten andere Tschetnikbanden türkische Truppen in Scharmützel und versuchten, ihre Reihen durch weitere junge Leute aus den Dörfern zu verstärken. In den Taktiken, die sie anwandte, hatte die IMRO große Ähnlichkeit mit der Palästinensischen Befreiungsorganisation der Gegenwart. Wie diese appellierte auch sie an ausländische Mächte. Doch vom kleinen Bulgarien abgesehen, gewährten die Mächte diesem Volk, das immer unter Fremdherrschaft gelebt hatte, keine wirksame Unterstützung, woran auch Gladstones Parole »Mazedonien den Mazedoniern!« nichts änderte.

Im August 1903 startete die IMRO ihren ersten und einzigen Aufstand. Einige ihrer Führer hatten wohl gehofft, daß die Großmächte zu ihren Gunsten intervenieren würden, wie sie es während des 19. Jahrhunderts für andere junge Nationen getan hatten. Aber die IMRO war für einen umfassenden Partisanenkrieg in einer Provinz mit einer ethnisch so stark gemischten Bevölkerung sowohl politisch als auch militärisch schlecht gewappnet. Selbst ihr enthusiastischster Chronist räumt ein, daß die Türken, Albanesen, Griechen und ›gräzisierten‹ Bulgaren – mehr als vierzig Prozent der Gesamtbevölkerung Mazedoniens – gegen die Aufständischen kämpften.[13] Nur im gebirgigen Distrikt Monastir im Nordwesten der Provinz wurden die slawischen Dorfmilizen zum Kampf an der Seite der Tschetniks aufgeboten. Im übrigen Mazedonien jedoch

Nationalismus im Kampf gegen den Staat: Partisanen der Internationalen Mazedonischen Revolutionsarmee. Fotografie, 1903

hatte die IMRO nicht die notwendige Zeit gehabt, den Schutzschirm einer nationalistischen Gesinnung bei den Massen des Volkes zu entwickeln, Voraussetzung für jede Guerillastreitmacht, die sich behaupten will. So konnte eine zehnfach überlegene türkische Armee innerhalb eines Vierteljahres den Aufstand niederschlagen und die Kampfkraft der Bewegung auf osmanischem Boden vernichten. Die Großmächte erlegten dem Sultan erneut ein Reformprogramm auf, das jedoch, wie schon frühere, nicht wirkungsvoll durchgeführt wurde.

Mazedoniens Schicksal wurde durch die Balkankriege 1912 und 1913 entschieden. Es gelang den Armeen Griechenlands, Serbiens und Bulgariens (einschließlich eines Kontingents von IMRO-Partisanen), die Türken aus Europa zu vertreiben, doch statt ein unabhängiges Mazedonien zu schaffen, teilten die Verbündeten es auf, wobei der Löwenanteil Griechenland und Serbien zufiel. Dies führte dazu, daß sich nunmehr über sechshunderttausend slawische Mazedonen unter serbischer und fast dreihunderttausend unter griechischer, aber nur hundertfünfundsechzigtausend unter bulgarischer Herrschaft befanden. Die Mehrzahl der mazedonischen Slawen in Griechenland wurde mit Zwang hellenisiert, die in Serbien sah sich unter Druck gesetzt, sich als Serben zu fühlen. Die IMRO nahm zwar nach dem Ersten Weltkrieg ihre Propaganda- und terroristische Aktivität wieder auf, besonders gegen Jugoslawien, doch Mazedonien, wie die IMRO-Führung es erstrebte, sollte nie eine

Streik im Dienst des Nationalismus:
Streik der Transportarbeiter in Dublin, Irland, 1913.
Fotografie, 1913

unabhängige Nation werden. Ein Grund bestand darin, daß sie Bulgarien drängte, auf der Seite der Entente-Gegner in den Krieg einzutreten, und sich dadurch auf der Friedenskonferenz in Versailles auf der ›falschen‹ Seite fand. Dazu kam, daß die meisten Europäer, sobald die Türken vom Balkan verdrängt waren, das Interesse verloren, sich unterdrückter Nationalitäten in dieser Region anzunehmen. Mazedonien war für sie nur der Name für einen ›gemischten Fruchtsalat‹.

Das unter Fremdherrschaft stehende Volk, das den Westeuropäern und den Amerikanern am vertrautesten war, stellten die Iren dar. Das ganze Mittelalter hindurch hatten die irischen Barden (Fili) trotz der dänischen, normannischen und englischen Kolonisation ein gälisches Nationalbewußtsein am Leben erhalten. Die irische Sprache hatte zwar nach dem 16. Jahrhundert allmählich das Feld vor der englischen geräumt, doch die große Mehrheit der Bevölkerung war, ihren anglikanischen Oberherren zum Trotz, der katholischen Religion treu geblieben und hatte damit ein kulturelles Band bewahrt. Ein anderer Übelstand, unter dem die irischen Katholiken zu leiden hatten, lag darin, daß der größte Teil ihres Grundbesitzes im 17. Jahrhundert konfisziert worden war. Der neuzeitliche irische Nationalismus fand zum erstenmal in der von Theobald Wolfe Tone angeführten Rebellion von 1798 seinen Ausdruck. Zwei Jahre später schloß die englische Regierung in einem Vergeltungsakt das irische Parlament in Dublin und gliederte Irland in das Vereinigte Königreich ein.

Von 1800 bis hin zum Ersten Weltkrieg betätigte sich der irische Nationalismus vor allem in zwei politischen Formen:[14] in revolutionären Bewegungen, die das Ziel einer unabhängigen Republik verfolgten, und in der Tätigkeit der rund hundert irischen Unterhausmitglieder, die sich auf ›Home rule‹ (Selbstregierung) konzentrierte. Die aktivste revolutionäre Gruppe waren die ›Fenier‹ (auch Irische Republikanische Bruderschaft genannt), ein Geheimbund, in den fünfziger Jahren des 19. Jahrhunderts mit Hilfe von Iren gegründet, die nach Amerika ausgewandert waren. Unter Führung der Fenier kam es 1867 zu einem zweiten Aufstand, der gleichfalls scheiterte. 1905 von Arthur Griffith als ›Sinn Fein‹ (Wir selbst) neugegründet, versuchte diese Organisation erfolglos, alle anderen Separatistenbewegungen gegen die Anhänger der ›Home rule‹ zusammenzuschließen. Die Home-rule-Bewegung erreichte in den achtziger Jahren unter Führung von Charles Stewart Parnell ihren ersten Höhepunkt, sowohl im Unterhaus in London als auch in Irland selbst. Der Skandal um Parnell (er wurde als Liebhaber einer verheirateten

Frau bloßgestellt) und sein Tod im Jahr 1891 beraubten die Bewegung ihres führenden Kopfes und spalteten sie für die folgenden neunzehn Jahre. Dennoch kam sie in den Jahren vor dem Ersten Weltkrieg ihren Zielen näher als jemals zuvor.

Der Verlust der irischen Sprache hatte zur Folge, daß der kulturelle Nationalismus schwieriger zu organisieren war als der politische. Um die Mitte des 19. Jahrhunderts konnten nur dreißig Prozent der Bevölkerung irisch, hingegen mehr als neunzig Prozent englisch sprechen; schon 1891 beherrschten fünfundachtzig Prozent das Irische nicht mehr. Paradoxerweise hatte der irische Nationalismus seinen ersten, noch passiven Anhang bei den Massen gewonnen, als Daniel O'Connor und in den vierziger Jahren die Bewegung ›Junges Irland‹ sich für ihn einsetzten, »gerade zu einer Zeit, als die irische Sprache sich in vollem Rückzug befand. Eine naheliegende Folge war, daß das Nationalgefühl des Volkes sich in Sehnsüchten ausdrückte . . . wie sie einem in unseren Volksliedern begegnen, während die Erfüllung sich auf das beschränkte, was verschiedene Führer aufbauen konnten, die allesamt bei einer Bevölkerung, die weiterhin englische Sprachgewohnheiten übernahm, ganz von vorne beginnen mußten.«[15]

Die Bewegung zur Neubelebung der irischen Sprache beschränkte sich vor 1914 auf Gelehrte und Altertumsliebhaber und hatte wenig Einfluß. Doch am Ende des 19. Jahrhunderts verbreitete sich die 1884 gegründete ›Gaelic Athletic Association‹ rasch durch das Land, gab dem Lokal- und nationalen Patriotismus neues Leben und weckte die Begeisterung für irischen Fußball und den Hurling-Sport. Zu dieser Zeit kam es auch zu einer glanzvollen literarischen Renaissance. Angeführt von William Butler Yeats, umfaßte sie Leuchten wie Lady Gregory, George Russell, Douglas Hyde, George Moore und den Dramatiker John Millington Synge. (Die anglo-irischen Dichter Oscar Wilde und George Bernard Shaw beteiligten sich nicht an dieser nationalen Kulturbewegung.)

Einer der bekanntesten literarischen Versuche, das vom modernen Geist unberührte, allerdings bereits englischsprachige ländliche Irland zu feiern, war Synges ›Der Held der westlichen Welt‹. In diesem Stück stolpert Christopher Mahon, ein schüchterner junger Bauer, der seinen tyrannischen Vater getötet zu haben glaubt, in ein Wirtshaus an der rauhen Küste von Mayo, Irlands »westlicher Welt«. Diese Welt ist noch relativ unverdorben von den Einflüssen der »östlichen Welt« Dublins und Belfasts, die schon von der Modernisierung erfaßt ist. Die Frauen des

Ortes sehen in Christopher einen Helden und versuchen ihn als Ehemann einzufangen. Selbst die Männer sind beeindruckt, als er aus einer Reihe von sportlichen Wettkämpfen als Sieger hervorgeht. Tatsächlich stellt sich heraus, daß sein Vater noch am Leben ist, aber Christopher selbst ist durch die Schmeicheleien der Einheimischen zu einem anderen Menschen geworden. Als er schließlich von ihnen Abschied nimmt, sagt er: »Zehntausendmal gesegnet alle. Ihr habt mich am End noch zu einem leidlichen Mann gemacht, und jetzo geh ich und werd mich durch ein ausgelassenes Leben lügen, von dieser Stund an bis zum Jüngsten Gericht.«[16]

Doch die Reaktion auf dieses Stück signalisierte den Niedergang der anglo-irischen literarischen Bewegung. Als es im Abbey-Theater aufgeführt wurde, kam es zu Krawallszenen. Sowohl die bürgerlichen Dubliner im Publikum als auch die anglo-irischen Literaten stellten sich gegen den gemeinen und verkommenen Lebensstil, den es porträtierte, und gegen die nach ihrer Auffassung degenerierte Lebenseinstellung der Protagonisten. Yeats trat jenen Rückzug in die aristokratische Verachtung an, die für seine spätere Haltung bestimmend wurde. Synge selbst starb 1909, und George Moore verließ zwei Jahre danach Dublin, um nach England zu ziehen. Das intensive Bemühen, eine moderne irische Literatur im englischen Sprachgewand zu schaffen, war außerstande, den politischen Nationalismus zu ersetzen. Seine Grundlage war die irrige Annahme gewesen, daß ein Zusammenwirken von Klassen, Religionen und Rassen in der Kunst wie in der Gesellschaft das politische Vakuum füllen könne, das der Sturz Parnells hinterlassen hatte.

Die irischen Massen beteiligten sich nur gelegentlich am politischen Kampf. Das erstemal, daß sie als Hauptdarsteller, nicht als Nebenfiguren auf der Bühne erschienen, war während der ›Landkriege‹ von 1879 bis 1882 gewesen. Unter Führung der vom Geist der Fenier beeinflußten ›Irischen Nationalen Landliga‹ weigerten sie sich, Pachten zu zahlen, die in ihren Augen exorbitant waren, und befolgten Parnells Mahnung, »nicht auf Farmen zu bieten, von denen andere vertrieben worden sind, und von der Macht der öffentlichen Meinung Gebrauch zu machen, um Unredliche unter uns davon abzuschrecken . . . auf solche Farmen zu bieten.« Unter solcherart moralischen Druck setzten sie auch einen Güterverwalter, Captain Boycott, »dessen Niederzwingung nach einem langen Ringen nicht nur der Sprache ein neues Wort gab, sondern auch einem aufmerksam beobachtenden Bauerntum Anschauungsunterricht lieferte.«[17] Doch die Masse der Bauern war nicht einverstanden mit den meisten Gewaltakten, besonders nicht mit der Ermordung zweier hochgestellter Mitglieder der Londoner Regierung, die im Mai 1882 von Angehörigen eines Geheimbundes, der ›Unbesiegbaren‹, im Dubliner Phönixpark getötet wurden. Danach ermöglichten es die von der britischen Regierung eingeleiteten Agrarreformen, im Verein mit der starken Auswanderung, einer wachsenden Zahl von Pächtern, freie Bauern mit Kleingrundbesitz zu werden, was ihr aktives Eintreten für die nationale Sache dämpfte.

Die anderen Ereignisse von Bedeutung, bei denen die irische Bevölkerung in großer Zahl aktiv Anteil nahm, trugen sich in den letzten Jahren vor dem Ersten Weltkrieg in den Städten Dublin und Belfast zu. Der Streik der Transportarbeiter in Dublin, im August 1913, hatte, wie die ›Landkriege‹, als auslösende Ursache wirtschaftliche Unterdrückung. Im Unterschied zu Belfast, das sich in den fünfziger Jahren zur Industriestadt zu wandeln begonnen hatte, war Dublin geprägt vom Handel und Verteilungsgewerbe, die sich beide im Niedergang befanden und die wachsende Zahl der Zuwanderer vom Lande nicht zu absorbieren vermochten. Dreißig Prozent der Stadtbewohner lebten in Elendsquartieren und verdienten weniger als ein Pfund in der Woche; die Männer waren in der Mehrzahl ungelernte Arbeitskräfte, die nur auf Gelegenheitsarbeiten hoffen durften. So gelang es dem glänzenden Organisationstalent James Larkins, bis zum Streik im Jahr 1913 Zehntausende Mitglieder für seine ›Irish Transport and General Workers' Union‹ zu gewinnen. Ursprünglich ausgerufen, um die ›United Tramways' Company‹ zur Anerkennung der Gewerkschaft zu zwingen, erhielt der Ausstand rasch die leidenschaftliche Unterstützung eines großen Teils der Einwohnerschaft, als die britische Polizei im September Larkin verhaftete und bei einer Demonstration in der O'Connell Street zwei Teilnehmer tötete und vierhundert verletzte. Nun mischten sich Rufe nach Freiheit und Unabhängigkeit mit Beschimpfungen der Arbeitgeber, denen vorgeworfen wurde, den Arbeitern durch Hungerlöhne das Rückgrat brechen zu wollen. Der Streik wurde im Januar 1914 schließlich niedergeschlagen. Doch »Larkin hatte die Fessel der Ehrerbietung zerrissen und ein Identitätsbewußtsein der ungelernten Arbeiter geschaffen, jenes Teils der irischen Gesellschaft, der in der schlimmsten Erniedrigung lebte.«[18] Viele der gleichen Arbeiter gingen dann während des Osteraufstandes 1916 und des großen Unabhängigkeitskampfes 1920–1922 wieder auf die Straße.

Unterdessen verstärkten in Belfast die protestantischen Arbeiter ihre traditionellen Gewalttätigkeiten, um die Katholiken in Schach zu halten. Ihre bäuerlichen Vorfahren hatten in den vierziger Jahren des 19. Jahrhunderts neben ihren Gewehren auch ihre Vorurteile in die Stadt mit ihrer aufstrebenden Industrie mitgebracht und hier 1857 eine regelrechte Schlacht mit katholischen Arbeitern ausgetragen. »Die Religion wurde für die Arbeiterschaft in ihrem Ringen um Status und Arbeitsplätze zum Opium. Industrialisierung und Urbanisierung, die die einzige Hoffnung boten, daß die bäuerlichen Wurzeln des Vorurteils absterben könnten, entwickelten sich statt dessen zu machtvollen Wirkfaktoren, die für eine nicht enden wollende Erhaltung, ja Verschärfung der sektenhaften Animosität sorgten.«[19]

Die katholischen ebenso wie die protestantischen Arbeiter stärkten ihr ethnisches Bewußtsein dadurch, daß sie ihre Kinder auf gesonderte Schulen schickten, getrennte Logen unterstützten (die Grünen und die Orangelogen) und in voneinander separierten Vierteln wohnten, deren Abgrenzung periodisch zu Auseinandersetzungen führte. Jeder Krawall hatte freiwillige oder durch Einschüchterung erzwungene Räumung zur Folge, was zu einer Neuziehung der territorialen Trennlinien führte und die Identität des Viertels stärkte. Mit dem Anwachsen der Zahl der ›Kombattanten‹ wurde der städtische Guerillakrieg gefährlicher und ließ sich immer schwerer in Grenzen halten.[20] 1913, als die Annahme eines Home-rule-Gesetzes unmittelbar bevorstand, war es dann soweit, daß beide Seiten sich für einen Bürgerkrieg bewaffneten.

1913 veranlaßte der Zusammenschluß von hunderttausend Freiwilligen in Ulster (Ulster Volunteers) die irischen Nationalisten, ihrerseits eine Freiwilligenarmee aus den katholischen Massen der ganzen Insel aufzustellen. Bis zum Mai 1914 brachte es diese ›Armee‹, die ›Irish Volunteers‹, auf fünfundsiebzigtausend Mitglieder, zumeist Arbeiter aus den Städten. Da die führenden Anhänger des Home-rule-Gedankens Englands Kriegseintritt 1914 unterstützten, ergab sich vorübergehend eine Schwächung der ›Irish Volunteers‹. Doch eine Woche vorher war es ihrer eigenen Führung gelungen, im Hafen von Dublin unter den Augen britischer Soldaten tausend deutsche Infanteriegewehre an Land zu bringen. Diese Leistung wirkte derart anfeuernd auf die Phantasie irischer Katholiken, daß sich bis zum September hunderttausend Mann den ›Irish Volunteers‹ angeschlossen hatten.

Daß der Bürgerkrieg in Ulster und den übrigen Teilen Irlands bis 1920 hinausgeschoben wurde, änderte nichts an den Paradoxien der komplexen ethnischen Gegebenheiten auf der Insel. Die englisch sprechenden

Iren waren durch die gleiche Sprache von den Engländern getrennt und standen auf der Seite ihrer noch irisch sprechenden Landsleute. Es gab anglo-irische Protestanten, die ihren katholischen Landsleuten näherstanden als den Briten oder den protestantischen Extremisten in Ulster. Und in Ulster selbst hatten die Animositäten, denen am schwersten beizukommen war, ihre Grundlage in der Religion.

Der Nationalismus als Reaktion gegen die Modernisierung unter ›liberaler‹ Führung

Im Unterschied zu Irland waren in den politisch unabhängigen Staaten die nationalistischen Bewegungen außerstande, große Massen zu mobilisieren, namentlich in der Arbeiterklasse. Von den zahlreichen patriotischen Gesellschaften wies nur die British Primrose League‹ eine Mitgliederzahl von über einer Million auf, in der Hauptsache schon betagte Herren und Damen aus ›besseren Kreisen‹ und bürgerliche Konformisten. Die militanteren und nonkonformistischen nationalistischen Bewegungen – wie der ›Alldeutsche Verband‹, die ›Action Française‹ und die ›Nationale Vereinigung Italiens‹ – hatten vor 1914 jeweils weniger als vierzigtausend Mitglieder.

Tonangebend waren in diesen Organisationen häufig Angehörige der Intelligenz, die sich gegen die moderne Zivilisation wandten. Sie lehnten die Methoden ab, mit denen viele der einflußreichsten modern eingestellten Regierungschefs den Nationalismus nutzten, um im Volk Unterstützung für ihre Politik zu gewinnen: Sergej Y. Witte und Peter A. Stolypin in Rußland, Joseph Chamberlain und David Lloyd George in Großbritannien, Giovanni Giolitti in Italien, Raymond Poincaré und Louis Barthou in Frankreich (und Theodore Roosevelt in den Vereinigten Staaten). Die Nationalisten, die uns hier beschäftigen, standen außerhalb der herrschenden Kreise und waren der Ansicht, daß ihre Regierungen die wahren Interessen der Nation verrieten. Sie nahmen als gegeben an, daß eine unüberbrückbare Kluft zwischen dem offiziellen oder ›legalen‹ Vaterland und dem echten bestehe – das heißt jenen Menschen, die an ihrer traditionellen Wertordnung festhielten.

Die ›Action Française‹[21] baute ihre ganze Ideologie auf dieser Unterscheidung auf. 1899, auf dem Höhepunkt der Dreyfus-Affäre gegründet, führte sie ständige Angriffe auf die Dritte Republik, das ›Pays légal‹, deren Präsident im gleichen Jahr Dreyfus begnadigte und deren höchster Appellationsgerichtshof ihn sieben Jahre später völlig rehabilitierte. Die

›Action Française‹ versuchte, den Nationalismus zur Wiederherstellung der Reinheit der Kultur und der traditionellen Institutionen Frankreichs, namentlich der Monarchie und der Kirche, einzusetzen. Sie behauptete, daß das ›Pays légal‹ von einer Clique aus Protestanten, Freimaurern, im Land ansässigen Ausländern und Juden beherrscht werde. Diese Elemente seien ›unfranzösisch‹, weil Gegner dieser Institutionen und weil sie die nationale Kultur korrumpierten durch ›deutsche‹ Gelehrsamkeit, den ›englischen‹ Parlamentarismus, die ›jüdische‹ Kreditwirtschaft und eine Gleichmacherei, die Teil der ›jüdisch-freimaurerischen Verschwörung‹ sei, wie sie die Revolution von 1789 nannten. Charles Maurras, Léon Daudet und die anderen antimodernen Mitglieder der Pariser Intelligenz, die an der Spitze der ›Action Française‹ standen, verurteilten auch den unpersönlichen und kosmopolitischen Charakter der modernen Großstadt. Nach ihrer mit Nachdruck verfochtenen Ansicht waren nur Menschen, die ihre Wurzeln auf dem Lande hatten, wahre Franzosen. Doch obwohl sie die schlichten Tugenden des Landes priesen, zogen sie es vor, sich selbst ihm nur soweit zu nähern, als sie in Saint-Germain-des-Prés lebten.

Im Nationalismus der ›Action Française‹ drückte sich klar eine Reaktion gegen alle Aspekte des ›modernization‹-Prozesses aus. Sie verfocht die monarchische Idee und den Klerikalismus als die einzigen Alternativen zum Liberalismus der modern eingestellten politischen Führung des Landes. Daneben kämpfte sie gegen die soziale Mobilität und die Beseitigung von Klassenunterschieden auf dem Gesetzgebungsweg: Wenn jeder so viel Wert habe wie jeder andere, dann habe keiner einen Wert. Mit nur wenigen Ausnahmen war die Intellgenz der ›Action Française‹ auch den wissenschaftlich-technischen Voraussetzungen der Modernität feindselig gesinnt. Maurras zwar betrachtete sich als ›Positivisten‹, doch Daudet und andere verdammten alles, von den Theorien der Evolution und der Psychoanalyse bis zu Impfstoffen und Lebensmittelkonserven.

Die ›Action Française‹ war eine gutorganisierte und sehr aktive Bewegung mit dreißig- bis vierzigtausend Mitgliedern in der Periode unmittelbar vor dem Ersten Weltkrieg. Sie gab eine Tageszeitung und etliche Zeitschriften, Kampfschriften und Bücher heraus. In der sozialen Zusammensetzung der ›Action Française‹ spiegelte sich die modernitätsfeindliche Orientierung ihrer Weltanschauung: Zwanzig Prozent gehörten Adel und Geistlichkeit, fünfzig dem Groß- und mittleren Bürgertum an (insbesondere Mitglieder der älteren freien Berufe wie der Jurisprudenz und des ärztlichen Standes sowie des Militärs), dreißig Prozent kamen aus dem Kleinbürgertum (namentlich Angestellte, Lehrer und Unteroffiziere). Der studentische Anhang der Organisation entstammte ähnlichen Milieus, aber die ›Camelots du Roi‹, die jungen Leute, die das Blatt der Bewegung verkauften und auf der Straße für sie kämpften, kamen überwiegend aus dem Kleinbürgertum und waren vor allem Ladenangestellte. Die der ›Action Française‹ angehörenden Studenten und die Camelots verschafften ihr ungleich mehr öffentliches Aufsehen als ihre Ideologie, indem sie republikanische Politiker auf Versammlungen durch heikle Fragen aus dem Konzept brachten, Vorlesungen ›liberaler‹ Professoren sprengten, Pazifisten und Sozialisten verprügelten oder sich bei ihren illegalen Kundgebungen für Jeanne d'Arc von der Polizei verhaften ließen.

Als Folge der Neubelebung des Nationalismus in den Vorkriegsjahren gewann die ›Action Française‹, trotz ihrer traditionsverhafteten Weltanschauung und des Rowdytums ihrer jüngeren Mitglieder, erhebliche Sympathien außerhalb ihrer Reihen.[22] Dieses Aufleben des Nationalismus war eine Reaktion auf die wachsenden Spannungen in der internationalen Politik. Doch die Kampagne zur Stärkung der Wehrkraft der Nation und des Patriotismus im Volk wurde angeführt von Männern wie Raymond Poincaré, 1912 Ministerpräsident und danach Präsident der Republik. Maurras und seine Gesinnungsgenossen hatten keinen direkten Einfluß auf die Politik der Regierung und bekämpften weiterhin mit ihrer eigenen Version des Nationalismus die Dritte Republik. Erst am 4. August 1914 erklärte die Bewegung in ihrer Tageszeitung, daß sie für die Dauer des Krieges ihren antisemitischen Ton und die Angriffe auf das Regime einstellen wolle.

Antimoderne Nationalisten gab es auch in Deutschland und Österreich, deren politische Führung schwerlich als ›liberal‹ zu bezeichnen war. Im Unterschied zu Maurras waren die deutschen Schriftsteller Paul de Lagarde und sein Schüler Julius Langbehn[23] romantisch-mystische Schwärmer, aber sie teilten mit ihm die Feindschaft gegen den zentralisierten Staat, die Demokratie, Industrialisierung, Urbanisierung und den Materialismus. Lagarde und Langbehn schlossen sich angesichts dieser Tendenzen dem Kulturpessimismus Nietzsches an, doch im Unterschied zu ihm setzten sie die echte Kultur mit der Seele des ganzen deutschen Volkes gleich, statt sie mit einer Elite philosophischer Übermenschen aus allen Nationen zu identifizieren. Langbehn schloß die Juden aus dem Volksganzen aus, weil sie durch eine nichtchristliche und nichtgermanische Religion verbunden waren, Lagardes Antisemitismus aber konzentrierte sich zunehmend auf den rassischen Aspekt. Für ihn verkörperten die ›seelenlosen‹ Juden Modernität und Materialismus und standen deshalb automatisch in Gegnerschaft zum geistigen Charakter des deutschen Volkes. Lagarde und Langbehn gründeten zwar keine Bewegungen, artikulierten aber den Groll zahlreicher Angehöriger der deutschen Intelligenz auf die Seichtigkeit ihrer von der Modernität geprägten Wohlstandsgesellschaft. Und ihre völkische Weltanschauung hatte eine starke Anziehungskraft auf die militanteren nationalistischen Bewegungen in den deutschsprachigen Gebieten Europas, darunter die christlich-sozialen Parteien Adolf Stoeckers in Preußen während der neunziger Jahre und Karl Luegers zu Anfang des 20. Jahrhunderts in Österreich.

Der Weg des erfolglosen österreichischen Politikers Georg Ritter von Schönerer illustriert, wie sich der antimoderne Nationalismus unter der Maske eines ›chirstlichen‹ oder ›nationalen‹ Sozialismus ausbreiten konnte.[24] Sein Vater war ein Eisenbahningenieur, der für seine Dienste geadelt worden war, während der Sohn seine Laufbahn als ›reformbewußter Grundbesitzer‹ begann, der sich um das Wohl der Kleinbauern in der Nachbarschaft des Familiengutes Rosenau nahe der böhmischen Grenze kümmerte. Als Mitglied des Abgeordnetenhauses von 1873 bis 1888 gründete er mehrere deutsch-nationale Vereine und verfocht die rassische Überlegenheit des Deutschtums, den Anschluß Österreichs an das Deutsche Reich und einen bedingungslosen Antisemitismus. Er versuchte auch, seine nationalistische Einstellung mit einem Pseudosozialismus zu verbinden, attackierte das mobile ›jüdische‹ Kapital und pries den Grundbesitz in den höchsten Tönen. Schönerer gebot zu keiner Zeit über eine Massenbewegung und gewann außerhalb seines heimischen Wahlkreises niemals eine politische Basis. Doch dies bekümmerte ihn nicht im Unmaß, denn es ging ihm mehr darum, eine Idee zu verbreiten, als eine Partei zu führen.

Mochten Schönerer und seine zusammenschmelzende Anhängerschar auch bemitleidenswert und lächerlich erscheinen, so gewannen doch die Gefühle, die sie sich zunutze zu machen versuchten, in den letzten Jahren vor 1900 zunehmend an Boden. Bis zur Jahrhundertwende hatten mehrere österreichische und deutsche Parteien Juden aus ihren Reihen verbannt. Während Schönerer in seinen Haßgefühlen zu doktrinär und starr war, um in der Politik zum Erfolg zu gelangen, benutzte Lueger in pragmatischer Weise den Antisemitismus, einen christlichen Sozialismus und deutsch-österreichischen Nationalismus, um sich zu einem der populärsten Männer im Land und zum Bürgermeister von Wien zu machen, ein Amt, das er bis zu seinem Tod im Jahr 1910 innehatte. Seine Volkstümlichkeit gründete sich auch auf die Neuerungen, die er in Wien einführte, darunter ein städtisches Gaswerk, ein Straßenbahnnetz, eine Erweiterung der städtischen Wasserversorgung, neue Krankenhäuser und Schulen sowie eine städtische Arbeitsvermittlung und Sparkasse. Dennoch hielt Lueger an seiner Verurteilung des modernen Liberalismus fest, den er mit den Juden gleichsetzte. Er kenne, erklärte er, nur ein einziges destruktives Element in Österreich, und das sei die jüdische liberale Partei.

Die zwiespältige Haltung ›reformerisch‹ denkender Nationalisten wie von Schönerer und Lueger gegenüber der Modernität und ihre Neigung, die unerfreulichen Aspekte dieses Prozesses den Juden anzulasten, beherrschte auch die bedeutendste nationalistische Bewegung in Deutschland, den Alldeutschen Verband. Diese 1890 gegründete Bewegung trat konsequent für eine expansionistische Außenpolitik ein. Sie übernahm auch die völkische Idee, daß Blut und Boden, nicht aber der Staat und die staatsbürgerlichen Rechte, das Lebensfundament des ›wahren‹ deutschen Volkes bildeten. Von Anfang an setzten sich die Alldeutschen für agrarische Interessen ein. Doch da der Imperialismus eine machtvolle Industrie erforderte, gaben die Alldeutschen allmählich den Widerstand auf, den die völkische Weltanschauung der Industrie und dem Modernen entgegensetzte. Sie kamen zu der Erkenntnis, daß eine Reihe von Industrieunternehmen »gesunde deutsche Elemente« enthielten. Heinrich Claß, Vorsitzender des Verbandes seit 1908, häufte besonderes Lob auf die Krupp-Werke. Dennoch hielt Claß an der völkischen Linie insofern fest, als er behauptete, Banken und Warenhäuser seien Teil der jüdischen Verschwörung, das deutsche Volk auszubeuten. Er beschuldigte die Juden, Handlanger des modernen Materialismus zu sein, der den deutschen Volksgeist zersetze.

Da der Alldeutsche Verband dem herrschenden Regime gegenüber keine offene Feindseligkeit zeigte, hatte er eine einflußreichere Gefolgschaft als die ›Action Française‹. 1901 waren von seinen über achtzehntausend Mitgliedern[25] fünftausenddreihundertneununddreißig Universitätsprofessoren und -dozenten, viertausendneunhundertfünf kleine Geschäftsleute, dreitausendsiebenhundertsechzig Beamte, Künstler und Lehrer und zweitausendsechshundertdreiundsiebzig zumeist selbständige Handwerker. Zu der starken Gruppe akademischer Intellektueller gehörten unter anderen Liberale wie der Soziologe Max Weber und der Historiker Karl Lamprecht. Auch liberale Politiker wie Gustav Stresemann und Friedrich Naumann traten dem Verband bei. Weber und Stresemann verließen ihn allerdings wegen seiner agrarierfreundlichen und arbeiterfeindlichen Einstellung bald wieder. In den zwei Jahrzehnten vor dem Ersten Weltkrieg gehörten sechzig Reichstagsabgeordnete sowie eine große Zahl hochgestellter Beamter zu den Alldeutschen. Andere Beamte und Militärs in hohen Stellungen begrüßten das Eintreten des Verbandes für eine aggressive Außenpolitik, während seine konformistischen kleinbürgerlichen Mitglieder zum Teil von der Seriosität angezogen wurden, die er dem völkischen Nationalismus verlieh.

Die nationalistische Bewegung in Italien war der ›Action Française‹ ähnlicher als dem Alldeutschen Verband, obwohl ihr die traditionalistische Gefolgschaft ihres französischen Gegenstücks fehlte. Tatsächlich war sie der Archetyp einer politischen Bewegung, die der Reaktion eines bestimmten Teils der staatsverdrossenen Intelligenz gegen die Modernität unter liberaler Führung Ausdruck geben sollte. Und weil dies ihr Zweck war, bestand unter ihren Wortführern ständig Uneinigkeit, welcher Ideologie sie folgen sollte. Bis 1914 verbanden nur zwei Ideen diese literarischen Journalisten: daß sie das echte Italien gegenüber dem offiziellen Italien verträten und daß nur der Kraftakt eines imperialistischen Krieges die Kluft zwischen Staat und Volk zu überbrücken imstande sei.

Enrico Corradini war ein typischer Vertreter der kraß ablehnenden Haltung, welche diese Männer gegenüber der Würdelosigkeit des Lebens in Italien unter liberalen Politikern wie Giolitti einnahmen.[26] In den späten neunziger Jahren war Corradini mit Romanen hervorgetreten, die den Positivismus, Materialismus und die humanitäre Einstellung, welche die herrschende Bourgeoisie zu dominieren schienen, mit dem Blick des Kulturpessimisten betrachteten. Aber er gab diese passive Reaktion schon bald zugunsten einer ›revolutionäreren‹ Haltung auf. Zwischen 1903 und 1906 war er Redakteur der Zeitschrift ›Regno‹ (Königreich), die zu einer gewaltsamen Erhebung des Volkes gegen das offizielle Italien aufrief. Zuerst trat Corradini für eine kriegerische Eroberung von Kolonien in Nordafrika ein, um verarmten italienischen Auswanderern eine Alternative zur Niederlassung in der Neuen Welt zu bieten. Er liebäugelte auch mit dem revolutionären Syndikalismus, war jedoch zu autoritär, um eine wirkliche Beteiligung des Volkes an seiner Revolution zu akzeptieren, und zu uninteressiert an wirtschaftlichen Fragen, um die Anliegen der echten Arbeiter zu begreifen. 1910 vertrat er den Standpunkt, die nationalistische Elite solle sich an die Spitze Italiens stellen, das eine proletarische Nation sei, ebenso wie die Arbeiter eine proletarische Klasse gewesen seien, als die Sozialisten sie zu mobilisieren begannen.

Schon 1911 hatte die Organisation in mehr als sechzig Klein- und Großstädten Niederlassungen. Zu Anfang 1914 gab es in einem Dutzend Großstädte kleine, von der Nationalistischen Vereinigung inspirierte Blätter, während ihre offiziöse Wochenzeitung, ›Idea Nazionale‹, im ganzen Land verkauft wurde. Inzwischen jedoch war die Bewegung durch den Krieg in Libyen, den das offizielle Italien begonnen hatte, in den Hintergrund gedrängt worden, und ihr demokratischer Flügel hatte sich von ihr getrennt, als der konservative sich gegen die Gesetzesvorlage wandte, mit der Giolitti den italienischen Männern das allgemeine Wahlrecht gewährte. Die Bewegung gab jetzt ihre Pose als Trägerin des Volkswillens auf, und die ihr noch verbliebene Führerschaft beschloß, sich offen um klerikale Unterstützung zu bewerben, weil sie eine konservative Parlamentsfraktion zu bilden hoffte. Damit akzeptierte die italienische Nationalistische Bewegung – im Gegensatz zur ›Action Française‹ – das Parlament als nationales Ideal, wenngleich sie auch weiterhin allen Parteien, die für die politische und gesellschaftliche Modernisierung eintraten, in Gegnerschaft gegenüberstand.

Am Vorabend des Ersten Weltkrieges erhielt die Kritik der Nationalistischen Vereinigung an der liberalen Führung des offiziellen Italien ihre endgültige Form in der Ideologie Alfredo Roccos, eines angesehenen Rechtsprofessors. Rocco hatte zwei Hauptziele: an die Stelle des liberalen einen autoritären Staat zu setzen und den unkontrolliert ausgetragenen Konflikt zwischen den gesellschaftlichen und wirtschaftlichen Kräften durch eine hierarchische Klassenstruktur und durch Korporationen (Gilden) für jeden Wirtschaftssektor zu ersetzen, die ihre eigenen Angelegenheiten regeln, sich aber der Autorität des Staates unterordnen sollten. Trotz ihrer geringen Größe und fehlender Beziehungen zu hochgestellten Politikern trug die italienische Nationalistische Vereinigung mehr als jede andere nationalistische Bewegung dazu bei, ihr Land in den Ersten Weltkrieg zu führen. Italien wahrte seine Neutralität bis zum Mai 1915, als die Kampagne für den Kriegseintritt ihren Höhepunkt erreichte. Befürworter der Teilnahme am Krieg gab es – mit Ausnahme der Sozialisten und Katholiken – in allen politischen Lagern, doch am lautstärksten forderten sie die Nationalisten. Im April gewannen sie mit ihren Straßendemonstrationen zahlreiche neue Anhänger und halfen damit Ministerpräsident Antonio Salandra, die Kriegserklärung an

Österreich-Ungarn durchs Parlament zu peitschen. Die Mehrheit der Abgeordneten war sich zwar mit Giolitti, der zu dieser Zeit kein Regierungsamt innehatte, einig, daß der Kriegseintritt ein Fehler wäre, stimmte aber gleichwohl dafür, als der König mit seiner Abdankung drohte, wenn das Parlament sich dagegen ausspräche. Am 5. Mai 1915, achtzehn Tage vor der Kriegserklärung, schlossen sich die Nationalisten den fast zweihunderttausend Menschen an, die nach Quarto in der Nähe von Genua geströmt waren, um Gabriele d'Annunzios leidenschaftliche Rede über die Herrlichkeit des Krieges zu hören. Zehn Tage danach drohte die ›Idea Nazionale‹ in einem ›Das Parlament gegen Italien‹ überschriebenen Leitartikel mit einer Rebellion »der Nation« gegen das »von Fäulnis befallene Parlament«, das ihr diese Herrlichkeit verweigern wolle. Zwar trugen die Schuld an der Unterhöhlung der wichtigsten liberalen Institution des Landes der Ministerpräsident und der König, aber die Nationalisten und ihr neu gewonnener Dichter hatten die Atmosphäre geschaffen, in der dies erst möglich geworden war.

Die Juden

Das Erstarken des antiliberalen ethnischen und antisemitischen Nationalismus löste bei Europas Juden dreierlei Reaktionen aus.[27] Manche strebten nach wie vor danach, sich als Individuen ihrer jeweiligen nationalen Gesellschaft voll zu assimilieren. Andere, unter ihnen einige ehemalige Assimilationisten, versuchten, innerhalb dieser umfassenderen Gesellschaften die ethnische Identität der Juden als einer Gemeinschaft für sich zu erhalten oder neuzubeleben. Und schließlich gab es noch die Zionisten, die die Auffassung vertraten, die Juden seien eine authentische Nation und hätten Anspruch auf eine eigene territoriale Heimstätte.

Die Aufklärung und die Französische Revolution hatten zur Emanzipation der Juden und zur Ausdehnung der staatsbürgerlichen Rechte auf sie geführt. Dies war am Ende des 18. Jahrhunderts nur in Frankreich und Holland eingetreten, bis zu den siebziger Jahren des 19. Jahrhunderts dann auch in allen Staaten West- und Mitteleuropas mit Ausnahme von Portugal und Spanien. Was Osteuropa betraf, so wurde die Gleichstellung der Juden in Serbien und Bulgarien durch den Berliner Kongreß (1878) oktroyiert, die Juden in Rußland und Rumänien hingegen erhielten sie erst 1917 beziehungsweise 1918.

Seit der Mitte des 19. Jahrhunderts konnten viele Juden in Deutschland, den westlichen Provinzen Österreichs und in Ungarn leben, wo sie wollten, und jede berufliche Position bekleiden, davon abgesehen, daß ihnen das Offizierskorps und die höhere Beamtenschaft verschlossen blieben. Juden gewannen im Kulturleben dieser drei Länder eine größere Bedeutung als in anderen. In Frankreich und Italien war die jüdische Bevölkerung viel kleiner, doch stärker assimiliert als in Mitteleuropa.

Um 1900 war die jüdische Bevölkerung in Europa etwa folgendermaßen verteilt: Etwas über fünf Millionen Juden lebten im Russischen Reich, wo sie knapp vier Prozent der Gesamtbevölkerung stellten, waren aber in ihrer überwältigenden Mehrheit nach wie vor gezwungen, sich in den Ansiedlungsrayons des Pale-Distrikts (der von der Ostsee bis in den Südwesten der Ukraine reichte) aufzuhalten, den Rußland im ausgehenden 18. Jahrhundert vom multinationalen Königreich Polen annektiert hatte. In Russisch-Polen stellten die Juden fast fünfzehn, in den südwestlichen Provinzen neun, in den nordwestlichen etwas über

Juden im Warschauer Ghetto. Fotografie, 1906

dreizehn, und in Kurland (Lettland) fast siebeneinhalb Prozent der Gesamtbevölkerung. Das übrige europäische Rußland hatte nur ein drittel Prozent Juden. In Österreich lebten fast eineinhalb Millionen Juden (über viereinhalb Prozent der Gesamtbevölkerung), davon mehr als die Hälfte in der ehemals polnischen Provinz Galizien. Ungarn hatte achthundertfünfzigtausend Juden (fast viereinhalb Prozent), Deutschland fünfhundertsiebzigtausend (ein Prozent), Rumänien über eine viertel Million (viereinhalb Prozent), das Vereinigte Königreich hundertachtzigtausend (ein Drittel Prozent), unter ihnen mindestens dreißigtausend osteuropäische Juden, die alsbald nach Nordamerika weiterziehen sollten. In Frankreich (ohne Algerien) lebten sechsundachtzigtausend Juden (ein knappes viertel Prozent), in Italien fünfzigtausend (fast zwei drittel Prozent) und in Bulgarien und Mazedonien zusammen rund eine viertel Million.

Die im Land geborenen britischen Juden hatten ebenfalls die Lebensgewohnheiten der einheimischen Bevölkerung angenommen, wurden aber inoffiziell noch als eine eigene Bevölkerungsgruppe angesehen, der es erlaubt sein sollte, eine gewisse ethnische Sonderstellung zu behalten, solange sie nicht zu zahlreich oder zu mächtig wurde. Zwar trat in Großbritannien keine organisierte antisemitische Bewegung in Erscheinung, doch der Zustrom von Juden aus Osteuropa – der die jüdische Gemeinde zwischen 1883 und 1914 von fünfzigtausend auf zweihunderttausend anschwellen ließ – wirkte doch hinlänglich ominös, um eine Begrenzung der Einwanderung durch die 1905 erlassene ›Alien Act‹ zu rechtfertigen.[28]

Im Verlauf des 19. Jahrhunderts schlugen die meisten europäischen Regierungen die offizielle Politik ein, jenen jüdischen Personen, die bereit waren, sich der Gesellschaft und Kultur des Landes zu assimilieren, die Staatsbürgerrechte zu gewähren. Zugleich jedoch lehnten sie es ab, den Nichtassimilierten die rechtliche Anerkennung als ethnische Minderheit zu gewähren, die Anspruch auf Ausnahmebehandlung hatte. Die kumulativen Auswirkungen der Modernisierung veranlaßten eine zunehmende Zahl bürgerlicher Juden in West- und Mitteleuropa, ihre traditionelle Kultur aufzugeben, um in den Genuß der positiven Folgen dieser Politik zu gelangen, in der das in allen Ländern wachsende Nationalbewußtsein zum Ausdruck kam. Selbst im Russischen Reich unternahm die Regierung bis in die frühen achtziger Jahre sporadisch Versuche, einzelne Juden zu russifizieren. Danach jedoch bekräftigte sie wieder den inferioren Status aller Juden und die besonderen Restriktionen hin-

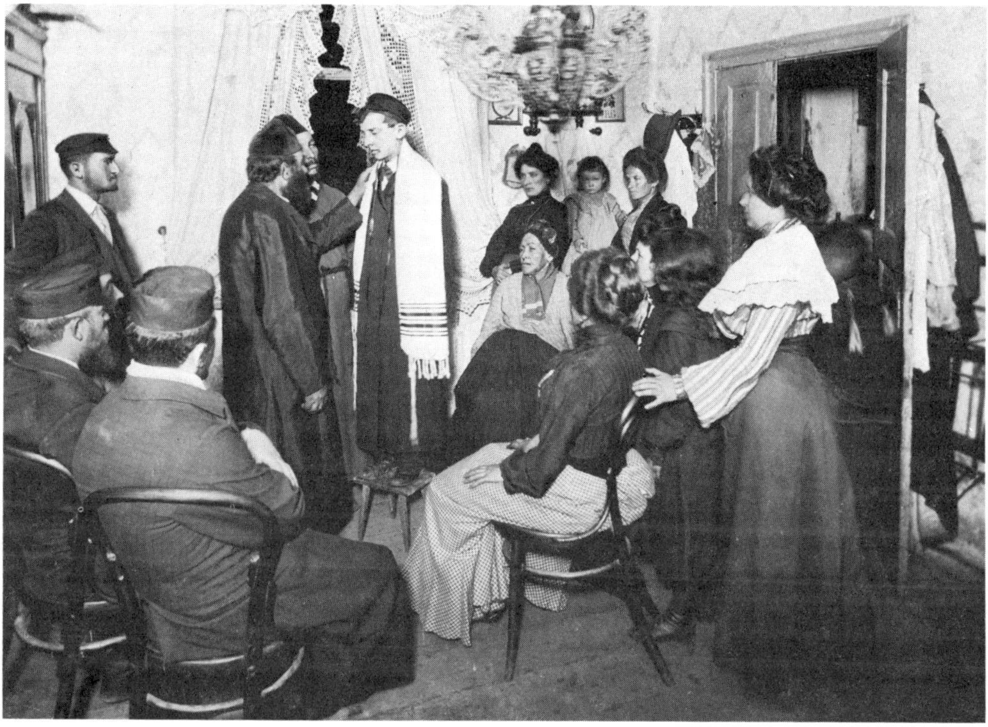

Juden bei Kulthandlungen (›Bar Mizwa‹) im eigenen Heim, Warschauer Ghetto. Fotografie, 1906

sichtlich ihres Wohnrechts, der ihnen offenstehenden Berufe und des für sie geltenden Numerus clausus. In Großbritannien und Deutschland, aber auch in Österreich-Ungarn und Rußland gingen manche wohlhabende und gebildete Juden soweit, zum Christentum überzutreten.

Mit der Assimilation und dem Glaubenswechsel ging eine Zunahme der Mischehen einher. Aus diesen Ehen entsprang ein eigenes modernes Phänomen: der Halbjude; Marcel Proust und Hugo von Hofmannsthal sind zwei berühmte Mischlinge. Am Vorabend des Ersten Weltkrieges war in Berlin und Hamburg je einer von drei Juden mit einem nichtjüdischen Ehepartner verheiratet.

In Deutschland und den westlichen Provinzen Österreichs waren die orthodoxen religiösen Gebräuche bewußt nach modernen Gesichtspunkten reformiert worden und bis zur Mitte des 19. Jahrhunderts nahezu verschwunden. In Großbritannien, Frankreich und im übrigen Westeuropa hatte das orthodoxe Brauchtum entweder nie bestanden oder es war aus der Übung gekommen, ohne daß jene Kontroverse entstanden wäre, die das Reformjudentum in Mitteleuropa ausgelöst hatte. Das Reformjudentum war praktisch ein Versuch, die Nichtjuden zu überzeugen, daß das Judentum nur eine Religion, daß ein Deutscher ›jüdischen Glaubensbekenntnisses‹ ebenso deutsch sei wie ein Katholik oder ein Protestant. (Allerdings ließ sich die jüdische Kultur nicht leichter abstreifen als die Vorstellungen der Nichtjuden von jüdischer Art oder jüdischem Verhalten.) In Osteuropa hingegen konnte sich die Orthodoxie behaupten. Hier blieb der Weg zur Assimilation verschlossen, und die traditionelle jüdische Kultur bot angesichts häufiger Verfolgungen, durch die Behörden wie von anderer Seite, den einzigen Trost.

Die osteuropäischen Juden erschienen im Vergleich zu ihren Glaubensbrüdern in West- und Mitteleuropa wie eine ganz andere Rasse. Mit Ausnahme einiger weniger reicher Industrieller und Bankiers wie der Günsburgs, Poliakows und Brodskis und einer kleinen Minderheit wohlhabender Kaufleute und Akademiker verarmte mit der Entwicklung zur Moderne die Mehrheit der Juden in Rußland noch stärker als die Bauern. Während der sechziger Jahre des 19. Jahrhunderts waren in den zunehmend übervölkerten Gettos der Ansiedlungsrayons bis zu vierzig Prozent der Juden ›Luftmenschen‹ (Personen ohne besondere Fertigkeiten, ohne Beschäftigung und Kapital), die von milden Gaben lebten und sich mit Gelegenheitsarbeiten durchbrachten. Später nahm die Industrialisierung zahlreichen Juden ihre traditionellen Erwerbstätigkeiten: Jüdische Kutscher wurden durch die Eisenbahnen brotlos; gelernte Schneider, Schuhmacher und Verarbeiter von Nahrungsmitteln mußten der mechanisierten Fabrikproduktion weichen. Mit den neunziger Jahren wurde eine zunehmende Zahl von Söhnen und Töchtern dieser deklassierten Juden selbst Fabrikarbeiter.

Zwar wanderten zahlreiche russische Juden aus, doch die Mehrzahl blieb in den Gettos zurück, sprach nur Jiddisch und kleidete sich in ihre traditionelle Tracht. Sie verharrten fromm in ihrem armseligen Dasein und ergaben sich in ihr Schicksal, aus der russischen Gesellschaft ausgestoßen zu sein. Die einzige bedeutende Ausnahme von diesem Zustand der sozialen Ächtung bestand darin, daß wie alle jungen Männer auch die jüdischen fünf Jahre Militärpflicht leisten mußten. Für die Juden, die sonst Untertanen zweiter Klasse waren, bedeutete die Dienstpflicht eine besondere Last, und viele flohen aus dem Land, um ihr zu entgehen.

Schlimmer als die Armut und der Ausschluß aus der Gesellschaft waren die Pogrome (Pogrom ist ein russisches Wort für Verwüstung), von denen die Juden in Osteuropa heimgesucht wurden. Die Pogrome im Jahr 1881 wurden, ebenso wie die bereits erwähnten staatlichen Maßnahmen gegen die Juden, von der Ermordung Zar Alexanders II. durch

Pogrom, Judenverfolgung in Rußland. Fotografie, 1906

eine Terroristengruppe ausgelöst, der auch eine jüdische Frau angehörte. Im gleichen Jahr fielen aufgebrachte Volksmassen in der Ukraine und Russisch-Polen über ihre ›Unterdrücker‹ her und plünderten deren Läden; im Regelfall duldeten die Behörden diese Pogrome zwei Tage, ehe sie einschritten. Bis zum Ende des Jahres wurden mehrere hundert Juden getötet, und allein in Kiew betrug der materielle Schaden schätzungsweise zweieinhalb Millionen Rubel. Noch ernster als diese Verluste aber war das Gefühl der Unsicherheit, das diese Form von Massenverfolgung, die man erloschen geglaubt hatte, Rußlands Juden gab. Doch die Pogrome des Jahres 1881 waren nur ein Vorspiel zu den größeren Massakern, im April 1903 in Kischinew sowie Ende Oktober und Anfang November 1905, bei denen sechshundertsechzig jüdische Gemeinden verwüstet wurden. Hauptanstifterin der Pogrome im Jahr 1905 war die neu gegründete Liga des Russischen Volkes, eine antimodern eingestellte nationalistische Organisation von hundert Mann starken paramilitärischen Gruppen. Die Gründe, warum Juden verfolgt wurden, waren ihr angebliches Ausbeutertum und ihr angebliches umstürzlerisches Treiben.

Die Anklage umstürzlerischer Tätigkeit enthielt ein Korn Wahrheit. Zwar waren die Teilnehmer an der Revolution 1905 in ihrer überwältigenden Mehrheit keine Juden, aber eine gewisse Zahl entfremdeter jüdischer Studenten (von denen viele gezwungen worden waren, im Ausland zu studieren) hatte sich zu Revolutionären entwickelt. Zudem war 1906 soeben der Allgemeine Jüdische Arbeiterbund – kurz ›Bund‹ genannt – von jüdischen Sozialisten gegründet worden. Es gelang dem ›Bund‹, vierzigtausend Mitglieder zu gewinnen, zu einer Zeit, da die Russische Sozialistische Partei nicht mehr als hundertfünfzigtausend und die Polnische Sozialistische Partei ganze dreiundzwanzigtausend Mitglieder hatte. Das Elendsdasein, in dem das russische Judentum lebte, versetzte den ›Bund‹ in die Lage, als einzige Gruppe in der Zweiten Internationale seine marxistische Ideologie mit dem Verlangen nach voller Emanzipation und nationalkultureller Autonomie zu verbinden.

Im Gegensatz zu den osteuropäischen betrachteten sich die meisten west- und mitteleuropäischen Juden als kulturell assimiliert und lebten großenteils wirtschaftlich in besseren Umständen als ihre nichtjüdischen Landsleute. In Berlin stellten die Juden nur fünf Prozent der gesamten Einwohnerschaft, aber fünfzehn Prozent der Einkommensgruppe, die pro Jahr mindestens tausendfünfhundert Reichsmark bezog; in Frankfurt waren sogar mehr als sechzig Prozent der Einkommensgruppe mit über dreitausend Mark Juden.[29] In Deutschland, Großbritannien, Frankreich und im westlichen Österreich sprachen die einheimischen Juden nur die Landessprache (auch viele ungarische Juden sprachen nur magyarisch oder deutsch) und schienen bereit, die meisten äußeren Spuren ihrer jüdischen Art abzulegen. Sie hatten ihren starken Gemeinschaftssinn verloren und waren, wie die übrige Bevölkerung, nach Klassen gegliedert. Manche griffen Einwanderern, die vor der Verfolgung in Osteuropa geflohen waren, finanziell unter die Arme und sorgten sich zugleich, daß diese offenkundig Fremdstämmigen ihre eigenen Landsleute daran erinnern könnten, wie verschieden Juden sein konnten.

Doch diese assimilierten Juden waren sich durchaus der Vorurteile bewußt, welche die Nichtjuden gegen sie hegten, und einige Übereifrige verinnerlichten diese Voreingenommenheit sogar selbst. Die Roman- und dramatische Literatur Europas erhielt die Shylock- und Fagin-Stereotypen des skrupellosen Juden am Leben, der für Geld zu allem bereit war. In Gustav Freytags ›Soll und Haben‹ erschien der jüdische Kaufmann Ehrenthal als ein wurzelloser, widerwärtiger Charakter, taub für alle Bemühungen seines Sohnes Bernhard, ihn zum ›Anstand‹ zu bekehren. Freytags vom ›Liberalismus‹ der Mitte des 19. Jahrhunderts bestimmte Haltung zu ›anständigen‹ Juden – die den nichtjüdischen Schicklichkeitsmaßstäben entsprachen – »hat vielleicht dazu beigetragen, die Glaubwürdigkeit seiner jüdischen Klischeefigur zu erhöhen.«[30] Émile Zola, der 1898 zu einem der engagiertesten Verteidiger von Alfred Dreyfus wurde, hatte dennoch in seinen Romanen zuweilen reiche jüdische Spekulanten zu Verkörperungen der kapitalistischen Ausbeutung gemacht. Dieses Klischeebild lebte in vielen französischen Romanen billiger Machart fort, die sich an ein breiteres und weniger gebildetes Publikum als das von Zolas Werken wandten; zwei der zahlreichen Beispiele waren der Bankier Schwartz in Paul Févals ›Habits noirs‹ und Baron Isaac Moses in Charles Mérouvels ›Le Roi millard‹.

Die großbürgerlichen Juden in Mitteleuropa waren besonders besorgt, nichtjüdische Kreise könnten gegen sie den Vorwurf erheben, sie drängelten sich zu sehr nach vorne. Albert Ballin, Generaldirektor der Hamburg-Amerika-Linie, der größten Dampfer-Reederei der Welt, sah mit Mißbilligung die Ambitionen von Frauen reicher Juden, die durch üppige Einladungen einen Platz in der vornehmen Gesellschaft zu gewinnen hofften. Selbst Juden und Nichtjuden, die tagsüber an der Hamburger Börse gemeinsam Geschäfte getätigt hatten, nahmen ihren Nachmittagskaffee im Alsterpavillon an separaten Tischen ein.[31] Stefan Zweig berichtet, daß sein Vater, ein wohlhabender Industrieller, es immer vermieden habe, im ›Sacher‹ zu speisen, »aus jenem natürlichen Distanzgefühl: es wäre ihm peinlich oder ungehörig erschienen, neben einem Prinzen Schwarzenberg oder Lobkowitz Tisch an Tisch zu sitzen.«[32] In den achtziger und neunziger Jahren machte eine so verwirrte und hilflose Reaktion die assimilierten Juden noch weniger fähig, sich dem politischen Antisemitismus entgegenzustellen, der sie in Österreich, Deutschland und Frankreich heimzusuchen begann.

Der politische Antisemitismus konnte von konservativer oder von radikaler Seite kommen. Der konservative Typus drückte sich als Diskriminierung von Juden in der Gesellschaft und in den höheren Rängen des öffentlichen Dienstes aus und ging davon aus, daß dort nur für Christen Platz sei. In Großbritannien durften praktizierende Juden ab 1858 im Parlament sitzen, ohne den christlichen Eid ablegen zu müssen, und der getaufte Jude Benjamin Disraeli wurde in den sechziger und siebziger Jahren des 19. Jahrhunderts zur dominierenden politischen Figur und zum Vertrauten von Königin Victoria. Gleichwohl aber behauptete sich der konservative Antisemitismus in der englischen Gesellschaft die ganze edwardianische Periode hindurch, obwohl alle Welt von König Eduards VII. jüdischem Freundeskreis wußte. In Frankreich gewannen der konservative wie der radikale Antisemitismus im Zusammenhang

Cinq Centimes

ERNEST VAUGHAN

L'AURORE

Littéraire, Artistique, Sociale

J'Accuse...!

LETTRE AU PRÉSIDENT DE LA RÉPUBLIQUE

Par ÉMILE ZOLA

LETTRE A M. FÉLIX FAURE

Président de la République

Offener Brief von Emile Zola zum Fall Dreyfus.
Titelseite der Zeitung ›L'Aurore‹, 13. Januar 1898

mit der Dreyfus-Affäre in manchen Kreisen eine beispiellose Popularität. Im Januar 1898 löste Zolas Artikel, in dem er die Armee der ungerechten Behandlung Dreyfus' beschuldigte, antisemitische Unruhen in den meisten französischen Großstädten aus. Angeführt von antisemitischen Vereinen und angefeuert von Zeitungen wie Édouard Drumonts ›La Libre Parole‹, attackierte der Mob jüdische Geschäftslokale und Passanten. Anders als die konservativen, sahen radikale Antisemiten wie Drumont in den Juden eine fremde, feindliche Rasse und waren überzeugt, daß weder ein Glaubenswechsel noch die Assimilation an dieser ›Tatsache‹ etwas zu ändern vermöchten. Die radikale ›Lösung‹ der ›Judenfrage‹ war die Segregation und – in der Extremform – die Deportation.

Beide Typen des Antisemitismus waren auch in Deutschland und Österreich im Aufstieg begriffen. Konservative Antisemiten hatten während des liberalen Zwischenspiels Ende der sechziger Jahre gegen die Emanzipation der Juden in diesen beiden Staaten Front gemacht und nützten weiterhin ihren Einfluß auf die staatliche Einstellungspolitik, um sie von den oberen Rängen des öffentlichen Dienstes fernzuhalten, was noch bis 1914 gelang. Die Besorgnis, den Zorn dieser konservativen Kreise zu erregen, verhinderte auch, daß Juden Kabinettsposten erhielten. Diese Kreise waren nicht nur der unerschütterlichen Ansicht, daß der Staat – und ergo auch seine höchsten Diener – rein christlich und autoritär zu sein habe, sondern sie benutzten auch die Juden, wie wir gesehen haben, als Sündenböcke für sämtliche ›Übelstände‹ der Modernität: den Kapitalismus, den kosmopolitischen Geist der Großstadt, den Parlamentarismus, die Demokratie und die Pressefreiheit. Während radikale Antisemiten wie Schönerer und Drumont für das allgemeine Wahlrecht eintraten, verbanden andere wie Maurras und Stoecker ihren radikalen Antisemitismus mit der Forderung nach einem christlichen, korporativ gegliederten Staat.

Wie reagierten die Juden in West- und Mitteleuropa auf diese neuen Formen der Judenfeindschaft? In Frankreich änderten selbst die Angriffe, denen sie während der Dreyfus-Affäre ausgesetzt waren, nichts an der Entschlossenheit der meisten Juden, an der assimilatorischen Tradition festzuhalten.

»Nachdem sie so lange betont hatten, daß sie Franzosen seien, konnten sie schwerlich mit irgendwelchem Nachdruck auf ihrem Recht bestehen, Juden zu sein. Darin, wie in allem, was sie taten, erwiesen sie sich wahrhaft als die Franzosen, die sie zu sein behaupteten. Und keiner war mehr Franzose als Alfred Dreyfus, der Jude, der sein schweres Schicksal mit fester und ungeschmälerter Liebe zu seinem Vaterland ertrug.«[33] In Deutschland und Österreich gründeten jüdische Studenten ihre eigenen Verbindungen, als die nichtjüdischen sie auszuschließen begannen. Und 1893 riefen einige dieser Studenten zusammen mit anderen Juden den ›Zentralverein deutscher Staatsbürger jüdischen Glaubens‹ ins Leben. Sein Ziel war, den Antisemitismus mittels Erziehung und gesetzlichen Schutzes zu ›heilen‹, und sein Programm entschieden assimilatorisch.

Der Zentralverein lehnte besonders entschieden die zionistische Bewegung ab, die von einer Gruppe ehemaliger Assimilationisten ins Leben gerufen worden war, denen der Glauben an ein solches Programm abhanden gekommen war.

Theodor Herzl gründete 1897 – damals Pariser Korrespondent der Wiener Tageszeitung ›Neue Freie Presse‹ – die Zionistische Organisation. Seine Vision war die Gründung eines jüdischen Staates, finanziert von wohlhabenden Juden in West- und Mitteleuropa. Bis zu seinem Tod im Jahr 1904 widmete er den größten Teil seiner Zeit und Energie dem

DER

JUDENSTAAT.

VERSUCH

EINER

MODERNEN LÖSUNG DER JUDENFRAGE

VON

THEODOR HERZL

DOCTOR DER RECHTE.

LEIPZIG und WIEN 1896.

M. BREITENSTEIN'S VERLAGS-BUCHHANDLUNG

WIEN, IX., WÄHRINGERSTRASSE 5.

Programmschrift des Zionismus von Th. Herzl. Titelseite der Erstausgabe, 1896

Bemühen um finanzielle Unterstützung und diplomatischen Aktivitäten, um die Regierungen Großbritanniens, Deutschlands, Rußlands und der Türkei für sein Projekt zu gewinnen. Bei seiner Tätigkeit standen ihm vor allem der Schriftsteller und Journalist Max Nordau (wie Herzl in Budapest geboren) und der Publizist Bernard Lazare, einer der wenigen Franzosen in der zionistischen Bewegung, zur Seite. Nach Herzls Tod wurde die Führung der Zionistischen Organisation bis 1911 von deutschen und anschließend von russischen Juden beherrscht. Dieser Wechsel bedeutete auch einen Übergang vom philanthropischen und politischen Zionismus Herzls, der keinen Erfolg gebracht hatte, zum ›praktischen‹ Zionismus, der das Ziel verfolgte, die Ansiedlung im unter türkischer Herrschaft stehenden Palästina voranzutreiben, namentlich durch Juden aus Rußland.

Der Zionismus war unter den europäischen Nationalbewegungen in verschiedener Hinsicht eine Erscheinung sui generis: Er sah sich einer messianischen Tradition gegenüber – derzufolge die Juden der Welt am Tage der Tage Gott in Zion, ihrer Heimat, gegenüberstehen würden; es ging um ein Volk, das seit fast zweitausend Jahren im Exil fern dieser Heimat lebte; rassische Verfolgung war der Anlaß seines Entstehens; er hatte es nicht mit nur einer einzigen Regierung zu tun; er hatte zunächst nicht einmal eine gemeinsame Sprache. Bis 1914 wurden die Sitzungsberichte seiner Kongresse in Europa auf deutsch protokolliert, während das Hebräische als gesprochene Sprache erst von den jiddisch und russisch sprechenden Kolonisten wieder zum Leben erweckt wurde. Gab ihm all dies eine Sonderstellung, so teilte der Zionismus doch auch viele der Merkmale anderer Nationalbewegungen unterdrückter Völker: Er wurde von Angehörigen der Intelligenz organisiert; er war durch ein starkes ethnisches Bewußtsein geeint; er war gespalten durch Kollisionen mit einzelnen Persönlichkeiten und durch Konflikte, bei denen es um Ideologie und Taktik ging.

Die Mehrzahl der frühen Zionisten waren desillusionierte Assimilationisten. Der durch die Dreyfus-Affäre ausgelöste politische Antisemitismus, nicht eine religiös bestimmte Sehnsucht nach Palästina, brachte Herzl, Nordau und Lazare dazu, die assimilatorische Haltung für den Zionismus aufzugeben. Ihr Verlangen nach einem eigenen Staat für die Juden war rein säkular und vom Nationalgedanken geprägt. So schrieb Herzl: »Wir haben überall ehrlich versucht, in der uns umgebenden Volksgemeinschaft unterzugehen und nur den Glauben unserer Väter zu bewahren. Man läßt es nicht zu. Vergebens sind wir treue und an manchen Orten sogar überschwengliche Patrioten, vergebens bringen wir dieselben Opfer an Gut und Blut wie unsere Mitbürger, vergebens bemühen wir uns, den Ruhm unserer Vaterländer in Künsten und Wissenschaften, ihren Reichthum durch Handel und Verkehr zu erhöhen. In unseren Vaterländern, in denen wir ja auch schon seit Jahrhunderten wohnen, werden wir als Fremdlinge ausgeschrieen: oft von Solchen, deren Geschlechter noch nicht im Lande waren, als unsere Väter das schon seufzten. Wer der Fremde im Lande ist, das kann die Mehrheit entscheiden: es ist eine Machtfrage, wie Alles im Völkerverkehre.«[34]

Einige der ›praktischen‹ Zionisten, die nach Herzls Tod die Führung der Bewegung übernahmen, waren in ihrer Einstellung ebenfalls mehr nationalistisch als religiös bestimmt. Professor Otto Warburg, ab 1911 Präsident der Zionistischen Organisation, entstammte einer assimilierten Hamburger Bankiersfamilie und war ein in aller Welt geachteter Botaniker. Er wandte seine Aufmerksamkeit fast ausschließlich der Kolonisation und den damit zusammenhängenden Problemen zu. Chajm Weizmann, ein Chemiker, floh 1904 aus Rußland und ließ sich in England nieder. Er kritisierte zwar Herzls diplomatisches Vorgehen, und doch wollte die Ironie, daß er es war, der die ›charter‹ – die Balfour-Deklaration von 1917 – erlangte, die Herzl und Nordau erträumt hatten, und einunddreißig Jahre später Israels Staatspräsident wurde.

Noch in Rußland war Weizmann unter den Einfluß des ›kulturellen‹ Zionismus Achad Ha'ams (Ascher Ginzberg) gekommen. Achad Ha'am hatte, unzufrieden mit seiner traditionellen jüdischen Erziehung, in Berlin, Wien und Brüssel studiert. Er vertrat die Ansicht, daß Palästina die jüdischen Massen nicht aufnehmen oder zur politischen und wirtschaftlichen Lebensgrundlage des jüdischen Volkes werden könnte. Wie Weizmann wandte sich Achad Ha'am gegen die religiöse Einstellung der russischen ›Zionsfreunde‹. Diese Juden wollten, daß die Kolonie in Palästina sich zu einem klerikalen Staat entwickle – einer auf die Nation ausgeweiteten Neubelebung des Kahal, der allumfassenden Gemeindeorganisation, die bis zu ihrer Aufhebung unter Nikolaus I., 1844, in jedem Getto der Ansiedlungsrayons bestanden hatte.

Die zionistische Bewegung hatte auch einen sozialistischen Flügel. Dieser bestand in der Hauptsache aus jungen russischen Juden kleinbürgerlicher Herkunft, deren Eltern infolge der Industrialisierung verarmt waren und die die Sehnsucht bewegte, in einem jüdisch-sozialistischen Utopia in Palästina echte proletarische Arbeiter zu werden. Zwischen 1904 und 1914 zogen fast vierzigtausend von ihnen nach Palästina, wurden aber schon bald von den früheren Siedlern enttäuscht, die von den ›Zionsfreunden‹ ins Land geschickt worden waren. Nicht nur deren Frömmigkeit war diesen jungen Marxisten ein Dorn im Auge, sondern sie betrachteten die Erstankömmlinge auch als ihren Klassenfeind, da diese ihre Arbeitgeber waren. Die meisten der sozialistischen Zionisten kehrten entweder nach Rußland zurück oder wanderten nach Amerika aus, aber aus jenen, die zurückblieben, bildete sich nach dem Ersten Weltkrieg der Kern der zionistischen Arbeiterbewegung.

Die zionistische Bewegung warf ein Schlaglicht auf die Intensivierung des Nationalismus, die in der hier betrachteten Periode überall eintrat. Abgesehen von den sozialistischen Zionisten war ihre Strategie darauf gerichtet, Klassen- und ideologische Unterschiede durch den Bau einer neuen Nation zu überwinden. Im Unterschied zu den Nationalbewegungen anderer unterdrückter Völker war der frühe Zionismus nicht in der Lage, zur Erreichung seiner Ziele Streiks, Terrorakte oder militärische Erhebungen einzusetzen. Nur große Nationalstaaten konnten daran denken, Corradinis Ideal der Überwindung von Klassenkonflikten zu verwirklichen und ihr Heil in einem Krieg zu finden.

Zweiter Zionistenkongreß in Basel 1898 mit Rabbiner Jitzhak Rülf aus Memel als Redner, auf der Tribüne Theodor Herzl und Max Nordau. Zeichnung von M. Okin, 1898

Der Sozialimperialismus

Corradinis Ideal näherte sich der Politik des Sozialimperialismus an, die in zahlreichen Ländern, namentlich in der politischen Führung, Fürsprecher hatte. »Der Sozialimperialismus verfolgte das Ziel, alle Klassen zur Verteidigung von Nation und Empire zusammenzuführen und der am wenigsten begüterten Klasse zu beweisen, daß ihre Interessen von denen der Nation untrennbar seien. Er richtete sich darauf, der Argumentation der Sozialisten das Wasser abzugraben und den Arbeitern vor Augen zu führen, daß sie, entgegen der marxistischen Behauptung, mehr zu verlieren hätten als ihre Ketten.«[35]

Zum Sozialimperialismus gehörte die Gewährung des Wahlrechts und sozialer Vergünstigungen an die Massen, um dadurch ihre Unterstützung für den militärischen und ökonomischen Imperialismus zu gewinnen. Damit stand er im Zusammenhang mit der Politik der Eingliederung der Arbeiterschaft in ein ausgebautes System von Staatsbürgerrechten, die die Klassenunterschiede in einer kapitalistischen Gesellschaft stabilisieren und die Abgrenzung der politischen von den Wirtschaftsstrukturen erhalten sollte. Beide politischen Strategien versuchten den Nationalismus zu nutzen, um den bereits erörterten Klassenkonflikten und Protestbewegungen entgegenzuwirken.

Der Burenkrieg (1899–1902) war die erste große Probe auf die Popularität des militärischen Imperialismus bei der Arbeiterklasse. Dieser Krieg hatte seinen Ursprung in einem Interessenkonflikt zwischen den britischen Siedlern und den ›Afrikaanern‹ (Holländern) in Südafrika. Die Burenrepubliken im Innern lehnten nicht nur die Forderungen der britischen Kapkolonie ab, mit ihr eine Zollunion zu bilden, sondern weigerten sich auch, die Staatsbürgerrechte auf die Ausländer (zumeist britischer Herkunft) auszudehnen, die ihre reichen Gold- und Diamantenvorkommen abbauten. Es war Cecil Rhodes, der größte Besitzer solcher Gruben und Premierminister der Kapkolonie von 1890 bis 1906, der den britischen Imperialismus in Südafrika mit der Verbesserung der Lebensbedingungen für die Arbeiterschaft im Mutterland zu verbinden suchte.

Während des Burenkrieges wurde der imperialistische Gedanke in zahlreichen Bereichen der britischen Gesellschaft populär; es kam zu massiven Straßenkundgebungen, und Zehntausende junger Männer meldeten sich als Freiwillige. Doch eine Studie von R. Price kommt zu dem Ergebnis, daß »das Ethos des Imperialismus, das den Burenkrieg umgab, nur geringe Wirkung auf die Arbeiterklasse hatte.«[36]

Der Hauptgrund dafür, daß die meisten Arbeiter in Großbritannien dem Imperialismus gleichgültig gegenüberstanden, lag darin, daß der Begriff für sie zu blaß war, als daß sie in eindeutiger Weise darauf hätten reagieren können. Nur wenn der Burenkrieg ihr tägliches Leben berührte, wurde er für sie zu einer realen Sache. Einige junge Arbeiter meldeten sich als Freiwillige zur Armee, aber dies geschah mehr wegen ihrer wirtschaftlichen und sozialen Verhältnisse als um nationalistischer oder imperialistischer Ideale willen. Prices Untersuchungen über die Stimmung in den Arbeiterklubs zeigt, daß sie apathisch reagierten, in scharfem Kontrast zu der Erregung über den Krieg, die in allen anderen Klassen der Gesellschaft herrschte. Redner, die in diesen Klubs Interesse zu erwecken versuchten, berichteten, bei den meisten Fragen aus dem Publikum sei es um das Thema gegangen »Um wieviel geht es für den Arbeiter beim Empire?« Und in den Khaki-Wahlen des Jahres 1900 stimmte die Mehrzahl der Arbeiter für Bewerber, die soziale Reformen versprachen, statt für imperialistisch eingestellte Kandidaten.

Selbst Joseph Chamberlain, der führende Vertreter des Sozialimperialismus in Großbritannien, mußte einräumen, daß der Burenkrieg die Phantasie der Arbeiterklasse nicht gefangenzunehmen vermocht hatte. Dieser wohlhabende Unternehmer aus Birmingham hatte sich während seiner Amtszeit als Bürgermeister dieser Stadt in den siebziger und zu Anfang der achtziger Jahre einen Ruf als radikaler Sozialreformer erworben. 1885 schockierte er die besitzenden Klassen mit der Feststellung, sie schuldeten den Armen ein Lösegeld dafür, daß diese sie im Besitz ihres Reichtums ließen. Als erstes hatte er die städtischen Versorgungs- und Verkehrsbetriebe zu einem solchen Lösegeld gemacht. Als Parlamentsmitglied bewegte sich Chamberlain von seinem Rathaussozialismus in Richtung auf ein staatliches Wohlfahrtsprogramm der Art, wie Bismarck es in Deutschland vertrat. Er hielt an diesem neuen Interesse auch noch fest, nachdem er eine Abspaltung von der Liberalen Partei angeführt hatte, weil er sich gegen ihre Unterstützung der ›Home rule‹ für Irland aussprach. Nach Chamberlains Ansicht war es notwendig, die Union mit Großbritannien aufrechtzuerhalten, um Irland als Markt für die Produkte der Industriegebiete in den Midlands zu erhalten. Als Kolonialminister setzte sich Chamberlain dann für den Burenkrieg ein, um Südafrika innerhalb des Empire zu erhalten. 1903 allerdings gab er den militärischen Imperialismus als bestes Mittel, die Arbeiter um die Nation zu scharen, zugunsten des wirtschaftlichen auf.

Chamberlain übernahm die Führung der Zollreform-Liga, die das Ziel verfolgte, die britische Industrie vor der ausländischen Konkurrenz zu schützen. Er benützte nun das Lösegeld-Argument in umgekehrter Form und erklärte den britischen Arbeitern, daß sich auf höhere Brotpreise gefaßt machen müßten, weil die Zölle den importierten Weizen verteuern würden. Als Ausgleich dafür stellte er ihnen mehr Arbeitsplätze und gute Löhne in Aussicht, da die Einfuhrzölle billige Industrieprodukte aus dem Ausland fernhalten und ausländische Produzenten mit ihren Fabriken nach England locken würden.

Der Sozialimperialismus zog nicht nur Konservative wie Chamberlain an, die für Reformen aufgeschlossen waren, sondern auch George Bernard Shaw, Sidney und Beatrice Webb und andere Angehörige der fabianischen Intelligenz, die sich viel auf ihre fortschrittliche Einstellung zugute taten. Im Gegensatz zu den Sozialisten in der Labour Party und zur Mehrheit in der Zweiten Internationale wollten die Fabier das Interesse von Nation und Empire fördern, statt eine klassenorientierte Politik zu betreiben. Sie hatten sich in der Mehrzahl für den Burenkrieg ausgesprochen, und Shaw war bereit, Chamberlains Schutzzollprogramm zu unterstützen, sofern seine Verfechter sich verpflichteten, den Arbeitern zum Ausgleich für die infolge der Zollerhöhung steigenden Preise eine gleitende Lohnskala zu konzedieren und die Zolleinnahmen nicht zur Senkung der Steuern auf Kapitaleinkommen zu benützen. Doch es wurde bald klar, daß Shaw aufs verkehrte Pferd gesetzt hatte, denn weder die Verfechter der Zollreform noch die regierenden Konservativen waren bereit, diese Zusicherungen zu geben. Von 1908 an führten die den Freihandel vertretenden Liberal-Imperialisten unter Führung von Herbert Asquith und David Lloyd George Sozialreformen ein, um eine imperiale Rasse heranzuziehen und die Arbeiterklasse auf einen imperialistischen Krieg gegen Deutschland vorzubereiten. Die Mehrheit der Fabier hieß die Reformen gut, die die Einführung von Alterspensionen, Arbeitslosen- und Krankenversicherung sowie ein Wohnungs- und Stadtplanungsgesetz einschlossen. Beatrice Webb nannte die Liberal-Imperialisten »Kollektivisten und Imperialisten zugleich«.

Andere europäische Staatsmänner nutzten ebenfalls die Anziehungskraft des Sozialimperialismus. 1905 wurde Théophile Delcassé, französischer Außenminister seit 1898, zur Demission gezwungen, weil er eine diplomatische Krise mit Deutschland um den maßgebenden Einfluß in Marokko provoziert hatte, aber sechs Jahre später stürzte die aufgebrachte Deputiertenkammer das Kabinett wegen der Abtretung eines Teils des französischen Kongo, die während der zweiten Marokkokrise mit Deutschland vereinbart worden war. Zwischen 1900 und 1903 verknüpfte Kanzler Bernhard von Bülow eine Erweiterung der Sozialversicherung mit einem gewaltigen Flottenbauprogramm. Und bei den Reichstagswahlen 1907 konnte Bülow Zentrum und Sozialdemokratie – die Mittel für Militäroperationen gegen die Hereros in Südwestafrika verweigert hatten – schwere Verluste zufügen, da zahlreiche Wähler sich für diese imperialistische Aktion aussprachen. Doch die modern eingestellten Regierungschefs außerhalb Großbritannien die den Sozialimperialismus am erfolgreichsten nutzten, waren Theodore Roosevelt in den Vereinigten Staaten und Giovanni Giolitti in Italien.

Im Falle Giolittis liegt die Sache problematischer als bei Roosevelt. Giolitti begann den Krieg um Libyen 1911, weil er zutreffend erkannte, daß die diplomatische Krise, die damals Frankreich und Deutschland wegen des Einflusses in Marokko entzweite, die Großmächte von einer Intervention abhalten werde. Er betrachtete diesen Krieg nicht als Alternative zu inneren Reformen, und er war, wie erwähnt, gegen Italiens

Eintritt in den Ersten Weltkrieg.[37] Gleichwohl trugen 1911/12 Giolittis Vorschläge hinsichtlich der Einführung des allgemeinen Stimmrechts für Männer und umfassender sozialer Reformmaßnahmen dazu bei, die Stimmung für den Krieg in Nordafrika zu stimulieren, zumindest am Anfang. Obwohl die Sozialistische Partei sich gegen den Krieg aussprach, unterstützten ihn mehrere ihrer unabhängigeren Politiker, ebenso wie in Großbritannien die Fabier für den Burenkrieg eingetreten waren und manche reformfreudige Sozialdemokraten in Deutschland eine kolonialistische Politik befürworteten. Auch zahlreiche Arbeiter in den italienischen Städten waren zunächst voll Begeisterung über den Libyen-Krieg. Die Aussicht, in einer italienischen Kolonie auf der gegenüberliegenden Seite des Mittelmeers Grundbesitzer zu werden, zog auch unzufriedene Kleinbauern aus dem Süden an, von denen sich viele als Freiwillige für den Krieg in Nordafrika meldeten.

In Rußland dann führte die Politik, durch einen imperialistischen Krieg der Unruhe im Innern entgegenzuwirken, zu den dramatischsten und tragischsten Folgen. Im Sommer 1903 überredete V. K. Plewe, der antimodern eingestellte Innenminister, Nikolaus II., Ministerpräsident Sergj Witte, Rußlands führenden modernen Politiker zu entlassen, weil es dessen konzilianter Politik nicht gelungen war, eine Serie von Streiks zu stoppen. Plewe führte dann eine harte Repressionskampagne nicht nur gegen die Streikenden, sondern auch gegen radikale und liberale Politiker und andere subversive Elemente, insbesondere Juden. Doch Anfang 1904 gelangte er zu der Überzeugung, daß Unterdrückungsmaßnahmen allein nicht zum Ziele führten, und erklärte dem Zaren, um die Revolution aufzuhalten, brauche man einen »kleinen, siegreichen Krieg«. Der Krieg um die Beherrschung der Mandschurei, den Rußland gegen Japan entfesselte, war weder klein noch ging er siegreich aus – er führte direkt zur Revolution von 1905.

Im Sommer 1914 versuchten einige führende Politiker und Militärs, aus dem gleichen Grund, den Plewe zehn Jahre vorher ausgesprochen hatte, ihre Staaten in den Krieg zu führen. Die diplomatischen und militärischen Gründe für den Ausbruch des Ersten Weltkriegs waren zwar vermutlich stärker als die Notwendigkeit, einer Revolution im eigenen Land zuvorzukommen. Doch sobald der Krieg erst begonnen hatte, traten die in jedem kriegführenden Staat beschworenen ›heiligen Allianzen‹ äußerst wirkungsvoll in Erscheinung, dämpften die Unruhe im Land und scharten die Mehrzahl der Bürger, Sozialisten eingeschlossen, um die Nation und ihre Kriegsanstrengungen. Und als die Kampfhandlungen sich in die Länge zogen, versprachen die meisten Regierungen Sozialreformen, um die öffentliche Unterstützung für ihre immer weiter gesteckten territorialen Ziele zu erhalten. Dies war Sozialimperialismus – und Nationalismus – in seiner krassesten Form.

Revolution in der Kunst

Die extremsten Reaktionen auf die Modernisierungen der Zeit und die Unzufriedenheitsgefühle, die sie mit sich brachten, vollzogen sich vor 1914 in den Künsten.[1] Radikale Nationalisten, Syndikalisten, Sozialisten und Anhänger der Frauenbewegung ahmten bei der Verfolgung ihrer auf Neuerung gerichteten politischen Ziele die Taktiken einer militärischen Avantgarde nach, hielten aber zumeist an traditionellen Realitätsvorstellungen fest. Die neue ästhetische Avantgarde, die sich selbst dazu proklamierte, lehnte sowohl die gemeinsamen Ziele der politischen Avantgarden[2] als auch ihre Realitätssicht ab. Diese ausgeprägt individualistischen Schriftsteller, bildenden Künstler und Komponisten nahmen alle künstlerischen Ausdrucksformen in Angriff, die diese Bilder als trügerische und veraltete Fassaden ansahen. Sie versuchten, sich den vielseitigen und oft widersprüchlichen Aspekten der Realität ihrer Zeit auf einer bunten Vielzahl von Wegen zu nähern, die aber eines gemeinsam hatten: die Schaffung neuer ›Sprachen‹ des künstlerischen Schaffens. In dieser Hinsicht verfolgten die Bemühungen der ästhetischen Avantgarde eine parallele Bahn zu denen Ludwig Wittgensteins in der Philosophie, Sigmund Freuds in der Psychologie, Max Webers in der Soziologie und Albert Einsteins und Max Plancks in der Physik.

Diese neuen künstlerischen Sprachen waren mehr als nur neue Stilrichtungen. Stil ist ein Prinzip ästhetischen Zusammenklanges; er kann die historisch festgelegten Konventionen des Mediums – oder der Sprache – des Künstlers verändern, im Echo wiedergeben oder verwerfen, aber er vermag niemals seine Verbindungen zu diesem Medium völlig abzubrechen, einerlei, wie ›gegenwartsnah‹ Schulung und Erfahrung des Schaffenden auch sein mögen. In den frühen Jahren nach 1900 jedoch versuchten einige bildende Künstler, Schriftsteller und Komponisten neue Sprachen zu erfinden, um mit ihnen neue Visionen auszudrücken. Wie der Symbolismus seit der Mitte der achtziger Jahre stellten der Kubismus und die abstrakte Malerei und die Neue Musik Versuche dar, über bloße stilistische Neuerungen im Bereich der vorhandenen Medien hinauszugehen. Die Schöpfer dieser neuen Sprachen wollten die reine Form als Mittel zur Zerstörung traditioneller Realitätsvorstellungen und zur Evokation neuer benutzen. Selbst die Expressionisten und Futuristen, deren Werke bewußter emotionale und Alltagsprobleme der Gegenwart kommentierten, bemühten sich darum, neue ›Botschaften‹ durch ihre neuen Ausdrucksformen zu transportieren.

Seit der Renaissance hatten trotz wechselnder Stile die meisten künstlerischen Schöpfungen die Realität als eine kohärente Gesamtheit dargestellt, in der alles seinen Platz hatte: Gott, Natur, Gesellschaft und der Mensch mit seinen Gedanken und Gefühlen. Mit dem 18. Jahrhundert hatte dieses strukturierte Universum auch gewisse Wertvorstellungen der ersten Phase der Modernität in sich aufgenommen: Individualismus, persönliche Freiheit und das Naturrecht, unterstützt durch die Vernunft und gewöhnliche Sinneswahrnehmungen. Marxisten nannten dieses strukturierte Universum »bürgerlich-liberal«, eine nützliche Benennung, wenn wir uns vor Augen halten, daß nicht alle Bürger, doch sehr wohl manche Adelige, liberal waren, und ebenso, daß sie für Menschen in den traditionellen Gesellschaften Ost- und Südeuropas wenig besagte, wenn man von ihren kleinen fortschrittlich denkenden Eliten absieht. Dennoch gab dieses strukturierte Universum den Rahmen ab, innerhalb dessen die Helden der meisten europäischen Romane und Theaterstücke ihre Probleme zu lösen versuchten und ihren Charakter entwikkelten. Es war auch Selbstverständlichkeit für Maler, Lyriker und Komponisten, selbst dann, wenn sie, wie im Barock und in der Romantik, die Spannungsverhältnisse zwischen seinen verschiedenen Aspekten herausarbeiteten, wie den Stolz des Individuums gegen religiöse Sehnsüchte oder die ›Spontaneität‹ von Natur und Empfindung im Gegensatz zu gesellschaftlichen Zwängen.

Sowohl der schöpferische Künstler als auch sein Publikum gingen davon aus, daß die evozierte Realität objektiv und unveränderlich sei, und akzeptierten gewisse Grundsprachen – oder Grundmedien – für deren Gestaltung: repräsentative Malerei und Bildhauerei, die diatonische Tonleiter, vertraute Wörter und Metaphern, nach festen Regeln von Grammatik und Syntax aneinandergereiht. Malerei und Skulptur waren, selbst wenn sie allegorische Themen behandelten, bestrebt, die Natur nachzubilden und wirkliche Menschen mit einem eigenen Willen zu porträtieren. In der Musik von Haydn bis hin zu Richard Strauss wurden die gleichen formalen und harmonischen Grundleitlinien verwendet, um einer breiten Skala von Stimmungen und Empfindungen Ausdruck zu geben. Mit seltenen Ausnahmen hielten die Lyriker daran fest, Wörter so zu kombinieren, daß ihr Wortsinn oder ihr konventioneller poetischer Bedeutungsgehalt zum Schlüssel für die Bilder und Gefühle wurden, die sie zum Ausdruck brachten; dies galt für Dichter, die nach Sensibilität und Stil so weit voneinander entfernt waren, wie Puschkin und Baudelaire, Pope und Hölderlin.

Damit blieben bis zum Ende des 19. Jahrhunderts die Künste in einem strukturierten Universum verwurzelt, das für die Mehrzahl der gebildeten Menschen als selbstverständlich galt. Es war eine Welt, in der zwei und zwei vier ergab, in der das Individuum autonom und zielbewußt handelte, in der die Beziehungen, in denen man zu Institutionen und anderen Menschen stand, vorhersagbar waren. In dieser Welt gab es in der Regel klar gezogene Grenzen zwischen Gut und Böse, Klugheit und Torheit, Wirklichkeit und Phantasie.

Doch am Ende des 19. Jahrhunderts – im Fin-de-siècle – brachte die Moderne große unpersönliche Organisationen hervor, die frühere Werte neuen, wie Effizienz, Normierung und Einheit, zum Opfer brachten. Marxisten betonten besonders die Ablösung einer großen Zahl von Firmen in Individual- oder Familienbesitz durch Trusts und Monopole. Dieser Wandel fand zweifellos statt, aber es gab auch eine wachsende Tendenz zu organisatorischen Großgebilden und zur Konzentration im Staat, innerhalb der politischen Parteien und der Gewerkschaften. Diese Entwicklungsvorgänge begannen manche Voraussetzungen abzutragen, auf denen die ältere bürgerlich-liberale Welt beruht hatte.

Ästhetizismus und Gesellschaftsbewußtsein im Fin-de-siècle

Eine Anzahl Literaten im Fin-de-siècle, welche die Bedrohung des Individuums durch die sich herausbildende neue Ordnung spürten, versuchten sie durch Hedonismus und Ästhetizismus zu überwinden. Joris-Karl Huysmans' Roman ›À rebours‹ (›Gegen den Strich‹, 1884) diente als Brevier der Bewegung der Décadents, der in den späten achtziger Jahren Schriftsteller wie Paul Verlaine und Oscar Wilde und in den folgenden beiden Dekaden der italienische Lyriker und Dramatiker Gabriele d'Annunzio angehörten. Huysmans' Protagonist, der Duc des Esseintes, ist ein überfeinerter Ästhet, der in völliger Abgeschiedenheit lebt, keinerlei soziale Verantwortung kennt und seine liebeleere Existenz bis zum letzten Augenblick mit perversem und exotischem Zeitvertreib nährt. Die literarischen Décadents, die des Esseintes' Vorbild nachstrebten, glaubten sich von ihren persönlichen Obsessionen befreien zu können, wenn sie den Nöten, die sie bedrängten, künstlerischen Ausdruck gaben. Manche von ihnen, wie Huysmans selbst, sagten ihrer nihilistischen Ich-Betörtheit ab und wandten sich dem Katholizismus zu, andere wie d'Annunzio und Maurice Barrès dem Nationalismus und anderen weltlichen Glaubensbekenntnissen. In seiner Romantrilogie ›Le culte du moi, Examen des Trois idéologies‹ (›Der Ichkult, Untersuchung der drei Erkenntnisstufen‹) vergötterte Barrès eine Lebenseinstellung der reinsten Egozentrik. Doch bald darauf wandte er sich vom anarchischen Individualismus ab und versuchte sein Selbstbild und seine Wurzellosigkeit in einem dekadenten Zeitalter durch die Hinwendung zu einem nativistischen Nationalismus aufzuarbeiten.

Das Beispiel einer anderen Entwicklung gibt Stefan George. Vor der Jahrhundertwende hatte ihn der ästhetisch subjektive Orden angezogen, den die Symbolisten Verlaine und Mallarmé hatten schaffen wollen. Nach 1904 jedoch wurde George zu einem der deutschen Propheten einer neuen objektiven, geistigen Ordnung. Im Unterschied zu Barrès' populistischem Nationalismus war Georges Neues Reich (das er in seinem gleichnamigen Gedichtband beschrieb) eine Art platonisches Utopia. Es sollte unter Georges kultureller Diktatur von einer literarischen Elite geschaffen und oktroyiert werden, die die sozialen und kulturellen Realitäten der vulgären, materialistischen Welt ringsum ignorierte.

Die geistige Erschlaffung im Wien wie im Paris des Fin-de-siècle war eine Reaktion einerseits auf die politische und gesellschaftliche Dekadenz und andererseits auf das Gefühl der Bedrängnis, das der egozentrische Ästhet in der neuen wissenschaftlich-technischen Ära empfand, aber in der österreichischen Hauptstadt herrschte sie bis zum Ausbruch des Krieges. Wie der Historiker Carl Schorske dargelegt hat, suchte das liberale Großbürgertum seine Zuflucht bei der Kunst und beim Hedonismus, nachdem es Ende der siebziger Jahre die Macht an die traditionell habsburgisch gesinnten herrschenden Kreise verloren hatte. Die französische Großbourgeoisie hingegen konnte ihre dominierende politische Rolle trotz der Finanzskandale und Drohungen von rechts die ganze Belle époque hindurch behaupten. (Ja, in den letzten Vorkriegsjahren zog sie die extrem nationalistischen Anhänger Boulangers und die Anti-Dreyfusards zu sich herüber und machte ihren Nationalismus ihren eigenen Zwecken dienstbar.) In ihren Flirts und Duellen, ihrem ostentativen Lebensgenuß kam eine nervöse Zuversicht in die Festigkeit ihrer Stellung zum Ausdruck und nichts von der von Selbstmitleid erfüllten Verantwortungslosigkeit des österreichischen Großbürgertums. Ein eindrucksvolles Beispiel dieser Klasse und der moralisch-ästhetischen Kultur, in die sie sich flüchtete, war Hugo von Hofmannsthal.

In seiner Jugend verkörperte Hofmannsthal die Sensibilität des Fin-de-siècle. Er begann mit siebzehn Gedichte zu schreiben und blieb bis zu seinem fünfundzwanzigsten Lebensjahr ein egozentrischer Ästhet. Als das Jahrhundert zu Ende ging, versuchte Hofmannsthal sich aus seinem lähmenden Narzißmus und dem Gefängnis seines Ästhetizismus durch die Bejahung des Instinkthaften zu befreien, um so den Zugang zu einem Leben der Tat und der Mitwirkung in der Gesellschaft zu finden. Er wollte auch der traditionellen Verbindung zwischen Kunst und Ethik wieder zur Geltung verhelfen. Schon in seinem kleinen lyrischen Schauspiel ›Der Tor und der Tod‹ (1893) hatte Hofmannsthal die moralischen Konsequenzen der ästhetizistischen Haltung in der Anklage gegen den des Esseintes ähnlichen Aristokraten (Tor) zu zeigen versucht, der auf der Jagd nach seinen verfeinerten Sinneserregungen seine Mutter, seine Geliebte und seinen besten Freund zugrunde gerichtet hat. Der Tod kommt zum Tor als Richter, der seine Verfehlung ahndet. Doch er materialisiert sich nicht als Skelett, wie in einem moralischen Lehrstück aus dem Mittelalter, sondern er erscheint als Musikant – als dionysische Lebenskraft, Symbol der unbewußten Instinkte, die ein Übermaß an individueller Selbstveredelung verdrängt hatte.

In diesem Versdrama und in seinen nach 1900 geschaffenen Dramen und Prosaarbeiten übte Hofmannsthal Kritik am Ästhetizismus und Hedonismus seiner Klasse. Die Kunst, erklärte er, gebe nicht tatsächlichen Erlebnissen Form, sondern nur den Empfindungen, die aus diesen Erlebnissen entstehen. Indem die Kunst uns das Leben stellvertretend zeige, trenne sie uns tatsächlich von ihm. Und wenn die Verehrer der Kunst sie von anderen Werten lösten und als einen Wert an sich betrachteten, kehrten sie sich nach innen und bekämen das Gefühl, ewige Zuschauer zu sein.

In seinem Aufsatz ›Der Dichter und diese Zeit‹ (1906) versuchte er auch die Aufgabe des Poeten in der modernen Gesellschaft neu zu definieren. Darin vertrat er die These, daß der Dichter sich mit der ihrem Wesen nach zerstückelten und vielgestaltigen Wirklichkeit um ihn abfinden und ihr durch das magische Medium der literarischen Sprache Einheit und Zusammenhang geben müsse. Er müsse die verborgenen Verbindungen hinter dem scheinbaren Widerstreit oder Widerspruch, den andere sähen, enthüllen, sie vermittels Rhythmus und Klang ans Licht bringen und ihre Einheit herausarbeiten. Mit anderen Worten: Der Dichter müsse Erzieher werden.

Hofmannsthal selbst schrieb mehrere Dramen als Libretti für Opern von Richard Strauss – ›Elektra‹, ›Ariadne auf Naxos‹, ›Der Rosenkavalier‹, ›Arabella‹ –, in denen er Achtung vor der Fülle des Lebens mit all seinen Möglichkeiten zum Guten wie zum Schlechten auszudrücken versuchte. Doch wie im politischen Leben Österreich-Ungarns selbst, so war auch im Gesellschaftlichen und Psychologischen die Auflösung schon zu weit vorangeschritten. Die Zerrissenheit war zu groß, als daß es Hofmannsthal und anderen Dichtern hätte gelingen können, der Gesellschaft durch die versöhnende Macht der Kunst Heilung zu bringen. »Die Gesellschaft konnte die Tragödie oder die Komödie ertragen, nicht jedoch Befreiung durch ästhetische Harmonisierung.«[3]

Während Hofmannsthal, George und die Décadents im allgemeinen modernen sozialkritischen Gedanken keine Beachtung schenkten, widmeten sich mehrere Schriftsteller an der Jahrhundertwende in der Tradition des Realismus und Naturalismus aus dem 19. Jahrhundert dieser Problematik.[4] Gerhart Hauptmanns ›Die Weber‹ nahm einen Streik schlesischer Weber im Jahr 1844, die durch neue Maschinen brotlos geworden waren, als Grundlage für eine naturalistische und sozialradikale Darstellung des Elends, in dem die Arbeiterklasse seiner eigenen Zeit lebte. Maxim Gorki benützte in seinem populärsten Stück, ›Nachtasyl‹ (1902), das in einer höhlenartigen Szenerie spielt, den realistischen Stil, um die Botschaft der Hoffnung auf eine bessere Zukunft und der Achtung vor allen Menschen, auch vor den elendesten, auszusprechen. In Italien, das sich wie Rußland noch in einer frühen Phase der Modernisierung befand, schilderte Giovanni Verga in seinem Roman ›I Malavoglia‹ (1881) die Ausbeutung und Erniedrigung sizilianischer Fischer in naturalistischer Form. Der englische Realist Thomas Hardy zeichnete in seinem Roman ›Jude the Obscure‹ (1896) die Verbitterung eines sensiblen Maurers, dessen gesellschaftlicher Ehrgeiz seine Mittel übersteigt. Einer der berühmtesten Kommentatoren der sozialen Problematik im Fin-de-siècle war der irische Dramatiker George Bernard Shaw. Zwei der populärsten Autoren mit sozialem Engagement waren zu seiner Zeit jedoch Henrik Ibsen und Émile Zola, die ihre Hauptwerke etwas früher vollendet hatten.

Ibsen war am bekanntesten dafür, wozu Shaw ihn in seiner Schrift ›The Quintessence of Ibsenism‹ (1891) machen wollte – ein Pädagoge und Reformprediger; daneben war er auch Europas größter Dramatiker seit Shakespeare und Racine. Die vier Stücke, die er zwischen 1877 und 1882 schrieb – ›Stützen der Gesellschaft‹, ›Nora oder ein Puppenheim‹, ›Gespenster‹ und ›Der Volksfeind‹ –, sind Musterbeispiele des Realismus in ihren Attacken auf die Fundamente des bürgerlich-liberal strukturierten Universums. Die ›Lehren‹ der ersten beiden Schauspiele bestehen darin, daß die Gesellschaft nach einem wahrhaft erwachsenen Begriff vom Geschlechtsleben streben könne und daß man den Frauen das gleiche Recht auf Selbsterfüllung geben könne und müsse wie den Männern. Die beiden anderen Stücke sind eine Anklage gegen die Unterdrückung und Heuchelei hinter der Fassade bürgerlicher Vornehmheit. Sie demonstrieren auch, wie Geldinteressen ein erfülltes Gefühlsleben und geistige Integrität unmöglich machen.

Von mehr Belang jedoch ist, daß Ibsen die Gefahren eines selbsterzeugten idealistischen Eintretens für verschiedene ›Sachen‹ in der modernen Welt bloßlegt, aus der Gott sich zurückgezogen hat und in der je-

Emile Zola im Arbeitszimmer seiner Pariser Stadtwohnung. Fotografie von Dorna, um 1885

der Glaube fragwürdig ist. Wenn die idealistischen Masken, die Männer und Frauen zum Schutz gegen die Realitäten ihres Lebens tragen, als das erkannt werden, was sie sind, wählen Ibsens Figuren vielfach den Tod. Ibsens Stücke sind, wie der Kritiker George Steiner bemerkt, keine Tragödien im griechischen oder elisabethanischen Sinn, denn die größten Gefahren für Leben und Vernunft kommen nicht von außen, sondern aus dem modernen Bewußtsein der widersprüchlichen Impulse innerhalb der Psyche des Individuums. Im ›Baumeister Solneß‹ (1892) erkennt Solneß mit Klarheit, daß er sein Schicksal selbst über sich gebracht hat, steigt auf den Turm, den er gebaut hat, und stürzt sich in die Tiefe. Die Gefühlsstruktur der Ibsenschen Figuren wurde im ausgehenden 19. Jahrhundert von vielen sensiblen Europäern geteilt. Die geniale Kunst, mit der er ihre inneren Qualen auf die Bühne brachte, machte, ebenso wie seine Gesellschaftsphilosophie, Ibsen zum repräsentativsten Dramatiker seiner Zeit.

In seinem Roman ›Germinal‹, der den fast hoffnungslosen Daseinskampf einer Gruppe streikender französischer Bergleute zum Thema hat, führte Zola den naturalistischen Stil zum Zenit. Das Werk, das 1885 zum erstenmal erschien, erlebte zahlreiche Neuauflagen und übte auf heranreifende Sozialisten eine derartige Wirkung, daß die Regierung – erfolglos – versuchte, seine Bearbeitung für die Bühne zu blockieren. Zola schildert objektiv die endlose Plackerei der Bergleute in den stickigen Gruben, das Elend ihrer Familien, den moralischen Niedergang und die zerstörerische Gewalttätigkeit, zu der die Streikenden durch Lohnkürzungen während einer Wirtschaftskrise getrieben werden. Er zeige auch die verschiedenartigen Reaktionen unterschiedlicher Typen von Bergwerksbesitzern und Direktoren, namentlich des kleinen Unternehmers, der für die Arbeiter Mitgefühl empfindet, aber weiß, daß Zugeständnisse es ihm unmöglich machen, gegen die rücksichtsloseren größeren Firmen zu bestehen. Anders als Gorki nahm er weder die Anwendung von Gewalt in Schutz noch predigte er die Revolution. »›Germinal‹«, protestierte er, »ist ein Werk des Mitleids, nicht ein Werk der Revolution . . . Ja, ein Schrei nach Mitleid, nach Gerechtigkeit, mehr will ich nicht.«[5]

Auf der anderen Seite des Ärmelkanals prophezeite William Morris in seinem utopischen Roman ›News from Nowhere‹ (1891), daß der Sozialismus schließlich durch die Erziehung siegen werde und daß dabei die Künste eine wichtige Rolle spielen würden. Doch im Gegensatz zu den Marxisten verwarf Morris die Industrialisierung und verkündete, daß in seiner Idealgesellschaft »bei aller Arbeit, die manuell zu verrichten Vergnügen bereitet, auf die Maschine verzichtet wird«. In den späten achtziger Jahren wirkte er an führender Stelle in der englischen Arts-and-Crafts-Bewegung, die sich zum Ziel gesetzt hatte, das industrielle Design zu humanisieren und die Produkte der Industrie funktional zu gestalten. So erfand er beispielsweise, als Kontrast zum überladenen viktorianischen Mobiliar, den schlichten, aber bequemen Morris-Stuhl. Obwohl er (wiederum im Gegensatz zu den Marxisten) die Forderung aufstellte, Künstler hätten sich in einer Sprache auszudrücken, die das Volk nicht verstehe, war er doch zugleich der Ansicht, sie sollten die Menschen über die Übelstände der modernen Gesellschaft aufklären und sie auf eine bessere Welt vorbereiten, die auf der Grundlage einer zeitgemäßen Form der mittelalterlichen Zünfte zu errichten sei.

Andere Schriftsteller und Künstler der neunziger Jahre, die revolutionäre Soziallehren übernahmen, erlebten das ewige Dilemma, das Morris umging: Wie kann die Kunst gesellschaftlichen Zielen dienen, ohne ihre künstlerische Integrität zu verlieren? Der französische Maler Camille Pissarro glaubte fest an die Notwendigkeit, anarchistisches Gedankengut unter die Massen zu bringen. Aber seine Titelillustration für Kropot-

›Der Ackersmann‹. Umschlagbild von Camille Pissarro für das anarchistische Magazin ›Les Temps Nouveaux‹ von Peter Kropotkin, Paris, 1898

›Der Bauchtanz‹. Zeichnung von Aubrey Beardsley zum Schauspiel ›Salome‹ von Oscar Wilde, 1892

kins ›Les Temps Nouveaux‹ war dem gleichen Sujet (einem Landarbeiter) gewidmet und im gleichen Stil gehalten wie seine nachimpressionistischen Gemälde. Dagegen war der belgische Symbolist Émile Verhaeren der erste Dichter von Format, der das moderne Leben, den Pulsschlag der Maschinen und den langsamen Aufstieg der Massen besang. Der französische Kritiker Rémy de Gourmont fand den Stil dieses sozialistischen Propheten zu grob, gestand aber den großen Unterschied zu, der zwischen dieser Lyrik und der vulgären ›Sozialdichtung‹ bestehe, die für die Massen angefertigt werde.[6]

Ehe wir unser Augenmerk auf die revolutionären neuen Medien in der Kunst richten, müssen wir kurz die traditionellen betrachten, die bis 1914 dominierend blieben. Die Kultur blieb allenthalben hinter der Zeit zurück. Mit der zweifelhaften Ausnahme des Art Nouveau ignorieren die populärsten schöpferischen Künstler nach wie vor den Wandel der europäischen Kultur durch organisatorische, wissenschaftliche und technische Veränderungen. Diese negative Reaktion war insofern bedeutsam, als sie es dem gebildeten Publikum und sogar einigen extrem modern eingestellten Führungsfiguren erlaubte, einen Kulturkonservativismus mit fortschrittlichen politischen und gesellschaftlichen Vorstellungen zu verbinden. (Lenin hatte eine notorische Vorliebe für traditionelle Kunstformen.) Eine repräsentative Liste spätromantischer Komponisten spricht für sich: Elgar, Grieg, Saint-Saëns, Bruckner, Puccini, Rachmaninow, Sibelius und Richard Strauss, in dem viele Historiker und Kritiker den repräsentativsten Tonsetzer des Anfangs unseres Jahrhunderts sehen. Auf dem Gebiet des Romans begannen erst unmittelbar vor dem Krieg Kafka und Proust neue Formen anzuwenden und mittels neuer Ausdrucksmittel neue Blickfelder zu erschließen. In der Malerei bewegten sich Nachimpressionisten wie van Gogh, Gauguin und Cézanne zusammen mit James Ensor und Edvard Munch bereits in Richtung auf die neuen Sprachen der Anfangsjahre nach 1900. Gleichwohl dominierten in den bildenden Künsten Ausgestaltungen früherer Stilrichtungen.

Ein bedeutsames Kulturereignis, das zeigte, was man damals für neu und gewagt hielt, war die Uraufführung von Richard Strauss' ›Salome‹, die am 9. Dezember 1905 von Ernst von Schuch in der Königlichen Oper zu Dresden geleitet wurde. Da Strauss als der berühmteste und größte lebende Komponist galt, waren zahlreiche Kritiker und Dirigenten – unter ihnen Sir Thomas Beecham und Arturo Toscanini – aus dem Ausland angereist, um seine neue Oper zu sehen und zu hören. Nicht nur

Umfang acht Seiten | Einzelbezug 20 Pfennig

DER STURM

WOCHENSCHRIFT FÜR KULTUR UND DIE KÜNSTE

Redaktion und Verlag: Berlin W 9 / Potsdamer Straße 18 Fernsprecher Amt Lützow 4443 / Anzeigenannahme durch den Verlag und sämtliche Annoncenbureaus	Herausgeber und Schriftleiter: HERWARTH WALDEN	Vierteljahrsbezug 1,50 Mark / Halbjahresbezug 3,— Mark / Jahresbezug 6,— Mark / bei freier Zustellung / Anzeigenpreis für die fünfgespaltene Nonpareillezeile 60 Pfennig

DRITTER JAHRGANG | BERLIN MAI 1912 | NUMMER 111

Inhalt: **F. T. MARINETTI:** Tod dem Mondschein / **ELSE LASKER-SCHÜLER:** Lasker-Schüler contra B. und Genossen / **ALFRED DÖBLIN:** Der schwarze Vorhang / **PAUL ZECH:** Gedichte / **JACQUES RIVIÈRE:** Cézanne / **H. W.:** Neues von der Kunst / **BEACHTENSWERTE BÜCHER** / **NOTIZ** / **AUSSTELLUNG** / **KARL GERLACH:** Das Konzert / Originalholzschnitt / **RICHTER-BERLIN:** Der Torsteher / Originalholzschnitt

Karl Gerlach: Das Konzert / Originalholzschnitt

Neues Medium in der Kunst: Eine Zeitschrift für die radikale Richtung in Kunst und Dichtung. Titelblatt

die Musik, sondern auch die exotischen orientalischen Bühnenbilder standen in grellem Kontrast zum klassizistischen Stil des Theaterbaues (in den zwanziger Jahren des 19. Jahrhunderts von Schinkel entworfen). Und das skandalträchtige Thema des Werkes führte dazu, daß seine Erstaufführung in anderen Städten um mehrere Jahre verzögert wurde. Dennoch war ›Salome‹ im wesentlichen eine Fortführung des Wagnerischen Ausdrucksmediums. Die Musik war etwas dissonanter, der Text etwas erotischer, die dargestellten Affekte waren ein bißchen dekadenter als in einem typischen Werk des Fin-de-siècle. ›Salome‹ war erregend, ein blendendes Werk, aber nicht in einer neuen künstlerischen Sprache komponiert.

Nach der Jahrhundertwende gaben eine Reihe von bedeutenden Schriftstellern und Künstlern Ästhetizismus, Hedonismus, Freidenkertum und soziale Protesthaltung auf und strebten nach einer geistigen Erneuerung durch einen neuen ethisch begründeten Idealismus. Repräsentativ für diese Suche waren der christliche Modernismus Paul Claudels, Shaws Version von Bergsons schöpferischer Evolution in ›Mensch und Übermensch‹ und Tolstois Ideal einer primitiven christlichen Lebensform in der russischen Dorfgemeinde, das Rilke Anlaß zum Erlebnis einer entscheidenden geistigen Befreiung gab und deutschen expressionistischen Schriftstellern half, sich von Nietzsche abzuwenden, dem Propheten des Antichrist und der nihilistischen Selbstlobpreisung. In manchen Fällen mögen Veränderungen im politischen oder gesellschaftlichen Klima diesen Wandel gezeitigt haben: der Prozeß gegen Oscar Wilde in England, 1895, das Ende der Dreyfus-Affäre in Frankreich, 1899, das Scheitern der russischen Revolution von 1905. Doch die Hauptursache war wohl die Ernüchterung über frühere ›revolutionäre‹ Ideale als Erlösungsmittel für den modernen Menschen. Ein bedeutender Geist der Literatur, der diesen Wechsel vollzog, war der schwedische Dramatiker August Strindberg in seinem Stück ›Nach Damaskus‹, das er zwischen 1898 und 1904 schrieb. Durch alle drei Teile dieses ersten expressionistischen Stückes wird der Protagonist, ein Schriftsteller, der ›der Fremde‹ genannt wird und Strindberg selbst verkörpert, von seinem schlechten Gewissen beim Anblick der Unglücklichen bedrängt, die ihr Elendsdasein seiner früher verkündeten Aufforderung verdanken, mit den altmodischen bürgerlichen Moralbegriffen zu brechen.

Strindberg und die Anfänge der expressionistischen und abstrakten Kunst

Strindberg verkörperte auch den Übergang vom Naturalismus des späten 19. zum Expressionismus des frühen 20. Jahrhunderts. In den späten achtziger Jahren schrieb er ›Der Vater‹, ›Fräulein Julie‹ und ›Die Gläubiger‹ – alle drei Stücke mit glaubwürdigen Charakteren, die in einem realistischen Milieu mit ihren Problemen ringen. Doch mit ›Nach Damaskus‹ nehmen seine Bühnenwerke einen träumerischen Ton an, der die empirischen Gesetze der Kausalität und Beziehungen außer acht läßt und allein dem Zweck dient, der inneren Welt des Protagonisten Ausdruck zu geben. Nur im ›Totentanz‹ (1901) kehrte Strindberg mit in sich geschlossenen, eigenwillig-starren Figuren zu seinem früheren Thema des Geschlechterkampfes zurück. In ›Nach Damaskus‹, ›Ein Traumspiel‹ (1902), ›Gespenstersonate‹ (1907) und ›Die große Landstraße‹ (1909) verkörpern alle anderen Gestalten die Gefühle und Beziehungen des Protagonisten. Da sie nur Abstraktionen sind, gewinnen sie kein Eigenleben und treten, der Augenblicksstimmung des Helden entsprechend, zu unwahrscheinlichen Zeiten und an ebenso unwahrscheinlichen Orten auf. Auch die Protagonisten selbst sind mehr oder weniger abstrakt und tragen allgemeine Namen wie ›der Fremde‹ oder ›der Student‹. Es gibt weder Intrige noch Handlung im konventionellen Verstand. Jedes dieser Stücke ist eher eine Darstellung der Pilgerfahrt des Protagonisten, »einem nebelhaft wahrgenommenen Ziel der Erlösung entgegen, die verzweifelt erstrebt wird, aber auf die er sich etwas zögernd einläßt«.[7] In der Szene spiegelt sich die Gemütsverfassung der Figuren, und häufig wechselt sie innerhalb einer bestimmten Episode, wenn die von ihnen ausgehenden psychischen Kräfte sich verändern. Damit büßen Raum und Zeit ihre konventionellen Attribute ein und werden zu Funktionen des Ausdrucks. Im ›Traumspiel‹ beispielsweise demonstriert ein junger Offizier die Beständigkeit seiner Liebe dadurch, daß er vor unseren Augen alt und gebrechlich wird, während er auf seine Angebetete mit einem Strauß Rosen wartet, die ebenfalls verwelken. Das Traumhafte an Strindbergs letzten Bühnenwerken wurde noch erhöht durch einen neuen Stil der Darstellung und neue Beleuchtungs- und Klangeffekte.

Die Aussage von ›Nach Damaskus‹ – der Protagonist erkennt durch vielfältige Leiden den Irrtum des Lebens, das hinter ihm liegt, und versteht schließlich, daß sie ihm von einer göttlichen Macht als Strafe für seine Sünden auferlegt wurden – ist schwerlich neu; das Revolutionäre

Szene aus dem Schauspiel ›Nach Damaskus‹ von August Strindberg, Premierenvorstellung in Stockholm. Fotografie 1898

ist das neue Medium, durch das sie ausgedrückt wird. Strindberg hat selbst dieses neue Medium in seinem Vorwort zu ›Ein Traumspiel‹ beschrieben: »Im Anschluß an sein früheres Traumspiel ›Nach Damaskus‹ hat der Verfasser in diesem Traumspiel versucht, die unzusammenhängende, aber scheinbar logische Form des Traumes nachzubilden. Alles kann geschehen, alles ist möglich und wahrscheinlich. Die Gesetze von Raum und Zeit sind aufgehoben; die Wirklichkeit steuert nur eine geringfügige Grundlage bei, auf der die Phantasie weiter schafft und neue Muster webt: ein Gemisch von Erinnerungen, Erlebnissen, freien Erfindungen, Ungereimtheiten und Improvisationen. Personen spalten sich, verdoppeln sich, vertreten einander, gehen in Luft auf, verdichten sich, zerfließen, treten wieder zusammen. Aber ein Bewußtsein steht über allem: das des Träumers.«[8]

In ›Nach Damaskus‹ verkörpert ›die Dame‹ die Bindungen des ›Fremden‹ an die geschlechtliche Liebe und an das Leben selbst. Ihr Ehemann, der ›Arzt‹, dem der ›Fremde‹ früher einmal Unrecht zugefügt hat, fungiert als lebende Erinnerung an dessen Schuld und als Barometer seiner zunehmenden Reue und wachsenden Selbsterkenntnis. Der ›Bettler‹, dem der ›Fremde‹ mehrmals begegnet, ist die Erniedrigung, der er angstvoll entgegenblickt, und die Resignation, die er noch lernen muß – die Personifizierung jener Existenz, auf die der ›Fremde‹ zuschreiten muß. Zugleich erfüllt Caesar, ein Verrückter, der im Haushalt des ›Arztes‹ lebt, den ›Fremden‹ mit Zorn und Angst, denn er fungiert als Karikatur seines eigenen Größenwahns und als Omen der Gefahr, in die sein eigener starrer Stolz ihn führen wird. In der anfänglichen Kälte der ›Mutter‹ gegenüber dem ›Fremden‹ spiegeln sich seine eigene Feindseligkeit und das Bewußtsein seiner Schuld, während in ihrem späteren Mitgefühl die Demut und Liebesfähigkeit zum Ausdruck kommen, die gegen Ende des Stückes langsam in ihm erwachen.

In Strindbergs Erkundungszug in das Reich der verborgensten menschlichen Gefühle, der parallel zu Freuds Entdeckungen verlief, drückte sich anschaulich die Unsicherheit vieler schöpferischer Künstler angesichts der Bedrängnis des Individuums aus, das in einer Welt, an deren Konventionen und Wertbegriffe es nicht mehr glaubt, die Orientierung verloren hat. Wie wir gesehen haben, verhielten sich vor 1914 die meisten Europäer so, als ob diese Werte und Konventionen noch Sinn besäßen. Folglich hätten sie mit tiefer Verwirrung reagiert, wären sie Strindbergs Spätwerken und den Werken Kafkas und der deutschen Expressionisten begegnet. Doch die Absicht dieser Schriftsteller war nicht auf Verwirrung gerichtet, sondern sie wollten durch ihre neuen Sprachen die wahren Gefühle und Dilemmas des Individuums ans Licht bringen, die oberflächliche Beziehungen und oberflächliches Verhalten sogar vor ihm selbst verbargen. Diese Schriftsteller – und die Maler des Kubismus und des Expressionismus – strebten auch danach, das Wesen der Kunst zu abstrahieren, indem sie sie von äußeren Faktoren wie Religion und Sittlichkeit lösten und von der Nachahmung der Natur wegführten, doch um diese Absicht geht es hier nicht. Wichtig sind in erster Linie die Gründedafür, daß sie diese Dinge als kunstfremd betrachteten.

Ein Grund war sicher die Schwächung des Glaubens an die traditionelle Religion und Morallehre, die schon lange vor der hier erörterten Periode begonnen hatte, gleichwohl aber zum Teil durch den Einfluß des modernen Rationalismus und Positivismus ausgelöst worden war. Das Neue an Strindberg und den frühen Expressionisten war die Ansicht, daß die natürliche Ordnung – die einzige Realität für die Positivisten – nicht nur nicht erfahrbar durch sinnliche Beobachtung, sondern auch für die Suche des Individuums nach persönlicher Erlösung und nach einem Platz in einer sinnvollen Welt belanglos sei. Diese Ansicht, heute ein Gemeinplatz, war eine neue Reaktion auf die städtisch-industrielle Zivilisation, die an der Jahrhundertwende das Leben vieler Menschen zu beherrschen begann. Bereits damals begann sich – für jene Städter, die überhaupt Zugang zu ihr hatten – die Bedeutung der Natur auf Erholungsareale wie Parks und Kurorte oder auf das zu reduzieren, was man vom Fenster eines Eisenbahnwagens sah. (Heute sind wir noch einen Schritt weiter, und Disney World ist in Amerika populärer als der Grand Canyon.) Aber schöpferische Künstler und Schriftsteller der Avantgarde jener Zeit erkannten, daß eine Welt, in der die Natur bereits etwas Fremdes war, etwas anderes brauchte, um den Menschen eine Sinnorientierung zu geben, und daß die moderne Zivilisation ihnen dieses andere nicht gab. Ja, viele von ihnen waren der Ansicht, daß das bürgerlich-liberale Establishment, das diese Zivilisation beherrschte, nicht nur der Kunst, sondern allen sinnerfüllten Gefühlen und Beziehungen feind sei. In ihrer konzentrierten Beschäftigung mit dem Innenleben des Individuums drückte sich ihre ablehnende Haltung gegen die Alltagswelt mit ihren Werten und Konventionen aus, die sie als unecht und damit für sie wertlos betrachteten.

Die Bezeichnung ›Expressionismus‹ wurde ursprünglich zwischen 1901 und 1910 in Frankreich benutzt, um Matisse, Derain, Vlaminck und andere ›Fauves‹ (vom französischen fauve: wildes Tier) von den Impressionisten zu unterscheiden, aber die Gefühlsstruktur, die ihre neue Sprache offenzulegen versuchte, findet sich schon bei früheren Malern des Symbolismus. Der Impressionismus ist stilistisch sehr vielfältig, da Manet, Degas, Renoir und Monet die radikal empirische These des späten 19. Jahrhunderts geteilt hatten, daß die ungeformte, ungeordnete Vision des Augenblicks das einzige Material sei, das sich der Analyse erschließe. Claude Monet sagte einmal in einem Interview: »Versuchen Sie zu vergessen, was für ein Objekt Sie vor sich haben . . . Denken Sie nur: Hier ist ein kleines blaues Quadrat, hier ist ein Rechteck aus Rosa, hier ein Streifen Gelb, und malen Sie es genauso, wie es für Sie aussieht, genau in Farbe und Form, bis es Ihre naive Impression der Szene wiedergibt . . .«[9] Doch in den letzten beiden Dekaden des 19. Jahrhunderts hatten Gauguin, van Gogh, Ensor und Munch sich bereits von dieser Ansicht abgewandt und sie durch die Auffassung ersetzt, daß die Kunst im letzten Sinne auf dem seelischen Erlebnis, nicht aber auf visueller Analyse beruhe. Um Erlebnisse darzustellen, die sich nicht durch Sinneswahrnehmungen erklären lassen, suchten sie nach neuen Symbolen – nicht nach den konventionellen der klassizistischen und romantischen Malerei, sondern nach fremdartigen, phantastischen, traumhaften und bisweilen primitiven. Vincent van Goghs wallende Nebel und sich krümmende Ölbäume geben mehr seinen inneren Qualen Expression als eine Impression der Landschaft. Besonders klar tritt die neue Richtung in Edvard Munchs Lithographie ›Der Schrei‹ hervor; in dem Mann, der über die Brücke läuft, wurde irgendeine schreckliche Spannung derartig explosiv freigesetzt, daß sein Gefühlsausbruch Atmosphäre und Raum um ihn herum sichtbar aufstört. Verglichen mit van Gogh und Munch wirken die Bilder der Fauves bei all ihren kühnen Farbspritzern und ihrer Mißachtung von Linie und Perspektive doch oberflächlich.

1905, im Jahr der ersten Ausstellung der Fauves in Paris, gründete eine Gruppe deutscher Maler unter Führung von Ernst Ludwig Kirchner in Dresden ›Die Brücke‹. Die dritte Gruppe expressionistischer Maler, ›Der blaue Reiter‹, begann 1911 in München auszustellen; ihre bekanntesten Vertreter waren Wassily Kandinsky, Franz Marc und Paul Klee. Obwohl nur indirekt mit den beiden deutschen Gruppen verbunden, trug Oskar Kokoschka wahrscheinlich mehr als irgendein anderer dazu bei, dem Expressionismus international zu Ansehen zu verhelfen. Schon 1910 hatten die urtümliche Raserei seines Schauspiels ›Mörder, Hoffnung der Frauen‹ und das absichtlich abstoßende Reklameplakat, das er dafür entwarf, ihm bei der Wiener Presse das Etikett eines ›degenerierten Künstlers‹ eingetragen und seinen Freund, den Architekten Adolf Loos, veranlaßt, ihn in die Schweiz zu expedieren. Ab 1910 wurde die Bezeichnung Expressionismus auch auf neue Formen des Dramas, der Lyrik und der Prosakunst in Deutschland angewandt, deren gemeinsame Elemente eine intensive Radikalität von Gefühl und Ausdruck und ein verbreiteter apokalyptischer Ton waren, der sich in Titeln wie ›Menschheitsdämmerung‹, ›Tag des Gerichts‹ oder ›Weltuntergang‹ ausdrückte. Viele expressionistische Dichter strebten danach, im gedruckten Wort die gleiche Wirkung äußersten Entsetzens zu erreichen, wie sie Munch in seinem ›Schrei‹ gelungen war.

Die neue expressionistische Sprache zeigte, bis zu welchen Extremen manche bildende Künstler und Schriftsteller in ihrer Ablehnung der konventionellen materiellen Realität der modernen Welt gingen. Im Gegensatz zum Naturalismus und Impressionismus, die sich mit der Oberfläche der Dinge befassen, bringt der Expressionismus heraus, was sich hinter oder unter dieser Oberfläche befindet, wobei er nach zwei Grundmethoden vorgeht. Die eine ist surrealistisch, subjektiv und visionär wie in Strindbergs Traumstücken, den Dichtungen Georg Heyms, Kafkas Prosa und Bildern wie Kokoschkas ›Die Windsbraut‹ oder Emil Noldes ›Pfingsten‹. Dieser Ansatz unterscheidet sich vom Surrealismus der zwanziger Jahre durch seinen Ernst, seine Konsequenz und seine

›Das Geschrei‹. Lithographie von Edvard Munch, 1896

vorwiegend geistig bestimmte Thematik. Die andere Methode bedient sich der Abstraktion wie cn Kandinskys Gemälden, der frühen Lyrik Gottfried Benns und den Dramen Frank Wedekinds und Georg Kaisers, deren Figuren keine Strindbergschen Projektionen unterbewußter Zustände, sondern unpersönliche Karikaturen von Institutionen und Denkhaltungen oder Träger irgendeiner ironischen Wendung im Handlungsablauf sind.

Obwohl Emil Nolde einige Zeit der ›Brücke‹ nahestand, fehlt bei ihm das menschliche Mitgefühl, das sich durch die Bilder der Angehörigen dieses Kreises zieht. Doch vielleicht kein anderer Maler hat mit solcher Gewalt die Qual, die religiösen Gefühle und die intuitive und Empfindungstiefe des Expressionismus beschworen. Die Komposition seines Bildes ›Pfingsten‹ läßt alles Unwesentliche beiseite und konzentriert ihre explosive Inbrunst ganz auf die transzendentale Bedeutung des Augenblicks, den sie festhält. In seinen Erinnerungen schreibt Nolde: »Dann wieder ging ich hinunter in die mystischen Tiefen menschlich-göttlichen Seins. Das Pfingstbild war aufgezeichnet. Fünf der Fischer-Apostel waren gemalt, in ekstatischer, übersinnlicher Empfängnis des Heiligen Geistes.«[10]

Die verzerrte, furchterregende Expressivität ihrer maskenhaften Gesichter hat etwas machtvoll Groteskes und Primitives. Ihre Augen starren, als sähen sie nur, was in ihnen liegt; ihre übertrieben herausgearbeiteten Züge und verwischten Konturen springen den Betrachter mit einer ungehemmten inneren Gewalt an, die noch verstärkt wird durch die Farbtöne der Gesichter und Gestalten im Kontrast zu denen der Augen. Die Verzerrungen und die erregten Farben, mit denen Nolde arbeitete, stellten eine neue künstlerische Sprache dar, expressionistisch, doch zutiefst individuell.

Oskar Kokoschka war in seiner Haltung viel verfeinerter und humaner als Nolde, und der Stil seiner Bilder in den letzten sechs Jahren vor dem Ausbruch des Ersten Weltkrieges wies beträchtliche Unterschiede auf. In seinen frühen Porträts, namentlich im Doppelbildnis von Hans und Erica Tietze (1908/09), arbeitet er die pochenden Nerven und Adern hypersensibler Intellektueller heraus, die in der sterbenden Kultur des Freudschen Wien gefangen sind. Kokoschka erreicht diese Wirkung mittels einer fragilen Linie, die sich nervös durch den gelbgoldenen Hintergrund der Hände und Gesichter schlängelt. Seine ›Windsbraut‹ (1914) – auch ›Der Sturm‹ genannt – zeigt sich in Konzeption und Stil ganz anders. Dieses Bild stellt eine schlafende Frau und einen wachen

Mann – als Alma Mahler und Kokoschka selbst erkennbar – dar, die nebeneinander liegend in einer bootähnlichen Muschelschale durch die Ewigkeit wirbeln. Durch verschiedene Farbmodulationen (vorwiegend Blau) und Strudelbewegungen materialisiert sich plötzlich eine Vision der epischen Leidenschaft der Liebenden, die der Stürme, die sie umtoben, nicht achten. In diesem Bild erleben wir den Höhepunkt von Kokoschkas Streben nach einer nicht-naturalistischen Expression innerer Bedeutung, indem er die reale Beziehung der Liebenden mit dem surrealistischen unirdischen Raum vermengt, der sie umgibt.

Im Gegensatz zu Nolde und Kokoschka bewegte sich Kandinsky in den letzten Vorkriegsjahren auf eine kompromißlos abstrakte, nicht-objektive Malerei zu. Damals und später einer der einflußreichsten Maler, war Kandinsky, wie Picasso und Strawinsky, ein wahrhaft internationaler Künstler. Er war auch der erste bedeutende Maler, der die Ziele der nicht-objektiven Kunst in einer Theorie formulierte, in seinem Buch ›Über das Geistige in der Kunst‹, das er 1910 schrieb und 1912 zum erstenmal veröffentlichte. Seine eigenen Bilder evozieren, wie der Expressionismus im allgemeinen, eine Stimmung, statt etwas Greifbares zu beschreiben. Aber im Unterschied zu späteren Formen nicht-objektiver

Studie für ein Gemälde mit Weißer Form von Wassily Kandinsky, 1913

Kunst behalten sie immer eine psychologische oder geistige Bedeutung. Wie Kandinsky in seinem Buch schreibt, betrachtet er als Ausgangspunkt das Studium der Farbe und ihrer Wirkung auf Menschen.

»Im allgemeinen ist also die Farbe ein Mittel, einen direkten Einfluß auf die Seele auszuüben. Die Farbe ist die Taste. Das Auge ist der Hammer. Die Seele ist das Klavier mit vielen Saiten. Der Künstler ist die Hand, die durch diese oder jene Taste zweckmäßig die menschliche Seele in Vibration bringt. So ist es klar, daß die Farbenharmonie nur auf dem Prinzip der zweckmäßigen Berührung der menschlichen Seele ruhen muß. Diese Basis soll als Prinzip der inneren Notwendigkeit bezeichnet werden ... So sehen wir, daß im Grunde eines jeden kleinen und im Grunde des größten Problems der Malerei das Innere liegen wird. Der Weg, auf welchem wir uns heute schon befinden und welcher das größte Glück unserer Zeit ist, ist der Weg, auf welchem wir uns des Äußeren entledigen werden, um statt dieser Hauptbasis eine ihr entgegengesetzte zu stellen: Die Hauptbasis der inneren Notwendigkeit. Aber wie der Körper durch Übungen gestärkt und entwickelt wird, so auch der Geist. Wie der vernachlässigte Körper schwach und schließlich impotent wird, so auch der Geist.«[11]

Von 1913 an malte Kandinsky zahlreiche abstrakte Kompositionen in der Sprache seines neuen Mediums. Ihre Dominante ist eine spontane Reaktion auf die Natur oder auf die Augenblicksstimmung des Malers. Der Betrachter selbst muß spontan auf den Gefühlsreiz von Farbe und Form reagieren.

Wie in der Malerei, so wurde auch im Drama die Abstraktion Teil des expressionistischen Mediums.

Georg Kaiser, der bedeutendste Dramatiker des Expressionismus, sprach vom Stückeschreiben als von einem »geometrischen Problem«[12]. Seine Stücke demaskieren den wahren Charakter individueller Existenz und gesellschaftlicher Wirklichkeit durch Abstrahierung und Verzerrung der gegebenen Bedingungen mittels Aphorismen, Debatten und parodistischer Ironie. In ›Die jüdische Witwe‹ (1911) gibt Kaiser seine eigene Version des Heroismus der biblischen Judith als zufälliges Ergebnis sexueller Frustration. Ihr wahres Verlangen habe darin bestanden, mit dem babylonischen König zu schlafen, der im Ruf großer Potenz stand. Als General Holofernes ihren Wunsch durchkreuzt, tötet sie ihn einfach, und die führerlose babylonische Armee flieht zusammen mit dem König in panischem Schrecken, wodurch die von ihr belagerte jüdische Stadt befreit wird. Die enttäuschte Judith wird von ihrem Volk als

Heldin gefeiert und schließlich durch das geschlechtliche Leistungsvermögen des Hohenpriesters von Jerusalem zufriedengestellt. Alle Figuren sind nur Träger des ›Witzes‹, der die Substanz ist, die Kaiser aus der Handlung abstrahiert.

In seinem größten Drama, ›Die Bürger von Calais‹ (1914 geschrieben und 1917 uraufgeführt), verwandelt Kaiser mittels einer Reihe von Diskussionen und Überraschungseffekten Heroismus in Pazifismus und Opferbereitschaft. Wieder einmal gibt eine Belagerung den Rahmen ab, diesmal ist es das mittelalterliche Calais, das während des Hundertjährigen Krieges vom englischen König berannt wird. Der König macht das Angebot, die Stadt zu verschonen, wenn sie ihm sechs Geiseln stellt, die als Zeichen ihrer Niederlage getötet werden sollen. Im Namen der nationalen Ehre verlangen die patriotischen Führer in der belagerten Stadt, bis zum Ende zu kämpfen, doch der zum Selbstopfer bereite Eustache de Saint-Pierre – Kaisers »neuer Mensch« – tritt diesem Argument entgegen. Er bietet sich als Geisel an und bewegt mit seinem Beispiel sechs weitere Bürger, sich ebenfalls zu melden. Mit einem seiner typischen ironischen Tricks kommt Kaiser zu sieben Geiseln, obwohl nur sechs gefordert wurden. Sie verabreden sich, gemeinsam in das Lager des Feindes zu gehen und dem, der als letzter eintrifft, die Möglichkeit zu geben, sein Leben zu retten. Die sechs Bürger treffen alle frühzeitig ein, und einen Augenblick scheint es, als ob Eustache seinen Eid gebrochen hätte. Schließlich aber wird er auf einer Bahre hereingetragen – er hat sich selbst den Tod gegeben, um die anderen anzufeuern und sie moralisch wieder aufzurichten. Am gleichen Abend feiert der englische König die Geburt seines Sohnes mit der Freilassung der sechs Geiseln. Während der König in der Kathedrale betet, wird Eustaches Sarg über den Altar gehoben, so daß der Herrscher, der siegreiche Kriegsheld, vor dem Helden des Friedens kniet.

›Die Bürger von Calais‹ sind eine Synthese des Mediums der abstrakten Kunst und des neuen ethischen Engagements, das viele Expressionisten bis 1914 erfaßte. Zusammen mit anderen glaubte Kaiser, daß das »konstruktive Denken« des Schriftstellers ihm helfen könne, seinen Mitmenschen die selbsterlebte Qual des Ichbewußtseins zu ersparen und, richtig angewendet, seinen eigenen Willen kräftigen und befreien könne. Nur durch seinen Geist, so die These dieser Expressionisten, vermöge der moderne ›neue Mensch‹ seine Handlungs- und Willensfreiheit zurückzugewinnen. So versuchten einige der abstrakt-expressionistischen Schriftsteller – wie auch Kandinsky und die Kubisten –, sich auf das neue wissenschaftlich-technische Zeitalter einzustellen, ein Zeitalter, in dem die Funktion die Substanz verdrängt hatte und die wachsende Beherrschung und Umformung der Natur im Begriff waren, den traditionellen Glauben an eine eigene, vom Menschen getrennte Welt der Natur zu zerstören.

Die expressionistischen Maler wandten sich ein paar Jahre später als die expressionistische Literatur von der verzweifelten psychologischen Situation des modernen Menschen ab und der Gesellschaftskritik zu. Dieses neue Engagement fand seinen höchsten Ausdruck während der zwanziger Jahre in den graphischen Arbeiten von George Grosz und Max Beckmann (und 1925 in dem Film ›Metropolis‹). Doch bereits vor dem Krieg entwickelten die Expressionisten eine neue Kunstsprache, die ihre konkreten Symbole der wunden Gefühle und der geistigen Sehnsüchte von Menschen, die in einer unpersönlichen, feindseligen Umwelt gefangen sind, intensivieren sollte. Trotz ihrer so unterschiedlichen Temperamente und Arbeitsstile wurde für sie alle schließlich die Notwendigkeit einer neuen Weltgemeinschaft und eines neuen Menschen zum zentralen Anliegen.

Phasen des Wechsels zwischen Innen-Schau und dem Blick nach außen waren schon vor dem Anfang des 20. Jahrhunderts bei Schriftstellern und bildenden Künstlern eingetreten und sollten auch danach wie-

›Straße in Berlin‹. Gemälde von Ernst Ludwig Kirchner, 1913

der eintreten. Das gleiche gilt für die populäreren und trivialisierteren Lebenshaltungen, die sie inspirierten: Ibsen-Frauen, verlorene Generationen, Existentialismus, Interesse für östliche Regionen, der politische Aktivismus der dreißiger und sechziger Jahre, die Hebung des Bewußtseins, die den siebziger Jahren so am Herzen lag. Die ästhetische Avantgarde des 20. Jahrhunderts scheint in einem endlosen Zyklus gefangen, in dem Versuche, Änderungen herbeizuführen, vom Rückzug auf sich selbst und dieser wieder von neuem Aktivismus abgelöst werden. Doch der Wechsel in den frühen Jahren nach 1900 war eine besonders ichbewußte Ablehnung des Modernismus aus dem späten 19. Jahrhundert in allen seinen Formen: Positivismus, Materialismus, Impressionismus, Art Nouveau, politische Lösungen für soziale Probleme und did Sozialkritik Ibsens und Zolas.

Der deutsche Expressionismus war ein frühes Beispiel von mehreren Versuchen in unserem Jahrhundert, das Ideal einer neuen künstlerischen Form mit der Idee eines neuen Menschen zu verbinden. Die schöpferischen Künstler, die beteiligt waren, hofften damit ihrer Isolation von einer Gesellschaft und Kultur ein Ende zu machen, in der ihre Funktion im Fall der Schriftsteller auf die Herstellung anspruchsvoller Unterhaltung und im Fall der Maler auf die Produktion von Bildern als Heimschmuck oder ›Handelsware‹ für Sammler reduziert worden war. Doch ihre neue künstlerische Sprache war zu schwierig und zu schwer zugänglich, um als Mittel zum Gewinnen von Proselyten dienen zu können. Zugleich beeinträchtigte die rhetorische Direktheit mancher ihrer Versuche, einem größeren Publikum zu predigen, ihr künstlerisches Ziel, neue Formen zu schaffen, die abgelöst waren von den geltenden Sichtweisen der Realität.

Kafka und die Isolation des schöpferischen Künstlers

Schon lange vor der Periode, mit der wir es hier zu tun haben, hatten sich Künstler und Intellektuelle von der modernen Zivilisation abgewandt, und ihre ›Entfremdung‹ ist zu einem Klischee geworden. Der Kulturkritiker César Graña sieht als den bestimmenden Zug im literarischen Leben seit der Romantik »die – untröstliche oder unversöhnliche – Weigerung, die gesellschaftlichen oder symbolischen Verhältnisse der westlichen Kultur zu akzeptieren, die auf die politische, wissenschaftliche und ökonomische Entwicklung in der ersten Hälfte des 19. Jahrhunderts folgten.«[13] In den fünfziger und sechziger Jahren, als Frankreich unter Napoleon III. die ersten großen Auswirkungen der Industrialisierung erlebte, nahmen zwei der klarstblickenden Dichter dieses Landes, Gustave Flaubert und Charles Baudelaire, eine neue Haltung des Abscheus gegenüber dem vulgären Philistertum der Industriegesellschaft im allgemeinen und der bourgeoisen Lebensform im besonderen ein. Als die Industrialisierung und die Herrschaft des Bürgertums unwiderstehlich wurden, galt die Trennung zwischen Leben und Kunst schließlich als vollkommen. Nach 1870 waren die meisten europäischen Künstler und Schriftsteller auf diese oder jene Weise feindselig gegenüber der neuen, modernen Ordnung eingestellt. Und fast alle waren der Ansicht, daß diese nicht bereit sei, sich vor ihren Leistungen als selbsternannter Elite zu verneigen, wie die alte Ordnung sich vor der traditionellen Aristokratie verneigt hatte. Damit reagierten sie natürlich auf ihre eigenen, nicht notwendig zutreffenden Vorstellungen von Arbeit, Produktion und Markt. Jakob Wassermann schrieb dazu im Jahr 1910: »Die Dichter, nicht so sehr welt- oder zeitfremd als ihre Abgeschiedenheit, ihre Losgelöstheit, den Mangel eines gesellschaftlichen Zusammenhangs und einer tieferen, mythischen Legitimität empfindend, verkriechen sich in ihr eigenes Innere wie in eine Höhle oder stellen sich tyrannisch auf sich selbst, ohne eine Brücke zur Gesellschaft und zur Menschheit zu finden. So steht auf der einen Seite ein Volk in fieberhafter Tätigkeit, ganz Handlung, ganz Sucht, aber auch ganz entgöttert, und auf der anderen Seite der Dichter in fieberhaftem Leiden, traumbewegt, einsam und sich selbst vergötternd.«[14]

Franz Kafka verkörperte einen bestimmten Typus des mitteleuropäischen Schriftstellers zu Beginn des 20. Jahrhunderts – eines Mannes, der mit seinem überentwickelten kritischen Intellekt rücksichtslos sein eigenes und anderer Menschen Gefühlsleben und Verhalten sezierte, bis er schließlich unfähig wurde, seinen Anteil an der Liebe und menschlichen Wärme zu erringen, die es in der Welt gibt. Er selbst notierte: ». . . Unmöglichkeit zu schlafen, Unmöglichkeit zu wachen, Unmöglichkeit, das Leben, genauer die Aufeinanderfolge des Lebens, zu ertragen. Die Uhren stimmen nicht überein, die innere jagt in einer teuflischen oder dämonischen oder jedenfalls unmenschlichen Art, die äußere geht stockend ihren gewöhnlichen Gang. Was kann anderes geschehen, als daß sich die zwei verschiedenen Welten trennen, und sie trennen sich oder reißen zumindest aneinander in einer fürchterlichen Art. Die Wildheit des inneren Ganges mag verschiedene Gründe haben, der sichtbarste ist die Selbstbeobachtung, die keine Vorstellung zur Ruhe kommen läßt, jede emporjagt, um dann selbst wieder als Vorstellung von neuer Selbstbeobachtung weitergejagt zu werden.«[15]

Obwohl Kafka, Strindberg und eine Anzahl früher Expressionisten den Typus des ›entfremdeten‹ Künstlers in einer verständnislosen Welt darstellten, die ihre Orientierung verloren hatte, kämpften sie auch mit einem schmerzlichen moralischen Dilemma in sich selbst. Einerseits waren sie ultramodern in ihrer scheinbaren Unabhängigkeit, ihrer Intelligenz, Skepsis und Ironie – Eigenschaften, die ihnen das Rüstzeug gaben, mit Nüchternheit die sichtbare Welt als die einzige und letzte Realität hinzunehmen. Andererseits war noch der Glaube an göttliche und teuflische Mächte und an ihre eigene Verdammnis in ihnen. Doch von ihrem Glauben war, wie der Kritiker Walter Sokel schrieb, nur die Überzeugung geblieben, daß ihre Verdammnis sich »wie ein Fels aus einer Landschaft [abhob], deren weicherer Boden vom kritischen Intellekt abgetragen worden war. Kafka hat einmal gesagt: ›Ich sollte Ewigkeit begrüßen und bin, wenn ich Sie finde, traurig‹.«[16] Gewiß, dieses Dilemma betraf nicht nur die Vorkriegsgeneration. In gewissem Maß hatten es schon Pascal und Kierkegaard erlebt, und später sollte es den Existentialisten zu schaffen machen. Gleichwohl war es in den frühen Jahren nach 1900 eine besondere Bedrängnis für Menschen, die nicht mehr den Sprung zum echten Glauben schafften und ebensowenig imstande waren, sich mit der Welt als einer hoffnungslosen Absurdität abzufinden. Die Art, in der dieses Dilemma damals erfahren wurde, namentlich von Kafka, markierte eine spezifische Phase in der intellektuellen Reaktion auf die Modernisierung in ihrem umfassendsten Sinn.

Das Gefühl der Isolation, das Kafka empfand, war weniger das einer Trennung von der Gesellschaft als von seinem Selbstbild. Er war derart mit Zweifeln beschäftigt, was seine Kunst, ja seine Existenz selbst rechtfertigen könne, daß er nicht jene Anpassungsfähigkeit und praktische Intelligenz zu entwickeln vermochte, die Glück und Erfolg im Alltagsleben möglich machten. Zum Beispiel kam ihm in seiner Jugend nie der Gedanke, daß er sein linkisches Aussehen durch eine besser sitzende, besser geschnittene Kleidung verbessern könnte. Sein abstrakter, nach innen blickender Verstand war außerstande, einen so offenkundigen Zusammenhang zu erfassen. Statt dessen schrieb er sein unansehnliches Äußeres dem Fluch eines grausamen Schicksals zu, das gerade ihm verboten hatte, glücklich zu sein. Gleichwohl verhinderte sein geistiger Masochismus nicht, daß er seinen Mitmenschen gegenüber eine weise

Menschlichkeit zeigte. Als sich einmal jemand über die Dummheit eines gemeinsamen Bekannten ausließ, antwortete ihm Kafka: »Dummheit ist menschlich. Viele gescheite Leute sind nicht weise und darum letzten Endes auch gar nicht gescheit. Sie sind nur unmenschlich aus Angst vor ihrer eigenen bedeutungslosen Vulgärheit.«[17]

Im ›Prozeß‹ ist der Protagonist in dem gefangen, was der Kritiker Erich Heller »das moralische Gesetz einer grenzenlos trügerischen Welt [nennt] und führt in einer von bösen Dämonen beherrschten, völlig unberechenbaren Sphäre die präzisesten mathematischen Messungen aus ... Es ist eine quälend vertraute Welt, aber gestaltet von einer schöpferischen Intelligenz, die weiß, daß es eine verdammte Welt ist.«[18]

Das Justizsystem, das Kafka im ›Prozeß‹ schildert, ist nicht das eines normalen staatlichen Rechtswesens, sondern vielmehr ein surrealistisches Symbol der ›totalitären‹ Struktur der modernen Welt. In dieser Welt hat sich das Leben auf einen nackten Machtkampf verkürzt, in dem der Mensch nicht mehr gemäß seinen eigenen, freien sittlichen Entscheidungen handelt.[19] Mit klarer, schmuckloser Prosa und geringer Dramatik breitet Kafka eine apokalyptische Vision aus, die den übertriebeneren der Expressionisten vor dem Krieg entspricht. In Kafkas persönlicher Apokalypse der Entfremdung sehen wir das private und metaphysische Korrelat zur Zerstörung der Menschenrechte in einer totalitären Welt.

Parallel zu Kafkas Romanen vor und nach dem Ersten Weltkrieg (›Das Schloß‹ wurde 1920 abgeschlossen) erschienen andere Untergangsprophetien wie beispielsweise Robert Musils ›Der Mann ohne Eigenschaften‹ (1930–33) und Thomas Manns ›Der Zauberberg‹ (1924). Doch schon die ›Buddenbrooks‹, 1901 veröffentlicht, hatten, wenn auch in weniger apokalyptischem Ton, den Roman in ein Medium der Kulturkritik umgeformt. Thomas Mann war der erste deutsche Schriftsteller, der die Auflösung des traditionellen bürgerlich strukturierten Universums zeigte. Danach schwankte er bis zum Ende seines Lebens zwischen der Verzweiflung über die neue Barbarei und Versuchen, den humanistischen Werten der Goethezeit wieder zur Geltung zu verhelfen. Wie viele seiner Zeitgenossen vor dem Ersten Weltkrieg folgte Mann Nietzsches Diktum, daß die Kunst die letzte metaphysische Tätigkeit angesichts des europäischen Nihilismus sei: der Bedeutungslosigkeit von Vernunft, Wissenschaft, traditioneller Moral und Recht unter der neuen Barbarei.

Während Kulturkritiker wie Thomas Mann an der Sprache und den literarischen Formen der Konvention festhielten, strebten andere Schriftsteller danach, durch neue Formen der Lyrik und des Romans den strukturellen Verfall der bürgerlich-liberalen Ordnung, wie sie sie sahen, zu beschwören. In ihrem Schaffen, das auf den Zusammenhang verzichtete, drückte sich ihre Vorstellung von einer Welt ohne Zusammenhang aus. Von Rimbaud über Proust bis zu Pirandello sollten die neuen Medien selbst die reale ›Botschaft‹ enthüllen.

Arthur Rimbaud war ein extremer Prototyp aller folgenden kreativen Künstler, die die konventionellen ästhetischen Medien der modernen Zivilisation ablehnten. Sein Einfluß auf die moderne Lyrik begann bei seinen älteren Zeitgenossen, den Symbolisten, insbesondere Verlaine und Mallarmé. Wie Rimbaud versuchten sie die Sprache aller Bindeglieder – Grammatik, Syntax, geltende Wortbedeutungen – zu entkleiden, die ihren ichbewußten Visionen im Weg standen. Sie kultivierten bewußt eine Undeutlichkeit der Aussage und erfanden neue Symbole für die Bedeutungen, die sich in einer von der modernen Rhetorik verunreinigten Sprache nicht ausdrücken ließen.

Mallarmé erklärte, daß Gedichte aus Worten, nicht aus Gedanken gemacht würden, und versuchte, die Wörter von ihren zivilisierten Konnotationen zu befreien und ihnen ihren ursprünglichen, primitiven Sinn zurückzugeben. Gemeinsam mit den anderen Symbolisten bemühte sich Mallarmé, eine Form der Sprache zu schaffen, die die inneren Kräfte des Menschen freilegt und die als reiner Klang ihren eigenen Wert besitzt. Sein Ehrgeiz, Lyrik zu schreiben, die durch und für sich selbst lebte, war gewissermaßen eine Haltung des Exils, vergleichbar Rimbauds wirklichem Exil in Afrika und Paul Gauguins Flucht nach Tahiti. Um zu dieser Art von Dichtung zu gelangen, kombinierten die Symbolisten in einer Weise, daß ihre buchstäbliche Bedeutung so wenig wie ihr konventioneller poetischer Sinngehalt noch den Schlüssel zu den Vorstellungen und Empfindungen lieferten, die sie evozierten. In seinem Sonnett ›La Vierge, le vivace et le bel aujourd'hui‹ verwendete Mallarmé häufig das gleiche Wort als Symbol für zwei verschiedene Dinge. Dieses Sonnett beschreibt einen Schwan, dessen Schwingen im Eis eines zugefrorenen Sees gefangen sind. Der Schwan dient als Symbol für den sensiblen Dichter, der in der vulgären, selbstgefälligen bürgerlichen Ordnung der Jahrhundertwende an der Entfaltung seines Genies gehindert wird.

Ebenso wie die Zerstörung der konventionellen Sprache durch Rimbaud, Mallarmé und die europäischen und amerikanischen Symbolisten im 20. Jahrhundert der Auflösung des bürgerlichen Bewußtseins und des bürgerlichen Denkens Ausdruck gab, drückte sich in der Entstrukturierung des bürgerlichen Romans die strukturelle Auflösung der bürgerlich-liberalen Ordnung selbst aus. Der Roman des 19. Jahrhunderts ging davon aus, daß das autonome Individuum fähig sei, durch eigenes Mühen in einer Welt von vertrauter Struktur seinen Weg zu finden. Doch im frühen 20. Jahrhundert begannen die Formen dieses Mediums in gewissen avantgardistischen Werken in dem Maße sich aufzulösen, in dem die Welt, in der ihre Hauptfiguren wirkten, zusehends unpersönlich und unvertraut wurde. In den letzten Vorkriegsjahren beschäftigten sich die Romane Kafkas, Prousts und Pirandellos mit Antihelden, die sich verzweifelt zu vergewissern suchten, daß sie in einer Welt, deren individualistischen Werten die Praxis widersprach oder mit Mißachtung begegnete, überhaupt eine individuelle Identität hätten. Die Zerstörung des konventionellen Handlungsschemas und der hergebrachten Form der Charakterentwicklung als Mittel, den Niedergang der Individualpersönlichkeit in einer desorientierten Welt darzustellen, verstärkte sich in den Werken dieser Autoren, die nach dem Weltkrieg erschienen.

Dieser Niedergang wurde bereits im expressionistischen Erstlingsroman Max Brods, des Freundes Kafkas, ›Schloß Nornepygge‹, beleuchtet. Sein Protagonist, Walder Nornepygge, beneidet die gewöhnlichen Sterblichen, weil sie das Narrenparadies, in dem sie leben, ohne Frage hinnehmen. Ihre Art zu leben gibt ihnen ihre Identität.

Die metaphorischen Visualisierungen, die Kafka selbst in ›Die Verwandlung‹, ›Der Prozeß‹ und ›Das Schloß‹ verwendete, schienen, dem abstrakten Expressionisten Kandinsky zufolge, besonders angemessen für die moderne Epoche. Er vertrat den Standpunkt, daß die ästhetischen Ausdrucksmittel früherer Zeiten in einem Zeitalter vielgesichtiger und zweideutiger Persönlichkeiten nicht mehr genügten. Die wirklich moderne Sensibilität verlange, in der Kunst die Geheimnisse der menschlichen Seele zu erleben, nicht aber realistische Schilderungen des täglichen Lebens.

Marcel Proust benützte das neue Medium des ›Roman-fleuve‹, um in seinem Werk ›A la recherche du temps perdu‹ (›Auf der Suche nach der verlorenen Zeit‹), dessen erster Band 1913 erschien, die strukturelle Auflösung der Romanform sogar noch weiter zu führen als die Expressionisten.

In der Form dieses Romans drückt sich das wachsende Bewußtsein des Autor-Protagonisten von der Unbeständigkeit der Welt aus. Da Proust es hoffnungslos fand, in seiner immerfort wechselnden privaten Existenz und der beständigen Verwandlung der Welt seine wahre Realität zu suchen, suchte er in sich selbst. Was er auf dieser Suche fand, versuchte er in einem Kunstwerk zu bewahren. Aus dem Strom seiner Erinnerungen fand Proust schließlich eine gewisse Belohnung in der ständigen Bewegung zwischen seiner analytischen Intelligenz und dem Ergreifenden zeitlicher Existenz. In seinem Buch versucht er, die einmaligen Ereignisse seines Lebens in einem riesigen Netzwerk komplizierter Beziehungen mit zahllosen Querbezügen zwischen verschiedenen Gruppen von Figuren einzufangen. Unter den großen Themen, die er in seine weitschweifende Erzählung webt, sind Kunst und Politik, gesellschaftlicher Ehrgeiz und die Unfaßbarkeit physischer Realität. Besonders beschäftigen ihn die Narreteien der Liebe.

Der Erzähler und sämtliche Figuren in ›Auf der Suche nach der verlorenen Zeit‹ leiden an irgendeiner unerfüllten Sehnsucht oder enttäuschten Hoffnung. Kein Individuum vermag die Gefühlsbedürfnisse eines anderen zu stillen. Selbst die, die dem Bösen und der Perversität um ihrer selbst willen nachstreben, sind, wie Baron de Charlus, enttäuscht, wenn sie für die Befriedigung ihrer Gelüste auf andere angewiesen sind.

Kubismus, Futurismus und die Anfänge der modernen Architektur

Der Kubismus ist vermutlich der bekannteste und gewiß der extremste Versuch, der vor 1914 unternommen wurde, um auf die vielfältigen und häufig widersprüchlichen Aspekte der modernen Realität durch eine neue künstlerische Sprache einzugehen. Georges Braque, Juan Gris (José Victoriano Gonzalez) und Pablo Ruiz Picasso in seiner kubistischen Periode malten in einer bewußt doppelbödigen Sprache für ein Saeculum, das allein schon die Möglichkeit absoluter Wahrheit und Werte in Frage stellte. Der sensible Betrachter eines kubistischen Kunstwerkes begriff, daß es keine alleinige, vollständige Deutung der schwankenden Formen, Räume, Texturen und Objekte vor seinen Augen geben könne. Es bot ihm ein visuelles Äquivalent der mit dem 20. Jahrhundert erschienenen Erkenntnis des problematischen Charakters der Realität und der Notwendigkeit, bei ihrer Beschreibung vielfältige und paradoxe Wege zu beschreiten.

Braque und Picasso schufen ihre ersten kubistischen Bilder 1908, und wenn auch Braque, Gris und andere nach dem Weltkrieg beim Kubismus blieben, so fiel die Blüte der Bewegung doch in die Jahre 1910 bis 1914. Die würfelartigen Formen auf Braques Bild ›Maison à l'Estaque‹ aus dem Jahre 1908 veranlaßten einen Kritiker, die Bezeichnung ›kubistisch‹ zu prägen, aber das Medium selbst wurde bald stärker zweidimensional und schloß 1912 schließlich auch ›papiers collés‹ und Collagen ein. Die Komplexität und Vielfalt kubistischer Kunstwerke haben alle möglichen Deutungen ihrer Ursprünge und Bedeutung ausgelöst. Doch fast alle Kritiker meinen, daß das, was den Kubismus von aller früheren Kunst unterscheide, seine Grundthese sei, daß die Kunst und die traditionellen Perzeptionen der Natur nichts gemeinsam hätten.

Einerlei, um welches Sujet es sich auch handelt, ein kubistisches Bild stellt nichts dar als sich selbst. Die Kubisten vertraten die Ansicht, daß ein gemaltes Bild nur ein Bild sei und daß es nicht mehr als ein Ausschnitt des realen Raumes wirken wie ein Bauwerk einem Fußball ähneln solle. Sie lösten, zum erstenmal in der Geschichte, die Mittel der Darstellung von allem Dargestellten ab. Grundsätzlich war es gleichgültig, was sie malten, wenn sie auch meistens Stilleben-Objekte aus ihrer eigenen Bohème-Umgebung wählten: Trinkgläser, Musikinstrumente, Pfeifen, Zeitungen und sogar nackte Figuren. Aber welches Objekt der Künstler auch darstellte, es ging ihm einzig um das von ihm geschaffene Objekt, also das Bild selbst.

In einem kubistischen Bild ist die Form kein starres oder endliches Charakteristikum von Objekten. Nach Picasso gibt es keine konkreten oder abstrakten Formen in der Kunst, »sondern nur Formen, die mehr oder weniger überzeugende Lügen sind.« – »Kunst ist eine Lüge, die uns die Wahrheit begreifen lehrt, wenigstens die Wahrheit, die wir als Menschen begreifen können. Der Künstler muß wissen, auf welche Art er die anderen von der Wahrhaftigkeit seiner Lügen überzeugen kann . . . Durch die Kunst drücken wir unsere Vorstellung von dem aus, was Natur nicht ist . . . Daß diese Lügen für unser geistiges Selbst notwendig sind, steht außer Frage, denn mit ihrer Hilfe bilden wir uns eine ästhetische Lebensanschauung.«[20]

Obwohl Picasso auch darauf bestand, daß der Kubismus in seinen Zielen sich von keiner anderen Schule in der Malerei unterscheide, hatte sich doch keine andere Schule jemals so ausschließlich mit rein ästhetischen Überlegungen befaßt und keine so vollkommen mit den konventionellen Sehweisen der Formen realer Objekte gebrochen.

Braques ›Stilleben mit Geige und Krug‹ (1910) illustriert, was die neue artistische Sprache des Kubismus ausdrücken wollte. Visuelle und intellektuelle Paradoxe gehen von ihm aus. Der Krug, mutmaßlich aus Glas, wirkt stärker opak als die Violine, deren hölzerner Stoff sich in durchsichtige Fragmente aufzulösen scheint. Die scharfe Kante des dreifachen Simses und der Wand auf der rechten Bildseite gibt eine Illusion der Tiefe, der auf dem übrigen Bild die oszillierenden Flächen widersprechen, die aus der Luft hereingeflattert und auf der Leinwand festgeklebt zu sein scheinen. Auf diesem Bild hat das Räumliche eine zweideutige Geschmeidigkeit angenommen, verzogen, ausgehöhlt und wie mit dem Dampfbügeleisen niedergeplättet, doch stets bemüht, sich zu definieren. Dem Betrachter fällt es so schwer, sich in diesem und anderen kubistischen Bildern ›zurechtzufinden‹, weil er die Vorstellung mitbringt, daß Tiefe im Raum ständig wahrnehmbar sei. Das krönende Paradox ist der ›trompe-l'oeil‹-Nagel, der aus dem oberen Teil des Bildes scheinbar herausragt und einen Schatten auf die flache Oberfläche wirft. Als äußere Realität aufgefaßt, ist dieser Nagel genauso falsch wie das scheinbar unwirkliche kubistische Stilleben unter ihm, doch ebenso wahr, wenn man ihn als Kunst auffaßt.

Die Kubisten versuchten uns eine neue Vorstellung des Raumes zu geben, etwa das, was Proust mit der Zeit tat. Weder er noch sie wußten etwas von Einsteins Relativitätstheorie, und ihre neuen Ausdrucksformen unterschieden sich von seiner Sprache, wie alle Kunst sich von der Wissenschaft unterscheidet. Doch auf ihre eigene Weise drückten auch sie neue Vorstellungen von der Natur als formlos und unbegrenzt aus, auch sie versuchten zu zeigen, daß Raum und Zeit abhängig sind von den Beziehungen, die wir uns zwischen ihnen vorstellen. Prousts Roman schließt das Prinzip der ›Intermittenz‹ ein, nach dem der zeitliche Aspekt unseres Menschseins es unmöglich mache, die verschiedenen und oft widersprüchlichen Aspekte der Realität zu analysieren, die wir in eine zusammenhängende Sicht hineinlegen.

Picasso sagte, er male seine Objekte, wie er sie denke, nicht wie er sie sehe. Und Braque meinte, daß die Beziehung zwischen Dingen wichtiger sei als die Dinge selbst. Die kubistischen Maler wollten eine rein ästhetische, facettenhafte Ordnung über die zusammenhanglosen Dimensionen der Welt legen.

Welche Reinheit die Sprache des Kubismus bis 1910 erreicht hatte, ist besonders klar an Picassos Kohlezeichnung ›Akt‹ zu sehen. Der Kunsthistoriker Robert Rosenblum bemerkt dazu: »Der Drang, die Oberfläche

›Stilleben mit Geige und Krug‹. Gemälde von Georges Braque, 1910

›Vogelschwarm‹. Holzkohlezeichnung von Pablo Picasso, 1910

in einzelne Bestandteile zu zerlegen, ist nun so stark, daß schließlich der eigentliche Kern der Materie zu einer zarten, offenen Struktur ineinandergreifender Bogen und Winkel aufgespalten zu sein scheint. Wenngleich diese Form nach außen offenbar in der weiten Leere der Umgebung zerfließt, so verschmilzt sie paradoxerweise nach innen wie zu einer seltsam kristallinischen Substanz.[21] Bis 1911 war die kubistische Syntax derart kompliziert geworden, daß sie die Beziehungen der ›realen‹ Elemente zueinander, welche die Künstler zu einem autonomen Ganzen zu verschmelzen versuchten, zu verdunkeln drohte.

1912 gaben Picasso und Braque ihrem Bemühen, die paradoxen Beziehungen zwischen Realität und Kunst aufzuzeigen, durch die Einführung von ›papiers collés‹ und Collagen in ihre Bilder neuen Auftrieb. Mit dieser überraschenden, doch logischen Erweiterung ihres Grundvokabulars verloren ihre Bilder ihre kleinen, gebrochenen, schattenhaften Übergänge und betonten hervortretende, eigenständige Kontraste. Das Verbindende und das Trennende sind nun offensichtlich. Das Auge des Betrachters braucht nicht mehr zahllose winzige Beobachtungsschritte zu unternehmen. Durch die Vereinfachung der Muster und die Verminderung der Gliederung und der Zahl der Überlagerungen wird eine maximale visuelle Wirkung erreicht. Damit kann der Betrachter rasch zur Grundkonzeption vordringen, die dem Werk zugrunde liegt.

Picasso verwendete die Technik der Collage (was im französischen Slang zwei Menschen bezeichnet, die zusammenleben) zum erstenmal, als er in seinem ›Stilleben auf Flechtstuhl‹ (1912) ein Stück Wachstuch mit Flechtmuster auf seine Leinwand klebte. Hier tritt das Paradoxe zwischen Kunst und Wirklichkeit, Wahrem und Falschem deutlicher hervor als in seinen früheren kubistischen Arbeiten. Da das Wachstuch ein maschinell hergestelltes Produkt aus der Außenwelt ist, ist es in einem gewissen Sinn realer als die illusionären Stilleben-Objekte, die Picasso schuf. Doch da es nur eine Imitation eines Flechtstuhls ist, ist es ebenso falsch wie die fiktiven Objekte, die der Künstler darumherum und darüber malte. Ja, manche dieser Objekte, namentlich der Pfeifenstiel, vermitteln ein Gefühl echter Raumtiefe, die in lebhaftem Kontrast zur Flachheit des Stuhlgeflechts stehen. Einen weiteren Kontrast schafft Picasso dadurch, daß er seine Leinwand mit einem echten Seil umrahmt, das als konventioneller Rahmen dient, doch dieser Funktion widerspricht, weil es wie eine dekorative Schnitzerei auf einer flachen Oberfläche wirkt, aus der die illusionären Objekte innerhalb des Bildes nach außen ragen.

Die ›Botschaft‹ der kubistischen Collagen lautet, daß kein Medium für sich, wie etwa Öl auf Leinwand, uns eine glaubhafte bildliche Sicht der Realität im 20. Jahrhundert geben könne. Sensible Menschen sind sich zu sehr der vielfachen Diskontinuität in ihrer Umwelt und der Zusammenhanglosigkeit aller sinnlichen Wahrnehmung bewußt geworden. Die Kubisten vertraten die Ansicht – und hier bewegten sie sich, ohne es zu wissen, parallel zu einem großen Teil des zeitgenössischen Denkens –, daß sich über die Realität nur Behauptungen aufstellen lassen. Und eine dieser Behauptungen ist, daß die Dinge auf verschiedenen Ebenen zueinander in Beziehung stehen. So müsse der Künstler nicht nur eine Synthese traditioneller und kommerziell hergestellter Ausdrucksmittel herstellen, sondern sich auch die räumlichen und taktilen Diskrepanzen zwischen ihnen zunutze machen. Die verschiedenen Materialien, die er benützt, bestimmen ebenso das Sujet wie die Form des Bildes. In diesem Sinn liefert jedes der unterschiedlichen Ausdrucksmittel seine eigene Realität, und ihre Gegenüberstellung vermittelt ihre eigene Aussage.

Collagen und ›Papiers collés‹ halfen der Sprache des Kubismus, sich zu einer einfacheren, klareren Malerei zu entwickeln, die sinnliche und mechanische Elemente mischen konnte. Man hat Picassos ›Frau im Lehnstuhl‹ (1913) als »eine gekonnte Mesalliance ›lebender‹ Geometrie mit kreatürlichen Objekten« bezeichnet. In dieser kubistischen Version einer Kurtisane wird sie mit aufgeschlitztem Bauch, feucht herabfließendem Haar und zerknitterter Unterwäsche dargestellt. Die Fragmente ihres Körpers sind eingebettet in oder gestützt von maschinenartigen Formen in kubistischer Darstellung. Doch das Sinnliche wird durch die lohfarbenen Töne des Fleisches und die großen, wellenförmigen Kurven vermittelt, die sie einrahmen. Marcel Duchamps mechanische Aktdarstellungen, besonders sein berühmter ›Akt, eine Treppe herabsteigend‹ (1913), führten das Simile des Körpers als einer unorganischen Ansammlung beweglicher Teile noch viel weiter als Picasso. In Duchamps Vorstellung waren Maschinen sogar imstande, sich durch einen eigenen Paarungsprozeß zu reproduzieren. Und die menschlichen Figuren auf den Bildern von Fernand Léger wirken ganz offen wie Roboter. Diese Verschmelzung menschlicher und mechanischer Bilder war vielleicht die am unmittelbarsten zugängliche Reaktion des Kubismus auf die Auswirkungen der Modernität.

Im Gegensatz zu den Kubisten machten sich die Futuristen auf den Weg, nicht nur die Kunst, sondern auch das Leben zu verändern. Beide Gruppen reagierten in diesem oder jenem Sinn auf die Formen, in denen die Industrialisierung die in der Kunst traditionelle Sicht der Natur als eines Systems bildlicher Beziehungen unter einer Vielzahl einzelner Objekte, von denen jedes einen einzigartigen Platz hat, zerstörte und sie durch wiederholte Serien identischer Gegenstände ersetzte; beide Gruppen stürzten konventionelle Auffassungen vom Räumlichen um, um die Vielzahl der Beziehungen zu zeigen, die zwischen den Objekten möglich waren. Doch die Futuristen führten diese Experimente über das rein Ästhetische hinaus zu revolutionären Akten. Die Kubisten – abgesehen von einem peripheren wie Léger – bekundeten keine Begeisterung für die symbolischen Werte, die mit dem Maschinenzeitalter verbunden wurden. Die Futuristen aber verherrlichten die Energie und die Maschinen, die der Mensch hervorbrachte, und wollten ihre Geschwindigkeit, Kraft und Gewalttätigkeit dazu benutzen, revolutionäre Veränderungen in Gesellschaft und Politik wie auf allen Gebieten der Kultur zu erzwingen. 1909 proklamierte in seinem ersten Manifest ihr Hauptsprecher und Impresario, der wohlhabende italienische Schriftsteller Tommaso Marinetti: »Ein dröhnendes Automobil ist schöner als die Nike von Samothrake.«

Der Bewegung des Futurismus, die in genau derselben Zeit blühte wie der Kubismus, gehörten der Maler und Bildhauer Umberto Boccioni und die Maler Giacomo Balla, Carlo Carrà, Luigi Russolo und Gino Severini an. Zwischen 1909 und 1914 gaben die italienischen Futuristen in Paris, Madrid, Berlin und London wie auch in Mailand, Rom und Florenz über dreißig Manifeste heraus. Ableger des Futurismus blühten sogar in Moskau auf, als Marinetti schließlich auch dorthin kam. Keine andere Bewegung der künstlerischen Avantgarde hatte einen so umfassenden und langanhaltenden Einfluß, keine kam ihr an Feindschaft gegen die Vergangenheit und Besessenheit für das Neue gleich. Für die Futuristen war alle Erfahrung nur vorläufig. Deshalb wollten sie eine Kunst des Werdens, des Vergänglichen, des Transitorischen und des Entbehrlichen aufrichten. Einige dieser Ziele wurden später, unmittelbar nach dem Ersten Weltkrieg, von den Dadaisten und Surrealisten und in den fünfziger und sechziger Jahren von den Schöpfern von ›Happenings‹ aufgegriffen. Doch vom Standpunkt des Historikers bleiben die Kunstwerke, die der Futurismus hervorbrachte, ebenso wie seine Manifeste, erstaunliche Dokumente der optimistischsten Reaktion auf die Modernität.

Die Futuristen waren von der Geschwindigkeit und den dynamischen Eigenschaften des elektrischen Lichts fasziniert. In seiner Studie ›Straßenlicht‹ (1909) taucht Balla den Betrachter in ein glitzerndes Netz elektrischer und magnetischer Ladungen, deren multiple Spannungen unsichtbare Kräfte, dem Menschen untertan, andeuten.

Futuristische Maler feierten auch die Dynamik der modernen Großstadt. Anders als die Impressionisten, die sie grundsätzlich statisch sahen, stellten sie die Stadt als einen Zustand pausenloser Bewegung und Erregtheit dar. Carrà und Severini beschworen in verschiedenen Arbeiten das geschäftige Hin und Her von Omnibussen und Straßenbahnen und auf Bahnhöfen von Paris.

Das berühmteste Beispiel der futuristischen Skulptur, Boccionis ›Vereinigung von Formen mit innerem Zusammenhang des Raums‹ (1913), wirkt auf den ersten Blick wie die trotzige Antwort eines Künstlers des 20. Jahrhunderts auf die ›Nike von Samothrake‹, die Marinetti in seinem ersten Manifest ausdrücklich verworfen hatte. Aber man erkennt bald, daß es sich keineswegs um eine ›Statue‹ handelt. Boccioni hat die organisch und individualisierte Suggestion von Bewegung, wie sie der Skulptur der Vergangenheit eigen war, aufgegeben und an ihre Stelle eine Metapher abstrakten Wachstums gesetzt, angedeutet durch Eigenschaften eines rücksichtslosen, mechanistischen Willens.

Die Futuristen vereinten in ihren Arbeiten nicht immer Kunst und Leben, wie es Boccionis Skulptur ›Urform der Bewegung im Raum‹ tat, aber dies war das Ziel, das sie in ihren Manifesten als das höchste proklamierten. Obwohl sie für ideologische oder philosophische Systeme nur wenig übrig hatten, sahen manche in ihrem Schaffen ein Beispiel für Bergsons ›schöpferische Evolution‹. In der Ausgabe der in Florenz erscheinenden futuristischen Zeitschrift ›L'acerba‹ vom 1. August 1913 schrieb Boccioni: ». . . die futuristischen Maler können die große dynamische Verwirklichung der Evolution zustande bringen.« Ihr aufwallendes kreatives Bewußtsein werde sich mit einem neuen Bewußtsein des Lebens vereinen. Doch um diese Vereinigung zustande zu bringen, dürfe man nicht vergessen, schrieb Marinetti, »daß Kunst nur Gewalt, Grausamkeit, Ungerechtigkeit sein kann«. Die Kunst des Futurismus, so meinte Boccioni, werde die Industriearbeiter entflammen. Die Futuristen hoben auch die englische Music-hall, die sie irrigerweise für ein neues populäres Medium hielten, als ein Mittel in den Himmel, das in Verbindung mit Filmaufnahmen von Schlachtenszenen, Krawallen, Rennen und rasenden Automobilen und Flugzeugen den arbeitenden Klassen eine neue Sensibilität geben werde. In Italien, wo der Widerstand gegen die Moderne besonders stark war, versuchten sie durch sen-

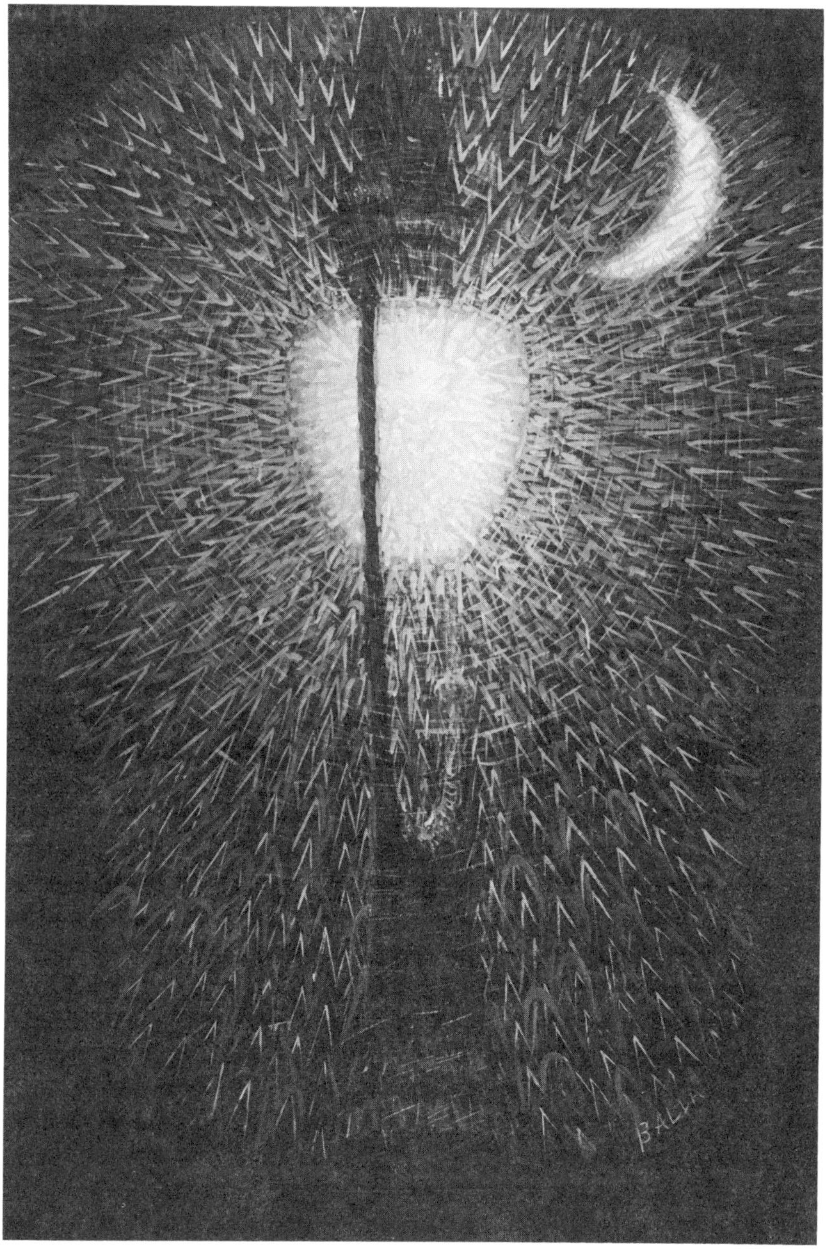

›*Straßenlicht*‹. *Gemälde von Giacomo Balla, 1909*

›Vereinigung von Formen mit innerem Zusammenhang des Raumes‹. Plastik von Umberto Boccioni, 1913

sationelle Plakate und Spektakel, mit denen sie den Kriegseintritt des Landes in den Ersten Weltkrieg verfochten, die Bevölkerung aus dem alten Trott zu reißen. Nachdem der Krieg dies nicht zustande gebracht hatte, sahen manche Futuristen im Faschismus die revolutionäre Kraft, die schließlich die von ihnen erstrebte doppelte Revolution in Kunst und Leben herbeiführen werde. Doch im Gegensatz zu den deutschen Expressionisten nach dem Krieg, die ähnliche Hoffnungen auf den revolutionären Sozialismus setzten, blieben diese Futuristen elitär gesinnt. Für sie war ›das Volk‹ schlicht nur eine andere ›Masse‹, die es formgebend zu orchestrieren galt.

Die revolutionäre Atmosphäre in der Kultur, die der Expressionismus, Kubismus, Futurismus und die abstrakte Malerei schufen, trug dazu bei, durch den Deutschen Werkbund und den Einfluß von Peter Behrens die moderne Bewegung in der Architektur in Gang zu bringen. 1907, als diese Begegnungsstätte fortschrittlich denkender Industrieller, Architekten und Formgestalter ins Leben gerufen wurde, wurde Behrens künstlerischer Beirat der Allgemeinen Elektrizitätsgesellschaft in Berlin und übernahm die Gestaltung ihrer neuen Bauten, Produkte, ihres Verpackungsmaterials, ja selbst des Firmenbriefpapiers. Zu seinen Schülern und Assistenten zählten Walter Gropius, Ludwig Mies van der Rohe und Le Corbusier (Edouard Jeanneret-Gris). Behrens wie die Architekten im Werkbund vertraten mit Nachdruck die Ansicht, daß das Ästhetische unabhängig von der materiellen Qualität sei, daß die Normung eine Tugend sein und daß industrielle Produktgestaltung von der Grundlage der abstrakten Form ausgehen könne. 1909 proklamierte Behrens' Turbinenfabrik für die AEG in Berlin eine neue, monumentale Würde für die Industriearchitektur. Zwei Jahre später begannen Gropius und Adolf Meyer die Fagus-Werke in Alfeld bei Hannover zu bauen. Wie ein Großteil der avantgardistischen Kunst vor dem Ersten Weltkrieg, ist die neue ›Sprache‹ dieses Bauwerks inzwischen zu einem Klischee geworden, doch zu jener Zeit war es mit der sachlichen Rhythmik des Hauptblocks, der um die abgerundeten Ecken geführten Verglasung und dem flachen, simslosen Dach wahrhaft revolutionär.

Die Kölner Ausstellung des Werkbundes 1914 faßte die Richtungen zusammen, in denen sich die moderne Architektur entwickeln sollte, besonders in Henri van de Veldes Modelltheater, Gropius' und Meyers Ausstellungsfabrik und dem Pavillon für die deutsche Glasindustrie, den Bruno Taut gebaut hatte. In seinem Modelltheater löste sich van de Velde vollkommen vom Dekorationstyp des Jugendstils und fand für die

Solidität und skulpturhafte Form des Bauwerks rein architektonische Lösungen. Er betonte auch dessen Plastizität, indem er die modellierten Formen des Äußeren gegen seinen klassisch gestalteten Entwurf in Kontrast setzte. Tauts Pavillon war durch das Bemühen des Architekten, mittels Glas, Farbe und Licht das Innere nach außen zu erweitern, visionärer. Bei seinen Experimenten mit dem architektonischen Potential von Glas, Beton und Stahl entwickelte Taut damals schon neue Ideen für die Herstellung präfabrizierter Bauelemente.[22] Gropius' Fabrik erscheint zwar im Vergleich zu van de Veldes und Tauts Konstruktionen plump, aber ihm und den gleichgesinnten Architekten gehörte die Zukunft. Was ihnen noch fehlte, war ein ästhetisches Prinzip, das ihren vorspringenden Trägern, Transparenzlösungen, Wandverglasungen und

Glaspavillon auf der Werkbund-Ausstellung in Köln von Bruno Taut. Fotografie, 1914

anderen technischen Innovationen eine Sinngrundlage gab.[23] Erst nach dem Krieg gab dann die Entwicklung zur abstrakten Kunst Gropius und seinen Weggefährten die Inspiration, die sie das funktionalistische Prinzip für die Architektur erfinden ließ.

Wenn Funktionalismus bedeutet, den Stil zum Diener des Nutzungszweckes zu machen, dann entspricht ein großer Teil dessen, was als moderne Architektur gilt, diesem Maßstab nicht. Die allbekannten Schuhkartons oder Betonklötze, die beginnend mit den ausgehenden zwanziger Jahren gebaut wurden, haben eine so allgemeine Struktur, daß sie sich für jede Funktion eignen. Dieser sogenannte ›internationale Stil‹ ist ein anonymer, stilisierter Strukturalismus. Er ist so wenig mit einer bestimmten Zeit oder einem bestimmten Ort verbunden, daß er sich in einem Verlagsgebäude in New York, einer Gewerkschaftszentrale in Hamburg, einer Bank in Tokio, einem Theater in Sidney oder einem Flughafen in Mexico City ausdrücken kann. Vor 1914 war der Prophet einer Architektur, die jeden Entwurf auf seine spezifische Funktionsbestimmung ausrichten sollte, der Wiener Adolf Loos.

Loos betrachtete sich selbst nicht als Revolutionär; wie die alttestamentarischen Propheten verdammte er alles, was er an seiner eigenen Gesellschaft und Kultur als schlecht betrachtete, aber er besaß, im Unterschied zu den meisten Revolutionären, keine absolute Vision des Guten. Er vertrat die Ansicht, daß jede Epoche sich ihren eigenen Stil schaffen müsse. In den frühen Jahren nach 1900 sah er seine Aufgabe darin, in seinen Entwürfen alle sinnlosen Details und Ornamente wegzulassen. Er wollte seine Wirkungen allein mit Baumaterialien erzielen, die jederzeit zur Verfügung standen.

Für Loos war jede Art von Ornament gleichbedeutend mit minderwertiger Qualität und verfälschtem, versnobtem Gefühl. In seinen Augen waren selbst die eindrucksvollsten und kostspieligsten öffentlichen Bauwerke im kaiserlichen Wien leere Symbole einer dahingeschwundenen Majestät. Und das Bric-à-brac, mit dem das Wiener Bürgertum seine Wohnungen vollstopfte, verwarf er rundweg als Kitsch. Loos war auch der Ansicht, daß die Architekten auf die Bedürfnisse der Menschen eingehen müßten, die in einer beengten Umwelt zu leben gezwungen waren. Selbst das Mobiliar müsse möglichst in die Wände eingefügt sein, so in der Form eingebauter Tische, Betten, Schreibtische und Kleiderschränke.

Das Gebäude am Wiener Michaelerplatz aus dem Jahr 1910 war ein berühmtes Beispiel für Loos' Vorstellung von Raumökonomie. Dieses

Haus, das in Mischnutzung Wohnungen und Geschäfte verband, hatte eine völlig glatte Fassade; selbst die Fenster waren ohne schmückende Umrahmung. Im Innern war kein Platz durch nutzlose Zwischenwände, tiefer gezogene Decken oder überflüssige Treppenschächte verschwendet. Um den Empfangsraum mit seiner hohen Decke waren höher gelegene Bürobereiche angeordnet, durch niedrige, offene Raumteiler teilweise abgeschlossen. Unter diesen Büros befanden sich die Räume mit den Installationen, durch eine offene Treppe zugänglich. Die Split-level-Architektur der fünfziger Jahre ging auf diese Neuerung Loos' aus dem Jahr 1910 zurück.

Nach Loos' Auffassung muß der Architekt wie ein Ingenieur denken und sich bei all seinen Entwürfen auf die »funktionalen Notwendigkeiten« konzentrieren. Wenn man beispielsweise die Bedeutung der Wasserrohranlagen in einem Haus verstehen wolle, müsse man sich ansehdn, welchem Zweck dieses System dient.[24] Während seines dreijährigen Aufenthalts in den Vereinigten Staaten, Mitte der neunziger Jahre, gewann er eine dauerhafte Anschauung des Kontrastes zwischen dem dort herrschenden modernen, demokratischen Lebensstil und der altmodischen, klassenstarren Kultur seiner Heimat Österreich. Zeit seines Lebens blieb er der große Vorkämpfer für schmucklose, qualitätsvolle Massenprodukte für alle Gesellschaftsklassen. Er wollte Häuser, Möbel, ja selbst die Bekleidung, so schlicht und funktional wie möglich, damit alle Menschen sich den edelsten Aktivitäten im Leben widmen konnten.

Vor 1914 versuchten nur zwei Architekten, Tony Garnier und Antonio Sant'Elia, durch Entwürfe für neue Urbankomplexe sich mit den räumlichen Problemen des Großstadtlebens zu beschäftigen. Garniers Plan für eine ideale Industriestadt (Cité Industrielle) wurde zum erstenmal 1904 ausgestellt. Darin waren Fabriken, öffentliche Gebäude und Privatwohnungen so angeordnet, daß sie der Bequemlichkeit der in ihnen lebenden und arbeitenden Menschen entsprachen, nicht aber der Geldgier von Grundstückpekulanten. Bei allen Baulichkeiten in Garniers Entwurf sollte Stahlbeton verwendet werden, die Privathäuser waren streng kubisch, die öffentlichen Gebäude hatten freitragende, weit vorragende Dächer, die es in ihrer Kühnheit mit denen der Häuser von Frank Lloyd Wright aufnahmen. Sant'Elias Entwürfe für seine ›neue Stadt‹ (Città Nuova) waren nicht koordiniert wie die Garniers, aber in den einzelnen Konstruktionen noch revolutionärer. Sant'Elia war nämlich ein Futurist.

Sant'Elias zahlreiche, phantasieerfüllte Zeichnungen von Gebäuden

Kaufhaus von Goldmann und Latsch am Michaeler Platz, Wien, von Adolf Loos, 1910. Fotografie, nach 1910

Haus Steiner in Wien von Adolf Loos, 1910. Fotografie

›Neue Stadt‹. Zeichnung von Antonio Sant'Elia, 1914

und Ideen zur Planung von Städten wurden zum erstenmal im Mai 1914 in einer Ausstellung der Öffentlichkeit vorgeführt. Abgesehen von Bauwerken in einigen südamerikanischen Städten sind Sant'Elias Ideen noch heute futuristisch.

Der Prozeß, revolutionäre Veränderungen zu akzeptieren, hat in der Musik länger gedauert als in den bildenden Künsten, der Literatur oder in der dramatischen Dichtung. Sogar heute noch zucken Menschen, die ihr Heim mit den abstrusesten zeitgenössischen Malereien und Skulpturen schmücken oder vor den Kinos Schlange stehen, in denen die neuesten Filme von Michelangelo Antonioni oder Stanley Kubrick gezeigt werden, schmerzhaft zusammen, wenn sie Kompositionen von Anton Webern hören, die vor mehr als siebzig Jahren geschrieben wurden. Es fällt schwer – namentlich wenn man in einem Konzertsaal oder Opernhaus sitzt –, die traditionelle, aus der Zeit nach der Renaissance stammende Einstellung aufzugeben, daß die Musik irgend etwas, was in der Willens- und Gefühlswelt eines Individuums vor sich gegangen ist, auszudrücken und dies dem Publikum mitzuteilen habe. Doch ein Hauptziel der modernen Musik von Debussy über Strawinsky, Schönberg und Webern bis zu Boulez besteht darin, sowohl das Unbewußte als auch vorsprachliche Erlebnisebenen zu enthüllen, die im allgemeinen mit Religion, Mystik und Magie verbunden sind. Intuitiv erfaßten diese Komponisten die radikalen Veränderungen, die Wissenschaft und Technik sensible Menschen in ihren Begriffen von Zeit und Raum und den Diskontinuitäten in beiden vorzunehmen zwangen. Diese Veränderungen prägen heute auch unsere gewöhnlichen Anschauungen und Verhaltensgewohnheiten in einer Weise um, die wir wegen unseres nachgutenbergischen Erbes des rationalen, linearen Denkens als ebenso schmerzhaft wie chaotisch empfinden. So klammern sich viele noch immer an vertraute Formen des musikalischen Ausdrucks, um ihren anderen Verstörungen zu entgehen. Was sie suchen, ist Entspannung, nicht Enthüllung.

Die Komponisten der Avantgarde zu Beginn unseres Jahrhunderts lehnten die Gefühlsstruktur der traditionalistischen Musikliebhaber und die Ausdrucksmittel ab, die deren Bedürfnisse erfüllten. Wie ihre Gesinnungsgenossen in den bildenden Künsten, der Literatur und der dramatischen Dichtung durchbrachen sie die Fassade der Ordnung und Einheit, die diese Struktur voraussetzte, und erkannten, daß sie von der modernen Welt und der Drangsal des Menschen in ihr mehr verbarg als enthüllte. Sie waren auch der Ansicht, daß die musikalische Sprache des späten 19. Jahrhunderts – mit ihrer schweren Chromatik, dem überladenen Schwulst und den endlosen Wiederholungen – sich nicht mehr weiterzuentwickeln vermöge, geschweige denn für das, was sie selbst schaffen wollten: eine neue ästhetische Sensibilität für ihre Zeit und für die Zukunft. Um dieses Ziel zu erreichen, griffen verschiedene Komponisten diese musikalische Sprache auf einer Vielzahl von Wegen an. Debussy löste die sinnliche Harmonik Wagners in quasi-orientalische Arabesken auf; Schönberg und Webern setzten die von Wagner eingeleitete Desintegration der Harmonie zur Linie fort und gingen weiter zu atonalen Reihenstrukturen; Strawinsky legte die violentesten Triebe des Menschen bloß, als er im ›Sacre du printemps‹ (1913) archetypische Primitiv-Rhythmen in noch nicht dagewesener Form einsetzte.

In seiner Oper ›Pelléas et Mélisande‹ (1902) verwendete Debussy die gleiche Vorlage wie Wagner in ›Tristan und Isolde‹ – eine Liebesgeschichte mit tödlichem Ausgang, die zwischen fürstlichen Personen aus legendärer Vorzeit spielt –, behandelte sie aber ganz anders. Wenn in Wagners spätromantischem Werk der heroisch gestaltete Tristan erkennt, daß er sterben muß, will er seinen Tod aus eigenem Willen, da er an den höchsten Triumph seiner verzehrenden Leidenschaft glaubt. In Debussys Oper hingegen wird der Held entthront und ist der Ausdruck naturalistisch. Für Pelléas und Mélisande liegt das einzige Glück darin, sich einer dunklen Leere zu ergeben, ein Geschick, das sie willenlos, doch ohne Schrecken hinnehmen. Debussys Musik vermittelt in jedem Aspekt diese Aussage. Ihre Textur ist weicher und zarter als die Wagners, doch sie hüllt uns noch dichter ein. Indem er Wagners Bestreben meidet, zu zeigen, wie der Komponist die Themen formt und den Wohlklang gestaltet, gibt Debussy uns inmitten der Nebel des Unbekannten, die uns verschlingen, ein Gefühl der Befreiung. Die Klangflut selbst schafft eine alles erfassende Atmosphäre, die unsere bewußten Leidenschaften dämpft und uns auf die der Darsteller mit einer fast östlichen Passivität reagieren läßt – oder wie ein Seismograph, der unvorhersagbare Beben registriert.

Noch bis zum Ende des Zweiten Weltkrieges galt Debussy als Impressionist und ›Weichzeichner‹, der mit verschwommenen Farben malt; erst seither sind wir dazu gelangt, in ihm einen Bahnbrecher zu sehen, der sich mit van Gogh, Cézanne, Rimbaud und Mallarmé vergleichen läßt. Manche Musikwissenschaftler betrachten ihn heute als den Komponisten, der die zeitgenössische Einstellung zur Form erfand, den Schwulst zerstörte und die ästhetische Macht des reinen Klanges wieder in ihr Recht einsetzte. Seine Werke bergen tief in ihrem Innern auch die Mittel, die symphonische Form und andere musikalische Großformen zu transzendieren, der sich die Meister der Klassik und der Romantik verschrieben hatten.

Der Wiener Arnold Schönberg ging in der Erfindung einer neuen Sprache der Musik viel weiter als Debussy. Doch während Debussy seine Sprache des reinen Klanges ohne jeden abrupten Bruch der Linie entwickelte, begann Schönberg in der spätromantischen Tradition, wenn er in seinen frühen Kompositionen Elemente des Wagnerschen Idioms erweiterte. Seine jugendliche Begeisterung für Wagner und Mahler zeigt sich deutlich in der todessehnsüchtigen Ekstase seines Streichsextetts ›Verklärte Nacht‹ (1899) und dem Bombast seiner gewaltigen Kantate ›Gurrelieder‹, die um 1900 entstand. Doch mit seiner ›Kammersymphonie‹, opus 9 (1907) und den ›Fünf Orchesterstücken‹, opus 16 (1909) begann er sich zunehmend auf die Atonalität zuzubewegen. Die Atonalität wie die großen Intervalle seiner melodischen Erfindung schaffen eine ständige Hochspannung, die das traditionelle Schema der Abwechslung von Spannung und Entspannung zerstört. Fortan war Schönberg damit beschäftigt, sich der logischen Artikulation musikalischer Gedanken zu widmen.

Schönbergs Bemühen, musikalische Gedanken im Gegensatz zum ›Wohlklang‹ zu entwickeln, stellte sich den Anliegen zur Seite, die mehrere Schriftsteller und Künstler der Avantgarde vor 1914 verfolgten. In Wien lehnten Karl Kraus und Hugo von Hofmannsthal die dilettantischen Verfeinerungen des bürgerlichen Ästhetizismus im Fin-de-siècle ab. Sie strebten nach einer reineren, ernsthafteren literarischen Sprache, so wie Ludwig Wittgenstein die Sprache der Philosophie reinigen und sie streng wissenschaftlich analysieren wollte und Adolf Loos nach einer Architektursprache der Sachlichkeit auf der Grundlage funktionaler Notwendigkeiten suchte. In Paris legten die Kubisten in ihren Arbeiten gleichfalls das Gewicht auf ästhetische Ideen statt auf angenehme Bildeindrücke. Doch im Unterschied zu den Futuristen und einigen Expressionisten betrachteten sich diese Künstler und Schriftsteller nicht als Revolutionäre. Sie waren vielmehr der Ansicht, daß sie zu den Grundproblemen künstlerischer Gestaltung zurückkehrten.

In seinem Meisterwerk ›Pierrot lunaire‹ (1912) füllt Schönberg eine Reihe traditioneller Formen mit einer völlig neuartigen Klangwelt. Formal handelt es sich um eine Kombination gesprochener Verse, die von einem kleinen Kammerensemble begleitet werden; in jedem der einundzwanzig kurzen ›Lieder‹ ›spricht‹ die Sprechstimme die Melodie, gibt die notierte Tonhöhe an, läßt sie aber sofort sinken oder steigen.

Manchmal stützt die Instrumentalbegleitung die Sprechstimme, zuweilen scheint sie ihre eigenen Wege zu gehen. Die Musik selbst ist vollkommen atonal. Jedes ›Lied‹ hat einen der evozierten Stimmung angemessenen Stil, doch das ganze Werk schmilzt die Empfindungen des mondsüchtigen Pierrot (eine weißgekleidete und -geschminkte komische Figur aus der Commedia dell'arte) in Klang um. Die erste Nummer beschreibt die Verzückung des mondtrunkenen Poeten, der den Wein (des Mondes) mit Augen trinkt. In der dritten schiebt Pierrot der Dandy »das Rot und des Orients Grün« beiseite und schminkt sich Mondstrahlen aufs Gesicht. Nummer fünfzehn schildert Pierrots zart klagendes Heimweh. Manche Nummern, wie das ›Galgenlied‹ (Nummer zwölf), sind aphoristisch, gespenstisch und flüchtig; andere sind dicht und voll ausgeführt, so ›Valse de Chopin‹ (Nummer fünf) und ›Nacht‹ (Nummer acht). Obwohl Schönberg erklärte, daß ihn an diesen Texten nur ihre Grundstimmungen interessierten, verwandelt seine Musik ihren Fin-de-siècle-Ästhetizismus in eine geisterhafte, expressionistische Beschwörung fremdartiger Emanationen aus dem Weltenraum.

Schönberg brauchte nach der Komposition von ›Pierrot lunaire‹ mehr als zehn Jahre, um die Atonalität mittels des Zwölftonsystems in eine logische Struktur zu reintegrieren, aber bereits ›Nacht‹, die achte Nummer des Werkes, markiert den Übergang zur Reihen- oder seriellen Musik. Hier spüren wir schon die kompromißlose Verantwortung jeder einzelnen Note, die Schönberg in seinen Zwölfton-Kompositionen zunehmend betonte. In der Form einer Passacaglia geschrieben, ist ›Nacht‹ völlig auf einem Drei-Noten-Motiv aufgebaut, das in zahlreichen komplexen Abwandlungen erscheint, manchmal transponiert, in Umkehrung oder im Krebsgang, zuweilen als Melodie ausgeschrieben oder zu Akkorden verdichtet. Doch stärker als die logische Struktur der Form berühren den Hörer die ungewöhnlichen Klänge mit ihren ritualistischen, ja sogar magischen Untertönen. Und diese Klänge sind expressionistisch. Sie stehen im Einklang mit den ästhetischen Auffassungen, die Schönberg damals vertrat und die auch in seinen Bildern und in den Aufsätzen und Zeichnungen, die er in expressionistischen Zeitschriften in Deutschland erscheinen ließ, zutage treten. (Das am stärksten dem musikalischen Expressionismus verpflichtete Werk ist die Oper ›Wozzek‹, die der Schönberg-Schüler Alban Berg zwischen 1917 und 1921 komponierte.) Schönbergs Schüler Anton Webern schuf dann die neue musikalische Sprache, die nach dem Zweiten Weltkrieg eine neue Avantgarde inspirieren sollte, deren bekannteste Vertreter Olivier Messiaen (geboren 1908), Pierre Boulez (geboren 1925) und Karlheinz Stockhausen (geboren 1928) sind.

Anton Webern war noch puristischer als sein Lehrer. Der Einfluß, den Wagner und Mahler in seiner Frühzeit auf ihn hatten, schwand schon bald, und zum Expressionismus hatte er wenig Affinität. Er erhielt eine strenge Ausbildung im Stil von Schönbergs mittlerer Periode und zog daraus später die radikalsten Folgerungen. Seine starke Beschäftigung mit der musikalischen Theorie gab ihm schon früh in seinem Wirken die Überzeugung, daß zur Schaffung einer neuen Sensibilität und der rigorosen Entwicklung freier Formen in der Musik ein athematischer, scheinbar zusammenhangloser und fragmentierter Ansatz notwendig sei. Wie die hermetischsten symbolistischen Lyriker und wie Mondrian, Kandinsky und andere Vertreter der abstrakten Malerei strebte auch Webern danach, eine künstlerische Sprache zu finden, die aus und für sich lebte, unbefleckt von Gefühls- und Alltagsdingen.

Bereits vor 1914 stellte Webern traditionelle Vorstellungen von der Themenbildung und der begleitenden melodischen Linie in Frage und führte kompositorische Techniken ein, die seine späteren Zwölfton-Kompositionen ahnen ließen. Seine ›Fünf Sätze für Streichquartett‹, opus 5 (1909) sind musikalisch geformte Gedanken; sie treffen den Hörer als Vibrationen, die das Innerste seines eigenen Denkens berühren. Die kurzen, langsamen Nummern in Weberns ›Sechs Orchesterstücke‹, opus 6 (1910) verwenden winzige, evokative Melodiewendungen, die über Akkordwiederholungen (in gleicher Tonhöhe und Stimme) des gedämpften Blechs oder wiederholten statischen Figuren von Harfe und Celesta oder Flageoletts der Streicher wimmernd verklingen. In diesem Werk ist die Klangfarbe ebenso wichtig wie die Tonhöhe, und Webern betonte stärker als irgendein Komponist vor ihm Farbenunterschiede in einer Melodielinie. Wie Debussy machte er den Einzelakkord zum Selbstzweck, aber seine isolierten Töne oder Klangfarben sind darüber hinaus auch zu Ereignissen ohne Kontinuität geworden.

In seinen Kompositionen der zwanziger und dreißiger Jahre vervollkommnete Webern die Organisation seines musikalischen Mikrokosmos zu ausgeprägt kanonischen, streng seriellen Konstruktionen. Als Schönberg sein Zwölfton-Prinzip entwickelte, sah er in der Reihe eine Ableitung aus den Themen, die melodische Äußerungen kristallisierten. Webern aber machte dann die Zwölfton-Reihe zu einer formschöpferischen Struktur, dem einzigen Medium, innerhalb dessen eine musikalische Schöpfung sich vollziehen konnte. So sollte Webern, indem er die Tonalität transzendierte und Schönheit allein in der Form destillierte, eine Art rein abstrakter Musik schaffen, wie sie die westliche Welt bis dahin noch nie gekannt hatte.

Die konzentrierte Form der Musiksprache Weberns war eine bedingungslose Absage an die diffuse, in Wiederholungen sich ergehende, schwelgerisch-schwülstige Sprache der Spätromantik. Auch der Hörer mußte sich intensiver denn je zuvor konzentrieren, um jeden Ton, jeden Wechsel in Register und Lautstärke und jedes Intervall der Stille zu erfassen, alles Teile von Weberns Mikrokosmos der ganzen Skala des rein musikalischen Ausdrucks, ohne jeden Schmuck und ohne Bezug auf etwas anderes als auf sich selbst. Zwar müssen wir Ohr und Empfindungsvermögen umgewöhnen, wenn wir die ästhetische Erfahrung, die Weberns miniaturenhafte Kompositionen bieten, erleben wollen. Aber diese Umschulung ist typisch für die moderne Welt – von den ersten Fabrikarbeitern, die ihre Reflexe dem Rhythmus der Maschinen anpassen mußten, bis zu den Büroangestellten von heute, die wie Computer ›denken‹ müssen.

Während Weberns Schaffen bis nach seinem Tod im Jahr 1945 ohne Nachwirkungen blieb, machte sein Zeitgenosse Igor Strawinsky vor dem Ersten Weltkrieg mit drei aufeinanderfolgenden Werken – ›Der Feuervogel‹, ›Petruschka‹ und ›Le sacre du printemps‹ –, alle für Aufführungen durch das Russische Ballett, 1911, 1912 und 1913, geschrieben, Musikgeschichte. Ja, Strawinsky war, wie in der Malerei Picasso, die berühmteste und vermutlich repräsentativste, wenn auch wohl kaum progressivste Figur in der Musik des 20. Jahrhunderts. Und wie Picasso, so durchlief auch Strawinsky zahlreiche Phasen mit verschiedenen Ausdrucksmedien und hatte er ein langes und reiches schöpferisches Leben. Auch darin unterschied er sich von Webern, der den größten Teil seines Lebens ein abgesondertes Dasein führte und eine einzige Sprache in einer begrenzten Zahl unglaublich kurzer Stücke (von denen manche weniger als eine Minute dauern) ausfeilte. Aber in seinem bedeutendsten Werk, ›Le sacre du printemps‹, brachte Strawinsky all die revolutionären Veränderungen, die die Urgewalt primitiver Kollektivleidenschaften freisetzten.

Im Gegensatz zu der einheitlichen Entwicklungslinie, die von Schönberg in seinen Werken nach 1909 und Webern ausging, schloß der ›Sacre‹ zahlreiche unterschiedliche Neuerungen aus der vorangegangenen Dekade ein. Bei all diesen Innovationen handelte es sich entweder um bewußte analytische Bemühungen, traditionelle und humanistische

Formen des musikalischen Ausdrucks zu verjüngen, oder um intuitive Versuche, archetypische, primitive Gefühle zu evozieren. Einige Komponisten versuchten in verschiedenen Phasen ihre Schaffens diese beiden Ansätze zu verbinden, so Bartók in seinem ›Allegro barbaro‹ (1910–11) und Prokofieff in seiner ›Skythischen Suite‹ (1914). Manche machten ein paar tastende Schritte in diese Richtung – so Richard Strauss in ›Salome‹ und besonders in ›Elektra‹ –, glitten dann aber in eine barocke Neuromantik zurück. Andere lehnten die exzessiven tonalen Spannungen Wagners und Strauss' ab und versuchten, primitive Leidenschaften zu ersticken, indem sie neue Formen musikalischer Logik und Balance anwendeten, um den Werten der humanistischen Tradition wieder zur Geltung zu verhelfen. Diese Bemühungen wurden am weitesten in einigen Werken der führenden französischen Komponisten vorangetrieben: Ravel, Fauré, Roussel, zeitweilig bei d'Indy und in doppelbödiger Weise bei Debussy selbst. Eine andere Gruppe filtrierte barbarische Triebregungen durch die zahmeren Gefühle, die sich in der traditionellen Volksmusik ihrer Heimat ausdrückten. Doch nach dieser Phase entwickelten de Falla, Kodály und Bartók eine neue Musiksprache, die zu den Quellen der spanischen und ungarischen Volksmusik zurückging. Strawinsky verwendete in einigen Abschnitten von ›Petruschka‹ frühe russische Volksweisen, versuchte aber im ›Sacre‹ noch tiefer in die Vergangenheit des Menschen einzutauchen.

In den Anfangsjahren unseres Jahrhunderts begann sich eine Gruppe von Komponisten der Avantgarde dem Trieb des Barbarisch-Primitiven zuzuwenden, der in der Psyche der meisten zivilisierten Menschen lauert. Zur Erklärung dieses Phänomens hat man viele Bilder und Theorien bemüht: Caliban, Dionysos, das Es, eine elementare Lebenskraft, die aggressive Gewalt, die in uns allen latent vorhanden ist. Seit vorgeschichtlichen Zeiten wurde dieser wilde Trieb in religiösen Opferhandlungen befriedigt oder durch die Kunst sublimiert. Doch als das 20. Jahrhundert begann, hatten Religion und Kunst die Kraft eingebüßt, dies zu leisten, und die Wissenschaft die Annahme aufgegeben, daß dieser Trieb einfach nicht vorhanden sei. Zugleich untergruben die unpersönlichen Kräfte der Modernität die traditionellen Kulturnormen, die ihn bei der Masse der einfachen Leute in Schach gehalten hatten.

Schriftsteller und Maler, beginnend mit Rimbaud und van Gogh, hatten sich dem primitiven Trieb gestellt, bisweilen in extremer Form. Auch den Expressionisten ging es darum, ihn freizulegen. Die Komponisten, die seine Gegenwart spürten, versuchten ihn durch musikalische Ausdrucksformen in den Griff zu bekommen, von denen wir bereits gesprochen haben. Keiner aber ist so weit gegangen wie Strawinsky im ›Sacre‹.

Die Eingangstakte dieses Werkes stürzen uns sofort in eine zeitlose Welt prähistorischer Mythen. Strawinsky läßt das primitive kollektive Unbewußte auferstehen, das fünftausend Jahre Zivilisation vermeintlich ausradiert hatten. Obwohl es im Mythos und in den rituellen Tänzen des Balletts selbst um die sexuelle Fruchtbarkeit und die Erneuerung der Lebenskraft der Erde geht, evoziert Strawinskys Musik auch die tiefere mythische Schicht, die von der Gründung der ersten menschlichen Gemeinschaften handelt. Der Schlußabschnitt konfrontiert uns gnadenlos mit dem Chaos, aus dem sich diese Gemeinschaften erhoben und in das sie zurücksinken könnten, wenn sie nicht den Gewaltinstinkt bändigten, den dieses Chaos in ihnen freisetzte. Und dies könnten sie nur mittels Opferriten, die den Stamm in jedem einzelnen seiner Mitglieder verbanden. Diese blutigen Riten waren Akte der Reinigung. Ihre Wirkung konnten sie nur solange üben, als die gesamte Gruppe den Gewalttrieb auf diese Weise auslebte; sonst würde ihr Drang nach ungehemmter, unreiner Gewalt zur Seuche werden und sie wieder ins Chaos stürzen.

Die Reproduktion dieser primitiven Gefühlsstruktur gelang Strawinsky dadurch, daß er den Rhythmus – den elementarsten Aspekt der Musik – in kühnen, neuen Formen einsetzt. In manchen Teilen des ›Sacre‹ verwandte er die pochenden Rhythmen der Begleitung so, daß sie gegen die ohrenbetäubende Dissonanz der melodischen Linie zu arbeiten schienen, was im Hörer das Blut zum Sieden bringt und zugleich das Mark der Knochen frösteln läßt. In anderen Partien setzte er einfache Rhythmen gegen rhythmische Strukturen und vermittelte so Empfindungen ritualisierter Gewalt. Im Gegensatz zu der Symmetrie, die das Ohr des Hörers im Westen erwartet, geht Strawinskys rhythmische Sprache im ›Sacre‹ vom Gedanken eines asymmetrischen Gleichgewichts aus. Neue Techniken wie diese geben dem Werk seine revolutionäre Bedeutung in der Musikgeschichte. Doch selbst jemand, der nur mit halbem Ohr zuhört, spricht unvermeidlich auf die insistierenden primitiven Schläge der Pauke an, die die Partitur punktieren.

Der Tumult, den die Uraufführung des ›Sacre‹ am 28. Mai 1913 auslöste, war eine Reaktion, die fast ebensosehr vom Instinkt beherrscht war wie die Gefühle, die in der Musik selbst zum Ausdruck kamen. Da Strawinsky nach neuen Werten außerhalb des Ausdrucksbereichs zivilisierter Emotionen sucht, versuchte er durch seine neue rhythmische Sprache auf konkrete Weise magische Geschehnisse und ekstatische Beschwörungen zu evozieren. Seine Musik enthüllt das Urerlebnis von Menschen aus frühester Zeit, die in gemeinschaftlichen Todes- und Schöpfungsriten ihre Selbstsucht preisgaben. Stärker als jede andere Musik, die die modernen Europäer jemals gehört hatten, betont sie auch das primitive Erbe in unseren eigenen Erbanlagen. Viele, die an der Uraufführung teilnahmen, schauderten vor den kompromißlos barbarischen Effekten des ›Sacre‹ zurück, und manche wurden von der Bloßlegung der grausamen Wildheit im kollektiven Unbewußten bis zur Hysterie geängstigt. Saint-Saëns verließ das Theater voll Empörung, doch Ravel jubelte: »Ein Genie!« Die von Strawinskys Werk Begeisterten reagierten auf das Geheul und die Buh-Rufe seiner Widersacher damit, daß sie diese niederzubrüllen versuchten, ja in einigen Fällen sogar auf sie einschlugen. Ein junger Mann wurde derart vom Taumel erfaßt, daß er die Rhythmen der Musik auf den Kopf des vor ihm sitzenden Mannes zu trommeln begann, der selbst so erregt war, daß er, wie er später angab, die Schläge zunächst gar nicht spürte. Wie die meisten Werke der Avantgarde vor 1914 galt ›Le sacre du printemps‹ schon bald als ein Aufruf, uns von den meisten Werten und Postulaten abzuwenden, die uns davon abhalten, mit dem 20. Jahrhundert ins reine zu kommen. Doch wie er in Paris, der kultiviertesten Hauptstadt aller Länder, aufgenommen wurde, zeigte, wie stark vom Instinkt bestimmt unsere Anwort auf diesen Ruf sein kann.

Am Vorabend des Ersten Weltkrieges war die Revolution in der Kunst die kompromißloseste kulturelle Reaktion auf die Modernisierung. Freud, Durkheim und Weber gaben glänzende Erklärungen für die Unzufriedenheitsregungen ihrer Zeit, doch wenig Hoffnung auf ihre Beseitigung. Und die meisten Philosophen setzten das noch auf Descartes und Kant zurückgehende Bemühen fort, »das abzugrenzen, was gerettet werden kann«; aus dem Zerstörungswerk, das die moderne Wissenschaft »unserer alten Weltsicht, ja unserer Identität«[25] zugefügt hatte. (Als die dreißiger Jahre kamen, ließ auch Wittgenstein selbst seine früher vertretenen Einschränkungen hinsichtlich dessen, was philosophisch Sätze aussagen können, fallen und argumentierte nun, daß alle kulturellen »Lebensformen« – mit Einschluß derer, die verschiedene Religionen verkörperten – aus sich heraus Gültigkeit besäßen.) Die ästhetische Avantgarde vor 1914 hingegen fand sich mit dieser Zerstörung ab und strebte danach, sie durch neue Visionen zu transzendieren.

Mit der Zerstörung traditioneller Realitätsvorstellungen hatte die Revolution in der Kunst mehr Erfolg als mit der Erschaffung neuer. Bildende Künstler, Schriftsteller und Komponisten der Avantgarde spürten die vielseitigen und oft widersprüchlichen Aspekte der Diskontinuität der Welt, in der sie sich befanden, und versuchten neue Sprachen zu erfinden, die imstande wären, ihre Komplexität und ihre Paradoxien zu evozieren. Doch es ist der modernen Kunst nicht gelungen, die Werte zu liefern, die dem Leben in dieser Welt Sinn zu geben vermöchten. Proust, Kafka und Pirandello sind zu allzu vertrauten Propheten geworden, Film und Fernsehen haben ihre Sprachen sinnleer gemacht. Auch die reinen Formen des Kubismus, der abstrakten Kunst, der Neuen Musik und der funktionalen Architektur haben viel von ihrer ursprünglichen Kraft verloren, einen neuen Blick heraufzurufen. Es ist schon einige Zeit her, daß es einem Mark Rothko, auf der Höhe seines Talents, gelang, den Betrachter zum Beteiligten zu machen, der an der Entlassung aus der physischen Realität ins Reich des Geistes teilnahm, das für Kandinsky in seinem Traktat aus dem Jahr 1910 von der abstrakten Malerei repräsentiert wurde. Ein Beispiel der musikalischen Avantgarde in den siebziger Jahren war Charlemagne Palestine mit seinem ›Spectral Continuum for Piano‹. In diesem Improvisationsstück, das zwischen zweieinhalb und vier Stunden dauern kann, sollen nach der Absicht des Komponisten der ausführende Künstler zusammen mit dem Publikum einen »somnambulen Zustand« erreichen.

Künstlerische Neuheiten dieser Art, die ihren Ausgang an der Jahrhundertwende nahmen, sind zu einem gängigen Merkmal des künstlerischen Lebens unserer Zeit geworden. Selbst Jean Cocteau, der sein Teil an ästhetischen Experimenten geleistet hat, bemerkte: »Die Avantgarde ist zur Klassik des 20. Jahrhunderts geworden.« Sie wurde vereinnahmt vom kultivierten Publikum, von den Akademien, den Stiftungen und der staatlichen Kulturbürokratie. Dergestalt domestiziert, hat sie ihr ursprüngliches Ziel, die Kunst mit dem Leben zu verschmelzen, aus den Augen verloren. Wie jede Klassik ist auch die Avantgarde von heute zu ›Kultur‹ geworden; ihre Ausdrucksmittel werden als Selbstzweck betrachtet und kommentiert. Marxisten nennen diese Art von Kultur ein typisches Produkt des Spätkapitalismus. Für sie ist dieser ›bürgerliche Formalismus‹ ein Hindernis für den Aufstieg der Massen, den sie als den wahren Endzweck der Modernisierung betrachten.

Doch die Moderne liefert keine dauerhaften Lösungen für die Malaisen, die sie auslöst. Kommunistische Diktaturen können eine äußerliche Anpassung an ihre eigenen Verhaltensmaßstäbe erzwingen, doch in den anderen modernen Gesellschaften haben sich die Menschen der Herrschaft einer einzigen moralischen Richtung über andere widersetzt. Als sich an der Jahrhundertwende das Tempo der modernen Zeit beschleunigte, wurden die aus ihrer vertrauten Lebensumwelt gerissenen Europäer zunehmend diesseitig, materialistisch und egozentrisch. Die Popularkultur der Epoche spiegelte nur diese Lebenseinstellung, lieferte jedoch keine zureichenden Rechtfertigungen für die neuen ökonomischen, politischen, gesellschaftlichen und Bildungssysteme, innerhalb derer die Menschen ihr Wirkungsfeld finden mußten. Während Philosophen und Soziologen die Bedeutung des Irrationalen und des Unbewußten in den menschlichen Dingen hervorhoben, wurden die Durchschnitteuropäer stärker ichbewußt, was ihren beruflichen, sexuellen und Klassenstatus, ihre nationale Zugehörigkeit und ihren Platz in der Machtstruktur betraf. Der Erste Weltkrieg verstärkte diese Reaktionen noch und löste ständig wachsende Ansprüche auf knappe Ressourcen und konsumierbare Wertgüter aus. Diese bilden bislang im wesentlichen die Entschädigungen, die die Modernität als Ersatz für den Sinn angeboten hat, den die Menschen in ihrem Leben vermissen.

Epilog: Die Modernität

Modernität ist ein Prozeß, der alle menschlichen Belange erfaßt. Die ihm eigenen Manifestationen sind ebenso real wie Atmung, Verdauung und geschlechtliche Reproduktion. Ebenso wie diese Prozesse zum Lebenszyklus von Individuen gehören, gehören zur Modernität die Prozesse der Verweltlichung, Rationalisierung, Bürokratisierung, Industrialisierung, Urbanisation, struktureller Differenzierung, die Konsolidierung des politischen Entscheidungsprozesses und die Beseitigung politischer und sozialer Ungleichheiten. Die ererbte Struktur des menschlichen Körpers schließt von vorneherein jegliche fundamentalen Veränderungen des Lebenszyklus aus. Die moderne Entwicklung jedoch zwingt die ererbten oder tradierten Strukturen menschlicher Sozietäten, die Funktionen, die sie auszuüben haben, zu verändern. Sind sie dazu nicht in der Lage, werden sie schließlich durch neue Strukturen ersetzt.

Im Unterschied zum Lebenszyklus menschlicher Individuen oder zum vermeintlichen Schema von Aufstieg und Niedergang früherer Zivilisationen ist die Modernisierung ein kontinuierlicher Prozeß ohne festen Anfang oder Abschluß. In vielen Bereichen menschlicher Aktivität kommt es zu Pendelausschlägen und Schwankungen: Auf politische Umwälzungen folgen häufig Perioden der Reaktion; Volkswirtschaften erleben abwechselnd Prosperität und Flauten; Liebe zwischen Menschen kommt und geht. Zivilisationen des Altertums wurden durch die Einführung künstlicher Bewässerung, neuer Techniken der Kriegführung und fremde Religionen umgeformt, ohne ihre Grundstruktur einzubüßen. Selbst heute haben etwa die jüngst eingetretenen Strukturveränderungen in den Rassenbeziehungen in den Vereinigten Staaten bei den Weißen ältere Einstellungen und Kulturmuster nicht völlig zerstört. Auf lange Sicht jedoch führt Modernisierung auf allen Gebieten zum Wandel. Innovationen im einen Tätigkeitsbereich wirken durch verschiedene ›feedback‹-Prozesse handlungsverändernd in anderen Bereichen. Diese verschiedenen Sektoren scheinen sich ständig in ungleichen Phasen zu befinden, und eine Stabilität ist nicht in Sicht.

Die heute zu beobachtende Erosion der repräsentativen Institutionen, die in Westeuropa und Nordamerika zwischen Individuen und Autorität vermitteln, zeigt, daß wirtschaftliche und soziale Modernisierung nicht notwendig zur politischen führt.[1] In den frühen Jahren unseres Jahrhunderts war dieses Unvermögen ein ernstes Problem in Deutschland, Österreich-Ungarn und Rußland, schien aber in Großbritannien, Frankreich und den Vereinigten Staaten bedeutungslos. Liberale in allen Landen sahen in den politischen Institutionen dieser drei Staaten klassische Modelle gelungener Anpassung an die Entwicklungen im wirtschaftlichen und gesellschaftlichen Bereich. Diese Institutionen stellten einige der sozialen Mittel, insbesondere Schulen, zur Verfügung, durch die man die neuen Fähigkeiten entwickeln konnte, die von einer modernen Wirtschaft gefordert wurden. Und indem sie Integration, Einigung durch Aushandeln und Kontinuität förderten, unterstützten sie den Prozeß der sozialen Mobilisation – durch den »große ›Cluster‹ alter sozialer, ökonomischer und psychologischer Bindungen erodiert oder zerrissen und Menschen für neue Sozialisations- und Verhaltensmuster verfügbar werden.«[2]

Auf diese Weise halfen im letzten Jahrzehnt des 19. und in den frühen Jahren des 20. Jahrhunderts die politisch stabilen westlichen Demokratien ihren Bürgern, ihre Denkhaltungen, Wertmaßstäbe und Aspirationen auf die Erfordernisse einer modernen Gesellschaft einzustellen. Doch der wirtschaftliche und gesellschaftliche Modernisierungsprozeß hatte in Großbritannien bereits zwischen 1830 und 1840, in den Vereinigten Staaten zwischen 1860 und 1870 und in Frankreich während eines großen Teils des 19. Jahrhunderts politische Krisen ausgelöst. In den siebziger Jahren des 20. Jahrhunderts werden möglicherweise kulturelle Innovationen und soziale Konflikte zu den einzig wirksamen Mitteln, die die inneren Kämpfe und Widersprüche in den am stärksten modernisierten Ländern offenlegen und ihre künftige Entwicklung stimulieren können.[3]

Die Modernität hat zwar nach oben keine Grenze, sehr wohl aber nach unten. Tradition und Modernität sind abstrakte Bezeichnungen, die ›Cluster‹ wahrgenommener Wahlmöglichkeiten benennen, die zur Handlungslegitimation dienen. Von der Modernisierung geprägte und traditionelle Systeme des Denkens und Handelns schließen einander zwar in der Theorie aus, in der Praxis aber durchdringen sie sich oft wechselseitig. Viele Verfechter der politischen und wirtschaftlichen Modernisierung waren und sind in ihrer sozialen und kulturellen Einstellung Traditionalisten. Tradition und Modernität können einander auch in einem einzelnen Tätigkeitsbereich durchdringen: Wie viele europäische Industrielle nach ihm verband Henry Ford die neuesten Techniken der Fließbandproduktion mit einer väterlichen Haltung gegenüber seinen Arbeitern und Angestellten. Doch sobald ein bestimmtes modernes Niveau allgemein als Maßstab akzeptiert ist, weigern sich die Menschen, es wieder aufzugeben und zu einer traditionellen Norm zurückzukehren. Menschen, die mit den Erkenntnissen der wissenschaftlichen Forschung großgeworden sind, können nicht mehr an die Magie glauben; Menschen, die die Freiheit in der Großstadt gewohnt sind, werden sie nicht leicht gegen das beengte Leben auf dem Dorf eintauschen; Menschen, denen die Erwartung eingepflanzt wurde, der Staat werde sich um ihr Wohlergehen kümmern, setzen voraus, daß er dazu verpflichtet sei. Was einst eine Neuerung gewesen war, wird zum Standard und dann zur Minimalnorm.

Neues Wissen, das sich im Verlauf vieler Jahrhunderte angesammelt hatte, war der ursprüngliche Anstoß für den Aufbruch Europas in die moderne Zeit. Die Zivilisationen der Welt hatten einen relativ stabilen Charakter bewahrt, solange sie von Überzeugungen reguliert gewesen waren, deren einziges Kriterium für ihre Hinnahme darin bestand, daß sie vorher geglaubt worden waren. Diese traditionellen Überzeugungen, die in bestimmten Strukturen Gestalt erhielten, lieferten einen Konsensus über die Zeiten. Die europäische Zivilisation veränderte sich im Mittelalter nur langsam, doch einige spätmittelalterliche Denker begannen der modernen Wissenschaft den Weg zu bahnen, indem sie das Bild der Natur in Frage stellten, das die Aristotelische Philosophie und die christliche Theologie gaben. Die ersten revolutionären Theorien der modernen Naturwissenschaft wurden von Kopernikus im 16. und von Galilei und Newton im 17. Jahrhundert aufgestellt. Zugleich hatte auch mit technischen Innovationen wie Schießpulver, Buchdruck, doppelter Buchführung und hochseetüchtigen Segelschiffen ein verändernder Einfluß auf die europäische Zivilisation eingesetzt.

Die neuen wissenschaftlichen und technischen Errungenschaften ermöglichten eine zunehmende Beherrschung der menschlichen Umwelt und erlegten damit traditionellen Strukturen neue Funktionen auf. Sie machten die Entdeckungen von Columbus und Cortez möglich, die die spanischen Könige in die Lage versetzten, die politische Struktur ihres Staates auf die Funktionen eines Weltreiches umzustellen. Vom ausgehenden 17. bis ins späte 19. Jahrhundert verkündete die Naturwissenschaft den Gedanken eines mechanistischen, rational geordneten Universums. Gott wurde zwar noch ein Platz in diesem Universum eingeräumt, doch die Rechtsstrukturen Europas verbannten Teufel und Hexentum in das Reich des Aberglaubens. Die Furcht vor dem Unbekannten wich schrittweise der Neugier nach fremdartigen Phänomenen und fernen Gegenden, einer Wißbegierde, die im 18. Jahrhundert durch öffentliche wissenschaftliche und pseudowissenschaftliche Demonstrationen und eine Fülle an Reisebeschreibungen genährt wurde. In dieser Epoche der Aufklärung verbreiteten Philosophen und Publizisten den Gedanken, daß die politischen, gesellschaftlichen und ökonomischen Verhältnisse ebenso Naturgesetzen unterworfen seien wie die Natur selbst, und drängten auf eine entsprechende Reform der Strukturen, die die Macht über diese Verhältnisse besaßen.

Die zweite Phase der Modernität wurde durch modern denkende Führungspersönlichkeiten eingeleitet. Während der Englischen Revolution 1688 und der Französischen Revolution 1789 ersetzten diese Führer die letzten Reste eines auf Status und Ordnung der Tradition beruhenden Beziehungssystems durch neue, gesetzlich geregelte Beziehungen auf der Basis des Eigentums und freiwillig geschlossener Verträge. Diese Veränderungen erreichten Ost- und Südeuropa erst viel später und konnten nirgendwo die traditionelle Gesellschaftsstruktur völlig zerstören. Aber sie waren notwendige Voraussetzungen für die Modernisierung, und modern denkende politische Führer versuchten sie zwischen 1890 und 1914 in ganz Europa durchzusetzen.

Wie alle Aspekte der Modernität war auch das Wachstum unpersönlicher Großorganisationen, das von modern ausgerichteten politischen Führern gefördert wurde, eine langfristige Entwicklung. Staatliche Bürokratien wurden bereits im 18. Jahrhundert erstmals in Preußen, Österreich und Rußland ins Leben gerufen. In Frankreich schuf zu Beginn des 19. Jahrhunderts Napoleon den ersten modernen Verwaltungsapparat in Europa, dessen Mitglieder nach Talent, nicht nach gesellschaftlicher Herkunft ausgewählt wurden, und dazu das erste zentralisierte höhere und akademische Bildungswesen. Diese Neuerungen wurden während der sechziger Jahre im neugeeinten Königreich Italien nachgeahmt. Das preußische System einer allgemeinen militärischen Ausbildung in Massenarmeen, im frühen 19. Jahrhundert entwickelt, wurden in den siebziger Jahren von den meisten kontinentaleuropäischen Staaten übernommen. Großbritannien scheute bis zum Ersten Weltkrieg vor der allgemeinen Militärdienstpflicht zurück, hatte aber bereits in den vierziger Jahren des 19. Jahrhunderts die erste moderne Polizei und in den siebziger Jahren ein Berufsbeamtentum und ein nationales System der obligatorischen Elementarschulbildung geschaffen.

Unterdessen war schon die dritte Phase der Modernität, die Umformung der ökonomischen und politischen Strukturen, angelaufen. Ein wachsender Teil der Gesamtbevölkerung wechselte aus der Landwirtschaft in die Industrie und zog vom Land in die Städte. Schon seit einiger Zeit hatte die agrarische Wirtschaftsstruktur mit dem Bevölkerungswachstum nicht mehr Schritt halten können. Besonders in Deutschland konnte dank rascher Industrialisierung und Urbanisierung die überzählige Landbevölkerung absorbiert werden, die in ihrer Besitzlosigkeit und tiefen Armut die Stabilität der Agrargesellschaft in ihren Fundamenten bedrohte. Dieser Desintegrationsprozeß in der ländlichen Sozialstruktur wurde dadurch abgefangen, daß die Städte, Fabriken und Bergwerke neuerdings in der Lage waren, diese Menschen aufzunehmen. Sie konnten nicht nur vom Land in die Stadt und von einer Stadt in die andere ziehen, sondern auch in den stärker differenzierten Strukturen der städtischen Industriegesellschaft leichter aufsteigen (oder absteigen).

So dramatisch diese Wandlungsprozesse auch waren, hingen sie doch von der fortdauernden Zunahme des Wissens und der Fähigkeit modern orientierter politischer Führer ab, Ressourcen zu mobilisieren. All diese Aspekte des Modernisierungs-Prozesses waren den Regierungen Anlaß, eine systematische Steuerung der Gesellschaft in Angriff zu nehmen. Die Kontrolle der Arbeitsbedingungen war in Großstädten und großen Fabriken leichter durchzuführen als in abgelegenen ländlichen Gebieten und vereinzelten Werkstätten; auch war es in den Städten leichter möglich, den Bau von sanitären Anlagen, Wasserleitungen, Straßen und Krankenhäusern durchzusetzen. Zudem wurde angesichts der großen Massen, die zusammengedrängt lebten und arbeiteten, die Durchsetzung von Mindestvorschriften für das öffentliche Gesundheitswesen zu einer Frage der Effizienz des Gemeinwesens und der politischen Notwendigkeit. Die Verhütung und Ermittlung von Straftaten wurden mit der Verbreitung von Personalausweisen erleichtert, der polizeilichen Kontrolle des Beherbergungsgewerbes und neuer Methoden zur Identifizierung von Verbrechern durch ihre Fingerabdrücke und Handschrift. Die Gefahr von Gärungen in der Arbeiterschaft, die von sozialistischen Ideen ausging, veranlaßte einige Regierungen, die ersten Sozialversicherungsprojekte in der Geschichte einzuleiten. In der Sorge um ein ›zuverlässiges‹ Arbeiterpotential in der Zukunft führten sie nicht nur die Elementarschulpflicht ein, sondern erließen auch Gesetze zur Begrenzung der Kinderarbeit und schufen, zu Beginn des 20. Jahrhunderts, Gerichte, die ›ungeeigneten‹ Eltern ihre Kinder im Vorschulalter wegnehmen konnten.

Keine dieser Veränderungen läßt sich für sich allein verstehen. Jede einzelne hatte nicht nur ihre Nebenwirkungen und unvorhergesehenen Folgewirkungen, sondern wurde auch von Wandlungsprozessen in anderen Tätigkeitsbereichen beeinflußt. So hatten beispielsweise neue Entwicklungen in der holzverarbeitenden Industrie Schwedens ›Rückkopelungseffekte‹ im Bereich der Forstwirtschaft. Deshalb kann man sich bei der Betrachtung der Entwicklung in diesem Industriezweig nicht nur auf die vierzigtausend Arbeiter in den Sägewerken und Papier- und Zündholzfabriken beschränken. Man muß ihre Aktivitäten auch mit der Tätigkeit der Männer koppeln, die die Bäume fällten und die Holzprodukte transportierten. Die Zahl der Arbeiter in Landwirtschaft, Forstwirtschaft und Fischerei nahm mit der Industriagisierung ab, doch diejenigen, die in diesen Wirtschaftssektoren blieben, spezialisierten sich in stärkerem Maße.

Das Wachstum der europäischen Großstädte im 19. Jahrhundert, die sich um das Sechs- bis Achtfache vergrößerten, wird häufig der Zuwanderung von Arbeitskräften in die Fabriken zugeschrieben, aber es war auch Teil eines umfassenderen Prozesses. Die Beschleunigung in den Bereichen Erziehung und beruflicher Spezialisierung und die Verbesserungen im Verkehrswesen, in der Organisation und der öffentlichen Gesundheitsfürsorge waren notwendig, um einer großen Zahl Menschen das Zusammenleben auf engem Raum zu ermöglichen. Aber eine Urbanisierung dieses Ausmaßes wäre auch ohne den Einzug von Chemie und Mechanisierung in der Landwirtschaft undenkbar gewesen. Diese Veränderungen ermöglichten es, die Feldarbeit mit weniger Beschäftigten zu leisten und zugleich eine ausreichende Versorgung der rasch wachsenden neuen städtischen Zentren mit Nahrungsmitteln zu gewährleisten. Alle diese ›phasengleichen‹ Entwicklungen waren Teil des Modernisierungs-Prozesses.

Als vierte und Abschlußphase der Modernisierung wird die Integration der Gesellschaft auf einer zentralisierten, partizipatorischen, funktionalen Basis angesehen. In dem Maße, in dem die Bindungen des Individuums ans Dorf, an den Familienbetrieb und lokale Traditionen verschwinden, verstärken sich die Bindungen an das städtische, industrielle, nationale Strukturengefüge. In ihrer höchst entwickelten Form soll die moderne Gesellschaft alle sozialen Vorbedingungen einer autoritären Machtstruktur beseitigt und alle Menschen, Männer wie Frauen, von unerwünschten Fesseln des Herkommens und der Sitte befreit haben. Doch eine solche Gesellschaft erscheint noch immer utopisch. Wir haben festgestellt, daß die Modernisierung Gefühle der Entfremdung, Isolierung, Unsicherheit mit sich bringt und Furcht vor ebenjener Freiheit erzeugt, die sie gewährleisten soll. Und in den vergangenen fünfzig Jahren haben wir erlebt, wie diese Furcht Abwehrmechanismen wie autoritäre Regierungssysteme, Destruktivität und automatenhaften Konformismus in Tätigkeit setzen kann. Dennoch hilft uns die Tendenz zur Integrierung der Gesellschaft, als Teil des Modernisierungs-Modells, einen großen Teil dessen zu verstehen, was sich in der Periode von 1890 bis 1914 in Europa abspielte.

Modernisierung vollzog und vollzieht sich je nach Gesellschaft in unterschiedlicher Form, und die europäischen Vorbilder sind in anderen Gegenden der Welt radikal abgeändert worden. Es hat zu keiner Zeit nur ein einziges Schema des Übergangs vom Traditionellen zum Modernen gegeben. Die Reaktionen, die dieser auslöst, kommen aus der gesamten Gesellschaft und Kultur. Dazu gehören »die Machtsysteme, die Besitzbeziehungen, die religiösen Institutionen etc., deren ungenügende Beachtung die Phänomene nur verflacht und die Analyse oberflächlich macht.«[4]

In Europa selbst variierte der Ablauf innerhalb derselben Zeitspanne von einem Land zum andern und war auch in verschiedenen Regionen desselben Landes unterschiedlich. Zwischen 1890 und 1914 bestanden im Wirtschafts-, sozialen und kulturellen Leben der großen Städte Europas zahlreiche Ähnlichkeiten. London, Paris, Wien, Berlin, St. Petersburg, Mailand, Budapest, Warschau, Madrid und Kopenhagen hatten alle die gleichen Regierungsgebäude, Bürohäuser, Ladengeschäfte, Theater und städtischen Versorgungsbetriebe; alle besaßen vergleichbare soziale Klassen; in allen lebten Schriftsteller und bildende Künstler, die sich an ähnlichen geistigen und ästhetischen Bewegungen beteiligten. Doch jedes Land, als Ganzes genommen, bot ein anderes Bild als seine Hauptstadt. Je weiter man in Europa nach Osten und Süden kam, desto größer war der Anteil der Bevölkerung, der in relativ geschlossenen bäuerlichen Sozialstrukturen lebte, welche sich in ausgeprägter Weise von den vergleichsweise offenen und hochdifferenzierten Strukturen der genannten Städte unterschieden. Viele Länder wiesen auch eine duale Wirtschaftsstruktur auf, teils traditionsgeprägt, teils modern.

Die Staaten mit den größten modernen Bereichen waren Großbritannien, Deutschland und Belgien; zu denen mit einem größeren traditionsbestimmten Anteil gehörten Italien, Spanien und Rußland. Die konträren Extrembeispiele im Modernitäts-Grad stellten Großbritannien und Rußland. Und diese Unterschiede sollten in ihren Erfahrungen während des Ersten Weltkrieges und in der unmittelbaren Nachkriegszeit, in der Effizienz, mit der sie ihre Hilfsquellen mobilisierten, und in ihrer Reaktion auf soziale Umwälzungen zum Ausdruck kommen.

Im großen und ganzen hatten in der Generation vor 1914 viele Regionen in Nordwest- und Mitteleuropa ein Stadium ökonomischer und gesellschaftlicher Umformung erreicht, das es der Mehrheit ihrer Bewohner erlaubte, relativ zufrieden zu sein, während Süd- und Osteuropa die Härten und Schattenseiten erlebte, die im nordwestlichen Europa während der ersten zwei Drittel des 19. Jahrhunderts den Beginn dieses Wandlungsprozesses begleitet hatten.

Anmerkungen

Einleitung: Die Modernität und das Unbehagen der Zeit, Seite 7–11

1 RAYMOND WILLIAMS, *Drama from Ibsen to Brecht,* London 1968, S. 18
2 FRED WEINSTEIN UND GERALD M. PLATT, *The Comming Crisis in Psychohistory,* in: Journal of Modern History 47, 1975, S. 221/22

Aspekte der Modernität und Massenbevölkerung, Seite 12–52

1 Zu Beginn des Jahres 1901 hatte die Pariser Morgenzeitung *Le Petit Parisien* eine Auflage von knapp einer Million Exemplaren.
2 Das fiktive Gespräch basiert zum Teil auf Geschehnissen und Anschauungen, die bei ROGER H. HUERRAND, *Mémoires du Métro,* Paris 1961, S. 138–153 geschildert werden.
3 DAVID S. LANDES, *The Unbound Prometheus, Technological Change and Industrial Development in Western Europe from 1750 to the Present,* London 1969. Deutsche Ausgabe: *Der entfesselte Prometheus, Technologischer Wandel und industrielle Entwicklung in Westeuropa von 1750 bis zur Gegenwart,* Köln 1973
4 MICHAEL TRACY, *Agriculture in Western Europe,* New York 1964, S. 114
5 HOLGER BEGTRUP, *The Folk High Schools of Denmark and the Development of a Farming Community,* London 1936, S. 21
6 ADNA FERRIN WEBER, *The Growth of Cities in the Nineteenth Century, A Study in Statistics,* New York 1899, S. 346
7 EDWARD SHORTER, *Female Emancipation, Birth Control, and Fertility in European History,* in: American Historical Review, 78, 1973, 631. Shorters These ist in Frage gestellt worden von: LOUISE A. TILLY, JOAN W. SCOTT UND MIRIAM COHEN, *Women's Work and European Fertility Patterns,* in: The Journal of Interdisciplinary History, 6, 1976, S. 447–476
8 JOSEPH LEE, *The Modernisation of Irish Society,* 1848–1919, Dublin 1973, S. 4, 10
9 E. A. WRIGHLEY, *Industrial Growth and Population Change, A Regional Study of the Coalfield Areas of North-West Europe in the Later Nineteenth Century,* London 1961, S. 169
10 JOSEPH LEE, . . . [wie Anm. 8], S. 8
11 WILHELM VON POLENZ, *Der Grabenhäger,* 4. Aufl., Berlin (Erstausgabe 1897), 1908, S. 357
12 WOLFGANG KÖLLMANN, *The Process of Urbanization in Germany at the Height of the Industrialization Period,* in: Journal of Contemporary History, 4, 1969, S. 69. Deutsche Ausgabe: *Der Prozeß der Verstädterung in Deutschland in der Hochindustrialisierungsperiode,* in: Gesellschaft in der industriellen Revolution, hrsg. von Rudolf Braun u. a. (Neue wissenschaftliche Bibliothek, 56), Köln 1973, S. 251
13 *The Victorian City, Images and Realities,* hrsg. von Harald James Dyos und Michael Wolff, Bd. 2, London 1973, S. 904

14 Wolfgang Köllmann, . . . [wie Anm. 12], S. 72/73, Deut. Ausg.: S. 254/55
15 Franz Rehbein, Das Leben eines Landarbeiters, Jena 1911, S. 65
16 Thomas Hay S. Escott, *England, Its People, Polity and Pursuits,* 3. Aufl., London 1885, S. 56, zitiert nach: Donald Read, *The English Provinces c. 1760–1960, A Study in Influence,* New York 1964, S. 246
17 Joseph Lee, . . . [wie Anm. 8], S. 13
18 Theodore Zeldin, *France 1848–1945,* Bd. 1: *Ambition, Love and Politica,* Oxford 1973, S. 377–380
19 Julie Sevrette, *La Jeune ménagère,* Paris 1904, S. 181
20 Luc Boltanski, *Prime éducation et morale de classe,* Paris und Den Haag 1969, S. 131/32
21 Richard J. W. Selleck, *The New Education, 1870–1914,* London 1968, S. 62
22 John Gill, *Introductory Textbook to School Education, Method and School Management,* London 1883, S. 127
23 Franck Alengry, *Psychologie et éducation,* Bd. 3: *Psychologie et morale,* Paris 1907, S. 150
24 Richard J. W. Selleck, . . . [wie Anm. 21], S. 329–338
25 James M. Olson, *The Prussian Volksschule, 1890–1914, A Study of the Social Implications of the Extension of Elementary Education,* Ph. D. Dissertation (ungedruckt), University of New York 1971, S. 254–256
26 Carlo M. Cipolla, *Literacy and Development in the West,* Baltimore 1969, S. 115, 127/28
27 Gregory Grossman, *The Industrialisation of Russia and the Soviet Union,* in: The Fontana Economic History of Europe, Bd. 2, London 1972, S. 490
28 Robert Wohl, *Introduction to Harvey Mitchell and Peter N. Stearns, Workers and Protest, The European Labor Movement, The Working Classes and the Origins of Social Democracy, 1890–1914,* Itasca, Ill. 1971, S. 7/8

Konservative Kräfte, Seite 53–94

1 *Gothaischer genealogischer (Hof-)Kalender,* Gotha 1763 ff. und *Genealogisches Taschenbuch . . .,* Gotha 1848 ff. erschienen in mehreren Abteilungen mit wechselnden Titeln bis 1942; seit 1958 erscheint: *Genealogisches Handbuch des Adels,* Limburg an der Lahn, 1958 ff.
2 Clifton K. Yearley, *The Provincial Party and the Megapolises* (Comparative Studies in Society and History, 15), London, Paris und New York 1973, S. 56
3 Hans Rosenberg, *Die Pseudodemokratisierung der Rittergutsbesitzerklasse,* in: Moderne deutsche Sozialgeschichte, hrsg. von Hans-Ulrich Wehler, Köln und Berlin 1966, S. 302/03. James J. Sheehan, *Conflict and Cohesion among German Elites in the Nineteenth Century,* in: Modern European Social History, hrsg. von Robert J. Bezucha, Lexington, Mass. 1972, S. 13/14. Holger H. Herwig, *The German Naval Officer Corps, A Social and Political History 1890–1918,* London 1974, passim
4 Raymond L. Gartoff, *The Military as a Social Force,* in: The Transformation of Russian Society, Aspects of Change Since 1861, hrsg. von Cyril E. Black, Cambridge, Mass. 1967, S. 326/27
5 Ralph E. Pumphrey, *The Introduction of Industrialists into the British Peerage, A Study in Adaptation of a Social Institution,* in: American Historical Review, 65, 1959, S. 11
6 Francis Michael L. Thompson, *English Landed Society in the Nineteenth Century,* London, 1963, S. 326
7 Charles Haddon Spurgeon, *Messages to the Multitude,* London 1892, S. 253, 259
8 Warren Sylvester Smith, *The London Heretics,* 1870–1914, London 1967, S. 223

9 *The Six Lambeth Conferences,* 1867–1927, London 1929, S. 267/68, 414
10 FRANÇOIS-VIRGILE DUBILLARD, *Lettre pastorale,* Chambéry 1912, S. 310
11 LOUIS DIMIER, *Vingt ans de l'action Française et d'autres souvenirs,* Paris 1926, S. 29/30
12 EDUARD HANSLICK, *The Beautiful in Music,* Indianapolis 1957, S. 51
13 EMIL PIRCHAN, *Hans Markart, Leben, Werk und Zeit,* Wien und Leipzig 1942, S. 27
14 SHELDON ROTHBLATT, *The Revolution of the Dons,* Cambridge and Society in Victorian England, New York 1968, S. 228–230
15 HENRY JACKSON, *Cambridge Fifty Years Ago,* zitiert nach: SHELDON ROTHBLATT, . . . [wie Anm. 14], S. 228
16 PAUL GERBOD, *La Condition universitaire en France au XIXe siècle, Paris 1965, S. 634*
17 FRITZ K. RINGER, *The Decline and Fall of the Mandarins, The German Academic Community, 1890–1933,* Cambridge, Mass. 1970, S. 11–13
18 ANGELIKA BALABANOFF, *My Life as a Rebel,* Bloomington, Ind. 1973, S. 21
19 FRIEDRICH PAULSEN, *An Autobiography,* New York 1938, S. 385. Deutsche Ausgabe: *Aus meinem Leben, Jugenderinnerungen,* Jena 1909
20 FRITZ K. RINGER, . . . [wie Anm. 17], S. 129
21 FOLKE DOVRING, *Peasantry, Land Use, and Change,* in: Comparative Studies in Society and History, 4, 1962, S. 364–374. EMMANUEL LE ROY LADURIE, *Les Paysans de Languedoc,* Bd. 1–2, Paris 1966. PAUL BOIS, *Paysans de l'ouest,* Ryswijk 1960. ÉTIENNE JUILLARD, *La Vie rurale dans la plaine de Basse-Alsace, Essai de géographie sociale,* Paris 1953. PHILIPPE PINCHEMEL, *Structures sociales et dépopulation rurale dans les campagnes picardes de 1836 à 1936,* Paris 1957. DANIEL FAUCHER, *L'Homme et le Rhône,* Paris 1968. HENRI MENDRAS, *The Vanishing Peasant, Innovation and Change in French Agriculture,* Cambridge, Mass. 1970
22 ÉMILE GAUILLAUMIN, La Vie d'un simple, Paris 1943 (Erstausgabe 1904), S. 146
23 EMILIO WILLEMS, *Peasantry and City, Cultural Persistence and Change in Historical Perspective, An European Case,* in: American Anthropologist, 72, 1970, S. 542
24 Ebenda, S. 536
25 PIERRE BARRAL, *Les Agrariens français de Méline à Pisani,* Paris 1964, S. 105–175, passim
26 HENRI MENDRAS, *Un Schéma d'analyse de la paysannerie occidentale,* in: Peasant Studies Newsletter, 1, 1972, Nr. 3, S. 79–88, und Nr. 4, S. 126–138
27 ISAAC THOMAS UND FLORIAN ZNANIECKI, The Polish Peasant in Europe and America, Bd. 2, New York 1958, S. 1243
28 EDIT FÉL UND TAMÓS HOFER, *Proper Peasants, Traditional Life in a Hungarian Village,* Chicago 1969, S. 75
29 LEONARD W. MOSS, *The Passing of Traditional Peasant Society in the South,* in: Modern Italy, A Topical History Since 1861, hrsg. von Edward R. Tannenbaum und Emiliana P. Noether, New York, 1974, S. 159
30 TEODOR SHANIN, *The Awkward Class,* Osvord 1972, S. 41. PETER CZAP JR., *Peasant-Class Courts and Peasant Customary Justice in Russia, 1861–1912,* in: Journal of Social History, 1, 1967, S. 149–178
31 JOSEPH LEE, *The Modernisation of Irish Society, 1848–1919,* Dublin 1973, S. 3
32 MAURICE O'SULLIVAN, *Twenty Years A. Growing,* New York 1933, S. 55
33 MARCELLE BOUTEILLER, *Médécine populaire d'hier et d'aujourdhui,* Paris 1966, passim. HANNAH MITCHELL, *The Hard Way Up, Autobiography,* London 1968, S. 46
34 Die Zahlen sind den Originalantworten im Archiv des Musée des Arts et Traditions Populaires in Paris entnommen. Sie sind unveröffentlicht und nach Auskunft des Archivdirektors noch nicht tabellarisiert worden.
35 FRANZ REHBEIN, *Das Leben eines Landarbeiters,* Jena 1911, S. 23
36 ERNEST HENRY PHELPS BROWN, *The Growth of British Industrial Relations; a Study from the Standpoint of 1906–1914,* London 1959, S. 91. JÜRGEN KOCKA, *Unterneh-*

mensverwaltung und Angestelltenschaft am Beispiel Siemens 1847–1914, Stuttgart 1969, S. 124–127. Joan Wallach Scott, *The Glassworkers of Carmaux,* Cambridge, Mass. 1974, passim

37 Standish Meacham, *The Sense of an Impending Clash, English Working-Class Unrest Before the First World War,* in: American Historical Review, 77, 1972, S. 1359

38 Adolf Levenstein, *Die Arbeiterfrage,* München 1912, S. 115, 123, 130, 223, 232, 242

39 Henry Pelling, *Popular Politics and Society in Late Victorian Britain,* London 1968, S. 18

Abschied von der Heimat, Seite 95–134

1 Stephan Thernstrom, *The Other Bostonians, Poverty and Progress in the American Metropolis, 1880–1970,* Cambridge, Mass. 1973, S. 259/60

2 Frank Thistlethwaite, *Migration from Europe Overseas in the Nineteenth and Twentieth Centuries,* in: International Congress of Historical Sciences, Stockholm 1960, Rapports, V: Histoire Contemporaine, Göteborg, Stockholm und Uppsala 1960, S. 52

3 Ebenda, S. 53. Kristian Hvidt, *Flight to America, The Social Background of 300,000 Danish Emigrants,* New York 1975, passim

4 Italien: *Direzione Generale della Statistica, Statistica della Emigrazione Italiana per l'estero negli anni 1908–1909,* Rom 1910, S. XXIV. Ebenda: 1912–1913, Rom 1915, S. XXIII

5 Ronald Blythe, *Akenfield, Portrait of an English Village,* New York 1969, S. 37/38

6 Arnold Schrier, *Ireland and the American Emigration 1850–1900,* Minneapolis 1958, S. 38

7 Eric J. Hobsbawm, *The Tramping Artisan,* in seinem *Labouring Men, Studies in the History of Labour,* New York 1964, S. 46

8 Rolande Trempé, *Les Mineurs de Carmaux, 1848–1914,* Bd. 1, Paris 1971, S. 184/85

9 Edit Fél und Tamós Hofer, *Proper Peasants, Traditional Life in a Hungarian Village,* Chicago 1969, S. 270 (Anm.)

10 William Isaac Thomas and Florian Znaniecki, *The Polish Peasant in Europe and America,* Bd. 2, New York 1958, S. 1503

11 Jean-Alain Lesourd, *Paysans de Lorraine au XIXe et XXe siècles, esquisse d'une évolution (Paysans d'Alsace),* Straßburg 1959, S. 592

12 Arnold Schrier, . . . [wie Anm. 6], S. 110, 118

13 Jacques Ozouf, *Les instituteurs de la Manche et leurs associations au début du XXe siècle,* in: Revue d'Histoire Moderne et Contemporaine, 13, 1966, S. 85

14 Frank Thistlethwaite, . . . [wie Anm. 2], S. 52

15 Brinley Thomas, *Migration and Economic Growth, A Study of Great Britain and the Atlantic Economy,* 2. Aufl., London 1973, S. 64

16 Ebenda, S. 57

17 Der Bericht beruht auf Gesprächen des Autors mit Pasquale Corvo (Pseudonym) im Jahr 1960

18 A. K. Cairncross, *Internal Migration in Victorian England,* in: The Manchester School, 17, 1949, S. 79

19 Raymond Dugrand, *Villes et campagnes en Bas-Languedoc, Le Réseau urbain du Bas-Languedoc méditerranéan,* Paris 1963, S. 463/64

20 Jorge Nadal, *La Población española, Siglos XVI a XX,* Barcelona 1966, S. 171

21 Dorothy Swaine Thomas, *Social and Economic Aspects of Swedish Population Movements, 1750–1933,* New York 1941, S. 326

22 Edward Anthony Wrighley, *Industrial Growth and Population Change, A Regional Study of the Coalfield Areas of North-West Europe in the Later Nineteenth Century,* London 1961, S. 162/63

23 WOLFGANG KÖLLMANN, *The Process of Urbanization in Germany at the Height of the Industrialization Period,* in: Journal of Contemporary History, 4, 1969, S. 68. Deutsche Ausgabe: *Der Prozeß der Verstädterung in Deutschland in der Hochindustrialisierungsperiode,* in: Gesellschaft in der industriellen Revolution, hrsg. von Rudolf Braun u. a. (Neuwissenschaftliche Bibliothek, 56), Köln 1973, S. 249
24 PAUL HOHENBERG, *Migrations et fluctuations démographiques dans la France rurale, 1836–1901,* in: Annales: Économies, Sociétés, Civilisations, 29, 1974, S. 461–497
25 WOLFGANG KÖLLMANN, . . . [wie Anm. 23], S. 69, Deut. Ausg. S. 250
26 STEPHAN THERNSTORM, . . . [wie Anm. 1], S. 221–224
27 EDWARD E. MALEFAKIS, *Agrarian Reform and Peasant Revolution in Spain: Origins of the Civil War,* New Haven 1970, S. 104–106. J. C. MACDONALD, *Agricultural Organisation, Migration and Labour Militancy in Rural Italy,* in: The Economic History Review, 2. Serie, 16, 1963, S. 74/75. JOSO TOMASEVICH, *Peasants, Politics, and Economic Change in Yugoslavia,* Stanford, Cal. 1955, S. 197. THEODOR SHANIN, *The Awkward Class,* Oxford 1972, S. 92–95
28 WOLFGANG KÖLLMANN, . . . [wie Anm. 23], S. 73–76, Deut. Ausg.: S. 254–257
29 WILLIAM L. BLACKWELL, *Modernization and Urbanization in Russia,* in: The City in Russian History, hrsg. von Michael F. Hamm, Lexington 1976, S. 309/10
30 *Local Government Board, Report on the Methods of Administering Poor Relief in Certain Large Town Parishes in Scotland,* Glasgow 1905, S. III. *Statistical Abstract for the United Kingdom,* Nr. 56, 1909, S. 388
31 B. SEEBOHM ROWNTREE, *Poverty, A Study of Town Life,* neue Aufl., London 1922, S. 425, 435 (nennt die Zahlen für die englische Stadt York)
32 KELLOW CHESNEY; *The Anti-Society, An Account of the Victorian Underworld,* Boston 1970, S. 367
33 Ebenda, S. 368
34 *Schriften der Centralstelle für Arbeiter-Wohlfahrtseinrichtungen, Nr. 26: Schlafstellenwesen und Ledigenheime,* Berlin 1904, S. 48
35 CHARLES O. HARDY, *The Housing Program of the City of Vienna,* Washington 1934, S. 19
36 ILSA BAREA, *Vienna,* New York 1966, S. 336
37 THEODORE H. VON LAUE, *Russian Peasants in the Factory, 1892–1904,* in: Journal of Economic History, 21, 1961, S. 66
38 *The Portable Chekhov,* hrsg. von Avrahm Yarmolinsky, New York 1947, S. 320. ANTON TSCHECHOW, *Die Bauern,* München 1920, S. 18
39 J. A. BANKS, *The Contagion of Numbers,* in: The Victorian City, Images and Relities, hrsg. von Harald James Doys und Michael Wolff, Bd. 2, London 1973, S. 117/18
40 GEORGE EWART EVANS, *Where Beards Wag All, The Relevance of the Oral Tradition,* London 1970, S. 263–267
41 ELSE HOFMANN, *Sprachsoziologische Untersuchung über den Einfluß der Stadtsprache auf mundartsprechende Arbeiter,* in: Marburger Universitätsbund, Jahrbuch 1963, 2, S. 211
42 MEYER SCHAPIRO, *The Nature of Abstract Art,* in: Marxist Quarterly, 1, 1937, S. 83
43 REINHARD BENDIX, *Tradition and Modernity Reconsidered,* in: Comparative Studies in Society and History, 9, 1967, S. 321
44 LUDWIG HEITMANN, *Großstadt und Religion,* Bd. 1, Hamburg 1913, S. 8
45 RAYMOND WILLIAMS, The Country and the City, London 1973, S. 200
46 STEVEN MARCUS, *Reading the Illegible,* in The Victorian City, . . . [wie Anm. 39], S. 261
47 HARALD JAMES DYOS UND D. A. REEDER, *Slums and Suburbs,* in: The Victorian City, . . . [wie Anm. 39], S. 370/71
48 *Wage Earning Mothers, Mrs. J. R. MacDonald and others (The Women's Labour League,* undatiert), zitiert nach ERNEST HENRY PHELPS BROWN, *The Growth of British In-*

dustrial Relations, A Study from the Standpoint of 1906–1914, London 1959, S. 68
49 Marghanita Laski, *Domestic Life,* in: Edwardian England, 1901–1914, hrsg. von Simon Nowell-Smith, London, 1964, S. 205
50 Richard Woldt, *Das großindustrielle Beamtentum, Eine gewerkschaftliche Studie,* Stuttgart 1911, S. 12–14
51 Marghanita Laski, . . . [wie Anm. 49], S. 187
52 Otto von Leixner, *1888 bis 1891, Soziale Briefe aus Berlin 1888–1891,* Berlin 1891, S. 81/82
53 Marghanita Laski, . . . [wie Anm. 49], S. 200
54 Edward Shorter, *John Knodel und Etienne van de Walld, The Decline of Non-Martial Fertility in Europe, 1880–1940,* in: Population Studies, 25, 1971, S. 378
55 Edward Anthony Wrigley, . . . [wie Anm. 22], S. 152/53
56 Frankreich: *Statistique Générale de la France,* in: Annuaire statistique, 3, 1880, S. 186; 26, 1906, S. 80; 33, 1913, S. 67
57 Großbritannien: *Parliamentary Papers, 25, 1901: Reports, Commissioners,* 17, S. LII – LXII.31, 1913, S. XLIV – XLVI. Tom Percival, *Poor Law Children,* London 1911, S. 334–355
58 James Samuelson, *The Children of Our Slums,* Liverpool 1911, S. 87/88
59 Deutsches Reich: *Statistisches Jahrbuch für das Deutsche Reich,* 1911, Berlin 1911, S. 17
60 *Manuel des oeuvres, institutions religieuses et charitables de Paris et principaux établissements des départements pouvant recevoir des orphelins, des indigents et des malades de Paris,* 11. Ausgabe, Paris 1912, S. 79
61 Henriette Arendt, *Kleine weiße Sklaven,* Berlin 1911, S. 23

Klasse gegen Klasse, Seite 135–179

1 Anthony Giddens, *The Class Structure of the Advanced Societes,* New York 1973, S. 134/35. Der Autor setzt sich mit den Theorien von Karl Marx, Max Weber, Stanislaus Ossowski, Ralf Dahrendorf und Alain Touraine auseinander.
2 John Kenneth Galbraith, *The New Industrial State,* Boston 1971, im Gegensatz zu Anthony Giddens, . . . [wie Anm. 1], S. 173
3 Anthony Giddens, . . . [wie Anm. 1], S. 109
4 Anthony Giddens, . . . [wie Anm. 1], S. 111–113
5 Roger Thabault, *Education and Change in a Village Community, Mazières-en-Gâtine, 1848–1914,* London 1971, S. 178
6 Andreas Kazamias, *Politics, Society and Secondary Education in England,* Philadelphia 1966, S. 144
7 John Charles G. Röhl, *Higher Civil Servants in Germany, 1890–1900,* in: Journal of Contemporary History, 2, 1967, S. 113
8 Friedrich Paulsen, *An Autobiography,* New York 1938, S. 340/41. Deutsche Ausgabe: *Aus meinem Leben, Jugenderinnerungen,* Jena 1909
9 Frankreich: *Assemblée Nationale: Annales de la Chambre des Députés, Documents Parlamentaires, 1899, Introduction to an Enquête sur l'ensaignement secondaire,* 16. November 1899, S. 415
10 Manfred Studier, *Der Corpsstudent als Idealbild der Wilhelminischen Ära, Untersuchungen zum Zeitgeist 1888 bis 1914,* Phil. Dissertation, Universität Erlangen–Nürnberg, 1965, S. 46–48
11 Max Weber, *Gesammelte politische Schriften,* 2. Aufl., Tübingen 1957, S. 235/36. Zitiert auch bei Fritz K. Ringer, *Higher Education in Germany in the Nineteenth Century,* in: Journal of Contemporary History, 2, 1967, S. 138

12 Fritz K. Ringer, . . . [wie Anm. 11], S. 136/37
13 Alex Inkeles, *Summary and Review: Social Stratification and Modernization in Russia,* in: The Transformation of Russian Society: Aspects of Change Since 1861, hrsg. von Cyril E. Black, Cambridge, Mass. 1967, S. 326/27
14 Briefe an Georg Friedländer am 3. Oktober 1893: Theodor Fontane, *Briefe an Georg Friedländer,* Heidelberg 1954, S. 125
15 William Joseph Reader, *Professional Men, The Rise of the Professional Classes in Nineteenth-Century England,* London 1966, S. 203
16 Theodore Zeldin, *Higher Education in France, 1848–1940,* in: Journal of Contemporary History, 2, 1967, S. 79
17 William Joseph Reader, . . . [wie Anm. 15], S. 197
18 John P. Cullity, *The Growth of Governmental Employment in Germany, 1882–1950,* in: Zeitschrift für die gesamte Staatswissenschaft, 123, 1967, S. 211
19 John Charles G. Röhl, . . . [wie Anm. 7], S. 103, Anm.
20 William Joseph Reader, . . . [wie Anm. 15], S. 95
21 Samuel Hynes, *The Edwardian Turn of Mind,* Princeton, N. J. 1968, S. 71
22 Eric J. Hobsbawm, *The Tramping Artisan,* in seinem Werk: *Labouring Men, Studies in the History of Labour,* New York 1964, S. 266
23 H. G. Wells, *Tono-Bungay,* New York 1935 (Erstausgabe 1909), S. 249
24 Brief an die Tochter Martha (Mete) am 18. April 1884: Theodor Fontane, *Briefe,* hrsg. von Kurt Schreinert und Charlotte Jolles, Bd. 2, Berlin 1969, S. 63. Joachim Remack, *The Gentle Critic, Theodor Fontane and German Politics, 1848–1898,* Syracuse, N.Y. 1964, S. 40
25 Jürgen Kocka, *Unternehmensverwaltung und Angestelltenschaft am Beispiel Siemens 1847–1914,* Stuttgart 1969, S. 225, 346
26 Jürgen Kocka, . . . [wie Anm. 25], S. 309–311, 510/11. David Lockwood, *The Black Coated Worker, A Study in Class Consciousness,* London 1958, S. 29/30
27 Robert Gellately, *The Politics of Economic Despair, Shopkeepers and German Politics, 1890–1914,* Beverly Hills, Cal. 1975. Jürgen Kocka, *The First World War and the ›Mittelstand‹, German Artisans and White-Collar Workers,* in: Journal of Contemporary History, 8, 1973, besonders S. 101–107
28 *The Listener* vom 28. Dezember 1961. Arno J. Mayer, *The Lower Middle Class as a Historical Problem,* in: Journal of Modern History, 47, 1957, S. 409–436
29 Henry Pelling, *Popular Politics and Society in Late Victorian Britain,* London 1968, S. 62–81
30 José Harris, *Unemployment and Politics, A Study in English Social Policy, 1886–1914,* London 1973, passim
31 Hannah Arendt, *Lawlessness Is Inherent in the Uprooted,* in: New York Times Magazine, 28. April 1968, S. 24/25
32 Hans Staudinger, *Das Kulturproblem und die Arbeiterpsyche,* in: Die Tat, 5, 1914, S. 990–1002
33 Robert Roberts, *The Classic Slum, Salford Life in the First Quarter of the Century,* Manchester 1971, S. 109
34 Peter N. Stearns, *Lives of Labor, Work in a Maturing Industrial Society,* New York 1975, S. 13
35 Ebenda, S. 21
36 Ebenda, S. 353
37 Standish Meacham, *The Sense of an Impending Clash, English Working-Class Unrest Before the First World War,* in: American Historical Review, 77, 1972, S. 1359
38 Wilhelm Brepohl, *Industrievolk im Wandel von der agraren zur industriellen Daseinsform, dargestellt am Ruhrgebiet,* Tübingen 1957, S. 129
39 John Foster, *Nineteenth-Century Towns-A Class Dimension,* in: The Study of Urban

History, hrsg. von Harald James Dyos, New York 1968, S. 283. DAVID CREW, *Definitions of Modernity, Social Mobility in a German Town [Bochum], 1880–1901,* in: Journal of Social History, 7, 1973, S. 68, 74 (Anm. 50)
40 GUENTHER ROTH, *Social Democrats in Imperial Germany,* Totowa, N. J. 1963, passim
41 BRIAN SIMON, *Education and the Labour Movement, 1870–1920,* London 1965, S. 174
42 MONA OZOUF, *L'Ecole, L'Eglise et la République, 1871–1914,* Paris 1963, Seiten 329–241. LÉON CLÉMENT UND MAURICE BOUCHOR, *Les Groupes de pupilles, L'éducation de l'enfant dans les milieux ouvries,* Paris 1913, S. 16
43 E. J. URWICK, *Studies of Boy Life in Our Cities,* London 1904, S. 57–60
44 CHARLES E. B. RUSSELL, *Manchester Boys, Sketches of Manchester Lads at Work and Play,* Manchester 1913, S. 48/49
45 RONALD BLYTHE, *Akenfield, Portrait of an English Village,* New York 1969, S. 36

Religion und Moral, Seite 180–213

1 FRED WEINSTEIN UND GERALD M. PLATT, *The Wish to Be Free, Society, Psyche, and Value Change,* Berkeley 1969, S. 219
2 JOHN MILTON YINGER, *The Scientific Study of Religion,* New York 1970, S. 7
3 HELMUT SCHELSKY, *Wandlungen der deutschen Familie in der Gegenwart,* Stuttgart 1954, S. 270
4 ANNEMARIE BURGER, *Religionszugehörigkeit und soziales Verhalten, Untersuchungen und Statistiken der neueren Zeit in Deutschland,* Göttingen 1964, S. 358/59
5 GABRIEL LE BRAS, *Études de sociologie religieuse,* Bd. 1–1, Paris 1955/56. Die Zeitschrift *Archives de Sociologie des Religions* enthält reiches Material zu diesem Thema.
6 ANNEMARIE BURGER, . . . [wie Anm. 4], passim
7 JOHN WORDSWORTH, *The National Church of Sweden,* London 1911, S. 425
8 HENRY PELLING, *Popular Politics and Society in Late Victorian Britain,* London 1968, S. 35
9 A. ALAN MACLAREN, *Presbyterianism and the Working Class in a Mid-nineteenth* Century City, in: Scottish Historical Review, 46, 1967, S. 134
10 ANATOLE LEROY-BEAULIEU, *L'Empire des Tsars,* Bd. 3: *La religion,* Paris 1898. HAROLD WILLIAMS, *Russia of the Russians,* New York 1914. MAURICE BARING, *What I Saw in Russia,* New York 1913. DONALD TREADGOLD, *The Peasant and Religion,* in: The Peasant in Nineteenth Century Russia, hrsg. von Wayne Vucinich, Stanford, Cal. 1968, S. 102/03; der Autor zitiert auch den russischen Historiker Wladimir Bonch-Bruevich.
11 KENNETH SCOTT LATOURETTE, *Christianity in a Revolutionary Age, A History of Christianity in the Nineteenth and Twentieth Centuries,* Bd. 1, Westport, Conn. 1973, S. 356
12 Ebenda, S. 467
13 RENÉ RÉMOND, *Présentation,* in: Le Mouvement Social, 57, 1966, S. 12. FRANÇOIS ANDRÉ ISAMBERT, *Christianisme et classe ouvrière,* Paris 1961, passim
14 PAUL GÖHRE, *Die deutschen Arbeiter- und Konsumvereine,* Berlin 1910, S. 144–153
15 JOSEPH ARCH, *The Story of His Life, Told by Himself,* London 1898, S. 8, 18, 21
16 PIERRE MONATTE, in: La Vie Ouvrière vom 20. September 1910
17 STEPHEN REYNOLDS, *A Poor Man's House,* London 1911, S. 104
18 JOHN CLIFFORD, *The Living Message of the Church for Today,* London o. J., S. 444
19 FREDERICK ST. GEORGE DE LATOUR BOOTH-TUCKER, *The Life of Catherine Booth, the Mother of the Salvation Army,* Bd. 2, New York 1892, S. 234
20 ARCH R. WIGGINS, *The History of the Salvation Army,* Bd. 4, London 1964, S. 268–279
21 JOHN CLIFFORD, . . . [wie Anm. 18]
22 JOHN CLIFFORD, *Christianity and the Social Order,* London 1907, S. 18

23 PETER D'A. JONES, *The Christian Socialist Revival, 1877–1914, Religion, Class, and Social Conscience in Late-Victorian England,* Princeton, N. J. 1968, S. 458
24 CHARLES MOLETTE, *L'Association Catholique de la Jeunesse Française, 1886–1907,* Paris 1968. HENRI ROLLET, *L'Action sociale des catholiques en France, 1871–1914,* Bd. 1–2, Brügge 1958. RUDOLF REZSOHAZY, *Les Origines et la formation du catholicisme social en Belgique, 1842–1909,* Louvain 1958
25 GABRIELE DE ROSA, *Storia politica dell'azione cattolica in Italia,* Bd. 1–2, Bari 1953/54
26 FRED WEINSTEIN UND GERALD M. PLATT, *The Coming Crisis in Psychohistory,* in: Journal of Modern History, 47, 1975, S. 221–223
27 PHILIPPE ARIÈS, *Centuries of Childhood, A Social History of Family Life,* New York 1965. JOHN R. GILLIS, *Youth an History, Tradition and Change in European Age Relations 1770 – Present,* New York 1974. EDWARD SHORTER, *The Making of the Modern Family,* New York 1975
28 FRANK MUSGROVE, *Population Changes and the Status of the Young in England since the 18th Century,* in: Sociological Review, 11, 1963, S. 80
29 WALTHER JANTZEN, *Die soziologische Herkunft der Führungsschicht der deutschen Jugendbewegung, 1900–1933,* in: Führungsschicht und Eliteproblem, Frankfurt am Main 1957, S. 130
30 HERMANN POPERT, *Helmut Harringa,* Dresden 1925, S. 286. WALTER LAQUEUR, *Young Germany, A History of the German Youth Mouvement,* New York, 1962, S. 44. Deutsche Ausgabe: *Die deutsche Jugendbewegung,* Köln 1962, S. 225
31 WALTER LAQUEUR, ... [wie Anm. 30], S. 57, Deut. Ausg. S. 71. HARRY PROSS, *Jugend, Eros, Politik, die Geschichte der deutschen Jugendverbände,* Bern 1964.
32 EDWARD SHORTER, *Illegitimacy, Sexual Revolution, and Social Change in Modern Europe,* in: Journal of Interdisciplinary History, 2, 1971, S. 254
33 *International Congress of Women,* Bd. 2, Toronto 1909, S. 221
34 EDWARD SHORTER, ... [wie Anm. 32], S. 252/53, 256
35 ABRAHAM FLEXNER, *Prostitution in Europe,* New York 1914, S. 43–45.
36 SIGMUND FREUD, *Beiträge zur Psychologie des Liebeslebens,* Zürich, Leipzig und Wien 1924, S. 22

Die Kultur der breiten Schichten, Seite 214–259

1 EMILE CHEYSSON, *Les Réformes de la statistique de la criminalité en France, report made at the Société Générale des Prisons, November 10, 1909,* in: Revue Pénitentiaire et de Droit Pénal, November/Dezember 1909. DONALD READ, *The English Provinces c. 1760–1960, A Study in Influence,* New York 1964, S. 51
2 ASA BRIGGS, *Work and Leisure in Industrial Society,* in: Past and Present, 30, 1965, S. 98. MICHAEL R. MARRUS, *Social Drinking in the Belle Epoque,* in: Journal of Social History, 7, 1974, S. 132/33
3 WALTER KIAULEHN, *Berlin, Schicksal einer Weltstadt,* München und Berlin 1958, S. 389
4 Ebenda, S. 393
5 CHARLES E. B. RUSSELL, *Manchester Boys, Sketches of Manchester Lads at Work and Play,* Manchester 1913, S. 87. CHARLES E. B. RUSSELL UND E. T. CAMPAGNAC, *Poor People's Music-Halls in Lancashire,* in: Economic Review, 10, 1900, S. 389–398. LAURENCE SENELICK, *A Brief Life and Times of the Victorian Music-Hall,* in: Harvard Library Bulletin, 19, 1971, S. 375–398. MARTHA VICINUS, *The Industrial Muse, A Study of Nineteenth-Century Working-Class Literature,* London 1974, S. 238–285, Kapitel 6, The Music Hall
6 »Denkste denn, ...« von OTTO GLASER, 1889. Mutta, der Mann ...« nach KARL MILLÖCKER, *Gasparone,* 1884
7 ILSA BAREA, *Vienna,* New York 1966, S. 320

8 John Maynard Keynes, *The Economic Consequences of the Peace,* London 1919, S. 10
9 Robert Roberts, *The Classic Slum, Salford Life in the First Quarter of the Century,* Manchester 1971, S. 130
10 Charles F. B. Russel, . . . [wie Anm. 5], S. 52
11 Ebenda, S. 75/76
12 Eugen Weber, *Gymnastics and Sports in Fin-de-Siècle France, Opium of the Classes?,* in: American Historical Review, 76, 1970, S. 85
13 Ebenda, S. 92
14 Elisabeth de Gramont, *Duchesse de Clermont-Tonnerre, Years of Plenty,* New York, 1931, S. 325
15 Robert Roberts, . . . [wie Anm. 9], S. 127/28
16 Ernest A. Baker, *The Library Association Record,* Bd. 9, zitiert nach: Derek Hudson, *Reading,* in: Edwardian England, 1901–1914, hrsg. von Simon Nowell-Smith, London 1964, S. 130
17 Walter Krieg, *Unser Weg ging hinauf, Hedwig Courths-Mahler und ihre Töchter als literarisches Phänomen,* Wien 1954. Gertrud Willenborg, *Adel und Autorität zu den Romanen der Courths-Mahler,* in: Trivialliteratur, Aufsätze, Berlin 1964, S. 192–217. Gustav Sichelschmidt, *Hedwig Courths-Mahler, Deutschlands erfolgreichste Autorin, Eine literatursoziologische Studie,* Bonn 1967. Zahlreiche Hinweise verdankt der Autor Frau Ella Anderson.
18 *Entretiens sur la paralittérature,* hrsg. von Noël Armand, Francis Lacassin und Jean Tortel, Paris 1970, S. 103
19 Ebenda, S. 86
20 Claude Bellanger, Jacques Godechot, Pierre Guiral und Fernand Terrou, *Histoire générale de la presse française,* Bd. 3, Paris 1972, S. 297
21 Im Jahr 1885 hatte Bremen 118 000 Einwohner; alle Lokalzeitungen zusammen erschienen täglich in einer Auflage von 23 600 Exemplaren. 1914 war die Einwohnerzahl auf 247 000 gestiegen; die tägliche Auflage der Lokalzeitungen betrug jetzt 86 000 Exemplare; nach Rolf Engelsing, *Massenpublikum und Journalistentum im 19. Jahrhundert in Nordwestdeutschland,* Berlin 1966, S. 285
22 Francis Williams, *The Right to Know, The Rise of the World Press,* London 1969, S. 65
23 Rolf Engelsing, . . . [wie Anm. 21], S. 277/78
24 Francine Amaury, *Histoire du plus grand quotidien de la IIIe République, Le Petit Parisien, 1876–1944,* Bd. 1–2, Paris 1972
25 Reginald Pound und Geoffrey Harmsworth, *Northcliffe,* London 1959. Zeitung *Daily Mail,* Jahrgänge vor 1914
26 Francis Williams, . . . [wie Anm. 22], S. 75
27 Ebenda, S. 68
28 *Facsimile Querschnitt durch die Gartenlaube,* Bern, Stuttgart und Wien 1963
29 Ernest K. Bramsted, *Aristocracy and the Middle-Classes in Germany, Social Types in German Literature 1830–1900,* Neuaufl., Chicago 1964, S. 209–215. Ruth Horovitz, *Vom Roman des Jungen Deutschland zum Roman der Gartenlaube, Ein Beitrag zur Geschichte des deutschen Liberalismus,* Breslau 1937

Neue Begriffe und Erkenntnisse, Seite 260–295

1 Émil Durkheim, *Pragmatisme et sociologie* [Vorlesungen 1913/14], Paris 1955, S. 142/43, zitiert bei Émil Durkheim, *Selected Writings,* hrsg. von Anthony Giddens, London, 1972, S. 253

2 FRIEDRICH NIETZSCHE, *Werke,* hrsg. von Karl Schlechta, Bd. 1–5, Frankfurt am Main und Berlin 1972, Bd. 4: *Aus dem Nachlaß der achtziger Jahre (Wille zur Macht),* S. 7–517. Die folgenden Gedanken nach: WALTER KAUFMANN, *Nietzsche, Philosopher, Psychologist, Antichrist,* 3. Aufl., New York, 1968

3 WINFRIED SCHÜLER, *Der Bayreuther Kreis vor seiner Entstehung bis zum Ausgang der Wilhelminischen Ära, Wagnerkult und Kulturreform im Geiste Völkischer Weltanschauung,* Münster 1971

4 FRIEDRICH NIETZSCHE, . . . [wie Anm. 2], Bd. 4, S. 339

5 GENEVIÈVE BIANQUIS, *Nietzsche en France,* Paris 1929. DAVID S. THATCHER, *Nietzsche in England 1890–1914,* Toronto 1970

6 GERHARD MASUR, *Das kaiserliche Berlin,* München 1971, S. 199, 207

7 BENEDETTO CROCE, *La storia come pensiero e come azione,* Bari 1938. Englische Ausgabe: *History as the Story of Liberty,* London 1941, S. 32/33. Dieses Werk ist die Fortsetzung von Benedetto Croce, *Teoria e storia della storiografia,* Bari 1917

8 WILMA ABELES IGGERS, *Karl Kraus, A Viennese Critic of the Twentieth Century,* Den Haag 1967

9 ALLAN JANIK UND STEPHAN TOULMIN, *Wittgenstein's Vienna,* New York, 1973, S. 75–80

10 Ebenda, S. 198

11 LUDWIG WITTGENSTEIN, *Tractatus Logico-Philosophicus,* New York 1922, S. 114 (7), 23 (3,3)

12 ALLAN JANIK UND STEPHEN TOULMIN, . . . [wie Anm. 9], S. 186/87

13 LUDWIG WITTGENSTEIN, . . . [wie Anm. 11], S. 115 (6,54)

14 HENRI F. ELLENBERGER, *The Discovery of the Unconscious, The History and Evolution of Dynamic Psychiatry,* New York 1970

15 RICHARD WOLLHEIM, *Sigmund Freud,* New York 1971, S. IX

16 Ebenda, S. 27

17 SIGMUND FREUD, *Gesammelte Werke,* Bd. 2/3, London 1942, S. 613

18 Ebenda, Bd. 8, 1943, S. 34/35

19 Ebenda, Bd. 11, 1940, S. 79

20 Ebenda, Bd. 11, 1940, S. 68

21 Ebenda, Bd. 4, 1941, S. 90

22 Ebenda, Bd. 11, 1940, S. 325

23 Ebenda, Bd. 7, 1941, S. 257

24 ALWIN W. GOULDNER, *The Coming Crisis of Western Sociology,* New York 1970, S. 116

25 H. STUART HUGHES, *Consciousness and Society, The Reorientation of European Social Thought, 1890–1930,* New York 1961, S. 16

26 TALCOTT PARSONS, *The Structure of Social Action, A Study in Social Theory with Special Reference to a group of Recent European Writers,* New York 1949

27 VILGREDO PARETO, *Trattato di sociologia generale,* Bd. 1–3, Florenz 1923. Englische Ausgabe: *The Mind and Society, A Treative on General Sociology,* Bd. 1–4, New York 1963, Bd. 3: S. 1915

28 Ebenda, S. 1202

29 Ebenda, S. 1214

30 Ebenda, S. 1432

31 Ebenda, S. 1217

32 ÉMIL DURKHEIM, *Le suicide,* Paris 1897. Englische Ausgabe: *Suicide,* New York 1951, S. 253. STEVEN LUKES, *Émile Durkheim, His Life and Work, A Historical and Critical Study,* London 1973

33 ÉMIL DURKHEIM, . . . [wie Anm. 32], S. 391

34 ÉMIL DURKHEIM, *Les formes élémentaires de la vie religieuse,* Paris 1912. Englische Ausgabe: *The Elementary Forms of the Religiouse Life,* London 1915, S. 94

35 ÉMIL DURKHEIM, *De la division du travail,* 7. Aufl., Paris 1962, S. 182, zitiert bei ÉMIL DURKHEIM, *Selected Writings,* hrsg. von Anthony Giddens, London, 1972, S. 12
36 PETER L. BERGER UND THOMAS LUCKMANN, *The Social Construction of Reality, A Treatise in the Sociology of Knowledge,* Garden City, N.Y. 1967
37 ÉMIL DURKHEIM, . . . [wie Anm. 34], S. 444
38 Ebenda, S. 444
39 ÉMIL DURKHEIM, *Individual and Collective Representations,* in: Revue de Méthaphysique et de Morale, 1898, Neudruck in: Sociology and Philosophy, New York, 1953, Zitat S. 34
40 MAX WEBER, *Wirtschaft und Gesellschaft, Grundriß der verstehenden Soziologie,* hrsg. von Johannes Winckelmann, 2 Halbbde., 1 Erläuterungsbd., 5. Aufl., Tübingen 1976, S. 3
41 Ebenda, S. 4
42 Ebenda, S. 9
43 MAX WEBER, *Die ›Objektivität‹ sozialwissenschaftlicher und sozialpolitischer Erkenntnis,* in: Archiv für Sozialwissenschaft und Sozialpolitik, 19, 1904; auch in: *Gesammelte Aufsätze zur Wissenschaftslehre,* Tübingen 1922, S. 146–214, Zitat S. 190
44 Ebenda, S. 213/14
45 MAX WEBER, . . . [wie Anm. 40], S. 567
46 REINHARD BENDIX, *Max Weber, An Intellectual Portrait,* Garden City, N.Y. 1960, S. 455/56
47 MAX WEBER, . . . [wie Anm. 40], S. 579
48 MICHEL CROZIER, *The Bureaucratic Phenomenon,* Chicago 1964, S. 177
49 HERBERT SPENCER, *Principles of Sociology,* 1876–96, und *Man Versus the State,* 1884
50 PETER L. BERGER UND THOMAS LUCKMANN, . . . [wie Anm. 36], S. 18
51 Ebenda, S. 61
52 FRED WEINSTEIN UND GERALD M. PLATT, *The Coming Crisis in Psychohistory,* in: Journal of Modern History, 47, 1975, S. 202–228

Radikale Protestbewegungen, Seite 296–348

1 HARVEY MITCHELL UND PETER N. STEARNS, *Workers and Protest, The European Labor Movement, the Working Classes and the Origins of Social Democracy 1890–1914,* Ithaca, Ill. 1971
2 CHARLES TILLY, LOUISE TILLY UND RICHARD TILLY, *The Rebellious Century, 1830–1930,* Cambridge, Ma. 1975
3 *Anarchici e anarchia nel mondo contemporaneo, Atti del Convegno promosso dalla Fondazione Luigi Einaudi, Turin, 5.–7. Dezember 1969,* Turin 1971. EDUARDO COLOMER COMÍN, *Historia del anarquismo español,* Madrid 1948. JEAN MAITRON, *Histoire du mouvement anarchiste en France, 1880–1914,* Paris 1955. JAMES JOLL, *The Anarchists,* New York 1966. GEORGE WOODCOCK, *Anarchism,* Cleveland 1962. PAUL AVRICH, *The Russian Anarchists,* Princeton, N.J. 1967
4 J. ROMERO MAURO, *Terrorism in Barcelona and Its Impact on Spanish Politics, 1904–1909,* in: Past and Present, 41, 1968, S. 156
5 GEORGES LEFRANC, *Le Mouvement syndical sous la troisième République,* Paris 1967. FREDERICK F. RIDLEY, *Revolutionary Syndicalism in France, The Direct Action of Its Time,* London 1970. PETER N. STEARNS, *Revolutionary Syndicalism and French Labor, A Cause Without Rebels,* New Brunswick, N.Y. 1971. JACQUES JULLIARD, *Fernand Pelloutier et les origines du syndicalisme d'action directe,* Paris 1971
6 Action directe, am 23. April 1908
7 CARL LANDAUER, *European Socialism, A History of Ideas and Movements,* Bd. 1–2,

Berkeley 1959. JACQUES DROZ, *Le Socialisme démocratique,* 1864–1960, Paris 1966. GEORGE LICHTHEIM, *A Short History of Socialism,* New York 1970. LESLIE DERFLER, *Socialism Since Marx, A Century of the European Left,* New York 1973. JULIUS BRAUNTHAL, *Geschichte der Internationale,* Bd. 1–3, Hannover 1961–1971

8 AUGUST BEBEL, *Politik als Theorie und Praxis,* hrsg. von Albrecht Langner, Köln 1967, S. 79

9 J. PETER NETTL, *Rosa Luxemburg,* Köln 1965, S. 30

10 HARVEY MITCHELL UND PETER N. STEARNS, . . . [wie Anm. 1], Einleitung von Robert Wohl, S. 7

11 EDWARD SHORTER UND CHARLES TILLY, *Strikes in France, 1830–1968,* London 1974, S. 318–334. Die Autoren haben bemerkenswerte Parallelen zu Streiks in Frankreich, Deutschland, Belgien, Italien und Spanien ziehen können. HENRY PELLING, *Popular Politics and Society in Late Victorian Britain,* London 1968, Kapitel 9: *The Labour Unrest, 1911–1914.* STANDISH MEACHAM, *The Sense of Impending Clash, English Working-Class Unrest Before the First World War,* in: American Historical Review, 77, S. 1342–1364. ERNEST HENRY PHELPS BROWN, *The Growth of British Industrial Relations,* London 1959, Kapitel 7: *Strike, 1906–1914*

12 PETER N. STEARNS, in: Harvey Mitchel und . . . [wie Anm. 1] S. 141–145

13 H. LLEWELLYN SMITH UND VAUGHN NASH, *The Story of the Dockers' Strike, Told by Two East Londoners,* London 1890. MAX JÜRGEN KOCH, *Die Bergarbeiterbewegung im Ruhrgebiet zur Zeit Wilhelms II., 1889–1914,* Düsseldorf 1959

14 ROBERT ARTHUR LEESON, *Strike, A Live History, 1887–1971,* London 1973, S. 41

15 CARL E. SCHORSKE, *German Social Democracy, 1905–1917,* New York 1965, S. 52

16 *Unofficial Reform Committee S.W.M.F., The Miners' Next Step,* Tonypandy 1912, S. 30, zitiert nach: HENRY PELLING, . . . [wie Anm. 11], S. 157

17 JOAN WALLACH SCOTT, *The Glassworkers of Carmaux,* Cambridge, Mass. 1974, S. 139–159, besonders S. 142/43, 159

18 K. OLDENBURG, *Der Berliner Bierboykott im Jahre 1894,* in: Schmollers Jahrbuch, 20, 1896, S. 261–293

19 LOUISE TILLY, *I Fatti di Maggio, The Working Class of Milan and the Rebellion of 1898,* in: Modern European Social History, hrsg. von Robert J. Bezucha, Lexington, Mass. 1972, S. 148

20 JOAN CONELLY ULLMAN, *The Tragic Week, A Study of Anticlericalism in Spain, 1875–1912,* Cambridge, Mass. 1968

21 Ebenda, S. 294–296, 321/22. SIDNEY HARCAVE, *First Blood, The Russian Revolution of 1905,* New York 1964

22 BARRINGTON MOORE, JR., *Social Origins of Dictatorship and Democracy, Lord and Peasant in the Making of the Modern World,* Boston 1966, S. 477. ERIC WOLF, *Peasant Wars of the Twentieth Century,* New York 1969. ERIC J. HOBSBAWM, *Primitive Rebels, Studies in Archaic Forms of Social Movement in the 19th and 20th Centuries,* New York 1965. SALVATORE FRANCESCO ROMANO, *Storia dei fasci siciliani,* Bari 1959. PHILIP GABRIEL EIDELBERG, *The Great Rumanian Peasant Revolt of 1907, Origins of a Modern Jacquerie,* Leiden 1974. HENRY L. ROBERTS, *Rumania, Political Problems of an Agrarian State,* Hamden, Conn. 1969, S. 3–21. SIDNEY HARCAVE, . . . [wie Anm. 21]

23 MAUREEN PERRIE, *The Russian Peasant Movement of 1905–1907, Its Social Composition and Revolutionary Significance,* in: Past and Present, 57, 1972, S. 124

24 HENRY L. ROBERTS, . . . [wie Anm. 22], S. 5

25 Die Bezeichnung ›Suffragettes‹ (von englisch suffrage = Stimmrecht) bezieht sich nur auf die Mitglieder der ›Women's Social and Political Union‹. Die übrigen Verfechter des weiblichen Wahlrechts werden ›Suffragists‹ (Stimmrechtlerinnen) genannt.

26 KATHARINA SUSAN ANTHONY, *Feminism in Germany and Scandinavia,* New York 1916, S. 230/31

27 *Report of the International Congress of Women, Toronto, 24.–30. Juni 1909,* Bd. 1–2, Toronto 1910. Susanne C. Engelmann, *German Education and Re-education,* New York 1945. Edmée Charrier, *L'Évolution intellectuelle féminine,* Paris 1931. *The Women's Movement in the Netherlands* [Pamphlet], Leiden o. J. [um 1915]. William Joseph Reader, *Professional Men, The Rise of the Professional Classes in Nineteenth-Century England,* London 1966. Elaine Kay, *A History of Queen's College, London, 1848–1972,* London 1972

28 Elaine Kay, *The Renaissance of Motherhood,* New York 1914, S. 89

29 Gabriele Swecker, *Hundert Jahre Frauenbewegung in Deutschland* [Pamphlet], Wiesbaden 1951. Alice Salomon, *Die Begründerin des sozialen Frauenberufs in Deutschland, Ihr Leben und ihr Werk,* Köln 1958. Katharina Susan Anthony, . . . [wie Anm. 26]

30 Louise van den Plas, *Féminisme, Souvenirs de vingt ans d'efforts* [Pamphlet], Brüssel 1922. Maria de los Laffitte y Pérez del Pulgar, *La Mujer en España, Cien años de la historia, 1860–1960,* Madrid 1964. Marie Thérèse Renard, *La Participation des femmes à la vie civique,* Paris 1965. Franca Pieroni, *Bortolotti, Socialismo e questione femminile in Italie, 1892–1922,* Mailand 1974

31 Adelheid Dwořak-Popp, *Der Weg zur Höhe, Die sozialdemokratische Frauenbewegung Österreichs,* Wien 1930, S. 31–33

32 Annie Kenney, *Les Droits de la femme,* Paris 1912, S. 126

33 E. Sylvia Pankhurst, *The Suffragette,* New York 1911, S. 22

34 Théodore Joran, *Autor du feminisme,* Paris 1906. Émile Faguet, *Le Féminisme,* Paris 1910

35 E. Belfort Bax, *The Fraud of Feminism,* London 1913, S. 66–75, 163

36 Charles G. Harper, *Revolted Women, Past, Present and to Come,* London 1894, S. XI

37 Albert Venn Dicey, *Woman Suffrage,* in: Quarterly Review, 1909, S. 303

38 Vereinigtes Königreich: *The Parliamentary Debates* (Official Report), Fifth Series, Bd. 25, S. 764

39 E. M. Simkins, *An Englishwoman's Home,* London 1909, S. 154

40 Marie Corelli, *Woman, or – Suffragette?* [Pamphlet], London 1907, S. 14/15

41 Mrs. Humphrey Ward in der Londoner *Times* vom 22. Juli 1908

42 *Manchester Guardian* vom 21. Oktober 1911

43 *The Standard* [1912 oder 1913]: zitiert nach undatierten Zeitungsausschnitten in der Londoner Fawcett Library

44 Constance Rover, *Love, Morals and the Feminists*, London 1970, S. 145

45 Andrew Rosen, *Rise Up, Women! The Militant Campaign of the Women's Social and Political Union, 1903–1914*, London 1974

46 Ebenda, S. 77 (Anm.)

47 Andrew Rosen, . . . [wie Anm. 45], S. 242

Der Nationalismus, Seite 349–398

1 Anthony D. Smith, *Theories of Nationalism*, New York 1971

2 Hans Kohn, *Die Idee des Nationalismus*, Heidelberg 1950, S. 38/39. Englische Ausgabe: *The Idea of Nationalism*, New York 1944

3 Anthony D. Smith, . . . [wie Anm. 1], S. 171. Über die Korndoktrin, S. 21

4 Boyd C. Shafer, *Faces of Nationalism, New Realities and Old Mythos*, New York 1972, S. 13, mit Bibliographie. Karl W. Deutsch und Richard L. Merritt, *Nationalism and National Development, An Indisciplinary Bibliography*, Cambridge, Mass. 1970

5 Anthony D. Smith, . . . [wie Anm. 1], S. 107. Eugen Weber, *Peasants into Frenchmen, The Modernization of Rural France, 1870–1914,* London 1977

6 Ernst Schürch, *Sprachpolitische Erinnerungen*, Bern 1943, S. 36/37

7 J. O. Springhall, *The Boy Scouts, Class and Militarism in Relation to British Youth Movements, 1908–1930*, in: International Review of Social History, 16, 1971, S. 125–158. Paul Wilkinson, *English Youth Movements, 1908–1930*, in: Journal of Contemporary History, 4, 1969, S. 3–23

8 H. B., *Le Devoir militaire, Manuel d'éducation militaire*, Paris 1909

9 Francine Amaury, *Histoire de plus grand quotidien de la IIle République, Le Petit Parisien, 1876–1944*, Bd. 1–2, Paris 1972

10 Raymond Lindgren, *Norway–Sweden, Union, Disunion, Reunion*, Princeton, N. J. 1959. Karl W. Deutsch u. a., *Political Community and the North Atlantic Area*, Princeton, N. J. 1957

11 Sidney Harcave, *First Blood, The Russian Revolution of 1905*, New York 1964

12 Alberto Aquarone, *A Concluding Commentary*, in: Modern Italy, A Topical History Since 1861, hrsg. von Edward R. Tannenbaum und Emiliana P. Noether, New York 1974, S. 365

13 Christ Anastasoff, *The Tragic Peninsula, A History of the Macedonian Movement for independence Since 1878*, St. Louis 1938, S. 90, Anm.

14 Francis Stewart L. Lyons, *Ireland Since the Famine*, London 1973. J. C. Becket, *The Making of Modern Ireland*, New York 1966. Nicholas Mansergh, *The Irish Question, A Commentary on Anglo-Irish Relations and on Social and Political Forces in the Age of Reform and Revolution*, London 1965. Owen Dudley Edwards u. a., *Celtic Nationalism*, London 1968. Lawrence McCaffrey, *The Irish Question, 1800–1922*, Lexington 1968. Joseph Lee, *The Modernization of Irish Society*, Dublin 1973

15 Owen Dudley Edwards u. a., . . . [wie in Anm. 14], S. 88/89

16 John M. Synge, *Der Held der westlichen Welt*, Frankfurt am Main 1967, S. 126/27

17 Francis Stewart L. Lyons, . . . [wie in Anm. 14], S. 168

18 Joseph Lee, . . . [wie in Anm. 14], S. 150

19 Ebenda, S. 52

20 Sybil E. Baker, *Orange and Green*, in: The Victorian City, Images and Realities, hrsg. von Harald James Doys und Michael Wolff, London 1973, S. 809

21 Edward R. Tannenbaum, *The Action Française, Die-hard Reactionaries in Twentieth-Century France*, New York 1962. Eugen Weber, *Action Française*, Stanford, Cal. 1962

22 Eugen Weber, *The Nationalist Revival in France, 1905–1914*, Berkeley 1959

23 Fritz Stern, *Kulturpessimismus als politische Gefahr*, Bern, Stuttgart und Wien 1963. Englische Ausgabe: *The Politics of Cultural Despair*, Berkeley 1961. George L. Mosse, *The Crisis of German Ideology*, New York 1964

24 Peter G. J. Pulzer, *The Rise of Political Anti-Semitism in Germany and Austria*, New York 1964, S. 145–160. Andrew G. Whiteside, *The Socialism of Fools, Georg Ritter von Schönerer and Austrian Pan-Germanism*, Berkeley 1975

25 Mildred Salz Wertheimer, *The Pan-German League, 1890–1914*, New York 1924, S. 65. Alfred Kruck, *Geschichte des Alldeutschen Verbandes*, Wiesbaden 1954, S. 18

26 Franco Gaeta, *Nazionalismo italiano*, Neapel 1965, S. 71–125. John A. Thayer, *Italy and the Great War, Politics and Culture, 1870–1915*, Madison 1964, S. 191–229

27 Salo W. Baron, *The Russian Jew Under Tsars and Soviets*, New York 1964. Norman Bentwich, *The Social Transformation of Anglo-Jewry, 1883–1960*, in: Jewish Journal of Sociology, I, 1960, S. 94–112. Michael R. Marrus, *The Politics of Assimilation, A Study of the French Jewish Community at the Time of the Dreyfus Affair*, Oxford 1971. Hans Günther Adler, *Die Juden in Deutschland, Von der Aufklärung bis zum Nationalsozialismus,* München 1960. Ismar Schorsch, *Jewish Reactions to German Anti-Semitism, 1870–1914*, New York 1972. Peter G. J. Pulzer, . . . [wie in Anm. 24]. Uriel Tal, *Christians and Jews in Germany, Religion, Politics, and Ideology in the Se-*

cond Reich, 1870–1914*, Ithaca, N. Y. 1975. JEHUDA REINHARZ, *Fatherland or Promised Land, The Dilemma of the German Jew, 1893–1914*, Ann Arbor 1975. MARK WISCHNITZER, *To Dwell in Safety, the Story of Jewish Migration Since 1800*, Philadelphia 1948. WALTER LAQUEUR, *A History of Zionism*, New York 1972. *The Zionist Idea, A Historical Analysis and Reader*, hrsg. von Arthur Hertzberg, Garden City, N. Y. 1959

28 BERNARD GAINER, *The Alien Invasion, The Origins of the Alien Act of 1905*, London 1972. LLOYD P. GARTNER, *The Jewish Immigrant in England*, London 1973

29 ISMAR SCHORSCH, ... [wie in Anm. 27], S. 16

30 GEORGE L. MOSSE, *The Image of the Jew in German Popular Culture*, in: Bulletin des Leo Baeck Instituts, 2, 1957, S. 226

31 LAMAR CECIL, *Albert Ballin*, Hamburg 1969, S. 49, 104. Englische Ausg.: *Albert Ballin, Business and Politics in Imperial Germany, 1888–1918*, Princeton, N. J., S. 37, 109

32 STEFAN ZWEIG, *Die Welt von Gestern*, Frankfurt am Main 1970, S. 28. Englische Ausgabe: *The World of Yesterday*, New York 1943, S. 21/22

33 MICHAEL R. MARRUS, ... [wie in Anm. 27], S. 284

34 THEODOR HERZL, *Der Judenstaat*, Leipzig und Wien 1896, S. 11

35 BERNARD SEMMEL, *Imperialism and Social Reform, English Social-Imperial Thought, 1895–1914*, Garden City, N. Y. 1968, S. 12

36 RICHARD PRICE, *An Imperial War and the British Working Class*, London 1972, S. 241. ROBERT J. SCALLY, *The Origins of the Lloyd George Coalition, The Politics of Social Imperialism 1900–1918*, Princeton, N. J. 1975

37 RICHARD A. WEBSTER, *L'imperialismo industriale italiano, 1908–1915*, Turin 1974, S. 355

Revolution in der Kunst, Seite 399–455

1 ROGER SHATTUCK, *The Banquet Years, The Arts in France, 1885–1918*, Garden City, N. Y. 1961. *L'Année 1913, Les formes esthétiques de l'oeuvre d'art à la veille de la première querre mondiale*, hrsg. von L. Brion-Guerry, Bd. 1–2, Paris 1971. GEORGE HEARD HAMILTON, *Painting and Sculpture in Europe 1880–1914*, Baltimore 1972. GERHARD MASUR, *Propheten von gestern*, Frankfurt am Main 1965; Englische Ausg.: *Prophets of Yesterday, Studies in European Culture, 1890–1914*, New York 1961. MICHAEL HAMBURGER, *From Prophecy to Exorcism, The Premises of Modern German Literature*, London 1965. RAYMOND WILLIAMS, *Drama from Ibsen to Brecht*, London 1968. WILFRIED MELLERS, *Caliban Reborn, Renewal in Twentieth-Century Music*, New York 1967

2 ROBERT ESTIVALS, JEAN-CHARLES GAUDY und GABRIELLE VERGEZ, *›L'avantgarde‹, Étude historique et sociologique des publications périodiques ayant pour titre ›L'avantgarde‹*, Paris 1968, S. 109

3 CARL SCHORSKE, *The Transformation of the Garden, Ideal and Society in Austrian Literature*, in: American Historical Review, 72, 1967, S. 1317

4 JOSEPH PETER STERN, in: Re-interpretations, Seven Studies in Nineteenth-Century German Literature, New York 1964, S. 298 (Definition von Realismus und Naturalismus)

5 EUGENIA W. HERBERT, *The Artist and Social Reform, France and Belgium, 1885–1898*, New Haven 1961, S. 165

6 RÉMY DE GOURMONT, in: Promenades littéraires, Serie I, 7. Aufl., Paris 1916, S. 225

7 AUGUST STRINDBERG, *Eight Expressionist Plays*, eingeleitet von John Gassner, New York 1972, S. 9

8 AUGUST STRINDBERG, *Ein Traumspiel*, Stuttgart o. J., S. 3

9 LILLA CABOT PERRY, *An Interview with Monet*, in: The American Magazine of Art, 18, 1927, S. 120

10 Emil Nolde, *Jahre der Kämpfe*, Berlin 1934, S. 105
11 Wassily Kandinsky, *Über das Geistige in der Kunst*, Bern 1952, S. 63, 85/86
12 Eric A. Fivian, *Georg Kaiser und seine Stellung im Expressionismus*, München 1946, S. 225
13 César Graña, *Fact and Symbol, Essays in Sociology of Art and Literature*, London 1971, S. XII
14 Jakob Wassermann, *Offener Brief*, in: Neue Rundschau vom 21. Juli 1910, S. 1001
15 Franz Kafka, *Tagebücher*, hrsg. von Max Brod, Frankfurt am Main 1951, S. 552
16 Walter Sokel, *The Writer in Extremis*, Stanford, Cal. 1959, S. 207
17 Gustav Janouch, *Gespräche mit Kafka*, Frankfurt am Main 1951, S. 106/07
18 Erich Heller, *Enterbter Geist*, Frankfurt am Main 1954, S. 287, 292
19 Wolfgang Rothe, *Schriftsteller und Totalitäre Welt*, Bern 1966, S. 208
20 Pablo Picasso, *Wort und Bekenntnis, Die gesammelten Zeugnisse und Dichtungen*, Zürich 1954, S. 9–11
21 Robert Rosenblum, *Der Kubismus und die Kunst des 20. Jahrhunderts*, Stuttgart 1960, S. 60. Englische Ausgabe: *Cubism and Twentieth-Century Art*, New York 1960, S. 60
22 Dennis Sharp, *Modern Architectures and Expressionism*, New York 1966, S. 85
23 Reyner Banham, *Theory and Design in the First Machine Age*, London 1960, S. 87. Ludwig Münz, *Adolf Loos*, Mailand 1956, S. 13
24 Allen Janik und Stephen Toulmin, *Wittgenstein's Vienna*, New York 1973, S. 252
25 Ernest Gellner, *Legitimation of Belief*, London 1974, S. 107

Epilog: Die Modernität, Seite 456–463

1 Samuel P. Huntington, *Political Order in Changing Societies*, New Haven 1968
2 Karl W. Deutsch, *Social Mobilization and Political Development*, in: American Political Science Review, 55, 1961, S. 494
3 Alain Touraine, *It's All About to Come Tumbling Down*, in: New York Times vom 27. Dezember 1974, S. 31
4 Edward P. Thompson, *Time, Work-Discipline, and Industrial Capitalism*, in: Past and Present, 38, 1967, S. 80. Hans-Ulrich Wehler, *Modernisierungstheorie und Geschichte*, Göttingen 1975. S. N. Eisenstadt, *Studies of Modernization and Sociological Theory*, in: History and Theory, 13, 1974, S. 225–252

Register

Quellenverzeichnis der Abbildungen

Aberdeen University Library, G. W. Wilson Collection: S. 216/17 · Archiv für Kunst und Geschichte, Berlin: S. 15, 17, 27, 34/35, 68, 141, 143, 162, 225, 314, 320, 405 · Claude Bellanger, Directeur Général, ›Le Parisien Libéré‹, Paris: S. 258 · Bildarchiv der Österreichischen Nationalbibliothek, Wien: S. 61, 170, 352/53, 443 · Bildarchiv Preußischer Kulturbesitz, Berlin: S. 20 (2), 45, 54, 59, 60, 70, 104, 116, 117, 129, 131, 136, 137, 150, 166, 167, 171, 204, 208, 211, 212, 220, 221, 226, 230, 231, 233, 237, 238, 248, 253, 264, 275, 299, 311, 313, 316, 323, 335, 337, 355, 361, 388, 390, 393, 409 · Collection, The Museum of Modern Art, New York, Mathew T. Mellon Fund: S. 416 · Collection, The Museum of Modern Art, New York, Katherine S. Dreier Bequest: S. 418 · Collection, The Museum of Modern Art, New York, Purchase: S. 421 · Collection, The Museum of Modern Art, New York, Hillman Periodicals Fund: S. 437 · Collection, The Museum of Modern Art, New York, Lillie P. Bliss Bequest: S. 438 · Conservatoire National des Arts et Metiers: S. 249 · Documentation Française, Photothèque: S. 14 · Doubleday and Co., New York: S. 76, 77, 149, 227, 229, 234, 331, 357, 366, 367, 407 (2), 440 · Drottningholms Teatermuseum: S. 412 · Kunstmuseum Basel: S. 431 · Landesbildstelle Berlin: S. 47 · Walter Z. Laqueur, Basic Books, Inc., Publishers, New York: S. 203 · Manchester Public Libraries: S. 342 · Metropolitan Museum of Art, New York, The Alfred Stieglitz Collection: S. 432 · Museo Civico di Como: S. 444 · Museum of Modern Art, Film Stills Archive: S. 243, 245, 247 · Karl H. Paulmann, Berlin: S. 315 · Privatbesitz, Berlin: S. 31 · Radio Times, Hulton Picture Library: S. 114/15, 154, 223 · Hans Rauschning, Fackelträger Verlag, Hannover: S. 90 · Sammlung Oskar Reinhart, Winterthur, Foto von Walter Dräyer: S. 23 · Dr. Franz Stoedtner – Heinz Klemm, Düsseldorf: S. 71 · Süddeutscher Verlag, München: S. 341 · Ullstein Bilderdienst, Berlin: S. 183, 185, 192, 195, 267, 301, 302, 305, 306, 334, 358, 381, 383, 385 · Verlagsarchiv: S. 175, 188.

Titel der amerikanischen Originalausgabe:
1900, The Generation before the Great War

Aus dem Amerikanischen von Christian Röthlingshöfer-Spiel, München

Gesamtherstellung: May & Co., Darmstadt
Mit 122 Bilddokumenten
Layout: Dieter Speck
Printed in Germany 1978
ISBN 3 550 07483 2

CIP-Kurztitelaufnahme der Deutschen Bibliothek

Tannenbaum, Edward R.:
[Neunzehnhundert]
1900: d. Generation vor d. großen Krieg/
Edward R. Tannenbaum. [Aus d. Amerikan. von
Christian Röthlingshöfer-Spiel]. – Frankfurt am Main,
Berlin, Wien: Ullstein, 1978.
Einheitssacht.: Nineteen hundred, the generation before
the great war [dt.]

ISBN 3-550-07483-2